KB175417

조선과 중화

조선과 중화
— 조선이 꿈꾸고 상상한 세계와 문명

배우성 지음

2014년 5월 26일 초판 1쇄 발행
2016년 9월 19일 초판 2쇄 발행

펴낸이 한철희 | 펴낸곳 돌베개 | 등록 1979년 8월 25일 제406-2003-000018호
주소 (10881) 경기도 파주시 회동길 77-20 (문발동)
전화 (031) 955-5020 | 팩스 (031) 955-5050
홈페이지 www.dolbegae.co.kr | 전자우편 book@dolbegae.co.kr
블로그 imdol79.blog.me | 트위터 @Dolbegae79 | 페이스북 /dolbegae

책임편집 김진구
표지디자인 민진기 | 본문디자인 이연경·이은정·강영훈 | 마케팅 심찬식·고운성·조원형
제작·관리 윤국중·이수민 | 인쇄·제본 영신사

ISBN 978-89-7199-597-6 (94910)
        978-89-7199-501-3 (94080) (세트)
이 도서의 국립중앙도서관 출판시도서목록(CIP)은 e-CIP 홈페이지
(http://www.nl.go.kr/cip.php)에서 이용하실 수 있습니다.(CIP제어번호: CIP2014010443)

책값은 뒤표지에 있습니다.

돌베개 한국학총서

17

조선이 꿈꾸고 상상한 세계와 문명

조선과 중화

배우성 지음

돌베
개

중화세계관이 그린 조선 지성사의 궤적을 좇아서

지난 2003년경으로 기억한다. 담론의 경연장 속에서 영원히 미아가 되고 말지도 모른다는 두려움을 처음으로 심각하게 느끼게 되었다. 한국사 연구자로서 위기가 찾아온 것은 그보다 훨씬 전이었지만, 둔감한 나는 세기가 바뀌고도 몇 해가 지나고서야 그 위기를 자기 문제로 받아들였던 것이다.

한국사학계가 오랜 기간에 걸쳐 쌓아온 역사상은 더 이상 구미의 역사학자와 포스트 모더니스트, 일군의 경제학자들을 만족시킬 수 없었다. 국내 학계의 학문 권력 바깥에서 그들은 각자, 때로는 함께 외쳤다. 한국사에서 근대를 향한 의미 있는 변화가 과연 있었는가. 동북아시아 국제질서 속에서 한국 역사는 주체적이었다고 말할 수 있는가. 근대와 주체성에 관한 양 극단의 주장 모두가 근대성을 부당하게 전제하고 있었던 것은 아닌가.

학문 외적인 변화를 감지하기 시작한 것도 이즈음이었다. 신문에는 '어느 대학 사학과에서 문화산업에 활용할 수 있는 과목들을 개설해서 가르치기 시작했다'는 이야기가 보도되기도 했다. 나는 망설였다. 고민도 있었지만 의구심이 더 컸다. 혹시라도 역사학 운운하면서 진정성 없는 사실의 조각들을 끌어다 장식품을 만들려는 것은 아닐까. 내가 해온 공부는 정녕 무엇인가의 장식품이 되거나 누군가의 심부름꾼이 되는 것 이외에는 다른 길이 없단 말인가.

무엇을 바라보며 어디로 가야 할지 몰랐다. 그때로부터 지금까지 10여 년의 시간이 흘렀다. 정답을 찾았다고 말할 수는 없다. 그러나 이 짧지 않은 시간 동안 내 나름의 해법을 찾기 위해 노력해왔노라고 말할 수는 있다. 이 책은 그중 첫 번째 문제에 대한 탐색의 일부분이다.

수입된 담론에 정통하지 못한 것이 결코 자랑은 아닐 것이다. 그러나 그 어떤 매력적인 논의도 엄밀하게 논증된 서사가 아니라면 신기루에 불과하지 않은가. 역사학이라면 사실을 그 사실이 속한 다양한 의미의 층위들 안에서 읽어낼 수 있어야 하지 않을까. 나는 기본에서 다시 시작하기로 하고, 텍스트 비교연구를 시도했다. 텍스트가 어떤 경로로 내 손에 오게 되었는지를 추적하는 과정에서 많은 새로운 문제들을 발견할 수 있었다.

역사를 보는 '실천적'인 문제의식들이 그 자체로 부당하다고 말할 수는 없을 것이다. '중화'에서 자주의 논리를 찾는 연구와 식민지화의 원인을 찾는 연구는 너무나 달라 보이지만 강렬한 실천의식의 산물이라는 점에서 보면 아무런 차이가 없다. 고종과 대한제국을 바라보는 서로 다른 관점들 역시 실천적 문제의식의 쌍생아다. 물론 그런 치열함이야말로 역사가의 존재이유이기도 할 것이다. 그러나 그 시선들이 혹시라도 텍스트에 대한 온전한 독해를 방해한다면 그것은 심각한 문제다.

시대의 레이어layer와 그것들 서로 간의 관계를 드러내는 데 집중하기로 한 것은 그런 이유 때문이다. 이 책에서 선택한 것은 조선의 중화세계관이다. '중화'는 여말선초부터 한말까지 조선 전체를 관통하는 가장 유력한 키워드 중 하나다. 나의 입장에서 보면 중화세계관이 그려낸 궤적을 온전히 이해하는 것은 조선시대와 그 전후를 하나의 흐름 위에서 읽어내기 위한 첫 걸음이기도 하다.

한국사 연구에서 중화는 언제나 문화적인 주제였다. 그러나 중화세계관을 해명하기 위해서라면 사정이 다르다. 문화와 연동되어 있으면서 문화 이상으로 중요한 변수가 있다. 문제가 되는 것은 조선의 위상에 관한 감각이다. 조선 지식인들은 조선 자신을 중화문화의 수호자로 여기면서도 청나라를 '숙명적인 오랑캐'라 믿어 의심치 않았다. '중화문화를 가지면 이미 중화다'라는 식의 명제를 자신에게만 적용한 것이다.

그들이 이 모순적인 문제의식을 주장하기 위해서는 한반도가 중원대륙이 아니라는 사실, 만주를 거쳐 그곳으로 이어져 있다는 사실을 어떤 식으로든 합리화하지 않으면 안 된다. 그들에게 중원대륙은 '성현이 나신 땅'이며, 만주는 '조선의 고토이자 오랑캐에게 점거당한 땅'이었다. 중화세계의 외곽에는 지구적 규모의 땅과 그 문화가 있다. 그들에게 이 '넓은 세계'는 중화세계와의 연관 속에서 설명되어야 하는 어떤 곳이었다. 그들은 과연 어떤 전략을 구사했을까.

송시열은 조선이 중화문화를 가지고 있다는 사실에 자부심을 느끼고 있었지만, 조선을 세계의 지리적 중심이라고 생각하지는 않았다. 과연 송시열만 그랬을까. 여말선초부터 한말에 이르기까지 조선 지식인들은 중화세계 안에서 조선의 역사와 문화를 어디에 자리매김했던 것일까. 명청 교체가 불러온 국제정치적 파장, 새로운 지식정보가 미친 사상적 영향은 또 어떤 것인가. 이 책은 그런 다양한 문제들에 대해 질문하면서 중화세계관의 흐름을 정리한 것이다.

이 책에 담긴 이야기는 누구를 위한 것인가. 답하기 쉽지 않은 문제다. 역사의식이 철저하지 못하다는 비판을 받게 될지도 모르겠다. 굳이 답해야 한다면, 나는 이 책에서 누군가의 역사적 정당성이나 부당성을 입증하려 하지는 않았다. 특히 중화를 본질주의적인 방식으로 옹호하거나 비판하는 우를 범하지 않도록 글 전체에서 경계를 늦추지 않았다. 이 책에서 말하고 싶었던 것은 중화세계관에 대한 호불호가 아니라 그것이 그려낸 궤적이다.

다시 누군가가 물어올지도 모른다. 그런 식의 문제의식이라면 어떻게 현실과 소통할 수 있는가. 나는 이렇게 생각한다. 과거가 현실과 일치하거나 현실로 직결될 것만 같은 느낌은 일종의 착시현상과 같다. 과거가 정말 그런 것이라면 역사 연구는 호사가적 취미를 가진 스토리텔러나 이론으로 세계를 설명하는 사회과학자의 전유물이 되어도 좋을 것이다. 그러나 우리가 보는 현실은 실현되지 않은 과거의 가능성들이 지워진 결과물이다. 역사와 현실은 부분적으로 겹쳐 있을 뿐 결코 온전히 포개질 수 없다. 그러니 두 시점에 속하는 모든 현상은 아무리 같아 보여도 결코 같을 수 없다. 맥락이 다르기 때문이다. 그렇다면 역사를 왜 공부해야 한단 말인가.

나는 역사와 현실이 각각이 속한 '맥락의 거미줄'을 벗어날 수 없다는 점에서 아무런 차이가 없다고 믿는다. 과거를 그 거미줄 위에서 치밀하게 읽어내는 것은 현실을 스토리텔링이나 사회과학과는 다른 방식으로 설명할 수 있게 하는 힘의 원천이 된다고 생각한다. 역사학자가 현재의 시점에 서서 과거와 겹쳐지는 부면을 포착하고 분석하는 작업을 하려고 한다면 그런 안목과 힘이 필요하지 않을까.

이 책이 스스로에 대한 성찰로 이어질 수 있다면 개인적으로는 그보다 더 좋은 일은 없을 것이다. 고백하자면 오래전 박사학위를 받았을 때만 하더라도 나는 아주 설익은 상태였다. 새로운 사료를 다루게 된 것 그 자체에 만족했던 것 같다. 지금도 상황이 크게 나아졌다고 말할 수는 없다. 다만 더 이상 '모른다'는 사실을 애써 감추려 하지는 않는다. 어차피 무지함으로부터 근원적으로 해방될 수 없다면, 새롭게 배우고 깨달아가는 과정을 즐길 뿐이다.

한국사학계에 대한 안팎의 도전 덕분에 나 자신의 문제의식도 많이 변해왔다. 그런데 바뀌지 않은 것도 있다. 나는 늘 내가 하는 공부가 좀 더 인문학적이면 좋겠다는 바람을 가져왔다. 되돌아보니 그 바람은 연구의 역사 위에 자기 족적을 새기고 싶은 '욕망'과는 다른 것이었다. 어떤 것을 오늘에 되살려내거나 교훈으로 삼으려는 '사명감'과도 큰 관련은 없었다. 나는 다만 여기, 이 땅에 살던 사람들의 내면과 그 궤적을 긴 호흡으로 읽어낼 수 있는 내 나름의 길을 찾고 싶었을 뿐이다. 가능하다면 이 책에 그런 문제의식을 녹여내고 싶었다. 성찰적 인문학의 역사학적 갈래를 찾아가기에 스스로의 역량이 턱없이 부족하다는 것을 잘 알고 있다. 그러나 너무 멀리 서 있다고 해서 이상을 버려야 할 이유는 없을 것이다. 나는 앞으로도 그 길을 따라 한걸음씩 더 나아가고 싶다.

그사이 전혀 다른 방식으로 역사를 연구하고 활용하는 일이 가능하다는 것을 알게 되었다. 지난 3년 가까이 대학원생들과 함께 역사 지리정보시스템 historical GIS을 공부하고 실습하는 데 적지 않은 시간과 비용을 써왔다. 기술적인 문제에 대한 위화감만 줄여나간다면 역사학의 다른 결을 보여줄 수도 있으리라고 생각했기 때문이다. 그 결과 미시적 장소정보와 속성정보를 통제하는 장소친화형 역사 연구가 얼마든지 가능하다는 사실, 그리고 그런 연구를 통해 새로운 형태의 역사문화콘텐츠를 풍부하게 생산할 수 있다는 사실을 알게 되었다. 나는 이 새로운 가능성을 현실화하는 일에도 최선을 다하고 싶다.

이 책은 10여 년 만에 내는 두 번째 저서여서 개인적으로는 의미가 작다 할 수 없다. 다행히 명망 있는 출판사와 좋은 편집자를 만날 수 있었다. 책을 낼 수 있도록 도와주신 돌베개 한철희·소은주 님, 다리를 놓아준 문사철 강응천 님께 감사드린다. 이 책의 편집을 맡아준 김진구 님의 열정과 진지함은 오래도록 잊지 못할 것이다. 여말선초에서 한말까지, 한문과 만주어에서 고지도까지, 그리고 지명에서 사상과 문화까지 종횡으로 넘나드는 난삽한 원고를 책으로 만드는 일이 결코 녹록하지 않았으리라는 점을 잘 알고 있기에 고마움이 더 크다.

대학원생들에게도 이런저런 고생을 시켰다. 부실한 선생과 함께 공부해온 게 죄라면 죄일까. 김현정은 이 책이 완성되기까지 모든 번거로운 일들을 도맡아 처리해주었으며, 김창수와 탁신희는 전체 원고를 읽는 부담을 나누어주었다. 정필준·박현·이승재·류지혜·김진옥·정광희는 지도를 그리거나 교정 보는 일을 분담해주었다. 학생들에게도 공부가 되었을 거라고 합리화해보지만, 자기 위안일 뿐이다. 마음의 빚을 갚을 수 있는 길이 무엇인지 더 고민해야겠다.

성진과 은설. 두 아이들에게 나는 어떤 아빠일까. 이과 공부를 택한 큰아이와 얘기할 때면 나도 모르게 말이 많아지곤 했다. 문과적인 소양도 고루 갖추어주었으면 하는 욕심 때문이었다. 아이는 어느새 훌쩍 커 이제는 대학생이 되었다. 그동안 아이가 '수다스런 아빠'로 인해 힘들어했을지도 모른다고 생각하니 새삼 미안하다. 이 책이 그런 아빠의 마음을 조금이라도 전해줄 수 있으면 좋겠다.

고등학생이 된 작은아이가 텔레비전를 보다가 묻는다. "아빠는 왜 역사교양 프로그램에 안 나오세요?" 아무도 몰라보는 '자칭 전문가'에게 역사에 대해 물어봐도 되는지 꽤나 의심스러운 눈치다. 이 책이 아이의 의구심을 풀어줄 수 있을까. 아직 시간이 더 많이 필요할지도 모른다. 나는 딸아이를 바라보며 빙긋이 웃는다.

아내 원형은 특별할 것 없고 재미까지 없는 이 남자를 오랜 시간 한결같이 응원해주었다. 이 책이 작은 위로라도 되었으면 싶다. 아내가 자기 일을 찾아 열정적으로 사회활동을 할 수 있게 되어 기쁘지만, 같이 성당에 가자는 부탁을 들어주지 못해서 늘 미안하다. 언젠가 그 소박한 희망을 이루어줄 수 있을까. 그럴 수 있으면 좋겠다. 인문학을 공부하는 일이 가장 가까운 사람의 마음을 보듬어주는 것과 그리 많이 다르지는 않을 테니 말이다.

2014년 4월
배봉산 자락, 연못가 연구실에서
배우성

차례

책을 펴내며   중화세계관이 그린 조선 지성사의 궤적을 좇아서   4

프롤로그   중화를 바라보는 시선   14

1부   '위대한 청나라'와 '문명의 계승자' 사이에서

1장   삼전도비는 조선 지식인에게 무엇이었나   33
마푸타와 범문정, 조선을 압박하다 33 | 비석의 건립과 그 영향 47

2장   김수홍의 지도, 중화세계를 꿈꾸다   66
두 장의 지도, 세계관의 표현과 역사의 기억 66 | 중화세계와 그 주변, 그리고
미지의 땅 80

2부 지리와 풍토론은 어떻게 중화관을 형성했는가

1장   풍토와 소중화의 맹아   93

화華와 이夷 혹은 기자와 단군 93 | 제후국 조선은 제천을 할 수 있느냐, 없느냐 109

2장   풍토와 언어   124

훈민정음·중국어의 위상과 중화관 124 | 중화의 정음과 중국어 그리고 만주어 141

3장   풍토론의 전개와 중화관의 내면화   155

지리적 중화관과 풍토부동론 155 | 새로운 풍토론의 등장과 중원대륙의 위상 167 |
전횡도에 담긴 시선과 논리 182

3부 조선은 왜 만주 지리에 관심을 갖게 되었을까

1장   국제질서와 만주 지리의 중요성   195

영고탑 회귀설과 정치적 위기감 195 | 만주 지리 지식의 확장 206 | 변경의 치안과
지리적 관심의 이동 221

2장   청나라 지리지에 나타난 백두산과 주변 하천   233

성경지 계열의 백두산과 주변 하천 233 | 〈황여전람도〉 계열의 백두산과 주변
하천 241 | 지리 정보의 불일치와 혼선 251

변경과 역사적 고토는 어떻게 인식되었는가

1장 변경과 국경 259
만주어 변경 지명의 번역 259 | 청나라 지리 정보의 영향과 전통 지리 지식의
변용 267 | 역사적 지명과 국경 277

2장 누가, 왜 고토를 회복해야 하는가 293
고토의 지리를 고증한 이유 293 | 고토 회복론이 제기된 배경과 맥락 303 |
고토 회복론의 그림자 317

 중국 밖의 세계와 지리적 시야의 확대

1장 중화문화의 경계로서의 유구 331
중국이 기억하는 유구 331 | 조선이 기억하는 유구 342 | 잊혀간 중화문화 국가,
유구 347

2장 하이, 또 다른 위기 가능성 354
일본 지도와 하이에 관한 지리 정보 354 | 서구식 세계지도와 하이 368

3장 중화 밖 세계로 지리적 시야를 확대하다 378
〈강리도〉와 그 사본들의 제작 378 | 서구식 세계지도가 전래될 수 있었던 맥락 392

6부 세계의 인식과 지리적 중화

1장 명청대 중국의 세계 인식 409
세계지도에 대한 생각 409 | 전통적 이역으로서의 서양, 새로운 이역으로서의
서양 415 | 「고금도서집성」의 세계 인식 418

2장 『지봉유설』이 구성한 외국 세계 또는 '서역' 426
중국사에서 확인되는 나라들 426 | 미지의 나라들 437 | 새로운 이역,
유럽으로서의 서양에 대한 인식 449

3장 세계에 관한 동양적 모델과 천하도 458
동양 고전은 어떻게 세계를 구성했을까 458 | '바다 밖의 땅' 혹은 '바다로
둘러싸인 땅' 466 | 천하도의 탄생 473

4장 『환영지』가 구성한 세계 484
마테오 리치의 지도에 대한 오해 484 | 세계지도의 변용과 새로운 세계상 494 |
위백규가 「지봉유설」을 끌어들인 이유 503

7부 중화세계관이 그린 마지막 궤적

1장 김정규, 공자를 들어 조국을 가리키다 515
변경의 유학 지식인, 고유문화와 '한국 사상'을 자각하다 515 | 공자의 가르침이냐,
조국의 독립이냐 532

2장 유인석, 유교적 동양론을 제기하다 546
조선은 황제국이 될 수 있는가: 중화세계와 화동華東 546 | 중화문명의
수호와 전략적 제휴 대상으로서의 청나라 557 | 중화론의 마지막 궤적,
유교적 동양론의 탄생 563

에필로그 중화세계관이 그린 궤적을 맥락적으로 독해하기 573

찾아보기 598

중화세계관이 그린 궤적

최남선이 조선광문회를 통해 출판한 책 가운데 오늘날까지 각광받고 있는 저작을 꼽으라고 하면 이중환의 『택리지』라고 말해야 할지도 모른다. 이 책은 오랫동안 '한국적 주거입지론을 체계화한 실학적 저작'으로 평가받아왔기 때문이다. 그런데 『택리지』에는 한반도가 '중원대륙에 읍하는 노인의 형상'이라는 말이 나온다. 이중환은 이 지리적 형상으로부터 '중국에 정성스럽게 사대해온 역사'를 읽었다. 그는 자국사가 중원대륙을 침략한 오랑캐의 역사와 다르다는 점에 자부심마저 느끼고 있었다. 그러나 최남선은 그런 이중환의 주장을 받아들일 수 없었다. 이중환이 생각한 사대와 중국의 개념이 최남선이 생각한 것과는 달랐을지도 모르지만, 최남선으로서는 그런 차이를 안배해야 할 이유가 없었다. 최남선은 광문회본 『택리지』에서 몇 개의 구절을 과감하게 수정함으로써 이중환이 말한 맥락을 비틀었다. 이중환은 어느새 다들 넘보았던 대륙에 대해 한 번도 욕심내지 못한 '무능력한 조선왕조'를 비판한 인물로 그려졌다.

　이것은 비단 이중환만의 비애가 아니다. 넓게 말한다면 조선시대사 전체의 비애인 것이다. 1960년대까지만 하더라도 '중국에 정성스럽게 사대해온' 역사에 대해 누구도 애정을 가지고 들여다보지 않았다. 아무도 그 '중국'의 실체가 무엇인지, 사대의 역사를 왜 '정성스럽다'고 말하는지에 대해 질문하지 않았다. 그것은 다만 중화주의자들의 주체적이지 못한 행위로 여겨졌을 뿐이다. 그런 상황에서 이중환이 말하고자 했던 의미의 맥락을 읽어내는 것은 무망한 일이었다.

조선왕조에서 '긍정적인' 의미를 읽어내려는 연구가 나오기 시작한 것은 1970년대 들어서면서부터다. 특별히 15세기 지식인들의 '자주적인' 문제의식이 조명을 받았다. 단군이 요임금과 같은 시기에 나라를 세웠다는 주장이나, 조선 영토가 만리에 달한다는 인식은 자국사의 유구성과 독자성에 대한 무한한 자긍심을 표현한 것이었다. 동전의 한쪽에 '사대하는 조선, 성리학과 중화를 추구한 조선'이 있는 것은 사실이지만, 다른 한쪽에는 '자국사의 유구성과 독자성을 중시하는 조선'이 있었다는 사실이 밝혀진 것이다. 15세기 조선 고유의 독자적인 문화는 '중화문화와 달라서 자주적'인 것으로 설명되었다.[1]

문제는 동전의 다른 면이었다. 조선이 '사대하는 나라, 성리학과 중화를 추구하는 나라'인 한, 그 '중화와 달라서 자주적인' 문화에 '한계'가 있을 수밖에 없기 때문이다. 만일 어떤 연구자가 이런 '한계'를 넘어서려고 한다면 방법은 두 가지다. '사대하지 않는 조선, 성리학과 중화를 부정한 조선'의 이미지를 발견해내거나, '사대하는 조선, 성리학과 중화를 추구하는 조선'에서 긍정적이고 자주적인 의미를 읽어내는 것이다. 전자는 가능성이 없다. 조공책봉 체제는 1894년까지 유지되었으며, 조선의 유학자들에게 중화는 인류문명의 정수이자 버릴 수 없는 가치였기 때문이다. 연구자들이 후자의 가능성을 본격적으로 탐색하기 시작한 것은 1980년대에 들어서면서부터였다.

조선 성리학과 조선 중화주의라는 개념은 후자의 가능성에 관한 탐색 성

---

1 한영우, 『조선 전기 사회사상 연구』, 지식산업사, 1983. 최근에도 비슷한 관점의 연구가 이어지고 있다. 구만옥, 「조선왕조의 집권체제와 과학기술정책−조선 전기 천문역산학의 정비과정을 중심으로」, 『동방학지』, 124, 2004.

과 가운데 가장 두드러진 것이라고 해도 좋을 것이다. 이 연구들에 따르면, 사칠논변은 조선에서 성리학에 관한 철학적 이해가 새로운 단계에 도달했음을 보여주는 사건이다. 이런 철학적 성취 위에서 조선적인 독서체계가 완성되는 순간 성리학은 조선 성리학이라고 불러도 좋을 만한 수준으로 고양되었다. 성리학의 자기화는 중화 의식의 내면화를 가져왔다. 그즈음 대륙의 주인이 명에서 청으로 바뀌고, 조선의 군주는 오랑캐로 여겨오던 청의 황제에게 머리를 조아리게 되었다. 임진왜란 때 조선을 도와준 명의 은혜를 잊지 말아야 한다는 주장, 문명의 공적共敵인 청나라에 복수해야 한다는 주장이 이어졌다. 복수의 실현 가능성이 희박해지면서 조선 지식인들은 조선을 중화문화의 유일한 계승자로 간주했다. 이 자존 의식은 조선의 산천과 문화를 재발견하는 동력이 되기도 했다. 이런 관점에서 보면 18세기는 진경시대라고 불러도 좋다.[2]

조선 중화주의론이 '중화를 추구하는 조선'에서 긍정적이고 자주적인 의미를 읽어내려 한 것은 분명하다. 그런데 그 문화적 자존감만으로는 진경시대에서 이어지는 북학론을 설명할 수 없었다. 인물성동이론人物性同異論과 물物에 대한 재인식이라는 철학적 성취를 토대로 조선 성리학 내부로부터 북학론이 탄생했음을 설명하거나, 『존주휘편』 편찬을 자존 의식을 정리하고 북학론으로 전환하려는 시도였다는 해석이 뒤따랐다.[3]

최근에는 조선 지식인의 자존 의식을 다른 방식으로 표현해야 한다는 주장도 제기되고 있다. 조선 후기의 중화론을 '중화 회복 의식'과 '중화 계승 의식'으로 나누어야 한다는 입장에서 보면, 대보단大報壇 창설이나 정통론적 역사의식뿐만 아니라 북방 위기의식과 북방 영토 의식, 고대사 인식 등도 모두 중화 계승 의식과 관련된다. '중화 자존 의식'이라는 표현은 조선 후기의 중화론을 소중화 혹은 조선 중화라고 표현하는 것이 모두 오해를 불러일으킬 수 있다는 점을 강조한다. 소중화는 '우리도 중화'가 아니라 '우리만 중화'라고

2 최완수 외, 『우리 문화의 황금기 진경시대 1·2』, 돌베개, 1998.
3 유봉학, 『연암일파 북학사상 연구』, 일지사, 1995; 정옥자, 『조선 후기 조선중화사상 연구』, 일지사, 1998.

생각했던 사실을 정확하게 표현해내지 못하며, 조선 중화주의 역시 보편을 부정하거나 새로운 보편을 추구하는 듯한 어감을 줄 수도 있다는 것이다.[4]

초기 연구가 제시한 중화론을 어떻게 심화시킬 것인가, 혹은 어떻게 비판적으로 계승해나갈 것인가에 관한 고민도 이어지고 있다. 송시열이 말한 '조선 중화'의 맥락을 정치사상의 차원에서 분석한 연구가 있는가 하면,[5] 노론계의 중화론에 비추어 소론 혹은 남인계의 중화론이 가지는 차이를 드러내거나 중화 의식이 질적인 전환을 이루어가는 과정을 밝히는 연구도 이어지고 있다.[6] 전자가 송시열을 중심으로 하는 노론계의 중화 의식을 해명하는 데 초점을 맞추었다면, 후자는 남인·소론·낙론계와 북학파 등 비非송시열계를 포함한 중화론 전체의 인식론적 전환을 드러내는 데 중심이 있다.

조선 중화론의 모든 것을 부정하는 연구도 있다. 이 연구에 따르면, 조선시대 지식인들은 현실과 의식의 괴리 속에 스스로를 가둘 것이 아니라 청나라 중심의 국제질서에 적극적으로 동참하는 자세를 취했어야 했다. 그러나 그렇게 하지 못했다. 그럴 의지가 없었기 때문이다. '조선 중화 의식'에 사로잡힌 채 이미 사라진 명나라를 부모의 나라로 여기던 조선 지식인들에게서는 어떤 자존 의식도 찾아보기 어렵다. 그들은 다만 모화주의자일 뿐이다.[7] 최근에는 중화와 조선에 관한 성찰적인 연구들이 나오는가 하면, 제3의 지점에서 중화와 문명의 접점을 찾아보려는 개념사적 접근이 시도되기도 했다.[8] 과연 중화

4 조선 중화 의식 혹은 조선 중화주의의 개념에 대해서는 정옥자, 위의 책, 1998 참조. 중화 회복 의식과 중화 계승 의식에 대해서는 허태용, 『조선 후기 중화론과 역사인식』, 아카넷, 2009 참조. 중화 자존 의식에 대해서는 김태년, 「남당 한원진 사상의 배경과 형성 과정」, 『한민족문화연구』, 20, 2007 참조.
5 우경섭, 「송시열의 세도정치사상 연구」, 서울대 박사논문, 2005; 우경섭, 「송시열의 화이론과 조선 중화주의의 성립」, 『진단학보』, 101, 2006; 우경섭, 『조선 중화주의의 성립과 동아시아』, 유니스토리, 2013.
6 조성산, 「조선 후기 소론계의 古代史 연구와 中華主義의 변용」, 『역사학보』, 202, 2009; 조성산, 「18세기 후반~19세기 전반 '朝鮮學' 형성의 전제와 가능성」, 『동방학지』, 148, 2009; 조성산, 「조선 후기 소론계의 東音 인식과 訓民正音 연구」, 『한국사학보』, 36, 2009; 조성산, 「18세기 후반~19세기 전반 對淸認識의 변화와 새로운 中華 관념의 형성」, 『한국사연구』, 145, 2009; 조성산, 「조선 후기 西人·老論의 풍속인식과 그 기원」, 『사학연구』, 102, 2011; 조성산, 「18세기 후반~19세기 중반 조선 세시풍속서 서술의 특징과 의의－'中國' 인식의 문제를 중심으로」, 『조선시대사학보』, 60, 2012.
7 계승범, 『조선시대 해외파병과 한중관계』, 푸른역사, 2009; 계승범, 『정지된 시간－조선의 대보단과 근대의 문턱』, 서강대 출판부, 2011; 계승범, 『우리가 아는 선비는 없다』, 역사의아침, 2011.

의 본질은 있는가. 있다면 무엇인가.

34세의 젊은 학자 홍대용洪大容이 숙부를 따라 북경에 들어간 것은 1765년의 일이었다. 그는 그곳에서 엄성과 반정균 등 항주 출신 지식인들을 만나고 돌아왔다. 청나라를 '더러운 원수의 나라'라고 생각하는 김종후는 진정한 친구를 만났다며 즐거워하는 홍대용을 용납하기 어려웠다. 엄성 등이 변발을 하고 '오랑캐 옷'을 입은 채로 청나라에서 벼슬을 하려고 했기 때문이다. 김종후가 못마땅해한다는 소문이 홍대용의 귀에 흘러들었다. 홍대용은 말했다. "세대가 바뀐 후에도 옛 임금에 대한 그리움을 잊지 않으려는 것은 인정人情에서든 천리天理에서든 결코 불가능한 일입니다." 명이 망한 지 100년이 더 지난 시점에서 엄성 등이 '명나라를 생각하지 않는다'고 비판하는 것은 부당하다는 의미다.

김종후는 이런 요지의 편지를 보냈다. "'세대가 바뀐 후에도 옛 임금에 대한 그리움을 잊지 않으려는 것은 인정에서든 천리에서든 결코 불가능한 일입니다'라고 하신 말씀은 진실로 옳습니다. 하지만 삼대三代와 한당漢唐 때의 혁명을 그렇게 말하는 것은 당연하다고 하겠지만 명나라에 대해서는 그렇게 말할 수 없습니다. 어찌 명나라만 생각하겠습니까. 명나라 이후에 중국이 없어짐을 생각해야 하는 것입니다. 그런고로 저는 그들이 명나라를 생각하지 않는 것을 질책하는 것이 아니라 중국을 생각하지 않는 것을 책망하는 것입니다."9

편지의 이면에는 중화를 키워드로 하는 조선 후기의 역사가 있다. 숙종은 창덕궁 후원에 대보단을 세워 명나라 황제를 제사했다. 이 제례의 전통은 고종 때까지 이어졌다. 민간에서도 만동묘萬東廟와 조종암朝宗巖을 세웠다. 『존주휘편』·『황명유민전』 등 대명의리론對明義理論에 입각한 역사서도 편찬되었다. 조선 지식인의 내면에서 청나라는 오랑캐일 뿐이었다. '오랑캐이기 때문

8 『중화문물과 조선의 정체성』, 한국사연구회·과학문화연구센터 연합학술대회 자료집, 2013; 이경구, 『조선 후기 사상사의 미래를 위하여』, 푸른역사, 2013.
9 홍대용, 『담헌서』, 內集, 권3, 書, 直齋答書. 來諭欲其沒世之思不衰於百年之後 人情天理之必不能然者 此誠然矣 顧陋意以爲此當以言於三代若漢唐之革易而不可以言於明朝也 豈明朝之獨可思哉 所思者在乎明朝後無中國耳 故僕非責彼之不思明朝而責其不思中國耳.

에 숙명적으로 망할 수밖에 없는' 존재였던 것이다. 이런 정서에서 조선은 중화를 계승한 유일한 나라가 된다. '주周나라의 예법이 노魯나라에 있다'는 수사도, 묘비명에 보이는 '유명조선국'有明朝鮮國이라는 칭호도 그런 발상을 잘 보여준다.[10]

문제는 '명나라'의 의미다. 명나라가 궁극적으로 상징하는 것은 무엇인가. 혈연인가, '재조지은'을 베풀어준 '부모의 나라'인가, 문화인가?[11] 필자는 김종후의 말을 이렇게 읽는다. '삼대와 같은 시대나 한당 같은 나라라 하더라도 시간이 지나면 잊힐 수 있다. 삼대나 한당 뒤에 송명 같은 다른 중화문명 국가가 들어선 것을 알고 있기 때문이다. 문명으로서의 중국 혹은 중화가 단절되지 않았다는 사실만 확인할 수 있다면 사라진 삼대, 없어진 한당을 기억하지 못한다 해서 문제될 것은 없다. 그러나 명나라라면 사정이 다르다. 왜 오랜 시간이 지났어도 명나라를 잊어서는 안 되는가. 한족의 나라이기 때문이 아니다. 중화문명 국가 명나라가 멸망한 이후 중국이 사라졌기 때문이다. 그 중국은 인류가 지향해야 할 보편문명으로서의 중화다.'

필자가 김종후의 편지를 오독하지 않았다면, 당대인들에게 중화는 인류문화의 정수를 뜻하는 것으로 받아들여진 것이라 할 수 있을 것이다. 따라서 중화의 문화적 원형질이 있다면, 아마도 그런 것이라고 말해야 할 것이다. 그런 점에서 본다면 '조선 중화주의론'은 적어도 당대인이 스스로 설정했던 기준과 그 기준에 충실하기 위해 노력했던 모습, 그리고 진정성의 맥락을 드러내는 데 성공했다고 말할 수 있을 것이다.

'조선 중화주의론'에 관한 초기 연구들에는 그 나름의 실천적 문제의식도 엿보인다. 그들이 중화에서 읽어낸 긍정성과 자주성은 식민사관을 극복하는

10 '유명조선국'의 의미에 대해서는 이성규, 「중화제국의 팽창과 축소-그 이념과 실제」, 『역사학보』, 186, 2005 참조.
11 대명의리론을 모화주의의 전형으로 규정한 연구도 있다(계승범, 『정지된 시간-조선의 대보단과 근대의 문턱』, 서강대 출판부, 2011). 중국인 학자 쑨웨이궈孫衛國는 '존주사명' 尊周思明이라는 이름으로 조선의 중화론을 다루었는데, 그 역시 조선이 명에 대해 견지한 의리론으로부터 보편문명을 읽어내려 하지는 않았다(孫衛國, 『大明旗號與小中華意識』, 商務印書館, 2007).

근거가 되었다. 그뿐만이 아니다. 북학으로의 전환을 고민하거나 위정척사의 역사적 의미를 강조했던 것은 모두 중화와 근대의 관계를 염두에 두었기 때문이다.[12] 신채호 이래로 대부분의 연구자들이 서로 다른 방향에서 서로 다른 실천적인 문제의식을 가지고 중화의 본질과 그 논리적 전환의 가능성에 대해 질문해왔던 것이다. 그런데 필자가 궁금한 것은 그다음이다.

조선 지식인들이 추구했던 중화에는 물론 김종후가 말하는 그런 맥락의 본질이 있었을 것이다. 그러나 중화의 본질이 그런 것이라고 말하고, 그 본질의 내적 자기극복 과정이 어떤 것이었다고 말하는 것으로 충분한가. 필자는 그렇게 생각하지 않는다. 역사 연구라면 그 원형질이 시공에 따라 그리고 집단에 따라 여타 변수와 다른 방식으로 결합하는 지점들이 더 중요하기 때문이다. 고정적인 원형질을 중심으로 변수를 줄여나가는 방식이 아니라, 유동적인 원형질을 다중의 변수와 그 위계 속에서 해명해야 하지 않을까. 어떤 종류의 시대 과제를 설정하더라도 바로 그런 지점에서 출발해야 할 것이다.

고정적인 원형질을 독립 변수로 설정하고 그 원형질의 전환 양상을 해명하려는 시도를 '모델링'이라 하고, 다중의 변수가 만들어내는 당대의 맥락을 포착하여 긴 시간대 위에서 묘사하는 것을 '시뮬레이션'이라고 한다면, 중화에 관한 선행 연구는 기본적으로 모델링에 가까운 것이었다. 필자는 이 책에서 모델링보다는 시뮬레이션을 해보고 싶다. 그렇다면 중화의 원형질을 다른 변수로부터 영향받지 않는 독립 변수로 간주해야 할 필요도 없다. 조선의 중화론이 자주와 근대를 향해 난 길을 얼마나 성공적으로 혹은 긍정적으로 달려갔는지를 설명할 필요도 없다. 그렇다면 무엇이 필요한가. 사태를 긴 시간대 속에서 관찰하는 것, 그리고 정치적·지리적 변수와의 연관 속에서 중화세계관이 그리는 궤적을 추적하는 것, 필자는 중화론을 시뮬레이션하기 위해 이런 전

---

12 중화론의 '긍정적' 의미를 전면 부정하는 연구에서도 실천적 문제의식이 엿보인다는 사실은 흥미로운 대목이다. 그 시점에서 마땅히 가야 할 길, 마땅히 취했어야 할 태도가 있다는 생각, 나아가 그런 태도를 취하지 않아서 그 길을 가지 못했고 그 길을 가지 못해서 조선이 망국에 이르렀다면, 누군가 망국에 이르게 된 긴 시간대에 대해 책임을 저야 한다는 생각이 그런 것들이다. 그 길은 아마도 근대를 향해 난 길일 것이다.

략을 택했다.

왜 긴 시간대에서 중화세계관의 추이를 추적하려 하는가. 화이관 혹은 중화론에 관한 당시 사람들의 논의는 적어도 고려시대부터 한말까지 이어진다. 그런데 연구는 연구자의 전공시대에 따라 단절되어 진행되게 마련이다. 그러다 보니 각 시기의 중화론 사이에 어떤 종류의 차별성이 있는지가 잘 드러나지 않는다.

고려시대의 자주적 유신儒臣이 주장한 다원적 천하관은 고려 말의 형세론적 화이론 혹은 명분론적 화이론과 어떻게 연결되는가. 고려의 화이론과 조선 초기 소중화론의 공통점과 차이점은 무엇이고, 조선 초기 소중화론과 조선 후기 '조선 중화론'의 공통점과 차이점은 무엇인가. 중화문화의 유일한 계승자임을 자부하던 조선 후기의 중화주의자들은 왜 '조선 중화'라고 말하지 않고 다만 '소중화'라고만 말했는가. 자본주의 세계 체제에 편입되는 시점에서 중화세계가 그리는 최종적인 궤적은 어떤 것인가. 우리 학계는 이런 질문들에 대해 전후의 맥락 속에서 대답할 준비가 되어 있지는 않은 것 같다.

이에 대해 조금이라도 답하기 위해서는 좀 더 긴 시간대에서 문제를 포착해야 한다. 이 책이 여말선초부터 한말까지를 분석 대상으로 삼는 것은 이런 이유 때문이다. 그러나 긴 시간대에서 중화론을 검토하는 것만으로 모든 문제가 해결되는 것은 아니다. 각 시기별로 다를 수밖에 없는 중화론의 초점을 하나로 묶지 않는 한 긴 시간대 위에서 연구하는 효과는 반감할 수밖에 없다. 필자가 중화세계관의 궤적을 관찰하려는 것은 세계관이야말로 그 초점을 수렴할 수 있는 가장 효과적인 소재라고 판단했기 때문이다. 중화세계관의 시점에 '소중화'가 있다면 그 종점에는 '유교적 동양'이 있다.

왜 하필이면 정치인가. 중화적 가치를 탐색하는 것은 그 자체로 정치적인 행위이기도 하다. 명나라 중심의 중화세계가 붕괴한 이후 정치적 현실이 주는 무게감은 커져만 갔다. 조선 사람들에게 청나라는 문명의 파괴자, 적대적 타자의 모습으로 비쳤다. 중화문화의 계승자를 자처하던 조선은 그 적대적 타자로부터 오는 가상의 위협에 대처해야 했으며, 나아가 중원대륙에 들어서게 될 가상의 중화국가와 함께 중화세계를 재건해야 했다. 그것은 물론 희망사항이었다. 현실에서는 늘 넘어설 수 없는 타자가 그들을 가로막고 있었다. 시간이 지나면서 적대적 타자는 청나라에서 일본으로, 일본에서 서양으로 바뀌었다. 그러나 중화세계를 재건하리라는 이상을 포기하지 않는 한 그들은 늘 그런 비중화적 현실에 맞서 싸워야 했다.

그리고 왜 하필 지리인가. 문화는 풍토의 산물이고 풍토는 지리의 산물이기 때문이다. 송시열은 이렇게 말했다. "오랑캐의 땅이 중화가 되는 것은 다만 그들을 변화시키는 데에 달려 있을 뿐이다."[13] "지리地理에는 구역區域의 구분이 있으나 인성人性에는 차이가 없는 것이니, 다만 그 사람이 분발하여 힘써 사모하느냐 그렇지 않느냐에 달려 있을 뿐이다."[14] 오랑캐의 땅이라 해도 노력하여 예악禮樂과 문물文物을 갖추면 중화가 된다는 논리다. 선행 연구들이 조선의 중화론을 문화적 중화주의라고 본 것도 이런 이유 때문이다.

문화적 중화관을 온전히 계승한 이항로가 음양이기론, 나아가 천기天氣와 지세地勢의 상호작용을 근거로 곤륜산 동쪽을 '만물이 생성하는 땅'으로 묘사한 것은 흥미로운 대목이다.[15] 곤륜산 동쪽이야말로 중국과 조선이 있는 땅이다. 그는 중국의 지리적 중심성을 주장하지는 않았지만, 중원대륙이 가진 특별한 의미를 부정하지 않은 것이다. 이항로의 사례에 비추어보면 송시열이 "지리에는 구역의 구분이 있다"고 한 말도 범상치 않게 들린다. 말하자면 송시열에서 이항로에 이르기까지 조선의 문화적 중화관은 어떤 방식으로든 지리적 변수와의 관련 속에서 정의되었을 가능성이 있는 것이다.

---

13 송시열, 『송자대전』, 권131, 雜著, 雜錄. 土地之昔夷而今夏 惟在變化而已.
14 송시열, 『송자대전』, 권137, 序, 送咸興二朱君序. 夫地理有區域之辨 而人性無豐嗇之殊 只在乎其人之奮屬勉慕之如何爾.
15 임종태, 「'도리'의 형이상학과 '형기'의 기술–19세기 중반 한 주자학자의 눈에 비친 서양 과학기술과 세계: 이항로」, 『한국과학사학회지』, 21권 1호, 1999, 87~88쪽.

중화세계관의 구성 요소

이 책은 총 7부 18개 장으로 구성되어 있다. 1부는 명청 교체와 그 여파에 관한 두 가지 에피소드를 다룰 것이다. 명청 교체야말로 조선 초기의 중화관을 질적으로 변화시킨 사건이기 때문이다. 1부 1장에서는 조선에서 적대적 타자의 등장이 어떤 의미였는지를 알아보기 위해 삼전도비를 검토할 것이다.

처음 삼전도비를 세우자고 한 사람은 누구이며, 이 문제에 대해 인조와 비변사는 어떤 생각을 가지고 있었는가. 비석의 건립 과정에서 청나라 칙사는 어떤 역할을 했는가. 비석 건립의 전 과정에 걸쳐 청나라가 미친 영향은 어느 정도였는가. 현재의 비문이 남기까지 이경석이 한 역할은 어디까지인가. 삼전도비는 원래 어디에 서 있었는가. 조선에 온 청나라 칙사들에게 삼전도비는 어떤 의미였는가. 비석이 바로 '그 자리'에 서 있었기 때문에 빚어질 수밖에 없었던 역사적 현상들은 무엇인가(1부 1장).

1부 2장에서는 17세기 지식인 김수홍이 제작한 〈천하고금대총편람도〉와 〈조선팔도고금총람도〉를 검토하려 한다. 삼전도비가 '대청'大淸의 현실을 보여준다면, 김수홍의 지도는 '유명'有明의 이상을 드러내고 있기 때문이다. 조선 지식인들이 삼전도비가 보여주는 '대청'의 현실을 굴욕으로 여기는 한, 청나라 중심의 국제질서에 동참하려 했을 리는 없다. 그렇다면 김수홍의 지도들에는 이런 현실과 괴리를 보는 시선이 투영되어 있을 것이다.

〈천하고금대총편람도〉에서 도면의 중심과 주변을 구성하는 원리는 무엇인가. 김수홍에게 천하는 무엇인가. 그는 왜 지도에 고금, 즉 역사를 담으려 했는가. 그가 말하는 '古今'의 '今'은 명나라 때인가 청나라 때인가. 만일 그 '今'이 명나라 때에 머물러 있다면 그 이유는 무엇인가. 〈천하고금대총편람도〉의 네 귀퉁이에 묘사되어 있는 중화세계의 주변은 어떤 양상을 띠고 있는가. 그가 그린 세계에서 유구, 서양국, 마테오 리치, 심지어『산해경』의 지명들은 어떻게 다루어지고 있는가(1부 2장).

명청 교체는 풍토와 중화의 관계에 대한 조선 지식인들의 문제의식이 달라지기 시작하는 시점이라는 점에서도 특별한 의미를 지닌다. 2부에서는 풍토와 중화, 고유문화와 중화문화의 관계에 관한 문제를 다룬다. 여말선초는 '외국外國'으로서 조선이 가진 위상을 고민하던 시기였다. 원 간섭기의 고려 지식인들은 몽골을 어떻게 인식했는가. 조선의 건국자들은 중화에 관한 고려의 유산 가운데 어떤 것을 계승했는가. 그들은 혈연 공동체 혹은 고유문화와 문화 공동체 혹은 보편문화를 어떻게 관계 지으려 했는가. 제후국이 독자적으로 하늘에 제사 지내는 전통은 계승해야 하는가, 버려야 하는가. '소중화국가 조선'이 지리적으로 '동방의 외국' 혹은 '해외의 국가'라면, 그 지리적 조건과 그 조건이 낳은 풍토의 차이는 중화문화를 내면화하는 과정에서 어떤 의미로 받아들여졌는가(2부 1장).

풍토가 지리의 산물이라면 언어는 풍토의 산물이다. 훈민정음 창제는 그 맥락에서 어떤 의미를 지니는가. 훈민정음이 '외국'의 언어라면 한어漢語와 이문吏文은 중화세계에서 소통을 가능하게 하는 도구다. 지식인과 관료들은 이 도구를 어떻게 바라보았는가. 명청 교체가 그들의 시선에 미친 영향은 또 어떤 것인가. 영조가 중국어 교육 내실화 정책을 편 이유는 무엇인가. 17세기 이후 조선 지식인들은 만주어를 어떤 시선으로 바라보았는가(2부 2장).

명청 교체 이후 조선은 중화문화의 유일한 계승자임을 자부했다. 중원대륙과 한반도의 풍토가 같지 않다고 보는 시선에도 자연스럽게 변화가 생길 수밖에 없었을 것이다. 송시열과 허목이 풍토와 중원대륙을 바라보는 시선은 어떤 것인가. 그들에게 남아 있는 풍토부동론風土不同論의 그림자는 어떤 것인가. 홍대용과 박제가가 북학을 부르짖었을 때, 그들에게 풍토부동론은 어떤 의미인가. 풍토부동론에 여백이 생길 수밖에 없었다면 그 여백을 채운 논리는 무엇인가. 우하영과 이종휘가 중원대륙과 조선의 풍토를 더 이상 '다르지 않다'고 주장한 이유는 무엇인가. 그들에게 중원대륙은 여전히 세계의 중심이었는가. 만일 그렇다면 그렇게 주장하는 근거는 무엇인가. 17세기 이후 민간에 퍼져나간 중국 지도에는 중원대륙의 위상에 대한 당대인의 정서가 어떻게 표현되어 있을까(2부 3장).

중화는 풍토의 문제이기도 하지만 정치적 현실의 문제이기도 했다. 3부에서는 삼전도비의 '대청'이 상징하는 정치적 현실이 조선의 당국자들과 지식인들에게 불러일으킨 압박감과 위기의식을 만주 지리 지식을 매개로 검토하려 한다. 조선이 만주에 대해 관심을 가질 수밖에 없었던 것은 순전히 정치적 판단 때문이었다. 그들은 청이 머지않은 장래에 오랑캐라는 숙명적인 이유로 망할 수밖에 없으며, 그 경우 만주 영고탑으로 돌아가게 되리라고 전망했다. 그것은 희망사항이었지만 동시에 위기의식이기도 했다. 퇴각하는 과정에서 조선과 전면전을 벌일지도 모르기 때문이었다. 조선은 그런 위기의 상황에 대비하지 않으면 안 되었다. 조선은 언제 어떤 경로를 거쳐 어떤 지리서와 지도들을 들여오게 되었는가. 이 지리서와 지도들은 어떤 방식으로 재정리되고 활용되었는가. 변경의 치안 문제를 처리하는 조선의 원칙은 또 어떤 것이었는가(3부 1장).

정치적 위기의식으로 들여온 만주 지리서에는 백두산과 그 물줄기에 관한 자세한 지리 정보들도 들어 있었다. 3부 2장에서는 이 지리 정보들을 분석해보려 한다. 백두산정계비 설치를 전후하여 조선 조야에서 백두산 일대에 관한 관심이 폭발적으로 증가하기 때문이다. 성경지盛京志는 만주 지리서 중에서도 대표적인 책자다. 조선은 이 책의 여러 판본들을 들여와 활용했다. 그런데 성경지의 여러 판본들은 일관된 지리 정보를 전해주었는가. 성경지의 문제의식을 계승한 『대청일통지』나 『만주원류고』와 차이가 나는 부분은 없는가. 이 지리서들에 실린 정보들은 또 〈황여전람도〉의 내용과 어떤 편차가 있는가(3부 2장). 정치적 필요에 따라 들여온 만주 지리서와 지도들이지만, 결과적으로 보면 만주 관련 지식의 총량은 대폭 늘어났다. 이 새로운 지식들은 변경과 국경 혹은 고토와 중화세계에 관한 학술 담론을 재구성하는 데도 자연스럽게 활용되었을 것이다. 4부에서는 이 문제를 다룬다.

4부 1장에서는 변경의식과 국경 인식을 검토한다. 여진어나 만주어를 당시의 백화白話로 음차한 만주 지명들은 '동문同文의 세계' 안에서 어떤 방식으로 의미가 발생되었는가. 만주 관련 문헌들에 실려 있는 정보는 조선 초기의 경험에서 파생된 지식과 일치했는가. 불일치가 생겼을 때 조선 지식인들은 어면 방식으로 만주 지리 정보를 확정했는가. 윤관비, 선춘령, 공험진, 그리고 토문강, 분계강 등 청나라 측 지리 정보에서 확인되지 않는 역사적 영토 관련 지명들의 경우는 또 어떤가(4부 1장).

4부 2장의 주제는 고토故土 의식과 중화의 문제다. 늘어난 만주 관련 정보들은 조선 역사가들이 자국사에 대한 지리 고증을 시도하는 과정에서 어떻게 활용되었는가. 지리 고증의 대상이 대부분 고대사인 점을 감안한다면, 지리 고증은 필연적으로 고토에 대한 의식을 제고시킬 수밖에 없다. 고토를 재발견하는 것과 고토를 회복하자고 주장하는 것 사이에는 어떤 차이가 있는가. 고토 회복론을 가장 강력하게 주장한 이종휘에게 중화세계는 어떤 의미였는가. 개화기 지견룡池見龍에게 남은 이종휘의 그림자는 어떤 것인가(4부 2장).

조선 지식인들이 중화세계를 일관되게 중시해왔다고 하더라도, 그들의 시야가 늘 중원대륙과 조선, 그리고 만주에만 머물러 있지는 않았을 것이다. 5부에서는 조선의 지리적 시야가 그 바깥으로 미쳤던 사실을 다양한 사례를 통해 논증하고, 그 확장된 시야가 유지될 수 있었던 배경을 밝히고자 한다.

먼저 유구로 불린 오키나와를 다룬다. 조선에 흘러들어온 유구 관련 지식에는 어떤 것들이 있었는가. 명나라로부터 들어온 유구 지도와 일본으로부터 들어온 유구 지도는 어떤 차이점이 있는가. 조선인들은 그 지리 정보들로부터 어떤 이미지의 유구를 연상했는가. 직접 교류한 경험으로부터 연상된 것은 또 어떤 이미지인가. 조선 지식인들은 중화세계에서 유구를 어디에 위치시켰는가(5부 1장).

다음으로 조선 지식인들의 하이蝦夷에 대한 관심을 검토한다. 조선 지식인들은 아이누족 혹은 그들의 땅 홋카이도를 가리킬 때 '하이'라는 명칭을 사용했다. 17세기 일본에서 하이도와 연해주 사이를 가깝게 보는 주관적 거리감이 생겨났다. 이 감각은 사신과 역관을 통해 조선에 전파되었다. 일본이 하이도를 거쳐 다시 침략해올지 모른다는 위기감도 생겨났다. 조선 지식인들은 이 위기감을 어떻게 받아들이고 어떻게 판단하려 했는가. 이 과정에서 어떤 종류의 일본 지도들이 활용되었는가. 하이의 위치를 파악하는 데 서구식 세계지도는 얼마나 유용한 것으로 간주되었는가(5부 2장).

더 넓은 세상에 관한 지식들도 있었다. 1402년에 제작된 〈혼일강리역대국도지도〉(〈강리도〉로 약칭)가 구대륙 전체를 보여준다면, 1603년부터 유입되기 시작한 서구식 세계지도는 지구적 규모의 세계를 보여주었다. 류코쿠 대학본에는 다른 〈강리도〉 사본들의 제작 시기에 관한 어떤 실마리가 숨어 있는가. 서구식 세계지도는 언제 어떤 유형들이 유입되었는가. '이문異聞을 넓히는' 행위와 '두고서 논하지 않는다'는 논리는 그 넓은 세계를 보여주는 도면들과 어떤 관계에 있었는가(5부 3장).

6부에서는 서구식 세계지도와 중화세계의 관계를 검토하려 한다. 서구식 세계지도가 보여주는 넓은 세상과 지구설에 관한 지식은 동아시아 사회에 적지 않은 파장을 몰고 왔다. 이 새로운 지식은 어떻게 이해되었는가. 중화세계를 지키려 한 사람은 서구식 세계지도와 지구설을 거부했으며, 근대적 세계관을 내면화한 사람은 그것을 옹호했다고 말해도 좋을까. 문제를 이렇듯 이분법적으로 볼 경우 역사적 실상에 접근하기는 어려울 것이다. 두 극단의 반응 사이에 겹치는 부분 혹은 빈 부분이 있지 않을까.

6부 1장에서는 명청대 중국 지식인의 반응을 다룬다. 명말청초 중국 지식인들은 서구식 세계지도를 어떻게 이해했는가. 그들이 '서양'이라는 단어를 처음 알게 된 것은 언제부터인가. 그 서양은 서구식 세계지도에 보이는 유럽으로서의 서양과 같은가, 다른가. 『고금도서집성』의 저자들은 서구식 세계지도에 그려진 유럽으로서의 서양을 그들이 생각하는 직방세계職方世界 안에 어떤 방식으로 끼워넣었던 것인가(6부 1장).

이수광은 조선 지식인으로서는 비교적 이른 시기에 서구식 세계지도를 보았다. 『지봉유설』 외국편은 그가 세계의 여러 나라들에 대해서 적어놓은 논설이다. 6부 2장에서 이 논설을 분석함으로써 그가 가진 문명관과 세계관을 살펴본다. 중국과 통하는 나라와 그렇지 않은 나라, 중화문화와 동일한 풍속을 가진 나라와 그렇지 않은 나라를 보는 그의 시선은 어떤 것이었는가. 그는 그 나라들을 서술하면서 어떤 전략을 구사했는가. 그는 유럽으로서의 서양을 이 논설 안에서 어떻게 자리매김했는가(6부 2장).

조선 지식인들은 서구식 세계지도를 보고 무엇을 연상했는가. 추연의 세계관, 나아가 『산해경』의 지명들은 어떤 방식으로 재해석되었는가. 『중용』과 『주자어류』에는 땅과 바다의 관계에 관한 상충하는 언설들이 있었다. 조선 지식인들은 서구식 세계지도를 이 유학 경전의 언설들과 어떤 방식으로 관련지었는가. 17세기 이후 조선 사회에 광범위하게 유포된 천하도는 어떤 내용을 가진 도면인가. 그 도면을 가능하게 한 지적 배경은 무엇인가(6부 3장).

이수광이 『지봉유설』 외국편을 쓴 것은 천하도가 보급되기 전이었다. 그러니 두 갈래의 세계 구성 사이에 특별한 연관성이 있을 리 없다. 그런데 18세기라면 사정이 다르다. 중화세계관을 가진 평균적인 조선 지식인이라면 서구식 세계지도와 천하도, 나아가 천하도와 『지봉유설』의 세계상을 중화세계의 관점에서 판단할 필요가 있었을 것이다. 정조 때의 지방 지식인 위백규는 바로 그런 문제의식을 담아 『환영지』를 편찬했다. 위백규는 그 다양한 세계상들을 어떤 식으로 중화세계 안으로 수렴해나갔는가(6부 4장).

중화세계관이 역동적인 궤적을 그리는 사이 조선은 일본에 의해 자본주의 세계 체제에 편입되었고, 오래지 않아 망국의 나락으로 떨어지기 시작했다. 조선 유학 지식인들은 선택의 기로에 놓이게 되었다. 중화로 무엇을 가리켜야 하는가. 조국인가, 유교적 동양인가. 7부에서는 변경의 유학 지식인 김정규와 의병운동 지도자 유인석을 통해 두 갈래의 선택이 지닌 의미를 살펴본다.

김정규는 함경도 출신의 유학 지식인이었다. 한말 의병운동에 참가한 뒤, 연길로 이주해서는 공교회운동을 벌이기도 했던 인물이다. 그에게 청나라는 다만 적대적 타자였는가. 그에게 조선은 중화문화의 유일한 계승자였는가. 그에게 조국은 무엇인가. 그가 신학문을 배척할 수밖에 없었던 이유는 무엇인가. 그는 왜 공자를 들어 조국을 가리키려 했는가(7부 1장).

김정규가 조국을 택했다면, 그의 스승 유인석은 유교적 동양을 선택했다. 유인석은 '중국'이 세계의 중심임을 주장하면서 어떤 논리를 구사했는가. 그 논리는 어디에서 온 것인가. 그가 구상한 화동華東의 세계에서 청나라는 오랑캐인가, 적대적 타자인가, 아니면 전략적 제휴의 대상인가. 그는 왜 일본의 성찰을 전제로 하여 화동의 세계를 확장하려 했는가. 확장된 화동의 세계, 즉 유교적 동양이 지니는 역사적 의의는 무엇인가(7부 2장).

신채호는 다양한 논설을 통해 조선시대와 조선 지식인, 나아가 조선 사회의 운영 원리인 유학을 신랄하게 비판했다. 그가 유학에 대해 비판적일 수밖에 없었던 이유는 신기선의 대동학회가 보여준 친일 행각 때문이다. 오늘날 유학을 '사대사상'이라고만 말하는 사람은 많지 않다. 신채호의 발상은 표면적으로는 거의 잊혀가고 있다고 말해도 좋을 것이다. 그러나 망국의 책임을 누군가 져야 하지 않느냐고 말하는 순간 그 발상은 다시 살아난다. 이 구도가 세를 형성하는 순간 중화의 원형질이 무엇이냐를 두고 다시 논쟁을 하게 될지도 모른다. 이 논쟁이 그다지 생산적일 것 같지는 않다. 그렇다면 논의의 지형을 바꾸어야 하지 않을까.

필자는 이 책에서 여말선초부터 한말에 이르기까지 중화세계관이 그린 궤적을 추적해보고 싶다. 특별히 유념하고 있는 것은 다중의 변수를 통해 한국사에서 중화가 지니는 다양한 층위와 의미의 결을 드러내는 일이다. 이 책에서 중화의 서사를 온전히 구성할 수 있다면, 사대事大 문제 역시 최남선과 다른 시각에서 논의할 수 있게 되지 않을까. 그것은 물론 또 다른 지적 여정이 될 것이다. 이 책이 조선시대 지식인들의 세계관을, 나아가 보편문화를 자기화하는 한국적 방식의 역사적 맥락을 이해하는 데 작은 도움이 될 수 있기를 바란다.

1부

'위대한 청나라'와 '문명의 계승자' 사이에서

1장. 삼전도비는 조선 지식인에게 무엇이었나

마푸타와 범문정, 조선을 압박하다

인조가 청 태종에게 고두叩頭의 예를 행함으로써 병자호란은 막을 내렸다. 그러나 후폭풍이 만만치 않았다. 오랑캐로 여기던 청나라에게 왕이 머리를 조아렸다는 사실에 조선의 선비들은 분노했다. 패전의 상처는 강요된 조형물로도 남았다. '삼전도비'로 더 많이 알려진 '대청황제공덕비'가 그것이다. 앞면은 만주문과 몽골문, 뒷면은 한문으로 되어 있는데, 병자호란 당시의 상황, 조선의 잘못과 청나라의 시혜 등에 관한 내용이 빼곡히 적혀 있다. 글을 지은 사람은 이경석李景奭(1595~1671)이다. 최근 누군가 이 비석에 붉은 페인트를 뿌려 사회적으로 큰 문제가 된 적도 있었다. 그런데 이 비석이 수난을 겪기 시작한 것은 한말부터였다. 『매천야록』梅泉野錄에 따르면, 고종은 굴욕적이라는 이유로 이 비석을 넘어뜨렸다 한다. 발굴과 매립이 반복되던 이 비석은 1983년 송파대로 확장과 함께 삼전도비공원으로 이전되었다. 그러다가 최근 원래 위치가 고증되면서 석촌호수 주변으로 옮겨졌다.

　『청사고』清史稿에는 삼전도비에 대해, "전쟁 직후 조선의 신민들이 삼전도 수항단 아래에 이 비석을 세워서 청 태종의 공덕을 기렸다"고 쓰여 있다.¹ 그런가 하면 이경석의 손자인 이하성은 1703년(숙종 29)에 올린 상소에서 비석의 제작 경위에 대해서 이렇게 말했다.

_ 석촌호숫가에 있는 삼전도비. 패전의 상처를 안고 있는 삼전도비는 굴욕적이라는 이유로 끊임없이 수난을 겪어야만 했다.

"정축년의 일은 차마 말하겠습니까? 인조 대왕께서 몸을 굽히고 욕을 참으시면서 종사宗社와 생령生靈을 위하여 부득이한 계책을 하신 것입니다. 이윽고 오랑캐의 의심과 노여움이 점점 깊어지면서 이에 비碑를 세우게 하여 비문을 몹시 급하게 요구하므로 신의 조부가 제학으로서 지어 올렸는데 전연 포장鋪張하는 말이 없었습니다. 오랑캐가 더욱 노여워하여 독촉해 고쳐 짓게 하므로, 주상께서 신의 조부를 면대해 타이르시기를, '이는 바로 나라의 존망存亡이 달린 일이다. 뒷날 자강自强하는 일은 오직 내 몫이다. 다만 마땅히 문자文字는 그들 뜻에 힘써 맞추도록 하라' 하셨습니다. 신의 조부가 스스로 생각하기를, '군주의 욕됨이 이 지경에 이르렀으니 일신을 돌아볼 겨를이 없다'고 여겨 은인하며 명령을 받들었습니다."[2]

『청사고』의 기록과 이하성의 주장은 삼전도비의 건립 계기에 대한 양극단의 견해를 보여준다. 물론 진실은 이하성의 주장에 가까울 것이다. 다만 청나라가 조선에 대한 '의심과 노여움이 깊어지면서 비를 세우게' 하고, 또 '급하게' 비문을 요구했는지는 확인해볼 필요가 있다. 이와 관련해 『승정원일기』는 매우 유익한 여러 가지 사실을 전해준다.

---

1 『淸史稿』, 朝鮮, 崇德 2년 2월.
2 『숙종실록』, 숙종 29년 5월 21일(이 책에서 인용한 조선왕조실록과 『승정원일기』는 국사편찬위원회가 온라인으로 제공하는 원문이다. 연구 환경의 변화를 반영하여 원본의 권수 및 해당일의 간지는 표시하지 않기로 한다).

1637년(인조 15) 3월 12일 비변사에서 삼전도비 문제에 관한 최초의 보고를 올렸다. 청나라는 이미 조선과 강화조약을 맺고 철군했지만, 조선을 믿을 만한 상대로 여기지는 않았다. 조선에는 여전히 척화파斥和派에 동조하는 여론이 있었으며, 인조가 이후 어떤 식으로 나올지도 미지수였기 때문이다. 이런 상황에서 비변사는 삼전도에 세울 비석 석재石材가 준비되었으니 사신을 청나라에 보내 비문을 받아와서 비석에 새기자고 제안했다. 비석을 세우면 청나라의 의심을 풀 수 있으리라는 것이었다.[3] 비석이 청나라의 의심을 풀기 위한 것이라는 점에서 이하성의 주장과 일치한다. 그러나 인조는 비변사의 제안을 일단 보류해두었다.

3일 뒤, 비변사가 이 문제를 다시 거론했다. 비변사의 논점은 대략 이런 내용이었다. "비석 건립이야말로 크게 공들이지 않고도 빛은 많이 나는 일이다. 당초 마차馬差가 이 문제를 발의했는데, 그가 다시 우리에게 물어온 뒤에 일을 시작하게 되면 우리가 미적거리는 것처럼 보일 뿐이다. 먼저 주도적으로 세우는 편이 좋다." 인조의 대답이 걸작이다. "마차가 다시 묻거든 이미 조치했노라고 답하는 것이 좋겠다."[4]

최명길崔鳴吉 등 주화파主和派로 구성된 비변사는 마차의 요구를 받아들일 수밖에 없다고 판단했지만, 인조는 그런 주장에 선뜻 동의하기 어려웠을 것이다. 고두례叩頭禮를 행함으로써 이미 한번 실추된 권위를 비석을 세워 또다시 손상시키고 싶지는 않았을 것이므로. 그러나 인조가 살아남기 위해서는 친청親淸 정책 이외에 다른 대안이 없다는 점에서 비석 문제의 방향은 이미 정해져 있었다고 해도 과언이 아니다.

비변사가 마차라고 부른 사람은 마푸타mafuta(馬夫大)이다. 마푸타는 잉굴다이ingguldai(英俄爾岱, 龍骨大)[5]와 함께 일찍부터 호부戶部와 관련된 일을 담당했다. 잉굴다이는 조선과의 호시互市에서 청군과 팔기八旗 귀족을 위해 물자

3 『승정원일기』, 인조 15년 3월 12일.
4 『승정원일기』, 인조 15년 3월 15일.
5 잉굴다이는 한글소설 『박씨부인전』에 그 이름이 등장할 정도로 민간에서도 널리 회자되었다.

_ 라오닝성 선양시 베이링공원北陵公園에 있
는 청 태종 동상. 1637년 1월 남한산성에 있
던 인조는 군사를 이끌고 조선을 침략한 청
태종에게 항복하여 머리를 조아리게 된다.

수집하는 일을 했었다. 숭덕崇德 연간에
잉굴다이는 의정대신 겸 호부승정, 마푸타
는 호부참정을 맡았다. 두 사람은 청 태종
의 전폭적인 지원을 받으면서 조선 문제를
전담했다. 심양에 간 조선 사신들이 주로
예부가 아니라 호부를 찾은 것도 그 때문
이었다.[6]

마푸타는 나라nara(納喇)씨氏로 야후
yahū(雅虎)의 아들이며, 만다르한
mandarhan(滿達爾漢)의 동생이다. 야후가
처음 18호를 이끌고 누르하치에게 귀부하
자 태조가 그를 니루 어전niru ejen(牛錄 額
眞)으로 삼고 만주滿洲 정황기正黃旗에 소
속시켰다. 뒷날 야후가 은퇴를 청하자 그
의 아들 만다르한에게 니루 어전을 승계시

켰다.[7]

마푸타는 이미 1631년(인조 9)부터 조선 문제에 간여하기 시작했다. 1636
년(인조 14) 잉굴다이와 함께 조선에 들어왔으며, 9월에는 의주에서 호시를 감
독했다. 그해 12월 청 태종이 조선을 공격할 때 선봉으로 삼은 이도 마푸타였
다. 1637년(인조 15) 1월 남한산성에 있던 인조가 마침내 백기를 들었다. 마푸
타는 인조를 청 태종에게 인도했으며, 인조가 청 태종에게 머리를 조아리는
장면을 옆에서 지켜보았다.[8]

청 태종은 군사를 거두어 심양으로 돌아갔지만, 마푸타는 전후 처리를 위

6 劉爲,「試論攝政王多爾袞的朝鮮政策」,『中國邊疆史地研究』, 第3期, 2005; 宋美玲,「입관 전 청조의 심양
관 통제 양상」,『명청사연구』, 30, 2008.
7 『淸史稿』, 卷228, 列傳 15, 滿達爾漢, 馬福塔.
8 『淸史稿』, 卷228, 列傳 15, 滿達爾漢, 馬福塔.

해 서울에 남았다. 종전終戰으로부터 한 달 반이 채 안 된 시기에 비변사는 삼
전도에 비석을 세우는 게 어떠냐는 마푸타의 은밀한 제안을 받았다.[9]

1637년 6월 26일, 공조는 단소壇所를 개축하고 비각碑閣을 만드는 공사를
준비하고 있었다. 단소는 수항단 자리를 말한다. 비석은 정확히 수항단 자리
에 세워질 계획이었다. 그런데 수항단 자리가 강에 가까워 지대가 낮은 것이
문제였다. 만일 이곳에 비석을 세우면 한강 물이 불어날 경우 침수될 우려가
있었다. 땅을 높이 다져 침수를 방지하는 공사가 불가피했다. 공조는 이 공사
를 위해 인력의 지원을 요청했다.

공조는 비석에 사용할 석재와 기타 재료들에 대해서도 보고했다. 비석의
몸돌과 머릿돌(龍頭)에 쓰는 돌은 이미 구비되어 있었다. 푸른빛이 도는 이 석
재는 길이 10척 5촌, 너비 3척 5촌에 달했다. 그러나 받침돌(籠臺石)과 섬돌(階
砌)은 마련되어 있지 않은 상태였다.

비각을 만들고 벽돌을 굽는 등의 일도 미리 진행해야 했다. 공조는 호조와
병조의 협조를 얻어 부족한 재료를 마련하고 공사 기술자를 동원하려 했다.
인조는 공조의 제안을 받아들였다.[10] 다음 날 단소를 개축하는 역군役軍을 8월
1일에 소집하게 하는 조치가 내려졌다.[11] 공조정랑 조경기趙慶起는 단소를 개
축하고 비각을 만드는 실무 책임을 맡았다.[12]

그해 10월, 공사가 크게 진척되지 못하는 상황에서 청나라의 칙사가 파견
되었다. 이 사절의 상사上使는 잉굴다이, 부사副使는 마푸타였다.[13] 그들은 청

9 이은순이 지적한 것처럼, 그것이 청 태종이나 다른 어떤 사람의 요구를 전달한 것이었는지는 분명하지
않다(이은순, 「이경석의 정치적 생애와 삼전도비문 시비」, 『한국사연구』, 60, 1988). 다만 마푸타가 "간절
하고 정성스럽게" 이런 제안을 했다는 것으로 미루어보면, 청 태종이나 제3자의 지시를 단순히 통보하는
수준은 아니었던 것 같다. 당시 조선 문제에 관한 한 잉굴다이에 이은 2인자였다는 사실로 미루어본다면,
그가 비석 문제를 주도적으로 발의하고 성사시킴으로써 청 내부에서 조선 문제에 관한 발언권을 높이려고
했을 가능성이 있다.
10 『승정원일기』, 인조 15년 6월 26일.
11 『승정원일기』, 인조 15년 6월 27일.
12 『승정원일기』, 인조 15년 9월 10일.
13 『清史稿』, 卷228, 列傳 15, 馬福塔.

태종의 명에 따라 인조에게 인신印信과 고명誥命을 내리고 인조를 조선 국왕에 책봉하기 위해서 서울에 들어왔다.[14] 이즈음 공조는 '긴급한 일'이라면서, 나룻배를 이용해 비각에 쓸 석재를 운반하는 계획을 보고했다.[15] 아무리 전란 직후라고 하지만 이 자재들을 구할 의지가 있었다면 넉 달이라는 시간은 결코 부족하지 않았을 것이다. 그런데 왜 공조는 갑자기 '긴급한 일'이라면서 이런 구차한 계획을 말했던 것일까. 그것은 칙사가 삼전도 비각 건립 현장을 답사할 것으로 점쳐졌기 때문이다.[16] 공사가 지체되고 있는 사실이 드러나게 된다면 어떤 불상사가 벌어질지 모르는 상황이었던 것이다.

비각에 쓸 기와를 마련할 방안에 대해서도 논의가 시작되었다. 이시백李時白은 기와를 새로 굽는 대신 관왕묘關王廟 건설에 쓰고 남은 기와를 활용하자고 주장했다. 그러나 문제는 생각처럼 간단치 않았다. 관왕묘는 임진왜란 때 조선에 온 명나라 장수들이 만든 뒤 확산된 것이기 때문이다. 이시백은 이 점을 걱정했다. 조선이 명나라와 관련된 시설물에 쓰다 남은 기와를 청 태종 공덕비 비각에 쓰려 한다는 사실이 알려질 경우 또 다른 시빗거리가 되지 않을까 우려했던 것이다. 이경직李景稷은 이 사실을 비밀에 부치면 큰 문제는 없을 것이라고 주장했다. 청나라가 관왕묘를 숭배하는 것은 아니겠지만, 이 기와로 비각을 잘 꾸며놓으면 오히려 만족하리라는 것이었다. 인조는 이경직의 제안을 따랐다.[17]

지지부진하던 공사는 갑자기 속도가 붙었다. 단소를 높이 쌓고 사방으로 담장을 두른 후 기와를 얹었으며, 비각 구역으로 진입하는 문도 만들었다. 문은 정면 한 칸 측면 두 칸이었다. 이 모든 공사가 채 한 달도 되기 전에 이루어졌다. 문에 칠이 안 된 상태였지만, 기초공사의 대부분이 마무리되었다.

이제 본격적으로 비석과 비각을 세우는 일이 남았다. 그런데 공조는 공사

---

14 『使勅錄』(하버드대학교 옌칭도서관, 도서 TK2493-258): 仁祖 15年(崇德 2年 丁丑) 10月 頒印誥彩幣勅
上 英俄兒 副 馬 三 藏.
15 『승정원일기』, 인조 15년 10월 4일.
16 『승정원일기』, 인조 15년 10월 6일.
17 『승정원일기』, 인조 15년 10월 9일.

를 잠시 미루었다. 비석을 세운 뒤 비각을 건립해야 하는데 정작 비문碑文이 마련되지 않았기 때문이다. 공사가 지체되자 인부들도 모두 해산시켜야 했다. 비각을 짓기 위해 공사 현장에 쌓아둔 자재도 문제였다. 이미 가공해둔 목재와 기와, 철물 등을 현장에서 관리할 사람조차 남지 않은 것이다.[18]

공조는 병조와 광주부에 지원을 요청했다. 그러나 병조는 성저십리 밖으로 경군京軍을 내보내는 규정이 없다는 이유로, 광주부는 병자호란으로 피해가 심각하다는 이유로 지원을 거절했다. 공조의 주장은 달랐다. 처음 이 공사가 시작되었을 때, 한성부는 장인匠人 파견, 호조는 요미料米 지급, 병조는 가포價布 지급 및 역군役軍 파견을 담당했기 때문에 모두 책임이 있다는 것이다. 공조의 요청을 받은 인조는 병조에서 인원을 파견해 공사 현장에서 자재를 관리하도록 했다.[19]

마푸타 일행이 삼전도비 공사 현장을 방문하기로 한 날짜는 11월 24일이었다.[20] 인조는 이 공사를 주관한 공조의 당상과 낭청을 그들과 동행시켰다.[21] 마푸타는 공사 현장에서 직접 단소와 비석용 석재들을 점검한 후 단소를 약간 개축할 필요가 있겠다는 말을 흘렸다.[22] 비석과 비각에 관한 마푸타의 간섭이 본격적으로 시작되는 순간이었다.

인조가 칙사 일행을 만난 것은 그들이 삼전도에 다녀온 바로 다음 날인 11월 25일이었다. 마푸타 등은 이 자리에서 새로운 요구를 내놓았다. 자신들이 심양으로 돌아가기 전에 조선에서 한문 비문을 작성해 보여달라는 것이었다. 청나라에서 비문 문안을 보내주는 것으로 알고 있던 인조로서는 부담스러운 요구였다. 조선에서 비문을 지은 뒤 그들에게 '심사'를 받을 경우 또다시 시비가 생길 수 있었기 때문이다. 인조는 비문 작성 같은 중대한 일을 조선에서 감당할 능력이 없다며 한걸음 물러섰다. 그러나 그들은 황제의 뜻이라며 인조

18 『승정원일기』, 인조 15년 11월 3일.
19 『승정원일기』, 인조 15년 11월 3일.
20 『승정원일기』, 인조 15년 11월 23일.
21 『승정원일기』, 인조 15년 11월 23일.
22 이은순, 앞의 글, 1988, 70쪽.

를 압박했다. 그들의 말처럼 그것이 청 태종의 밀명에 따른 것이었는지는 알수 없는 일이다. 그러나 황제의 명이라는 말 한마디에 인조는 마푸타 일행의 요구를 받아들이지 않을 수 없었다.[23]

인조는 비문 작성자를 서둘러 결정하려 했다.[24] 그러나 당시 대제학 자리는 비어 있었고, 청 태종의 공덕비를 쓰겠다고 자원할 문장가가 있을 리 없었다. 비변사는 급히 후보자 명단을 작성해 올렸다.[25] 후보자 명단에 오른 사람들은 나이가 많다거나 문장력이 부족하다는 등의 이유를 대며 한사코 비문 짓는 일을 사양했다.[26]

그러는 사이 장유張維와 이경석 등이 지은 비문 초안이 완성되었다. 이 초안들은 급하게 작성되다 보니 여러 가지 오류가 있었다. 인조는 장유가 지은 비문의 자행字行 고저高低를 자문의 형식에 맞추어 다시 쓰게 하고, 이경석에게도 초안을 수정하도록 했다.[27] 그러나 정서된 장유의 글에는 여전히 오자가 남아 있었을 뿐만 아니라 직명과 이름도 빠져 있었다.[28] 다음 날 이경석의 수정 비문과 전 부사 조희일趙希逸이 지은 비문이 완성되었다. 비변사의 보고를 받은 인조는 이경석과 장유의 비문을 칙사에게 보내도록 했다.[29] 11월 29일의 일이었다. 갑자기 비문을 만들어 보내야 하는 상황이었지만, 불과 5일 만에 두 개의 비문 초안이 칙사의 손에 넘어가게 된 것이다.

마푸타와 잉굴다이는 인조와 면담하는 중에 이렇게 말했다. "저희가 비록 문자를 해석하지는 못하지만 사람을 시켜 해석하게 하면 그 글 뜻이 어떤지 알 수 있을 것입니다."[30] 그들은 모두 만주족 기인旗人이었기에 한문을 이해하지 못했다. 비문을 받아든 그들은 한문을 아는 사람에게 만주어로 번역하여

23 『승정원일기』, 인조 15년 11월 25일.
24 『승정원일기』, 인조 15년 11월 25일.
25 『승정원일기』, 인조 15년 11월 25일.
26 『승정원일기』, 인조 15년 11월 27일.
27 『승정원일기』, 인조 15년 11월 28일.
28 『승정원일기』, 인조 15년 11월 29일.
29 이은순, 앞의 글, 1988, 71쪽.
30 『승정원일기』, 인조 15년 11월 25일.

읽게 한 뒤 '부당한 대목이 있다'며 문제를 지적했다. 그들은 자신들이 비문을 가지고 가는 대신, 조선 사신이 직접 비문을 가지고 청에 가서 확인받도록 요구한 뒤, 비문을 되돌려주었다.[31]

11월 30일, 비변사는 칙사들이 '부당하다'고 지적한 내용을 빼고 비문을 다시 작성하여 사은사 편에 심양에 보내자고 제안했다.[32] 비변사는 문제가 된 두 구절에 꼬리표를 붙여 올리면서, 수정될 비문을 원접사를 통해 칙사들에게 먼저 보일 것도 제안했다. 조선이 칙사의 요구를 수용했음을 미리 보이려는 계산이었다.[33] 인조의 재가가 떨어지자 문제가 된 부분을 제외한 새 비문이 작성되었다.[34] 인조는 또 칙사가 비문에 대해 한 발언의 취지를 기록하여 예부에 보내 자문을 구하자는 비변사의 의견을 받아들였다.[35] 12월 15일, 마침내 수정본 비문과 예부로 보내는 자문이 심양으로 가는 내관內官에게 전달되었다.[36]

현재 남아 있는 삼전도비의 비문 내용이 1차 확정된 것은 이듬해인 1638년(인조 16) 2월이었다.[37] 그 경과에 대해 『인조실록』은 다음과 같이 기록하고 있다.

장유와 이경석이 지은 삼전도 비문을 청나라에 들여보내 그들로 하여금 스스로 택하게 하였다. 범문정范文程 등이 그 글을 보고, 장유가 지은 것은 인용한 것이 온당함을 잃었고 이경석이 지은 글은 쓸 만하나 다만 중간에 첨가해 넣을 말이 있으니 조선에서 고쳐 지어 쓰라고 하였다. 상이 이경석에게 명하여 고치게 하였다.[38]

31 『승정원일기』, 인조 15년 11월 29일.
32 『승정원일기』, 인조 15년 11월 30일.
33 『승정원일기』, 인조 15년 12월 1일.
34 『승정원일기』, 인조 15년 12월 2일.
35 『승정원일기』, 인조 15년 12월 5일.
36 『승정원일기』, 인조 15년 12월 15일.
37 『승정원일기』, 인조 16년 2월 24일.
38 『인조실록』, 인조 16년 2월 8일.

장유와 이경석의 비문은 1637년(인조 15) 12월 15일, 내관의 손에 쥐어진 그것이었다. 이때 내관은 비문과 자문을 모두 가지고 갔다. 그런데 조선은 내관이 가져간 자문에 대한 예부의 회신을 공식적으로 받지 못했다. 실록에 따르면 심양의 의사를 전해온 것은 예부가 아니라 범문정이었다.[39]

청나라가 비공식 라인이라고도 할 수 있는 범문정을 내세워 "조선에서 고쳐 지어 쓰라"고 요구한 것은 이 비석의 제작 주체가 형식적으로는 조선이기 때문일 것이다. 어쨌든 범문정의 요구에 따라 조선은 이경석의 글을 수정하는 형태로 새로운 비문을 마련해야 했다. 그런데 이때 이경석이 써서 보낸 비문은 어떤 것이었으며, 범문정은 여기에 어떤 내용을 첨가해 넣으라고 요구했던 것일까.

『심양장계』瀋陽狀啓에 당시의 사정을 보여주는 기록이 있다. 1638년 1월 26일, 범문정과 박시 가린Garin(加隣), 그리고 6~7명 정도의 한인들이 조선 관리들을 심양 예부로 불렀다. 그들은 조선에서 보낸 비문에 보완할 곳이 많아 협의가 필요하다고 말했다. 조선 관리들은 범문정 등이 비문에 첨가하고 싶어하는 내용이 무엇인지를 직감했다. 그것은 1619년(광해군 11)에 조선이 강홍립姜弘立을 보내 명나라를 도운 일, 그 밖에 조선이 그동안 '잘못'을 범한 일, 그리고 청 태종이 조선에 은혜를 베풀어준 사실 등에 관한 것이었다.[40]

서울에서 비문을 본 마푸타는 만주어로 번역된 문건을 읽고 부당하다고 생각되는 부분으로 두 군데를 지적했을 뿐이지만, 심양에 있던 범문정은 조선에서 보내온 문건의 전체적인 골격을 뒤흔들려 했다. 한문을 모르는 만주인 관리와 한문에 능숙한 한족 관리의 대응 방식이 같을 수는 없었던 것이다.

대만에는 범문정이 "중간에 첨가해 넣을 말이 있다"고 한 내용과 관련한 문건이 하나 남아 있다. 원건에는 제목이 없지만, 편집자가 「숭덕 2년 12월 의

39 범문정(1597~1666)은 누르하치 때 후금에 합류한 한족 출신의 문신으로, 청초 내비서원內秘書院의 대학사大學士이자 개국 원훈 중 한 사람이다. 그는 특히 태종이 추구했던 중앙집권 정책과 한화漢化 정책을 적극적으로 뒷받침하였다. 범문정에 대해서는 和靑, 「淸初內秘書院首任大學士范文程」, 『秘書』, 11월, 2003 참조.
40 『瀋陽狀啓』, 1638년 1월 26일.

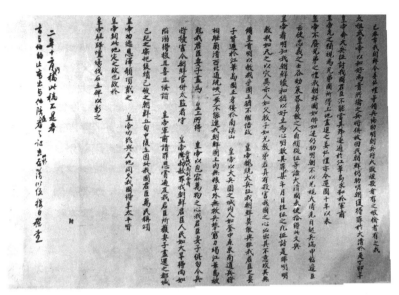

_ 『명청당안존진선집』 해당 부분. 청나라에서 범문정을 통해 이경석의 비문(삼전도비문)을 고치려 했던 상황을 보여주는 문건이다.

조선칭송황제공덕비문고」崇德二年十二月擬朝鮮稱頌皇帝功德碑文稿라는 가제를 붙여두었다.[41] 이 사료는 세로 47.5센티미터, 가로 71.0센티미터의 짧은 문서다. 영인본 해제에는 범문정이 조선에 지어 보내 이경석에게 참고하게 한 원문일 가능성이 있다는 설명이 붙어 있다. 이 문건은 다음과 같은 다섯 가지의 내용 요소로 구성되어 있다. 앞의 네 가지는 글을 지은 이의 주장이며, 마지막은 황제의 비답이다.

① 기미년에 우리 조선이 강홍례姜弘禮로 하여금 군대를 이끌고 명을 돕게 했는데 병장兵將들이 대패하여 피살된 자도 있고 사로잡힌 자도 있었다. 우리 태조황제께서 화호和好를 중요하게 여기시어 사로잡힌 병장들을 모두 놓아주었다. 그런데도 우리 조선이 여전히 명나라를 돕다가 다시 대청

41 李光濤 編, 『明清檔案存眞選輯』, 初集, 中央研究院歷史語言研究所, 1959, 101쪽.

大淸에 죄를 얻게 되었다. 이에 정묘년에 황제가 대병大兵에게 정벌을 명하셨다. 우리나라 군신들이 그 예봉을 당하지 못하고 마침내 강화도에 숨었다가 화친을 청하자, 황제가 윤허하고 오히려 형제국으로 여겼으며, 빼앗은 토지를 모두 돌려주고 강홍례도 또한 환국하게 했다.[42]

② (정묘년 이후) 10년 동안 황제는 형제의 예를 다했으나, 우리 조선국이 깨닫지 못하고 미혹되어, 여전히 명을 돕고 대청을 형으로 여기지 않더니, 먼저 병화의 단서를 스스로 일으켜 변신에게 신칙하기를 '충의지사로 하여금 각기 책략을 바치게 하고, 용맹한 사람들로 하여금 자원하여 종정토록 하라'고 하였다. 대청국의 사신이 이 문서를 얻어 황제에게 보였다. 황제가 우리 조선이 화평을 무너뜨렸음을 밝히 아시면서도 오히려 호생好生의 마음으로 그 죄를 밝히 들어 '모년 모월 모일에 정토하리라' 하시고, 우리에게 정토의 시비를 밝히 가르쳐주시기를 하늘이 재이로써 사람에게 보여주듯, 아버지가 자식을 가르치듯, 형이 동생을 가르치듯 하시었다. 만일 진실로 우리나라 사람들을 살해하려는 마음이 있으셨다면 반드시 불시에 군사를 내시어 그 방비 없을 때 공격하셨으리니, 어찌 기꺼이 밝혀 우리를 가르치셨겠는가. 그런데도 국왕이 깨닫지 못하므로 황제가 친히 대병을 이끌고 우리 조선을 정벌하신 것이다.[43]

③ (조선이) 감히 맞서지 못하여 군신君臣의 처자妻子들은 모두 강화도에 숨고 국왕은 남한산성으로 몸을 피했다. 황제가 대병으로 남한산성을 포위하자 성안 사람들은 가마솥 안의 물고기 신세가 되었다. 동남도는 병장들이 연달아 무너졌고, 서북도에서는 협곡에 둘러싸여 한 발짝도 나아갈 수

---

42 위의 책, 己未年 我朝鮮 令姜弘禮等領兵 協助明朝 兵將大敗 被殺者有之 被擒者有之 我太祖武皇帝 以和好爲貴 所擒之兵將 俱放回 我朝鮮 仍助明朝 復得罪於大淸 於是 丁卯年 皇帝命大兵征討 我國君臣 不能當其鋒 遂遁於江華島 求和於軍前 皇帝允之 猶視爲兄弟國 所得土地盡還之 姜弘禮亦令還國.
43 위의 책, 十年以來 皇帝不廢兄弟之禮 我朝鮮國 如醉如迷 仍助明朝 不以兄視大淸 先自起兵端 申飭邊臣云 使忠義之士 各效策略 勇敢之人 自願從征等語 大淸國來使 拾得此文 與皇帝看 明知我朝鮮壞和 猶以好生爲心 明數其罪 (於)某年月日 往征之几 征討是非 明明教我 如天之以災異示人 如父敎子 如兄敎弟 若眞有殺害我國之心 必出其不意 攻其無備 豈肯明以敎我乎 國王猶不醒悟 故皇帝親統大兵 征我朝鮮.

없었다. 우리 조선 국왕은 안으로 군량이 없고 밖으로 원병이 없었으며 형세는 궁하고 힘은 다하였다. 강화도에 있던 우리 군신의 처자들은 모두 황상에게 사로잡히게 되었다. 황제께서 만물을 포용하시는 마음으로 우리 군신 처자에 대해 병장들이 해를 끼치지 못하게 하시고, 조선 관원으로 하여금 태감과 더불어 간수하게 하였다. 황제께서 (잉굴다이와 마푸타 등에게 명하여) 칙서를 내려 죄를 사하여주시니, 우리 조선의 군신과 백성들이 큰 가뭄에 비를 만난 듯, 물에 빠졌다가 구원받은 듯하며, 기뻐하고 두려워하여 황제의 군대 앞에 나아가 죄를 청하였다. 은상이 우리 군신에게 두루 미쳤으며, 붙잡힌 처자들은 모두 도성으로 돌아갈 수 있게 하시었으니, 이미 끊어진 종사가 다시 이어지고 이미 무너진 조선이 5순 만에 다시 서게 되었다.[44]

④ 이로 인해 우리나라의 군신과 만민들이 황제의 공덕과 은택을 칭송하여 머리 위에 이고자 하였다. 황제의 공덕은 천지와 더불어 오래 가리니, 우리나라가 태평을 누리게 된 것은 모두 황제가 여기에 와서 정해주었기 때문이다. 그런고로 황제가 머무셨던 단장에 돌을 깎아 비석을 세워 (그 공덕을) 드러내었다.[45]

⑤ 〔비답〕 : "(숭덕) 2년 12월에 처음 쓴 글. 이 글은 칙지勅旨를 받들어서 저들에게 주는 것이 아니니, 다만 베껴서 그 배신陪臣에게 내어주어 보고 기록해가게 하라. 이 문서는 문서대장에 기록해두어 후일에 참고하게 하라."[46]

글의 내용으로 보아 삼전도비문과 관련한 문건임을 짐작할 수 있다. 작자

---

44 위의 책, 莫敢與拒 君臣之妻子 皆遁於江華島 國王身接於南漢山 皇帝以大兵圍之 城內人如釜中魚 東南道 兵將 相繼崩潰 西北道 繞峽 一步不能進 我朝鮮國王 內無粮草 外無救兵 勢窮力竭 江華島被□我君臣妻子 盡爲皇上所得 皇帝以包萬物之心 我君臣妻子 勿令兵將擾害 令朝鮮官 併太監看守 皇帝 (命英娥代 馬副答□) 降勅赦罪 我朝鮮君臣人民 如大旱得雨 如陷溺得援 且喜且懼 詣皇帝軍前請罪 恩賞遍及我君臣 所獲妻子 盡還之都城 已絶之宗祀復續 已破之朝鮮 五旬中復立.
45 위의 책, 因此 我國君臣萬民 稱頌皇帝功德恩澤 顧頂戴之 皇帝功德 與天地同久 我國得享太平 皆皇帝到此地定之故也 故於皇帝駐蹕壇場 伐石立碑以彰之.
46 위의 책, 二年十二月(始)稿 此稿不是奉旨與他的 止寫出與他陪(臣) 看之記去 (此於)存簿 以便後日稽查.

는 시종일관 '조선'을 주어로 글을 쓰고 있다. 그런데 한 군데에서는 누르하치를 '우리 태조'라고 쓰기도 했다. 흥미로운 사실은 두 번씩이나 강홍립을 강홍례로 적은 것이다. 만일 이 문서가 조선 사람이 작성한 것이라면 절대 있을 수 없는 일이다. 이것은 '立'(lì)과 '禮'(lǐ)의 중국어 발음이 같기 때문에 빚어진 현상이다. 이 사료는 한어를 쓰는 청조의 한인 관료가 작성한 문건인 것이다. 그는 이경석의 비문에 대해 "중간에 첨가해 넣을 말이 있다"고 한 인물, 즉 범문정일 수밖에 없다.

이 글의 핵심적인 메시지는 강홍립 문제, 조선의 과오, 청나라의 은혜 등에 관한 것인데, 1638년(인조 16) 1월 26일, 조선 관리들이 심양 예부에서 범문정 등을 면담했을 때 그들로부터 받았던 암묵적인 요구와 정확하게 일치한다. 그런데 비답에 따르면 이 글은 1637년(조선 인조 15, 청 숭덕 2) 12월에 처음 쓰인 것이라 한다. 조선의 내관이 장유와 이경석의 비문을 들고 심양으로 떠났던 그 시점이다. 범문정은 장유와 이경석의 글이 심양에 도착했을 무렵 이미 조선을 주어로 한 별도의 문건을 작성해두었던 것이다. 청 태종은 자문의 형태로 답변하는 것을 피하고, 대신 이 글의 내용을 베껴서 조선 사신에게 내어주도록 했다. 비석의 건립 주체를 표면상 조선으로 하면서도, 그 내용에 간섭하고 싶었기 때문이다.

비답의 내용이 그대로 시행되었다는 전제에서 보면, 조선 사신은 범문정의 문서를 베껴 쓴 사본을 건네받아 돌아왔고, 이 문건이 이경석에게 전해졌을 것이다. 범문정의 문건은 사적인 형태로 전달되었지만, 조선으로서는 거부할 수 없는 상황이었다.

현존하는 삼전도비문은 청 태종이 항복한 인조를 서울로 돌아갈 수 있게 하고 군사를 거두어들였다는 이야기에서 시작된다. 그런데 비문의 기본적인 내용 요소는 범문정의 문건과 동일하다. 심지어 표현까지 유사하거나 일치하는 대목도 적지 않다. 인조가 남한산성에 들어간 뒤 동남쪽과 서북쪽에서 군사들이 전혀 합류하지 못하고 있던 상황에 대한 묘사를 보자. 범문정의 문건에 "東南道 兵將 相繼崩潰 西北道 繞峽 一步不能進"이라고 나오는 내용은 삼전도의 비문에 "東南道兵 相繼崩潰 西北帥 逗撓峽內 不能進一步"라고 쓰여 있다. 범문정의 문건이 삼전도비문에 정확히 반영되었음을 보여준다.

범문정의 문건과 삼전도비문 사이에 차이가 나는 대목이 전혀 없는 것은 아니다. 범문정은 조선이 지방 관리에게 지시한 핵심적인 내용들을 구체적으로 드러냄으로써 그것이 병자호란의 원인이 되었음을 강조하려 했지만, 이경석은 "우리나라에서 변신邊臣에게 지시하는 말에 불손한 내용이 있었다"라고만 적었다. 청 태종이 항복을 권유하자 인조가 "종사를 보존하고 백성을 보전하기 위해" 항복하기로 했다는 내용은 삼전도비문에 보이지만 범문정의 문건에는 보이지 않는다. 이경석은 범문정의 요구를 대폭 반영하여 삼전도비문을 지어야 하는 처지였고, 실제로 그렇게 했지만, 조선의 입장을 조금이라도 반영하기 위해 고심했다.

비석의 건립과 그 영향

장유와 이경석의 글이 심양에 전달되기 전인 1637년(인조 15) 11월 24일, 마푸타 일행은 한양에서 삼전도 공사 현장을 둘러보았다. 마푸타는 석재의 크기를 직접 재보면서 흡족해했다. 그런데 마푸타가 본 비석용 석재는 어떤 것이었을까. 처음 삼전도비에 관한 논의가 시작되었던 1637년 3월에 비변사는 이미 비석에 쓸 석재가 준비되었다고 보고했다.[47] 당시만 하더라도 비문에 어떤 내용을 쓸 것인지, 비석의 앞면과 뒷면을 어떻게 할 것인지 아무것도 정해지지 않은 상태였으므로, 대형 석재를 별도로 준비해야 한다는 생각은 없었던 것이다. 그렇다면 마푸타가 본 석재는 처음 비변사가 "이미 준비되어 있다"고 했던 그 석재였을까.

1637년 10월 마푸타가 한양에 들어오기 직전 공조가 갑자기 '긴급한 일'이라며 비석용 석재를 준비하려 한 것은 원래 비변사가 가지고 있던 것이 어

---

47 『승정원일기』, 인조 15년 3월 12일.

떤 조건을 충족하지 못했기 때문일 것이다. 그러나 공조의 계획은 제대로 성사되지 못했던 것 같다. 계절이 겨울로 접어들었으므로 석재를 채취한다 해도 강이 얼어붙어 운반하기가 어려웠기 때문이다. 사정이 이렇게 되자 이시백이 내수사의 석재를 가져다 쓰자고 제안하여 인조의 재가를 받았다.[48] 마푸타가 본 것은 내수사가 가지고 있던 석재였던 것이다. 그러나 그 석재는 현재 남아 있는 삼전도비의 자재로 사용되지 않았다. 청이 다시 태도를 바꾸었기 때문이다.

좌찬성 홍보洪霽가 이끄는 주청사 일행이 심양을 향해 출발한 것은 1638년(인조 16) 6월이었다.[49] 이 사신단의 임무는 조선에 대한 징병 요구를 철회시키는 것이었다. 7월 말, 홍보가 보낸 장계가 먼저 한양에 도착했다. 그런데 이 장계에는 삼전도 비석의 새로운 견본에 관한 내용이 포함되어 있었다. 청이 삼전도비와 관련해 만족하지 못한 내용이 무엇이었는지는 알 수 없지만, 새로운 견본을 홍보에게 제시한 것으로 미루어보면 적어도 조선에서 마련해둔 석재를 새로운 것으로 교체하게 하려는 속셈이 있었던 것은 분명하다.

구굉具宏은 부득이 이 새로운 견본에 맞추어 비신碑身 용도의 석재를 다시 마련해야 한다고 보고했다. 인조는 백성들이 더 수고스럽겠다고 말할 뿐이었다. 청에서 요구한 새로운 석재의 견적은 몸돌이 12척, 용두龍頭가 2척 2촌에 달했다.[50] 마푸타가 석재를 점검하고 돌아간 지 6개월이 지난 시점에서, 더구나 비문 문안이 거의 결정된 시점에서, 청은 조선이 준비한 것보다 더 큰 비석을 요구했던 것이다.

1638년 8월 16일, 인조는 새로운 석재를 충주에서 채취하라는 명을 충청 감사에게 전했다. 시간이 그렇게 많은 것도 아니었다. 거대한 돌을 채취하여 가공한 뒤 남한강 수로를 따라 운반하는 작업을 겨울이 오기 전에 마무리해야 했다. 그런데 비석 몸돌이 커지면서 다른 문제들이 생겼다. 비신과 결합시키려고 미리 준비해둔 귀부龜趺가 새로운 몸돌에 비해 너무 작았던 것이다. 공조

48 『승정원일기』, 인조 16년 4월 22일; 인조 16년 4월 26일.
49 『승정원일기』, 인조 16년 6월 19일.
50 『승정원일기』, 인조 16년 7월 26일.

_ 작은 귀부가 포함된 삼전도비 전경. 삼전도비 귀부는 현재 한성백제박물관에 소장되어 있다. 佐脇精 編, 『京電 ハイキングコース(Ⅲ)』, 京城電氣, 1937.

는 인조의 재가를 얻어 과천에서 새로운 귀부용 석재를 조달했다.[51] 현재 삼전도비 옆에 남아 있는 작은 형태의 귀부는 아마도 비석을 세우기 위해 이전에 마련해둔 것일 가능성이 크다.

비석을 보호하는 비각도 커질 수밖에 없었다. 비각은 아직 짓지 않은 상태였지만, 건축에 들어가는 자재와 물량을 조절해야 했던 것이다. 공조는 낭청과 목수·석수 등을 삼전도로 보내 비각 터를 넓혀야 할지, 준비된 목재를 더큰 것으로 바꾸어야 할지 등에 대해 조사하게 했다. 조사 결과 비각 터, 처마와 섬돌, 바깥 담장 등은 큰 문제가 되지 않았다. 공조는 다만 내단內壇을 계획보다 조금 더 넓힐 필요가 있다고 보고했다. 인조는 내단을 확장하는 데 필요한 목재를 강원도에서 조달하게 했다. 이 목재들은 이듬해 봄 해빙기에 북한강 수로를 따라 운송하도록 했다.[52]

인조는 홍보를 심양으로 파견할 때까지만 하더라도 문제를 단순하게 생각했다. 마푸타가 보고 간 석재를 비석에 맞게 가공한 뒤 청에 알리고, 비문을쓸 사람을 삼전도에 파견하는 절차를 진행하면 될 것으로 보았다. 그러나 실제로 일을 주관하는 비변사의 입장은 좀 더 신중했다.

비변사는 심양으로 떠나는 홍보의 손에 이경석이 지은 삼전도비문을 들려

51 『승정원일기』, 인조 16년 8월 16일.
52 『승정원일기』, 인조 16년 8월 20일.

보냈다. 범문정의 요구를 수용해서 작성된 이 비문은 이미 1638년 2월 심양에 전달되었지만, 청으로부터 최종 확인을 받아야 하는 문제가 아직 남아 있었다. 홍보가 가져간 문건은 청나라의 요청에 따라 비문 자행의 고저를 맞추고, 그 위에 전자篆字를 갖춘 것이었다.[53] 제술인製述人, 즉 이경석의 관직과 이름도 명시되어 있었다. 그러나 이 문건에는 비의 전면에 전서篆書와 예서隷書를 쓸 사람이 다만 '모관某官 모某'라고만 적혀 있었다. 비의 뒷면을 어떻게 처리할지는 더욱 미지수였다. 그때까지도 청나라로부터 비의 크기와 형식에 관해 아무런 언질이 없었다. 비변사는 청나라가 홍보를 통해 비의 형식에 관한 사항을 통보해오리라고 예상했다.[54]

물론 관련 정보가 전혀 없는 것은 아니었다. 신경진申景禛은 청이 "비의 앞면과 뒷면을 모두 이용하여 번역한 몽골문을 한문과 함께 수록하려 한다"는 얘기를 들었다 한다.[55] 그러나 신경진이 들은 얘기는 어디까지나 사적인 정보였다.

청나라는 마침내 홍보를 통해 비석의 새로운 견본을 제시했다. 그러나 홍보의 보고에는 만몽한滿蒙漢 세 언어를 어떻게 배치할 것인지에 대한 내용은 들어 있지 않았다. 인조는 다만 청이 비석의 앞면에 만몽한 세 언어를 모두 쓰겠다고 할 경우 난처한 상황이 생기지 않을까 걱정할 뿐이었다.[56]

인조는 서둘러 일을 마무리하고 청나라에 그 사실을 통보하고 싶어했다. 3년이 다 되어가도록 공사가 마무리되지 않은 것을 청이 의아하게 여길지 모르기 때문이었다. 영의정 최명길은 곧 공조에 인조의 명을 전했다.[57] 공조는 충주에서 채취하여 다듬어놓은 비신용 석재를 다음 해 해빙을 기다려 삼전도로 수송할 계획이라고 보고했다.[58] 공조의 보고가 올라오자, 비변사는 이 사실

---

53 『승정원일기』, 인조 16년 7월 11일.
54 『승정원일기』, 인조 16년 7월 10일.
55 신경진은 1638년(인조 16) 1월 사은사 일행을 이끌고 심양을 방문한 적이 있었다. 아마도 이때 삼전도비에 관한 청의 복안에 대해 들었을 가능성이 있다.
56 『승정원일기』, 인조 16년 7월 26일.
57 『승정원일기』, 인조 16년 11월 22일.

을 서울에 들어온 마푸타에게 알렸다.[59] 이듬해인 1639년(인조 17) 봄, 드디어 얼음이 녹고 남한강의 수량이 풍부해지자 비신용 석재를 실은 배가 충주를 출발하여 삼전도에 닿았다. 인조는 강변에서 비각 자리까지 석재를 운반할 짐꾼 400여 명을 편성해 보내도록 했다.[60]

그해 6월, 마푸타는 형부참정 바하나bahana(巴哈納)와 함께 다시 서울에 들어왔다.[61] 왕비 책봉 절차를 주관하기 위해서였다. 그의 입국과 때를 맞추어 비신용 석재에 글씨를 새겨 넣는 작업이 본격화되었다. 인조는 오준吳竣과 신익성申翊聖에게 서사관 직임을 담당하게 하고, 각각 비신의 글씨와 전문篆文을 쓰도록 명했다.[62] 비문의 글자 수는 1,100여 자에 달했다. 14명의 각수가 좌우로 나누어 일시에 새겨 넣는다면 대략 5일이면 가능한 정도의 분량이었다.[63]

그런데 문제가 있었다. 여전히 청나라로부터 '새로운 견본'에 비문을 어떻게 써넣을지 아무런 언질이 없었다. 비면에 한문, 만주문, 몽골문을 모두 쓰라고 요구할 경우 앞면을 삼등분할 것인지, 아니면 앞면과 뒷면을 모두 쓸 것인지도 문제였다. 인조는 다만 앞면을 반분하여 한쪽에 한문을 쓰고 나머지는 만주문과 몽골문을 써넣을 자리로 비워놓는 것도 좋겠다고 생각했다. 공식적으로 정해진 것은 아무것도 없었다. 그러나 역시 청의 입장을 가장 중요하게 고려할 수밖에 없었다. 인조는 마푸타에게 이 문제를 문의하도록 했다.[64]

마푸타는 비석에 만주문·몽골문·한문 등 세 가지 형식으로 새겨 넣기를 원했다. 그러나 한 면에 세 언어를 모두 쓰는 것을 전제로 공간을 삼등분한다면, 한문을 쓸 공간이 협소해질 수밖에 없다. 비문 중 '황제' 등이 나오는 대목에서는 줄을 바꾸어 극행極行을 쓴다면 공간은 더욱 줄어들 것이다. '황제'라

---

58 『승정원일기』, 인조 16년 11월 23일.
59 『승정원일기』, 인조 16년 11월 23일.
60 『승정원일기』, 인조 17년 3월 25일.
61 『淸史稿』, 卷228, 列傳 15, 馬福塔.
62 『인조실록』, 인조 17년 6월 25일. 그러나 신익성은 곧 사양하며, 끝내 글씨를 쓰지 않았다(『인조실록』, 인조 17년 6월 26일).
63 『승정원일기』, 인조 17년 6월 25일.
64 『승정원일기』, 인조 17년 6월 25일.

는 단어가 나오는 대목에서 두 칸을 띄어 쓰고, 직함을 쓰지 않는 식의 편법을 쓴다 해도 공간이 너무 협소하다. 이 협소한 공간에 비문 1,100여 자를 모두 써넣으려면 글씨를 작게 하는 수밖에 없다.

마푸타는 비석의 견본과 종이에 쓰인 문안의 형식을 받아보고는 함께 온 일행을 불러 상의한 뒤 입장을 밝혔다. 그의 지침은 대략 이런 내용이었다. "비석은 앞면을 삼등분하라. 그중 1/3의 공간에는 해서체의 한문을 쓰고 그 위로 전서篆書를 써넣어라. 나머지 2/3의 공간에는 만주문과 몽골문을 써넣을 것이다. 한문 구간에서 황제라는 글자가 나오면 행을 바꾸라."[65] 마푸타는 심양으로부터 이 문제에 관한 한 전권을 위임받고 있었던 것 같다. 마푸타의 요구를 들은 영접도감은 곧 화원을 동원해 비석의 앞면을 삼분하여 자행字行을 만들게 하고, 사자관에게 그 행에 따라 글씨를 쓰게 할 것을 청하여 인조의 재가를 받았다.

마푸타 일행은 자신들이 귀국하기 전에 비석을 세우는 과정까지 모두 마치기를 바랐다. 그러나 돌에 새기는 것은 나무에 새기는 것에 비해 훨씬 어려운 일이었다. 게다가 비석을 눕혀놓은 상태에서 세 구간으로 나누고 그 1/3의 공간에만 새겨 넣다 보면 각수의 작업 공간이 협소해지는 반면 작업 시간은 더 걸릴 수밖에 없다. 영접도감에서는 엄청난 무게의 몸돌을 매번 세웠다 눕혔다 할 수 없기 때문에 만주문과 몽골문을 새기지 않은 상태에서 비석을 세울 수는 없다고 주장했다. 이 주장을 뒤집어보면 마푸타의 요구는 좀 더 분명해진다. 그는 비석 전면의 1/3 공간에 먼저 한문만 새기고 일으켜 세운 뒤, 그 한문으로 된 비문을 탁본해서 가져가고 싶었던 것이다.[66]

마푸타는 역관 정명수를 통해 "비문을 탁본하기 전에는 돌아갈 수 없다"고 알려왔다. 글씨를 돌에 새기는 데 시간이 많이 걸린다고 하면 돌아오는 답은 더욱 가관이었다. "그렇다면 한 달이 되건 두 달이 되건 드러누워 기다리겠다."[67] 마푸타를 하루라도 빨리 돌려보내기 위해서는 그의 손에 한문으로 된

65 『승정원일기』, 인조 17년 6월 27일.
66 『승정원일기』, 인조 17년 6월 28일.

비문 탁본을 쥐어주어야 하는 상황이었다.

1639년(인조 17) 7월 6일, 삼전도에서 현장을 지휘 감독하던 비각소감역관 碑閣所監役官 조창문趙昌門은 비문을 새기는 작업이 완료되었다면서 그 증거로 비문 한 장을 탁본하여 공조로 올려보냈다. 조창문은 또 각석 작업을 담당했던 각수들은 뒷날 다시 소집하기 위해 잠시 돌려보냈다고 보고했다. 아마도 만주문과 몽골문을 새겨 넣을 때 다시 불러올리겠다는 의미일 것이다. 인조는 장인들에게 미포米布를 지급하여 위로하게 했다.[68] 『인조실록』도 이때 "삼전도비 비문을 탁본하여 청국에 보냈다"라고 기록하고 있다.[69]

위 기록으로 보면 이때 한문이 새겨진 비석 탁본이 제작된 것은 틀림없는 사실인 것 같다. 그러나 현재 남아 있는 삼전도비는 만주문·몽골문이 앞면에, 한문이 뒷면에 새겨져 있다. 또 '崇德四年十二月初八日立'이라는 연대 표시가 있을 뿐만 아니라 글자 수 역시 1,100여 자가 아니라 1,009자다. 이 탁본은 현재 남아 있는 비석의 한문 부분이라고 보기는 어려운 것이다.

마푸타는 자신의 눈으로 직접 비석을 세우는 모습을 보고 싶어했지만, 조선이 탁본을 보내기로 한 데 만족하고 돌아간 것 같다. 마푸타가 돌아간 뒤 최명길이 이렇게 말했다. "칙사가 돌아간 뒤 서울에 유언비어가 돌았는데, 이 말이 저들의 귀에 들어갈까 진실로 걱정입니다. 이후의 일을 각별히 조심하는 것이 좋겠습니다."[70] 최명길의 말이 무엇을 뜻하는지는 분명하지 않지만, 이 탁본과 관련되었을 가능성이 높다. 이 시점에서 삼전도 비석은 세워지지 않았기 때문이다.

마푸타는 1639년(인조 17, 숭덕 4) 11월 다시 서울에 들어왔다.[71] 그는 이때 박시Baksi(博氏, 巴克什) 3명과 다른 수행원들을 대동했다. 박시는 지식인, 문인을 뜻하는 몽골어에서 기원한 말이다. 그들은 청 태조에서 태종 시기에 만문

67 『승정원일기』, 인조 17년 6월 28일.
68 『승정원일기』, 인조 17년 7월 7일.
69 『인조실록』, 인조 17년 7월 28일.
70 『승정원일기』, 인조 17년 7월 23일.
71 『淸史稿』, 卷228, 列傳 15, 馬福塔.

滿文을 창제했으며, 한문 서적을 만문으로 번역하는 과정에서도 주도적인 역할을 담당했다. 박시는 일종의 사호賜號이기도 했다. 청 태조와 태종은 몽골어와 한어에 능통한 만주족 관리를 이웃나라에 보내 자신의 뜻을 전하게 하면서 그들에게 박시라는 칭호를 내려주었다.[72] 마푸타를 따라온 이들 박시들이 누구인지는 분명하지 않지만, 만주어·한어·몽골어에 능통한 만주족 관리였음은 분명하다.

마푸타 일행을 맞으러 간 원접사 정태화鄭太和가 급히 장계를 올렸다. 장계에는 비변사에서 시급히 논의해달라는 세 가지 안건이 포함되어 있었다. 그 중 하나가 삼전도비 뒷면의 각역刻役 문제였다. 역관 정명수를 통해 전달된 내용은 이런 것이었다. "삼전도비의 앞면은 마땅히 몽골 문자로 쓰고 뒷면은 한문 비문을 새겨야 할 것이니, 칙사가 서울에 들어가기 전까지 먼저 뒷면을 새겨놓고 기다려, 오래 지체하는 폐단이 없게 하라."[73]

불과 5개월 전 인조는 마푸타가 정한 방침에 따라 앞면의 1/3면에 한문 비문을 새기고, 그 탁본을 청에 보냈었다. 정상적인 수순이라면 이번에 마푸타가 대동하고 오는 박시들이 앞면의 나머지 공간에 만주문과 몽골문을 써서 새기면 될 일이었다. 그런데 마푸타는 느닷없이 새로운 비석의 뒷면을 한문으로 새겨놓고 자신이 도착할 때까지 기다리라고 한 것이다. 도착하자마자 만주문과 몽골문을 앞면에 새기고 비를 세운 뒤 돌아가려 했기 때문이다.[74]

심양으로부터 여러 차례 입장을 번복하는 메시지가 전달되었지만, 인조나 비변사는 다른 선택의 여지가 없었다. 비석 건립은 이제 더 이상 '크게 공들

---

72 張丹卉, 「論滿族文化先驅－巴克什」, 『史學集刊』, 2004年 1月 1期, 2004. 심양장계 중에 자주 등장하는 Hife(皮牌, 希福), 匿漢(尼堪), Garin(加利, 剛林), Loso(盧時, 羅碩) 등이 모두 박시였다 한다. 그들은 심양관에 들러 태종의 뜻을 전하기도 하고 교섭사무를 담당하기도 하는 등 심양관을 중심으로 한 조선과의 외교교섭에서 중요한 역할을 맡았다.

73 『인조실록』, 인조 17년 11월 15일.

74 5개월 전에 조선이 보낸 탁본을 두고 청 태종이나 범문정이 어떤 판단을 내렸는지는 분명치 않다. 다만 앞면만을 이용한 결과 한문 글씨 크기가 생각보다 작은 것을 보고 논란이 있었을 가능성을 배제할 수 없다. 앞면과 뒷면을 모두 이용해 비석을 세우겠다는 방침을 결정한 이가 누구인지는 분명하지 않지만, 적어도 앞면만을 이용하게 했던 마푸타는 아닐 것이다.

이지 않고도 빛은 많이 나는' 그런 일이 아니었다. 이 문제는 이제 '빛이 얼마나 날지 모르지만 공은 많이 들여야 하는' 일이 되고 말았다.

마푸타의 요구에 맞추기 위해서는 뒷면 전체의 크기에 맞추어 새로 글씨를 쓰는 일이 가장 시급했다.[75] 비변사의 보고를 받은 인조는 또다시 오준에게 삼전도에 가서 비문을 쓰도록 했다. 오준은 처음에 이 일을 고사했지만 그 역시 다른 선택의 여지가 없었다.[76]

오준은 삼전도로 가서 한 면 가득 들어가는 크기로 글을 썼다. 11월 21일 오준이 공사 현황을 보고했다. 한문을 4일 안에 비에 새기려면 숙련된 석각 장인들이 더 필요하다는 것이었다. 공조의 인명부에 올라 있던 장인 중에는 현장에 동원되지 못하고 옥에 갇혀 있는 이도 있었다. 장인들이 소속된 궁가에서 공조의 징발에 응하지 않았기 때문이다. 인조는 공기工期에 맞추기 위해 옥에 갇혀 있던 2명의 장인을 현장에 파견하도록 했다.[77] 11월 22일자 『승정원일기』에는 또 이런 내용이 실려 있다.

김육金堉이 영접도감의 말로써 계하여 이르기를, 어제 도감낭청인 병조좌랑 이수인李壽仁이 비석소碑石所를 적간하는 일로 나갔다가 와서 말하기를, '비문 1,009자 가운데 20일 초혼부터 21일 신시까지 새긴 것이 215자입니다. 아직 새기지 못한 것이 794자인데, 밤낮으로 독촉하면 24일 안에 새기기를 마칠 수 있을 것 같습니다. 석공은 23명이 일하고 있는데 6~7명은 숙련공이나 그 나머지 중에는 그렇지 않은 자들도 있습니다'라 하였습니다. (중략) 전하기를 '새기기를 끝낸 뒤에 바로 인출印出하라'.[78]

1,009자의 비문을 20일부터 새기기 시작했는데, 24일에 마칠 수 있을 것

75 『승정원일기』, 인조 17년 11월 16일.
76 『승정원일기』, 인조 17년 11월 17일.
77 『승정원일기』, 인조 17년 11월 21일.
78 『승정원일기』, 인조 17년 11월 22일.

같다는 내용이다. 정태화의 장계에서 이수인의 보고까지 전 과정을 들여다보면 일이 매우 급박하게 진행되었다는 느낌을 받는다. 정태화는 왜 한문을 새겨 넣는 일을 '가장 시급한 일'이라고 보고했을까. 오준은 왜 석각 장인의 추가 징발을 요구했을까. 도감낭청 이수인은 왜 '밤낮으로 독촉하면 24일 안에 새기기를 마칠 수 있을 것 같'고 보고했을까. 오준이 말한 '4일째 되는 날'은 이수인이 말한 11월 24일이다. 그렇다면 11월 24일에 무슨 일이 있었던 것일까. 그날 마푸타가 서울로 들어왔다.[79] 비변사는 마푸타가 서울에 도착할 날을 역산하고, 그가 도착하기 전에 일을 마치려 했던 것이다. 비변사는 마푸타의 요구를 너무나 충실히 이행했다.

11월 24일, 드디어 뒷면에 한문을 새기는 작업이 완료되었다는 보고가 공조에서 올라왔다. 공조의 보고서에는 비문의 탁본이 첨부되어 있었다. 인조는 이 탁본을 다음 날 마푸타에게 보내도록 했다.[80] 비문을 새기는 작업이 완료되었다는 소식은 그날로 이미 마푸타에게 통보되었다. 역관 정명수는 청 측이 사비인寫碑人 3명과 가정家丁 6~7명을 삼전도 현장에 파견할 것임을 알려오면서, 또 상의할 일이 있을 경우에 대비하여 조선 측에서 관련자 한 사람을 현장에 파견해줄 것을 요구했다.[81] 인조는 비문서사관碑文書寫官으로서 한문 비문을 쓴 오준을 보냈다.[82]

11월 25일, 박시 3명과 가정 7명, 그리고 통역이 삼전도에 파견되었다.[83] 박시 세 사람은 조선 측이 새겨 넣은 한문 원문을 만주문과 몽골문으로 번역한 뒤 비석의 크기에 맞추어 글씨를 쓰기 시작했다.[84] 현장을 목격한 조선 측 역관은 만주문과 몽골문이 자획이 많아서 비석 크기에 맞추어 비문을 쓰는 작

79 『승정원일기』, 인조 17년 11월 24일.
80 『승정원일기』, 인조 17년 11월 24일.
81 『승정원일기』, 인조 17년 11월 24일.
82 『승정원일기』, 인조 17년 11월 25일.
83 『승정원일기』, 인조 17년 11월 25일.
84 그들은 만주문과 몽골문의 최고 전문가로서 유려한 문장을 구사할 수 있었다. 삼전도비에 실린 만주문과 몽골문이 언어학적으로 상당히 정제된 수준을 보이는 것은 이 때문이다.

업이 쉽지 않을 것 같다고 보고했다.[85]

삼전도 현장에는 오준과 유심柳淰 등 2명의 조선 측 관원이 대기 중이었고,[86] 별도로 낭청 1명이 현장 상황을 점검하고 있었다. 11월 27일, 낭청의 보고가 올라왔다. 낭청은 박시가 글을 쓰는 일은 다음 날(11월 28일)이면 끝나겠지만 그 글을 비석에 새기는 데는 10여 일 정도로는 부족할 것이라고 예상했다. 문제는 마푸타가 비석이 세워지는 모습을 보고 돌아가려 한다는 것이었다.[87] 마푸타는 조선에서 따로 관원을 파견해 만주문과 몽골문 새기는 작업을 독려해주도록 요구했다. 밤낮없이 공사를 강행해달라는 뜻이었다. 인조는 작업을 지휘 감독할 관원 1명을 별도로 파견하도록 했다.[88]

그날 박시가 만주문과 몽골문을 쓰는 작업을 끝냈다는 비각소감역관의 보고가 올라왔다.[89] 다음 날 늦게 만주문·몽골문의 비문을 작성했던 박시가 서울로 들어왔다. 그는 28일 일몰 후에 비문 쓰는 작업을 완료했다고 보고했다.[90] 두 시점에 차이가 나지만, 비문을 직접 작성한 박시의 말이 더 정확하다고 보는 것이 자연스럽다.

마푸타는 밤낮으로 만몽문 석각 공사를 강행한다면 공사 일정을 얼마나 앞당길 수 있는지 알고 싶어했다. 그는 그때 하루 낮에 새긴 글자 수, 하루 밤에 새긴 글자 수가 얼마였는지를 조사해서 알려달라고 조선 측에 요구했다. 그동안 걸린 시간을 근거로 하여 소요될 날짜를 계산해볼 심산이었다.[91] 영접도감은 별도의 조사를 시행하지 않고, 11월 22일자 이수인의 보고와 그 처리 결과를 인조에게 한 번 더 보고했다.[92]

잠시 서울에 들어왔던 박시는 만주문·몽골문 석각 작업의 현황을 살펴보

85 『승정원일기』, 인조 17년 11월 25일.
86 『승정원일기』, 인조 17년 11월 26일.
87 『승정원일기』, 인조 17년 11월 27일.
88 『승정원일기』, 인조 17년 11월 27일.
89 『승정원일기』, 인조 17년 11월 27일.
90 『승정원일기』, 인조 17년 11월 28일.
91 『승정원일기』, 인조 17년 11월 28일.
92 『승정원일기』, 인조 17년 11월 29일.

기 위해 12월 1일 다시 삼전도 공사 현장으로 나갔다가 돌아왔다.[93] 그동안 마푸타는 다른 문제를 고민하고 있었다. 어떻게 하면 한문 비면이 세월에 떨어져 나가지 않게 할 수 있을까. 마푸타는 비각이 완성되면, 한문 비면 가운데 '황제'皇帝라는 글자는 금으로 채우고 나머지 글자들은 주홍朱紅으로 메우자고 제안했다. 그러나 인조는 주홍을 준비해두자는 영접도감의 건의를 받아들이지 않았다. 비각을 완공한 뒤에 논의하는 것이 일의 순서에 맞다는 것이었다.[94]

이틀 뒤인 12월 4일, 마푸타가 새로운 요구를 해왔다. 비면은 모두 주홍으로 채우되, 머리글에 새겨진 '대청황제공덕비'大淸皇帝功德碑 중 '大' 자에는 금을 채워넣으라는 것이었다. 영접도감에서는 비각을 완공한 뒤에 논의할 문제라고 대답했다. 물론 인조의 생각에 따른 것이었다. 마푸타는 비면에 금과 주홍이 새겨진 것을 직접 보고 돌아가고 싶었지만, 비각이 세워지지도 않은 상태였으니, 마음뿐이었다. 정명수는 마푸타가 심양으로 돌아가기 전에 비석을 보고자 할 것이니, 임시로라도 비를 가릴 수 있는 시설을 만들어 비석을 잘 보호하라고 요구했다.[95]

비석에 실제로 금을 채워 넣었는지는 확인할 수 없다. 다만 비면에 주홍을 채워넣은 사실은 뒷날 정약용이 지은 시에서 확인할 수 있다.

> 천운이 기구했던 병자년 겨울에는
> 회계산 군대가 이 고봉에 주둔했는데
> 푸른 말 떼 달리어라 강물이 끊어지고
> 황옥거는 우뚝해라 돌구멍까지 봉하였네
> 국경 나간 삼신에게 부질없이 접견을 했고
> 근왕하던 제장들은 교전도 못했는지라
> 다만 지금 가랑비 속의 삼전도에는

93 『승정원일기』, 인조 17년 12월 1일.
94 『승정원일기』, 인조 17년 12월 2일.
95 『승정원일기』, 인조 17년 12월 4일.

화각 속의 큰 비석이 글자마다 붉구려[96]

12월 5일, 마침내 만주문·몽골문을 새기는 작업이 마무리되었다. 비문 필
사가 끝난 다음 날부터 작업이 시작되었다고 해도 일주일이라는 짧은 시간 안
에 마무리된 것이다. 예상 소요 시간과 큰 차이가 난다. 아마도 밤낮을 가리지
말고 새기라는 칙사의 요구가 관철된 것 같다. 박시는 대체로 만족했다. 만주
문·몽골문 각자刻字는 매우 훌륭하며, 한문 각자에는 아쉬운 부분도 있지만
큰 문제는 아니라는 것이다. 박시는 12월 7일 비면의 글자에 주홍을 채우는
작업과 비를 세우는 작업을 마무리 지은 뒤 12월 8일 귀국길에 오를 것이라고
알려왔다.[97]

이제 비를 세운 날짜를 확정해 비문에 새겨 넣는 일이 남았다. 원래 처음
의 한문 비면에는 날짜가 기록되어 있지 않았다. 오준이 한문 비면을 쓸 때까
지만 하더라도 만주문·몽골문 서사書寫 및 각자 작업이 언제 끝날지 예측할
수 없었기 때문이다. 박시는 비석 건립일을 12월 8일로 정한 뒤, 한문 비면에
도 같은 날짜를 새겨줄 것을 조선 측에 요구했다. 한문 비면에 날짜를 새겨 넣
기 위해서는 다시 오준이 필요했다. 인조는 영접도감의 제안에 따라 오준을
삼전도에 파견해 날짜를 쓰게 했다.[98]

『승정원일기』 12월 7일자에는 비석을 세웠다는 기사는 나오지 않는다. 그
러나 이미 비석을 세우는 데 필요한 인력 500명을 경기도에서 동원하는 조치
가 내려진 상태였으며,[99] 박시의 작업이 12월 7일에 끝난 것으로 미루어보면,
비석을 세우는 작업은 그날 혹은 그 직후에 진행되었을 가능성이 크다. 이때
비로소 오늘날 우리가 보고 있는 삼전도비가 처음으로 '세워지게' 되었다.

12월 7일, 마침내 마푸타를 비롯한 칙사 3명, 그리고 그들을 수행하는 일

96 정약용, 『다산시문집』(한국고전번역원 번역본), 제6권, 詩, 松坡酬酢.
97 『승정원일기』, 인조 17년 12월 5일.
98 『승정원일기』, 인조 17년 12월 5일.
99 『승정원일기』, 인조 17년 11월 22일.

행 55명이 삼전도로 향했다.[100] 가마에 탄 마푸타는 먼저 남한산성을 둘러보고, 내려오는 길에 삼전도비 자리에 들렀다. 마푸타는 비석을 보고서도 가타부타 말이 없었다. 건강이 좋지 않았던 그는 담장 밖 민가로 들어가 쉬었다가 강을 건너 관소로 돌아왔다. 다음 날인 12월 8일, 마푸타 일행이 귀국길에 올랐다.[101] 마푸타는 비각을 보지는 못했다. 그가 떠난 후 비로소 비각에 대들보를 올렸다는 사실이 인조에게 보고되었다.[102] 삼전도비 건립을 둘러싼 압력과 입장 번복, 긴장과 혼선이 일단락되는 순간이었다.

삼전도비는 원래 어디에 서 있었을까.[103] 1936년판 『경성사화』京城史話라는 책자의 부도附圖에 보면, 삼전도비는 서울에서 남한산성으로 가는 간선도로 상에 위치하고 있다. 지역 주민들의 증언도 대체로 일치한다. 그러나 이 지도만으로는 인조 때부터 비석이 이곳에 서 있었는지의 여부를 확인할 수 없다.

삼전도비의 원래 위치는 삼전도와 송파진松坡津이라는 지명의 연혁과도 관련된다. 일제강점기에 오다小田 서기관은 송파와 삼전도의 지명이 바뀌었다고 주장했다. 그에 따르면, 조선시대의 송파진은 한강의 중주中洲에 있었는데, 뒷날 송파진을 삼전도의 땅으로 옮기기 위해 삼전도에 살던 주민과 삼전도라는 지명을 함께 하류 쪽으로 옮겼다 한다. 한편 사와키佐脇精 등에 따르면, 송파와 삼전은 원래 같은 지명이었다고 한다. 그러나 문제는 이런 지명의 연혁이 논증되지 않았다는 것이다. 결국 삼전도비의 원래 위치는 조선시대 사람들의 기록을 통해서 확정할 수밖에 없다.

현종 때 어가의 능행길을 어느 쪽으로 삼느냐를 두고 논란이 벌어졌다. 그때 이런 글이 보인다. "노량진 길을 택하여 서빙고를 거쳐가게 되면 길은 매우 평탄하나 거의 10여 리까지 백성들 전답이 피해를 입게 되고, 삼전도 길을 택

100 『승정원일기』, 인조 17년 12월 7일.
101 『승정원일기』, 인조 17년 12월 8일.
102 『승정원일기』, 인조 17년 12월 20일.
103 삼전도비의 최초 위치에 대해서는 배우성, 『삼전도비 건립 위치 고증 학술조사연구보고서』, 서울시립대 서울학연구소, 2008 참조.

_ 1930년대 지도에 표시된 삼전도비. 서울에서 남한산성으로 가는 간선도로 위에 청태종공덕비淸太宗功德碑가 있다. 岡田貢, 『京城史話』, 日韓書房, 1937.

하게 되면 강폭이 좁아 물살은 세지만 군병들이 송파나루에서 건너게 되기 때문에 편리하고 좋을 것 같습니다." 적어도 현종 대에 삼전도는 송파나루를 포함하는 개념이었던 것이다.[104]

조선시대 문인들의 문집을 보면, 이 비석을 송파에서 보았다는 대목이 나온다. 정조 때의 검서관 이덕무가 지은 시에 이런 내용이 있다.

송파나루에 원한의 흐름 목 메인 지 오래라
언제나 음산한 구름 변방 하늘이 컴컴하네
갑신년에 또 왕정월을 울었는데
남한성에 이어 옛 전장을 슬퍼했네
이씨 노장의 비문은 슬픔이 담겨 있고
오랑캐 황제의 공덕은 겉으로만 찬란하구나[105]

104 『현종실록』, 현종 5년 2월 29일.

이덕무의 시는 송파나루가 병자호란 때 전장이 되었다는 사실, 송파나루 인근에 삼전도비가 있었다는 사실을 알려준다. 1759년(영조 35) 31세의 청년 황윤석이 광나루를 거쳐 강변을 따라 내려오다가 송파나루를 지나게 되었다. 나루 근처 주막에서 말을 먹이면서 휴식을 취하던 그는 우연히 이 비석을 발견했다.[106] 정약용이 삼전도비를 거론한 시도 '송파에서 수작酬酢한 것'이다. 이들은 모두 삼전도비를 송파나루, 지금의 석촌호수 인근에서 본 것이다. 1898년에 간행된 한 양안量案에는 송파 비석거리라는 곳의 현황이 나오는데,[107] 비석거리라는 지명은 사실상 삼전도비로 인해 붙여진 것일 가능성이 크다.

그렇다면 이 비석은 1936년 지도처럼 송파대로에 있었던 것일까. 1639년 (인조 17) 12월 7일, 마푸타 일행이 남한산성을 향해 도성을 나섰다. 만일 삼전 도비가 1936년의 지도처럼 원래 송파대로에 있었다면 그들이 삼전도비를 보지 않고 남한산성으로 갈 수 있는 방법은 없다. 그런데 그는 남한산성을 먼저 보고, 산성에서 내려오는 길에 삼전도비를 찾았다.[108] 삼전도비가 대로에서 약간 떨어진 위치에 있었음을 짐작하게 해주는 대목이다. 이 자리는 현재의 석촌호수 수중水中에 해당한다.

이 비석은 다른 곳이 아닌 바로 '그 자리'에 서 있었다는 사실로 인해 여러가지 문제에 영향을 미쳤다. 이 비가 그 자리에 서게 된 것은 물론 인조가 그곳에서 청 태종에게 고두례를 행했기 때문이다. 승자의 입장에서는 당연히 전승 기념물을 그 현장에 세우고 싶었을 것이다. 문제는 그 자리가 한강 수로와 영남대로의 요충지였다는 점이다.

남한강 뱃놀이를 즐기던 사람들도, 과거시험을 치러 경상도에서 서울로 올라가는 선비들도 반드시 이곳을 거쳐가게 되어 있었다. 비각은 삼(麻)풀이 무성하게 펼쳐진 강변에 우뚝 솟아 있었다.[109] 정선鄭歚이 송파진을 그리면서

105 이덕무, 『청장관전서』, 권2, 嬰處詩稿, 癸未十二月十九日 經南漢戰場 讀清碑.
106 황윤석, 『이재난고』, 권3, 기묘년 3월 17일.
107 『宮內府種牧課田畓改量案』(장서각 K2-3129).
108 『승정원일기』, 인조 17년 12월 7일.

_ 정선의 화폭에 담긴 삼전도 비각. 동그라미 표시 부분이 삼전도 비각이다. 정선, 〈경교명승첩〉, 견본채색, 1740~1741년, 20.2×31.3cm, 간송미술관.

이 비각을 화폭에 담은 것도, 황윤석, 이덕무, 정약용 등이 이 비석을 보고 복받쳐오르는 감정을 추스르기 어려워했던 것도 비석이 육로나 수로에서 쉽게 보이는 자리에 있었다는 사실과 무관하지 않다.

청나라 입장에서 보면 이 비석은 만몽한을 아우르는 제국의 상징물이자, 청나라가 조선에 시혜를 베풀었음을 보여주는 기록물이다. 강희제는 서양 선교사들을 동원해 중국 전역을 천문측량하고 그 결과를 바탕으로 지도를 편찬하게 했다. 그것이 바로 〈황여전람도〉皇輿全覽圖다. 이 지도는 옹정제와 건륭제 때 계속 수정되었다. 이 도엽 중에는 조선 전도도 들어 있다. 청나라가 조선을 직접 정복했다는 상징적인 의미를 강조하기 위해서인 것 같다. 이런 맥락에서라면 조선 전도에서 비각이 빠질 수는 없을 것이다.

109 이긍익의 『연려실기술』에서 삼전도는 '마전도'麻田渡라는 다른 이름으로 적혀 있다. 청 측 사료에도 마전포라는 지명이 확인된다. 삼밭나루를 한역漢譯했을 마전포라는 지명은 나루터 인근에 삼풀이 무성하게 자랐던 사실을 전해준다. 삼전도는 삼밭나루라는 한글 지명을 한자로 쓰는 과정에서 '삼'이라는 소리를 음차한 것이다.

_ 〈황여전람도〉에 보이는
삼전도비. 청나라에서 제작
한 이 지도에는 제국의 상
징물로서 삼전도비를 부각
시켜 놓았다.

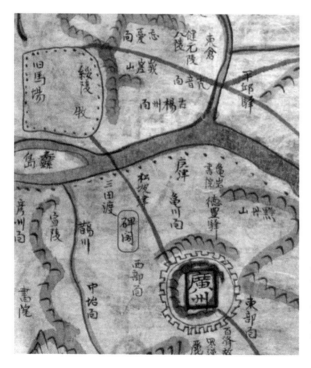

_ 〈청구도〉에 보이는 삼전
도비. '삼전도' 지명 아래
'비각'으로 기재되어 있다.
삼전도비는 조선에서 청이
문명세계를 파괴한 적대적
타자로서 각인되었음을 보
여주는 상징물이다.

강희제 때 편찬된 판본에는 한강가에 만주어로 버이bei라는 지명이 적혀 있다. 비碑를 뜻하는 한어의 음가를 만주어로 음차한 것이다. 비는 말할 것도 없이 삼전도비를 가리킨다. 옹정제와 건륭제 때의 판본에는 한강가에 비정碑 후이 보인다. 삼전도 비각을 가리키는 지명이다. 대부분 군현명과 산천명이 중심인 조선 지도 안에서 이 비정이 거의 유일하게 강조되고 있는 것이다. 그들에게 이 비석이 어떤 의미였는지를 잘 보여준다고 할 수 있다. 비석을 본 조선 지식인들에게 남은 것은 청나라에 대한 적대감이었다. 18세기에 만들어진 20리 방안 군현지도집에서도, 김정호의 지도집에서도 비각의 존재가 선명하다.

2장. 김수홍의 지도, 중화세계를 꿈꾸다

두 장의 지도, 세계관의 표현과 역사의 기억

1666년(현종 7) 어느 봄날, 나이 60을 훌쩍 넘겨버린 노년의 김수홍金壽弘(1601~1681)은 지금까지 이루지 못했던 남은 소망 하나에 도전하기로 마음먹었다. 자신만의 지도를 만드는 일이었다. 이즈음 그는 정치적 논쟁의 소용돌이에 휘말려 있었다. 정확하게 말하면 그 소용돌이의 핵심에 있었다. 서인계의 거두 송시열宋時烈(1607~1689)에게 보낸 편지 한 통이 발단이었다. 송시열이 누구인가. 이경석이 지은 삼전도비문의 논조를 비판한 인물이자, 효종을 도와 북벌론의 기치를 들었던 인물이 아니던가. 편지에서 김수홍은 기해예송 당시 송시열이 주도한 서인계의 예론이 잘못되었다고 적었다. 기해예송은 효종이 죽은 뒤 효종의 어머니 자의대비가 어떤 상복을 입을 것인가를 두고 서인과 남인 사이에 벌어진 논쟁을 말한다. 치열한 논쟁 끝에 서인이 승리를 거두었다.

기해예송으로부터 6년이나 지난 시점에서 느닷없이 김수홍이 송시열을 비판하자 큰 파문이 일었다. 서인 계열의 언관들이 벌떼처럼 들고일어나 김수홍을 비판했다. 이는 어느 정도 예상된 일이었다. 서인계 정치인은 송시열이 누군가에 의해 비판받는 것을 용납할 수 없었다. 같은 서인 출신이라 해도 송시열을 비판한다는 것은 일종의 터부를 건드리는 것과 같았다. 그만큼 서인들에게 송시열의 권위는 절대적이었다. 이 일로 김수홍은 공조정랑 자리에서 쫓겨나고 말았다.

김수홍이야말로 대표적
인 서인계 명문가인 안동 김
씨 출신이었다. 안동 김씨는
병자호란 때 강화도에서 순
절한 김상용과 척화론을 선
도했던 김상헌을 배출했다.
19세기에 안동 김씨가 대표
적인 세도가문이 될 수 있었
던 기반은 이미 이때 닦인 것
이었다. 김수홍은 김상용의
손자라는 사실 하나만으로
도 탄탄대로를 보장받은 셈
이었다. 학문적인 인연, 가문
의 끈을 통해 정치세력이 형
성되던 때였지만, 그는 일종
의 파격을 선택한 것이었다.
그의 자유로운 행보는 제2차
예송인 갑인예송으로 이어졌다.

_ 김수홍, 〈천하고금대총편람도〉. 중원대륙과 그 주변세계를 그
린 이 지도에는 주자성리학 중심의 사고가 반영되어 있는데, 이
는 조선 후기 지식인들이 중화세계를 바라보는 방식이었다. 목
판본, 1666년, 139.3×89.9cm, 서울역사박물관.

그의 지도 만들기는 이런 시점에서, 이런 배경에서 시도된 것이다. 예론을
주장하는 것이 예치가 구현된 세상에 관한 비전을 제시하는 일이라면, 지도를
펴내는 것은 과거에 예치가 구현된 땅과 역사를 기록하는 일이다. 김수홍의
입장에서 보면, 그 땅과 역사를 기억하는 것은 현실에서 그런 땅, 그런 역사를
지향해야 하기 때문이다. 그에게 예론과 지도는 동전의 양면과 같다고 해도
과언이 아니었다.

김수홍이 처음 만든 지도는 〈천하고금대총편람도〉天下古今大總便覽圖다. 그
는 상단부와 중앙부, 그리고 좌우 측면으로 도면을 구분했다. 중앙부에는 중
원대륙을 배치하고, 상단부에는 지도의 이름과 중국 각 지역의 지리 정보를

담은 노정기를 써넣었다. 왼쪽 여백에 지도와 관련된 설명문을 붙였고, 오른쪽 여백에는 조선의 역사와 연혁에 대한 간략한 설명을 달았다. 〈천하고금대총편람도〉라는 지도의 제목은 김수홍이 세계를 어떻게 바라보았으며, 지도를 통해 무엇을 표현하려 했는지를 말해준다. '천하'는 당시의 세계, '고금'은 옛날과 오늘날, 즉 역사를 뜻한다. '대총편람'은 '망라하여 살펴보겠다'는 뜻이다. 김수홍은 자신이 생각하는 세계와 그 역사를 이 한 장의 도면에 그리려 했다.

도면 중앙부는 김수홍이 바라보는 세계의 공간적 실체를 분명하게 보여준다. 도면의 중심은 세계의 중심을 상징한다. 이 세계의 중심에 중원대륙이 있고, 중원대륙의 사방으로 주변 세계가 배치되어 있다. 주변 세계 가운데에는 조선만이 유일하게 강조되어 있다. 각 성별 경계는 한 줄의 실선으로 표시했다. 각 성과 성도의 이름은 '검은색 정사각형' 안에, 각 부의 명칭은 '검은색 타원형' 안에 음각 형태로 표시했다. 중원대륙의 물줄기는 기본적이고 특징적인 것만 표현했을 뿐, 자세하지는 않다.

고대 이래로 중국인들은 하늘의 세계를 몇 개의 구역으로 나누어 이해하고, 그것을 땅과 대응시켜 이해했는데, 김수홍은 이 지도에서 그런 중국적인 전통을 충실히 따랐다. 하늘을 임의로 구분한 것 가운데에는 28수宿와 12차次가 있다. 28수는 적도 부근의 28개의 별자리를 가리키고, 12차는 적도를 임의로 12등분한 것을 뜻한다. 28개의 별자리는 12차에 맞게 12그룹으로 묶인다. 12등분된 하늘과 28개의 별자리는 다시 땅 위의 특정한 지점에 대응한다.

하늘의 28수와 12차, 땅의 분야分野와 지역이 어떻게 대응하는지를 살펴보자. 남경과 강서성의 두斗, 절강성의 두우斗牛, 광동성과 복건성의 우녀牛女는 『진서』晉書 천문지天文志를 기준으로 해서 보면 28수 가운데 하나의 그룹(斗, 牽牛, 須女)으로 묶인다. 이곳들은 하늘의 12차로는 성기星紀에, 땅의 분야와 지역으로는 각각 오월과 양주에 해당한다. 지도상으로 보면 남경의 ■ 오른편에 '星紀'가 음각되어 있다. 광동성 우측 상단에 ○ 표시 안에 '越'이, 복건성 건녕부 위에 ● 표시 안에 '揚'(揚州)이 각각 보인다.

하늘의 별자리에 대응하는 땅은 어디까지나 중원대륙이다. 김수홍은 철저

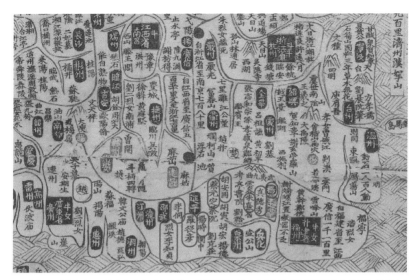

_ 〈천하고금대총편람도〉, 복건성 일대. 김수홍이 그린 복건성은 동아시아의 국제무역 중심지가 아니라, 주자성리
학자들의 흔적을 확인할 수 있는 역사적인 장소였다.

히 중원대륙을 중심으로 한 세계를 표현했던 것이며, 그것을 천하라고 말했
다. 그는 한걸음 더 나아가 지도에 세계의 역사를 담기 시작했다. 옛날의 지명
과 현재의 지명을 함께 사용하면서 어느 땅에서 어떤 인물이 났는지를 자세히
기록한 것이다. 복건성의 사례를 통해 그 내용을 살펴보자.

　기록된 인물은 주자성리학자들이 대다수다. 건녕부에는 남송대 성리학자
인 주희朱熹와 진덕수眞德秀 등이 선명하다. 천주부에는 정이천의 학문을 계승
한 북송대의 호안국胡安國, 남송대의 성리학자 채원정蔡元定 등의 이름이 보인
다. 연평부에는 정호·정이 형제의 학문을 계승한 양시楊時, 양시의 학문을 이
어받아 주자에게 전해준 나종언羅從彦, 이동李侗 등도 보인다. 복주의 황간黃榦
은 주자에게 배웠으며, 또 그의 사위가 된 인물이다.

　북송대의 양억楊億, 남송대의 유극장劉克莊 등의 시인이나, 북송대의 정치
가 정협鄭俠 등 관료들의 이름도 그들의 고향 아래 적혀 있다. 정협은 왕안석
의 신법에 반대했던 인물이다. 성리학적인 기준에 비추어 의미가 있는 인물

들, 특히 효자·열녀에 대한 기록도 빠뜨리지 않았다. 복건성 이지정李知貞의 가문 등에서 열녀가 나온 사실이 보인다.

지명 가운데에도 주자와 관련된 곳이 많다. 주자가 살던 운곡雲谷(건녕부), 주자가 은거했던 무이구곡武夷九曲(건녕부), 주자를 기리기 위해 세운 고정서원 考亭書院(건녕부), 주자의 아버지 주송朱松이 이주해온 민중閩中(연평부) 등이 선명하다. 김수홍은 지역의 대표적인 산이나 명승지도 빠뜨리지 않고 기록했다. 지도에는 복주부의 대표적인 산인 설봉산雪峰山이 보인다. 김수홍은 동아시아 국제무역 중심지로서의 복건성의 이미지를 생략한 반면, 주자성리학과 관련된 인물이나 지표는 빠짐없이 수록했다. 이런 점이야말로 김수홍이 그 나름대로 중화세계를 의미 있게 보는 방식이었다. 그가 단순히 중원대륙과 그 주변을 공간적인 차원에서 보여주려 한 것은 아니었다. 그가 그리고 싶었던 것은 중원대륙의 역사 가운데 기억하고 싶은 장면이었다.

김수홍이 〈조선팔도고금총람도〉朝鮮八道古今總覽圖를 펴낸 것은 1673년(현종 14)이다. 설명문 중에는 이 지도의 성격과 의미를 이해하는 데 도움이 되는 내용이 적지 않다. ①에서 ③이 자국사의 큰 흐름을 그 강역과 도읍을 중심으로 설명한 것이라면, ④와 ⑤는 지도에서 특별히 강조하려는 내용이 어떤 것인지를 표시한 것이다.

① 『동사』東史와 『동국여지승람』東國輿地勝覽을 살펴보았더니, 단군은 태백산 단목 아래에서 나왔는데 요임금과 같은 시기에 나라를 세웠으며 평양에 도읍하고 국호를 조선이라 했다. 주 무왕이 기자를 조선에 봉하자 기자가 평양에서 도읍하였다. 연나라 사람 위만이 한나라 혜제 때 기준을 몰아내고 평양에서 도읍하고 '조선'이라 칭했다. 이른바 삼조선이란 이 세 나라다.[110]

② 마한, 진한, 변한 등 삼한은 모두 호남과 영남의 경계에 있었다. 한나라

---

110 김수홍, 〈조선팔도고금총람도〉. 謹按東史與輿地勝覽 則東國之號朝鮮者 其來尙矣 檀君出自太白山檀木之下 堯時並立 作君於平壤 國號朝鮮 周之武王 封箕子於朝鮮 而都於平壤 暨乎燕人衛滿 漢惠間 逐箕準而 □平壤 呼稱朝鮮 所謂三朝鮮者 是也.

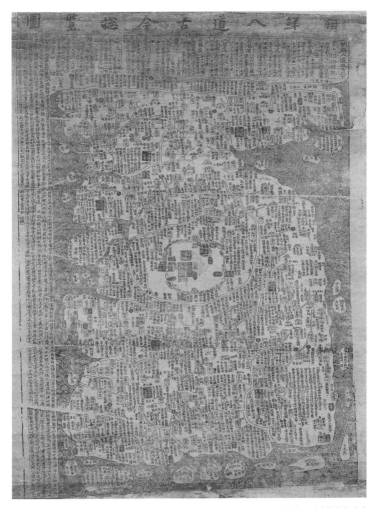

_ 김수홍, 〈조선팔도고금총람도〉. 이 지도에서 조선은 중원대륙이 아닌데도 중화적 보편성을 공유하여 중화문화의 계승자다운 모습으로 그려져 있다. 목판본, 1673년, 141.8×107.0cm, 보물 제1602호, 서울역사박물관.

선제 이래로 신라의 박혁거세가 진한 땅에 나라를 세우니, 마한과 변한이 앞뒤로 속하였다(지금의 경주다). 고구려의 주몽은 북부여에서 시작했다가(북부여의 건너편은 송화강의 남쪽 경계다), 남쪽 평양으로 천도하였다. 백제 온조는 고주몽의 아들로 위례성에서 임금이 되었는데(지금의 직산이다), 전후로 다섯 번 도읍을 옮기더니 남부여에서 끝을 맞았다.[111]

③ 이성계가 왕건의 고려에 이어 새 나라를 열고는 조선과 화령이라는 두 개의 국호를 올려 조선의 호를 내려 받았으니, 그 칭호가 아름답다 하지 않을 수 없다.[112]

④ 이제 〈조선팔도고금총람도〉를 펴낸다. 여러 도의 읍호와 산천의 형세는 세상에 돌아다니는 지도를 근거로 해야 하겠지만, 그 사이로 국도國都·궁성宮城·능묘陵墓 같은 곳과, 누정樓亭·대사臺榭·역원驛院·사찰寺刹과 같은 승경勝景을 표시하지 않을 수 없다. 역대 인물 가운데 도덕道德·명경明經·충효忠孝·절의節義·염직廉直·고치高致·사업事業·문장文章·신이神異·열녀烈女 등에 해당하는 경우는 그 본관이나 살던 곳 혹은 그 무덤이 있는 자리에 표시하여 후세 사람들에게 숭상할 바를 알게 하고 천고를 벗하게 하여 어리석음을 깨치고 지식을 넓힐 수 있도록 하지 않을 수 없다.[113]

⑤ 견문이 고루하여 모든 사람의 사적을 다 알 수 없기에 『기묘록』과 『해동명신록』을 참고하였다. 인조반정이나 병자호란 관련 사적 중에서는 하나를 기록하고 만 가지를 빠뜨렸으니, 안목이 넓지 못하기 때문이다.[114]

---

111 김수홍, 〈조선팔도고금총람도〉. 馬辰弁三韓之國 俱在於湖嶺之界 邈不相涉 槩可知矣 自是厥後 地之南北 傑出之人 雄呑割據 漢宣以下 赫居世之新羅 國於辰韓之地 而馬韓弁韓 先後屬焉 今之慶州也 高句麗之朱蒙 始於北扶餘 北扶餘洒越過 松花江之南界也 又南遷于平壤 百濟溫祚 以高朱蒙之子 君於慰禮城(今之稷山) 而前後五遷其都 終於南扶餘.

112 김수홍, 〈조선팔도고금총람도〉. 高麗王建 統三爲一 都於松京 歷四百七十四年而已 惟我太祖康獻大王 龍興創業 於大明洪武二十五年壬申之歲 進陪臣韓尙質 □林等于京師 以朝鮮和寧等號 奏達天聽 而錫之以朝鮮之號 朝者 取其日始出之義也 鮮者 取其色光明之義也 故謂之朝鮮者 果其爲美號也哉 越三年 都于漢陽 定八道之名 分州郡之界 肇基規 畫猶 □ 盛矣.

113 김수홍, 〈조선팔도고금총람도〉. 今玆孤宗之中 寫出朝鮮八路古今摠覽圖一張 而諸道邑號 與山川形勢 則固當依倣於行世地圖 而其間不可無國都宮城陵墓之地 樓亭臺榭驛院寺刹之勝 至於古今之人道德明經忠孝節義廉直高致事業文章神異絶 □烈女之流 尤不可不記之於或其姓貫之鄕 或其生居之邑 或其永歸之所 使後來之人 的知其所尙 友千古 以啓人之晦昧 以廣人之知識 則酷近於好好之意也.

114 김수홍, 〈조선팔도고금총람도〉. 然 見□固陋 人人事蹟 莫能盡鮮 復取己卯錄 海東名臣□ 及於癸亥□□ 至于丙子丁丑之事蹟者 □一漏萬 此無非以管窺犬之類者也 可勝惜哉.

_〈조선팔도고금총람도〉, 평양의 단군과 기자. 단군사, 기자묘, 정전지는 평양의 역사와 중화적인 성격을 함께 말해준다.

김수홍이 말한『동사』가 어떤 책인지는 분명하지 않지만,『동국여지승람』을 기본 사료로 활용했다는 사실을 알 수 있다. 그러나 고증세사의 강역과 도읍을 설명하는 맥락이 반드시『동국여지승람』과 같다고 말할 수는 없다. 위례성을 직산이라고 본 것은『동국여지승람』을 따른 것이지만,[115] 삼한이 모두 영호남 사이에 있다고 본 것은 최치원설을 계승한『동국여지승람』의 견해와는 다르다.

도면에 나오는 인물명과 인문 지명들 중에는 단군과 기자에 관련된 사적이 있다. 평양에 이런 설명이 있다. "단군사檀君祠 기자묘箕子墓 정전지井田地. 단군檀君과 기자箕子와 연燕나라의 위만衛滿(한나라 혜제 때 기준을 몰아냈다) 이들이 삼조선三朝鮮이다." 삼조선이 사실관계를 나타내려 한 것이라면, 단군사, 기자묘, 정전지 등은 이곳이 가진 장소성이 무엇이었는지를 보여준다. 황해도 구월산에도 "단군의 후예가 이곳으로 도읍을 옮겼다"(檀君後裔 移都于此)는 기사가 있으며, 전라도 익산에도 "마한의 기준성이 있으며, 역년歷年은 190년이다"(馬韓 箕準城 一百九十年)라는 기록이 있다.

---

115 『세종실록지리지』, 충청도, 청주목, 직산현;『신증동국여지승람』, 권16, 충청도, 직산현. 도면상의 충청도 직산稷山 부분에도 "백제의 시조인 온조는 주몽의 아들인데, 위례성에 도읍하였다가 남한산성으로 도읍을 옮겼다"(百濟始溫祚 朱蒙子 □慰禮城 移□南漢山城)는 기록이 있다.

지도에 등장하는 인물군은 고대부터 조선 당대當代까지를 망라한다. 고려 시대 인물일 경우 인명 앞에 '麗'라는 표시가 있다. 학자, 충신, 고관, 공신, 청백리, 열녀, 효자 등 인물군도 다양하다. 인명 앞에 있는 상相, 효자孝子, 열녀烈女, 청리淸吏, 승僧, 개국開國 등은 모두 그가 어떤 사람이었는지를 말해준다. 이 인물들 중에는 나라를 열거나 위기에서 구한 경우가 많다. 삼가三嘉의 무학無學, 밀양의 휴정休靜은 모두 승려다. 무학은 조선을 세우는 데 관여했고, 휴정은 임진왜란 때 승병을 이끌었다. 면천의 복지겸卜智謙은 고려의 개국공신이며, 밀양의 변계량卞季良이나 홍주의 성삼문成三問, 양산의 하위지河緯地 등은 창업기 조선의 유공자다. 나라를 열거나 나라를 위해 큰 공을 세운 인물이라면 그가 승려든 관학파든 훈구파든 문제될 것은 없었다. 물론 예외가 없는 것은 아니다. 풍수지리의 대가인 도선道詵은 나라를 위해 봉사한 행적은 없지만, 영암에 이름이 있다. 반면 조선왕조의 설계자로 평가받는 정도전鄭道傳의 이름은 지도 어느 곳에서도 보이지 않는다.

성리학적 인간형이 갖추어야 할 덕목은 다양하지만, 국가와의 관계 속에서 볼 때 가장 중요한 것은 충忠일 것이다. 지도에는 이와 관련한 에피소드가 들어 있다. 경상도 합천에 죽죽竹竹과 품석品釋이라는 이름이 보인다.[116] 두 사람은 신라와 백제의 대야성 전투에 관련된 인물이다. 백제 장군 윤충이 의자왕의 명을 받고 신라의 대야성을 공격했다. 윤충은 뒷날 의자왕에게 국가의 위기 상황을 간언하다가 죽음을 맞이하는 성충의 동생이며, 대야성의 도독은 김춘추의 사위인 품석이다. 품석과 죽죽은 이 전투에서 전사했다.[117]

『삼국사기』三國史記 죽죽의 열전에는 이 상황이 좀 더 상세하게 묘사되어 있다. 대야주 사람 죽죽이 선덕여왕 때 사지舍知가 되어 대야성의 도독 품석의 휘하에 있었다. 642년 가을, 윤충이 대야성을 공격하자 사지 검일黔日이 백제군과 내응하여 성안에 있던 창고를 불태웠다. 검일의 일탈 행동은 기실 품석

---

116 김수홍, 〈조선팔도고금총람도〉. 陝川: 京七百 宋希奎 羅人竹竹死戰 倅品釋自□ 釋妻 助攻百濟 復夫讐.
117 『삼국사기』, 권5, 新羅本紀, 宣德王.

_〈조선팔도고금총람도〉, 합천의 죽죽과 품석.
대야성 전투에서 전사한 죽죽과 품석은 국가에
충성한 성리학적 인간으로 그려졌다.

이 자초한 것이었다고 해도 과언은 아니다. 검일은 품석이 자기 아내를 탐하여 빼앗은 일 때문에 품석에게 앙심을 품고 있었다.

창고가 불타자 민심은 동요했다. 아찬 서천西川이 항복하여 목숨을 보존하자고 주장하자, 죽죽이 반대했다. 품석이 서천의 말에 따라 성문을 열고 병졸을 먼저 내보냈으나, 그들은 백제의 복병들에게 몰살당했다. 살려주겠다는 약속이 지켜지지 않을 것을 직감한 품석은 처자식을 베고 자결했다. 죽죽이 성문을 닫고 남은 군사들을 모아 결사항전하려 하자, 사지 용석龍石이 "항복하여 후일을 도모하자"고 말했다. 죽죽이 답했다. "내 아버지가 나를 죽죽이라 이름한 것은 추운 겨울에도 시들지 않는 절개를 지키라 하신 뜻이니, 부러질지언정 굽힐 수는 없다. 어찌 죽음이 두려워 항복한단 말인가." 죽죽은 용석을 설득해 함께 성을 지키다가 전사했다. 왕이 그 소식을 듣고 슬퍼하여 두 사람에

118 『삼국사기』, 권47, 列傳 7, 竹竹. 竹竹 大耶州人也 父郝熱爲撰干 善德王時爲舍知 佐大耶城都督金品釋 幢下 王十一年壬寅秋八月 百濟將軍允忠領兵來攻其城 先是 都督品釋 見幕客舍知黔日之妻有色 奪之 黔日 恨之 至是 爲內應 燒其倉庫 故城中兇懼 恐不能固守 品釋之佐阿湌西川登城 謂允忠曰 若將軍不殺我 願以城降 允忠曰 若如是 所不與公同好者 有如白日 西川勸 品釋及諸將士欲出城 竹竹止之曰 百濟反覆之國 不可信也 而允忠之言甘 必誘我也 若出城 必爲賊之所虜 與其竄伏而求生 不若虎鬪而至死 品釋不聽 開門 士卒先出 百濟發伏兵盡殺之 品釋將出 聞將士死 先殺妻子而自刎 竹竹收殘卒 閉城門自拒 舍知龍石謂竹竹曰 今兵勢如此 必不得全 不若生降以圖後效 答曰 君言當矣 而吾父名我以竹竹者 使我歲寒不凋 可折而不可屈 豈可畏死而生降乎 遂力戰 至城陷 與龍石同死 王聞之哀傷 贈竹竹以級湌 龍石以大奈麻 賞其妻子 遷之王都.

게 벼슬을 내리고, 그 처자에게도 상을 내려주고 서울에서 살게 해주었다.[118]

648년, 김유신이 이끄는 신라군이 대야성을 공격했다. 보복전에 나선 것이다. 김유신은 백제군을 유인하여 대파하고, 백제 장수 8명과 군사 1천 명을 포로로 사로잡는 전과를 올렸다. 그는 생포한 백제 장수 8명을 돌려보내는 대신, 전사한 품석과 그 부인의 유골을 돌려받았다.[119]

김부식이 전하는 품석과 죽죽의 에피소드는 여기까지다. 그런데 김수홍은 이 장면을 이렇게 기록했다. "신라 사람 죽죽이 싸우다 죽었다. 성주인 품석은 자결했다. (뒷날―인용자) 품석의 처가 (신라가) 백제를 공격하는 것을 도와 지아비의 원수를 갚았다."[120] 그런데 사실관계에 문제가 있다. 『삼국사기』는 품석의 처가 품석에 의해 죽었으며 뒷날 김유신이 그 처의 유골을 수습했다고 전한다. 『삼국사기』를 근거로 한다면, 품석의 처가 신라군의 보복전에 힘을 보탰다고 할 수는 없는 것이다. 김수홍은 『삼국사기』에서 죽죽과 품석에 관한 에피소드를 가져왔으면서도, 김부식이 '남편의 손에 죽었다'고 기록한 품석의 처를, '뒷날 백제를 공격하는 것을 도와 남편의 원수를 갚은 여자'로 탈바꿈시켰다. 지도에 등장하는 여성은 대부분 열녀다. 김수홍은 기억할 만한 가치가 있는 여성들을 열녀라는 이름으로 적어두었다. 그런데 품석의 처를 이런 식으로 기록한 것은 성격이 조금 다르다. 남편의 원수가 국가의 원수일 경우 남편을 위해 복수하는 행위는 곧 국가를 위한 행위가 되기 때문이다.

고려시대나 조선시대의 인물 중에서도 국가를 위해 순절하거나 국가를 위기에서 구한 인물들이 보인다. 언양의 김취려金就礪는 거란의 침략을 물리친 고려 장군이다. 조선시대의 경우 임진왜란과 관련된 인물이 많다. 동래의 송상현宋象賢은 일본군을 맞아 싸우다 전사했으며, 한산도의 이순신李舜臣은 조선 수군의 지도자다. 현풍의 곽재우郭再祐, 광주의 고경명高敬命과 그의 두 아

---

119 『삼국사기』, 권41, 列傳, 金庾信. 於是 使告百濟將軍曰 我軍主品釋及其妻金氏之骨 埋於爾國獄中 今
爾神將八人 見捉於我匍匐請命 我以狐豹首丘山之意 未忍殺之 今爾送死二人之骨 易生八人 可乎 百濟仲常
一作忠常佐平 言於王曰 羅人骸骨 留之無益 可以送之 若羅人失信 不還我八人 則曲在彼 直在我 何患之有
乃掘品釋夫妻之骨 而送之.
120 주 116번 참조.

들 고종후高從厚, 고인후高因厚 형제는 모두 의병 지도자다. 고양에는 권율의 행주대첩을 기리는 첩왜비가 있다.[121]

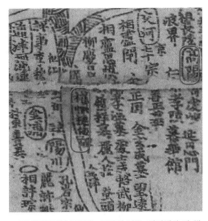

_〈조선팔도고금총람도〉, 고양의 권율. 임진왜란 때 행주대첩을 이끈 권율은 '충'忠을 상징하는 조선시대 인물 중 하나이다.

김수홍이 도학파의 후예라는 점에서 보면 학문이 높은 인물군을 그들의 연고지에 배치하는 것은 무엇보다 중요한 일이다. 그는 우선 역대로 문묘에 들었던 사람들을 표시했다. 그 인명 뒤에 "문관이며, 문묘에 들었다"(文入文廟)는 표현이 보인다. 경주의 설총·최치원·이언적, 개성(송도)의 이색, 장단의 정몽주, 현풍의 김굉필, 함양의 정여창 등이 그런 경우다. 문묘에 들었는지의 여부와 상관없이 이름과 호가 병기된 경우도 있다. 선산의 김종직(점필재), 인동의 장현광(여헌), 경주의 이언적(회재), 예안의 이황(퇴계), 함양의 정여창(일두), 성주의 정구(한강), 연산의 김장생(사계), 파주의 성혼(우계)과 이이(율곡), 개성의 서경덕(화담) 등이 그들이다. 지도상에서 이름 외에 다른 정보를 추가했다는 것은 그들의 학문적 성취가 특별히 기억할 만하다는 의미일 것이다.

문묘에 든 인물들과 호로 기억되는 인물들의 면모를 보면 서인계와 남인계 학통의 주요 인물들이 망라되어 있다고 해도 과언은 아니다. 몰락한 대북파의 학문적 지도자였던 조식이 '지리산에 들어갔다'[122]는 사실로 기억되는 것도 특별히 이상한 일은 아니다. 그런데 여말 성리학의 토대를 놓은 길재나 기묘사림의 지도자인 조광조를 찾을 수 없다. 김종직의 아버지 김숙자나, 김

---

121 김수홍, 〈조선팔도고금총람도〉. 金浦: 幸□ 權慄捷倭碑.
122 김수홍, 〈조선팔도고금총람도〉. 智異山: 曹植入此山.

장생의 아들 김집, 뒷날 소론계의 지도자가 되는 윤선거 등이 그들의 호로 기억되지 않는 것, 북인의 학문적 지도자 중 한 명인 서경덕이 호로 기억되는 것도 예사롭지 않다. 김수홍에게 학문적 정통이 무엇이었는지를 보여주는 대목이라고 할 수 있다. 어느 시대의 어떤 독자라도 이 지도에서 정몽주-길재-김숙자-김종직-김굉필-조광조로 이어지는 정통의 계보를 읽어내려 한다면, 그것은 과한 시도다. 적어도 김수홍의 의도와는 어울리지 않는 일이다.

부자 혹은 삼대에 걸쳐 학문적 성취를 이룬 경우라면 그 가학적 전통도 기억할 만한 가치가 있을 것이다. 연산의 김계휘·김장생·김집은 삼대에 걸쳐 가학을 이어온 집안이다. 아들 혹은 손자 덕에 수록된 인물도 있다. 창녕의 성세순成世純(1463~1514)은 연산군·중종 대의 문신이다. 연산군의 폭정에 실망해 은거하려는 의사가 없지 않았지만, 끝내 벼슬을 버리지 않았다. 죽은 뒤 사숙이라는 시호를 받았는데, 거기에도 '연산군 대에 출사한 것으로 인해 약간의 허물이 없지 않지만, 중종을 크게 도왔다'는 의미가 들어 있다.[123] 행적만 보면 크게 기억해야 할 이유가 없는 인물일지도 모른다. 그럼에도 성세순이 이 지도에 들어간 이유는 정작 다른 데 있다. 그의 아들이 조광조의 제자이자 기묘사림의 일원이었던 성수침成守琛이며, 성수침의 아들이 성혼成渾이기 때문이다. 성혼은 파주에 그 이름이 보인다.

국가에 공을 세운 인물도 중요하고 학덕이 높은 인물도 중요하다. 그러나 성리학적 인간형에서 요구되는 가장 중요한 덕목 중 하나는 절의일 것이다. 김수홍이 『기묘록』에서 인물에 관한 정보를 참고한 것도 그런 이유일 것이다. 고령의 신광한申光漢(1484~1555)은 기묘사림의 일원이다. 그러나 김수홍이 기록한 절의의 아이콘들은 굳이 기묘사림에 국한되지 않는다. 고령의 박은朴誾(1479~1504)은 26세에 갑자사화 때 화를 당한 인물이다. 합천의 송희규宋希奎(1494~1558)는 윤원형尹元衡을 탄핵했다가 유배를 당한 뒤 풀려나자 은거한 인물이다. 조식의 문인이던 거창의 문위文緯는 임진왜란 때 의병활동을 했지

---

123 『중종실록』, 중종 9년 1월 27일.

_ 〈조선팔도고금총람도〉, 경주의 이언적.

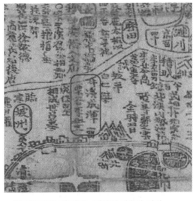

_ 〈조선팔도고금총람도〉, 파주의 성혼과 이이.

_ 〈조선팔도고금총람도〉, 지리산의 조식.

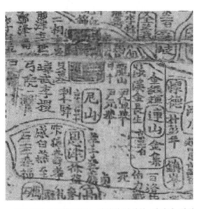

_ 〈조선팔도고금총람도〉, 연산의 김계휘·김장생·김집.

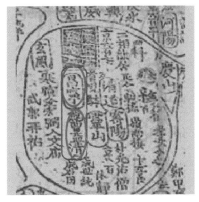

_ 〈조선팔도고금총람도〉, 창녕의 성세순.

_ 〈조선팔도고금총람도〉, 고령의 신광한.

만, 뒷날 정인홍이 권력자가 되자 역시 은거를 택했다. 그들은 모두 절의를 지키고 부당한 권력에 타협하지 않은 사람들이다. 강화도는 병자호란 때 그곳에서 순절한 김상용金尙容, 심현沈誢, 이시직李時稷, 송시영宋時榮, 윤전尹烇, 권순장權順長, 김익겸金益兼과 그들을 기리는 충렬사忠烈祠로 기억된다.[124]

중화세계와 그 주변, 그리고 미지의 땅

김수홍은 〈천하고금대총편람도〉와 〈조선팔도고금총람도〉에서 고금의 지명과 그 땅에서 나온 인물을 기록했다. 그런데 이 두 지도 어디에서도 청나라의 존재감을 읽어낼 수 없다. 청의 본거지라고 할 만주는 영역적으로 전혀 두드러지지 않는다. 〈천하고금대총편람도〉의 '고금'古今은 역사적 인물과 당대의 인물을 뜻하지만, 적어도 '今'은 명대를 넘어 청대로 이어지지 않는다. 이것은 결코 우연한 현상이 아니다.

김수홍의 의식 속에서 중원대륙을 중심으로 하는 천하는 명나라가 멸망하기 전까지만 존재했다. 〈천하고금대총편람도〉의 시점이 명나라에서 멈추고 있는 것은 그 때문이다. 지도에서 실선으로 처리된 성별 경계와 음각된 지명들은 명나라 때의 행정구역과 주요 도시들의 현황을 보여준다. 나머지 지명들도 명나라 때까지의 사실을 반영하고 있다. 김수홍이 표현하고자 한 천하가 중화세계인 한, 그것은 결코 청나라 때로 연결될 수 없었다. 청나라는 단지 중화세계의 적대적 타자일 뿐이다.

김수홍이 중화세계를 표현하는 또 하나의 전략은 노정기에 사경四京을 갖추는 것이었다. 그가 중국 지리 정보를 확인하기 위해 동원한 지리서는 세 가지였다. 명나라 때 편찬된 『대명일통지』大明一統志와 『만보전서』萬寶全書, 당나라 재상 두우가 편찬한 『통전』通典이 그것이다. 『대명일통지』는 지리서이고,

---

124 김수홍, 〈조선팔도고금총람도〉. 江華: 忠烈祠 相 金尙容 判書 李尙吉 都正 沈誢 正 李時□ 主簿 宋時榮 □□□ 元一 黃善身 尹□ 金益兼 權順長 烈女 沈誢 妻 □氏 金槃妻徐氏 鄭百昌 □ 韓氏 士人閔□□家□ □ 就死.

『만보전서』와 『통전』은 백과사전에 가깝다. 김수홍은 이 자료들 가운데 『대명일통지』와 『통전』의 거리 정보는 상단에, 『만보전서』에 나오는 지리 정보는 도면 안쪽에 작은 글씨로 써넣었다. 그는 각 성에서 남경과 북경에 이르는 거리는 『대명일통지』에서, 동경과 서경에 이르는 거리는 『통전』에서 옮겨 적었다. 노정기는 자연스럽게 사경四京을 중심으로 재구성되었다. 사경은 명나라 때의 중원대륙이 중화세계를 구성하는 중심이라는 사실을 상징하는 장치였다.

〈천하고금대총편람도〉에서 중원대륙을 제외하고 유일하게 강조된 곳은 조선이다. 조선의 존재감은 조선이 중국과 다른 나라이기 때문에 생기는 것은 아니다. 중원대륙이 아닌데도 중화적 보편성을 공유하고 있기 때문에 중요하다는 의미일 것이다. 〈조선팔도고금총람도〉에서 기箕와 미尾가 곳곳에 표시된 것도 그런 이유에서다.

28수로 하늘과 땅을 대응시키려는 중국 고대의 아이디어는 12분야설이 등장하면서 좀 더 세련된 형태로 바뀌었다. 당대에 편찬된 『진서』 천문지 등에 따르면, 28수 가운데 기미는 12차로는 석목析木에, 12신辰으로는 인寅에, 12분야로는 연燕에, 지역으로는 유주幽州에 해당한다.[125] 엄밀하게 말하면 한반도의 고려나 조선은 28수의 별자리가 해당하지 않는다. 그럼에도 조선 지식인들은 조선이 기미 분야에 해당한다고 생각했다.[126] 그렇게 해석할 수 있는 근거가 전혀 없는 것은 아니었다. 그들은 조선이 계승한 고대국가의 역사에서 연나라 혹은 유주와 영역이 겹치는 지점을 확인할 수 있다고 생각했다.

그것은 물론 역사적 사실일 수도 있다. 그러나 그보다 더 중요한 이유가 있다. 28수가 비치는 땅은 중원대륙이고 그 중원대륙에 중화문화를 꽃피울 수 있는 문화적 원형질이 내재되어 있다면, 조선이 소중화 혹은 중화문화의 유일한 계승자라고 말하기 위해서는 중원대륙과 한반도를 잇는 연결고리가

125 이문규, 「중국고대분야설의 성립과정」, 『한국과학사학회지』, 21~22, 1999, 231~234쪽.
126 오상학, 「전통시대 천지에 대한 상관적 사고와 그의 표현─분야설을 중심으로」, 『문화역사지리』, 11, 1999, 20쪽; 임종태, 「17·18세기 서양 과학의 유입과 분야설의 변화─성호사설 분야의 사상사적 위치를 중심으로」, 『한국사상사학』, 21, 2003, 398쪽.

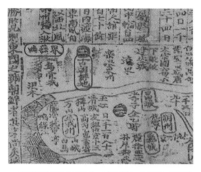

_〈조선팔도고금총람도〉, 고조선지. 유주를 조선의 역사적 영토로 보는 것은 중원대륙과 한반도를 연결하는 작업이며, 궁극적으로 조선이 중화문화의 계승자임을 의미한다.

필요하다. 28수의 기미 분야에 해당하는 유주가 조선의 역사적 영토라고 말하는 것은 그런 점에서 가장 강력한 연결고리가 된다. 〈조선팔도고금총람도〉의 '고조선지'古朝鮮地 인근에 '유연계'幽燕界라는 글자가 보이는 것은 그 때문이다.

조선이 고조선을 계승했다고 생각하는 조선 지식인이라면 이제 기미 분야의 조선을 소중화 혹은 중화문화의 유일한 계승자로 설명하지 못할 이유가 없다. 그런데 김수홍은 여기에서 만족하지 않았다. 〈조선팔도고금총람도〉를 자세히 살펴보면 경기도를 제외한 전국 대부분의 지방에 기와 미가 표시되어 있는 것을 확인할 수 있다. 그 자리를 표시하는 데 다른 특별한 원칙이 있는 것은 아니다. 그는 중원대륙 곳곳에 28수에 해당하는 분야와 지역을 기재했던 〈천하고금대총편람도〉 같은 스케일의 지도를 만들었다. 조선이 중화문명 국가라는 사실을 지도의 내용뿐만 아니라 지도의 스케일로도 말하고 싶었던 것이다. 이런 논리에 따르면, 28수의 땅인 중원대륙에서 인물이 나온 것처럼, 기미 분야에 걸쳐 있는 조선에서 그에 못지않은 인물이 나는 것은 당연하다.

김수홍이 말하는 유주는 요동 혹은 요하 일대에 해당한다. 물론 그가 이 지역의 역사적 중요성을 강조하는 논의를 처음 시작한 사람은 아니다. 1455년(세조 1) 양성지梁誠之(1415~1482)가 새로 즉위한 세조에게 정치의 방향에 대해 조언하면서 이렇게 말했다. "우리 동방은 대대로 요수遼水 동쪽에서 살아 만리지국萬里之國으로 불렸습니다. 삼면이 바다로 막혀 있고, 한 면은 산을 등지고 있어 구역이 스스로 나뉘고 풍기가 또한 다릅니다. 단군 이래로 주군을 설치하고 독자적으로 성교聲教를 펴왔으며, 고려의 태조도 신서를 지어 백성을 가르칠 때 의관과 언어는 모두 본국의 풍속을 준수하게 하였습니다."[127] 역사적으로 계승해온 독자적인 문화를 유지해야 한다는 주장이다. 그런데 조선이 계승한 문화적 독자성은 영역적 개별성에 의해 보증된다. 양성지의 논리에 따르면 역사적으로 볼 때 중국과 조선의 구역은 요하를 기준으로 나뉜다. 요동 지역은 조선의 문화권역이라는 의미다. 삼면이 바다로 막혀 있고 한 면이 산을 등지고 있는 것은 물론 한반도의 형세를 묘사한 것이다. 이렇게 본다면, 압록강 아래에 위치한 조선의 현실적 영역은 요동과 한반도를 포함한 역사적 영역과 완벽하게 일치하지는 않지만, 적어도 그 영역권의 문화를 온전히 계승하고 있는 셈이다.

양성지가 주장한 것처럼 역사적 분계선이 요하이고 현실의 경계선이 압록강이라면, 결국 문제가 되는 것은 압록강에서 요하까지다. 명나라가 그 영역에 해당하는 동팔참로東八站路에 울타리를 설치하거나 봉황성에 개주開州를 설치하려 한 일이 있었다. 양성지는 요동이 역대로 역사의 경계선이었을 뿐만 아니라 명나라 고황제高皇帝가 "삼한三韓이 요동 동쪽 180리 연산連山을 경계로 했다"고 말한 점을 거론하면서, 명나라의 조치가 부당하다고 주장했다. 원론적으로 말하자면 조선과 중국의 경계는 필요하지만, 명나라가 인정한 것만으로 논하더라도 최소한 연산을 경계로 해야 한다는 것이다. 그는 또 명나라가 그동안 이 동교東郊를 비워둔 것은 대대로 삼한의 강역이었던 그 땅을 혼란시킬 경우 조명 관계에 갈등이 빚어질 것을 우려했기 때문이라고 말했다.[128]

양성지에게 그곳은 역사적으로 조선의 고토이며, 현실적으로는 명나라가 공한지로 비워두어야 할 곳이다. 양성지가 요동을 고토로 인식한 점도 중요하지만, 그가 고토를 '회복하자'고 주장하지 않았다는 사실은 더 중요하다. 명이 조선의 고토에 대해 행정력을 미쳐오는 것을 막아야 한다고 주장했지만, 그것을 철회시킬 방법은 외교밖에 없었다. 양성지는 조공책봉 체제가 엄격히 존재하는 상황에서 조명 관계를 근본적으로 손상시키려는 의도를 가진 적이 없다.[129] 그럼에도 요동에 '중화국가' 명나라의 행정력이 미치기 시작했다는

127 『세조실록』, 세조 1년 7월 5일.
128 한영우, 앞의 책, 1983, 173쪽.

이유로 그 땅을 '중화의 땅'으로 여기지 않았다는 사실은 큰 의미가 있다. 15세기의 양성지는 요동이 조선의 고토라는 사실 그 자체를 중시했던 것이다.

요하에서 압록강에 이르는 이 땅은 〈천하고금대총편람도〉와 〈조선팔도고금총람도〉를 제작한 김수홍에게 어떤 의미였을까. 〈천하고금대총편람도〉에서 산해관 바깥쪽 요하의 오른편에서부터 백두산에 이르는 땅이 요하의 동쪽, 즉 요동遼東이다. 요하 인근에 유주가 있고, 그곳에 의무려산醫巫閭山이 솟아 있다. 이 요동의 들녘은 오국성을 중심으로 하는 여진의 땅과는 구별된다. 지도에는 백두산과 구별되는 장백산이 있다. 이 장백산의 북쪽에서 발원하여 송화강에 합류했다가 흑룡강으로 흘러 들어가는 긴 물줄기가 있고, 그 아래로 여진의 땅이 펼쳐진다. 요하에서 백두산까지의 요동 지역과 건주, 회령, 오국성을 중심으로 하는 여진의 땅 사이로 만리장성에서 뻗어나온 한 갈래의 담장이 가로놓여 있다. 김수홍에게 요동과 여진의 땅은 질적으로 다른 것이었다.

〈조선팔도고금총람도〉에서도 같은 문제의식이 엿보인다. 백두산의 왼편으로 백두산과 구별되는 장백산이 있고, 장백산에서 발원한 물줄기는 송화강과 합류한 뒤 백두산을 거쳐 흑룡강이 되었다가 동해로 흘러든다. 장백산 왼편으로는 조선의 각 도를 장식하는 기미 표시가 있다. 동시에 이 땅은 '고조선의 땅이며 유연幽燕의 경계'다. "조선은 기미 분야에 있던 고조선의 역사를 계승함으로써 기미의 나라가 되었고, 28수의 별자리에 해당하는 땅에서 나오는 중화문화를 자기 문화화할 수 있었다." 김수홍은 장백산 왼편의 설명문을 통해 이런 말을 하고 싶었던 것 같다.[130] 장백산 왼편 땅은 양성지가 말하는 요하에서 압록강까지에 해당한다.

---

129 영조 때 청이 울타리를 조선 쪽으로 물려 쌓으려고 한 일이 있었다. 이때 조선이 문제를 인식하고 해결하는 방식도 양성지의 아이디어와 크게 다르지 않았다.

130 지도상의 기록에 따르면 이곳은 한나라의 강역이 되었다가 다시 요금의 강역으로 편입되었다. 그러나 이곳은 고구려 때 당 태종이 공략하다가 실패한 백안성과 안시성, 광해군 때 김응하가 명을 위해 싸웠던 심하가 있는 자리이기도 하다. 〈조선팔도고금총람도〉. 平州 平那 眞番 網自漢武帝 □□眞番 接幽燕界 契丹遼 金牙骨打脫脫 深河 朝鮮金應河力戰死 古朝鮮地 白□城 高句麗安□城 唐太宗圍 六旬不下 敗歸 建安城 遼東 樂浪東州 古朝鮮地 幽燕界 烏骨城 浿水.

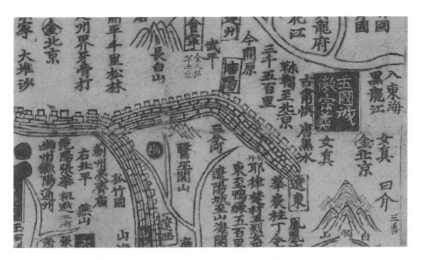

_ 〈천하고금대총편람도〉(상)와 〈조선팔도고금총람도〉(하), 요동 일대. 두 지도는 요하에서 압록강에 이르는 요동 지역을 다르게 표현하고 있지만, 조선의 옛터이자 중화문화의 영역으로 본다는 점에서는 동일한 문제의식을 지닌다.

요동이 중화문화의 맥락에서 가지는 의의를 좀 더 명시적으로 말한 사람은 이익李瀷(1681~1763)이었다. 단군과 기자의 영토에 대한 그의 이야기는 "순임금이 12주를 설치했을 때 유주는 그중의 하나였다"는 것으로 시작된다. 필자는 이익의 주장을 이렇게 읽는다. "그렇다면 순임금이 세웠다는 유주는 어디인가? 유주에 의무려산이 있다는 『한서지리지』의 기록을 존중한다면, 의무려산이 있는 지금의 요심遼瀋이 유주라고 봐야 한다. 그런데 순임금이 유주를 세우기 전에도 역사가 있었다. 단군이 그곳에 나라를 세운 것이다. 무엇으로 증명할 수 있는가. 단군이 나라를 세운 것은 요임금과 같은 때이니, 순임금이 유주를 설치한 것보다 100년이 앞선 시점이다. 그 뒤 기자가 그곳에 나라를 세웠고, 그 나라는 뒷날 연나라의 공격을 받아 2천 리의 땅을 잃고 만반한 滿潘汗까지 밀려나게 되었다. '만'滿이 만주滿洲를 뜻하고 '반'潘이 '심'潘의 오자라면 만반한은 지금의 압록강일 것이니, 기자조선이 요서 지역에 있던 연나라에 영토를 빼앗겨 압록강까지 후퇴했다면 그 땅은 요심이 되지 않을 수 없다. 연나라에게 빼앗긴 땅이 요심이라면 순임금이 유주를 설치하기에 앞서 단군이 나라를 세운 곳도 바로 그 땅일 수밖에 없다. 결국 단군이 요심에 나라를 세운 지 100년 뒤 순임금이 유주를 설치했다고 말할 수 있게 되는 것이다."[131]

순임금의 유주가 단군의 땅이었다는 사실에서 우리가 얻을 수 있는 것은 무엇인가. 이익이 말하는 이 두 번째의 논점은 요동이 고토였다는 첫 번째의 논점보다 훨씬 더 중요하다. 이익의 메시지는 이런 것이었다. "단군의 땅에 유주가 설치되었다는 사실은 무엇을 뜻하는가. 단군이 이미 우임금의 교화를 입었으며, 동방이 오랑캐 상태에서 벗어나 중화문화를 향유하게 되었다는 의미가 된다. 압록강에서 요하에 이르는 이 광대한 땅은 조선의 고토였다. 조선과 중국의 현실적인 국경선은 압록강이니, 우리가 고토를 잃어버렸다고 말할 수도 있다. 그러나 그것이 중요한 것은 아니다. 우리가 고토를 보존하지 못한 것은 아쉬운 일일지 모르지만, 고토를 매개로 우리 역사가 단군시대부터 중화문화를 향유했다는 사실이 중요하다. 요동 지역의 고토는 영토적으로 회복해야 할 대상이 아니다. 중화문화의 담지자 조선을 설명해주는 단서일 뿐이다."[132]

김수홍과 이익의 사례에서 유주, 의무려산, 기미 분야, 중화문화를 모두 만족시키는 땅은 요하 유역에서부터 동쪽으로는 만반한 일대다. 고조선에 2천리의 땅을 빼앗았다는 연나라가 요서 지역에 있었다는 사실을 감안한다면 만반한은 압록강 혹은 압록강과 요하의 사이일 수밖에 없다. 이곳은 중국과 조

---

131 이익,『성호사설』, 권1, 천지문, 檀箕疆域. 舜肇十有二州 (중략) 幽州居其一 漢地理志幽州 其山醫巫閭 其利魚鹽 非今遼瀋而何哉 檀君與堯並立 至十二州 時已百年矣 雖未知疆土遠近 而箕子繼立 其後孫朝鮮侯時 與燕爭强 燕攻其西 取地二千餘里 至滿潘汗爲界 朝鮮遂弱 自燕以東 本無許多地 滿潘汗 卽今鴨綠水 則滿者是滿州 潘是潘之誤也 鴨綠之外 去山海關 不過千有餘里 其爲燕所侵奪者 遼瀋之外 更無其地.
132 이익,『성호사설』, 권1, 천지문, 檀箕疆域. 然則 檀君亦必在虞廷風化之內 東邦之變夷爲夏 久矣 (중략) 今也鴨綠以外 地勢人風 有不可以更合 退以江流爲界 金甌金缺 保全一方 不失衣冠舊俗 亦天地間一樂爾.

선의 구역이 나뉘는 지역, 유주와 기미로 상징되는 지역, 조선이 소중화 혹은 중화문화의 유일한 계승자라고 주장하는 근거가 되는 지역이었다.

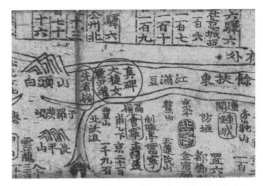

_ 〈조선팔도고금총람도〉, 선춘령의 윤관대첩여진비. 여진의 땅으로 인식하던 두만강 이북 지역은 조선 지식인들의 주요 관심 지역이 아니었다. 지도에서는 윤관이 여진을 정벌한 역사만을 간략히 표시했을 뿐이다.

조선 지식인들이 역사적 영토로 부르는 지역 중에는 유주, 의무려산, 기미 분야와 연관성이 높지 않은 곳이 있었다. 두만강 너머의 땅과 혼동강混同江 이동 지역이 그런 경우다. 김수홍의 〈조선팔도고금총람도〉 설명문에 따르면, 장백산에서 발원하는 물줄기는 혼동강이다. 이 강이 동쪽으로 흘러 송화강에 합류한다. 이 일대는 옛 숙신의 땅이자 당나라 때 흑수말갈의 땅이다. 유화가 고주몽을 낳은 곳이자 명나라 때 개원현開原縣이 있던 곳이기도 하지만, 오랜 기간 여진이 점거한 땅이었다.[133] 이 지도에서 여진의 땅에 남겨진 자국사의 흔적은 윤관의 비 정도다. 두만강 너머에 선춘령先春嶺이 있고 그곳에 '윤관대첩여진비'尹瓘大捷女眞碑라는 표시가 있다. 이 지도에서 두만강 라인이 압록강 라인에 비해 극도로 축소 왜곡된 것도 압록강 너머와 두만강 대안에 대한 관심의 밀도가 달랐기 때문이다.

백두산을 포함한 북만주 일대에 관심 갖는 사람이 많아지고 정보량이 늘어난 것은 17세기부터였다. 학문적인 이유는 아니었다. 병자호란이 일어나고 대륙의 주인이 명에서 청으로 바뀌면서 만주족의 고향, 여진의 땅을 알아야

---

133 김수홍, 〈조선팔도고금총람도〉. 松花江 北扶餘主 金蛙子 高朱蒙母曰柳花 河伯女 在ㅁ日影照身 有娠 生卵 ㅁ爲男 是朱蒙. 後ㅁ都平壤 爲高句麗始祖 黃龍府 女眞五國城 古肅愼 唐黑水鞨鞨 ㅁ寧府 明開原 至北京三千五百里.

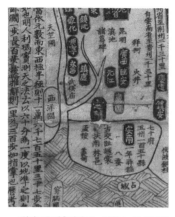

_〈천하고금대총편람도〉, 서양국. 이 지도에 나온 서양국은 유럽을 지칭하는 것이 아니라, 한·당대에 전통적으로 불리던 서역을 의미한다. 김수홍에게 유럽으로서의 서양은 중화세계 주변에 위치한, 알 수 없는 세계에 불과했다.

할 정치적 필요성이 생겼기 때문이다. 만주는 조선 후기 사회가 알아가야 할 대상이었으며, 동시에 풀어야 할 현실의 과제였다.

〈천하고금대총편람도〉에서 중화세계와 조선, 요동과 북만주를 읽었다면, 그다음은 도면의 네 주변을 살펴볼 차례다. 도면의 왼편으로 '서양국'西洋國이라는 글자가 보인다. 서역의 아래쪽에 있는 것으로 보아 유럽으로서의 서양이라기보다는 인도양 국가로서의 서양일 가능성이 높다. 그러나 그 밖에 어떤 기록에서도 인도양 국가로서의 서양과 유럽으로서의 서양을 직접 표시한 대목은 없다. 그렇다면 김수홍은 마테오 리치 Matteo Ricci(1552~1610)에 대해, 그가 말한 대서양에 대해 전혀 무지했던 것일까. 도면의 상단에 있는 구라파국리마두歐邏巴國利瑪竇라는 글자나, 왼편의 설명문에 보이는 마테오 리치의 천문측량법에 관한 이야기[134]는 그렇지 않았음을 잘 보여준다. 그럼에도 마테오 리치가 말한 유럽으로서의 서양은 여전히 찾기 어렵다.

주목할 점은 다른 여백에 표시된 지명들이다. 도면의 왼쪽 위로 무신국無臀國, 오른쪽 위편으로 장각국長脚國과 장비국長臂國이 있다. 또 왼편 아래로 천흉국穿胸國과 대자국大剌國이 있고, 그 옆으로 대인국大人國, 소인국小人國, 여인국女人國이 차례로 보인다. 한자의 뜻으로 그 나라 백성의 특징을 짐작할 수 있는, 그러나 상식적으로 이해하기 어려웠을 이 지명들은 모두 『산해경』에 근

134 김수홍, 〈천하고금대총편람도〉, 明人利瑪竇測天之法云 以六什分爲一度 以地準之 則每一度徑得二百五十里.

88

거를 두고 있다.

『산해경』山海經은 「산경」과 「해경」으로 나뉘는데, 산경은 다시 동·서·남·북·중 5계열로, 해경은 「해외경」, 「해내경」, 「대황경」이 각각 동·서·남·북 4계열로 나뉘어 있다. 「산경」에는 산천의 형세, 산출되는 광물과 동식물, 특이한 괴물이나 신령 등이 쓰여 있다. 「산경」은 지리서의 성격이 강하다. 반면 「해경」은 이국의 풍속과 사물, 영웅의 행적, 신들의 계보, 괴물 묘사 등으로 채워져 있으며, 신화서적인 성격이 좀 더 강하다. 「해내경」은 사해 안의 지역을 의미하고, 「해외경」 및 「대황경」은 이역異域, 그것도 사이四夷관념이 미치지 않는 이역을 뜻한다.

김수홍의 지도에 등장하는 지명들은 모두 『산해경』의 「해외경」에 근거를 두고 있다. 김수홍은 '해내'를 중국을 중심으로 한 실재의 세계로, '해외'를 그것과 무관한 불가사의한 이역으로 판단한 것 같다. 명나라 때 간행된 유시喩時의 〈천하고금형승지도〉天下古今形勝之圖(1655)에도 『산해경』에 근거를 둔 지명들이 보인다.[135] 유시는 중원대륙의 동남쪽 바다에 이 지명들을 배치함으로써 중화세계를 도면상에서 완성했다. 유시에게 『산해경』의 지명은 중화세계의 광활함을 보여주는 장치일 뿐, 서양이나 서구식 세계지도와는 무관하다. 그렇다면 김수홍의 지도도 그런 전통을 따른 것일까.

〈천하고금대총편람도〉에서 『산해경』에 근거를 둔 지명들은 중원대륙의 사방에 배치되어 있다. 김수홍의 아이디어는 중화세계 주변의 스케일과 구성에서 유시의 구상과 달랐다. 말하자면 김수홍은 유시에 비해 『산해경』의 세계구성을 전면적으로 채택하려 했다. 17세기 조선의 사상적 지형에서 성리학이 차지하는 위상이 16세기 명대와 비교할 수 없을 만큼 압도적이었다는 사실도 기억해둘 만하다. 이단사상에 대한 배척의 정도가 같지 않았다는 것은, 김수홍이 『산해경』을 활용하는 데 느꼈을 어려움이 유시에 비해 훨씬 컸을 것임을 짐작하게 한다. 『산해경』은 조선 사회에서 가장 대표적인 이단서적 중의 하나

135 임종태, 앞의 글, 2003, 91쪽.

였다. 17세기 조선에서 어떤 새로운 사상적 조류가 생겨나지 않고서는 잊혀 가던 『산해경』의 지명들을 되살려서 중국의 네 주변에 배치하기 쉽지 않았을 것이다.

도면의 왼편으로는 김수홍이 생각하던 서쪽 세계의 지명들이 나열되어 있다. ①누란樓蘭, 우전于闐, 토번吐蕃, 백룡퇴白龍堆, 청해淸海, 윤실輪室, 소륵疏勒, 토곡혼吐谷渾, 서역西域, ②곤륜총령崑崙蔥嶺, 황하원출자서역黃河源出自西域, ③서역西域, 석가여래釋迦如來, ④불도징佛圖澄, ⑤서번西番, ⑥천축국天竺國 등이 그것이다. 이곳들은 전통적으로 서역이라고 불리던 지역이다. 이 지명들은 모두 당대唐代의 것으로서, 두우의 『통전』에 근거를 두고 있다. 김수홍은 지도의 중심 시점을 명나라 때에 두면서도 서역에 관한 한 중화세계의 서쪽 변경이 가장 넓었을 때를 선택한 것이다. 김수홍에게 한·당대의 서역이 '믿을 수 있는 세계'의 서쪽 경계 지점이었다면, 유럽으로서의 서양과 『산해경』「대황경」에 보이는 지명들은 중화세계의 주변을 장식하는 '알 수 없는' 주변 세계였다.

삼전도비가 조선에 적대적 타자가 등장했음을 보여주는 지표라면, 김수홍의 지도는 조선 지식인들이 여전히 명을 중심으로 한 중화세계를 꿈꾸었음을 드러내는 도면이다. 삼전도비가 조선 지식인이 처한 정치적 현실을 규정한다면, 김수홍의 지도는 그들이 추구한 문화적 지향점을 보여준다. 문화로서의 중화가 지리로서의 중화와 만나는 모든 장면들은 예외 없이 조선이 처한 정치적 현실과 문화적 지향이 교직하는 과정에서 그려진 것들이다. 풍토와 중화, 고유문화와 보편문화, 소중화와 '조선 중화', 백두산과 만주 지도, 고토 의식과 중화 인식, 지리적 시야의 확대와 세계지도, 이역 인식과 중화관, 중화와 민족, 중화와 동양 등이 그런 주제들이다.

2부

지리와 풍토론은 어떻게 중화관을 형성했는가

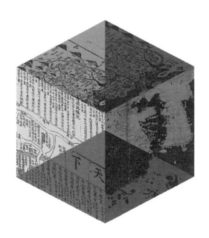

1장. 풍토와 소중화의 맹아

화華와 이夷 혹은 기자와 단군

화이관과 천하관의 그림자

중화문화의 유일한 계승자인 조선이 언젠가 중원대륙에 들어설 가상의 중화 국가와 함께 중화세계를 재건한다는 발상이 등장한 것은 17세기의 일이었다. 이 비전에는 하나의 전제가 있었다. 적대적 타자로서의 청이다. 이 구도에서 청은 '중국'이 아니다. 중원대륙을 차지한 오랑캐이며 문명의 파괴자일 뿐이 다. '중국'은 어디까지나 중원대륙의 중화문명 국가여야만 하기 때문이다. 이 러한 인식하에서는 청과 군신관계를 맺을 수밖에 없는 정치적 현실은 철저히 무시된다.

한국사 전체를 놓고 보았을 때 중원대륙의 지배자가 늘 오랑캐이자 문명 의 파괴자로 간주되었던 것은 아니다. 원 간섭기의 고려 지식인들은 몽골을 중국 혹은 중화라고 부르는 데 인색하지 않았다.[1] 그들은 몽골이 중원대륙을 안정적으로 지배하고 있을 뿐만 아니라 유교문화를 계승했다는 사실을 중요 하게 여겼다. 몽골이 한족인지 아닌지를 묻지 않았으며, 그들의 중원대륙 지 배가 정당한지에 대해 회의하지도 않았다.

---

1 채웅석, 「원간섭기 성리학자들의 화이관과 국가관」, 『역사와 현실』, 49, 2003.

명나라가 몽골을 밀어내고 대륙의 주인이 되면서 상황은 복잡해졌다. 고려 말의 정치적 현실을 감안해본다면, 명이든 북원北元이든 어느 한쪽을 중화로 여긴다는 것은 그 나라와 조공책봉 관계를 맺는다는 의미였다. 고려 우왕 때 북원에서 사신을 보내온 일이 있었다. 이 사신을 맞을 것인지를 놓고 조정에서 격론이 벌어졌다. 이인임 등이 사신을 맞으려 하자, 권근 등이 반대하고 나섰다. "만일 지금 원나라 사신을 영접한다면 온 나라 신민이 모두 난신적자의 죄에 빠지게 되리니, 뒷날 무슨 면목으로 공민왕을 뵐 것인가." 권근 등의 논리는 분명했다. 이인임 등은 권근의 주장을 묵살하고 정도전을 보내 원나라 사신을 맞이하게 했다. 정도전 역시 사신을 맞이할 수 없다며 반발하다가, 귀양을 피하지 못했다.[2]

명나라가 중원대륙의 새로운 패자가 되었다 하지만, 고려의 입장에서 볼 때 북원은 여전히 강력한 세력이었다. 그런데도 권근 등이 북원 사신을 받아들일 수 없다고 고집한 이유는 무엇일까. 권근이 공민왕의 정책을 반원反元으로 규정한 것은 북원이 더 이상 중원의 패자가 아니라는 사실을 알았기 때문일 수도 있다. 국제질서를 냉정하게 판단한 결과 공민왕의 정책을 계승한다는 명분을 내세웠을 수도 있는 것이다.

논란이 확산되자, 성균관 대사성 정몽주鄭夢周(1337~1392)가 논쟁에 뛰어들었다. 그는 이렇게 말했다. "우리 동방이 바다 밖 한쪽 귀퉁이에 있으니, 우리 태조께서 당나라 말기에 일어나면서부터 예로써 중국을 섬겼는데 오직 천하의 의로운 군주인가를 기준으로 삼았습니다. 그런데 지난번 원씨元氏가 스스로 파천을 자초하고 대명大明이 일어나자, 우리 승하하신 왕께서 분명히 천

---

2 『고려사절요』, 권30, 우왕 원년 5월. 藝文應教權近 上書都堂日 若迎元使 一國臣民皆陷於亂賊之罪矣 他日何面目 見玄陵於地下乎. 공민왕이 취한 정책이 과연 반원정책이라고 할 수 있는지에 대해서는 현재 여러 가지 논란이 있다(최근의 논의에 대해서는 이강한, 「'친원'과 '반원'을 넘어서─13~14세기사에 대한 새로운 이해」, 『역사와현실』, 78, 2010; 이명미, 「공민왕대 초반 군주권 재구축 시도와 기씨일가─1356년(공민왕5) 개혁을 중심으로」, 『한국문화』, 53, 2011 등을 참조). 그러나 그 정책을 어떻게 볼 것이냐도 중요하지만, 북원 사신을 거절하려는 사람들에게 공민왕의 정책이 반원으로 읽히고 있었다는 사실 역시 중요하다. 설사 레토릭이라 해도 그 레토릭이 가지는 의의는 적지 않을 것이다.

명을 알고 표문을 받들어 신하라 일컬으니 황제께서 가상하게 여겨 왕의 작위로 봉하고, 하사품과 조공품이 이어졌습니다."[3]

공민왕의 정책을 '친명반원'으로 규정한 이가 정몽주만은 아니었다. 그러나 정몽주의 논리에는 흥미로운 대목이 있다. 그는 고려가 태조 이래로 천명을 받은 의로운 천자를 중화의 예로써 섬겨왔다고 주장했다. 그런데 이 논리에 따르면, 원나라는 스스로 파천을 자초했으므로 그 중화의 범주에 속하지 않는다. 이 지점에서 과거 고려와 원나라의 관계가 조공책봉 체제의 범주에 들어가는지 그렇지 않은지, 혹은 고려의 지식인들이 여몽관계를 조공책봉 체제라고 인식해왔는지 그렇지 않은지는 중요하지 않다. 정몽주가 "고려는 원나라에 대해 천명을 받은 의로운 천자로 인정하지 않았다"고 주장한 사실이 중요하다.

그다음 대목은 조금 결이 다른 느낌을 준다. 정몽주는 우왕 초 김의가 명나라 사신을 죽이고 북원에 들어간 일에 대해 그 죄를 묻지 않은 상태에서 다시 북원의 사신을 받아들인다면, "적은 군사를 피하려다, 천하의 군사를 움직이게 하는" 꼴이 될 뿐이라고 주장했다.[4] 북원의 군대보다 명의 물리력을 훨씬 높게 평가하고 있다는 점도 흥미롭지만, 북원 사신을 받아들이지 않는 것을 명의 군사적인 문책을 피하기 위한 수단으로 여긴다는 점도 흥미롭다.

여말선초 유학자 집단을 대표하는 정몽주조차 중국 혹은 중화를 말할 때 형세와 명분을 두루 고려했음을 감안한다면, 당시 관료들이 대부분 형세론적 화이관을 유지하고 있었다는 지적은 타당하다.[5] 다만 정몽주가 천명을 빌려 중화를 설명하는 방식은 기억할 가치가 있다. 그는 '천명을 받은 의로운 군주'를 섬김의 대상으로 한다고 말함으로써 '스스로 파천을 자초한' 의롭지 못

---

3 『고려사절요』, 권30, 우왕 원년 5월. 成均大司成鄭夢周等上書曰 吾東方 僻在海外 自我太祖起於唐季 禮事中國 其事之也 視天下之義主而已 頃者元氏 自取播遷 大明龍興 我上昇王 灼知天命 奉表稱臣 皇帝嘉之 封以王爵 錫貢相望.

4 『고려사절요』, 권30, 우왕 원년 5월. 朝廷初聞金義之事 固已疑我矣 又聞與元氏相通而不問金義之罪 則必謂我殺使與敵 無疑也 若興問罪之師 水陸並進 國家 其將何辭以對之乎 欲緩小敵之師 實動天下之兵也.

5 김순자, 「원명 교체와 여말선초의 화이론」, 『한국중세사연구』, 10, 2001.

한 원나라를 그 대상에서 제외했다.

정몽주의 논리에 따르면, 원나라가 '스스로 파천을 자초한 의롭지 못한 나라'가 될 수밖에 없는 것은 형세 때문은 아니다. 더 이상 중원대륙의 패자가 아니기 때문에 중화가 아닌 것이 아니라, 처음부터 중화가 아니었기 때문에 필연적으로 파천을 자초했다는 의미다. 중화는 천명을 받은 의로운 자의 몫인 것이다. 정몽주에게 천명과 명분은 결코 형세를 치장하는 도구만은 아니었다.

조준은 원나라를 부인하고 명나라를 승인하는 논거를 문화적인 기준만이 아니라 종족적이고 혈연적인 기준에서 찾았다.[6] 명나라가 북원보다 강한 세력이라는 사실을 의심하는 사람은 거의 없었다. 그러나 그렇다고 하더라도 문제가 없는 것은 아니다. 요동치는 국제 정세에서 한족의 통일왕조가 얼마 뒤 패망하지 않는다는 보장이 없기 때문이다. 형세론적인 화이관이 지배적인 사조가 될 수밖에 없었던 것이다. 이런 유동적인 상황에서 의로움이라는 유학적 가치를 내용으로 하는 문화적 화이관과 한족 왕조라는 종족적 요소를 기반으로 하는 혈연적 화이관이 배태되고 있었다는 사실, 그것이 단순히 형세론적 화이관을 장식하는 도구를 넘어서는 독자적 가치를 인정받고 있었다는 사실은 매우 중요하다.

형세론적 화이관과 명분론적 화이관이 그리는 궤적은 사상사적으로도 중요한 의의가 있다. 원대의 성리학을 받아들인 이색과 권근 등이 형세론적 화이관을 가졌던 데 비해, 남송대 성리학을 받아들인 정도전은 형세론적 화이관에서 출발하여 명분론적 화이관으로 전환했다고 여겨지기 때문이다.[7] 그런데 정도전은 주례적 정치체제론과 재상정치론, 능력 본위의 시험제도와 민생 안정 및 국가재정 확충안 등을 제시한 인물이기도 하다. 이것들은 대부분 주자가 인용한 남송대 사공학事功學의 저작에서 따온 것이다. 말하자면 정도전은 남송대 성리학을 근거로 명분론적 화이론자가 되었을 뿐만 아니라 주자에 의

---

6 김순자, 위의 글, 2001, 137쪽.
7 도현철, 『고려 말 사대부의 정치사상연구』, 일조각, 1999.

해 전유된 남송대 사공학의 일부를 받아들임으로써 뒷날 명실상부한 조선왕조의 설계자가 되었다.[8]

여말선초의 사상적 지형을 이렇게 보기 위해서는 정도전이 남송대 성리학을 어떤 경로를 통해 이해하게 되었는가에 대해 설명하지 않으면 안 된다. 이 이분법적 문제의식에 따르면, 고려 성리학의 외연이 넓어진 것은 공민왕의 개혁정책 때문이다. 이 '반원적' 개혁정책의 여파로 고려의 지식인들은 송대 유학 전반 혹은 명대 초기의 공리학풍을 이해하게 되었다. 결국 정도전에 의해 경세론이 보강된 조선 건국 시기의 성리학은 권근 등이 주자성리학 체계에 입각한 경전을 연구하는 토대가 되었다.[9]

이색-권근과 정도전-조준을 나누는 기준이 원대의 성리학과 남송대 성리학이라고 말하기 위해서는 좀 더 많은 것을 확인해두어야 한다. 주자가 사공적인 요소를 전유하는 것에서 잘 보이듯, 남송대 이학은 이미 경세이학화 혹은 관학화하고 있었으며,[10] 이 경향이 결국 원대 이학의 지배 이데올로기화, 더 나아가 명대 심학과 양명학의 발흥을 가져왔다고 할 수 있다.

여말선초 지식인 집단이 가진 화이관의 문제가 결국 그들 내부의 성향 차이를 반영하는 것이라면, 그 갈래들을 구분하는 기준이 정합적인가도 문제가 된다. 과연 이색-권근과 정도전-조준은 그렇듯 명백하게 두 갈래로 정치적·사상적으로 분기한 것인가. 물론 이색과 권근은 개혁과 신흥 유신의 모집단이면서도 결국 정도전에 의해 부정된다는 점에서는 아무런 차이가 없다. 그러나 정치사적으로 개국 전후의 상황을 읽으면 정도전과 조준, 그리고 정몽주에 대한 평가의 결이 달라질 수도 있다.

조준은 전제개혁의 지형에서 이색과 권근을 압도했지만, 결국 척불 이슈

8 도현철, 「삼봉집의 전거를 통해 본 신유학 수용」, 『동방학지』, 145, 2009.
9 도현철, 위의 글, 2009. 이색은 왕안석을 문장가로 높이 평가했지만, 그가 제창한 신법에 대해서는 냉정했다(도현철, 『목은 이색의 정치사상 연구』, 혜안, 2011, 197쪽).
10 이범학, 「진덕수 경세이학의 성립과 그 배경 – 남송 후기 이학의 관학화와 그 의의」, 『한국학논총』, 20, 1997.

를 정도전에게 선점당함으로써 권력 투쟁에서 밀릴 수밖에 없었다. 정도전은 조준의 전제개혁론에 동의하면서도 이 문제를 놓고 조준과 대립하던 이색과 친분을 유지하기도 했다. 그는 결국 척불운동으로 이슈를 선점하고 이색과 정몽주를 비판하면서 권력을 장악했다. 정몽주는 이성계 집단 안에서 정도전과 함께 공양왕 옹립을 주도했지만, 척불 국면에서 불교와 이색에 대한 입장 차이로 인해 딜레마에 빠지게 되었다.[11]

물론 설명이 더 필요한 대목이 없는 것은 아니다. 이색, 권근, 정도전, 조준, 정몽주 등이 성리학을 받아들이고 과거를 통해 입신한 개혁파 '신흥유신'이라는 점을 중시한다면, 전제개혁과 척불 이슈의 양편에 섰던 그들에게 성리학은 무엇이었는가. 토지개혁에 관한 조준과 정도전의 입장이 수조권 개편과 소유권 재편으로 나뉘었다면, 고려 말 고려-북원 관계나 고려-명 관계에서 조준의 화이론이 가장 명분론적이었던 것은 어떻게 설명할 수 있는가. 그러나 이 정치사적 분석을 존중한다면, 형세론적 화이관과 명분론적 화이관, 원대 지배 이데올로기화한 성리학과 남송대 성리학을 수용한 세력으로 이색-권근과 정도전-조준을 선명하게 갈라놓기는 어려울 것 같다.

남송대 이학의 경세이학화와 원대 지배 이데올로기화한 성리학의 사상 내적 차이를 선명하게 드러내기 쉽지 않다면, 나아가 이색-권근과 정도전-조준의 정치적 입장을 선명하게 갈라놓을 수 없다면, 중화에 관한 여말 지식인 집단의 사상을 형세론적 화이론과 명분론적 화이론으로 선명하게 구분해야 할 이유가 없다. 이런 관점에서 보면 오히려 그 경계가 불분명한 지점들이 더 흥미롭다. 형세론적 화이관이 시대의 주류였다는 사실도 중요하지만, 명분론적 화이관으로 형세론적 화이관을 합리화하는 흐름이 생겨났다는 사실, 나아가 명분론적 화이관에 무게가 실리는 주장이 제기되었다는 사실도 중요한 것이다.

화이관이 중화의 개념에 관한 이슈인 한, 어떤 화이관을 가지고 있느냐의

11 이익주, 「고려 말 정도전의 정치세력 형성 과정 연구」, 『동방학지』, 134, 2006.

문제는 결국 고려를 어떤 시선으로 보느냐의 문제이기도 하다. 고려는 화이의 틀로 설명할 수 있는가 그렇지 않은가. 고려 지식인 사회가 모화주의자, 국수주의자, 그리고 자주적 유신 혹은 개방주의적 전통주의자로 구성된다고 할 때, 고려 사회의 주류는 자주적 유신이었다. 김부식이 모화주의자를 대표하는 인물이라면, 이규보李奎報(1168~1241)는 자주적 유신을 상징하는 학자관료다. 김부식과 이규보의 차이는 전통문화의 존재 의의에 대한 사고방식 혹은 그것과 연결되는 천하관의 문제로 설명된다.[12]

천하를 인식하는 기준은 이미 고대 이래로 여러 시기에 걸쳐 확인된다. 고구려는 전체의 천하 속에서 병존하는 소천하小天下를 설정한 나름의 천하관을 가지고 있었다.[13] 고려시대에는 스스로 천자를 칭하고 다원적 천하의 한 축으로 고려를 설정하는 다원적 천하관이 일원적 천하를 상정하는 자국 중심 천하관, 화이론적 천하관과 병존하고 있었다.[14]

'중화를 배제하지 않은 천하'라는 문제의식은 모화주의자와 자주적 유신, 혹은 화이론적 천하관과 다원적 천하관의 소유자들 사이에서 확인된다. 물론 그들에게 '중화'가 지리적·혈연적·문화적인 면에서 어떤 결을 가진 것이었는지는 선명하지 않다.

고려시대의 다원적 천하관은 다음 두 가지를 논거로 삼고 있다. 하나는 소천하 단위별로 풍토風土와 기질의 차이가 존재한다는 점이며, 다른 하나는 고대의 강역을 역사적으로 계승하고 있다는 인식이다. 문화적 자주성과 유구한 역사에 대한 인식이 다원적 천하관을 가능하게 한 것이다. 주목할 점은 다원적 천하론자들이 자국을 소천하로 설정하는 과정에서 지덕地德, 즉 지기地氣의 작용을 긍정하고 있다는 점이다.[15]

조선의 건국자들은 고려시대의 자주적 유신, 나아가 다원적 천하관의 소

12 노명호, 「고려시대의 다원적 천하관과 해동천자」, 『한국사연구』, 105, 1999; 노명호, 『고려국가와 집단 의식－자위공동체·삼국유민·삼한일통·해동천자의 천하』, 서울대학교 출판문화원, 2009.
13 노태돈, 「5세기 금석문에 보이는 고구려인의 천하관」, 『한국사론』, 19, 1988.
14 노명호, 「동명왕편과 이규보의 다원적 천하관」, 『진단학보』, 83, 1997; 노명호, 앞의 글, 1999.
15 노명호, 앞의 글, 1999, 27~36쪽.

유자들이 가지고 있었던 풍토와 기질의 차이, 역사 계승의식 등을 물려받았다. 그들은 고려시대의 자주적 유신 혹은 다원적 천하관의 소유자로부터 풍토와 기질의 차이, 유구한 역사에 대한 자부심, 지덕의 작용을 긍정하는 정서를 이어받는 한편, 모화주의자 또는 화이론적 천하관의 소유자로부터 명분을 중심으로 하는 세계의 중요성을 배웠다.[16] 유교문화를 내면화한 조선의 지식인들로서는 '천자국'을 칭할 이유가 없었다. 그러나 그들은 여전히 지리와 풍토의 차이에 민감했다.

이첨이 〈삼국도〉三國圖에 붙인 논설은 천하와 중화, 풍토와 기질에 관한 조선 지식인의 논평 가운데 가장 이른 시기의 것이라고 보아도 좋다. 글의 첫머리가 인상적이다. "명나라가 황통皇統을 이룩하자 바로 사해四海를 차지하여 한 자의 땅과 한마디의 하늘까지도 모두 관장하게 되었다." 형세에 입각한 냉정한 평가라기보다는 명을 중화국가의 정통으로 보는 명분론적인 관점이 엿보인다. 명이 건국된 이후에도 만리장성 바깥쪽 북원은 여전히 위협적인 존재였을 것이다. 이런 상황을 감안한다면 아무리 수사라 해도 좀 과한 측면이 있다. 그러나 그가 만리장성을 중화와 이적의 지리적 경계로 생각하고 있었다면 이상할 것도 없다.

이첨의 다음 이야기는 지도다. 광대한 토지를 관할하는 중국의 역대 황제들은 지도를 얼마나 중시했는가. 또 얼마나 효과적으로 활용했는가. 중국 지도 이야기는 다시 자국 지도를 언급하기 위한 실마리가 된다. 그는 고려 지도에 그려진 산줄기를 이렇게 묘사했다. "백두산으로부터 비스듬히 이어져 철령에 이르렀다가, 돌기하여 풍악(금강산)이 되고, 거듭 겹쳐서 태백산·소백산이 되고 죽령이 되며 계립령이 되고 삼하령이 되었으며, 양산으로 달려 중대산이 되고 운봉으로 뻗쳐 지리산이 되었다. 지축은 이곳 지리산에 이른 뒤, 다시 바다 건너 남쪽으로 가지는 않는다. 맑고 깨끗한 기가 여기에 온축되었으

16 고려시대의 자주적 유신 혹은 다원적 천하관의 소유자가 고려 말의 형세적 화이론자에 해당한다고 단정적으로 말하기는 어렵다. 모화주의자 또는 화이론적 천하관의 소유자와 명분론적 화이론자의 관계도 마찬가지다. 그러나 현재의 연구 지형만 놓고 보면 대체로 그런 경향이 있다고 말할 수는 있을 것이다.

므로 산줄기가 지극히 고준하여 다른 산줄기가 능히 양립할 수 없다."

산줄기 사이로 흘러내리는 물줄기에 대한 설명이 이어진다. "그 등의 서쪽 물줄기로 살수薩水, 패강浿江, 벽란碧瀾, 임진臨津, 한강漢江, 웅진熊津이 모두 서해로 들어가고, 그 등마루 동쪽으로 가야진伽耶津만이 남쪽으로 흘러갈 뿐이다. 원기元氣가 화하여 뭉치고 산이 끝나면 물이 앞을 둘렀으니, 그 풍기風氣의 구역과 군현의 경계를 이 지도를 보면 볼 수 있다."[17]

백두산에서 지리산까지 이어지는 산줄기를 오늘날 우리는 백두대간이라고 부른다. 그런데 이첨에 따르면, 이 산줄기가 다른 것들에 비해 월등히 높고 험준한 것은 맑고 깨끗한 기가 여기에 쌓여 있기 때문이다. 그 기는 물론 지기地氣다. 그뿐만이 아니다. 지기에 의해 형성된 산줄기와 그 산줄기 사이로 흐르는 물줄기는 각 지역의 풍기 차이를 만드는 직접적인 원인이다.

지기와 풍기의 차이에 관한 이야기 뒤로 이런 내용이 나온다. "지금 우리 주상 전하가 영웅의 자질로 500년 만에 성인이 나오는 운수를 만나서 천명을 받고 인심을 따라 비로소 동하東夏를 열고 '조선'이란 예전 이름을 회복하고 새로 도읍을 한양에 정했으니, 이 지도를 놓고 가만히 증험해볼 때가 바로 지금이다."[18] 그는 이 지도에서 지기와 풍기와 산천의 관계, 나아가 조선왕조 건국의 정당성과 조선이 '동하'가 되는 이유를 밝히고 싶었던 것이다.

새 왕조를 '중국과 풍기가 다른 땅에 있는 소중화'로 본다는 것은 무슨 의미인가. 조선을 '동하'라고 한 것은 제하諸夏로서의 중국을 전제로 하는 것이다. 그렇다면 그들 앞에 놓인 지성사적인 과제는 좀 더 분명해진다. 조선이 '중국과 풍토가 다른 지역에 선 소중화 국가'라면, 조선을 조선답게 만드는

17 서거정, 『동문선』, 권92, 序: 李詹, 三國圖後序. 觀其山自白頭逶迤 至鐵嶺 突起而爲楓岳 重複而爲大小伯 爲竹嶺 爲難立 爲三河嶺 趨陽山而中臺 亘雲峯而地理 地軸至此 更不過海而南 淸淑之氣 於焉蘊蓄 故山極高峻 他山莫能兩大也 其脊以西之水 則曰薩水 曰浿江 曰碧瀾 曰臨津 曰漢江 曰熊津 皆達于西海 脊以東 獨伽耶津南流耳 元氣融結 山川限帶 其風氣之區域 郡縣之疆場 披圖可見已.

18 서거정, 『동문선』, 권92, 序: 李詹, 三國圖後序. 自三朝鮮以後 率瓜分幅 裂以據之 未有定于一者 王氏始祖 躬擐甲冑 火攻水戰 克成統合之功 至于季葉 頹靡已甚 祖宗舊物 不能保有 天命人心 復有所歸 今我主上殿下 以聰明英斷之資 當五百興王之運 應天順人 肇造東夏 復朝鮮之舊號 定新都于漢陽 按圖考驗 此其時也.

'고유한' 것들과 조선을 소중화로 만드는 '보편적'인 것들의 관계를 어떻게 설정한단 말인가.

기자와 단군, 문명과 개국 또는 보편문화와 고유문화

개국 초 예조의 책임자는 조박趙璞(1356~1408)이라는 인물이었다. 국가의례와 제도를 새롭게 만들어야 하는 그로서는 단군과 기자의 위상을 설정하는 일이 무엇보다 중요했다. 국가의 정체성에 관한 문제이기 때문이다. 그는 평양부에서 단군과 기자의 위패를 모시고 제사를 지내자고 주장했다. 단군은 '동방에서 처음으로 천명을 받은 임금'이며, 기자는 '처음으로 교화를 일으킨 임금'이라는 것이다.[19] 단군이 혈연 공동체 혹은 고유문화를 의미한다면, 기자는 문화 공동체 혹은 보편문화를 상징한다. 그런데 그는 같은 글에서 원구단 제사는 천자의 제천례이기 때문에 폐지해야 한다고 주장했다. 제천은 제후국의 격식에 맞지 않는 의례라는 의미일 것이다. 그의 생각은 고유문화와 보편문화의 관계에 관한 조선 초기의 발상 중 한 갈래를 보여준다. 이런 문제의식의 연장선에서 보면, 고유문화는 보편문화와 대립하는 지점이 아니라 보편문화와의 연관 속에 놓일 때 비로소 의미를 가진다.

정도전은 주 무왕과 기자, 명 태조와 이성계를 비유하는 전략을 구사했다.[20] 이 논리에 따르면 주 무왕의 봉함을 받은 기자처럼 명 태조의 봉함을 받은 이성계는 수명受命의 군주라는 명분을 가진다. 이 점에서 제후국을 상징하는 조선이라는 국호는 정당하다. 문제는 국호론 속에서 단군조선이 갖는 위상이다. 그는 글의 첫머리에서 단군조선, 기자조선, 위만조선, 신라, 백제, 후백제, 고구려, 후고구려, 고려 등 자국사에 명멸했던 나라들의 국호를 열거했다. 이 중 기자조선만이 다른 나라들과 구별된다. 기자는 천자의 명을 받아 제후에 봉해졌지만, 다른 나라들은 모두 "한쪽 귀퉁이를 점거한 채 중국의 명을 받

---

19 『태조실록』, 태조 1년 8월 11일. 朝鮮檀君 東方始受命之主 箕子 始興教化之君 令平壤府以時致祭.
20 한영우, 앞의 책, 1983, 246쪽.

지 않고 스스로 명호를 세워 서로를 침탈"했다.[21] 조박이 단군을 '천명을 받은 임금'이라고 불렀지만, 정도전에게 단군은 "스스로 명호를 세운" 나라들 중 하나일 뿐이다.[22] 조박과는 결의 차이가 있다.

단군과 기자에 대한 국가 차원의 제사가 실현된 것은 태종 대에 이르러서였다. 예조는 하륜河崙과 허조許稠의 주장을 근거로 단군과 기자에게 제사 지내자고 주장했고, 태종은 예조의 제안을 받아들였다. 그런데 예조가 생각한 기자 제사와 단군 제사는 위상이 달랐다. 예조에 따르면, 기자가 사전祀典에 등재하여 봄가을에 제사 지내야 하는 존재라면, 단군은 다만 기자와 함께 한 사당에 제사 지내는 인물이었다.[23] 사당은 단군과 기자를 상징하는 장소에 세워졌다. 평양부였다. 예조의 구도를 충실히 반영한 이 공간에서 기자의 신위는 북쪽에서 남쪽을 향한 반면, 단군의 신위는 서쪽에서 동쪽을 바라보았다. 이 공간의 주인은 어디까지나 기자였다.

1425년(세종 7) 정척鄭陟(1390~1475)은 기자 사당의 구조에 대해 본격적으로 문제를 제기했다. 조박이 단군과 기자라는 두 개의 아이콘을 개국과 문명의 상징으로 여긴 것처럼, 정척도 같은 지점에서 논의를 시작했다. 그런데 단군이 조선을 '개국'한 행위와 기자가 조선에 '피봉'被封된 사실, 둘 중 어디에 의미를 부여할 것인가가 문제였다. 후자를 중시한다면 사당의 신위 배치는 정당하다. 그러나 전자를 더 강조하거나 적어도 후자와 동등하게 평가한다면 신위 배치는 부당하다. 정도전이 '피봉'된 사실에서 국호의 명분을 찾으려 했다면, 정척은 '개국' 행위를 정당하게 평가해야 한다고 여겼다.

정척의 논지는 이런 것이었다. '기자의 사당에 단군을 배향하는 형식으로

---

21 정도전, 『삼봉집』, 권13, 朝鮮經國典 上, 國號. 海東之國 不一其號 爲朝鮮者三 日檀君日箕子日衛滿 若 朴氏昔氏金氏相繼稱新羅 溫祚稱百濟於前 甄萱稱百濟於後 又高朱蒙稱高句麗 弓裔稱後高麗 王氏代弓裔 仍 襲高麗之號 皆竊據一隅 不受中國之命 自立名號 互相侵奪 雖有所稱 何足取哉 惟箕子受周武之命 封朝鮮侯.
22 정도전은 뒷날 요동 공격을 추진했고, 이 때문에 명으로부터 정치적 견제를 받기도 했다(한영우, 앞의 책, 1983, 247쪽). 국호론을 통해 단군조선의 의의를 부정하고 제후국으로서의 명분을 강조하던 면모와는 사뭇 다른 양상이다. 요동 공격론은 엄밀한 의미에서 보면 천자국에 대한 도전행위이기 때문이다. 국호론과 요동 공격론은 사상가로서의 구상과 정치가로서의 선택이 어떤 것이었는지를 잘 보여준다.
23 『태종실록』, 태종 12년 6월 6일.

는 단군이 기자에 앞서 나라를 세웠다는 사실을 드러내기 어려울 뿐 아니라 신위를 남향으로 배치하는 제사의식諸祀儀式의 향단군진설도享檀君陳說圖 규정에도 맞지 않다. 만일 나라를 세운 일과 문명을 전한 일의 시간적 선후관계만을 기준으로 삼는다면, 단군과 기자의 신위를 위아래로 배치하여 남향하게 하는 것도 방법이 될 수는 있다. 그러나 기자가 교화와 국호의 아이콘이라는 점을 염두에 둔다면, 기자사당이라고 이름 붙인 곳에서 단군 신위를 기자 신위보다 위에 배치할 수도 없다. 결국 이 문제를 해결하려면 기자 사당과 별도로 단군 사당을 세울 수밖에 없다.'[24]

단군 사당의 독립을 주장한 정척의 의도는 무엇이었을까. 정척은 단군을 건국 연대가 앞선 독립 군주로, 기자를 단군보다 격이 떨어지는 수봉군주受封君主로 생각했으면서도, 대명외교를 고려하여 동등한 위치에서 두 사당을 독립시키는 쪽을 택한 것일까.[25] 정척이 단군에 대한 재평가를 요구하는 차원에서 이 문제를 제기한 것은 분명하다. 그런데 그는 단군이 개국한 시점에 특별한 의의를 부여했지만 단군이 독립 군주라는 식으로 쓰지는 않았다. 기자에 대한 평가도 마찬가지다. 그는 기자가 문명과 국호의 상징이라는 점에 유의했지만, 봉함을 받은 군주라는 사실을 두고 독립적이지 않은 군주라고 말하지는 않았다. 독립적이냐 아니냐의 기준을 가지고 단군이나 기자를 바라보지 않았다는 의미다. 그는 다만 두 개의 아이콘이 각자에게 적용되는 기준에 따라 정당하게 평가되기를 바랐을 뿐이다.

기자 사당을 보완하는 작업은 꾸준히 계속되었다. 1428년(세종 10) 성산부원군 이직李稷 등이 기자묘 대신 기자 사당에 비를 세울 것을 청했다. 묘에 비석을 세우는 것이 고제古制가 아닐 뿐만 아니라 현지인들이 기자묘라고 주장

---

24 『세종실록』, 세종 7년 9월 25일. 司醞注簿鄭陟上書曰 臣愚因竊謂 檀君與唐堯並立 而自號朝鮮者也 箕子受武王之命 而封朝鮮者也 以帝王歷年之數 自帝堯至武王凡千二百三十餘年矣 然則箕子之坐北 檀君之配東 實有違於立國傳世之先後矣 (중략) 若使檀君箕子並坐南向 而檀君居上 箕子次之 則立國之先後 似不紊矣 然箕子爲武王陳洪範 在朝鮮作八條 政教盛行 風俗淳美 朝鮮之名聞於天下後世 故當我太祖康獻大王之請國號也 太祖高皇帝命襲朝鮮之號 於是朝廷使臣凡過平壤者 或往謁焉 則名之以箕子祠堂 而檀君作主 誠爲未便.
25 한영우, 앞의 책, 1983, 249~250쪽.

하는 자리가 정확하지 않았기 때문이다. 변계량은 이전의 하교대로 묘에 비를 세울 것을 주장했다. 세종은 이직 등의 주장을 받아들였다.[26] 그해 4월 세종은 변계량에게 기자묘비명을 쓰게 하면서 이렇게 말했다. "옛날 주 무왕이 은나라를 정복하고 은의 태사太師 기자를 우리나라에 봉하여 그의 신하 노릇하지 않으려는 뜻(不臣之志)을 이루게 하였으니, 우리나라의 문물과 예악이 중국과 비견함이 지금까지 2천여 년에 이르게 된 것은 오직 기자의 교화에 힘입은 것이다."[27]

세종이 거론한 기자불신설箕子不臣說은 『사기』史記에 근거를 두고 있다. 『사기』에 따르면, 주 무왕이 은나라를 정복한 뒤 기자를 방문했을 때 기자가 무왕에게 홍범을 전하자, 무왕이 기자를 조선에 봉했다. 자신의 신하로 삼지 않았던 것이다. 그 뒤 기자가 주나라에 조공하러 갔을 때 은나라의 옛터를 보고 슬퍼했다.[28] 사마천은 『사기』에서 기자를 주 무왕의 봉함을 받았으며 주나라에 조회한 제후로 묘사했다. 그러나 그런 기자가 주 무왕의 신하가 되려 하지 않은 것, 주 무왕이 기자의 그런 뜻을 존중해준 것을 모두 인정했다. 둘 사이에 논리적 충돌이 없다고 본 것이다. 기자가 불신不臣하려 했던 것은 내복內服의 신하가 되기를 바라지 않았다는 의미이며, 주 무왕이 내신內臣이 되지 않기를 바라는 그의 뜻을 존중했기 때문에 그를 외번外藩의 제후로 봉했다는 의미다.

세종이 언급한 기자불신설 역시 이런 맥락을 가진다. "기자가 주 무왕에 대해 불신不臣했다"고 한 말을 조선 문화의 고유성과 자주성을 강조한 것으로 볼 수는 없다. 세종은 다만 기자의 뜻을 존중한 주 무왕의 결정에 따라 기자가 동래東來할 수 있게 되었고, 그 결과 조선의 문물과 예악이 중국에 버금가게 되었음을 말하고 싶었을 뿐이다.[29] 세종의 발언에서 방점은 '불신'이 아니라

---

26 『세종실록』, 세종 10년 1월 26일.
27 『세종실록』, 세종 10년 4월 29일. 昔周武王克殷 封殷太師于我邦 遂其不臣之志也 吾東方文物禮樂 侔擬中國 迄今二千餘祀 惟箕子之敎是賴.
28 司馬遷, 『史記』, 卷38, 微子世家. 武王乃封箕子於朝鮮而不臣也 其後箕子朝周 過故殷墟 感宮室毀壞 生禾黍 箕子傷之.

예악과 문물에 있다. 변계량이 지은 비문에 '기자가 불신하려 했던 의도'에 대해 별다른 언급이 없는 것도 그 때문일 것이다.[30]

세종이 변계량에게 기자묘비를 쓰게 한 그해 10월, 평안감사가 '조선후기자'로 되어 있는 기자 사당의 위패를 문제 삼았다. 논거는 두 가지다. 첫째, 기箕가 나라 이름이고 자子가 작위爵位라는 점에 비추어 보면 조선후라는 수식어를 기자 앞에 쓰는 것은 한 사람에게 후侯라는 작위와 자子라는 작위를 동시에 쓰는 꼴이니 후세에 웃음을 사게 될 것이다. 둘째, 역사서에 따르면 "무왕이 기자를 조선에 봉하였으나 신하로 삼지 않았다"고 되어 있으므로, 신하가 되지 않은 사람을 조선후라고 부르는 것은 모순이다. 따라서 기자의 위패에 '은태사'殷太師라고 쓴 뒤 그 아래에 조선의 존호와 봉작을 쓰면, 위로는 기자가 불신하려 했던 마음을 밝힐 수 있고, 아래로는 조선 사람들이 그를 잊지 못하는 뜻을 드러낼 수 있다.[31]

과연 평안감사가 말하고 싶었던 것은 무엇이었을까. "기자는 제후가 아니었으니, 기자의 나라 조선은 그만큼 독립적이며 그런 독립성에 어울리는 위패를 가져야 한다"고 말하고 싶었던 것일까. 불신이라는 말의 사전적 의미에만 주목하면 그런 추정을 할 수 있을지도 모른다.[32] 그러나 그런 추정이 사실로서 입증되기 위해서는 몇 가지 전제가 있다.

우선 평안감사가 불신설不臣說을 『사기』의 문맥대로 읽었는지를 파악해야 한다. 평안감사는 기자가 주 무왕으로부터 봉함을 받은 사실을 부정하지 않으면서도 주 무왕이 기자를 신하로 삼지 않았다는 점을 훨씬 더 강조했다. 뒷날 기자가 주 무왕에게 조회했다는 기록은 아예 언급조차 하지 않았다. 평안감사

29 명청 교체 이후 기자불신론은 명에 대한 의리를 지키려는 조선의 입장을 합리화하는 논거가 되기도 했다. 그런가 하면 이종휘는 기자가 주 무왕에 대해 신하의 의리가 없었는데도 사대의 예를 행한 사실을 강조하기 위해 기자불신론을 활용했다(장유승, 「이종휘의 자국사인식과 소중화주의」, 『민족문학사연구』, 35, 2007, 55~59쪽).
30 『세종실록』, 세종 10년 4월 29일.
31 『세종실록』, 세종 10년 8월 14일.
32 한영우, 앞의 책, 1983, 252쪽.

가『사기』의 문맥보다는 불신설의 의의를 강조하는 방식으로 기자를 설명하려 한 것은 분명하다. 그런데 그런 그가 은태사라는 명칭 아래 조선의 봉작을 더하는 방안을 제시한 이유는 무엇일까. 만일 그가 불신설을 통해 기자의 독립성을 강조하려 했다면, 굳이 은태사라는 중국의 직위를 위패 앞머리에 붙여야 한다고 주장할 이유는 없지 않을까. 평안감사는 어째서 은태사를 중시할 수밖에 없었을까.

'기가 국명이고 자가 작위'라는 또 하나의 논거에서 그 실마리를 찾아보자. 청대에 편찬된『논어집해의소』論語集解義疏에 따르면, 기자는 나라 이름인데, 은나라 기내畿內의 채지采地 이름이라 한다. 은나라에는 기외畿外에 공작·후작·백작 등 세 등급의 작위가 있고, 기내로는 오직 자작子爵이 있을 뿐인데, 기자는 기 땅을 채지로 하는 기내의 자작이라는 것이다.[33] 평안감사가 불신론을 통해 말하고자 했던 기자는 주 무왕의 제후도 아니었지만, 중국과 무관한 독립적인 존재는 더더욱 아니었다. 주 무왕에게 홍범을 전수하고 조선의 문명화를 실현한 은나라 기내의 자작. 은태사라는 칭호 아래 조선의 봉작과 작위를 붙이자는 제안은 그런 기자를 전제한 것이다.

단군 사당과 기자 사당의 분리를 주장했던 정척도 기자의 위패를 개정해야 한다는 주장에 가세했다. 1430년(세종 12) 4월 정척은 위패에 적힌 '조선후기자'朝鮮侯箕子에서 '기자'라는 두 글자를 빼자고 제안했다. 기가 나라 이름이고, 자가 벼슬 이름이므로 조선후라는 수식어는 어울리지 않다고 보았을 개연성이 있다. 그러나 중요한 것은 그가 조선후라는 글자를 남김으로써 은태사로서의 기자를 강조하려 했다는 사실이다.[34] 단군과 기자가 자국사에서 가진 의의를 정당하게 평가하는 것이 중요하다고 여긴 정척이 기자라는 아이콘을 통해 조선이 제후국으로서 가지는 국가 위상을 드러내려 한 것은 전혀 이상한 일이 아니다.

---

33 『論語集解義疏』, 論語微子, 第18. 微箕二國名者 是殷家畿內采地名也 殷家畿外三等之爵 公侯伯也 畿內唯子爵 而箕微二人並食箕微之地而子爵也.
34 『세종실록』, 세종 12년 4월 9일.

세종도 기가 나라 이름이고, 자가 벼슬 이름이므로 나라 이름과 벼슬 이름으로 위패의 칭호를 삼을 수 없다고 생각했다. 그러나 정척의 주장처럼 조선후만 남겨둘 경우 주 무왕에 대한 제후로서의 위상만 남고 조선 문명화의 기원이라는 위상은 희석될 수밖에 없다. 세종은 이렇게 말했다. "조선이라고만 범칭하는 것도 좋지는 않으니, 후조선시조기자後朝鮮始祖箕子라고 하면 어떻겠는가." 세종은 이 문제를 의례상정소에서 논의하게 했다. 황희, 맹사성, 허조 등이 세종의 제안대로 '후조선시조기자'를 지지한 반면, 정척은 '조선시조기자'를 제안했다. 세종은 황희 등의 제안을 받아들여 기자의 위패를 '후조선시조기자'로 개정했다.[35] 제후로서의 기자와 은나라 기내 자작으로서의 기자가 양립할 수 없는 상황에서 세종이 제후로서의 기자를 희생하면서까지 남기고 싶었던 것은 무엇일까. 그것은 무왕에게 홍범을 전한 은태사로서의 기자, 문명화의 아이콘으로서의 기자였다.

1430년 8월, 각도산천단묘순심별감各道山川壇廟巡審別監의 보고서가 예조로 올라왔다. 이 중에는 단군과 기자의 위패 수정에 관한 평안도순심별감의 제안도 들어 있었다.[36] 별감은 기자의 위패를 '조선후기자지위'朝鮮侯箕子之位에서 '후조선시조기자'後朝鮮始祖箕子로, '조선후단군지위'朝鮮侯檀君之位에서 '조선단군'朝鮮檀君으로 바꾸자고 주장했다.[37] 기자 위패에 관한 제안은 세종과 의례상정소의 결정을 반영한 것이지만, 단군 위패에 관한 제안은 새로운 것이었다. 기자가 후조선시조라면 단군은 조선후단군이 아니라 조선단군이 되어야 한다는 의미일 것이다.

이 논리를 어떻게 읽어야 할까. 필자의 독법은 이렇다. 기자의 위패를 '후조선시조기자'로 한 것은 조선후와 기자라는 명칭 모두를 살릴 수 없는 상황에서 나온 것이다. 불가피한 선택이었을 뿐, 시조를 분명히 하려는 의도가 있었던 것은 아니다. 따라서 조선후라는 명칭을 쓰지 않았다고 해서 기자가 '최

---

35 『세종실록』, 세종 12년 4월 9일.
36 4월에 기자 위패의 수정을 주장했던 정척일 가능성이 높다.
37 『세종실록』, 세종 12년 8월 6일.

초의 조선후'가 아닌 것은 아니다. 기자가 조선후인 것은 '자랑스러운 일'이다. '최초의 조선후' 기자가 교화의 군주라는 사실은 현실의 제후국 조선이 소중화가 되는 이유다. 결코 '독립적이지 않아서 부끄러운' 일은 아닌 것이다. 그런데 기자의 위패를 바꾸다 보니 '조선후단군'이 문제가 된다. 새로운 위패에서 기자가 조선후라는 사실을 충분히 드러내지 못하게 된 마당에 단군만을 이전처럼 조선후라고 부를 수는 없기 때문이다. 처음부터 단군은 천자의 봉함을 받은 '자랑스러운' 제후는 아니었다. 현실의 조선이 제후국이며, 그런 제후국의 역사를 열었다는 점에서 단군의 위패를 후로 불러왔을 뿐이다. 그러니 기자를 조선후라고 부르지 못하게 된 현실과 부합하려면 단군은 '조선후단군'이 아니라 '조선단군'이 되어야 한다.

1456년(세조 2) 단군과 기자의 위패가 다시 한 번 정비되었다. '조선단군' 朝鮮檀君은 '조선시조단군지위' 朝鮮始祖檀君之位로, '후조선시조기자' 後朝鮮始祖 箕子는 '후조선시조기자지위' 後朝鮮始祖箕子之位로, '고구려시조' 高句麗始祖는 '고구려시조동명왕지위' 高句麗始祖東明王之位로 개정되었다.[38] 1430년에 있었던 기자, 단군 위패 개정 때와는 달리 단군·기자·동명왕을 묶은 이때의 위패 개정은 시조를 분명히 하려는 의도가 명백하게 드러난다. 단군·기자·동명왕은 각각 조선, 후조선, 고구려의 시조라는 점에서 같은 위상을 지닌다. 시조만 강조되고 조선후의 이미지가 보이지 않는다는 점에서 세조 대의 정치사상적 분위기를 엿볼 수 있다. 그러나 문명의 아이콘이라는 기자의 위상이 부인되었다고 말하기는 어렵지 않을까. 15세기 이후에 계승된 이미지는 '후조선시조 기자'가 아니라 '문명과 교화의 군주 기자'였다.

제후국 조선은 제천을 할 수 있느냐, 없느냐

단군과 기자의 관계, 나아가 고유문화와 보편문화의 관계를 설정하는 것은 물

---

38 한영우, 앞의 책, 1983, 253쪽.

론 그 자체로 중요한 문제다. 관계 짓기는 그 둘이 서로 다르다는 것을 전제로 한다. 그렇다면 왜 다를 수밖에 없을까. 이첨이 말한 풍토의 차이도 그 이유 중 하나일 것이다. 풍토가 지리의 산물이라는 점을 감안한다면 결국 지리가 문제가 된다. 조선의 역사문화적 토대는 중원대륙이 아니라 그 오른편 한반도였으므로, 조선을 중원대륙의 일부라고 말할 수는 없다. '소중화 국가 조선'은 다만 '동방의 외국'이었던 것이다. 이 지리적 조건은 때로 고유문화와 보편문화, 나아가 조선 문화의 개별성과 보편성을 관계 짓는 과정에서 중요한 변수가 되기도 했다.

국가의례 가운데에서도 제천, 기곡, 기우 등은 시급히 정비해야 하는 현안이었다. 1394년(태조 3) 예조는 제천례를 사전祀典에 등재하되 원구단을 원단으로 개정하자고 제안했다. 삼국시대 이후로 원구단에서 제천했으며 기곡·기우의 전통 역시 오래되었다는 것이 그 이유였다. 태조는 이 제안을 받아들였다.[39] 고려의 유제를 계승하여 원단에서 각종 기천·기우의 의례를 행하기로 한 것이다. 원단을 유지하기로 한 이상 새 왕조의 원단을 새로 만들 필요가 있었다. 1405년(태종 5) 의정부에서 원단을 만들 것을 제안하자 태종은 기다렸다는 듯이 받아들였다.[40]

1411년(태종 11) 10월 마침내 새로운 원단이 남교南郊에 세워졌다. 그러나 건립 과정이 순탄하지는 않았다. 전통을 계승한다는 명분이 있었지만, 그 명분은 '제천은 천자의 몫'이라는 논리를 압도하지는 못했다. 그러자 "서쪽에 있던 진나라가 백제白帝를 제사 지낸 것처럼 동쪽에 있는 우리나라는 청제青帝를 제사 지내는 것이 마땅하다"는 논리가 생겨났다. 태종은 '동방천제천론'東方天祭天論이라고 해야 할 이 논리를 근거로 중단되었던 새 원단 건립 공사를 마무리 지었다.[41]

---

39 『태조실록』, 태조 3년 8월 21일. 禮曹啓曰 吾東方自三國以來 祀天于圓丘 祈穀祈雨 行之已久 不可輕廢 請載祀典 以復其舊 改號圓壇 上從之.
40 『태종실록』, 태종 5년 7월 7일.
41 『태종실록』, 태종 11년 10월 27일.

동방천제천론은 제천 찬성론자와 반대론자를 모두 만족시킬 수 있는 일종의 타협안이었다. 이는 제천의 전통과 제후국의 명분이 충돌하는 상황에서 제천의 전통을 계승하는 데 매우 유용하다. 또한 원단 건립이 기정사실이 된 상황에서는 제천 행위 대상이 동방천의 범위를 넘지 않도록 함으로써 최소한이나마 제후국의 명분을 유지하려 할 때에도 효과적이다.

태종이 "동쪽에 있는 우리나라는 청제를 제사 지내는 것이 마땅하다"는 논리를 펴면서 원단 건립을 밀어붙이는 상황에서 의정부가 할 수 있는 일은 많지 않았다. 의정부는 제천의 대상이 동방천을 넘어서지 않도록 하는 데 집중했다. 그해 12월, 의정부의 수장 하륜과 예조참의 허조가 이렇게 말했다. "제후의 나라로서 하늘에 제사하는 것은 예에 부합하지 않으니, 청컨대 다만 청제만을 제사하소서." 하륜과 허조가 강조하고 싶었던 것은 제천의 전통이 아니라 제후국으로서의 명분이었다.[42] 그들은 명분을 지킬 수 있는 최소한의 실마리를 거기에서 찾고자 했던 것이다.

언관들의 입장은 달랐다. 그들은 원단이 명분에 어긋난다며 폐지할 것을 주장했다. 1412년(태종 12) 10월, 사간원은 이렇게 말했다. "천자가 된 다음에야 천지天地에 제사하고, 제후가 된 다음에야 산천에 제사하는 것이니, 존비와 상하는 각각 분한分限이 있어 절연히 범할 수 없는 것입니다. 그러므로 옛날 삼묘三苗가 혼학昏虐하던 시절에 천지와 신인神人의 구별이 뒤섞이고 어지러워지자, 순임금이 곧 중려에게 명하여 지신은 천에 이르지 않게 하고 천신은 땅에 이르지 않게 하였으니(絶地天通 罔有降格), 이것이 성인이 사전祀典을 정비하여 상하의 구분을 엄하게 하신 까닭입니다."[43]

'절지천통 망유강격'絶地天通 罔有降格이라는 구절은 『서경』 여형呂刑편에

42 『태종실록』, 태종 11년 12월 6일. 領議政府事河崙 禮曹參議許稠等 請只祭東方靑帝 啓曰 以侯國而祀天 未合於禮 請只祭靑帝 上曰 吾東方 祭圓壇已久 卿等之議是矣 然儻有水旱之災 無乃以謂不祀圓壇之致然歟.
43 『태종실록』, 태종 12년 10월 8일. 天子然後祭天地 諸侯然後祭山川 尊卑上下 各有分限 截然不可犯也 是故在昔三苗昏虐 天地神人之典 雜揉瀆亂 舜乃命重黎 絶地天通 罔有降格 是則聖人所以修明祀典 以嚴上下之分也.

보인다. 그 밖의 내용들은 이 여형 편의 구절에 대한 여조겸呂祖謙의 해석과 문장을 따온 것이다. 여조겸에 따르면, 삼묘가 혼학하던 시절에 죄를 얻은 백성들이 호소할 곳이 없어서 신에게 의지하느라 적합하지 않은 귀신에게 제사 지내는 바람에 천지와 인신의 구별이 어지러워졌다. 순임금이 중려에게 사전을 정비하도록 명하여, "천자가 된 다음에 천지에 제사하고, 제후가 된 다음에 산천에 제사하게 하여 고비高卑와 상하에 각기 분한이 있게" 했다.[44]

사간원은 태산에 제사 지내려 한 계씨季氏의 사례를 또 하나의 근거로 내세웠다. 『논어』 팔일八佾편에 이런 이야기가 있다. 노나라 경내에 태산이 있었다. 그런데 강역 내의 산천에 제사 지내는 것은 제후의 몫이었다. 따라서 제후의 배신陪臣인 계씨의 행위는 격에 맞지 않는 것이다. 사간원은 『논어』의 구절을 인용하며 이렇게 말했다. "귀신은 격에 맞지 않는 제례를 흠향하지 않을 것입니다"(神不享非禮).[45] 사간원은 동방천제천을 포함한 모든 제천 행위가 제후국의 예제禮制에 부합하지 않는다는 사실을 논증하려 했던 것이다.

태종은 반대를 무릅쓰고 새 원단을 세웠지만, 그곳에서 제천하거나 기우를 하는 것은 여전히 부담스러운 일이었다. 1416년(태종 16) 때마침 열흘 넘게 비가 오지 않았다. 농작물에 심각한 피해가 예상되는 상황이었지만, 아무도 선뜻 원단에서 기우제를 지내야 한다고 나서지 못했다. 제천의 오랜 전통조차 "하늘에 제사 지내는 것은 천자의 몫"이라는 예제 앞에서 힘을 잃었다. 예제에 관한 새로운 해석 없이는 제천이 불가능한 상황이었다. 논리적으로는 두 가지 길을 예상할 수 있다. 제천이 천자의 몫이라는 것을 부정하는 길. 그리고 그것이 천자의 몫이라는 것을 인정하면서도 조선의 제천을 옹호하는 길. 15

---

44 『書經』, 呂刑 命重黎絶地天通 罔有降格. 呂祖謙曰 治世公道昭明 爲善得福 爲惡得禍 民曉然知其所由 則不求之渺茫冥昧之間 當三苗昏虐 民之得罪者莫知其端 無所控訴 相與聽於神 祭非其鬼 天地人神之典 雜揉瀆亂 此妖誕之所以興 人心之所以不正也 在舜 當務之急 莫先於正人心 首命重黎 修明祀典 天子然後祭天地 諸侯然後祭山川 高卑上下 各有分限 絶地天之通 嚴幽明之分 蘗蒿妖誕之說擧皆屛息〔여조겸의 이 발언은 구준邱濬의 『대학연의보』大學衍義補(1487)에서 확인된다〕.
45 『태종실록』, 태종 12년 10월 8일. 李氏旅於泰山 孔子曰 曾謂泰山 不如林放乎 是謂神不享非禮 故祭非其鬼 無益之甚也.

세기 조선에서 확인되는 것은 후자였다. 변계량은 이 경로를 가장 논리적으로 보여주었다.[46]

변계량의 논리는 당시의 상식에서 출발한다. 기상 현상은 하늘이 하는 일이니, 하늘에 빌지 않고 비를 바라는 것이 말이 되는가? "천자가 천지에 제사 지내는 것이니 (제후의 나라가) 하늘에 비는 것은 옳지 않다"는 주장이 있을 수 있다. 물론 천자가 천지에 제사 지내는 것은 상경常經이다. 그러나 하늘에 비를 비는 것은 비상한 변란에 대처하는 방법(處非常之變)이다. 여기 소송을 하려는 사람이 있다고 하자. 형조나 법률기관을 찾아가서 소송을 제기하는 것이 정상적인 국제國制다. 그러나 일이 아주 급하거나 사정이 딱한 경우 신문고를 두드려 왕에게 직접 읍소하는 방법도 있을 것이다. 가뭄을 당하여 하늘에 비를 비는 것은 사정이 딱하게 된 백성이 신문고를 두드려 읍소하는 것과 다를 바 없지 않은가.

변계량은 이어서 제천의 역사와 예제의 문제로 논의를 확장했다. 그의 주장은 자국사의 독립성과 유구성에서 제천 전통의 정당성을 끌어오는 데서 시작된다. "동방의 시조 단군은 하늘에서 내려왔고, 그 나라는 천자가 분봉한 나라가 아니다. 게다가 단군은 요임금과 같은 시기에 나라를 세웠으니 동국은 3천 년의 유구한 역사를 지니고 있다. 하늘에서 내려온 시조가 나라를 열었으니, 지난 천 년간 하늘에 제사를 지내온 것은 당연하다. 태조대왕도 이 전통을 충실하게 지켰다. 이런 제천의 전통을 존중한다면 제천례를 폐지할 이유가 없

---

46 변계량의 제천론에 대해서는 다음 글을 참조. 이한수, 「조선 초기 변계량의 시대인식과 권도론」, 『역사와 사회』, 27, 2001; 신태영, 「춘정 변계량의 상소문으로 본 조선 초기의 제천의식」, 『인문과학』, 36, 2005; 신태영, 「조선 초기의 제천의식 연구─춘정 변계량의 상소문을 중심으로」, 『한국의 민속과 문화』, 12, 2007. 이한수가 유학의 정치 리더십론으로서 변계량의 권도론을 다루었다면, 신태영은 변계량의 제천론을 시간에 따라 분석한 점이 다르다. 그러나 권도로서의 제천을 주장했다는 점을 높이 평가한다는 점에서는 공통적인 인식 기반 위에 있으며, 이 점에서는 한영우의 문제의식을 크게 진전시켰다고 보기 어렵다. 변계량이 권도로서의 제천을 일관되게 주장했으며, 그의 주장에 개별성에 관한 분명한 의식이 들어 있다는 점을 이해하는 것은 물론 중요하다. 그러나 필자는 그 개별성이 보편성과 어떤 관계 속에서 인식되었는지를 드러내는 것이 더 중요하다고 생각한다. 변계량은 역사와 예제를 제천을 합리화하는 두 가지 논거로 제시했다. 제후국의 제천을 보편성과의 연관 속에서 합리화하기 위해서는 예제가 무엇보다 중요하다.

다."[47] 이것이 그가 주장한 첫 번째 논점이다.

변계량이 예상하는 비판론의 논리는 대략 이런 것이었다. "조선에서 제천의 전통이 생겨난 것은 단군이 해외海外에 나라를 세워 문명이 낮았던 데다 중국과 통하지 못해 군신관계를 가지지 못했기 때문이다. 주 무왕이 은태사를 신하로 삼지 않고 조선에 봉한 데서도 그런 상황을 짐작할 수 있다. 조선의 제천 관행은 중국과의 군신관계에서 배제되었기 때문에 생긴 현상인 것이다. 그 뒤 중국과 통하여 군신 간의 분수가 생기게 되었으니, 군신 간의 법도를 어길 수 없다."[48]

단군이 나라를 세운 사실에 의미를 부여하는 방식부터 다르다. 찬성론이 요임금과 같은 시기에 건국했다는 시간값에 의미를 부여한다면, 반대론은 '해외에 나라를 세웠다'는 장소값을 중시한다. 장소값보다 시간값에 주목하는 사람이라면 단군에게서 독자성과 유구성을 읽을 수 있다. 물론 그 독자성과 유구성은 보편문화 혹은 중화문화와 반드시 배치된다고 할 수는 없다. 그러나 독자성과 유구성이 가장 중요한 문제라면 단군이 해외에 건국했다는 이유로 그 문화를 낮은 단계의 것이라고 단정할 이유는 없다. 설사 낮은 단계라고 하더라도 독자성과 유구성이 확인되는 한 그것을 굳이 문제 삼을 필요도 없다.

시간값보다 장소값을 중시하는 사람이라면 보는 눈이 달라질 수밖에 없다. 그들은 '단군은 해외에 건국했기 때문에 낮은 단계의 문명을 가질 수밖에 없었으며, 군신관계에서 배제될 수밖에 없었다'는 결론에 도달하게 될 것이다. 이 경우 문화가 낮은 단계라는 사실만큼 중요한 것은 없다. 유구한 역사가 자부심의 원천일 수 없으며, 독자성은 오히려 보편문화에서 배제된 결과로 생

---

47 『太宗實錄』, 태종 16년 6월 1일. 吾東方 檀君始祖也 蓋自天而降焉 非天子分封之也 檀君之降 在唐堯之戊辰歲 迄今三千餘祀矣 祀天之禮 不知始於何代 然亦千有餘年 未之或改也 惟我太祖康獻大王亦因之而益致謹焉 臣以爲 祀天之禮 不可廢也.
48 『太宗實錄』, 태종 16년 6월 1일. 或曰 檀君國於海外 朴略少文 不與中國通焉 未嘗爲君臣之禮矣 至周武王 不臣殷太師 而封于朝鮮 意可見矣 此其祀天之禮 得以行之也 厥後通於中國 君臣之分棻然有倫 不可得而踰也.

긴 것일 뿐이다.

단군조선이 천자가 분봉한 나라가 아니며, 조선에 제천의 역사가 있었다는 사실에는 이론의 여지가 없다. 그보다 중요한 문제는 제후의 제천을 어떻게 합리화할 수 있는가 하는 점이었다. 변계량이 아무리 단군으로 상징되는 자국사의 유구성과 독립성을 높이 평가한다 해도, 이 논점을 설명하지 못한다면 제천의 당위성을 예제로 입증할 수 없게 된다. 이 경우 제천의 전통만이 논거로 남게 되겠지만, 이 논거만으로는 아무것도 성취할 수 없다. 새 원단에서 제천례를 시행하지 못한 것은 이런 현실을 잘 보여준다.

변계량도 천지에 제사하는 것이 천자의 몫이라는 사실을 인정했다. 그것이 예의 대체大體라는 것이다. 그렇다고 해서 제후가 제천한 사례가 전혀 없는 것도 아니다. 그는 노나라와 기杞, 송宋 등의 사례를 거론했다. 노나라는 제후국이었지만 주공이 큰 공적을 세웠다는 이유로 성왕으로부터 교천郊天을 하사받았으며, 기는 미미한 나라였지만 그 조상의 기운이 하늘과 통했기 때문에 교천할 수 있었다.[49]

기와 송은 각각 하나라와 은나라의 후예다. 주 무왕이 주紂를 벌하고 상을 멸망시킨 후, 동루공東樓公을 기 땅에 봉했다. 주 무왕은 또 주의 아들 무경武庚을 은허에 봉했다. 그런데 성왕 초에 무경이 반란을 일으켰다가 죽임을 당했다. 주 무왕은 다시 주의 이복형 미자微子를 송 땅에 봉했다. 동루공은 하나라의 후예이며, 미자는 은나라의 후예였다. 주나라는 그들로 하여금 각기 천자례天子禮로 교천하게 하고, 그 시조를 수명受命의 군주로 제사하게 하며, 심지어 정삭正朔과 복색服色을 스스로 행하게 했다. 이는 통치를 안정시키기 위해 주나라가 채택한 정치적인 해법이었다.

노나라의 사례는 천자의 허락을 전제로 제후국이 제천할 수 있다는 것을, 기나라의 사례는 그 선조가 제후가 아니었다는 역사적 사실 때문에 제천할 수

---

49 『태종실록』, 태종 16년 6월 1일. 天子祭天地 諸侯祭山川 此則禮之大體然也 然以諸侯而祭天者 亦有之矣 魯之郊天 成王以周公有大勳勞而賜之也 杞宋之郊天 以其先世祖宗之氣 嘗與天通也 杞之爲杞 微乎微者 以先世而祭天矣 魯雖侯國 以天子許之而祭天矣 此則禮之曲折然也.

있다는 것을 상징한다.[50] 조선은 노나라와 달리 해외에 있기는 하지만 여전히 제후국이며, 동시에 개국의 시조는 제후가 아니었다. 조선은 변계량이 언급한 제천의 두 사례가 겹치는 지점에 위치하는 나라인 것이다. 결국 변계량의 입장에서 보면, 조선의 시조가 제후가 아니며 그런 이유로 독자적으로 제천해왔다는 사실을 천자가 인지하고 인가해준다면 예제에도 아무런 문제가 없게 된다. 이 경우 천자가 제천하는 것이 예의 대체大體라면, 조선이 제천하는 것은 예의 곡절曲折이자 권도權道다.

변계량은 다시 명 태조의 유지를 상기시켰다. 그가 구사한 논리는 대략 이런 것이었다. 명 태조는 고려 공민왕이 귀부해온 정성을 가상히 여겨 고려에 조서를 반포했다. 이 조서에 고려의 사정이 자세히 열거된 것을 보면, 명 태조가 고려에서 제천하는 일을 분명히 알고 있었을 것이다.[51] 그 뒤 명 태조는 "의례는 본속을 따르고 법은 구장을 지킬 것"(儀從本俗 法守舊章)을 허락했다. '해외의 나라가 처음에 하늘로부터 수명하였으니, 그 제천례가 오래되어 변경할 수 없다'는 뜻이다. 국가의 법은 제사보다 큰 것이 없고, 제사의 예는 교천郊天보다 큰 것이 없으니, '구장舊章을 지킨다'는 점에서 보면 교천이야말로 가장 시급한 일이다. 하늘로부터 수명한 것에서 출발한 조선의 제천례는 그 전통이 오래되었을 뿐만 아니라 천자가 허락한 것이며 이성계가 준수한 것이니, 어떻게 정당하지 않다고 하겠는가.[52]

---

50 엄밀하게 말한다면 기나라의 제천 역시 주나라가 '천하'의 정치적 안정을 위해 채택한 전략에 따라 인가된 것이었다. 다만 변계량은 기나라의 제천을 '그 선조가 제후가 아니었다는 점'을 강조하는 쪽으로 해석하고 싶었던 것이다.

51 변계량이 명 태조가 고려·조선의 제천 사실을 알고 있었을 것이라고 추정하고, 그 추정의 연장선상에서 '의종본속 법수구장'儀從本俗 法守舊章의 의미를 해석한 것은 자의적인 측면이 있다. 그러나 조선의 제천례를 전통과 예제를 통해 합리화해야 했던 변계량에게 다른 선택지는 없었다.

52 『태종실록』, 태종 16년 6월 1일. 臣嘗思之 高皇帝削平僭亂 混一夷夏 創制立法 革古鼎新 乃嘉玄陵歸附之誠 特降明詔 歷言我朝之事 如示諸掌 纖悉備具 眞所謂明見萬里之外 若日月之照臨也 我朝祭天之事 亦必知之無疑矣 厥後乃許儀從本俗法守舊章 其意蓋謂海外之邦 始也受命於天 其祭天之禮 甚久而不可變也 國家之法 莫大於祭祀 祭祀之禮 莫大於郊天 法守舊章 此其先務也 由是言之 我朝祭天之禮 求之先世 則歷千餘年而氣與天通也久矣 高皇帝又已許之矣 我太祖又嘗因之而益致謹矣 臣所謂吾東方有祭天之理而不可廢者以此也.

1417년(태종 17) 태종은 종묘, 사직, 우사, 원단에 기우하자는 예조의 청을 받아들였다.[53] 하늘에 비를 빈다고 해서 반드시 비가 내릴 것이라고 기대한 것도 아니었다. 제천해온 전례를 마냥 무시할 수는 없기 때문이다. 그러나 태종은 제후의 제천 행위가 정말 예제에 어긋나는 것은 아닌지 확신하지 못했다. 변계량이라면 가뭄이라는 특수한 상황에서 채택한 권도라고 말할 수 있겠지만, 태종은 『논어』에서 공자가 노나라의 교체郊禘 행위를 옳지 않다고 말한 것을 기억하고 있었다.[54] 그해 12월, 변계량은 거듭 제천을 요구했다. 그러나 태종은 『논어』의 '신불향비례'神不享非禮라는 문구를 거론하는가 하면, 조선이 중국의 제후와 다를 바 없다고 말하기도 했다.[55]

원단 제천을 주장하는 변계량의 상소는 세종 대로 이어졌다. 1419년(세종 1) 변계량이 세종을 설득하기 위해 제시한 논거에는 흥미로운 주장이 들어 있다. "조선의 강역이 수천 리이므로 백리 제후와 같지 않다"는 것이다. 경전에 수록된 제후국의 예제는 백리 제후를 대상으로 한 것이니, 수천 리 제후국인 조선은 제천을 해도 무방하다는 주장이다. 예제를 근거로 정면 돌파를 시도하던 태종 대와는 분명히 다른 양상이다. 변계량은 이제 예제 해석을 둘러싼 논란을 피해가면서 역사와 영토를 근거로 제천을 주장한다.[56]

세종은 당장 구체적인 결정을 내리지는 않았다. 그러나 세종이 변계량의 논법에 동의했을 가능성이 크다. 세종이 조선 고유의 예제가 지닌 의미를 결코 가볍게 보지 않았기 때문이다. 당시 조선의 예제 중에는 중국에서는 시행하지 않는 관행들도 있었다.[57] 중앙과 지방의 각종 공식 연회에서 기생이 연주하는 여악女樂도 그중 하나였다. '악'은 예와 함께 국가 전례의 핵심을 이룬다. 세종은 국가의례에서 향악을 쓰지 말고 아악을 쓰자는 박연의 제안을 받아들여, 그에게 아악을 정비할 것을 명했다. 향악의 전통보다는 문화 수준의 제고

53 『태종실록』, 태종 17년 윤5월 5일.
54 『태종실록』, 태종 17년 8월 17일.
55 『태종실록』, 태종 17년 12월 24일.
56 『세종실록』, 세종 1년 6월 7일.
57 『세종실록』, 세종 9년 9월 29일.

쪽을 택한 것이다. 그런데 문제는 여악이었다. 김종서金宗瑞는 아악을 정비하는 데서 그칠 것이 아니라 차제에 여악을 폐지해야 한다고 주장했다. 그에게 여악은 다만 '천한' 것일 뿐이었다. 세종은 원론적으로 김종서의 주장에 동의하면서도 "토풍土風이 없을 수 없다"는 이유로 폐지를 망설였다.[58]

산천신에 대한 제사에도 같은 문제가 있었다. 1428년(세종 10) 예조는 태조 때 국가 사전에서 제외된 산천신 제사의 처리 방향을 재검토하고 있었다. 세종은 태조 대 사전 정비의 근거를 확인하게 했다.[59] 이듬해인 1429년(세종 11)에는 복구가 가능한 대부분의 산천제에 대해 국가가 비용을 부담하라는 결정이 내려졌다.[60] 세종이 조현朝見 때의 행례行禮를 시행하고, 여악을 유지하며, 산천신 제사를 복구하는 과정에서 가장 중요하게 참고한 것은 변계량의 견해였다. 세종이 변계량에게 의지하여 국속을 유지한 사례는 1430년(세종 12)에도 확인된다. 이해 세종은 변계량이 주장한 연말 기복 행사를 승인했다.[61]

1443년(세종 25) 제천례 시행 문제가 다시 도마에 올랐다. 세종은 예법의 규정과 조선의 현실을 모두 반영한 상태에서 이 문제를 매듭 짓고 싶어했다. 천자는 천지에 제사 지내고, 제후는 산천에 제사 지낸다는 규정을 어떻게 해석할 것인가 하는 문제부터 풀어야 했다. 천자국이냐 제후국이냐를 기준으로 한다면 조선은 제후국이라고 하지 않을 수 없다. 그러나 예법에 규정된 제후가 중국 기내의 제후라고 볼 경우, '해외의 제후국'인 조선은 거기에 해당하지 않는다고 볼 수도 있기 때문이다.[62] 이는 변계량이 구사하던 논리이기도 했다.

만일 이 논리를 인정해 제천을 한다 하더라도 다른 문제가 남는다. 평상시에 제천하지 않다가 비를 바랄 때에만 제천한다면 과연 귀신이 흠향할 것인가. 그래도 해야 한다면 과연 군주는 친제親祭해야 하는가. 세종은 제천 여부

58 『세종실록』, 세종 12년 7월 28일.
59 『세종실록』, 세종 10년 윤4월 18일.
60 『세종실록』, 세종 11년 11월 11일.
61 『세종실록』, 세종 12년 10월 24일.
62 『세종실록』, 세종 25년 7월 10일.

에 대해서는 폭넓게 의견을 수렴했지만, 만일 제천해야 한다면 친제가 불가피하다고 생각했다. 누군가에게 대행시킨다면 '제후가 제천한다'는 비난을 피해갈 수 있지만, 그런 궁색한 방법으로는 귀신이 흠향하지 않을 것이기 때문이다.[63]

황희, 이숙치, 김종서, 허후 등은 권도權道로서의 제천은 정당하지만 친제하는 것은 옳지 않다고 주장했다. 제천의 실익을 거두면서 예제의 규정에 어긋나지 않는 길을 찾은 것이다. 신개, 하연, 권제 등은 제천에 반대했다. 특히 권제의 주장이 이채롭다. 그는 이렇게 말했다. "하늘이라는 것은 이理일 따름이니, 만일 조금이라도 이에 따르지 않는다면 하늘이 도울 리 없습니다. 그러니 비록 재변을 만났다 하더라도 결코 제천할 수 없습니다."

제천은 정말 비를 얻을 수 있는 가장 확실한 방법인가. 세종은 그렇지 않다는 사실을 누구보다 잘 알고 있었다. 세종은 재이를 없애는 근본적인 해법은 제천이 아니라 정치와 국가 경영(人事)의 정상화에 있다고 생각했다. 정치가 순리대로 이루어진다면 제천을 하지 않아도 하늘이 재이를 내리지 않을 것이며, 반대의 경우라면 제천을 한다 해도 하늘이 복을 내릴 리 없다는 것이다. 그럼에도 세종이 제천론에 미련을 버리지 못한 이유는 무엇이었을까. 세종은 이렇게 토로했다. "절박한 마음에 제천하여 비를 얻기를 바랐으므로 이렇게 말한 것이다." 세종은 제천 반대론의 모든 논점들을 이해했고, 그 주장에 동의했다. 그러나 비가 오지 않는 현실을 어떻게든 타개해보려는 '절박함'이 그를 짓누르고 있었다. 세종이 변계량의 해외제후론을 거론한 것은 이런 현실적인 이유 때문이었다.

1449년(세종 31)에 또 가뭄이 들자 원단 제천 문제가 다시 수면 위로 떠올랐다. 황희는 권도로서 제천이 필요하다고 일관되게 주장했다. 국가 사전에 등록해서 일상적으로 제천한다면 당연히 문제가 되겠지만, 가뭄 등 특수한 사정에서는 가능하다는 것이었다. 세종은 전과 약간 다른 논리를 구사했다. "비

---

63 『세종실록』, 세종 25년 7월 10일.

록 원단에 제사 지낸다 해도 반드시 비가 온다고 기약할 수 없다. 만일 제천하여 비가 반드시 내리기만 한다면 참례僭禮의 잘못을 고려할 필요가 없겠지만, 만일 제천하고도 비가 내리지 않는다면 헛되이 참례했다는 이름만 얻고 일에는 무익할 것이다. 다만 소격전 제사가 비록 이단의 일이기는 하나 또한 하늘에 제사하는 곳이니, 동궁에게 친히 소격전에서 기도하게 하는 게 어떻겠는가."[64]

세종은 더 이상 원단 제천을 추진하지 않았다. 상황이 아무리 절박하더라도 원단 제천이 '참례'라는 비난을 감수하고 싶지 않았던 것이다. 물론 가뭄은 세종에게 여전히 '절박한' 문제였다. 세종은 유교적 예제로 제천을 합리화하는 해외제후론 대신 동궁이 소격전에서 제천하는 방안을 떠올렸다. 유교 예제에 위배된다는 논란을 피하면서도 제천을 도교시설로 옮겨 비를 얻으려는 심산이었다.

이 기사의 말미에 사관의 논평이 실려 있다. 사관은 "제후는 천지에 제사지낼 수 없다"는 선유先儒의 말을 인용하는 것으로 글머리를 시작했다. 이 문구는 『춘추호전』春秋胡傳에서 따온 것이다.[65] 사관은 이 원칙에 비추어 자국사와 당대사를 되돌아보았다. 그의 논리에 따르면 제후의 제천은 언제나 참월하다. 중국과 통하기 전에는 제천을 하면서도 그것이 참월하다는 사실을 몰랐기 때문에 문제가 될 것은 없다. 그러나 고려가 중국과 통했으면서도 건원칭제하고 제천한 것은 문제가 된다. 이 점에 비추어보면 조선이 원단제를 폐지한 것은 정당하다.[66] 사관은 변계량의 주장을 일일이 논파한 뒤, 원단 제천을 받아들이지 않은 세종을 칭송했다.

변계량의 제천론을 맥락적으로 이해하기 위해서는 그가 조선을 해외의 나

---

64 『세종실록』, 세종 31년 7월 4일. 雖祭圓壇 得雨不可必也 若行而必雨 則何計僭禮之失乎 若不得雨 則徒得僭禮之名 無益於事 但昭格殿 雖是異端之事 亦是祀天 令東宮親禱何如.

65 胡安國, 『春秋胡傳』, 僖公三十一年. 夫庶人不得祭五祀 大夫不得祭社稷 諸侯不得祭天地 非欲故爲等差 蓋不易之定理也.

66 『세종실록』, 세종 31년 7월 4일. 我國圓壇之祭 不知始於何代 三國之時 朴略少文 罕與中國通 其不知僭也固宜 高麗嘗建元稱制 僭擬之事頗多 其後 雖去年號 而禮文儀章 實與中國無異 非獨祭天一事 而何怪其僭擬也哉.

라로 여겼다는 점을 기억할 필요가 있다. 변계량은 이렇게 말했다. "조선이 비록 해외에 있으나 기자의 교화를 받아 사람마다 충효를 알고 풍속이 예의를 숭상하므로 대대로 끊임없이 중국을 존중하고 제후의 도리를 지켜왔다. 더구나 우리 국왕께서는 타고난 성품이 충성스러워 지성으로 명나라를 섬겨 세시歲時에 올리는 예물이 충분하지 않았는지 항상 염려하였고, 후하게 어루만져 준 은혜를 입어 제후의 임무를 더욱 신중히 수행하여 천자께서 우리 국왕의 지극한 심정을 꿰뚫어보고 더욱더 보살펴주었다."[67] 변계량의 논법을 확대하면, 조선이 충효를 알고 예의를 숭상하는 것은 중화문화 때문이고, 조선이 그 중화문화를 가지게 된 것은 기자의 가르침 때문이다. 소중화라고 부르지는 않았지만, 조선을 중화문화에 무젖은 나라, 천자국을 충실하게 사대해온 제후국으로 묘사하고 있다. '해외의 나라'라는 지리적 조건이 중화문화를 내면화하는 데 결코 유리한 조건이 아니라는 점은 문제다. 그러나 그의 입장에서 보면그 '불리한' 조건을 이겨내고 중화문화를 내면화했다는 사실이, 그리고 그 내면화된 중화문화의 토대 위에서 조선의 문화적 전통을 유지할 수 있다는 점이 중요하다. 변계량은 소중화론의 울타리 안에 풍토부동론을 쌓아올렸지만, 그 풍토에 근거를 둔 역사문화와 전통을 '바꾸어야 할 어떤 것'으로 여기지는 않았다.

제천을 둘러싼 논점은 풍운뇌우단의 설치에 관한 논란에서도 불거졌다. 15세기에 사용된 '시왕지제'時王之制라는 표현은 주로 명대의 법제를 뜻한다.[68] 그런데 이 시왕지제의 해석에도 미묘한 차이를 보인다. 1436년(세종 18) 민의생閔義生이 이렇게 말했다.

사람들의 말이, '풍운뇌우를 산천단에 합제合祭하는 것은 시왕의 제도이

---

67 변계량, 『춘정집』, 권5, 序 送行人易公節還京序. 朝鮮雖在海外徼 得蒙箕子彝訓 人知忠孝 俗尙禮義 尊中國 效臣順 矧我國王天性忠敬 臣事盛朝 出於至誠 時節貢獻 常恐不稱 撫字之厚 奉職愈謹 天子洞見至情 綏懷彌篤.

68 최종석, 「조선 초기 時王之制 논의 구조의 특징과 중화 보편의 추구」, 『조선시대사학보』, 52, 2010.

기 때문에 고칠 수 없다'고 하나, 신의 어리석은 소견으로는 그렇지 않다고 생각합니다. 홍무예제에는 사직에 배위配位가 없는데도 본조에서는 국사國社에 후토后土를 배하고 국직國稷에 후직后稷을 배하였으며, 홍무예제에는 선농先農, 선잠先蠶, 우사雩祀, 영성靈星, 노인성老人星, 선목先牧, 마조馬祖, 마사馬祀 등의 제사가 없는데도 본조에서는 모두 단을 설치하고 제사하면서, 유독 풍운뇌우에 대해서만 시왕지제라고 해서 방위의 제사를 행하지 않는 것은 옳지 않습니다. 홍무 18년에 태조황제의 성지 안에 '예의는 본속本俗을 좇고 법은 구장舊章을 지키라' 하시고, 그 뒤에 친왕구장親王九章의 법을 내려주셨으니, 하필 홍무예제의 주현의州縣儀를 예로 삼아 준수하겠습니까.[69]

이른바 '태조황제성지'太祖皇帝聖旨는 1399년(정종 1) 김사형金士衡 등이 가지고 돌아온 명나라 예부의 자문에서 그 내용이 확인된다. 조선 국왕으로 정종이 새로 즉위한 사실을 예부로부터 전달받은 건문제는 비답에서 이렇게 말했다. "이미 태조황제께서 본국에 조유詔諭하시기를, '의례儀禮는 본국의 풍속에 따르고, 법은 구장을 지키며, 스스로 성교聲敎하는 것을 허락한다'고 하셨으니, 이후로 그 나라의 사무는 또한 스스로 하는 것을 허락한다."[70] 또 하나의 근거인 친왕구장의 법은 1402년(태종 2) 건문제가 태종에게 내린 면복을 뜻한다. 건문제는 사이四夷의 나라에 오장五章이나 칠장복七章服을 내려주는 관례를 깨고 태종에게 친왕 작질에 해당하는 구장복을 내려주었다. 건문제는 "먼곳 사람이 스스로 중국으로 나아오면 중국으로 대우한다"는 『춘추』의 취지를 거론하면서 "대대로 동번東蕃이 되어 화하華夏를 보보補하라"는 당부를 덧붙였

---

69 『세종실록』, 세종 18년 4월 25일. 一 議者日 風雲雷雨 合祭於山川壇 時王之制 不可改 臣愚以謂不然 洪武禮制 於社稷 無配位 本朝則於國社 配以后土 國稷配以后稷 又於洪武禮制 無先農先蠶雩祀靈星老人星先牧馬祖馬社等祭 本朝則並皆設壇致祭 獨於風雲雷雨 指以爲時王之制 不行方位之祭 恐爲未便 洪武十八年 太祖皇帝聖旨內 儀從本俗 法守舊章 其後賜以親王九章之法 何必以洪武禮制州縣儀 爲例遵守乎.
70 『정종실록』, 정종 1년 6월 27일. 已先太祖皇帝 詔諭本國 儀從本俗 法守舊章 其自爲聲敎 今後彼國事務 亦聽自爲.

다.[71] '태조황제성지'와 친왕구장복은 민의생이 조선의 개별성을 주장할 수 있었던 핵심적인 논거였다. 시왕지제를 묵수하지 않으려 한다는 점에서는 충분히 개별성을 강조한 것이지만, 명으로부터 승인받은 개별성을 추구한다는 점에서 보면 그 개별성은 결코 명과 대립하지 않는다.

홍무예제의 주현의를 준수할 필요가 없다는 주장은 박연에게로 이어진다. 그런데 박연은 민의생과 다른 논법을 구사한다. 민의생이 '명 태조도 인정한 본국의 풍속'에 주목했다면, 박연은 '제후국으로서의 예악제도 구현'을 강조했다. 박연은 홍무예제의 주현의를 따르는 것은 그 자체로 제후국의 기준에 맞지 않을 뿐만 아니라 이 제단에 제후의 악인 헌가악을 사용하는 것과도 맞지 않다고 보았다.[72]

시왕지제 논란은 조선이 취한 개별성이 보편성의 외연을 벗어나지 않았다는 사실을 잘 보여준다.[73] 중화문화의 보편성은 때로 본속과 구장을 계승해도 좋다는 황제의 인가로 표현되기도 했지만, 황제와 제후가 취해야 할 예제의 차이로 이해되기도 했다. 황제의 인가를 강조하는 논자들이 예외 없이 본속과 구장의 존재 의의를 긍정하고 그 역사성에 방점을 찍었다고 하면, 예제의 차이를 주장하는 논자들은 본속과 구장을 '수준이 떨어지거나 보편문화에 장애가 되는' 무엇으로 여겼으며, 그것을 계승하는 데 큰 관심이 없었다.

71 『태종실록』, 태종 2년 2월 26일. 其勅書曰 朕惟春秋之義 遠人能自進於中國則中國之 今朝鮮固遠郡也 而能自進於禮義 不得待以子男禮 且其地逴在海外 非特中國之寵數 則無以令其臣民 玆特命賜以親王九章之 服 遣使者往諭朕意 (중략) 無異吾骨肉 所以示親愛也 王其篤愼忠孝 保乃寵命 世爲東藩 以補華夏 稱朕意焉.
72 『세종실록』, 세종 20년 12월 19일. 僉知中樞院事朴堧上言 其略曰 我朝不考歷代侯王通行之制 只據洪 武禮制爲定 臣觀其制 非爲五等諸侯設也 是乃洪武初年頒行州府郡縣境內可行之祀耳 非正禮也 我國於諸祀 禮 皆用王侯之制 而獨於天神之祭 何乃捨正禮而從苟簡 棄侯度而擬州縣乎 (중략) 且樂用侯國軒架之盛 而祭 用州縣苟簡之儀 又何義也.
73 황제의 인가가 있었으니 '굳이 토풍을 고칠 필요가 없다'는 논리는 이미 원 간섭기 '세조구제론'에서도 확인된다. 그러나 해동천자를 당연시하고 형세로 중화를 설명하는 고려 지식인의 아이디어는 제후국과 소중화의 외연을 벗어나서는 안 된다고 생각하는 조선 지식인의 생각과 온전히 같다고는 볼 수 없다.

2장. 풍토와 언어

훈민정음·중국어의 위상과 중화관

훈민정음, '외국'의 표음문자

조선은 해외海外의 나라인가 아닌가. 한글 창제 당시 거론된 논점이다. 잘 알려진 것처럼 「훈민정음어제」는 이렇게 시작한다. "나랏말이 중국과 달라 문자와 서로 통하지 않으므로 우매한 백성들이 말하고 싶은 것이 있어도 마침내 제 뜻을 잘 표현하지 못하는 사람이 많다. 내 이를 딱하게 여기어 새로 28자를 만들었으니, 사람들로 하여금 쉬 익히어 날마다 쓰는 데 편하게 할 뿐이다." 정인지鄭麟趾(1396~1478)는 서문에서 "소리만 있고 문자가 없는 조선은 이두의 차자 방식을 빌려 소리를 표현하려고 하지만 한계가 많다"고 썼다.[74] 이두를 뛰어넘어 자기 소리를 표현할 길을 찾는 것, 세종의 어제와 정인지의 서문은 훈민정음 창제의 동기가 바로 이것이었음을 잘 보여준다.[75]

　　정인지는 풍토風土가 다른 문자(漢字)를 빌려 조선의 소리를 표현할 것이 아니라 자기 소리를 표현하는 문자, 풍토에 맞는 문자를 가져야 한다고 주장

---

74 『세종실록』, 세종 28년 9월 29일. 有天地自然之聲 則必有天地自然之文 所以古人因聲制字 以通萬物之情 以載三才之道 而後世不能易也 然四方風土區別 聲氣亦隨而異焉 蓋外國之語 有其聲而無其字 假中國之字 以通其用 是猶枘鑿枘鑿之鉏鋙也 豈能達而無礙乎 要皆各隨所處而安 不可强之使同也.

했다. 조선은 중화의 예악과 문물을 추구하는 나라지만, '외국'外國의 소리를 표현하기 위해서는 '외국'의 문자를 가지는 것이 맞다는 주장이다.[76] 이 점에서 본다면 훈민정음은 '외국'의 소리를 '외국'의 글자로 표현하기 위한 도구로서 창제된 것이다.

최만리崔萬理(?~1445)는 이렇게 말했다. "자고로 구주九州 안에서 풍토가 다르다고 방언으로 인해 따로 문자를 만든 일은 없었습니다. 오직 몽골, 서하, 여진, 일본, 서번 등이 각기 그 글자가 있으나, 이는 모두 이적夷狄의 일이므로 족히 말할 것이 없습니다."[77] 정인지가 '외국의 일'이라고 말한 내용이 최만리에게는 다만 '이적의 일'이었다. 풍토에 맞는 표음문자를 가지는 것은 '외국'의 일인가, 이적의 일인가? '외국'의 일이라면 그것은 자주적인 일인가, 사대적인 일인가? 특수한 가치와 보편적 가치는 서로 충돌하는가, 아니면 동전의 양면처럼 양립하는가, 혹은 하나가 다른 하나를 포함하는가?[78]

정인지의 풍토부동론은 조선이 '외국'이라는 사실에서 출발한다. 정인지가 말하는 '외국'은 일반적인 의미의 다른 나라가 아니라 '중국에 대한 외국'이다. '외국'이라고 말하는 순간, 그것을 '외'外로 만드는 중심으로서 중국이 전제된다.[79] 풍토의 차이로 인해 다른 어떤 선택을 한다 하더라도 조선이 '이

---

75 최근 훈민정음을 보편문화 수용의 도구라는 관점에서 분석한 연구들이 나오고 있다. 문중양은 유교적 이상국가와 보편문화의 구현이라는 관점에서 한글 창제를 이해한 반면(문중양, 「세종 대 과학기술의 자주성 다시 보기」, 『역사학보』, 189, 2007), 정다함은 트랜스내셔널한 관점에서 동북아의 언어 지형을 검토했다(정다함, 「麗末鮮初의 동아시아 질서와 朝鮮에서의 漢語, 漢吏文, 訓民正音」, 『한국사학보』, 36, 2009). 정다함에 따르면, 주원장은 원대의 표준어인 한아어漢兒語를 대체하는 새로운 표준어를 제시하기 위해 『홍무정운』을 편찬하는 한편, 문자옥을 일으켜 표전문의 수사修辭를 통제했는데, 명의 번국이던 조선은 중화=명이 제시한 그 새로운 보편언어를 받아들여야 했기 때문에 새로운 표음문자를 만들게 되었다는 것이다. 필자는 이 논란에 뛰어들 준비가 되어 있지 않다. 다만 세종의 어제와 정인지의 서문에서 보편문화 수용을 위한 그런 문제의식이 특별히 강조되지 않았다는 점에 대해서는 설명이 더 필요하지 않을까 한다.
76 『세종실록』, 세종 28년 9월 29일. 蓋外國之語 有其聲而無其字 假中國之字 以通其用 是猶枘鑿枘鑿之鉏鋙也 豈能達而無礙乎 要皆各隨所處而安 不可强之使同也.
77 『세종실록』, 세종 26년 2월 20일.
78 『훈민정음』 서문에 나타나는 풍토부동론은 '중국 문화의 획일적 수용을 거부할 수 있는' 자주적인 논리로 여겨지는가 하면(구만옥, 「조선왕조의 집권체제와 과학기술정책-조선 전기 천문역산학의 정비 과정을 중심으로」, 『동방학지』, 124, 2004, 235쪽), '조선의 혼란스러운 성운학과 문자학을 정리하려는' 과정에서 구사된 레토릭으로 여겨지기도 한다(문중양, 앞의 글, 2007, 69쪽).

적'이 아니라 '외국'인 한, 그 선택은 중국과 외국을 아우르는 보편문화의 테두리에서 결코 벗어나지 않는다.

세종은 조선의 풍토에 맞는 새로운 표음문자를 만들어냈지만, 한자를 버리자고 주장한 적이 없다. 오히려 그 반대에 가깝다. 백성을 유교적으로 교화하고 한자의 음가를 분명히 했지만, 그 보편문화조차 풍토의 차이를 반영하는 한글을 통해 구현하려 했다는 점에서 특별하다. 세종은 개별성이 가진 의의에 결코 눈감지 않았다. 그 개별성은 중화문화와 '다르기 때문에 자주적인' 것도 아니었으며, 반대로 '달라서 거친' 것은 더욱 아니었다. 그것은 다만 조선이 '외국'이기에 가지게 되는 자연스러운 차이에 가깝다.[80]

최만리의 주장을 확장한다면, 훈민정음을 창제하는 것은 이적의 일을 행하는 것이며, 조선은 이적이 아니므로 중화보편의 문화를 추구해야 옳다. 어떤 종류의 고유문화도 '낮은 문명'의 단계를 상징하기 때문에 그것을 강화하는 것은 보편문화를 추구하는 데 도움이 되지 않는다. 그러나 만일 조선이 '외국'이라는 사실을 인정하고, 그 '외국' 문화의 개별성을 '낮은 단계의 문명'으로 간주하지 않는다면 다른 선택을 할 수 있다. 외국이라고 해서 보편문화를 추구하지 않아도 좋다는 의미는 아니다. 그러나 조선이 중국이 아닌 한 외국이라서 생기는 자연스러운 차이를 군이 부정해야 할 이유는 없다. 황제의 인가를 전제로 본속을 추구하는 것처럼, 보편문화의 외연을 벗어나지 않는 범위에서 독자적인 언어를 창제하는 것은 논리적으로 아무런 문제가 없는 것이다. 이 경우 개별성은 보편문화를 받아들이기 위한 도구라기보다는, 보편문화 안에 존재하는 차이일 뿐이다. 그 차이는 '보편문화와 대립한다'거나 '보편

---

79 조선의 예악과 문물이 유교적 보편문화를 기준으로 삼아야 한다고 생각한 것은 세종도 정인지도 심지어 최만리도 예외가 아니었다. 누구도 그 가치에 대해 의심하지 않았다.

80 세종 대 편찬된 『향약집성방』에도 비슷한 문제의식이 투영되어 있다. 이 책에는 중국 의료의 조선화, 조선 의료의 동아시아화라는 쌍방향의 흐름이 있다(이경록, 「향약에서 동의로―『향약집성방』의 의학이론과 고유 의술」, 『역사학보』, 212, 2011). 조선 의료는 중국 의료와 달라서 거추장스러운 것은 아니었다. 중국 의료와 다른 방향을 추구해야 하는 것도 아니었다. 그것은 다만 풍토가 낳은 자연스러운 차이이며, 소통 가능한 차이이다.

문화에 비해 저급하다'는 의미는 아니다. 그 자장 안에서 용인될 수 있는 선택지일 뿐이다. 그 선택지를 만들어내는 것은 풍토이고, 그 풍토를 낳은 것은 '외국'이라는 지리적 위치다.

양성지는 조선 전기 관료들 가운데 경세가적인 면모가 가장 두드러지는 인물 중 한 명이다. 양성지에게 조선은 어떤 나라인가. 첫째, 지리적으로 중국과 명확히 구별되는 나라다. 요수의 동쪽, 장백산의 남쪽이라는 위치도 그렇거니와, 삼면이 바다와 접하고 한쪽만 육지로 이어진 것도 그렇다. 둘째, 중국사와 비견되는 유구한 역사를 가진 나라다. 단군이 요임금과 같은 때 건국한 뒤로 기자조선, 신라, 고려를 이어왔다. 셋째, 문화를 가진 제후국이다. 서민은 농사와 길쌈에 힘쓰고, 사대부는 문무를 닦으며 정치적으로도 제후국으로서 사대를 게을리하지 않았다.[81] 소중화에 대한 중원 왕조의 태도는 거의 일관된 것이었다. 원 세조는 고려에 옛 풍속을 따르게 했고, 명 태조도 조선이 스스로 정치를 펼칠 수 있게 했다. 왜일까. 양성지는 언어가 통하지 않았기 때문이며, 습속도 다르기 때문이라고 생각했다.[82]

양성지의 논리에 따르면 지리와 역사, 문화와 정치 등 모든 것이 조선을 소중화로 만든다. 그중에서도 가장 중요한 기준은 문화적인 것이다. 그는 다른 글에서 이렇게 말했다. "동방은 기자가 주 무왕의 봉함을 받은 이후로 홍범의 가르침을 면면히 계승해왔으니, 당은 군자국이라 하고 송은 예의의 나라라 하였습니다. 문헌의 아름다움도 중화에 비견될 만합니다."[83] 조선에서 기자는 언제나 중화문화를 상징하는 아이콘과 같은 존재였다. 양성지도 그런 생각을 가진 사람 중 하나였을 뿐이다. 양성지가 특별한 이유는 단군에 대한 생각 때문이다. 그는 조선의 역사와 문화를 설명하면서 단군과 기자를 의도적으로 갈

---

81 『성종실록』, 성종 12년 10월 17일. 惟我大東 居遼水之東 長白之南 三方負海 一隅連陸 幅員之廣 幾於萬里 自檀君與堯並立 歷箕子新羅 皆享千年 前朝王氏 亦享五百 庶民則男女勤耕桑之務 士夫則文武供內外之事 家家有封君之樂 世世存有事大之體 作別乾坤 稱小中華 凡三千九百年于玆矣.

82 『성종실록』, 성종 12년 10월 17일. 元世祖使我以儀從舊俗 高皇帝許我以自爲聲敎 然使我自爲聲敎者 非徒言語不通 習俗亦異.

83 양성지, 『눌재집』, 권2, 奏議, 便宜二十四事(丙子三月二十八日 以集賢殿直提學上). 蓋東方自箕子受封以後 洪範遺敎 久而不墜 唐爲君子之國 宋稱禮義之邦 文獻之美 侔擬中華.

라놓지는 않았다. 양성지의 입장에서 보면 농사와 길쌈에 힘쓰는 서민, 문무를 닦는 사대부는 유구한 역사에서 배태된 것이고, 그 역사의 출발점에 단군이 있다.

양성지가 문화를 기준으로 단군과 기자를 의도적으로 대립시키지 않았다는 사실은 무엇을 의미할까. 그는 단군으로 상징되는 조선의 고유문화 모두를 중화문화의 맥락에서 설명하려 했던 것일까. 사실은 그 반대에 가깝다. 1455년(세조 1) 7월, 집현전 직제학이었던 양성지가 막 권좌에 오른 세조에게 상소를 올렸다. 임금이 수행해야 할 열두 가지를 적었는데, 그중에는 '풍습은 본속을 따라야 한다'(儀從本俗)는 내용도 있다. 그는 글의 첫머리에서 본속을 바꾸지 않은 역사적 사례를 거론했다. 송이 중화라면 서하는 이적이다. 그런데 서하는 풍속을 바꾸지 않고도 수백 년간 나라를 유지했다. 그 영웅인 원호는 "비단옷과 맛있는 음식은 오랑캐의 본성에 어울리지 않는다"고까지 말했다. 금나라의 세종은 또 어떤가. 상경의 풍속을 죽을 때까지 기억하지 않았는가. 그렇다면 본속을 지킨다는 것은 어떤 의미인가. 요나라에는 남북부가 있었고 원나라에는 몽한관이 있었다. 그런데 요는 망한 뒤 흔적을 찾아볼 수 없게 되었지만, 원은 중원을 잃고 나서도 그들의 근거지였던 사막 이북을 가질 수 있었다. 원이 그럴 수 있었던 이유는 무엇인가. 근본을 중시했기 때문이다.[84]

양성지가 오랑캐의 사례에서 자기주장의 근거를 찾은 이유는 무엇일까. 그는 내심 이런 말을 하고 싶었는지도 모른다. '오랑캐도 본속을 지키는데 하물며 소중화인 조선이 그렇게 하지 않아서야 되겠는가.' 서하, 요, 원을 거쳐온 논의는 자연스럽게 조선에 관한 이야기로 이어진다. 그의 요지는 이런 것이다. "동방의 나라는 대대로 요수의 동쪽에서 살아와 만리지국이라고 불렀다. 삼면이 바다로 막혀 있고 한 면은 산을 등지고 있으니, 구역이 스스로 나뉘고 풍기 또한 다르다. 그뿐만이 아니다. 단군 이래로 주현을 두고 스스로 교화를

---

84 양성지, 『눌재집』, 권1, 奏議, 論君道十二事. 一 儀從本俗 盖臣聞西夏以不變國俗 維持數百年 元昊 英雄也 其言曰 錦衣玉食 非蕃性所便 金世宗 亦每念上京風俗 終身不忘 遼有南北府 元有蒙漢官 而元人則以根本爲重 故雖失中原 沙漠以北如故也.

펼쳐왔으며, 고려 태조는 의관과 언어를 모두 본속을 따르게 했다. 의관과 언어가 중국과 다르지 않게 된다면 민심은 안정되지 않을 것이다. 원 간섭기에 고려 사람들이 잇달아 원에 투탁하여 고려에 어려움이 가중되었던 역사를 기억해야 한다. 본속을 따르는 것이 국가를 지키는 일이다. 그러니 조복을 제외한 의관은 중화의 제도를 따를 필요가 없고, 언어도 바꿀 이유가 없다."[85]

양성지의 관점에서 보면, 구역이 다르고 풍기가 다르기 때문에 언어와 의복이 중국과 다를 수밖에 없다. 말하자면 언어와 의복 등은 조선을 조선이게 하는 문화적 원형질에 가까운 것이다. 따라서 지리적 차이가 낳은 문화적 원형질을 계승하는 것은 중화문화냐 아니냐는 차원에서 접근할 문제가 아니다. 그것은 국가를 보존하느냐 마느냐의 문제다. 그러니 중국과 다른 언어나 의복을 '버려야 할 것' 혹은 '고쳐야 할 것'으로 볼 이유가 없다. 양성지가 조선의 지리적 조건이 소중화를 구현하는 데 불리하다고 생각했는지는 분명하지 않다. 그러나 소중화의 외연 속에서 문화적 원형질을 계승해야 한다는 그의 문제의식은 기본적으로 변계량이나 정인지를 닮았다.

조선의 문신들이 중국어와 이문을 홀대한 이유

조명 관계의 기본 틀은 표전문表箋文의 형식으로 구현되는 것이고, 그 표전문은 구어로서의 한어漢語 음가와는 무관한 문제였다.[86] 한어, 즉 중국어가 중요하지 않은 것은 아니지만, 그 음가가 문명의 지표는 아니었다. 『홍무정운』洪武正韻은 명나라 때 한자의 새로운 음가를 제시했다는 점에서는 중요한 저작이지만, 동북아의 예적 질서를 직접 규정하는 요소라고 보기는 어렵다. 그러나 세종은 국내 한자음을 통일하기 위해 새로운 음운서를 편찬하게 하는 한편(『동국정운』東國正韻), 북경 음운의 표준을 정하기 위해 『홍무정운』을 한글로 번

---

85 양성지, 『눌재집』, 권1, 奏議, 論君道十二事. 吾東方 世居遼水之東 號爲萬里之國 三面阻海 一面負山 區域自分 風氣亦殊 檀君以來 設官置州 自爲聲敎 前朝太祖 作信書敎國人 衣冠言語 悉導本俗 若衣冠言語 與中國不異 則民心無定 如齊適魯 前朝之於蒙古 不逞之徒 相繼投化 於國家 甚爲未便 乞衣冠則朝服外 不必盡從華制 言語則通使外 不必欲變舊俗.
86 김영욱, 『한글』, 루덴스, 2007, 77쪽.

역하게 했다(『홍무정운역훈』). 한자와 표전문이 중화의 언어와 그 문서 형식이라면, 한자의 현지 발음은 중화의 음가이기 때문이다.

현실적인 이유도 있었다. 조명 관계에서 중국어는 효과적인 의사소통 수단이었다. 조선에도 물론 역관으로 불리는 통역 전문가 집단이 있었다. 그러나 그들은 생활 언어에 능할 뿐 문학적 소양과 재질은 없었다. 반면 명나라 사신들은 대체로 문학적 소양이 높았다. 문자와 언어에 능숙한 문신, 곧 중국의 고전과 중국어에 능숙한 문신들이 필요한 것은 그 때문이었다.[87] 문신 어전통사御前通事의 역할은 단순히 수준 높은 통역에 국한되지 않았다. 왕은 중국 사신이 문학적인 표현을 구사할 경우 순발력 있게 답하고 싶어했고, 어전통사는 그 필요를 충족시켜주었다. 중종은 어전통사를 차출해 사신의 질문에 대비하고, 나아가 도승지에게 어전통사와 상의해 가능한 답변을 신속하게 강구해 아뢸 것을 명하기도 했다.[88]

조명 관계에서 어전통사의 구어 능력만큼이나 중요한 것은 이문吏文이었다. 조명 관계의 대부분은 자문을 주고받는 방식으로 이루어졌기 때문에 외교문서의 작성과 해독은 국가의 중대사였다. 이문을 작성하고 해독하는 능력도 문신이 갖추어야 할 중요한 덕목 중 하나였다. 중종 때의 어전통사 최세진崔世珍(1468~1542)은 중국어와 이문에 모두 능했다.

최세진은 사역원제조 윤필상尹弼商, 이세좌李世佐의 추천으로 중국어 교육을 받은 뒤,[89] 중국어와 이문에 모두 능통한 대표적인 문신으로 성장했다. 그는 자문을 보내거나 중국 사신과 응답하는 일을 전담했다. 그러나 그를 제외한 다른 문신들이 그런 역할을 하지 못한 것은 심각한 문제였다. 문신에 대한 중국어 및 이문 교육의 내실화는 여전히 명분을 가지고 있었다.[90]

국가의 입장에서 보면 중국어와 이문은 외교를 담당하는 문신 관료가 갖

---

87 『중종실록』, 중종 31년 12월 1일.
88 『중종실록』, 중종 31년 12월 11일; 『通文館志』, 故事 조에 따르면 선조 때 이덕형이 활약한 일을 계기로 어전통사를 두게 되었다고 한다.
89 『연산군일기』, 연산군 9년 5월 8일.
90 『중종실록』, 중종 10년 11월 4일.

추어야 할 소양 중 하나였다. 그러나 정작 개인 관료들은 이런 능력을 갖추는 일을 절실하게 생각하지 않았다. 뜻글자인 한문으로 해결되지 않는 것은 없었으며, 관료로서 엘리트 코스를 밟아나가는 데에도 중국어와 이문 능력이 결정적으로 중요한 것은 아니었다. 이런 현상은 16세기에 들어서면서 좀 더 빈번히 관찰된다. 16세기에 특권 신분으로서의 양반이 서서히 실체를 드러내고, 서얼을 비롯한 다른 집단들이 차별받기 시작한 사실과 무관하지 않을 것이다. 『중종실록』에 실려 있는 아래의 사평은 당시 사족들이 최세진을, 나아가 문신 출신의 중국어·이문 전문가를 어떤 시선으로 보고 있었는지 잘 보여준다.

> 사신은 논한다. 최세진은 성품이 본시 탐비貪鄙하나 한어漢語에 능통하여 가업家業을 잃지 않았다. 요행히 과거에 올라 벼슬길이 열렸다. 강례원교수講隸院敎授를 겸직하였는데 무릇 통사通事나 습독관習讀官을 선발할 때에는 그 권세를 이용하여 아무개는 능하고 아무개는 능하지 못하다 하므로 제조提調는 최세진의 말을 어기지 못했다. 이렇게 해서 그 직을 높이기도 하고 낮추기도 해서 북경에 가게 했으므로 무뢰배들이 앞을 다투어 그의 집에 모여서 만나보기를 요망하였다. 또 중국을 왕래하는 자들은 자신이 얻어온 진귀한 물품을 모두 그의 집에 실어 보냈는데 그는 태연히 받고 부끄러워하지도 않았다. 이로 말미암아 날로 가세가 풍부해졌으나, 공론은 그를 비루하게 여겼다.[91]

최세진은 과거 급제자 출신이었다. 그러나 사관은 그의 학문적 역량에 대해서는 인색하게 평가했다. 최세진이 중국어·이문 능력을 이용하여 불법 행위를 자행함으로써 공론의 표적이 되었다고 적었다. 사관은 최세진 개인에 대해 평했지만, 동시에 중국어·이문에 대한 편견을 드러냈다. 중국어와 이문을 익히는 일은 주자의 원전을 들여와 이해하고 연구하는 것에 비하면 '보잘것

---

91 『중종실록』, 중종 12년 12월 7일.

없는' 일이었던 것이다.

기묘사림의 리더 조광조는 『성리대전』을 관료들에게 강독시켜야 한다고 주장하면서 "요즘 이문·한어 같은 것은 다만 공장工匠의 일과 같아서 학문으로 논할 수 없다"고 말했다.[92] 이문과 중국어는 외교 분야에서 반드시 필요한 소양이지만, 어디까지나 기예일 뿐 학문이 아니라는 것이다. 최세진의 능력을 부정적으로 평가한 사관의 시선과 다르지 않다. 중종은 사족들이 이문과 중국어를 다만 '잡된 일'로 여기는 풍조를 개탄했지만,[93] 이런 분위기를 돌려놓을 수는 없었다.

김안국金安國(1478~1543)에 따르면, 문신들이 중국어와 이문에 전력을 다하지 않는 것은 그들이 각각 맡은 원래의 직임이 있는 데다가 중국어와 이문을 익히지 않더라도 높은 직위에 오르는 데 문제가 없기 때문이다. 중종의 대답은 더욱 시사적이다. "이문과 한어는 문신도 할 수 있으나, 전업으로 하는 것은 어려울 듯하다."[94] 문신은 이문이나 중국어를 전업으로 하지 않는 존재로 여겨지기 시작한 것이다. 한어문신과 이문문신이 있었고 그들에 대한 교육이 계속되었지만, 최세진처럼 중국어와 이문에 능통한 문신을 찾기는 점점 어려워질 수밖에 없었다.

이런 상황에서 문신을 대상으로 한 중국어·이문 교육의 효과가 높아지기를 기대하는 것은 무리였다. 마침내 중국어·이문 교육의 대상을 서얼로 확대하는 방안이 모색되기 시작했다. 1525년(중종 20) 영의정 남곤南袞이 정번鄭蕃이라는 인물을 천거했다. 남곤에 따르면 정번은 '천계'賤系라는 이유로 알성시(비정규 문과·무과 시험)에서 배제되었지만, 중국어와 이문에 능숙했다. 남곤은 서얼 가운데 능력 있는 자들을 중국어·이문 전문직에 등용하자고 제안했다. 문신들이 중국어와 이문을 '잡예'雜藝로 여기는 것을 잘 알고 있던 중종은 관련 절목을 만들라고 지시했다.[95] 그 결과 이문학관吏文學官이라는 직책이 만

92 『중종실록』, 중종 13년 11월 4일.
93 『중종실록』, 중종 19년 8월 16일.
94 『중종실록』, 중종 35년 10월 13일.

들어졌다. 어숙권魚叔權에 따르면, 이문학관을 선발하기 위해서는 경서經書와 사기史記 가운데 세 책을 강론하고, 시詩·부賦·논論 각각 한 편을 시험 보이는데, 정원定員은 6명이었다고 한다.[96] 이 직책에는 실제로 서얼들이 많이 임용되었다.[97]

이문학관이 곧바로 중국어까지 학습한 것 같지는 않다. 1540년(중종 35) 영의정 윤은보尹殷輔는 "첩의 소생 가운데 나이가 젊고 글에 능하여 장래가 촉망되는 자"를 이문학관으로 임용하고, 그에게 이문뿐만 아니라 중국어를 공부하게 하자고 제안했다. 김안국은 서얼을 발탁하기 위해 이문학관의 선발 규모를 국초의 한리과漢吏科 수준으로 넓히자고 주장했다.[98] 한리과는 조선왕조가 중국어 및 이문 교육을 위해 시행한 최초의 제도였다. 1430년(세종 12) 세종은 상정소의 제안에 따라 각종 시험 교재를 정했는데, 그 가운데 한리학漢吏學도 포함되어 있었다.[99] 한리과 합격자에게는 홍패紅牌를 주고 유가遊街하게 하여 문과와 차별을 두지 않았다.[100]

김안국의 제안에 따라 이문학관을 한리학관으로 변경하고 7명의 실관實官과 3명의 예차預差를 선발했다. 예차를 뽑기 위해 국초의 한리과 같은 형식의 시험 규정도 마련했다. 어숙권은 저간의 사정을 기록해두었다.

『경제육전』經濟六典에 한리과가 있다. 그 제도는 궁전 뜰에서 급제자의 이름을 불러 홍패를 내리고 유가하게 하는 것인데 『경국대전』을 편찬할 때에 그 조목을 빼어버렸다. 1541년(중종 36) 김안국이 건의하여 다시 한리과를 설치하였다. (중략) 마침 김안국이 죽고, 조정에서는 바야흐로 각년各年

---

95 『중종실록』, 중종 20년 6월 18일.
96 어숙권, 『패관잡기』, 권2.
97 『중종실록』, 중종 37년 7월 16일.
98 『중종실록』, 중종 35년 10월 13일.
99 『세종실록』, 세종 12년 3월 18일. 이때 정해진 수험서는 書經, 詩經, 四書, 魯齋大學直解, 小學, 成齋孝經, 小微通鑑, 前後漢史學指南, 忠義直言, 童子習大元通制, 至正條格, 御製大誥, 朴通事, 老乞大, 事大文書, 謄錄製述, 奏本, 啓本, 咨文 등이다.
100 『중종실록』, 중종 35년 10월 13일.

에 내린 교지를 교정하여 후속록後續錄을 편찬했는데, 한리과 한 조목을 빼어버리고 싣지 않았다고 한다.[101]

어숙권은 국초의 한리과가 김안국에 의해 다시 복설되었다고 말했지만, 엄밀한 의미에서 중종 대 한리과는 국초의 한리과와 다르다. 국초의 한리과는 문신들에게 중국어와 이문을 교육하는 제도가 마련되기 전에 운영되던 것이지만, 중종 대의 한리과는 문신들이 중국어와 이문을 등한시하는 현실을 타개하기 위해 서얼을 대상으로 마련된 제도였다. 취지가 다른 것이다.

국초의 한리과 규정이 『경국대전』에서 빠진 것도, 김안국이 죽은 후 한리과 규정이 『대전후속록』大典後續錄에서 삭제된 것도, 그 때문이 아닐까. 문신들은 중국어·이문 학습을 잡예로 여겼지만, 그렇다고 해서 문신에게 그런 의무가 제도적으로 면제된 것은 아니다. 양반과 서얼의 경계가 분명해진 시대 상황에서, 사족들이 문과 규모를 모방한 한리과를 용납하기는 어려웠던 것이다. 17세기가 되면 이문학관 직책은 '서류庶流의 청직淸職'으로 인식되었다.[102] 그것은 물론 문신들이 한어 구사를 잡스러운 기예로 여겼기 때문이다.

서얼이 이문학관(한리학관)을 맡게 되었다고는 하지만, 문신 어전통사의 기능은 여전히 중요했다. 임진왜란이 발발하자, 문신 어전통사는 선조를 도와 명군 지휘관을 맞이하는 역할을 수행했다. 심우승沈友勝과 이정구李廷龜는 중국어를 능숙하게 구사하던 어전통사들이었다. 심우승은 명나라 장수 오유충吳惟忠이 하는 귀엣말을 듣고 그 내용을 선조에게 아뢸 정도로 중국어에 능통했다.[103] 이정구도 어전통사로서 중국어를 능숙하게 구사한 인물이었다.[104] 이밖에도 윤근수尹根壽, 이원익李元翼 등은 어전통사는 아니었지만, 문신으로서 뛰어난 중국어 능력을 발휘했다.[105]

101 어숙권, 『패관잡기』, 권2.
102 이식, 『택당선생별집』, 권7, 墓表, 李生墓表. 吏文學官 世稱庶流淸選 人多勸君就試 君終不肯.
103 『선조실록』, 선조 30년 6월 17일.
104 『선조실록』, 선조 32년 7월 22일.

문신의 중국어·이문 능력을 평가하던 기구는 승문원承文院이었다. 승문원의 평가 원칙에 따르면, 문신은 30세 이전에 과거에 급제하면 『노걸대』老乞大라는 회화 교재를, 30세 이후에 급제하면 이문을 익혀야 했다. 승문원에서는 1년에 두 차례 있는 정기 시험에서 그들의 학업을 평가했다. 문신들은 일반적으로 이 평가에서 3~6종의 텍스트를 강講했는데, 특별히 6품직으로 승진하려면 9종의 텍스트에 대한 시험을 통과해야 했다. 그만큼 까다로운 절차를 거치도록 했다.[106]

동서고금을 막론하고 언어 습득을 위해서는 현지 체험이 가장 중요하다. 조선시대에도 유학을 보내 중국어를 습득하게 하자는 주장이 있었다. 그러나 문신에 대한 중국어 교육은 텍스트에 의존했다. 중국어는 이문과 짝하는 교육 과정이었기 때문에 당연히 이문과 같은 형식, 즉 교재를 통한 학습 방법이 채택되었다. 문신에게 중국어와 이문을 학습하게 하고 그 결과를 정기적으로 평가하는 관행은 계속되었다. 특히 명종은 강습과 시험 전 과정에 대부분 직접 개입했다. 선조는 초년에는 명종이 그랬던 것처럼 친히 강습과 시험을 주관했지만,[107] 점차 승문원으로부터 결과를 보고받고 시상하는 정도로 한걸음 물러섰다.[108] 이후 왕이 친히 문신을 불러 중국어와 이문을 강습하거나 시험 보이는 일은 사라졌다.[109]

문신 관료들이 의무적으로 승문원의 평가를 통과해야 했다면, 학습 효과가 현저히 떨어지지는 않았을 것이다. 그러나 중국어·이문 평가를 받지 않고도 6품직으로 승진하는 사례가 생겨나기 시작했다. 1676년(숙종 2) 12월의 도목정都目政에서 승문원을 경유한 문신들에 대한 인사가 이루어지지 못한 일이 있었다. 인사를 주관해야 할 도제조都提調와 제조提調가 개인 사정으로 평가를

105 『선조실록』, 선조 25년 6월 1일; 선조 26년 12월 12일; 윤근수, 『월정집』, 권5, 書, 寄吳遊擊宗道書. 鄙生乃得趨拜于所館之字下 曲蒙傾睞 輒以粗解之華語 不假傳譯 獲披心曲 談笑無阻.
106 『승정원일기』, 현종 13년 2월 18일.
107 『선조실록』, 선조 5년 9월 14일.
108 『선조실록』, 선조 27년 4월 22일.
109 『승정원일기』, 현종 13년 2월 18일.

시행하지 못했기 때문이다. 이듬해인 1677년(숙종 3) 1월, 대상자들은 중국어·이문에 대한 평가 절차 없이 곧바로 6품직으로 승진했다. 허적이 전례가 있다며 올린 제안을 숙종이 재가한 것이다.[110]

승문원이 중국어·이문 시험을 기피하는 현상도 생겨났다. 시강試講에 응하지 않는 사람에게 최하 성적을 부여하여 인사에 불이익을 주던 원래의 규정은 지켜지지 않았다. 심지어 교육 기한이 아직 차지 않았다는 핑계로 시험을 피한 뒤 나중에 교관이 되거나 당상에 오르는 자가 생길 정도였다. 숙종은 남구만南九萬의 제안을 받아들여 좀 더 엄격한 제한 규정을 두었다. 6개월로 기한을 한정한 뒤, 대상자들에게 중국어·이문 시험에 모두 응하게 했다.[111] 그러나 이 조치도 문신이 중국어·이문 교육을 경시하는 현상을 막지는 못했다.

예외가 인정되면서, 중국어와 이문은 다시 '한다고 해서 나쁠 것은 없지만, 안 해도 무방한 기예'가 되었다. 신진 문관에 대한 중국어·이문 교육 규정은 정조 대까지도 기억되었지만,[112] 사실상 17세기부터 사문화되어갔다. 이문학관(한리학관)이 서얼을 대상으로 한 데다 승문원의 시험 절차가 준수되지 못하면서, 문신들의 중국어·이문 소양은 떨어질 수밖에 없었다. 문신이 어전통사를 맡는 관행은 조선 후기까지 이어졌지만, 언제부터인가 중국어에 능통한 문신이 통역과 자문역을 수행하는 전통은 사라졌다. 신진 문관의 중국어·이문 능력 저하는 어전통사의 중국어 능력 저하와 짝을 이루는 현상이었다.

영조는 문신들의 중국어 능력을 높여야 한다는 조명신趙命臣의 건의를 받고 이렇게 말했다. "옛날의 명신석보名臣碩輔 중에는 한어를 잘하는 사람이 많았는데, 오늘날의 문관들은 한어를 배우는 일을 수치스럽게 여겨서 하지 않는 것인가."[113] 16세기 들어 문신들이 한어·이문 교육을 소홀히 한 것은 사실이지만, 당시만 하더라도 어전통사의 중국어 구사 능력이 현저히 떨어진 것은

110 『승정원일기』, 숙종 3년 1월 28일.
111 『승정원일기』, 숙종 14년 1월 12일.
112 『정조실록』, 정조 19년 5월 2일.
113 『승정원일기』, 영조 2년 8월 16일. 蓋古之名臣碩輔 亦多有通解漢語者 今日文官 學習漢語 作羞恥事而不爲乎 予甚慨然.

아니었다. 그렇다면 17세기 이후 문신들이 중국어 구사를 수치스럽게 여기는 풍조는 다른 곳에서 원인을 찾아야 한다. 이즈음 조선의 중화관과 언어관에 가장 큰 영향을 미친 사건은 역시 명청 교체라고 하지 않을 수 없다.

명청 교체와 중국어 위상의 변화

조선의 사대부에게 한자의 현실 음가를 아는 일, 나아가 구어로서의 중국어를 익히는 일은 중화세계의 현실을 중화세계의 언어로 이해하는 행위이기도 했다. 기예로서의 중국어는 서얼의 몫이지만, 중화의 현실 음가에 대한 탐구는 여전히 사대부의 몫이었다.

명청 교체기를 살았던 유형원柳馨遠도 중국어를 구사했다. 부안 우반동에 살던 그는 매일 밤 거문고를 뜯으며 '한음漢音으로' 노래했다.[114] 1667년(현종 8) 복건성에서 출발한 배 한 척이 제주도에 표류해온 일이 있었다. 조선 관리들이 그들에게 먹을 것을 건네자 그들은 그 야채의 이름을 물었다. 조선 관원들이 조선식 이름으로 대답하자 알아듣지 못했다. 유형원이 그들을 만나러 갔다가 그 광경을 목격하고 중국어로 그 야채의 이름을 말해주자 그들은 크게 기뻐했다. 유형원은 그들로부터 남명南明 영력황제의 소식을 전해 들었다.[115] 그러나 유형원 이후 현실의 중국어에서 중화의 음가를 떠올리는 사람은 없었다.

조선 지식인들은 '오랑캐' 청나라의 강압에 의해 만들어진 조공책봉 체제를 내면에서 부정했다. 조선 지식인들은 그들이 '오랑캐'라는 숙명적인 이유로 머지않은 장래에 멸망할 것이며, 그 본거지로 돌아가는 과정에서 조선과 또다시 전면전을 치를 것이라고 생각했다. 그것은 물론 국제 정세에 대한 냉정한 인식을 바탕으로 한 것은 아니었다. 청나라의 멸망과 전쟁 재발에 관한 우려는 중화 의식의 다른 표현이기도 했다. 그러나 현실은 조선의 희망과는 전혀 달랐다. 강희제, 옹정제, 건륭제를 거치면서 청나라는 전성기를 구가했

---

114 유발, 『초록』, 安鼎福 修輯, 磻溪先生年譜(『반계잡고』, 현종 2년 신축).
115 유발, 『초록』, 安鼎福 修輯, 磻溪先生年譜(『반계잡고』, 현종 8년 정미).

다. 게다가 북경에 파견되는 조선 사신과 역관들은 동북아 국제 정세에 대해 충분한 정보를 가져오지 못했다. 영조 대 이후에도 상황은 크게 나아지지 않았다.

1737년(영조 13)에 있었던 영조와 조명리趙明履, 임정任珽의 대화를 들어보자. 영조 역시 청나라가 운명적으로 몰락하리라고 내다보았지만 그것을 확신하기에는 청나라에 대한 정보가 너무나 빈약했다. 청나라가 본거지로 돌아가게 될 상황에 적절하게 대비하기 위해서도 청나라에 관한 정보가 필요했다. 조선이 청나라의 내부 사정을 잘 탐지하지 못하는 이유에 대해 조명리는 이렇게 말했다. "대개 사대부들이 조신操身함이 지나쳐서 저들과 더불어 사이좋게 말을 나누려 하지 않는고로 다만 역관들로 하여금 대략 탐문하게 하기 때문입니다."[116]

청나라는 조공책봉 관계가 성립된 뒤에도 한동안 조선을 의심했으며, 북경에 파견된 조선 사신의 행동 반경은 넓지 못했다. 이런 상황에서 청나라의 내부 정세를 정확히 파악하기는 어려웠을 것이다. 조선은 이 문제를 해결하려 했지만, 칼자루는 청나라가 쥐고 있었다. 그나마 조선이 할 수 있는 일이라고는 문신을 대상으로 중국어 교육을 강화하는 것이 전부였다. 대화는 자연스럽게 중국어 교육 쪽으로 이어졌다. 그런데 조명리의 관점이 흥미롭다. 조선 사신들이 저들과 '사이좋게 말을 나누는 것'(親昵言談)을 꺼리는 상황이 문제라는 것이다. 그런 상황에서는 아무리 훌륭한 제도를 도입한다고 해도 문신의 중국어 능력이 배양되지 않을 것이다.

조명 관계에서 그랬던 것처럼 조청 관계에서도 공식 언어는 중국어였다. 언어는 같지만, 조선이 상대해야 할 대상이 바뀌었다. 조선 사신들은 그들이 '오랑캐'로 생각했던 사람들과 마주 앉아야 했다. 그러나 공식적인 접촉을 제

---

116 『승정원일기』, 영조 13년 7월 4일. 上曰 (중략) 我國之探知彼中事情者 甚疏闊矣 (중략) (趙)明履曰 誠如上教 不無他慮矣 我國之不能探知彼中事情者 蓋士大夫操身太過 不欲與彼人親昵言談 故只令譯舌輩 略有探問 而其中間之言 不可準信矣 上曰卽今無事時則不甚可悶 而或有事端則豈不甚悶乎 (任)珽曰 曾前則文臣 例皆爲漢語講 而今則無應講者矣 卽令譯官 亦不如前矣 上曰 頃者申飭 而蒙語亦爲申飭 宜矣.

외하면 '오랑캐'들과 마주 앉아 말을 섞을 이유가 없었다. 영조는 관료들이 중국어 습득을 '수치스럽게' 여긴다고 의심했지만, 그들의 태도는 바뀌지 않았다. 그들의 입장에서 본다면, 오랑캐와 말을 섞지 않는 것은 기호의 문제가 아니라, 삶의 원칙에 관한 문제였기 때문이다.

선조 대에 중국어에 익숙한 문신이 많은 이유에 대해 조현명趙顯命은 "명나라 사신이 왕래했을 때 접대에 참여했던 신하들을 사람들이 모두 영예롭게 여겼기 때문"[117]이라고 말했다. 조현명의 논리를 명청 교체 이후의 상황에 적용하면 이렇게 되지 않을까. "오랑캐인 만주족 사신이 조선에 왕래했을 때, 접대에 참여했던 신하들을 영예롭게 여기는 분위기는 없었다. 역관을 통한 공식적인 대화 이외에 문신들이 직접 말을 섞어야 할 이유는 없었다. 중국어를 배우는 일은 이제 개인적으로는 수치스러운 일이 되고 말았다."

이 현상의 본질을 꿰뚫어본 박사호朴思浩는 이렇게 말했다. "우리나라 사대부는 중국을 오랑캐(夷)로 보아 부끄러이 여기고, 한어까지도 부끄러워한다. 대저 한어란 한, 당, 송, 명 이래 중국의 정음正音이라, 청나라의 음과는 다르니 무슨 부끄러울 것이 있단 말인가? 마지못해 봉사奉使할 즈음에 문서의 거래와 사정의 허실虛實 등을 다만 역관譯官의 입만 쳐다보니, 계책의 소루함이 이보다 더 심한 것이 없다."[118] 명청 교체 이후 조선에서 중국어를 구사한 문신이 적었던 것은 조선 지식인의 중화관과 대청 인식이라는 맥락에서 살펴보아야 하는 것이다.

문신들의 중국어 능력 저하는 질정관質正官 제도의 유명무실화와 짝하는 현상이었다. 질정관의 기원은 세종 대로 거슬러 올라간다. 성삼문과 신숙주가 서울에 들어온 중국 사신에게 『홍무정운』의 음을 질의한 것이 그 시초다.[119] 두 사람은 또 요동에 가서 황찬이란 인물에게 자문을 받은 뒤 『사성통고』四聲

117 『승정원일기』, 영조 14년 2월 23일. (趙)顯命曰 天使往來時 參於接待者 人皆榮之 故其時善解華語者 多矣.
118 박사호, 『심전고』, 권2, 留館雜錄, 留柵錄.
119 『세종실록』, 세종 32년 윤1월 3일.

通攷 등의 책을 펴냈다고 한다.[120] 문신들이 중국어와 이문에 무관심해지면서, 질정관의 중국어 구사 능력도 점차 떨어졌다. 질정관이 명나라의 문신들과 직접 대화하지 못하고 역관에게 의존하는 일이 생기자,[121] 중국어에 능숙한 문신을 질정관으로 파견해야 한다는 주장이 나오기도 했다.[122] 질정관의 중국어 능력이 크게 나아지지는 않았지만, 질정관의 파견 자체를 의문시하는 상황은 벌어지지 않았다.

질정관이 마지막으로 파견된 것은 선조 대였다.[123] 그 뒤 광해군이 질정관을 임명했다가 신하들의 반대에 부딪혀 뜻을 이루지 못한 사례가 있다. 질정관 제도는 광해군 대 이후 사실상 폐지되었다. 인조 대에 편찬된 『선조수정실록』에는 당시 조선이 질정관 제도를 어떻게 바라보고 있었는지를 보여주는 사평이 실려 있다.

국조國朝에서 연경에 가는 사행使行에 으레 질정관을 보내어 중조中朝에 화훈華訓을 질문하였는데, 그 사람은 반드시 박문博文, 상아詳雅한 선비로 충원하였다. 나중에는 점차 익숙해져서 화훈, 언어, 이문까지 미치지 못하는 곳이 없게 되어서 비록 질정관이 가더라도 물을 만한 것이 없고 인원수만 채울 뿐이었으므로 근래에는 다시 보내지 않았다.[124]

질정관 제도가 효과적으로 운영된 결과 조선이 화훈, 언어, 이문에 익숙해졌으므로 더 이상 그 관직이 필요하지 않게 되었다는 것이다. 그러나 현실은 사관의 말과 너무나 달랐다. 한학문신을 위한 시험은 드물었으며, 어전통사나 한학겸교수[125]직에는 중국어 능력과 상관없는 사람이 임용되었다. 질정관을

120 『성종실록』, 성종 18년 2월 2일.
121 『중종실록』, 중종 34년 9월 10일.
122 『중종실록』, 중종 36년 11월 19일.
123 『선조실록』, 선조 24년 10월 24일.
124 『선조수정실록』, 선조 7년 11월 1일.
125 사역원에서 역관을 가르치던 직책 가운데 한학교수와 한학겸교수가 있다. 이 중 한학교수는 역관이, 한학겸교수는 문신이 담당했다(『통문관지』, 고사편).

두어 중국어를 익히게 하는 일은 사대事大의 일환이었다.[126] 이런 점에서 보면 인조 대 이후로 질정관 제도가 운영되지 않은 사실은 의미심장하다. 질정할 필요가 없는 것이 아니라 더 이상 그런 행위에 의미를 부여할 수 없었다. 질정으로 표현되던 사대의 대상이 사라졌기 때문이다.

중화의 정음과 중국어 그리고 만주어

영조와 중국어 교육

영조는 문신의 중국어 능력이 현저히 떨어진 상황에서 즉위했다. 질정관 제도는 폐지된 지 오래였으며, 한학문신과 이문문신에 대한 승문원 포폄과 친임전강親臨殿講의 전통도 사실상 끊어진 상태였다. 문신 어전통사도, 사역원의 한학겸교수도 중국어에 정통하지 못했다.[127] 영조는 이렇게 말했다. "저들을 접대할 때 어전통사가 있으나, 다만 역관에만 의지하고 그들이 무슨 말을 하는지 알지 못하니, 만일 의외의 일이 있어서 통관들이 중간에서 농간을 부린다면 어찌 알겠는가."[128]

영조가 말한 '의외의 일'이란 명청 교체 이후 심화된 전면전의 위기의식을 의미한다. 영조는 17세기 조선 지식인들이 가졌던 중화 의식과 위기의식을 계승했지만, 중국어에 대한 태도는 달랐다. 영조는 유사시 전면전이 발생할 경우 문신의 어학 능력이 매우 중요하다고 판단했다. 이에 따라 문신들의 중국어 능력을 높이기 위해 다양한 대책을 마련했다.

1733년(영조 9) 영조는 조상경趙尚絅의 제안에 따라 승문원 포폄을 다시 시행하게 했다. 과거 합격자 가운데, 30세 미만은 『한어노걸대』를, 30세 이상은 이문을 공부하게 한 뒤 그들을 대상으로 대신이 승문원 포폄을 주관하게 한

---

126 『성종실록』, 성종 20년 11월 14일.
127 『승정원일기』, 영조 3년 10월 24일.
128 『승정원일기』, 영조 2년 8월 16일. 接待彼人之際 有御前通事 而只憑譯舌 漫不知彼人爲何說話 設或有意外之事 通官輩從中弄奸 亦何以知之耶.

것이다.[129] 기존 제도를 부활시키는 것은 새로운 제도를 만드는 일만큼이나 녹록하지 않았다. 승문원에서 중국어를 시험하려 해도 시험에 응하는 문신을 찾아보기 어려웠다.[130] 공무 수행이나 휴가 등 각종 예외가 인정되었기 때문이다. 영조는 휴가를 핑계로 시험에 참여하지 않는 경우를 인정하지 않음으로써 예외를 줄여나갔다.[131]

영조는 중국어를 전강殿講한 사례에도 주목하고[132] 그 제도를 시행할 수 있다는 뜻을 비쳤다. 김재로金在魯는 친임전강이 훨씬 효율적일 것이라고 말했다.[133] 1741년(영조 17) 2월 영조는 드디어 제비뽑기 방식으로 문신을 대상으로 한어이문전강漢語吏文殿講을 시행했다.[134] 한어문신전강은 그해 7월에도 이어졌다. 이때 영조는 문신들의 중국어 능력을 점검하고, 그들 가운데 중국어 구사 능력이 가장 뛰어난 인물을 한학겸교수로 발탁할 생각이었다.[135]

당시에도 중국어에 무지한 사람이 한학겸교수직에 임용되는 일이 여전히 있었다.[136] 언제부턴가 한학겸교수직은 전랑을 마친 관료가 옮겨가는 직책이 되어 있었다.[137] 한학겸교수가 중국어 구사 능력이 아니라 유력 가문 출신자들로 채워지던 현실은 재야 학자인 이익이 개탄할 정도였다.[138] 영조는 중국어 능력만을 기준으로 후보자를 뽑아 올리게 하면서 이렇게 말했다. "한어 능력이 없는 인물을 후보군에 올리는 행위는 과거에는 관행이었을지 몰라도 이제는 임금을 속이는 일이다."[139] 한어전강은 영조 40년까지 계속되었다.

홍계희洪啓禧(1703~1771)는 영조 대 지식인 관료 가운데 언어 문제에 가장

---

129 『승정원일기』, 영조 10년 5월 21일.
130 『승정원일기』, 영조 10년 12월 15일.
131 『승정원일기』, 영조 12년 6월 14일.
132 『승정원일기』, 영조 14년 2월 23일.
133 『승정원일기』, 영조 16년 5월 12일.
134 『승정원일기』, 영조 17년 2월 15일.
135 『승정원일기』, 영조 17년 7월 11일.
136 『승정원일기』, 영조 16년 5월 7일.
137 『승정원일기』, 영조 16년 9월 14일.
138 이익, 『성호사설』, 권7, 人事門, 漢學.
139 『승정원일기』, 영조 17년 7월 11일.

관심을 많이 가진 인물이라고 할 수 있다. 관료 홍계희는 병조판서로서 균역법의 실무를 주관하기도 했지만, 정치인 홍계희는 1762년(영조 38) 나경언 고변사건을 일으켜 사도세자가 사사되는 빌미를 제공했다. 그가 죽은 후에도 그의 집안은 평안하지 못했다. 정조 즉위 초 그의 아들 홍술해가 대역죄로 화를 입었다.[140]

홍계희가 순탄치 못한 정치 역정을 거쳐온 탓인지 후대인 가운데 그의 학문을 기억하는 사람은 많지 않다. 그러나 그는 노론 낙론계의 학문적 세례를 받았으며, 특히 경세적인 지식에 소양이 높았던 인물이다. 그가 펴낸 책으로는 『경세지장』經世指掌과 『국조상례보편』國朝喪禮補編이 있다. 『경세지장』은 소옹의 『황극경세서』皇極經世書를 응용하여 역사와 운세의 원리를 수리적으로 설명한 책이며, 『국조상례보편』은 『국조오례의』를 보완하여 국가의 예제를 설명한 저작이다. 그는 한역 서학서에도 관심을 가졌는데, 1765년(영조 41) 건륭제가 펴낸 『휘학대성』彙學大成을 구입해 들이자고 주장했다.[141] 그는 당시 서울에는 네 질밖에 없다는 『수리정온』數理精蘊 중 한 질을 소장하고 있었다 한다.[142]

홍계희의 중국어 실력은 관료들 사이에서 잘 알려져 있었던 것 같다. 영조가 중국어 구사 가능자를 한학겸교수로 임명하려 했을 때 김재로는 홍계희를 거론했다.[143] 홍계희는 사서를 한음으로 읽을 정도였다고 한다.[144] 홍계희는 또 중국어의 중요성을 간파하고 『노걸대신석』老乞大新釋 간행을 주도했다. 영조는 문신들의 중국어 능력을 높이기 위해 여러 가지 제도를 강화했지만, 만족할 만한 효과를 거두지 못했다. 텍스트로 사용되던 『한어노걸대』가 당시 북

---

140 홍계희의 생애와 사상에 대해서는 정만조, 「澹窩 홍계희의 정치적 생애」, 『인하사학』, 10, 2003; 정만조, 「담와 홍계희의 가계 분석」, 『조선시대의 정치와 제도』, 집문당, 2003; 조성산, 「18세기 낙론계의 반계수록 인식과 홍계희 경세학의 사상적 기반」, 『조선시대사학보』, 30, 2004 참조.
141 황윤석, 『이재난고』, 권5, 1765년 3월 24일.
142 황윤석, 『이재난고』, 권9, 1767년 12월 9일.
143 『승정원일기』, 영조 17년 8월 20일.
144 『승정원일기』, 영조 22년 12월 19일.

경의 현실음을 반영하지 못했기 때문이다.

김재로는 "한어에 일찍부터 관심을 가지고 공부했지만 정작 북경에 가서는 말을 거의 알아들을 수 없었다"고 고백했다.[145] 영조의 정책에 따라 중국어를 학습한 문신들도 텍스트의 문제를 제기했다. 서지수徐志修는 『노걸대』를 열심히 공부한다고 해서 회화를 능수능란하게 할 수는 없을 것이라고 말했다. 그러나 상황을 지나치게 낙관적으로 본 영조는 이렇게 말했다. "한어는 하나의 요령이니, 쉽게 알 수 있는 것이다."[146]

홍계희의 생각은 달랐다. 물론 시간과 공간에 따라 언어가 달라지는 것은 물이 위에서 아래로 흘러내리는 것처럼 자연스러운 현상이다. 그러나 질정관 제도의 전통은 끊어진 지 오래였다. 더구나 『노걸대』 등 유력한 회화 교재들은 현실음을 제대로 반영하지 못했다. 이런 상황에서 승문원 포폄을 강화하고 친임전강을 시행한다고 해서 그 효과가 높을 리 없었다. 무엇보다 북경의 현실음을 기준으로 한 회화 교재를 편찬하는 일이 시급했다.

홍계희는 영조의 재가를 받고 『노걸대』 개정 작업을 추진했다. 『노걸대신석』 편찬을 실무적으로 주관한 것은 역관 변헌邊憲이었다. 변헌은 홍계희를 따라 북경에 가서 수정 작업을 진행했다.[147] 그는 또 영조의 재가를 받아 역관 김창조金昌祚에게 『박통사』朴通事를 수정하게 했다. 『박통사』와 『노걸대』는 대표적인 중국어 교육 교재였다.[148] 그는 『노걸대』 수정본과 『박통사』 수정본을 익히면 의사소통하는 데 문제가 없으리라고 확신했다.[149]

홍계희는 1747년(영조 23) 일본어 회화 교재인 『첩해신어』捷解新語를 수정하기도 했다. 그가 통신사에 임명된 것은 그해 3월이었다.[150] 일본어 회화 교

145 『승정원일기』, 영조 16년 9월 20일.
146 『승정원일기』, 영조 23년 11월 3일.
147 홍계희, 『노걸대신석』(1761년, 奎4871)에 실린 홍계희의 序. 我國古置質正官 每歲以辨質華語爲任 故東人之於華語 較之他外國 最稱嫺習 百年之間 玆事廢而譯學邃壞矣 老乞大 不知何時所創 而原其所錄 亦甚草草 且久而變焉 則其不中用 無怪矣 (중략) 余嘗言不可不大家釐正 上可之 及庚辰銜命赴燕 遂以命賤臣焉 時譯士邊憲在行 以善華語名 賤臣請專屬於憲.
148 『승정원일기』, 영조 37년 7월 11일.
149 홍계희, 『노걸대신석』, 序. 自此諸書 幷有新釋 可以無礙於通話也.

재가 당시 에도江戶의 현실음을 반영하지 못한다는 사실을 알게 된 그는 『첩해신어』를 수정하여 역관들에게 제공했다고 한다. 일본에서 아메노모리 호슈雨森芳洲를 만난 홍계희는 그와 그의 제자들이 동아시아 삼국의 언어에 능통하다는 사실을 알고 꽤나 충격을 받은 듯하다. 홍계희는 "어학에 뜻을 둔다면 이루지 못할 것이 없다"고 말했다.[151]

　홍계희는 중국어와 자학字學 중 어느 것을 더 중요하게 여겼을까. 『노걸대신석』의 서문에서 그는 이렇게 말했다. "『노걸대』와 『박통사』 등이 새롭게 간행되면서 말을 통하는 데는 문제가 없게 되었다. 『노걸대신석』은 말을 통하는 데 편하게 하는 것을 위주로 한 것이다. 그러므로 『노걸대신석』의 내용 중에는 왕왕 구판 『노걸대』에서 『홍무정운』의 정음을 따르던 것을 지금 도리어 현실음으로 바꾼 것도 있으니, 또한 불가피한 일이다. 만일 정음을 변별하고자 한다면 『홍무정운』이나 『사성통해』四聲通解 등 여러 참고할 만한 서적이 있으니, 이 또한 알지 않으면 안 된다."[152] 그는 역관 변헌을 '역사'譯士라고 불렀지만, 역학이 선비의 일이 될 수도 있다는 의미는 아니었다. 그는 선비에게 진정으로 중요한 것이 따로 있음을 말하고 싶어했다. 그것은 바로 『홍무정운』의 음운音韻이었다.

　『노걸대신석』은 곧 문신에 대한 한어전강 및 사역원 취재 시험에서 교재로 사용되었다. 그러나 시행한 지 얼마 되지 않아 반론에 부딪혔다. 현실음 위주로 교육하다 보면 정음正音인 『홍무정운』이 기억에서 멀어질 수 있다는 것이었다. 홍계희는 『노걸대신석』 서문에서 이 점에 대해 누누이 해명했지만 아무 소용이 없었다. 『홍무정운』의 정음이 사라질 것이라는 우려가 그만큼 공감을 얻었던 것이다. 사역원제조 민백흥은 구판 『노걸대』로 교재를 교체하여 『홍무정운』의 음을 보존하되, 현실음을 그 옆에 적어서 두 음 사이의 관계를

<hr />

150 『영조실록』, 영조 23년 3월 21일.
151 홍계희, 『노걸대신석』, 序. 余丁卯赴日本 南譯之窩莽 殆有甚於北 故遂改編捷解新語 以辨其古今之判殊 諸譯便之 日本有雨森東者 能通三國語 其弟子亦多能之者 (중략) 苟有志於音訓之學 亦何難於曲暢而傍通哉.
152 홍계희, 『노걸대신석』, 序. 自此諸書 幷有新釋 可以無礙於通話也 今此新釋 以便於通話爲主 故往往有 舊用正音而今反從俗者 亦不得已也 欲辨正音則 有洪武正韻四聲通解諸書 在可以考据 此亦不可不知也.

유추할 수 있게 하자고 주장했다. 영조는 민백홍의 주장을 받아들였다.[153]

영조도, 홍계희도 중국어 학습을 중요하게 여겼다. 언어의 사용자가 변했다는 이유로 중국어를 외면하지는 않았다. 그러나 홍계희에게 북경의 현실음에 맞추어 유창하게 구사하는 것만큼이나 중요한 것은 『홍무정운』의 음가를 보존하는 일이었다. 그것이야말로 중화를 지키는 중요한 방법 중 하나로 여겼다.[154] 영조는 청나라의 운명적 멸망을 전제로, 유사시에 대비하는 차원에서 문신의 중국어 교육을 추진했다. 반면 홍계희는 중국어 교재 편찬을 주도하면서도 운서韻書를 통해 『홍무정운』의 음운을 보존하는 일을 중요하게 여겼다.

영조와 홍계희의 시도는 곧 벽에 부딪혔다. 지식인들은 여전히 중국어보다 운서 편찬에 더 관심을 가졌다. 그들에게 언어는 중화를 보존하는 수단이었으며, 『홍무정운』은 여전히 중화의 정음이었다. 더구나 명청 교체 이후 중국어를 백안시한 전통이 강고하게 남아 있었다. 중화가 무의미하다고 여겨지는 순간, 중국어는 현실음을 기준으로 받아들여졌을지도 모르지만, 적어도 18세기까지 그런 상황은 벌어지지 않았다. 그것은 언어의 문제가 아니라 철학과 세계관의 문제였다.

영조는 몽골어, 만주어, 일본어 등 사역원에서 교육하는 다른 언어들에도 많은 관심을 가졌다. 특히 만주어와 몽골어는 대륙의 상황을 유동적으로 보는 영조에게 특별한 의미가 있었다. 영조는 사역원에 만주어, 몽골어, 일본어 교육의 내실화를 여러 차례 강조했다. 그러나 그것은 순전히 역관을 대상으로 한 것이었다. 영조는 문신의 중국어 교육을 위해서 친임전강, 한학겸교수 임용 관례 개정 등 여러 가지 조치를 취했지만, 문신의 만주어·몽골어·일본어 회화 소양을 높이기 위한 대책을 마련하지는 않았다. 영조는 그것을 문신의 교육 영역으로 생각하지 않은 것이다. 문신 관료들도 만주어·몽골어·일본어

---

153 『승정원일기』, 영조 45년 5월 8일.
154 18세기의 시점에서 『홍무정운』의 음가를 지킨다는 것은 물론 의사소통의 문제와는 무관하다. 복고적이라고까지 해야 할 이 주장은 언어를 도구가 아니라 문화로, 나아가 화이를 구분하는 징표로 간주했기 때문에 가능한 것이었다.

구사를 자신들의 역할로 생각하지 않았다. 『노걸대신석』 편찬을 주도한 홍계
희도 예외는 아니었다.

지식인 사회의 만주어 이해

중국어를 외면하던 시대 분위기 속에서 지식인들의 만주어에 대한 관심은 미
미할 수밖에 없었다. 그럼에도 사신들이 남긴 기록 중에는 만주어에 관한 견
문이 보인다. 숙종 때 최덕중崔德中은 이렇게 적었다. "황제도 한 나라 안에 두
가지 말과 두 가지 글이 행해지기 어려운 것을 알고는 있으나, 만약 청어淸語
와 청문淸文을 버리고 전적으로 한어와 한문만을 쓰다가는, 후일에 혹 실패하
고 만주로 나간 다음에 다시 시행하기 반드시 어려운 까닭으로 그 근본을 지
키면서 한어·한문도 금하지 않는 것이었다. 그런데 자연히 해가 오래되니 버
릇이 되어서 사람들이 청어·청문을 많이 쓰게 되었으니, 그 사람들이 먼 훗날
을 염려했음을 알 수 있다."[155] 청의 이중언어 사용 실태를 '그들의 불안한 미
래'와 연관 지어 해석한 점이 흥미롭다. 청이 오랑캐라는 숙명적인 이유로 몰
락하고 말 것이라는 전망은 조선 지식인들에게 상식에 속했다. 이른바 영고탑
寧古塔 회귀설이다.[156]

　　김창업金昌業이 북경을 다녀온 것은 1721년(경종 1)의 일이었다. 그에 따르
면, 민간에서는 만주족이든 한족이든 모두 중국어를 구사하지만, 관료 사회의
공식 언어는 만주어이며, 황제에게 보고되는 문서들은 모두 만주어로 번역된
다고 했다. 그는 한인들이 만주어에 능숙하지 못한 현상을 예리하게 포착한
뒤 이렇게 적었다. "한인이 만주어를 구사하지 못하는 것이 아니라 만주어 사
용을 달갑게 여기지 않기 때문이다."[157] 그는 중화문화의 정체성을 유지하려
는 한족, 만주족의 언어문화에 동화되지 않으려는 한족을 보았다. 만주어는
그에게도 다만 '오랑캐의 언어'일 뿐이었다.

155　최덕중, 『연행록』, 日記, 1713년 2월 9일.
156　영고탑 회귀설에 대해서는 배우성, 『조선 후기 국토관과 천하관의 변화』, 일지사, 1998 참조.
157　김창업, 『연행일기』, 권1, 山川風俗總錄.

1777년(정조 1) 북경을 다녀온 이갑李坤 역시 청나라에 대한 문화적 편견이 강한 인물이었다. 북경에서 명대의 의관제도가 광대의 놀잇감이 된 사실을 발견한 그는 이렇게 탄식했다. "심지어 외국에서 조공하러 오는 자까지도 좌임左袵을 하지 않는 자가 없고 오랑캐 말을 하지 않는 자가 없다." 그에게 '천지는 긴 밤중'이었으며, 만주어는 어디까지나 '오랑캐'의 언어였다.[158]

조선 지식인의 입장에서 보면 중국어는 『홍무정운』의 음가를 짐작할 수 없을 정도로 변화되고 있었으며, 그 사용자는 이미 '오랑캐'로 바뀌었다. 만주어는 다만 '오랑캐'의 말이며, 대륙에서 중화문화가 더 이상 존재하지 않음을 상징하는 것 중 하나일 뿐이었다. 그러나 외교 담당자의 입장에서 보면, 만주어는 중국어를 제외한 언어 가운데 사실상 가장 중요한 것이었다.

만주어로 인한 외교적 마찰이 처음 확인된 것은 효종 때였다. 사신인 인평대군 일행이 북경에서 표문을 올렸다. 이 표문은 만주어로 번역되어 순치제順治帝에게 보고되었다. 원래의 표문에는 '건청곤이'乾淸坤夷라는 구절이 들어 있었다. '하늘은 맑고 땅은 골라졌다'는 의미인데, 만주어로 번역되는 과정에서 문제가 생겼다. '하늘은 청淸이요 땅은 호胡라'는 의미로 번역된 것이다.[159] 조선에서 올린 한문 외교 문서를 청 황제가 번역된 만주어로 읽는 과정에서 불필요한 마찰이나 외교적인 혼선이 빚어질 소지는 다분했다.

숙종 초 신강설臣强說을 두고 벌어진 논란 역시 강희제가 말했다는 만주어가 문제였다. '신하가 강하다'는 이 이야기는 1671년(현종 12) 복선군福善君 이남李柟 등의 보고에서 처음 나왔다. 복선군에 따르면, 강희제가 "너희 나라는 백성이 빈궁하여 살아갈 길이 없어서 다 굶어 죽게 되었는데 이것은 신하가 강한 소치"라고 말했다는 것이다.[160] 1675년(숙종 1) 청나라의 사신 수서태壽西泰 등이 서울에 들어왔다. 그들을 영접하는 책임을 맡은 사람은 남인 오시수吳始壽였다. 오시수는 '신하가 강하다'는 류의 이야기를 청나라 측 역관에게 들

---

158 이갑, 『연행기사』, 聞見雜記, 雜記.
159 『효종실록』, 효종 2년 1월 27일.
160 『현종개수실록』, 현종 12년 2월 20일.

었다고 보고했다.[161]

복선군은 당시 청나라 측 역관과 조선 측 역관의 입을 통해 강희제의 말을 전해 들었다. 청나라 측 역관 이일선은 조선 측 역관에게 중국어로 말했고, 조선 측 역관은 이를 번역하여 복선군에게 전했다. 강희제는 복선군을 만난 자리에서 중국어로 말했지만, 강조하고 싶은 대목에 이르자 만주어를 구사했다. 만일 조선의 사신들이 만주어에 대한 소양을 갖추고 있었다면 당시 신강설의 진위 논란은 달라졌을 것이다.

청나라가 만주어를 구사하는 한, 외교 현장에서 만주어의 중요성은 줄어들지 않았다. 1737년(영조 13) 임정任珽의 말에 따르면, 청나라 사람들은 중국어를 능숙하게 구사하는데, 조선 사람과 만났을 때 무언가 속일 필요가 있으면 곧 만주어를 섞어서 말한다는 것이다.[162]

서호수徐浩修는 만주어가 외교적으로 중요하다는 사실을 잘 알고 있었다. 문제는 그것을 지식인이 알아야 할 분야로 여기는가였다. 서호수는 건륭제를 직접 면담했다. 건륭제가 서호수 일행에게 만주어나 몽골어를 할 수 있는 자가 있는지 물었다. 서호수가 만주어 역관이나 몽골어 역관을 대동하지 않았다고 답하자, 건륭제가 답답하게 여겼다. 서호수는 조선에 돌아와 정조에게 보고하는 자리에서 "사대事大하는 일 중에 가장 긴급하고도 절실한 것이 만주어"[163]라고 말했다. 그러나 서호수조차 만주어 회화 능력을 지식인에게 필요한 소양으로 여긴 것은 아니었다. 정조는 사역원에 만주어 교육 강화를 지시했을 뿐이다.

조선 지식인들이 그 '오랑캐 언어'에 대해 최소한의 소양이나마 갖추어야 했던 이유는 다른 데 있었다. 청나라에서 흘러 들어오는 새로운 학술 정보 가운데에는 만주어를 음차한 단어들이 포함되어 있었다. 청나라의 문화와 제도

---

161 『숙종실록』, 숙종 1년 3월 3일.
162 『승정원일기』, 영조 13년 7월 4일. (任)珽曰 淸人能漢語 故與我人酬酌之際 或欲欺我人 則初以漢語爲之 而雜以淸語矣.
163 서호수, 『연행기』, 권4, 起燕京至鎭江城.

에 관심을 가진 학자나, 만주에 대한 지리 고증을 시도하는 학자들에게 만주어에 대한 최소한의 소양이 요구되기 시작했다. 물론 그들이 필요했던 것은 사전류의 지식이었다. 회화를 위한 소양은 결코 아니었다. 그럼에도 만주어가 '오랑캐의 언어'로 여겨지던 시대라는 점을 감안하면, 그 의미는 결코 작지 않다.

『대청일통지』大淸一統志를 본 홍양호洪良浩(1724~1802)는 백두산 일대의 지리 정보에 대한 상세한 기록을 남겼다. 그중 상당수는 만주어 지명을 한자로 음차한 것이었다. 그러나 홍양호는 만주어를 몰랐기 때문에 그것을 이해하지 못했다. 홍양호에 비하면 이익李瀷은 훨씬 나은 편이었다. 이익은 청나라의 군사제도에 대해 이런 기록을 남겼다.

> 어전御前에 시위사侍衛司라는 것이 있는데, 만주어로 '하'蝦라 한다. 만주어 '蝦'의 발음은 한어로 '罅'xia인데, 만인滿人과 한인漢人을 구별하지 않고 온 천하에 재간과 용명이 뛰어난 자를 골라서 충당하였다. 그 수가 3천으로서 문·무의 현관顯官들이 태반이나 그 가운데서 나오므로, 마치 우리나라의 별군別軍과 같은 직책이다. '蝦'가 통솔하는 군사를 '파아랄'巴牙剌이라 하는데, 마치 한漢의 우림군羽林軍과 같은 것이다. 그 변두리 고을에서 경보警報하는 제도는 두어 리里마다 카로병卡路兵 한 명씩 두었으니, '카'卡의 발음은 '개'丌와 같은 것으로 잇몸에서 나오는 소리인데, 올라가지도 않고 내려가지도 않아 항상 한곳에 머물러 있다는 뜻을 취한 것이다. 봉홧불을 이용하지 않고 징소리만 들으면 곧 출동한다고 한다. '卡'자는 운서韻書에는 적혀 있지 않으나 『강희자전』康熙字典에 있다.[164]

이 기사에 등장하는 청나라의 군사제도 하蝦와 파아랄巴牙剌은 만주어를 음차한 것이며, 卡路兵의 '卡'자는 『강희자전』에서 그 음가를 확인할 수 있는 글자였다. 말하자면 이것들은 모두 청나라 때 만들어진 새로운 군사제도이며,

---

164 이익, 『성호사설』, 권12, 人事門, 文無頭武無尾.

명나라 시기 중국어에 기원을 둔 것이 아니었다는 점에서 공통적이다. 이익은 청나라의 군사제도 가운데 청나라 이전의 지식으로 해석이 불가능한 것을 적어둔 것이다.

'하'蝦와 '파아랄'巴牙剌은 시위侍衛와 정병精兵을 뜻하는데, 만주어 발음은 각각 히야hiya와 바야라bayara다. 이익은 또 『강희자전』을 통해 카卡 자를 확인했다. 『강희자전』에 따르면, 요충지에 배치한 수비군을 수카守卡라고 부른다.[165] 그러나 『강희자전』에는 카로병의 현황에 대해서 아무런 정보가 없다. 이익이 하蝦와 파아랄巴牙剌에 관해 기록해둔 것 중에서 사전류의 정보를 넘어서는 내용들이 있다. 이익은 아마도 청나라의 군사제도에 관한 문헌을 본 뒤, 운서에서 찾을 수 없는 글자와 단어들을 발견하고는 그것들을 만주어 사전과 『강희자전』을 통해 확인한 것 같다. 이익의 학문적 성실함과 치밀함을 엿볼 수 있는 대목이다.

이익은 또 백두산의 별칭이 장백산長白山이라는 것을 그 속칭, 곧 만주어 발음으로부터 유추했다. 백두산의 속칭은 가이민歌爾民, 상견商堅, 아린阿鄰인데, 歌爾民은 長, 商堅은 白, 阿鄰은 山이므로 백두산을 일명 장백산이라 부른다는 것이다. 또 이 산줄기는 만주로 들어가 장령長嶺을 이루는데, 그 남쪽은 납록와집納綠窩集, 북쪽은 고로눌와집庫魯訥窩集에 접한다고 했다. 이익에 따르면, 장령의 속칭이 가이민주돈歌爾民朱敦인 것은 만주어로 '歌爾民'과 '朱敦'이 각각 '長'과 '嶺'을 뜻하기 때문이다. 또 납록와집과 고로눌와집에 쓰인 '와집'窩集의 뜻은 수림樹林이라 했다.[166]

이익이 가이민상견아린歌爾民商堅阿鄰, 장령, 납록와집, 고로눌와집에 관해 처음 정보를 얻은 근거는 무엇이었을까. 이익이 오국성五國城의 위치를 논하면서 활용한 책자 중에 성경지盛京志가 있다.[167] 성경지는 만주 지역을 상세하게 설명한 최초의 지리지다. 백두산과 그 일대에 관한 상세한 지리 지식이

---

165 『康熙字典』, 子集 下, 卜部, (增) 卡: 關隘地方 設兵立塘 謂之守卡.
166 이익, 『성호사설』, 권3, 天地門, 生熟女眞.
167 이익, 『성호사설』, 권2, 天地門, 五國城.

나오는데, 그중에 이익이 거론한 지명들도 포함되어 있다.[168] 그러나 성경지에는 가이민샹견아린의 의미에 대해서, 혹은 장령의 만주어 지명에 대해서는 아무런 기록이 없다. 이익이 이들에 대한 정보를 확인한 것은 만주어 사전이었다.

가이민, 샹견, 아린의 만주어 음은 골민golmin·샹기얀šanggiyan·알린alin이며, 각각 長·白·山의 의미다. 와집의 만주어 음은 워지weji이며, 밀림密林·총림叢林을 뜻한다. 장령은 만주어 지명이 아니라 중국어 지명이다. 장長과 령嶺은 만주어로 각각 골민golmin과 주둔judun에 해당한다. 한자로 음차하면 각각 歌爾民·朱敦이 된다. 이익은 만주어 사전을 통해 이 사실을 알 수 있었던 것이다.

이익은 만주어 알파벳을 알지 못했으며, 다만 만주어 사전을 활용한 듯하다. 이익이 이 만주어들을 소개한 내용으로 판단해볼 때, 그 사전은 만주어 단어를 한자로 음차한 다음 한문으로 해석해놓은 형태일 가능성이 크다. 이익은 그것을 활용함으로써 청에서 들어오는 새로운 지리 정보들 가운데 의미가 통하지 않는 단어들을 이해할 수 있었다.

정약용丁若鏞(1762~1836)도 성경지와 『대청일통지』를 보았다. 그는 성경지에 기록된 가이민, 샹견이 長·白임을 알고 있었다. 만주어에 대한 최소한의 지식은 가지고 있었던 것이다. 그러나 정약용이 만주어 지명의 의미를 깊이 탐구한 것 같지는 않다. 그가 장백산을 '가이민샹견아린산'이라고 말한 것은 알린alin(阿鄰)이 산山에 해당하는 만주어임을 알지 못했기 때문이다. 다른 어느 곳에서도 그가 만주어 사전을 구사했다는 증거는 없다.[169]

정약용은 백두산에서 발원하는 강으로 어윤魚潤, 분계分界, 극통克通, 낭목娘木, 양토랍고兩土拉庫, 양눌음하兩訥音河, 압록鴨淥 등 모두 아홉 곳이 있다고

---

168 雷以諴, 『盛京通志』, 권13, 山川志, 永吉州.
169 정약용, 『여유당전서』, 제6집, 地理集, 권3, 疆域考, 白山譜. ○盛京志云 長白山 卽歌爾民商堅阿鄰山 歌爾民 長也 商堅 白也 ○鏞案白山 凡有八名 曰不咸 曰蓋馬 曰徒太 曰白山 曰太白 曰長白 曰白頭 曰歌爾民 商堅 古今方譯之殊也.

했다.[170] 이 지명들은 성경지와 『대청일통지』에서 확인되지만 모두 현지의 만주어 지명을 중국어로 음차한 것이기 때문에, 지리지에 따라 혹은 같은 지리지라도 판본에 따라 한자 표기가 다르다. 이 지명들 역시 성경지와 『대청일통지』에서 각각 음차된 한자가 다르다. 만일 정약용이 이 지명에 대한 어원적 탐구를 시도했다면, 음차한 한자들 사이의 차이가 지니는 의미를 논의했을 테지만, 그런 상황은 벌어지지 않았다.

이익, 정약용 등에 의해 만주어에 대한 초보적인 이해가 이루어진 것은 외국어에 대한 관심이 점차 늘어나던 상황을 반영한다. 중인 검서관 이덕무李德懋(1741~1793)는 경화학계京華學界의 일원이었다.[171] 그는 『송사전』宋史筌 편찬을 통해서 중화 의식을 재확인하려 했지만, 비한족 문화에 대해서도 무심하지 않았다. 그는 『몽어유해』蒙語類解 등 각종 몽골어 공구서를 구사하면서 조선어와 몽골어의 관계를 연구했다.[172] 물론 이덕무의 관심이 구어로서의 몽골어에 있었던 것은 아니다. 그러나 중국어 이외의 외국어를 연구했다는 사실에 의미가 있다.

정조는 서명응徐命膺에게 『방언집석』方言集釋 편찬을 주관하도록 명했다.[173] 이 책은 중국어·만주어·몽골어·일본어의 어휘를 부문별로 분류하고 그 현실음과 뜻을 한글로 적은 대역어휘집이다.[174] 『방언집석』 서문 말미에서 서명응은 이렇게 말했다. "(이 책이 만들어졌으니) 이제부터 우리나라의 사신 된 자들은 원래 중국어, 만주어, 몽골어, 일본어를 배우지 않았더라도 한번 책을 열어보면 능히 저들과 대화할 수 있게 될 것이다."[175] 이는 외국어의 도구적 의미를 인정하는 것이다.

---

170 정약용, 『여유당전서』, 제6집, 地理集, 권6, 大東水經, 滿水.
171 유봉학, 『연암일파 북학사상 연구』, 일지사, 1995.
172 이덕무, 『청장관전서』, 제58권, 盎葉記 5, 蒙古語.
173 정조가 다중언어 간의 소통이 가능한 대역어휘집을 염두에 둔 것은 청의 학술 규모를 의식했기 때문이다. 정조는 일찍이 『사고전서』 수입을 시도했으며, 북극고도北極高度 산정을 시도했다. 청대 학술문화의 동향과 학술 규모는 정조의 중요한 관심사였다.
174 安田章, 「方言集釋小考」, 『朝鮮學報』, 89, 1978.
175 서명응, 『보만재집』, 권7, 序, 方言類釋序.

지식인과 관료들이 중국어와 기타 언어에 관심을 갖기 시작한 사실은 흥미로운 대목이다. 일부에서는 외국어를 도구적으로까지 인식하게 되었다. 그러나 그들은 조선이 중화문화의 유일한 계승자임을 믿어 의심치 않는 중화주의자들이었다. 그들에게는 북경의 현실음만큼이나 중화의 정음이 중요했다. 도구적 언어관의 단초가 보이는 상황에서도 중화주의는 의연히 중요한 자리를 차지하고 있었다.

3장. 풍토론의 전개와 중화관의 내면화

지리적 중화관과 풍토부동론

송시열은 명청 교체 이후 조선 지식인이 가졌던 자존 의식의 본질을 가장 전형적으로 보여주는 인물 중 하나다. 그는 조선에 은혜를 베푼 '중화국가' 명나라에 대해 의리를 지켜야 한다고 주장했다. 이른바 대명의리론對明義理論 혹은 존주론尊周論이다. 그러나 존주론의 본질이 한족 왕조에 대한 일방적인 존중이 아니었다는 점에 주목해야 한다. 송시열은 당 태종의 군대를 물리친 을지문덕의 전공에 대해 이렇게 평가했다. "당시의 일이 작은 속국으로서 중국에 대항하여 천자의 군대를 도륙하고 천자의 수레를 곤경에 빠뜨려 제후의 법도를 크게 어지럽힌 것이었다면 수나라의 역사가들은 반드시 춘추필법으로 그 죄를 기록했을 것이다. 그러나 저 양광楊廣이라는 자는 제 아비를 죽이고 아비의 후궁과 간음하였으니 천지 사이에 용납될 수 없는 자다. 그러므로 공의 업적은 한 작은 나라가 커다란 환란을 막은 것에 불과한 것이 아니다."[176] 한족 왕조라도 강상윤리를 어길 경우 토벌의 대상이 된다는 것이야말로 송시열의 중화관념이 의와 예를 내용으로 하는 문화적인 것이었음을 잘 보여준다.[177] 조

---

176 송시열, 『송자대전』, 권142, 平壤府乙支公祠宇記(우경섭, 「송시열의 세도정치사상연구」, 서울대 박사논문, 2005, 258~259쪽에서 재인용.
177 우경섭, 위의 글, 2005, 259쪽.

선 후기의 중화론의 본질은 이와 같은 문화적인 중화관에 있다고 해도 과언이 아니다.[178]

1665년(현종 6) 주씨朱氏 성을 쓰는 사람 둘이 송시열을 찾아왔다. 그들은 함경감사 민정중의 부탁을 받고 함흥으로 가서 향음주례를 보급하려던 참이었다. 주자학자인 송시열은 그들이 주씨라는 사실을 가볍게 지나치지 않는다. "해씨解氏를 미워하는 사람이 게(蟹)까지 미워하는 뜻으로 미루어본다면, 저 풀숲 사이의 거미(蛛)까지도 의당 좋아해야 할 것인데, 두 주군朱君이야 더 말할 나위가 있겠는가." 解와 蟹, 朱와 蛛의 음이 같은 것을 비유한 말이다. 그들을 맞는 송시열의 태도가 재미있다.

송시열은 함경도에서 주자의 가르침을 펴는 일의 의미에 대해서 이렇게 말했다. "북방은 실로 우리 태조께서 발흥한 곳인데도 조정에서 변경으로 대우하여 문헌이 동남쪽에 미치지 못하니 어찌 북쪽 사람들의 한이 되지 않으리오. 그러나 또한 그 사람에게 달려 있는 문제다. 생각건대, 옛날 복건 지역은 실로 야만의 소굴이었는데도 주자가 그곳에서 우뚝 일어나자 그 문명의 융성하기가 추鄒·노魯보다 높아서 천하의 으뜸이 되었다. 무릇 지리에는 구역의 구분이 있으나 인성人性에는 풍색의 차이가 없는 것이니, 다만 그 사람이 분발하여 힘써 사모하느냐, 그렇지 않느냐에 달려 있을 뿐이다."[179] 문화를 기준으로 중화 여부를 가릴 수 있다는 송시열의 생각이 여기에서도 잘 드러난다. 그런데 "지리에는 구역의 구분이 있다"는 말의 의미가 선명하지 않다. 다음 기사를 보자.

아동我東은 본래 기자箕子의 나라다. 기자가 시행한 팔조는 모두 홍범洪範에 근본한 것으로 큰 법도가 행해진 것은 실로 주나라와 같은 때이니, 공자

---

178 정옥자, 앞의 책, 1998.
179 송시열, 『송자대전』, 권137, 序, 送咸興二朱君序. 且念北方 實我聖祖發跡之地 而朝廷待之以荒裔 故文獻少遜於東南 豈不爲北人之恨也 然亦在乎其人矣 念昔全閩實蠻韶之藪 而朱夫子崛起於是 則其文明之盛 上軼鄒魯而冠於天下 夫地理有區域之辨 而人性無豐嗇之殊 只在乎其人之奮厲勉慕之如何爾.

가 와서 살려고 한 것이 또한 이 때문이리라. (중략) 중원 사람들이 아동을 가리켜 동이東夷라고 하는데, 그 명호名號가 비록 좋지는 못하지만, 문제는 백성을 어떻게 진작시키느냐에 달려 있을 뿐이다. 맹자가 '순舜은 동이東夷 사람이요 문왕文王은 서이西夷 사람이다'라고 했으니, 진실로 성인聖人이 되고 현인이 된다면 아동我東이 추로鄒魯가 되지 못함을 걱정할 것이 없다. 옛날 칠민七閩은 실로 남이南夷의 구수區藪였지만 주자가 이 지역에서 난 뒤로는, 중화의 예악과 문물이 번성한 땅들이 도리어 그곳만 못하게 되었다. 그러니 그 땅이 지난날 이夷였다가 오늘날에 하夏가 되는 것은 다만 변화시키는 데에 달려 있을 뿐이다. (중략) 우리나라를 비록 동이東夷라고 하지만, 고려 시대에 이미 『주자어류』에서 이르기를 '고려는 풍속이 좋다' 하였다. 고려 때에는 이속夷俗이 아직 바뀌지 않았지만 그래도 남·서·북의 여러 오랑캐들보다는 훨씬 중화에 무젖었더니, 고려 말엽에 정몽주가 국사를 담당하여 크게 (풍속을) 끌어올려 한결같이 예의禮義로 구속舊俗을 변화시켰으며 또 중국에서 주자서를 얻어와 나라 안에 그것을 가르쳤다. 이후로 도학道學이 점차 밝아지더니, 이언적, 이황, 이이, 성혼에 이르러서는 도학이 세상에 크게 밝아졌다. 들으니, 중국 사람들은 다 육학陸學을 종통宗統으로 삼는다 하는데, 아동은 홀로 주자의 학문만을 숭상하니, 참으로 '주례周禮가 노魯나라에 있다'고 말할 만하다.[180]

이 사료는 '아동我東은 기자의 나라'라는 선언으로부터 시작된다. 문화적 정체성이 기자로부터 시작된다는 의미일 것이다.[181] 논어에 이런 이야기가 있

---

180 송시열, 『송자대전』, 권131, 雜著, 雜錄, 我東本箕子之國 箕子所行八條 皆本於洪範 則大法之行 實與周家同時矣 孔子之欲居 亦豈以是也耶 (중략) 中原人指我東爲東夷 號名雖不雅 亦在作興之如何耳 孟子曰舜東夷之人也 文王西夷之人也 苟爲聖人賢人 則我東不患不爲鄒魯矣 昔七閩實南夷區藪 而自朱子崛起於此地之後 中華禮樂文物之地 或反遜焉 土地之昔夷而今夏 惟在變化而已 (중략) 我東雖曰東夷 高麗之時 朱子語類稱之 曰高麗風俗好 高麗之世 夷俗未變 然視諸南西北諸種 則尙有東漸之化矣 粤自麗末 圃隱鄭先生出而當路 蔚然出幽遷喬 一以禮義變其舊俗 而又得朱子書於中州 以敎於國中 自後道學漸明 以至於晦退栗牛 則道學大明於世矣 竊聞中州人皆宗陸學 而我東獨宗朱子之學 可謂周禮在魯矣.

다. 공자가 구이九夷의 땅에서 살고 싶어하자, 혹자가 물었다. "누추한 곳에 어찌 사시려 하십니까?" 공자가 대답했다. "군자가 살고 있으니 무엇이 누추하겠느냐."[182] 송시열은 이 구절에 등장하는 구이의 땅을 '아동'으로 보고, 공자가 '아동'에 살려고 한 것은 기자가 전해준 중화의 예악과 문물이 있기 때문이라고 해석했다. 남이南夷의 소굴이었던 복건 지역에서 주자가 난 뒤로 예악과 문물이 번성한 땅이 되었다는 이야기도 빠뜨리지 않는다. 결국 중요한 것은 백성을 어떻게 진작시키는가, 어떻게 중화의 예악과 문물이 가득 찬 땅으로 만들 것인가에 있다는 뜻이다.

여기까지는 앞 사료와 다를 것이 없다. 그런데 지리와 중화의 관계를 중심에 놓고 보면 좀 더 세밀하게 논증해야 할 다른 문제들이 있다. 그가 조선을 '아동'이라고 부르는 지점에 주목해보자. 그는 중국인들이 '아동'을 '동이'라고 부르는 것이 아름답지 못하다고 하면서도 거부하지는 않았다. 그는 또 주자가 난 땅을 '남이의 소굴'이었다고 했으며, '순은 동이 사람이요 문왕은 서이 사람'이라고 한 맹자의 말을 인용했다. 지리적인 차원에서 중화를 중심으로 동이, 서융, 남만, 북적이 포진하는 형세를 전제한 것이다.

송시열에 따르면, 복건성이 남이의 소굴이 된 것처럼 '이'夷의 땅이 그렇게 된 것은 모두 '옛날'(昔)이다. 그러면 옛날 그때 성인이 있었다면 그 땅은 처음부터 '夷'가 되지 않았을 수도 있었다는 말인가. 그렇지는 않다. 중화의 주변에 사이四夷가 생겨난 것은 사람 때문이 아니다. 땅이 그렇게 만든 것이다. 첫 사료에서 등장하는 '지리에 구역이 있다'는 말은 바로 그런 의미다.

1673년(현종 14) 송시열은 정경흠鄭慶欽의 『황여고실』皇輿考實을 보고 서문을 달았다. 첫머리는 이렇게 시작한다. "우리가 편방偏邦에서 태어나 천하를 두루 보지 못하였다." 천하의 변방에서 태어나 천하의 중심을 경험하지 못했

---

181 존주론의 주周는 국가 차원에서 본다면 명나라이지만, 문화적인 차원에서 보면 중화문화다. 이 경우 기자는 존주론이 상정하는 중화문화의 근거가 될 수 있다. 기자를 강조한다는 점에서 보면 뒷날 이익이 은의 유민을 자처했던 것과 큰 차이가 없다.
182 『論語』, 子罕. 子欲居九夷 或曰 陋 如之何 子曰 君子居之 何陋之有.

으므로 견문에 한계가 있을 수밖에 없다는 의미다. '편방'은 외진 곳에 있는 나라를 뜻한다. 중원대륙에 대비한 표현이다. 그것은 처음부터 그렇게 '주어진' 것이다. 그런데 그 중원대륙에 오랑캐의 비린내가 넘쳐나고 있다. 중원대륙의 현실이 그렇다고 해서 '아동'과 중원대륙의 강역과 경계를 확인하는 작업을 게을리할 수는 없다. 그것은 궁리窮理의 일단이기 때문이다. 지리적인 기준으로 본다면 '아동'은 편방이며 중원대륙은 그 자체로 중화다. 그는 이 글에서 '주례가 노나라'에 있다는 수사를 구사했다. 그것은 중원이 오랑캐 차지가 된 마당에 조선이 그나마 중화문화의 맥을 유일하게 보존하고 있다는 의미일 것이다. 그러니 이제 오염된 지리적 중화를 버려두고 편방인 조선이 중화의 예악과 문물을 유지하면 그만이라는 뜻인가. 그렇지는 않다. 그는 은하수를 끌어다 오랑캐들의 비린내를 깨끗이 쓸어내리고 싶다고 말했다. 이는 현실은 전혀 그럴 수 있는 상황이 아니라는 것을 반증한다. 그렇다고 해서 중원대륙이 지니는 가치가 훼손되지는 않는다.[183]

송시열은 글의 말미에 이렇게 썼다. "우리들이 다행히 죽기 전에 잠깐이나마 황하가 다시 맑아지는 것을 보게 된다면 정군鄭君과 더불어 요하遼河를 건너서 제齊, 조趙를 거쳐 운남雲南과 귀주貴州 등지까지 산맥을 따르고 수원을 거슬러 간 연후에 지도와 지리서를 살펴서 고금 서적에 있는 오류와 착오를 모두 바로잡을 수 있다면 좋으리라."[184] 황하가 맑아지기를 기다린다는 것은 청나라가 망하고 중원대륙에 다시 중화국가가 들어서기를 기다린다는 뜻이다. '주례가 노나라에 있다'고 말하는 송시열과 '황하가 다시 맑아지기를 기다린다'고 말하는 송시열은 같은 사람이다. 그에게 문화로서의 중화와 지리로서의 중화는 별개의 문제였던 것이다.

183 송시열, 『송자대전』, 권138, 序, 皇輿考實序. 吾儕生在偏邦 不得徧觀天下 常有坐井之歎 (중략) 虞夏巡狩之國 孔朱講道之處 皆非疇昔之舊 而臭敗腥羶矣 安得挽天河之水而一洗之也 惟我東方僻在一隅 故獨能爲冠帶之國 可謂周禮在魯矣 使聖人而復起 想必乘桴而東來矣 然則其亦幸而吾儕生此偏邦也 惟是疆域之分 山河之界 不可不辨 此實窮理之端.

184 송시열, 『송자대전』, 권138, 序, 皇輿考實序. 吾儕幸得須臾無死 得見濁河之復淸 願與鄭君 度遼河歷齊趙 以極雲南貴州 而隨山脈泒水源 然後按圖攷書 盡正古今書籍之訛誤舛錯 眞大快事也.

문화적 중화와 지리적 중화의 관계를 염두에 두면서 송시열의 논점을 정리해보자. 첫째, '동이'東夷였던 '아동'我東이 중화의 나라가 되는 것은 사람의 노력에 달린 문제다. 동이의 지기地氣가 중화의 땅만 못한 것은 지리에 구역이 있기 때문에 생긴 문제다. 이는 어쩔 수 없는 일이고 이미 주어진 조건이다. 그러니 '아동'에게는 노력에 의해 중화가 되는 길만이 남아 있다. 그것은 중화문화의 맥을 보존하고 있는 조선에게만 주어진 기회다. 숙명적 오랑캐인 청나라에게는 그런 선택지가 없다. 둘째, 지리적 중화란 원래 그렇게 주어진 것이다. 조선은 노력에 의해 문화적 기준의 중화국가가 될 수는 있지만, 그렇다고 해서 중원대륙에 있었던 지리적 중화를 대체하는 것은 아니다. 조선이 자신을 중화문화의 유일한 계승자라고 말할 수는 있지만 그것은 결코 지리적 중화를 의미하지는 않는다. 셋째, 원래 중화의 땅이었던 곳이 아무리 오랑캐의 소굴로 변했다 하더라도 언젠가 지기地氣에 의해 중화가 회복되리라는 기대를 저버릴 수는 없다. 그것은 천리다.

송시열은 풍토부동론의 논점을 그대로 계승했다. 다만 사람의 노력 여하에 따라 중화가 될 수 있는 가능성을 열어놓았다는 점에서 다를 뿐이다. 그런데 '노력으로 중화문화를 추구하는 것만이 최선'이라고 보는 논리에서는 단군으로 상징되는 고유문화를 그 중화문화에 연결시키기 어려운 문제가 생긴다. '아동'이 원래 구역에 따라 받은 지기는 중화문화에 의해 변화되어야 할 대상일 뿐이기 때문이다. 그가 단군의 존재를 크게 의식하지 않았던 것, 나아가 신화와 믿기 어려운 이야기들로 '얼룩진' 자국 상고사에 특별히 관심을 두지 않았던 것도 이 점과 무관하지 않다. 그의 논리를 확장하면 단군시대의 문화는 '아동'이 동이로서 부여받은 지기에 의해 만들어진 것일 수밖에 없으며, 이 경우 그 문화를 기자와의 연속선상에서 설명할 수 있는 방법은 없다.

허목許穆(1595~1682)은 풍토부동론을 계승했지만 송시열과는 달랐다. 그는 「지승」地乘이라는 단편의 첫머리에서 이렇게 말했다. "조선 구역九域의 땅은 연燕, 제齊 밖에 있는데 동쪽·남쪽·서쪽은 대해大海에 접하였고 북쪽은 말갈靺鞨과 접하였다. 고구려 말기에 현토玄菟와 요동遼東의 땅 700리를 잃어 패수괴水로 경계를 삼으니, 남북으로 3천 리이며 동서로 1천 리다. 풍기風氣가 다르고 성음聲音, 복식服食, 기욕嗜欲이 중국의 풍속과 같지 않으니 대개 방외方外의 별국別國이다."[185]

허목은 '방외의 별국'이라고 말함으로써 조선이 '해외의 나라'라는 점을 인정했다. 중국과는 풍기가 구별되는 별세계이다. 그 풍기는 적어도 단군과 기자를 관통하고 있다. 따라서 조선의 문화적 정체성은 기자로부터 설명되어야 할 이유가 없다. 허목이 송시열에 비해 단군을 중시한 근거가 여기에 있다.

단군과 기자에 관한 허목의 이야기는 고조선에는 원래 군장君長이 없었다는 것으로 시작된다. 대략의 요지는 이런 것이었다. "처음 신시神市가 백성들에게 생민의 정치를 가르치니 백성들이 귀부했다. 신시가 단군을 낳았다. 박달나무 아래 살았으므로 단군이라 불렸는데, 이때 처음으로 국호를 조선이라 했다. 은이 망하자 기자가 조선에 왔다. 처음에는 말이 통하지 않아서 통역을 하지 않을 수 없었다. 기자가 예속을 중히 여기고 귀신을 공경하며 팔조의 가르침을 폈다. 조선은 단군의 순박한 정치와 기자의 교화에 힘입어 도덕이 있는 나라가 되었다."[186]

지리적 차이로 인해 문화의 원형질이 다를 수밖에 없다는 사실과 문명과 예의의 나라가 되어야 한다는 당위는 어떻게 배치되었던 것일까. 이는 단군과 기자를 조화시키는 방식의 문제이기도 하다. 허목은 단군을 건국의 군주로 보면서도, 단군에 앞서 신시가 교화를 시작했다고 주장했다. 단군조선을 교화의 역사 속에서 설명하기 위해서였다. 그도 조선을 문명화한 것은 기자라고 보았지만, 결코 '기자가 와서 이夷를 화華로 바꾸었다'는 식으로 말하지 않았다.

---

185 허목, 『기언』, 권35, 外篇, 東事 4, 地乘(初作誌林 改地乘 書大抵出地員貨殖 重禮義善俗). 朝鮮九域之地 在燕齊外 東南西際大海 北連靺鞨 句麗末世 失玄菟遼東地七百里 以浿水爲界 南北三千里 東西千里 風氣之殊 聲音服食嗜欲 與中國異俗 蓋方外別國.
186 허목, 『기언』, 권48, 續集, 四方 2, 關西誌. 朝鮮九域之地 在海隅燕齊之外 初無君長 有神市始敎生民之治 民歸之 神市生檀君 居檀木下 號曰檀君 始有國號曰朝鮮 (중략) 殷亡 箕子至朝鮮 (중략) 始至 言語不通 譯而通其志 重禮俗 敬鬼神 行八政之敎 (중략) 平壤 國之西京 自檀君淳厖之治 被箕子之化 爲有道之國 自衛滿以降 俗變勁悍.

그는 단군조선의 문화를 이풍夷風으로 천시하지 않았던 것이다.[187] 중화문화를 궁극적인 가치로 여기면서도 지리와 풍토가 빚어내는 문화의 차이를 '이풍'으로 보거나 천시하지 않는다는 점에서 변계량, 정인지, 양성지의 정서가 엿보인다.[188] 허목은 단군과 단군시대의 문화에 대해 무심했던 송시열과는 다른 지점에 서 있었다.

풍토부동론의 잔영은 '화'와 '이'의 구분 자체에 대해 질문한 홍대용洪大容(1731~1783)에게도 남아 있었다. 홍대용이 첫 번째 타깃으로 삼은 것은 '분야설'이다. 그는 이렇게 말했다. "지계地界는 태허太虛에 비하면 미세한 먼지에도 미치지 못하고 중국은 지계에 비하면 10여분의 1도 되지 않으니, 전 지계로 별자리를 분속시킨다면 혹 말이 될지도 모르겠지만, 한쪽 구석에 있는 구주九州에다 억지로 뭇 별을 배당하여 분합하고 전회하여 재앙과 상서를 엿보니, 그 망령되고 망령됨은 족히 말할 것도 없다."[189] 무한우주설과 지구설을 주장한 홍대용이 보기에 별자리를 중원대륙에 배당하는 행위는 그야말로 어리석은 짓일 뿐이었다.

분야설이 무의미한 주장이라면 화와 이를 나누는 것은 더 말할 나위가 없다. 유명한 『의산문답』醫山問答에 이런 대화가 있다. 허자가 물었다. "공자가 춘추를 지어 중국을 안으로 하고 사이四夷를 밖으로 하였으니, 무릇 중화와 이적의 구분은 이처럼 엄격한 것이 아닌가." 실옹이 대답했다. "하늘이 낳고 땅이 길러주는 모든 사람, 모든 군왕, 모든 방국, 모든 습속을 보자. 하늘에서 본다면 어찌 내외의 구분이 있겠는가. 각기 제 사람을 친하고 제 임금을 존숭하

---

187 한영우, 『조선 후기 사학사 연구』, 일지사, 1989, 115~120쪽.

188 「지승」을 관통하는 허목의 논점은 '百里에 풍속이 같지 않다'는 말에 집약되어 있다고 해도 과언이 아니다(허목, 『기언』, 권35, 外篇, 東事 4, 地乘. 山川界別 邑里區分 百里不同俗 千里不同謠). 그가 「지승」에서 말하고 싶었던 것은 조선 각지의 풍속과 물산에 관한 것이었을 뿐, 조선과 중국의 풍속 차이나 단군문화와 기자문화의 관계 설정을 강조하려 한 것은 아니었다. 허목에게서 변계량, 정인지, 양성지 등의 풍토부동론이 엿보이지만 온도차가 없지 않다.

189 홍대용, 『담헌서』, 내집, 권3, 補遺, 毉山問答. 惟曆象推步 資於宮庭 星之有名 曆家之權定也 乃若繁衍牽合 參於俗事 轉作術家之欛柄 支離乖妄 極於分野 夫地界之於太虛 不啻微塵爾 中國之於地界 十數分之一 爾 以周地之界 分屬宿度 猶或有說 以九州之偏 硬配衆界 分合博會 窺覘災瑞 妄而又妄 不足道也.

며 제 나라를 지키고 제 풍속을 편안히 여기는 것은 화華나 이夷나 마찬가지다."[190] 그렇다면 홍대용은 세계를 화와 이, 안과 밖으로 구분할 수 없다고 생각한 것일까.

'화이일야'華夷一也는 '화와 이가 하나다'라고 새길 수도 있지만, '화와 이가 마찬가지다'라고 해석할 수도 있다. '화와 이가 하나다'라고 말한다면, 화와 이를 범주적으로 구분할 수 없다는 의미가 된다. 그러나 '화와 이가 마찬가지다'라고 말한다면, 이는 '어떤 가치를 공유한다는 점에서 보면 화도 그렇고 이도 그렇다'는 의미가 된다. 화와 이가 범주적으로 구별되는 것을 전제하는 것이다. 이어지는 실옹의 이야기를 보면, 그 의미가 분명해진다.

홍대용이 실옹의 입을 빌려 말했다. "무릇 천지天地가 변하자 인물이 번성해지고, 인물이 번성해지자 물아物我가 형성되었으며, 물아가 형성되자 내외內外가 나뉘었다. 오장육부와 지절肢節은 일신一身의 내외이고, 사체四體와 처자妻子는 일실一室의 내외다. 형제와 종당宗黨은 일문一門의 내외이고, 인리鄰里와 사경四境은 일국一國의 내외이며, 동궤同軌와 화외化外는 천지天地의 내외다. 자기 것이 아닌데 취하는 것을 도盜라 하고, 죄가 아닌데 죽이는 것을 적賊이라 하며, 사이四夷가 중국을 침범하는 것을 구寇라 하고, 중국이 사이를 번거롭게 치는 것을 적賊이라 한다. 그러나 서로 구寇하고 서로 적賊하는 것은 그 의미가 마찬가지다."[191] 홍대용의 논점은 내외를 구분하지 말아야 한다는 것이 아니다. 내외를 낳은 것은 천지이며, 그렇기 때문에 내외는 이미 주어진 조건이다. 그가 말하고자 하는 것은 내內가 지향하는 가치와 외外가 지향하는 가치를 다른 이름으로 부를 필요가 없다는 것이다.

그렇다면 중국을 안으로, 사이를 밖으로 보는 것은 언제나 옳은가. 홍대용

---

190 홍대용, 『담헌서』, 내집, 권3, 補遺, 毉山問答. 實翁曰 天之所生 地之所養 凡有血氣 均是人也 出類拔華制治一方 均是君王也 重門深濠 謹守封疆 均是邦國也 章甫委貌 文身雕題 均是習俗也 自天視之 豈有內外之分哉 是以各親其人 各尊其君 各守其國 各安其俗 華夷一也.

191 홍대용, 『담헌서』, 내집, 권3, 補遺, 毉山問答. 夫天地變而人物繁 人物繁而物我形 物我形而內外分 臟腑之於肢節 一身之內外也 四體之於妻子 一室之內外也 兄弟之於宗黨 一門之內外也 鄰里之於四境 一國之內外也 同軌之於化外 天地之內外也 夫非其有而取之謂之盜 非其罪而殺之謂之賊 四夷侵疆中國 謂之寇 中國瀆武四夷 謂之賊 相寇相賊 其義一也.

이 다시 말했다. "공자는 주나라 사람이다. 왕실이 날로 낮아지고 제후가 쇠약해져 오와 초가 아무 거리낌 없이 화하華夏를 어지럽히고 구寇하고 적賊하는 상황이었다. 춘추는 주나라의 책이니 내외를 엄히 하는 것이 마땅하지 않은가. 그러나 공자가 바다를 건너와 구이의 땅에서 살았다면 화제華制를 써서 오랑캐의 습속을 변화시켜 주나라의 도를 역외域外에서 일으켰으리니, 내외의 구분과 존양의 뜻이 스스로 마땅히 역외춘추에 있었으리라."[192]

공자가 구이에 와서 살았다면 역외춘추가 내內가 될 수 있었을 것이라는 말은 "인간의 노력에 따라 누구나 중화가 될 수 있다"는 말보다 한걸음 더 나아간 주장이다. 그러나 그 안에도 전제가 있다. 내와 외는 구분할 수 없는 것이 아니라 이미 구분되어 있다. 구이九夷의 땅을 역외라고 말하는 것은 중원대륙을 구역九域 혹은 구주九州의 땅이라고 말하는 것과 같다. 그는 이미 이런 구분법을 인정한 것이다. 역외의 인간은 다만 역외에서 춘추를 구현할 수 있을 뿐이다. 거꾸로 말하면, 춘추가 구현된 그 땅이 여전히 역외인 한 역외를 구역 혹은 구주의 땅과 동일시할 수는 없다. 지리적 중화관과 풍토부동론의 흔적이 엿보이는 대목이다.

화이의 범주에 대한 홍대용의 논점은 대략 이런 것이다. "아동이 오랑캐가 되는 것은 지계地界가 그런 것이니, 숨길 필요가 없다. 이적으로 나서 이적으로 살다가 성현이 되는 것은 진실로 훌륭한 일이니 우리가 부끄러워할 것은 없다. 아동이 중국을 사모하고 본받아 그 이적 됨을 잊은 지 오래라고 하지만, 중국에 비하면 그 분수가 있는 것이다. 그런데 용렬한 자들은 이런 말을 들으면 노여워하고 부럽게 여긴다. 아동의 풍속이 편벽되기 때문이다."[193] 그의 논리로 본다면 조선이 원래 이적이었던 것이 지계 때문이라면 중원대륙이 중화

<hr />

192 홍대용, 『담헌서』, 내집, 권3, 補遺, 毉山問答. 孔子周人也 王室日卑 諸侯衰弱 吳楚滑夏 寇賊無厭 春秋者周書也 內外之嚴 不亦宜乎 雖然 使孔子浮于海居九夷 用夏變夷 興周道於域外 則內外之分 尊攘之義 自當有域外春秋 此孔子之所以爲聖人也.

193 홍대용, 『담헌서』, 내집, 권3, 又答直齋書. 我東之爲夷 地界然矣 亦何必諱哉 素夷狄行乎夷狄 爲聖爲賢 固大有事 在吾何慊乎 我東之慕效中國 忘其爲夷也久矣 雖然 比中國而方之 其分自在也 惟其沾沾自喜局於小知者 驟聞此等語 類多怫然包羞 不欲以甘心焉 則乃東俗之偏也.

가 되는 것도 지계 때문이다. 중화와 이적의 지리적 경계는 원래 그런 상태로 주어진 것이다. 조선이 중화문화의 계승자가 되고 나아가 역외춘추가 될 수 있다는 것은 이 조건이 주어진 다음의 문제이다. 그렇다면 역외로서의 조선이 지향해야 할 문화는 어떤 것인가.

1765년 연행길에 오른 홍대용은 손유의라는 사람을 만났다. 수인사를 나눈 뒤 이어지는 대화를 보자. 손유의가 물었다. "귀국은 문자도 주자를 따릅니까?" 홍대용이 대답했다. "경전이든 예서든 모두 주자를 따르며 조금도 어긋나지 않습니다." 손유의가 말했다. "『중용』中庸에 서동문書同文이라고 한 것이 참으로 틀린 말이 아니군요." 홍대용이 말했다. "우리나라는 중국을 사모하고 존숭하며, 의관과 문물이 중화의 제도를 방불하여 옛날부터 중국에서 소중화라 부르고 있습니다만, 언어만은 아직도 이풍夷風을 면하지 못했으니 부끄러운 일입니다." 손유의가 답했다. "귀국이 인물은 준수하고 아담하며 풍속은 순수하고 후박해서 중화에 못지않음을 오래전부터 흠앙하고 있습니다. 토음土音에 이르러서는 무슨 해 될 것이 있겠습니까. 중국으로 말하더라도, 동서남북의 언어가 또한 같지 않지만, 조정에서 선비를 뽑아 사람을 쓸 적에 그것으로 차별하지는 않습니다."[194] 풍토의 차이가 낳은 고유문화 가운데 인간의 노력으로 변화시키기 가장 까다로운 것은 아마도 언어일 것이다. 홍대용도 그점을 잘 알고 있었기에 조선의 언어에 대해 "이풍을 면하지 못했다"고 말했다. 그가 말한 역외춘추는 그런 '오랑캐풍'을 온전히 중화의 것으로 바꾼 뒤라야 가능한 것이다.

박제가朴齊家(1750~1805)도 조선의 언어 문제에 대해 비슷한 생각을 가졌다. 그에 따르면, 한어漢語는 문자의 근본이다. 중국인들은 하늘을 'tian'이라고 말하고 '天'이라고 쓴다. 말(tian)은 곧 글(天)이다. 그러니 사물을 지칭하는

194 홍대용, 『담헌서』, 외집, 권7, 燕記, 孫蓉洲. 又曰 貴邦文字 亦遵朱子乎 余曰 經與禮 一遵朱子 無敢少差 蓉洲曰 中庸云書同文 信不誣矣 余曰 弊邦慕尙中國 衣冠文物 彷彿華制 自古中國或見稱以小中華 惟言語尙不免夷風爲可愧 蓉洲曰 久仰貴邦人物俊雅 風俗醇厚 不減中華 至于土音 又何害焉 且以中國言之 東西南北 語亦不類 而朝廷取士用人 亦幷不以此而別.

데 다른 설명이 필요 없다. 문자를 모르는 부인네나 어린아이들은 책을 읽을 수 없다. 그러나 그들이 하는 말은 곧 문자가 된다. 말을 풀이할 필요가 없기 때문이다. 조선과 같은 '외국'은 사정이 다르다. 하늘을 '하늘'이라고 말하고 '天'이라고 쓴다. '天'이라는 글자를 '하늘'이라고 뜻풀이를 해주지 않으면 의미가 통하지 않는다. 아무리 문학을 숭상하고 독서를 즐겨 한다 한들 중국과 가까워질 수는 있지만, 중국과 같아질 수는 없다. 말과 글 사이의 간격 때문이다.

박제가의 결론은 분명하다. 조선의 언어를 버려야 한다는 것이다. 그는 조선이 지리적으로 중국과 가까워 음성이 비슷한 것을 다행으로 여겼다. 중국어를 받아들이는 데 불리하지 않은 조건이기 때문이다. 말과 글의 간격을 없앤다는 것은 무엇을 의미하는가. 그는 이렇게 말했다. "그렇게 한 뒤라야 오랑캐라는 칭호를 면하고, 주나라·한나라·당나라·송나라의 풍기를 스스로 열게 되지 않겠는가."[195]

모든 것을 바꾸었으나 언어만은 바꾸지 못해 부끄럽다는 홍대용과 중국어를 받아들임으로써 '중화국가'의 풍기를 스스로 열게 되리라는 박제가. 그들이 문제 삼은 그 언어야말로 지리와 풍토의 산물이다. 풍토부동론의 흔적이 전혀 없지 않다. 문제는 풍토부동의 결과를 보는 눈이다. 그들은 조선의 언어가 중국과 다르다는 사실을 지리와 풍토가 빚은 자연스러운 결과로 여기지 않았다. 그것은 다만 바꾸어야 할 '이풍'夷風일 뿐이다.

홍대용이나 박제가의 사례는 조선이 본래 가진 문화를 중화냐 아니냐의 문제로 다룰 필요가 없다는 양성지의 논리에 균열이 생기기 시작했음을 보여준다. 풍토의 차이를 인정한 허목조차 그 차이가 만든 문화를 자연스러운 것으로 여기지는 않았다. 그 균열이 만든 빈자리에 결이 다른 논리가 들어섰다. 조선이 '해외의 나라'임에도 불구하고 소중화인 것은 그 풍토가 중국과 동일하기 때문이라는 주장이 생겨났다. '규모의 차이만 있을 뿐 풍토는 같다'는 식

195 박제가, 『북학의』, 漢語.

166

이다.[196]

새로운 풍토론의 등장과 중원대륙의 위상

프랙털 구조로서의 지리적 쌍생아, 중화문화의 유일한 계승자

풍토부동론은 조선이 '해외의 나라' 혹은 '방외의 별국'이라는 점을 전제하고
있다. 그런 지리적 위치 때문에 풍토가 중국과 다를 수밖에 없다는 것이다. 그
런데 조선이 해외의 나라라는 사실을 늘 그런 방식으로 해석해야 할 이유는
없다. 조선이 '해외의 나라'임에도 소중화인 것은 그 풍토가 중국과 동일하기
때문이라는 논리도 얼마든지 가능하다. 조선 지도를 본 장현광張顯光(1554~
1637)이 바로 그런 생각을 하고 있었다.

장현광이 서사원徐思遠이 보내온 조선 지도를 받은 것은 조선이 임진왜란
의 격랑 속에서 헤어나지 못하던 1596년(선조 29)이었다. 20여 년의 세월이 지
난 후 장현광이 우연히 이 지도를 꺼내보았을 때 서사원은 이미 이 세상 사람
이 아니었다. 장현광은 서사원을 추억하며 도설圖說을 지었으며, 또 지도에서
받은 느낌을 시로 남기기도 했다.[197]

장현광이 가장 먼저 묘사한 것은 '하늘에 닿을 듯 가없는' 삼면의 바다, 그

---

196 '지리가 풍토의 차이를 낳고 그 풍토가 문화의 개별성을 낳는다'는 아이디어는 완전히 사라진 것일
까. 그렇지 않다. 오히려 끊임없이 확인된다고 말하는 편이 진실에 가깝다. 17세기 문인들은 진시론眞詩論
을 펼쳤으며, 18세기 화단에서는 진경眞景이 화두였다. 정조와 정조시대 지식인들은 본국력本國曆을 가지
고 싶어했으며, 19세기 조선 지식인들 중에는 조선의 고유문화를 재발견하려는 움직임이 적지 않았다. 이
사례들은 문화의 개별성을 결코 '거칠다거나 거추장스럽게' 여기지 않는다는 점에서 차이가 없다. 그런데
이것들은 결코 중화문화를 전복하거나 대체하려는 구상이었다고 볼 수는 없다. 그들이 말하고자 한 것은
차이 그 자체라기보다는 차이를 통해 구현되는 보편문화다. 그들이 차이를 어떤 방식으로든 합리화하지 않
을 수 없었던 것은 그런 이유였을 것이다. 그러나 풍토의 차이에 관한 강박을 버리면 조선의 중화문화는 훨
씬 더 수월하게 합리화할 수 있다. 중화의 자장 속에서 조선의 고유문화를 설명하려고 할 때 가장 자연스러
운 것은 차이를 '거칠거나 거추장스러운' 것으로, 나아가 '중화문화를 내면화함으로써 극복해야 하는' 문
제로 여기는 것이다. 박제가와 홍대용이 취한 자세야말로 바로 그런 것이다. 이런 발상에서 풍토의 동일성
에 관한 주장이 배태될 수 있었다. 필자가 풍토부동론의 균열에 주목하는 이유는 긴 호흡에서 조선 지식인
들이 지닌 중화주의적 아이디어의 본류를 이해하고자 하기 때문이다.

리고 구름 위 흰빛으로 빛나는 백두산이다. 그의 시선은 다시 남쪽에 펼쳐진 섬으로 옮겨간다. 그는 이렇게 말했다. "가덕도, 거제도, 남해도, 진도 등은 영호남의 발가락이 되었으니, 청구靑邱의 지맥地脈이 여기에서 머물렀다."[198] 문제는 그 '청구의 지맥이 만들어내는' 개별 구역의 의미를 어떻게 설명할 것인가였다. 두 번째 논점은 바로 이 문제와 관련되어 있다. 그 첫머리는 이렇게 시작한다. "토지土地의 기맥氣脈과 산수山水의 정영精英이 멀리 중국과 더불어 바다를 격하면서도 서로 통하고 구역을 달리하면서도 서로 부합하니, 진실로 이른바 소중원小中原이다."[199] 소중화라고 말한다면 무게중심이 문화 쪽으로 쏠릴 수밖에 없다. 그런데 그는 중국이 중원대륙에 있다는 사실의 연장선상에서 '아동'我東이 '소중원'이라고 말한다. 중화문화를 사람이나 문화의 문제로 해석하기 이전에 땅의 문제로 설명하려고 한 것이며, 그 틀 안에서 조선의 위상을 '작은 중국'으로 자리매김하려고 한다.

장현광의 시선을 따라가보면 이런 지명들이 나온다. 중국에 있는 오악五嶽과 사독四瀆은 조선 지도에서도 찾을 수 있다. 묘향산, 구월산, 금강산, 지리산, 태화산太華山이 오악이라면 낙동강, 한강, 대동강, 압록강은 사독이다.[200] 평양, 경주, 개성은 '오동'吾東의 역사에서 멸명한 왕조의 수도들이며 한양은 조선

197 도설에 '청구도'라고 적혀 있는 이 지도는 시에서는 '동국지도'라는 이름으로 불렸다. 장현광이 본 지도가 고유한 자기 이름을 가지지 않았음을 알 수 있다.

198 장현광, 『여헌집』, 속집, 권4, 雜著, 靑邱圖說. 於是 擧吾東之疆域 便在吾目中矣 試觀夫形勢樞軸 則環之以滄溟巨洋際天無涯者 東西南三隆之皆海也 壓之以銀岑雪岳揷入雲衢者 白頭山之雄盤壯峙于朔方也 加德巨濟南海珆島等島 爲嶺湖之趾 靑邱地脈 此焉止矣.

199 장현광, 『여헌집』, 속집, 권4, 雜著, 靑邱圖說. 惟其地氣土脈 山精水英 遠與中國 隔海相通 異區同符 則眞所謂小中原也.

200 오악 숭배는 신라시대부터 있었던 전통이다. 『세종실록』 오례 길례 조에 등장하는 국가사전 대상으로서의 악과 독은 사악(삼각산, 지리산, 송악산, 비백산), 칠독(웅진, 가야진, 한강, 덕진, 평양강, 압록강, 두만강)인 데 비해 양성지가 국가사전 개편을 주장하면서 제안한 것은 오악(삼각산, 지리산, 구월산, 금강산, 장백산), 사독(웅진, 대동강, 한강, 두만강)이다(한영우, 『조선 전기 사회사상 연구』, 지식산업사, 1983, 183쪽). 양성지의 개편안은 서울을 중심으로 한 것이라는 점에서 좀 더 조선적이다. 그런데 장현광이 말하는 오악과 사독의 구성은 양성지의 안과도 많이 다르다. 오악의 경우 십승지 중 하나로 꼽히는 공주의 태화산을 중악으로 놓는다는 점도 흥미롭다. 그런데 그가 말하는 오악과 사독의 범위에는 장백산과 두만강이 빠지게 되어 결국 함경도의 위상이 현저하게 낮아진다는 문제가 있다. 이것이 무엇을 의미하는지는 좀 더 세밀한 검토가 필요하다.

왕조의 도읍이다. 이 흥망성쇠의 역사를 보여주는 도시 이름들조차 '아동'의 운수가 대략 중국과 같다는 것을 의미한다. 오악과 사독을 찾고, 역대의 도읍지를 찾았으니 이번에는 팔도를 찾아보아야 한다. 자연 조건이 좋고 인물이 번창한 영호남은 중국의 강남이며, 전국의 중앙에 있으면서 물산이 모여드는 서울은 중국의 낙양이다. 땅이 넓은 평안도는 중국의 함양이며, 경치가 아름다운 강원도는 중국의 농우隴右다. 모든 곳이 낙토이며 풍속이 아름다우니, 중국에 뒤지는 것이 거의 없다. 왜인가. 원초元初의 혼륜混淪하고 방박磅礴한 기운 가운데 융후隆厚하고 순명純明한 것들이 쌓여서 중국이 만들어지고 그 나머지 기운으로 아동我東이 만들어졌기 때문이다.[201]

지도에서 눈을 뗀 장현광은 땅과 만물, 땅과 문화의 관계로 생각을 넓혀가기 시작했다. "중원대륙과 소중원을 만든 태초의 기운이 그런 것이므로 그 땅 위에서 이루어지는 모든 것이 그 영향을 받지 않을 수 없다. 자연은 조화롭고 만물은 풍요로우며, 그 사람들은 강유剛柔의 자질과 중화中和의 덕을 구비하였고 그 풍속은 예의와 겸양을 숭상한다. 그러니 사람으로서 중국에 태어난다면 가장 좋은 일이겠지만 그럴 수 없다면 조선에서 태어나는 것도 다행한 일이다. 중국 사람과 똑같은 천지의 이치를 받아 태어났으며, 중국 사람과 똑같은 오덕五德과 강상윤리를 간직하고 있으니 해외의 소방小邦이라 하여 아쉬워할 일이 아니다."[202]

우하영禹夏永(1741~1812)도 중화를 '동일한 풍토와 규모의 차이'로 설명했다. 그에 따르면, 조선이 소중화라고 불린 것은 기본적으로 예악과 문물이 중화를 따랐기 때문이다. 그러나 꼭 예악과 문물만 그런 것은 아니다. 산천의 풍기 또한 비슷한 점이 있다. 중국의 산줄기는 곤륜산에서 시작하여 천 갈래 만

---

201 장현광, 『여헌집』, 속집, 권4, 雜著, 靑邱圖說. 蓋無適而非樂土 無入而非嘉地 鄕鄕好風 邑邑美俗 則其所以讓於中國者無多矣 其豈非元初渾淪磅礴之氣 其隆厚純明之積者 乃做之而爲中國 其做中國 未盡之餘氣 又做之而爲我東者哉.
202 장현광, 『여헌집』, 속집, 권4, 雜著, 靑邱圖說. 人若不得生於中國 則生於我東亦幸矣 而況人非華産 而同受天地之理 邦非大國 而同有通行之道 地雖海外 而同在此天之下 (중략) 然則 其可以海外而自外之哉 其可以邦小而自小之哉.

갈래로 나뉜다. 사해로 둘러싸인 이 망망한 대륙도 처음에는 아무런 경계가 없었다. 그러나 요속謠俗과 물산이 방위에 따라 달라지는 것은 자연스러운 이 치이니, 곧 성인이 나면서 구주九州라는 이름을 얻게 되었다. 조선의 산천은 어떤가. 백두산은 곤륜산의 융간融幹이 되어 수천 리의 봉강封疆으로 뻗쳐 있 다. '좌해左海 중의 천지'인 것이다.203 곤륜산-중원대륙과 바다의 관계는 백 두산-봉강-좌해의 관계와 같다. 규모의 차이가 있을 뿐 구조는 동일하다는 의미다.

중원대륙의 지역별 특징은 조선팔도와 대칭된다. 조선 서북 지방이 무武 를 숭상하는 것은 중원의 관서에서 장수가 나는 것과 같고, 조선 동남이 문文 을 숭상함은 중원 산동에서 재상이 나는 것과 같다. 중원 기북에서 양마가 난 다면 조선 관북에서는 준총駿驄이 많다. 중원 절동이 장요長腰로 유명하다면 조선 호남은 도갱稻秔이 잘된다. 중원 동로東魯가 도서지부圖書之府라면 조선 의 영남은 현송絃誦의 고장이다. 중원의 대무岱畝가 마실麻實로 유명하다면 조 선의 호남은 저포苧布를 업으로 삼는다. 그 밖에 풍요風謠와 토의土宜 및 산천 의 험요險要가 중화中華와 비슷하지 않은 것이 없다. 다만 대소의 차이가 있을 뿐이다.204

우하영은 자신의 주장을 정교화하기 위해 유가의 논리를 끌어들이기도 했 다. 곤륜산에서 발원하는 중국의 산줄기와 물줄기가 서북 방향에서 동남 방향 으로 뻗어 내린 것은 『주역』周易에서 말하는 선천先天의 지리적 형상이며, 백 두산에서 발원하는 조선의 산줄기와 물줄기가 동북 방향에서 서남 방향으로 뻗어내린 것은 후천後天의 형상이라는 것이다.205 그는 조선의 '중화국가'에

203 우하영, 『천일록』, 建都, 附山川風土關扼. 我國之稱爲小中華者 盖以禮樂文物(之)侔擬中華之謂也 而 以愚觀之 非徒禮樂文物之爲然 山川風氣 亦有所相倣者 盖中國山川 皆自崑崙發跡 分爲千派萬絡 而環之以 四海 茫然大陸 初無疆域之分別界限 而謠俗物産 參錯相殊 於東西南北 聖人者出 而相宜分區 於是有九州之 名 我國山川 白頭爲崑崙融幹 布支爲數千里封疆 而亦爲左海中天地(초본에는 '環海之地'로 되어 있음).
204 우하영, 『천일록』, 建都, 附山川風土關扼. 西北尙武 而猶關西之出將 東南尙文 而猶山東之出相 冀北産 良馬 而關北多駿驄 浙東稱長腰 而湖南宜稻秔 東魯應圖書之府 而嶺南爲絃誦之場 岱畝有麻實之貢 而湖邑 以苧布爲業 其他風謠土宜 及山川險要 無非與中華相侔 而但有大小之分 則小中華之稱 豈特禮樂文物之爲然 也哉.

대한 사대는 이미 지리적 형세에서 결정된 것이라고 주장하기도 했다. 조선의
산천과 지형이 중원대륙과 대칭될 뿐만 아니라, 동시에 중원대륙에 조공하는
형상이라는 것이다. 이는 그에게 천지자연의 이치로 여겨질 만큼 당연한 것이
었다.[206] 그에게 조공과 사대는 조선이 지리적 조건으로도 또 하나의 문명세계
일 수밖에 없는 이유를 설명해주는 근거일 뿐이다. '동일한 풍토와 규모의 차
이', 바로 그것이다.

　소론계 지식인 이종휘李種徽(1731~1797)는 조선이 중화문화의 유일한 계
승자라 전제하고 중원대륙과 한반도의 유사성을 주장했다는 점에서 더욱 특
별하다. 그의 아이디어는「혁구속」革舊俗이라는 논설에서 잘 드러난다. 그는
『논어』 옹야편에 나오는 공자의 말을 인용하는 것으로 이야기를 시작한다.
"제나라가 크게 변하면 노나라에 이를 것이요, 노나라가 크게 변하면 도에 이
를 것이다." 제나라보다 노나라를 높게 보았다는 의미다. 그런데 왜 공자는 그
어느 나라에도 만족할 수 없었는가.[207] 이종휘의 질문은 여기에서 시작한다.

　이종휘에 따르면, 주나라가 쇠퇴하자 예약과 문물은 노나라로 이어졌다.
그러니 부국강병을 추구하여 대국이 된 제나라보다는 주나라의 기풍을 계승
한 노나라에서 가능성을 발견할 수밖에 없다. 가능성을 실현하기 위해서는 변
화가 필요하다. 그러나 노나라는 변하지 않았다. 공자가 제나라를 허물하지
않고 노나라를 비판한 것은 그 때문이다. 그렇다면 또 공자가 500리의 노나라
에 연연하지 않고 동주東周로 가려 한 이유는 무엇이며, 맹자가 50리밖에 안
되는 등나라에 대해 선국善國이 될 만하다고 생각한 이유는 무엇인가. 도가 있

---

205 우하영, 『천일록』, 總論. 中國山川 皆自崑崙山發跡 而自西北起 大幹右轉 止於東南 故西北爲背脊 東南
爲腹肚 而中原諸水 皆自西北 歸朝東南 此是先天山鎭西北澤瀉東南之象也 我東山川 皆自白頭山發跡 而自
東北 大幹左轉 止于東南 故東北爲背脊 西南爲腹肚 而國內諸水 皆自東北 歸朝西南 此是後天艮山居東北兌
澤居西之象也.
206 우하영, 『천일록』, 總論. 我東則山川地形 本與中國 相爲配對而朝拱 故自開國以來 未嘗不臣服中華 一
心事大 此亦天地自然之理也.
207 이종휘, 『수산집』, 권6, 策, 革舊俗. 語曰 齊一變至於魯 魯一變至於道 盖夫子至於齊魯之際 而未嘗不
太息也 何者.

　　　　　　　　　　　　　　2부 지리와 풍토론은 어떻게 중화관을 형성했는가　171

는 나라라면 아무리 소국이라도 작다고 할 수 없기 때문이다.[208] 지리적 규모가 아니라 도의 유무가 문제라는 의미다.

이종휘에게 노나라와 제나라의 역사, 나아가 공자와 맹자의 판단이 중요한 것은 조선의 미래 때문이다. 그의 두 번째 논점은 자연스럽게 조선으로 연결된다. 조선은 어떤 나라이며, 어디로 가야 하는가. 조선은 지리적 규모로는 소국이지만, 예악과 문물을 가진 나라. 기자가 동쪽으로 온 이후로 세상에서 조선을 예의의 나라, 인현仁賢의 나라라고 부르지 않았던가. 문제가 없는 것은 아니었다. 신라와 고려 때 풍속이 비루해져서 거의 오랑캐에 가까워지고 말았다. 다행히 태조 이성계가 중화의 문화를 회복시켜 문명이 거의 한·당의 수준에 도달할 수 있었다. 만주족이 중원대륙을 지배하자 온 천하가 치발하였으나, 해동 한쪽 구석에서 관상冠裳하고 읍양揖讓하였으니, 또한 성대하다고 말할 만하다.[209] 이종휘의 눈에 비친 조선은 예악과 문물이라는 역사문화적 전통을 계승한 나라이며, 명청 교체 후 중화문화를 유일하게 계승하고 있는 나라다. 공자가 말한 동주東周, 맹자가 말한 선국善國이라는 말에 어울리는 그런 나라이다.[210]

동주에 관한 이종휘의 아이디어는 「제동국여지승람후」題東國輿地勝覽後라는 글에서 좀 더 선명하게 읽을 수 있다. 이야기는 중원대륙의 명산대천과 인리仁里의 고장에 관한 것에서 시작된다. 오악과 사독을 천하의 명산대천이라고 말하는 것은 그곳이 가장 크기 때문이 아니라 성명, 문물, 예악, 도수가 그곳에서 나왔기 때문이다. 추로鄒魯를 인리의 고장이라 하는 것은 도회지와 통

---

208 이종휘, 『수산집』, 권6, 策, 革舊俗. 周道衰 天下貿貿而其禮樂文物盡在魯矣 齊固不足道也 以魯可爲之地 而終於不之變 此夫子之意 所以罪魯而不罪齊也 然夫子爲東周之志 未嘗不惓惓於五百里之魯 而亞聖亦於五十里之滕 而思爲之天下之善國何也 蓋其道之所在 國固無小爾.
209 이종휘, 『수산집』, 권6, 策, 革舊俗. 我東雖小 亦秉禮之魯也 自箕氏以來 天下號爲禮義之邦 仁賢之國 然至於羅麗之際 而風俗鄙陋 幾純乎夷 聖祖撥亂 變夷爲夏 禮樂文物 出入漢唐 及夫滿人帝中國 而海東一隅 冠裳揖讓於天下薙髮之世 亦可謂盛矣.
210 이종휘, 『수산집』, 권6, 策, 革舊俗. 蓋所謂爲東周爲善國 任其一變之責者 固自有其人 而至於制度文爲之間 一新其面目 震曜於天下 使天下後世 眞知有小中華 則此其勢甚易而無難也.

하기 때문이 아니라 유현이 대대로 나와서 풍속이 되었기 때문이다. 만주족이 중국에 들어가 주인 노릇을 하면서부터 머리를 깎고 좌임左袵을 하는 문화가 되었으니, 그곳에서 중화를 찾으려 해도 찾을 수 없게 되었다. 이제 중화를 어디에서 찾아야 하는가. 이종휘의 논점은 분명하다. 기자가 피봉된 나라, 백성의 반이 기자의 후예인 나라, 예부터 군자국이었으며 의관과 예의를 아는 나라, 산천이 중원의 오악사독에 못지않은 나라에서 찾아야 하지 않겠는가.[211]

중中이란 어디인가. 중을 중이라고 하는 것은 원래 중이 있어서가 아니라 사람이 그렇게 의미를 부여한 것이니, 결국 중국이 되느냐 마느냐는 땅이 아니라 사람에게 달린 문제다. 그렇다면 중화문화를 조선에서 찾을 수 있다는 것은 조선이 중이 될 수 있다는 의미인가. 이종휘는 이런 요지의 말을 했다. "공맹이 우리를 동주라 하였으니, 이 책(『동국여지승람』)은 동주직방지東周職方志 혹은 소중화광여기小中華廣輿記라고 불러도 좋을 것이다. '동국여지승람'이라는 이름은 황조皇朝가 있었을 때 그 배신陪臣들이 한 말이다."[212] 조선만이 유일하게 중화문화를 보존하고 있는 상황이라면 동국보다는 동주 혹은 소중화를 전면에 배치하는 것이 옳다고 보는 것이다.

문화적 자존감을 드러낸 점에서 이종휘의 동주론은 송시열의 문화적 중화론과 다르지 않다. 소중화라는 용어도 마찬가지다. '작다'가 아닌 '중화문화의 계승자 조선'에 방점이 찍혀 있기 때문이다. 그가 동주 혹은 소중화라고 말하는 그 의식의 저변에는 '중화문화의 유일한 계승자'라는 자부심이 있다. 중

211 이종휘, 『수산집』, 권10, 題後, 題東國輿地勝覽後. 天下名山大川 必稱五岳與四瀆也 (중략) 非以其大也 言仁里者 必稱鄒魯 則亦非以通都大邑也 儒賢世出而漸漬於成俗 知乎此者 可以下名實之所在也 自滿藩入主中國 而中國之敎 蕩然無復存者 髡首左袵 欲求其所謂中國而不可得矣 (중략) 今有擧天下甌脫而衣冠俎豆 文物禮樂於髡首左袵之間 而其國箕子所封也 其人民半萬殷人之裔也 其號於天下者古君子國也 其在今世鄒魯而衣冠也 伊洛而禮義也 彼窪如窪如者 又不讓於五岳而四瀆也 則今之求中國者 宜在此而不在彼 又何必終南渭水河嵩濟岱之間哉.
212 이종휘, 『수산집』, 권10, 題後, 題東國輿地勝覽後. 欲知天下之中央 燕之北越之南是也 燕亦有都 粤亦有都 是中無定處也 (중략) 中國所以爲中國 盖亦在人而不在地也 (중략) 擧鴨綠以東而庶幾江漢之俗 無魄於周之有二 論語曰 吾其爲東周乎 然則是書也 謂之東周職方志 可也 謂之小中華廣輿記亦可也 其云東國輿地勝覽者 當皇朝世陪臣等之言也.

화문화의 관리자 혹은 대리인을 자처하는 의미로 보기 어렵다. 그런데 중국이 되느냐 마느냐를 사람에 달린 문제라고 하면서도 조선의 산천이 중원의 오악 사독에 못지않다고 한 이유는 무엇인가.

다시 「혁구속」이라는 글로 돌아가보자. 조선이 동주 혹은 선국이라면 조선의 영역 혹은 규모도 그에 어울리지 않는다고 할 수 없다. 이종휘에 따르면, 조선의 규모는 옛날 왕자王者의 기내畿內 지방이 되기에 부족한 것은 아니다. 명의 과도관이 조선을 6천 리, 혹은 만 리라고 한 것은 지나친 말이 아니다. 서쪽으로부터 양화진-석문-압록강 발원처-토문강-적도에 이르는 라인이 3천 리, 경흥-장산-진도-양하로 이어지는 라인이 수천 리이므로 그 둘레를 만 리라고 한다 해서 이상할 것은 없다. 중원대륙이 3만 리라면 조선은 그 3분의 1에 해당한다. 또 양하-석문-여연-무창-삼수-갑산-허항령-경성-경흥-부령을 이으면 동서로 2,600~2,700리가 되고, 온성-경흥-해남-대정현을 이으면 바닷길을 제외하고서도 남북으로 3,200~3,300리가 되니, 이 길이를 이으면 6천 리가 된다. 이런 규모라면 중원대륙의 13개 성 중 몇 개 성에 해당하는 크기라고 할 수 있다.[213]

사실관계에서 보면 매우 자의적이라고 할 수밖에 없는 이 주장에도 흥미로운 점이 보인다. 조선 초기 양성지가 보여준 만리영토 관념이 살아나고 있는 것이다. 양성지는 요동을 조명朝明 간 경계로 주장한 인물이다. 1469년 명이 요동 동팔참東八站에 나란한 방향으로 울타리를 쌓으려 한다는 소식이 조선에 전해졌다. 양성지는 명 태조 홍무제가 연산관을 조선과 명의 경계로 인정했다고 보고, 그 자리에 울타리를 쌓는 것은 홍무제의 결정에 위배된다고 주장했다.[214] 세조구제世祖舊制 혹은 시왕지제의 논리가 엿보인다. 16세기 이후 만리영토 관념이 자취를 감추면서, 요동 영유권을 주장하는 일도 없어졌

213 이종휘, 『수산집』, 권6, 策, 革舊俗. 我東幅員 西起楊下 (중략) 此所謂幅員爲萬里也 中國幅員三萬里 我有其一矣 西自楊下 (중략) 爲東西二千六七百里 北自穩城慶興 (중략) 爲南北三千二三百里 此其所謂方六千里也 中國十三省 我又可當其數省矣.
214 『예종실록』, 예종 1년 6월 29일.

다. 이종휘는 요동과 북만주를 조선 고토로 보고 고토 회복을 주장한 대표적인 논자이기도 하다. 사라진 만리영토 관념과 요동 고토 의식이 부활한 것은 물론 '중화문화의 유일한 계승자'라는 자각과 무관하지 않을 것이다.

이종휘가 한반도와 중원대륙의 규모를 비교하는 과정에서 '중국 13성'中國十三省이라는 수사를 사용한 점도 눈여겨보아야 한다. 13성 체제의 중국은 명을 가리킨다. 18성 체제의 청나라가 아니다. 그에게 중원대륙이란 명나라 때의 것이다. 규모의 문제는 언제나 동주에 어울리는 지리적 조건으로 존재할 뿐이다. 크기만 다를 뿐 본질적으로 같은 것은 이뿐만이 아니다. 동주의 인구는 중국의 10분의 1 정도이지만, 산 자를 기르고 죽은 자를 장사 지내는 데 필요한 물자를 그 안에서 해결할 수 있다. 그뿐만이 아니다. 천문상으로도 조선은 기두의 분에 해당한다. 고조선의 영역이 기분이라면 삼한의 영역은 두분이다. 북극고도상으로도 유사한 지점들이 있다. 의주가 창경滄景에 해당한다면, 해서·경기는 등주登州·내주萊州와 같은 위도에 있다.[215]

'크기만 다를 뿐 같은' 이 모든 예시들의 말미에서 이종휘는 이렇게 말했다. "남북南北이 고르고 음양陰陽이 서로 짝하며, 풍기風氣가 쌓이고 인물人物이 갖추어져 있으니, 비록 한쪽 귀퉁이에 있다고는 하지만 사방四方의 중정中正한 기운을 받은 것은 천하天下든 외국外國이든 마찬가지다. 이 세상에 선비로 태어나 동주東周를 만들고 선국善國을 만들려고 한다면 조선이 아니고서는 불가하다. 하물며 조선은 예악과 문물이 원래 잘 갖추어졌던 곳이 아닌가."[216] 이종휘에게 조선은 지리적으로 말한다면 중원대륙의 중정한 기운을 받은 외국이자 프랙털 구조의 쌍생아이며, 문화적으로 말한다면 '중화문화의 유일한 계승자'이다.

---

215 이종휘, 『수산집』, 권6, 策, 革舊俗. 民戶百餘萬 (중략) 大率我東地方民戶當中國十分之一 (중략) 粟米布帛生養死葬之需 取諸區內而無不足矣 其在地利也 龍灣西當滄景 北不及燕京五六百里 海西京畿當登萊.

216 이종휘, 『수산집』, 권6, 策, 革舊俗. 南北適均 陰陽相配 風氣所蓄 人物全備 雖居一隅 而得四方中正之候者 天下外國一而已矣 (중략) 士生今世 欲爲東周爲善國 則非朝鮮不可也 況其禮樂文物之素具者乎.

서양의 지구설과 중원대륙의 지리적 위상

우리가 조선 후기 지식인의 중화 의식을 어떻게 부르건 18세기 조선에서 자신을 중화문화의 유일한 계승자로 여기는 자존 의식이 있었다는 사실은 부인하기 어렵다. 물론 여전히 부자연스러운 문제가 남는다. 조선 지식인들은 늘 '존주'尊周라고 표현했을 뿐 한번도 '존아'尊我라고 말한 적이 없다. 이 논점은 이렇게 바꾸어 쓸 수도 있다. 그들은 조선을 중화문화의 유일한 계승자로 여겼지만, 다만 '소중화'라고만 말했을 뿐, 한번도 '조선 중화'라고 말하지는 않았다. 조선 지식인들은 과연 중원대륙이 지닌 위상을 어떻게 보았는가. 중국이 세계의 중심이라는 수사는 계속되었는가, 사라졌는가, 아니면 변형되었는가. 중원대륙에서 역사적 실체로서의 명이 부활할 가능성이 없다고 여긴 것은 중원대륙에 '중화국가'가 들어서기를 기대하지 않게 되었다는 의미인가.

조선 지식인들이 중원대륙의 지리적 위상을 새삼스럽게 논의하게 된 것은 서양의 지구설이 미친 여파 때문이다. 서양과학의 영향을 받은 이익이나, 이익의 제자이면서도 서학을 비판했던 안정복安鼎福(1712~1791)은 송시열과 다를 바 없는 중화주의자이지만, 중원대륙의 지리적 위상을 고민해야 하는 새로운 환경에 처하게 되었다.

실제로 이익은 『성호사설』星湖僿說에서 "중국은 대지 가운데 한 조각 땅에 불과하다"고 말했다.[217] 지구설과 세계지도를 근거로 한 주장이지만, 이 '파격적'인 발언은 그가 중화주의자였다는 전제에서 음미해야 한다.[218] 조선을 중화문화의 유일한 계승자로 여기는 것은 그 시대의 상식이었고, 이익도 예외는 아니었다.

---

217 이익, 『성호사설』, 권2, 天地門, 分野.
218 이익에 앞서 지구설을 수용한 인물로는 김만중金萬重(1637~1692), 김석문金錫文(1658~1735), 정제두鄭齊斗(1649~1736), 서명응徐命膺(1716~1787) 등이 있다. 특히 김석문, 정제두, 서명응 등은 지구설을 그들이 지녀온 상수학적 학문 체계 속에서 이해하고자 했다(박권수, 「徐命膺의 易學的 天文觀」, 『한국과학사학회지』, 20권 1호, 1998; 문중양, 「18세기 조선 실학자의 자연지식의 성격-상수학적 우주론을 중심으로」, 『한국과학사학회지』, 21권 1호, 1999). 그러나 그들 가운데 세계지도와 중국의 위상에 관한 문제에 주목한 사람은 없었다.

_ 〈천하도지도〉. 서구식 세계지도의 영향을 받아 천하를 타원형으로 표현했지만, 중국대륙을 중심에 두었다는 점에서 전통적 중화사상이 그대로 반영된 지도이다. 채색필사본, 18세기 말, 50.5×103.1cm, 보물 제1592호, 서울대학교 규장각 한국학연구원.

이익은 조선이 중화문화를 계승해온 출발점을 기자의 시대에서 단군의 시대로 앞당겼다. 자국사의 유구성이 중국사에 뒤지지 않으며 그 출발 단계에서 이미 중화가 되었다는 주장이다.[219] 이 점에서 그의 주장은 허목이나 이종휘와도 닮았다. 그러나 지구설과 서구식 세계지도의 세례를 받았다는 점에서 이익의 입장은 그들과 같을 수 없었다. 이익은 서구식 세계지도 속에서 중국의 위상을 어떻게 읽었는가.

그는 서구식 세계지도의 형식을 눈여겨보았다. 지구설에 입각해서 말한다면 유럽의 서쪽 끝 복도福島와 중국의 동쪽 끝 아니엄협亞泥俺峽은 그 어느 것도 중심이라고 말할 수 없는 반원의 두 끝 지점에 불과했다. 그런데도 알레니 Giulio Aleni(1582~1649)의 타원형 세계지도에서 중국을 중이라 하고 서양을 서라 한 이유는 무엇인가. 이익이 제시한 이유는 두 가지다. 첫째, 아시아 대륙은 천하에서 제일가는 대륙으로서 이곳에서 인류가 탄생하고 성인이 나왔

219 한영우, 앞의 책, 1989, 207~211쪽.

다.[220] 이익은 『직방외기』職方外紀에서 보이는 이 기사를 전거 없이 인용했다. 이익은 여기에 한 가지를 추가했다. 아시아 대륙이 천하에서 제일가는 대륙이라면 중국은 그중에서도 정심正心이다.[221] 이익은 다른 글에서 세계 중심으로서의 중국의 위치는 마치 풍수지리에서의 혈처穴處와 같다고 썼다. 이런 관점에서 보면 혈처 좌우로 좌청룡 우백호가 나누어지듯이 중원대륙을 기준으로 동서가 갈리는 것은 너무나 당연한 이치다.[222]

그는 중원대륙이 '혈처' 혹은 '정심'이라고 말하기 위해 역학易學의 논리까지 빌려왔다. 그가 택한 출발점은 "물줄기가 역류하여 중국에 범람했다"는 맹자의 말이었다. 그는 이 말을 황하 물줄기가 바뀐 것으로 해석했다. 중원대륙의 사막 일대는 원래 서에서 동으로 흐르던 황하의 옛 물줄기 흔적이라는 것이다. 그는 황하의 옛 물길이 사막을 흘러 흑룡강과 합쳐져서 동해로 빠져나갔는데, 퇴적물이 쌓여 옛 물길이 사막으로 변하면서 중국 대륙을 관통하는 쪽으로 그 흐름이 바뀌었을 것이라고 했다.[223] 그가 중원대륙의 물줄기가 동류했다는 역사적 사실을 입증해야만 했던 것은 중원대륙이 가지는 중심으로서의 위상을 논증하기 위해서였다. 그는 중원대륙의 모든 물줄기가 동쪽으로 흘러 나가는 것이야말로 중국이 세계의 중심(正中)이 되는 역학적 판단의 배경이 된다고 믿어 의심치 않았다.[224]

안정복은 "하늘의 입장에서 보면 중원대륙에서 태어나지 않은 사람을 이

220 그가 중국이 포함된 아시아 대륙의 좌우편 바다를 대서양과 대동양으로 구분한 것도 아시아 대륙을 '천하에서 제일가는 대륙'으로 보는 입장에 따른 것이다. 흥미로운 사실은 이익이 보았던 『직방외기』의 지도에는 대동양이라는 표시는 없다는 점이다. 구대륙 양편으로 대동양과 대서양을 표시하는 발상은 마테오 리치 지도 이후 사라졌다가 19세기에 다시 나타난다. 이익은 알레니의 『직방외기』를 평하면서도 『직방외기』의 지도에서 소동양으로 표시된 아시아의 동쪽 바다를 대동양이라고 바꿔 부른 것이다.

221 이익, 『성호전집』, 권55, 跋職方外紀. 自歐羅巴之西福島 至中國之東亞泥俺峽 恰爲一百八十度 則實四萬五千里 而地之半周也 以地勢求之 福島與中國 上下正當 從東從西 道里略相近也 然而此必謂之中 彼必謂之西者 何也 據其說 亞細亞實爲天下第一大州 人類肇出之地 聖賢首出之鄕 而中國又當其正心.

222 이익, 『성호전집』, 권55, 跋職方外紀. 故如堪輿家落穴相似 自此以西至地底一半皆爲西 以東至地底一半皆爲東 而大西洋一邊卽大東洋也.

223 이익, 『성호전집』, 권27, 答安百順(己卯), 別紙. 天下地勢 漢亦究到極處 朱子曰 龍門未開 此水不知何歸 據孟子水逆行汎濫中國之語 其始必順走於東裔 今沙漠一帶 從西迤東 則必是故道也 (중략) 黃河沙澱日積 久必遷移 未入中國之前 必與黑龍合.

夷로 간주하는 중국적 전통이 옳다고 할 수는 없다"고 말했다.[225] 송시열과 온 도차가 없는 것은 아니다. 송시열은 '동이'라는 칭호를 아름답지 못하다고 생각하면서도 거부하지는 않았다. 그러나 이 차이는 공통점에 비하면 사소한 것이다. 중화문화를 가지고 있느냐 그렇지 않느냐가 관건이라고 생각한다는 점에서 두 사람은 아무런 차이가 없다. 그렇다면 안정복에게 중원대륙은 어떤 의미였을까.

안정복에 따르면 중원대륙은 인물이 처음 태어난 땅이자 성인이 나온 고장이다. 그뿐만이 아니다. 삼황오제와 당우삼대가 서로 전한 '신기'神器다. '오랑캐'가 대륙에 침범하여 주인 행세를 한 것은 양의 기운이 쇠퇴하고 음의 기운이 승했기 때문이다. 여진의 후예인 청나라가 대륙에서 오랫동안 버티고 있는 현상도 그런 것이다. 물론 그것을 하늘의 의지라고 말할 수는 없다. 그러나 그 음기가 승하여 생긴 시세를 거스를 수도 없다. 오랑캐가 100년을 가지 못할 것이라는 희망도 이 시세의 위력 앞에서는 무력하다.[226] 그가 중원대륙을 '신기'라고 말하는 순간, 그 땅은 본질적으로 특별한 곳이 된다. 현재 '오랑캐'에게 '불법적으로 점거'되어 있다고 해서 그 본질이 달라지는 것은 아니다.

「화이정통」華夷正統은 무력을 앞세워 천하를 얻은 자를 정통으로 간주할 수 없다는 주장을 담은 글이다. 중원대륙의 위상에 관한 안정복의 생각은 이 글에서 좀 더 선명하게 드러난다. 그에 따르면, 중원대륙은 성명과 문물의 고장이다. 하늘이 성인에게 명하여 이 땅을 지키도록 한 것도 그곳이 그런 땅이기 때문이다. 그러니 신기라고 말하지 않을 수 없다. 복희씨와 신농씨를 지나

---

224 이익, 『성호전집』, 권55, 跋職方外紀. 孔子曰 天地設位 易行於其中 易者不待爲中國設地 而中國方 六千里之地 而水皆東趨 以是取象曰天水違行 有訟之卦焉 其他百十邦域 水各異道 而象則不變 可見其爲 正中也.
225 안정복, 『순암집』, 권2, 書, 答上星湖先生書 戊寅. 華夏之外 五經之表 亦自有人者 非虛語也 自古儒者 每嚴華夷之分 若不生于中土 則盡謂之夷 此不通之論也 天意何嘗有界限.
226 안정복, 『순암집』, 권12, 雜著, 橡軒隨筆(上), 夷狄亂華. 中原一方 是人物肇生之地 聖人首出之鄉 三皇 五帝唐虞三代相傳之神器也 (중략) 金據中原之半 元又混一 能至百餘年 今之淸人 亦女眞餘落 我國所謂野人 而無足可稱 能享國百數十年而不已 豈非陽運漸衰而陰運乘之 天亦莫可奈何而然耶 凶奴無百年之語 是漢書 所記 而今不可論.

요·순·우·탕·문·무를 거쳐 온전하게 이어져온 이 땅은 진秦·진晉·수隋·남 북조南北朝·오대五代에 이르러 흔들렸다가 한·당·송·명에 의해 다시 바로잡 혔으며, 원나라와 청나라에 의해 더럽혀졌다. 원나라와 청나라를 정통으로 인 정할 수 없는 것은 강도를 주인이라 할 수 없고 강도의 자식에게 주인 조상의 제사를 받들게 할 수 없는 것과 같은 이치다. 원래 주인은 하늘의 아들이고, 오랑캐는 강도이기 때문이다.[227]

반론의 여지가 없는 것은 아니다. 누군가는 이렇게 주장할 수도 있다. "하 늘의 입장에서 본다면 화이의 구별이 있을 수 없으니, 원나라와 청나라는 곧 송나라와 명나라의 계통을 이은 나라로서 몰래 훔쳤다고 할 수는 없다." 이 문 제에 대한 안정복의 답은 분명하다. 그에 따르면, 하늘이 만물을 낼 때 중국의 인물을 낸 뒤에야 이적을 내고, 이적을 낸 뒤에야 금수를 냈다. 이것은 천리 다. '이'理는 지극히 선한 것이다. 그러니 하늘의 의지는 시종일관 지극한 선 을 행하려 할 뿐이다. 그러나 기의 운행이 고르지 못해 원나라와 청나라 같은 이적이 중원을 다스리는 사태가 생겼다. 이것이 형세다. 형세가 이러하기에 하늘도 어쩔 수 없는 부분이 있을 뿐이다.[228]

중원대륙을 신기라고 말하는 안정복에게도 피할 수 없는 문제가 있다. 중 원대륙은 세계의 중심인가 아닌가. 그에 따르면, 천지의 대세를 기준으로 볼 때 곤륜산 아래 터를 잡은 서역을 천하의 중앙이라고 말할 수 있다. 천하의 중 앙이기에 풍기가 돈후하고 체격이 크고 진기한 보물들이 난다. 비유하자면 혈

227 안정복, 『순암집』, 권12, 雜著, 橡軒隨筆(上), 華夷正統. 中夏聲名文物之鄕 天以是命之聖人 使之保以 守之 此所謂神器也 是器也 傳自義農 至于堯舜禹湯文武 而金甌無缺 玉燭長明 動搖乎秦晉隋南北五代 復正 于漢唐宋明 而穢亂于元淸 譬如一家以父傳子以子傳孫多歷年所忽有刦盜奪而有之以爲己物 (중략) 以此言 之 中華之主 卽天之子也 夷狄卽刦盜也. 안정복은 '중원대륙에서 태어나지 않았다는 이유로 이적으로 간주 할 수 없다'고 말했다. 이 논리를 확장하면 조선도 중화문화의 계승자가 될 수 있다. '중화의 주인은 천자이 며 이적은 강도'라는 주장은 중화와 이적, 정통과 이단, '중화국가'와 '중화국가'를 침략한 국가를 구별해야 한다는 것이다. 조선은 신기인 중원대륙을 침략한 역사가 없는 군자국이므로 중화문화의 계승자이지만, 원 과 청은 중원대륙을 침략하여 부당하게 점거했으므로 그런 이적을 정통으로 간주할 수 없다는 의미다.
228 안정복, 『순암집』, 권12, 雜著, 橡軒隨筆(上), 華夷正統. 夫天之生物 中夏人物爲首 夷狄次之 禽獸次之 夷狄在半人半獸之間 天理也 理卽至善之所在也 天之爲心 未嘗不欲其至善 而氣化運行 醇漓不齊 則治亂相 因而華夷迭嬗勢也 勢之所在 天亦莫奈何矣.

맥이 모여 있는 오장육부에 음식이 들어와 사람이 살게 되는 것과 같은 이치다. 천지의 대세로 본다면 중원대륙은 천하의 동남쪽에 있어서 양명陽明함이 그곳에 모인다.[229]

안정복이 이런 논리를 구사하게 된 것은 동북아시아 일대만을 천지 혹은 천하라고 강변할 수 없는 상황이 되었기 때문이다. 서구식 세계지도와 천하도는 중화세계의 바깥쪽 혹은 그 너머를 매우 '낯선' 방식으로 보여주었다. 이익이 "중국은 대지 가운데 한 조각 땅에 불과하다"고 보면서도 중원대륙을 "천하에서 제일가는 대륙의 중심"이라고 한 것도 같은 이유일 것이다. 모두 중원대륙의 특별한 위상을 인정하고 동시에 조선이 중화문화의 계승자라는 사실에 자부심을 느끼던 그들로서는 그들이 추구하던 중화세계가 서구식 세계지도나 천하도가 보여주는 넓은 세계와는 다른 층위에서 여전히 유의미하다고 말하지 않으면 안 되었다. 이익과 안정복이 구사한 전략은 한 세기 뒤 이항로李恒老(1792~1868)가 구사한 논리와 기본적으로 다르지 않다.

안정복에게 '특별한 위상을 지닌 중원대륙'이 중요했던 것은 자국사가 그 중원대륙의 역사와 연결되어 있기 때문이다. 그에게 조선은 어떤 나라였을까. 이 나라는 단군과 기자 이후로 천자의 통치권 밖에 있었다. 그의 관점에서 보면 이 물리적 조건들은 '중화국가'가 되는 데 결코 유리한 것은 아니다. 조선은 한결같이 중국을 존숭하여 제후의 법도를 지켜왔다. 군자국君子國으로 불렸던 것도 그런 이유에서다. 중원대륙을 침략한 다른 오랑캐 나라들과는 질적으로 다르다.[230] 그는 조선이 중국에 사대해온 역사를 다른 방식으로 합리화했다. 한반도가 중원대륙에 읍하는 노인의 형상이라는 것이다.[231] 안정복에게 '중화국가'에 대한 사대의 역사, 나아가 중원대륙에 읍하는 한반도의 형상이

229 안정복, 『순암집』, 권17, 雜著, 天學問答. 然以天地之大勢言之 西域據崑崙之下而爲天下中 是以風氣敦厚 人物奇偉 寶藏興焉 猶人之腹臟 血脈聚而飮食歸 爲生人之本 若中國則據天下之東南而陽明聚之 是以禀是氣而生者 果是神聖之人 若堯舜禹湯文武周孔是也 猶人之心臟居胸中 而爲神明之舍 萬化出焉.
230 안정복, 『순암집』, 권18, 序, 東國通鑑提綱序 丙午. 吾東方自檀箕以後 雖在荒服之外而一脈彝中夏謹侯度之節前後一揆此所以有君子國之稱異於蠻狄之猾夏而歸於僭亂之科也.
231 안정복, 『만물유취』, 地形.

가지는 의미는 무엇인가. 현실에서 조선이 중화문화의 유일한 계승자라는 점, 나아가 조선이 언젠가 중원대륙에 들어설 '중화국가'와 함께 온전한 중화세계를 건설하는 것이야말로 그에게는 당위요 필연이었다.[232] 중원대륙이 신기神器이며 그것을 신기이게 한 것이 지선至善한 천리天理인 한, 그것은 의심할 여지가 없는 일이다.

전횡도에 담긴 시선과 논리

17세기 이후 민간에 폭넓게 보급된 〈여지도〉 책자 안에는 중원대륙과 조선의 관계를 보여주는 도면이 들어 있다. 천하도로 시작되는 이 지도집의 두 번째 면에 중국 지도가 나온다. 중원대륙은 자연 지명을 제외하면 세 가지 기본 요소로 구성되어 있다. 우공의 구주에 해당하는 지명, 전국시대의 나라 이름들, 그리고 명대 13성의 이름이 그것이다. 지도집이 유행한 시점은 중국사로 본다면 청나라 때에 해당하지만, 정작 청나라의 18성제가 아니라 명나라의 13성제가 표시되어 있다. 이 도면의 오른쪽 귀퉁이에는 예외 없이 조선국이 등장하고, 조선과 중원대륙 사이에는 전횡도田橫島가 있다. 17세기 이후 19세기 말까지 조선에서 광범위하게 유행한 이 소략한 지도 책자에는 중원대륙과 한반도, 중화와 조선에 관한 어떤 아이디어가 숨어 있을까.

이 지도의 제작자가 역사적 시간 속에서 지리적 중화의 땅을 표현하려 했다면, 우공구주는 지리적 중화의 시점始點이다. 그렇다면 전국시대의 지명들이 들어 있어야 할 이유는 무엇일까. 전국시대는 주나라의 권위가 무너진 때

---

232 '주원장의 명나라가 되살아날 가망이 없는 상황이니 조선이 중화문화의 유일한 계승자'라고 주장한다면 그것은 기수氣數와 현실의 문제지만, 신기神器의 땅에 언젠가 다시 '중화국가'가 들어서리라고 전망한다면 그것은 말하자면 천리天理의 문제다. 기의 운행이 현실을 결정할 수는 있지만 그것을 결코 천리라고 말할 수 없다. 그렇다면 현실 인식과 천리는 당연히 별개의 층위를 가질 수밖에 없다. 조선이 중화문화의 유일한 계승자임을 믿어 의심치 않던 유인석은 청조의 멸망과 함께 중원대륙에 새로운 '중화국가'가 세워지리라고 기대했으나 공화제 정부가 들어서자 낙담했다. 송시열과 안정복으로부터 이항로와 유인석에 이르기까지 조선 지식인에게 중원대륙은 그런 의미였다.

_ 〈여지도〉의 중국도. 조선 후기 민간에 보급된 지도에는 중원대륙과 조선 사이에 전횡도가 그려져 있었다. 이는 청나라와의 관계를 부당한 군신관계로 보고, 조선이 중화문화의 계승자임을 강조하려는 것이다. 목판본, 조선 후기, 26.5×19.1cm(책 크기), 서울대학교 규장각 한국학연구원.

다. 지리적 중화의 위기 상황이다. 이 일련의 시간대에서 본다면 명나라는 지리적 중화의 종점終點에 해당한다. 그들은 다만 지리적 중화의 시점과 위기 상황 그리고 종점을 읽고 싶었던 것이다. 이 지도집은 중원대륙의 주인이 청나라로 바뀐 뒤에도 꾸준히 유통되었지만, 아무리 후대의 것이라도 청대의 지명이 반영되어 있지 않다. 지도집의 제작자도 독자도 지도에서 현실의 중국을 읽는 데 관심이 없었다는 뜻이다. 17세기 이후 조선 사회의 담론지형이 대명의리론과 대청복수론에서 존주론과 조선 중화 의식으로 변화되어갔지만 이 중국지도는 전혀 달라지지 않았다. 이 모든 담론의 밑바탕에는 현실의 청을 인정할 수 없다는 정서가 깔려 있었다.

중국 지도에서 동북쪽으로 갈석산이라는 지명이 보인다. 『진태강지리지』晉太康地理志에 따르면, 갈석산은 한나라 낙랑군 수성현에 있는데 진의 장성이 이 산에서 시작된다. 두우는 『통전』에서 진장성이 동쪽으로 요하를 횡단하여 고구려로 들어간다고 주장했다. 『해동역사속』海東繹史續을 편찬한 한진서韓鎭書는 『통전』의 기록을 논평하면서 이렇게 썼다. "만일 『통전』의 설이 맞다면 갈석산은 지금의 압록강 서쪽, 목책의 동쪽 끝머리에 있어야 한다."[233] 갈석산의 위치가 중요한 것은 그 지점의 서쪽에서 중화의 땅이 시작되기 때문이다. 박세당朴世堂이 남긴 시 가운데 이런 구절이 있다. "발해 갈석산 서쪽과 곤륜산 동쪽의 땅 / 지극한 교화 양양하여 문궤文軌가 같아라."[234] 박세당이 당나라, 명나라, 송나라의 땅이 어디서부터 시작되는지를 문제 삼은 것은 아니다. 특별한 지기를 품은 땅, 요·순·우·탕·문·무·주공·공자를 낳은 땅을 말하는 것이다. 그의 논법에서는 그 땅이야말로 지리적 중화다.

전횡에 관한 이야기는 『사기』 전담열전田儋列傳에 전한다. 전횡은 제나라의 재상이었다. 새로운 시대의 패자로 떠오르던 한나라 유방은 제나라의 국경지대를 압박하는 한편 사절을 보내 강화를 유도했다. 열세였던 제나라는 한나라의 강화 제의를 받아들였지만, 그사이 한나라 한신의 군대가 국경지대를 넘어 제나라로 진입했다. 제나라는 속은 것을 알고 한나라 사신을 죽였다. 한나라와 제나라는 전쟁 상태에 돌입했다. 한신의 군대는 제나라 왕 전광을 사로잡아 죽였다. 전횡은 전광이 죽었다는 소식을 듣고 스스로 왕이 되어 한나라에 맞섰지만 결국 패하고 말았다. 마침내 유방이 황제에 올랐다. 한 고조 유방에게 죽임을 당할지도 모른다고 생각한 전횡은 부하 500여 명과 함께 섬으로 들어갔다. 한 고조는 한편으로는 회유하고 한편으로는 협박하며 전횡을 낙양으로 불러들였다. 전횡은 한 고조의 강박을 이기지 못하고 길을 나섰지만, 낙양 30리 못 미친 지점에서 자결했다. 전횡을 수행한 두 사람도 따라 죽었다. 전횡이 자결했다는 소식이 섬에 전해지자 500여 명의 선비들도 모두 자결했다. 전횡이 선비들의 마음을 얻었다는 사실을 잘 보여주는 장면이다.[235] 사마천은 이 장면을 이렇게 논평했다. "빈객賓客들이 전횡의 덕의德義를 사모하여

233 한진서, 『해동역사속』, 권15, 地理考 15, 山水 3(境外山水). 通典: 碣石山在漢樂浪郡遂城縣 秦長城起於此山 今驗長城 東截遼水而入高麗 遺址猶存(謹按若如通典之說 則碣石當在今鴨綠西樹柵東頭之地).
234 박세당, 『서계집』, 권4, 詩 次杜工部洗兵馬行. 渤碣以西崑崙東 至化洋洋文軌同.

전횡을 따라 죽었으니, 전횡처럼 높은 절조節操를 가진 사람을 어찌 현능賢能하다 하지 않으리오."[236]

전횡의 이야기는 21세기에도 살아 있다. 충남 보령에 외연도라는 섬이 있다. 이 섬에서는 매년 풍어를 기원하는 당제가 열린다. 최근 한 언론매체에 이런 기사가 실렸다. "400여 년을 이어온 충남 보령의 외연도 풍어당제가 음력 2월 보름인 19일 섬 주민과 보령시 관계자들이 참석한 가운데 열렸다. 이 마을에서는 조선 중엽부터 마을 뒤 당산 상록수림(천연기념물 제136호)에 중국 제나라 전횡 장군의 사당을 모셔놓고 주민들의 안녕과 풍어를 기원하고 있다. 당제의 신은 중국 제나라의 전횡 장군이다. 기원전 200년경 중국 제나라 왕의 아우인 그는 한나라에 대항하다 패장이 되어 부하 수백 명과 함께 외연도로 피신한다. 한 고조가 투항하지 않으면 섬 전체를 토벌하겠다고 엄포를 놓자 그는 부하들과 함께 자결했다는 전설이 이 섬에 지금까지 전해지고 있다. 전횡 장군에 대한 기록은 안대진이 1598년에 세운 유격장군 계공청덕비, 1619년 한여현이 지은 『호산록』(서산읍지), 1936년에 세워진 전공사당기에 있다."[237]

전횡의 이야기는 조선 초기부터 널리 알려져 있었던 것 같다. 사람들은 사마천의 『사기』를 통해 이 에피소드를 읽고 논평을 남기거나 시를 짓기도 했다. 〈삼국도〉三國圖에 논평을 남겼던 이첨도 그중 하나였다. 그런데 이첨이 전횡의 일화를 읽는 방식이 흥미롭다. 꿀벌을 키우는 사람이 있었다. 그는 벌집으로 들어가는 왕벌을 해충으로 오인하고 왕벌을 죽였다. 며칠 뒤 일벌들이 왕벌의 주위에서 모두 죽어 있었다. 이첨이 말했다. 무지한 꿀벌이 특별히 은혜를 입었다고 할 수도 없는 왕벌을 위해 모두 죽는 마당에, 군주와 한 몸이 되

---

235 司馬遷, 『史記』, 권94, 田儋列傳, 第三十四. 橫定齊三年 漢王使酈生往說下齊王廣及其相國橫 橫以爲然 (중략) 漢將韓信已平趙燕 酈通計 度平原 襲破齊曆下軍 因入臨淄 齊王廣相橫怒 (중략) 漢王立爲皇帝 以彭越爲梁王 田橫懼誅 而與其徒屬五百餘人入海 居島中 高帝聞之 以爲田橫兄弟本定齊 齊人賢者多附焉 今在海中不收 後恐爲亂 乃使使赦田橫罪而召之 (중략) 田橫乃與其客二人乘傳詣雒陽 未至三十裏 (중략) 遂自剄 (중략) 旣葬 二客穿其塚旁孔皆自剄, 下從之 高帝聞之 乃大驚 大田橫之客皆賢 吾聞其餘尙五百人在海中 使使召之 至則聞田橫死 亦皆自殺 於是 乃知田橫兄弟能得士也.

236 司馬遷, 『史記』, 권94, 田儋列傳, 第三十四. 太史公曰 田橫之高節 賓客慕義而從橫死 豈非至賢.

237 연합뉴스, 2011년 3월 19일.

어 영욕을 함께하는 신하가 군주와 생사를 같이하는 것은 당연한 일이 아닌 가. 이첨이 다시 말했다. "옛날에 전횡이 한 고조에게 신하 노릇하지 않으려 고 죽자 두 빈객이 따라 죽었고, 섬에 남아 있던 자 500여 명도 전횡이 죽었단 말을 듣고 다 죽으니 사마천이 『사기』에서 이를 찬미하였다. 당나라의 왕규王 珪와 위징魏徵은 건성建成의 난에 죽지 않고 태종을 따랐으니 선유先儒가 이를 죄주었다. 후세의 신하 된 자로 꿀벌에 미치지 못하는 자가 많지만, 더구나 시 운時運이 옮겨가는 때를 당하여 말을 바꾸고 얼굴을 고치며 임금을 잊고 원수 를 섬겨서 후세의 비난을 받은 자는 족히 말할 가치도 없다. 오직 미물微物만 이 신하 된 자의 거울이 될 만하다."[238] 안정복도 전횡의 신하들에 주목했다. 그는 의사義士로 불리는 사람들이 가진 충의지심忠義之心의 표상으로 전횡의 신하들을 거론했다.[239]

사마천은 전횡을 '고절하고 현능한 사람'이라고 말했다. 빈객들이 그를 따라 죽음을 선택한 사실에서 미루어 그런 결론에 도달할 수 있다는 것이다. 엄밀한 의미에서 사마천이 높게 평가한 것은 전횡의 자질이지 군신윤리는 아 니었다. 그러나 이첨은 전횡과 그 신하들의 관계를 군신윤리의 맥락에서 읽었 으며, 안정복은 전횡의 신하들이 가진 의사義士로서의 충의忠義의 마음만을 거 론했다. 전횡이 어떤 군주였는지, 왜 한 고조 유방의 신하가 되는 것을 마다했 는지, 그리고 그가 지키려 한 가치는 무엇이었는지를 문제 삼지 않은 것이다.

정조가 전횡과 그 신하들을 읽는 방식은 좀 더 사마천의 맥락에 충실한 편 이다. 정조는 이렇게 말했다. "힘으로는 온 세상을 제압할 수 있어도 필부의 마음을 얻을 수는 없는 법이니, 하물며 많은 사람의 마음이야 말할 것이 있겠 는가. 전횡과 500명의 의사 이야기는 천고의 미담이 되었는데, 장언경張彦卿 이 죽자 휘하의 1천여 명이 죽음에 이르도록 항복한 자가 한 사람도 없었으니,

---

238 『동문선』, 권98, 說, 蜜蜂說(李詹). 昔田橫不臣於漢而死 二客從之 其餘在海島中者五百人 聞橫死 亦皆 死 而漢史美之 唐之王珪魏徵 不死於建成之難 而從太宗 先儒罪之 後世之爲人臣 不及蜜蜂者多矣 至若當時 運推遷之際 變辭革面 忘君事讎 貽譏後世者 不足與議也 惟微物 足以爲人臣者之鑒矣.
239 안정복, 『순암집』, 권13, 雜著, 橡軒隨筆(下) (將士殉節). 自古稱田橫五百義士 而於魏諸葛誕麾下數百 人被擄 斬一人降一人 而終不屈 皆拱手就列 受戮而不變 難矣哉.

영웅의 기풍과 열렬한 기개가 세대를 넘어 서로 빛나 지금까지도 그 일을 읽는 자들은 격앙되어 눈물을 흘린다."[240] 정조는 전횡의 신하들이 보여준 의사로서의 충성심만이 아니라 그들의 마음을 얻은 전횡의 역량을 높이 평가했다. 이 경우 전횡은 '영웅의 기풍과 열렬한 기개'를 상징한다. 그러나 정조조차 전횡이 왜 한 고조의 신하가 되지 않으려 했는지 묻지 않았다.

흥미로운 현상 중 하나는 병자호란과 명청 교체를 거치면서 제3의 방식으로 전횡의 일화를 읽는 사례가 나타나기 시작했다는 점이다. 조익趙翼(1579~1655)은 조선이 청나라에게 군신관계를 강요받는 상황을 놓고 최명길과 대립했다. 조익은 김상헌과 같은 원칙주의자는 아니었다. 조익은 정묘호란 때 조선이 후금과 형제관계를 맺은 것은 교린관계에 기초한 것이므로 '의리상' 문제가 없다고 여겼다. 그러나 그렇듯 유연한 입장에 선다 해도 청나라가 황제를 칭하고 조선에 군신관계를 요구해오는 상황은 질적으로 다른 차원의 문제였다. 조익은 청나라의 요구를 받아들이려는 최명길을 비판했다. 그의 논점은 대략 이런 것이었다. "우리가 저들의 요구를 받아들인다면 결국 우리가 그들에게 신하를 칭하게 될 것이며, 신하를 칭하는 순간 나라는 망하는 것이다. 나라를 보존하려다 멸망을 재촉하는 꼴이다. 옛날 제갈량이 손권에게 말하기를 '전횡은 제나라의 장사일 뿐이었는데도 오히려 의리를 지키며 굴복하지 않았다'고 하지 않던가."[241]

화이론자들은 조선이 청나라에게 신하를 칭하는 순간을 국망國亡이라고 정의하곤 했다.[242] 조익은 청나라가 군신관계를 요구하는 상황을 화이론에 입각해서 판단한 것이다. 그가 전횡을 보는 관점도 이 맥락에 있다. 그는 제갈량의 말을 빌려 전횡이 "의리를 지키며 굴복하지 않았다"고 했다. 전횡이 의리

240 『홍재전서』, 권119, 經史講義, 56綱目(十)(後周世宗). 力可以驅制一世 而不可以得匹夫之心 況衆人之心乎 田橫五百義士 爲千古美事 而張彦卿之死 所部千餘人 至死無一人降者 英風烈氣 曠世而相輝暎 至今讀之 爲之激昂流涕.
241 조익, 『포저집』, 권16, 書, 答崔完城鳴吉書. 今之形勢 頓異於前 彼旣僭稱 若須而與之 則便爲其下 彼漸欲以屬國待之 若一向恐畏 不敢違忤 則必至稱臣 至於稱臣 則其亡必矣 本欲圖存 而促其亡矣 (중략) 諸葛亮言於孫權曰 田橫 齊之壯士耳 猶守義不屈.
242 허태구, 「병자호란 강화 협상의 추이와 조선의 대응」, 『조선시대사학보』, 52, 2010.

를 지키기 위해 목숨을 끊었다면, 그가 지키려 한 의리는 어떤 것인가. 사마천은 이 점에 대해 아무런 말을 하지 않았다. 조익처럼 전횡을 읽기 위해서는 화이론 혹은 의리명분론에 입각해서 전횡을 해석하는 논리가 필요하다.

전횡이 섬에서 나와 한 고조 유방을 만난다는 것은 두 사람이 군신관계가 된다는 것을 의미한다. 전횡은 누구보다도 그 사실을 잘 알고 있었다. 그가 섬을 나선 것은 자의가 아니었다. 한 고조의 강박을 이기지 못해 낙양으로 향했으나 결국 낙양에 도착하기 전에 자결했다. 아마도 한 고조를 천자로 인정할 수 없었기 때문에 자결을 택했을 것이다. 적대관계에서 군신관계로 전환되는 그런 상대라면, 더구나 그 군신관계가 무력에 의해 강요된 것이라면 마음속 깊은 곳으로부터 그를 천자로 받아들일 수 없었을 것이다. 이 경우 전횡은 '무력으로 강요된 군신관계를 거부하는 내면의 논리'를 상징한다.

전횡은 강요된 군신관계를 거부한 인물이지만 엄밀한 의미에서 제후국으로서 중화국가를 지키려 하거나 중화를 회복하려 한 인물은 아니었다. 서얼 출신 엘리트 성대중成大中(1732~1809)은 그 점을 아쉬워했다. 성대중은 전횡이 왜 실패할 수밖에 없었는가를 물었다. 전략적 실패도 원인이었다. 그러나 성대중은 전횡이 강상윤리와 의리명분을 중시하지 않았기 때문에 실패할 수밖에 없었다고 생각했다. 성대중의 아이디어는 이런 것이었다. "전횡이 한신에게 패한 뒤 초나라에 구원을 요청한 것부터가 잘못이다. 초나라는 전횡에게는 부형의 원수다. 그런 나라의 도움을 받는 것보다는 차라리 제나라와 운명을 같이하는 것이 옳았다. 전횡에게 전혀 기회가 없는 것은 아니었다. 그가 만일 초나라 항우가 왕을 무시한 자라는 사실, 한나라 유방이 자기 아버지를 무시한 자라는 사실을 폭로하여 천하의 효자 충신들과 힘을 합쳤다면 상황은 달라졌을 것이다. 그러나 전횡은 그렇게 하지 않았다. 그러니 그는 자신의 목을 한 고조 유방에게 가져다 바친 것이 아니고 무엇이란 말인가."[243]

홍대용洪大容(1731~1783)의 생각도 크게 다르지 않았다. 홍대용이 홍억의 수행원으로 북경에 간 것은 1765년(영조 41)이었다. 30대 중반의 이 젊은이는 그곳에서 엄성, 반정균 등 또래의 한족 지식인들을 만났다. 그들은 금방 마음을 터놓는 사이가 되었다. 필담 덕분이었다. 반정균이 물었다. "김상헌의 문집은 몇 권입니까." 홍대용이 대답했다. "스무 권입니다만, 그중에는 기휘忌諱를 범하는 말이 많아서 감히 보여드리지 못합니다. 김상헌의 문장과 학술은 동방에서 가장 뛰어난데, 혁정革鼎한 후에 세상을 피하고 벼슬을 하지 않았으며, 10년 동안 심양에 구류되었어도 끝내 굽히지 않고 돌아왔습니다." 혁정은 조선이 병자호란을 통해 청과 조공책봉 관계를 맺은 일을 가리킨다. 기휘를 범하는 말이란 곧 청나라를 배척하는 말이다. 김상헌이 인조 대 척화파를 대표하는 인물이었으니 그의 문집에 그런 말이 들어 있는 것은 당연한 일이었다.

김상헌이 명청 교체기의 인물이라는 사실을 알지 못한 반정균이 물었다. "그분은 전횡 같은 분이군요." 홍대용이 대답했다. "그렇지 않습니다. 이분은 명조明朝를 위해 수절守節한 분입니다." 분위기가 심상치 않음을 느끼고 반정균이 다시 물었다. "혁정이라고 함은 명나라를 말씀하신 것입니까, 동국東國을 말씀하신 것입니까." 홍대용이 대답했다. "조선의 혁정을 말한 것입니다." 김상헌이 반청反淸을 주장했다는 사실을 알게 된 반정균은 서둘러 전횡이라는 두 글자를 지워버렸다.[244]

홍대용에게 김상헌은 '명청 교체 후 벼슬을 하지 않은 인물'이며 동시에 '명조를 위해 수절한' 인물이다. 홍대용이 구사한 혁정이라는 수사는 청나라가 조선에 군신관계를 강요한 상황을 가리킨 것이었지만 반정균은 그 의미를 바로 알아채지 못했다. 반정균은 "세상을 피해 벼슬하지 않았다"는 말을 듣고 바로 전횡을 떠올렸다. 세상을 피한 것은 강요된 군신관계 때문이었을 것이다. 그러나 반정균은 홍대용이 "김상헌이 지키려 한 것은 명이고 거부한 것은

243 성대중, 『청성잡기』, 권1, 揣言, 田橫. 橫之敗也 乃請救於楚 楚卽其父兄之讎也 寧以國斃 忍乞哀於楚哉 (중략) 橫苟徹於天下曰 楚無君者也 漢無父者也 無父無君 其罪等耳 漢安得誅楚 願與天下之孝子忠臣 誅天下之無父無君者 (중략) 如是則橫之義正言順 十倍於縞素之檄 而天下共應之矣 (중략) 兵敗於韓信 身竄於彭越 逃之海島以苟免也 終亦不免焉 刎首以貢之漢 一貢字足了當 可哀也哉.
244 홍대용, 『담헌서』, 외집, 권2, 杭傳尺牘, 乾淨衕筆談. 蘭公曰 淸陰先生集 有幾卷 余曰 二十卷而其中多犯諱之語 不敢出之 淸陰文章學術 爲東方大儒 而革鼎後避世不仕 十年拘於瀋陽 終不屈而歸 蘭公曰 此田橫也 余曰 不然 此爲明朝守節之人 蘭公指革鼎曰明耶抑東耶 余曰 本朝之革鼎也 蘭公始覺而頷之 卽以筆抹田橫云云.

청"이라고 말하기 전까지 혁정이라는 수사에 담긴 강요된 군신관계가 청과 조선의 관계라고 생각하지 않았다.

홍대용이 김상헌을 전횡에 비유하는 것이 적절하지 않다고 생각한 것은 전횡이 강요된 군신관계를 거부한 것은 사실이지만 중화국가에 대한 의리를 지키려는 것은 아니었다고 판단했기 때문일 것이다. 그러나 조선의 현실에서 전횡의 일화에 담긴 의미는 결코 작지 않았다. 조선은 현실에서는 청나라에 패했고 그 결과 조공책봉 관계를 강요당했지만, 속으로는 그들을 멸시했으며 스스로를 중화문화의 유일한 담지자라고 생각했다. 그런 조선 지식인들에게 전횡은 강요된 조공책봉 관계를 조선이 내면으로부터 승인하지 않았다는 사실을 투영하기에 부족함이 없는 소재였다.

1803년 민태혁閔台爀을 정사로 하는 사신단 일행이 북경을 향해 떠났다. 이 일행 중 한 명이 『계산기정』薊山紀程이라는 연행록을 남겼다. 일행은 탑산소라는 곳을 지났다. 그곳에서 바다를 바라보던 작가는 오호도嗚呼島를 떠올렸다. 조선에서 전횡도라고 불리는 이 섬이 산동반도와 한반도 사이에 있으리라 생각했기 때문이다. 그는 이렇게 노래했다.

　　푸른 바다가 둘러싼 제나라 옛 도읍지
　　한 점의 오호도 푸르러서 없어지려 하네
　　동쪽 사람 폐백 나르는 일 보기 싫어져
　　흐린 구름 바다 중간 늘 싸고 있다네[245]

푸른빛은 오호도를 둘러싸고 있는 바다를 상징한다. 이 망망대해는 오호도마저 푸른색으로 보이게 만들 정도이며, 그리하여 관찰자가 섬의 존재감을 느낄 수 없을 정도로 압도적이다. 작가에게 푸른 바다는 조선에 군신관계를

---

245 『계산기정』, 권2, 渡灣, 癸亥十二月 十四日 乙亥. 嗚呼島: 滄溟環抱古齊都 一點嗚呼翠欲無 厭見東人 皮幣役 陰雲長護半洋途.

강요한 청이며, 오호도는 내면에서 부당한 군신관계를 거부하려는 조선이다. 그러나 현실의 조선은 그 푸른 바다 속을 헤쳐 나올 길이 없다. 사신단의 일원이 되어 북경으로 향하고 있는 작가 자신이야말로 조선 지식인이 처한 현실을 적나라하게 보여준다. 작가는 상상했다. 만일 전횡의 혼령이 있다면 어떨까. 조선 사신 일행이 조공품을 싣고 북경으로 향하는 풍경을 보고 싶지는 않을 것이다. 오호도 주변 바다에 드리운 먹구름은 그런 전횡의 마음이 아닐까.

'부당한 군신관계를 거부한' 전횡을 떠올리는 이 정서야말로 조선 후기 사회를 풍미한 중화주의적 아이디어와 무관하지 않다. 조선이 청나라와의 관계를 부당하게 여기는 것은 군신관계가 예적 질서와 원리에 의해 수립된 것이 아니라 무력으로 강요된 것이기 때문이다. 더구나 청나라는 조선 지식인들이 오랑캐로 여겨온 존재다. 그러니 아무리 현실이 엄혹하더라도 그 현실을 내면으로부터 승인할 수는 없는 일이다. 이 경우 명나라는 의리를 지켜야 할 대상이며 청나라는 복수를 해야 할 대상이다. 복수가 불가능한 현실이라면 조선 자신이 명나라로부터 계승한 중화문화를 잘 지켜야 한다. 조선은 이미 중화문화의 유일한 계승자이기 때문이다. 17세기 이후 불특정 다수의 조선 지식인들을 독자로 삼아 배포된 지도 책자에서 한반도와 중원대륙 사이에 전횡도가 보이는 것은 바로 이 때문일 것이다. 전횡의 제나라는 같은 도면에 그려진 중원대륙 안에서도 그 존재를 확인할 수 있다.

3부

조선은 왜 만주 지리에 관심을 갖게 되었을까

1장. 국제질서와 만주 지리의 중요성

영고탑 회귀설과 정치적 위기감

조선이 누르하치의 만주를 심각하게 바라보기 시작한 것은 1595년(선조 28)이 처음이다.[1] 그해 8월, 야인들이 압록강변의 국경 도시 위원에 몰려왔다. 강변을 지키고 있던 지방 무관은 야인들이 강을 건너오는 것을 확인하고 경비초소 인근에서 그들을 사살했다. 당시 누르하치는 건주위建州衛의 추장에 불과했지만, 조선에 위압적인 태도로 항의했다. 명나라의 요동 무관도 건주위 여진족이 압록강이 얼어붙기를 기다려 조선에 쳐들어올 것이라는 정보를 흘렸다.

명나라 때의 여진족은 길림성 일대에 거주하던 건주建州 여진, 송화강 유역에 거주하던 해서海西 여진, 그리고 흑룡강 하류 지대에 거주하던 야인野人 여진으로 구분된다. 중원을 장악하고 있던 명나라는 이들 유력한 여러 여진족들에게 개별적으로 위衛를 세워주고, 그들 간에 서로 견제하게 하는 이른바 이이제이以夷制夷 정책을 구사했다. 명나라의 통제력이 약화되자 여진족들은 명나라로부터 인정받은 거주지를 버리고 요동 인근 지방으로 근거지를 옮겨갔다. 늦어도 15세기경에는 건주위의 여진족들이 조선 국경지대 인근 지역까지 밀려들어왔다. 건주위의 추장 누르하치는 홍경興京 인근에 성을 쌓고 근거지

---

1 이하 건주위 탐사와 관련한 내용 중 별도의 표시가 없는 것은 모두 신충일, 『建州紀程』(建國大學校研究院歷史報告, 제1, 1939, 『興京二道河子舊老城』)을 참고했다.

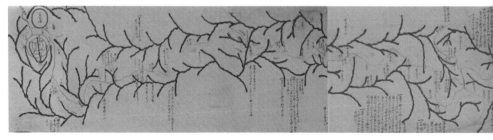

_ 신충일 문서에 있는 건주 탐사 지도. 왼쪽 상단에 표시한 부분이 영고탑이다(李仁榮 校, 「建州紀程圖記」, 『진단학보』, 1939에 실린 이미지 재편집).

를 마련했다.

건주위의 여진족들이 국경지대로 밀려오자 새로운 긴장이 조성되었다. 이 지대는 자연산 인삼이 많이 나는 곳이었다. 여진족이나 국경지대의 조선인들에게 인삼은 생계를 유지하는 중요한 근거가 되었다. 인삼 채취를 둘러싼 조선과 여진족의 갈등이 외교 문제로 비화될 조짐을 보인 것은 어찌 보면 자연스러운 일이었다.[2]

충돌이 발생하자 조선에서는 여진족을 임의로 처단한 무관을 무겁게 벌줌으로써 사태를 신속하게 수습하는 한편, 누르하치의 진의를 파악하기 위해 그들의 근거지로 무관을 파견하기로 했다. 이 일을 맡은 사람은 신충일申忠一 (1554~1622)이었다. 임진왜란의 상처가 아물기 전, 정유재란이 발발하기 1년 전이었으므로 조선으로서도 여유 있는 상황은 아니었다. 그러나 압록강이 얼어붙으면 건주위 여진족이 침략해올 것이라는 정보가 입수된 상황에서 현지의 사정을 파악할 필요성이 그만큼 절실했다.

신충일은 국경 초소인 만포진을 출발해서 얼어붙은 압록강을 건너 누르하치의 이도하자성二道河子城에 도착했다. 누르하치는 신충일에게 변경 문제 처리의 원칙을 제안했다. '건주좌위'의 도장이 찍힌 문서에는 조선인과 건주위

2 이후 만주에서 인삼을 독점적으로 채취하는 문제는 누르하치가 정치적·경제적으로 성장하는 데 핵심적인 사안이 되었다. 이에 대해서는 김선민, 「인삼과 강역―후금·청의 강역인식과 대외관계의 변화」, 『명청사연구』, 30, 2008 참조.

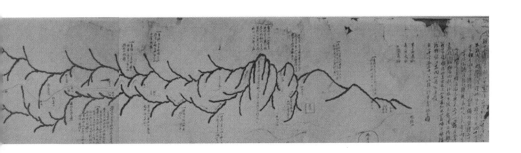

여진족 사이에 국경을 침범하는 일이 생기면 서로 포로를 교환할 것이며, 임의로 처단하지 않는다는 내용이 담겨 있었다.

　귀국한 신충일은 건주위 여진족의 산천, 도로, 성, 울타리, 가옥, 군사, 농사 현황 등을 상세히 적어 한 부는 왕에게 올리고 한 부는 집 안에 보관했다. 왕에게 올린 문서의 일부가 『선조실록』에 발췌되어 있다.[3] 그런데 신충일이 작성한 문서 원본에는 탐사 경로가 표시된 지도가 포함되어 있었다. 신충일은 산은 검은색으로, 강은 파란색으로, 도로는 붉은색으로 표시하여 만주 지역 지리를 한눈에 파악할 수 있게 했다. 신충일의 문서는 누르하치의 근거지에 관한 최초의 보고이자, 만주 일대를 폭넓게 조사한 탐사 보고서로서 중요한 의미가 있다.

　문서 원본의 지도에는 임고타林古打라는 지명도 보인다. 임고타는 만주어 '닝구타'ningguta를 음차한 것인데, 조선 후기 사람들이 늘 만주족의 발상지로 기억했던 영고탑과 음가 같다. 임고타는 홍경의 노성老城을 가리키고, 영고탑은 흑룡강성 영안현寧安縣을 가리킨다. 임고타가 신충일이 홍경에서 들은 만주어 지명을 한자로 옮겨 적은 것이라면, 영고탑은 청에서 들여온 문서에 적혀 있는 지명이라는 점이 다르다. 그런데 신충일의 보고서 이후 닝구타 ningguta를 임고타로 적은 경우는 발견되지 않는다. 성해응成海應(1760~1839)

3 『선조실록』, 선조 29년 1월 30일.

이 신충일의 문서를 보기 전까지 홍경의 노성을 가리키는 임고타는 조선에서 잊혔다.

조선이 닝구타ningguta를 임고타林古打가 아닌 영고탑寧古塔으로 쓰기 시작한 것은 효종 때부터다. 1654년(효종 5) 서울에 들어온 청의 역관 한거원韓巨源은 예부의 자문을 전해왔다. 자문에는 조선에서 조총수 100여 명을 징발해 닝구타ningguta로 보내달라는 내용이 들어 있었다.[4] 조총수를 이끌고 출정한 변급邊岌은 러시아 군대를 격파한 뒤 닝구타ningguta를 거쳐 귀환했다.[5] 이것이 이른바 제1차 나선정벌이다. 변급은 이듬해 자신이 보고 들은 닝구타ningguta 주변의 지리적 형세와 현지 사정을 효종에게 구두로 보고하기도 했다.[6]

흥미로운 현상은 한거원이 예부의 자문을 가져오면서부터 닝구타ningguta는 비로소 寧古塔 혹은 寧固塔이라는 한자어로 음차되기 시작했다는 점이다.[7] 효종 대는 영고탑 회귀설回歸說이 본격적으로 거론되기 시작한 시점이며, 조선이 유일한 중화로 자신을 분식하기 시작한 때이기도 하다. 영고탑 회귀설은 寧古塔 혹은 寧固塔이 임고타를 대신해서 닝구타ningguta의 지명으로 굳어지는 시점에서 조선의 중화주의적 사고가 청나라의 운명적 멸망을 전망하는 쪽으로 이어지면서 탄생하게 되었다.

조선은 오랑캐로 멸시하던 청나라와 군신관계를 맺게 되었다. 현실을 받아들이기 어려울수록 문화적 자존 의식과 청나라에 대한 적대감은 커져갔다. 급기야 조선 지식인들은 청나라가 오랑캐라는 그들의 숙명 때문에 몰락할 것이라는 전망마저 가지게 되었다. 전쟁에 대한 위기감은 여기에서 출발한다. 청나라가 북경에서 퇴각한다면 어디로 돌아갈 것인가. 조선 지식인들이 청나라의 최종 목적지로 예상한 것은 영고탑이었다. 그렇다면 청나라가 북경에서 영고탑으로 이동할 때 어느 길을 택할 것인가. 이 지점에서 조선의 서북 지역

4 『효종실록』, 효종 5년 2월 2일.
5 『효종실록』, 효종 5년 7월 2일.
6 『효종실록』, 효종 6년 4월 23일.
7 『효종실록』, 효종 5년 2월 2일.

과 만주 일대의 지리에 대한 판단이 중요해진다. 조선 지식인들은 심양－길림(울라)을 거쳐 영고탑까지 가는 길이 험하고 먼 우회로인 반면, 조선의 서북 지방을 경유하는 길은 훨씬 완만한 지름길이라고 생각했다. 그들이 그렇게 판단한 근거가 무엇인지는 분명하지 않지만, 만일 지리적 형세가 실제로 그렇다면 전쟁은 피할 수 없는 일이 된다.

영고탑 회귀설에는 만주에 대한 지리적 판단과 함께 몽골에 대한 인식이 들어 있다. 청나라에서 오삼계의 난을 평정했다고 공언한 시점에서도 조선 사신들은 몽골의 태극달자太極撻子가 강한 세력을 유지하고 있다고 생각했다. 조선 지식인들은 몽골이 겉으로는 청나라에 복속하고 있지만 언제든 등을 돌릴 수 있다고 여기면서도, 그들의 실체와 지리적 위치에 대해서는 자세히 알지 못했다. 효종도 몽골을 변수로 한 영고탑 회귀설을 믿었다.

1691년(숙종 17)에는 청나라가 조선에 길을 빌려달라는 자문을 보낸 일이 있었다. 의주에서 조선 경내로 진입한 뒤 백두산에 가보고 지도를 그리려 한다는 것을 명분으로 내세웠다.[8] 남구만에 따르면 당시 이 일이 알려지자 온 나라 사람들이 술렁거렸다. 청나라가 영고탑으로 퇴각할 수밖에 없는 일이 생겼기 때문에 지도 제작을 핑계로 경유할 도로를 염탐하려는 것이라는 소문이 무성했다.[9]

1712년(숙종 38) 청나라에서 목극등穆克登을 파견하여 국경을 조사하겠다는 방침을 알려왔을 때, 청나라의 의도가 무엇인지를 놓고 논란이 벌어졌다. 이광좌는 청나라가 『성경통지』(줄여서 성경지라 한다) 편찬을 위해 사람을 보내는 것이라는 판단은 너무나 낙관적인 것이라고 비판했다. 만일 그런 이유라면 청나라가 1년 넘게 이 문제에 매달릴 이유가 없다는 것이다. 이광좌는 이때 영고탑 회귀설을 거론했다. 그의 논지는 대략 이런 것이었다. "오랑캐들이 중화의 땅을 점거한 지 100년이 지났는데, '오랑캐에게는 100년의 운세가 없다'는 말이 있으니 저들이라고 어찌 걱정이 없겠는가. 100년 동안 중원대륙에

8 『숙종실록』, 숙종 17년 11월 16일.
9 『숙종실록』, 숙종 23년 5월 18일.

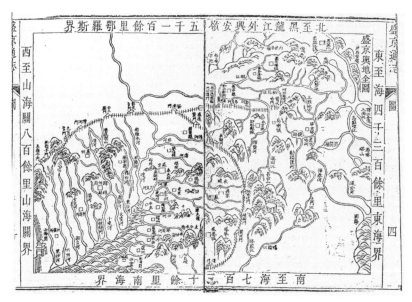

_ 『성경통지』의 〈성경여지전도〉, 국립중앙도서관. 『성경통지』는 조선에서 수입된 만주 관련 서적 가운데 가장 폭 넓게 쓰인 지리지였다.

있다가 하루아침에 만주로 이동하게 되면 그들에게도 어려운 점이 있을 것이다. 또 심양에서 영고탑으로 돌아갈 때 몽골의 저지를 받게 될 것이다. 그런 정황을 염두에 두면 최근에 벌어진 일련의 사태에는 유사시 조선의 서북 지방을 경유하려는 목적이 깔려 있다고 보아야 한다."[10]

영고탑 회귀설과 전쟁에 대한 위기감은 만주 지리서에 대한 사회적 필요를 증폭시켰다. 남구만은 청나라가 영고탑으로 돌아간다 해도 만주를 경유하는 쪽이 조선의 서북 지대를 경유하는 쪽보다 험하지도 않고 가까울 것이라고 여겼다. 그는 자신의 주장을 입증하기 위해서라도 만주 지리서를 확보하고 싶

10 『승정원일기』, 숙종 38년 2월 27일. (李)光佐曰 (중략) 臣自幼 聞諸先輩有識之言矣 彼人以胡虜 入據中華 已近百年 語曰 胡無百年之運 彼亦豈不自慮乎 數十年來 公然待我過厚 至於減貢而極矣者 必有所以 蓋百年中土 錦繡梁肉 已熟習 一朝還歸漠北 則固已難堪 且彼最畏獀子 自瀋陽歸寧固塔之間 獀子壓近 深有邀躡之慮 故其待特厚者 早晚敗歸時 綏則自魚鹽物産 以至土地人民 因有取資之意 急則必直爲取路於西北矣 此行必(數字缺)山川阨塞道里形勢也.

200

어했다. 가장 유력한 자료는 만주에 관한 최초의 종합 조사 보고서라고 할 수 있는 성경지였다.

청나라에서 동병충董秉忠, 손성孫成 등이 처음 성경지를 펴낸 것은 1684년(숙종 10)이었다.[11] 1695년(숙종 21) 사신으로 북경에 갔던 김연金演이 성경지를 구입해 들여오려다 책문柵門에서 적발되어 책을 소각당했다.[12] 김연은 돌아와 자신의 경험을 남구만에게 들려주었다. 사안의 중요성을 직감한 남구만은 이 책의 수입을 재차 추진했다.[13] 마침내 1697년(숙종 23) 봄 사신이 성경지를 한 벌 들여오게 되었다.[14] 성경지에는 『대명일통지』와는 비교할 수 없을 정도로 많은 지리 정보가 담겨 있었다.[15]

남구만은 성경지의 지도를 확대하고 그 위에 거리·역참에 관한 정보를 추가하여 새로운 지도를 만들어 올렸다.[16] 이 지도를 근거로 영고탑 회귀설이 신뢰도가 높지 않음을 주장하려 한 것이다. 그는 지도를 올리면서 이렇게 말했다.

---

11 范秀傳, 『中國邊疆古籍題解』, 新疆人民出版社, 1995, 200~202쪽.

12 『승정원일기』, 숙종 38년 4월 4일.

13 『승정원일기』, 숙종 38년 4월 4일.

14 『숙종실록』, 숙종 23년 5월 18일.

15 성경지는 처음 발행된 이후 여러 차례에 걸쳐 증보되었는데, 이 책이 다루는 주제 중 판본별로 큰 차이가 없는 내용에 대해서는 1852년 雷以誠 등이 간행한 판본(『성경통지』, 국립중앙도서관, 한 고조 64-45)을 대본으로 하였다. 雷以誠 등의 『성경통지』는 총 48권인데, 권별 내용은 다음과 같다. 권1(典謨志 중의 詔), 권2(典謨志 중의 勅諭, 序, 記), 권3(典謨志 중의 碑文, 頌, 贊, 文), 권4(典謨志 중의 詩), 권5(京城志), 권6(壇廟志), 권7(山陵志), 권8(宮殿志), 권9(苑囿志와 牧政), 권10(建置沿革志), 권11(星野志와 祥異), 권12(疆域志와 形勝), 권13~14(山川志), 권15(城池志), 권16(關隘志와 橋梁, 船艦), 권17(驛站志와 鋪遞), 권18(公署志), 권19~20(職官志), 권21(學校志), 권22(選擧志), 권23(戶口志), 권24(田賦志와 旗田稅課), 권25(風俗志), 권26(祠祀志), 권27(物産志), 권28(古蹟志와 陵墓), 권29(帝王志와 后妃), 권30~31(名宦志와 忠節), 권32~34(人物志), 권35~36(孝義志), 권37(烈女志), 권38(隱逸志), 권39(流寓志), 권40(方伎志), 권41(仙釋志), 권42(藝文志 중 歷代 詔勅, 文, 詩辭), 권43(藝文志 중 表疏), 권44(藝文志 중 記), 권45(藝文志 중 序, 書), 권46(藝文志 중 傳, 文, 銘, 賦, 歌辭), 권47(藝文志 중 詩), 권48(雜志).

16 조선에 수입된 만주 관련 서적 가운데 성경지는 이후 가장 폭넓게 쓰였다. 『고금도서집성』이 수입되기 전까지만 하더라도 성경지는 조선에서 만주 지도를 그릴 때 기본 자료로 이용되었다. 〈요계관방도〉나 〈서북피아양계만리일람지도〉는 대표적인 사례다. 성경지는 또 정계定界 문제에 관한 내부 참고자료로도 활용되었다.

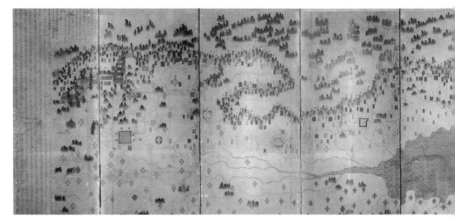

_ 이이명, 〈요계관방지도〉. 조선 후기 청나라에 대한 정치적 위기의식은 만주 관련 지리 정보를 필요로 하게 했다. 그 대표적인 지도가 이이명이 숙종의 명을 받고 만든 〈요계관방지도〉이다.

신이 비로소 성경지에 기록된 참로站路를 살펴보니, 심양에서 동북쪽으로 오라에 이르기까지가 800여 리이며, 오라에서 동남으로 영고탑에 이르기까지가 400여 리입니다. (심양에서 오라를 경유해 영고탑에 이르는 – 인용자) 이 길은 오라를 거쳐가게 되어 있으므로 먼저 북쪽으로 향했다가 남쪽으로 향하여 자못 우회하는 듯한데 합산해보아도 1,300리 정도입니다. 만일 심양에서 지름길을 취하여 곧바로 동쪽으로 영고탑을 향한다면 또 반드시 천 리가 되리니 (오라를 경유하는 길보다 더 – 인용자) 가깝습니다. 설령 청나라 사람들이 영고탑으로 급히 돌아가야 할 일이 생긴다 해도, 자기 나라 안의 가까운 길을 버리고 일찍이 가본 적 없는 다른 나라의 먼 길을 빌린다는 것은 진실로 이치나 형세상 그럴 일은 없습니다.[17]

남구만의 결론은 분명했다. 지리적 형세로 본다면 실제 청나라가 퇴각하는 일이 벌어진다 하더라도 그들이 익숙하고 가까운 길을 버려둔 채 생소하고

---

17 『숙종실록』, 숙종 23년 5월 18일. 自瀋陽東北至烏剌八百餘里 自烏剌東南至寧固塔四百餘里 此路爲歷烏剌而設 故先向北後向南 頗似迂回 合而計之 猶僅一千三百里 若自瀋陽取其徑捷 直東向寧固塔 則又必千里而近 設令淸人果有急歸之事 舍此疆內習熟之近路 乃借他國不曾經行之遠道 實理勢之所必無也.

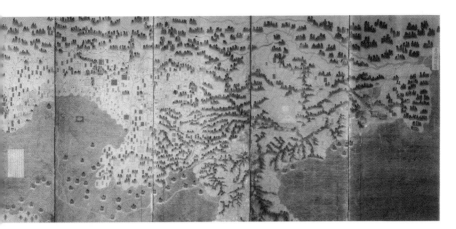

채색필사본, 1706년, 10폭 병풍, 134.5×64.0cm(1폭), 보물 제1542호, 서울대학교 규장각 한국학연구원.

먼 다른 나라 땅을 경유할 이유가 없다는 것이다. 〈요계관방지도〉를 만든 이
이명李頤命(1658~1722)도 성경지를 활용했다. 이이명이 청나라에 사신으로 갔
다가 『주승필람』籌勝必覽과 〈산동해방지도〉山東海防地圖를 가지고 돌아온 것은
1705년(숙종 31) 4월이었다. 숙종은 곧 이 지도 자료를 다시 그려 올리라고 명
했다. 이이명은 숙종의 재가를 받아 열 폭의 병풍을 제작하기 시작했다. 〈요
계관방지도〉란 이름의 새 지도가 완성된 것은 이듬해인 1706년(숙종 32) 1월이
었다. 이 지도와 같은 이름의 모사본이 다른 지도집 안에 실리기도 했다.[18]

이이명은 원본 지도에서 소략하게 다루어지거나 생략된 만주 지역과 조선
의 함경도, 평안도 일대까지 함께 그려 넣었다.[19] 특히 주목되는 것은 만주 일
대의 지리 정보다. 그는 성경지에 실려 있는 〈오라지방도〉烏喇地方圖를 토대로
만주 지역을 묘사했다.[20] 1712년(숙종 38) 청나라가 국경을 조사하려 했을 때
이이명은 영고탑 회귀설을 비판했다. 그는 『대명일통지』와 성경지를 거론하

18 배우성, 앞의 책, 1998.
19 『숙종실록』, 숙종 31년 9월 21일.
20 『숙종실록』, 숙종 32년 1월 12일. 右參贊李頤命 進遼薊關防圖 仍上箚曰 右遼薊關防圖 出於臣使燕時所
購得 皇朝職方郎仙克謹所著 籌勝必覽之書 臣旣承移寫以進之命 又取淸人所編盛京志所載烏喇地方圖 及我
國前日航海貢路 與西北江海邊界 合成一圖.

_ 『해동지도』의 〈요계관방도〉 영고탑 일대. 18세기에 제작된 『해동지도』는 조선의 각 군현지도집인데, 이이명의 〈요계관방지도〉의 모사본이 함께 실려 있다. 서울대학교 규장각 한국학연구원.

면서 청나라가 뒷날 이곳으로 퇴각하기 위해 도로를 염탐하려는 것은 아니라고 판단했다.[21]

숙종도 성경지를 보고 백두산 남쪽 자락과 관련된 기록이 전혀 나오지 않는다는 사실을 알게 되었다. 숙종은 청나라가 설사 성경(심양)에서 영고탑으로 가게 된다고 하더라도 백두산 남쪽과 연고가 없으므로 조선에 큰 피해를 입히지는 않을 거라고 판단했다. 여산군礪山君 방枋은 남구만과 비슷한 주장을 했다. 그들에게 위급한 일이 생긴다 해도 길이 좁고 먼 조선 서북쪽을 거쳐 갈 이유는 없다는 것이다. 김방은 한걸음 더 나아갔다. 청나라가 이미 반청 세력을 제압하고 안정기에 접어들었으므로 본토로 돌아갈 것 같지는 않다는 것이다.[22] 남구만은 서북 지역 개발을, 이이명은 내수외양內修外攘을 각각 주장했다.[23] 그러나 두 사람은 성경지를 활용하고 영고탑 회귀설을 비판한 점에서는

21 『승정원일기』, 숙종 38년 3월 8일. 李頤命所啓 (중략) 臣之愚見 自初以爲不必過慮 蓋彼人初出於白山之北 以此山 爲興王發跡之地 故山北 則岡麓磵谷 一不遺漏於盛京誌 獨不見山南 前後欲見 似出於此 而今之深慮者 或以爲彼將欲移山外部落 居于此地 或以豫爲看審 將爲異日據奪之地 或以爲欲先鹽道里險夷 或以爲魚鹽生理 我地爲勝 必欲見者 尤在於此日 似不必然 (중략) 若使彼人 果有他日之計 則今雖不豫見 何難來據乎.
22 『승정원일기』, 숙종 38년 4월 4일. 上曰 盛京誌得見 則白山南邊 無分明載錄者矣 他日彼人 若離中原 欲歸本土 則雖不預見 有何不爲出來之事乎 以此推之 則我國似無大段可慮事矣 枋曰 後日若有危急之事 則尤何可由小逕險阻之處而作行乎 演曰 聖敎至當矣 彼人卽今形勢晏然 四夷率皆來貢 海賊幾盡勦滅云 以今觀之 姑無急歸本土之慮矣.
23 남구만이 주장한 개발론의 내용은 강석화, 『조선 후기 함경도와 북방영토의식』, 경세원, 2000 참조. 이이명의 지도 인식과 내수외양론은 배우성, 앞의 책, 1998 참조.

아무런 차이가 없었다.

남구만은 청나라가 성경에서 영고탑으로 돌아간다 하더라도 지리적 여건상 조선을 경유하지 않을 것이라고 주장했지만, 그 과정에서 몽골이 변수가 되지 않을 것이라는 점까지 논증하지는 못했다. 그 점에 있어서는 이이명도 대안을 내놓지 못했다. 조선 지식인들이 청나라의 운명적인 몰락을 예견하는 한 그들의 주장이 받아들여질 수는 없었다. 결국 성경지의 지리 지식이 보급되었지만 영고탑 회귀설은 그 뒤로도 오랫동안 위력을 발휘했다.

성경지는 조청 정계定界 과정에서도 조선 측의 내부 정보로 중요하게 활용되었다. 청나라는 국경 조사가 가시화되는 상황에서도 여전히 성경지를 금서 목록에 올려놓고 있었다.[24] 상대가 어떤 태도로 나올지 알지 못했던 접반사 박권朴權(1658~1715)은 일단 두만강과 압록강 아래쪽을 조선의 영토로 확보하기 위한 방안을 모색했다. 그는 성경지가 이런 주장을 뒷받침하는 데 가장 효과적인 지리서라고 판단했다. 청나라에서 금서로 지정하고 있다 하더라도 영토 문제의 중요성을 생각한다면 이 자료를 사용할 수밖에 없다는 것이다.[25] 숙종은 박권의 제안을 받아들였다. 그런데 조태채趙泰采가 반대의사를 내비쳤다. 금서를 가지고 있다는 것을 공공연히 드러내어 문제를 복잡하게 만들 필요가 없다는 것이었다. 숙종은 조태채의 건의를 받아들여 성경지 중 백두산 지도만을 그려 박권에게 내어주도록 했다.[26]

24 『승정원일기』, 숙종 38년 3월 23일. 接伴使朴權所啓 (중략) 議于諸大臣 則判府事李頤命以爲 白頭山下兩大江源流處 皆當爲我界云 而此未有明證 盛京誌 雖有此言 而盛京誌乃是禁物 我國 有難以得見此書爲言 且盛京誌 引大明一統誌 一統誌 雖亦是禁物 此則大明中年所成 彼人 必無到今執頉之理 (중략) 上曰 盛京誌 旣是禁物 則不可擧論.

25 『승정원일기』, 숙종 38년 3월 24일. 接伴使朴權啓曰 (중략) 盛京誌 固是禁物 而曾見犯此禁者 彼人之所以勘斷 不至重大 況此誌之成 在於甲子 其間往來首譯 旣已物故 彼人所共知者 非止一二人 似有方便應變之道境界爭辨 比之此事 輕重懸殊 以此誌爲證 似爲得宜 外議亦多如此.

26 『승정원일기』, 숙종 38년 3월 26일. 知事趙泰采所啓 今番接伴宰臣下去時 內藏盛京誌二卷 啓稟持去 以爲爭界時援據之地 而有大段可慮者 敢此仰達 (중략) 今若勿以本冊出示 只謄其長白山圖 以爲爭執之地 則似爲便當 上曰 或慮彼人 以白頭以南 爲其境內 而彼之果出此言 亦不可必也 當初朴權請對時 則以盛京誌 係是禁物 不可擧論爲敎 而翌日朴權 以定界一款 盛京誌有着實可證之端 且從前貿來禁物者 彼人所勘斷 不至重大爲言 故允下矣 今此所達誠然 本冊勿爲出示 只謄出其地圖 如有迫不得已之事 以此圖出示 似好矣.

만주 지리 지식의 확장

성경지는 동병충이 처음 편찬했을 때는 32권이었는데, 1711년(숙종 37)에 요등규廖騰煌가 잡지雜志 한 항목을 추가했다.[27] 숙종 때 조선에서 본 것은 동병충이 편찬한 32권짜리 성경지였다. 박권에 따르면 이 판본에는 〈오라영고탑형세도〉烏喇寧古塔形勢圖가 실려 있었다. 또 산천 항목에는 백두산에서 발원하는 물줄기에 대한 『대명일통지』의 기록과 그것에 대한 성경지 편자의 해석이 들어 있었다. 『대명일통지』에 나오는 아야고강이 토문강이라는 것이 그것이다.[28]

남구만은 성경지에 기록된 거리 정보에 대해 더 세부적인 설명을 남겼다. 그에 따르면 심양에서 동북쪽 방향으로 오라까지가 800여 리, 오라에서 동남쪽 방향으로 영고탑까지가 400여 리가 되므로 심양에서 영고탑까지는 약 1,300리 가까이 된다.[29] 박권도 이 판본을 토대로 하여 흥경에서 성경까지의 거리를 280리라고 주장했다.[30]

조선에서 최초의 판본을 참조하는 동안 청나라에서는 성경지 수정 보완 작업을 계속하고 있었다. 여요증呂耀曾(1734년, 조선 영조 10, 청 옹정 12, 34권), 왕하王河(1736년, 조선 영조 12, 청 건륭 원년, 48권), 아계阿桂(1778년, 조선 정조 2, 청 건륭 43, 130권) 등이 수정본을 펴낸 것이다.[31] 왕하의 수정본은 1852년(조선 철종 3, 청 함풍 2) 뇌이성雷以誠 등에 의해 다시 간행되기도 했다. 이 책에서는 동병충이 펴낸 것을 『강희성경통지』, 여요증의 것을 『옹정성경통지』, 왕하의 것을

---

27 范秀傳, 『中國邊疆古籍題解』, 新疆人民出版社, 1995, 200~202쪽.
28 『승정원일기』, 숙종 38년 3월 24일. 接伴使朴權啓曰 臣於昨日筵席 伏承疆域至重 必須力爭之敎 而旣無明白文字可爲證據者 恐無以厭服彼人之心 誠極悶慮考見盛京通誌 則其地圖中 烏喇寧古塔形勢圖傍註 有南至長白山一千三百餘里朝鮮界之語 此可爲今日爭界切當之證其山川卷中長白山北註有曰 其山巓有潭 周八十里 南流爲鴨綠江 北流爲混同江 東流爲阿也苦江 今考其地 西南流入海者 爲鴨綠江 東南流入海者 爲土門江云云.
29 『숙종실록』, 숙종 23년 5월 18일.
30 『승정원일기』, 숙종 38년 3월 23일. 接伴使朴權所啓 臣聞盛京誌以爲 興京距盛京 二百八十里云 似不過三四日程.
31 范秀傳, 『中國邊疆古籍題解』, 新疆人民出版社, 1995, 200~202쪽.

『건륭성경통지』, 아계의 것을 『흠정성경통지』로 구분해 부르기로 한다.

여요중은 『대청회전』이나 각 관청 문서를 참고하여 수권首卷에 전모지典謨志를 붙여두었으며, 〈흑룡강형세도〉黑龍江形勢圖, 〈만수정도〉萬壽亭圖 등 두 장의 지도를 추가했을 뿐만 아니라 산천·성지城池·거리 정보 등의 지리 지식을 중점적으로 점검하여 오류를 바로잡았다(『옹정성경통지』).[32] 그는 만주 지역 역참에 관해서도 남구만이나 박권의 말과는 다른 내용들을 기록해두었다. 이 판본에 따르면 성경 봉천부에서 동북쪽으로 두 개의 역참을 거쳐 개원참에 도달하는데, 이 구간의 거리는 210리에 달한다.[33] 오라에서 서남쪽으로 여덟 개의 역참을 경유하면 개원참에 도달하는데, 오라에서 개원참까지는 모두 545리에 달한다.[34] 오라에서 동쪽으로 여섯 개의 역참을 경유하면 드디어 영고탑에 닿게 되는데, 이 구간의 거리는 모두 635리에 달한다.[35]

여러 수정본들 가운데 지리 지식을 대폭 보완한 것은 왕하의 『건륭성경통지』와 아계의 『흠정성경통지』다. 왕하는 어제御製에 해당하는 것을 모아 책머리에 '전모지'典謨志라는 항목을 두었으며, 지도 역시 여러 장을 보완했다. 또 『대청회전』과 각 관청 문서를 참고하여 제도에 관한 내용을 대폭 보충하는가 하면, 팔기八旗의 군제軍制처럼 전에 없던 내용을 새롭게 추가하기도 했다. 왕하는 특별히 지역 간 거리에 관한 『강희성경통지』나 『옹정성경통지』의 기록이 부정확하다는 점에 주목했다. 왕하에 따르면, 『강희성경통지』에서 800리라고 되어 있는 성경-산해관 사이의 거리는 실제 1,200리에 달한다. 그 밖에 기록상 거리와 실제 거리는 적게는 20~30퍼센트, 심한 경우 70~80퍼센트까지 차이가 난다고 했다. 그는 문제가 되는 곳에 대해 "어느 방향으로 몇 리에

---

32 范秀傳, 『中國邊疆古籍題解』, 新疆人民出版社, 1995, 200~202쪽.

33 雷以誠, 『盛京通志』, 권17, 驛站, 奉天東北至烏喇寧古塔站道: 七十里至懿路站 七十里至高麗屯站 七十五里至開原站(外接吉臨烏喇棉花街站五十五里).

34 雷以誠, 『盛京通志』, 권17, 驛站, 吉臨烏喇西南至奉天府站道. 泥十哈站(卽烏喇站在城外十里 凡烏喇各路站道 皆從此起) 七十里至搜登站 七十里至衣兒門站 五十里至刷烟站 六十里至一把單站 六十里至阿爾灘額墨爾站 六十里至黑爾蘇站 八十里至葉赫站 四十里至棉花街站(過此五十五里 內接開原站).

35 雷以誠, 『盛京通志』, 권17, 驛站: 吉臨烏喇東至寧古塔站. 八十里至額黑木站 九十里至額伊虎站 六十五里至退屯站 一百十里至俄莫賀索落站 一百四十里至畢兒漢河站 七十里至沙蘭站 八十里至寧古站.

있다"고만 간략히 적음으로써 부정확한 정보일 가능성을 남겨두는 전략을 취했다.[36]

건륭제는 앞선 성경지들이 항목 간에 균형이 맞지 않는 문제를 해결하기 위해 아계 등에게 수정을 지시했다(『흠정성경통지』). 아계가 『흠정성경통지』에서 보충한 내용 중에는 강역疆域, 산천과 관련된 것이 적지 않다. 특히 『강희성경통지』나 『옹정성경통지』에서 검토된 바 없던 자료들을 활용한 내용도 있다. 아계는 개국開國 관련 유적지와 그 거리 관계 등을 보충하면서 〈흠정여도〉欽定輿圖를 참고했으며, 봉천奉天 지역의 풍속과 물산에 대한 내용을 적을 때에는 『만주원류고』滿洲源流考를 활용하기도 했다.[37]

『옹정성경통지』 혹은 『건륭성경통지』는 영조 때 책문 이설柵門移設 문제와 관련하여 다시 한 번 주목받았다. 1746년(영조 22) 청나라의 봉황성장이 책문을 남쪽으로 옮겨 경작지를 늘리려 한 일이 있었다. 조선은 윤태연을 청으로 보내 사태를 파악하게 하고,[38] 곧이어 북경에 자문을 보내 공사 중지를 요청했다. 청나라는 병부상서를 보내 상황을 파악하고 조선의 요청을 받아들여 공사를 중단시켰다.[39]

조선이 『신증성경지』新增盛京志를 접한 것은 1741년(영조 17) 2월이었다.[40] 위 기록에 보이는 『신증성경지』는 『옹정성경통지』이거나 『건륭성경통지』 중 하나다. 영조는 책문 이설과 관련한 강희 연간의 전례를 확인하기 위해 『신증성경지』를 찾았다. 비변사에 『신증성경지』가 있다는 보고를 받은 영조는 그 책을 한 질 베끼고, 지도를 함께 그려 올리도록 했다.[41] 김상적에 따르면 『신증

---

36 雷以誠, 『盛京通志』, 凡例.

37 『欽定盛京通志』, 凡例(文淵閣四庫全書).

38 『영조실록』, 영조 22년 윤3월 15일.

39 강석화, 앞의 책, 2000, 86~87쪽.

40 『승정원일기』, 영조 17년 2월 28일. (金)在魯曰 新增盛京志出來 人物官爵 皆爲具載 或欲睿覽 則當入之矣 上曰 入之 覽後當下備局矣.

41 『승정원일기』, 영조 22년 4월 25일. (金)尙迪曰 盛京通志 見之 則彼此始役之處 可以知矣 上曰 續盛京誌有之耶 尙迪曰 備局 有之矣 上曰 續盛京志該備耶 一本 欲留置見之 有可得之路耶 備局所置之件 則置之 景夏日 聖上欲乙覽 則使畫工謄出 好矣 尙迪曰 浩大 似難謄出 總圖謄上 似好矣 上曰 然則盛京誌 令備局 謄出一本 總圖 亦爲摸出 成卷入之 可也.

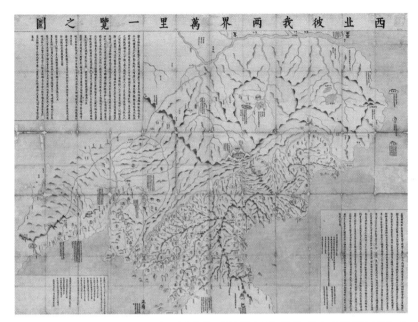

_ 〈서북피아양계만리일람지도〉. 영조는 책문 이설 문제를 위해 중국의 성경지를 참고하여 지도를 만들게 했다. 성경에서 영고탑 일대의 관찬 지도가 만들어진 이후 여러 사본들이 제작되었는데, 그중의 하나가 〈서북피아양계만리일람지도〉이다. 채색필사본, 1712년 이후, 91.5×130.0cm, 보물 제1537-2호, 서울대학교 규장각 한국학연구원.

성경지』는 정언섭이 사신으로 갔다가 가지고 들어온 것이다.[42] 『신증성경지』의 자세함을 들은 영조는 조선과 관련이 깊은 토문강·성경·영고탑 등지의 지도를 자세히 그려 올리도록 했다.[43] 영조는 특히 성경에서 영고탑까지의 지도를 병풍 형식으로 만들기를 원했다. 영조는 비변사 당상과 홍문관 제학을 겸하고 있는 원경하에게 지도 제작을 맡겼다.[44]

42 『승정원일기』, 영조 22년 4월 26일. (金)尙迪 進盛京誌二本曰 此則備局所置之件 此則鄭彦燮奉使時持來之件也. 실록에 따르면 정언섭이 북경으로 떠난 것은 영조 17년 11월이다(『영조실록』, 영조 17년 11월 6일).
43 『승정원일기』, 영조 22년 4월 26일. 上曰 續盛京志 頗仔細矣 (中略) 上曰 地圖 仔細圖上 而其餘諸處 以冊子爲之 可也.
44 『승정원일기』, 영조 22년 4월 26일. (元)景夏曰 長白山靈古塔 皆當畫出 而黑龍江則不關矣 上曰 自盛京至靈古塔畫出 可也 景夏曰 以帖冊爲之乎 上曰 帖冊 便於觀覽 以此爲之 可也 謄本冊子 則不必張大 只記我國所關係處 可也 初欲令備局爲之 卿旣是弘文提學 且兼備堂 凡事 專貴一人 爲好 故心以爲感 而特付於卿矣.

조정에서 책문 이설 문제에 참고하기 위해 성경에서 영고탑에 이르는 관찬 지도를 만들자, 곧바로 많은 관련 사본들이 제작되었다. 국내 여러 공공도서관에 '서북피아'라는 명칭이 포함된 지도들이 분산 소장되어 있는데, 이 지도들에는 책문 이설 시점의 사정이 반영되어 있다. 규장각에 소장된 〈서북피아양계만리일람지도〉西北彼我兩界萬里一覽之圖(古軸4709-22; 4709-22A), 〈서북피아양계만리지도〉西北彼我兩界萬里之圖(古軸4709-9)나 국립중앙도서관에 소장된 〈서북피아양계만리일람지도〉(한貴古朝61-77)가 대표적인 지도들이다. 이 가운데 규장각의 〈서북피아양계만리지도〉를 통해 그 특징을 살펴보기로 한다.

지도는 조선의 서북 지방을 묘사하고 거기에 영고탑에서 산해관까지의 형세를 합쳐 그린 것이다. 왼편 위쪽 여백에는 영고탑의 역사적 유래, 청나라의 건국 과정, 청나라의 요동 지역 군사 편제, 청나라의 몽골에 대한 두려움, 몽골의 영역과 48부의 명칭에 관한 내용들이 적혀 있다. 왼편 아래쪽 여백에는 의주에서 압록강을 건너 산해관에 이르는 거리 정보가 있다. 오른쪽 아래 여백에는 압록강과 두만강을 실제에 가깝게 그리려 노력했다는 내용이 들어 있다.

『옹정성경통지』에는 성경에서 산해관에 이르는 역참이 13곳, 봉천부에서 봉황성을 거쳐 조선의 의주부에 이르는 역참이 8곳 기록되어 있다.[45] 조선 사신이 북경을 왕래하는 길은 1645년 이후 세 차례에 걸쳐 변경되었다. 요양-우가장-광녕-산해관을 따라가던 길은 1665년(현종 6) 청나라가 심양에 성경부를 설치하면서 요양-성경-우가장-광녕-산해관으로 바뀌었다. 그 뒤 청나라는 1679년(숙종 5) 우가장에 설치한 군사시설을 조선에 노출시키지 않기 위해 요양-성경-기류하-백기보-광녕-산해관으로 길을 다시 바꾸게 했다.[46]

〈요계관방지도〉는 성경지에 수록된 1679년 이후의 길을 충실히 표시하고 있다. 그럼에도 〈서북피아양계만리지도〉 유형에 실려 있는 의주-산해관의

45 雷以諴, 『盛京通志』, 권17, 驛站, 奉天西至山海關站道; 奉天南至朝鮮站道.
46 김정미, 「조선 후기 대청무역의 전개와 무역수세제의 시행」, 『韓國史論』, 36, 1996, 175쪽.

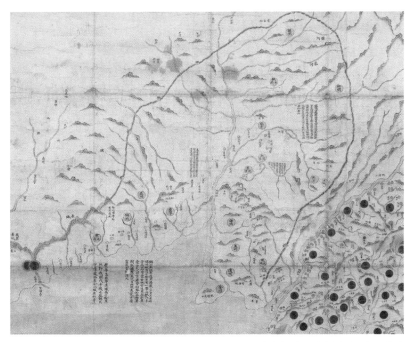

_ 〈서북피아양계만리지도〉, 영고탑 일대. 조선 후기 지식인들은 오랑캐인 청나라가 곧 멸망하여 영고탑으로 돌아가게 될 것이라고 생각하고 이를 대비하고자 했다. 영고탑에 대한 조선 지식인들의 관심은 이러한 인식에서 비롯된 것이었다.

_ 〈서북피아양계만리지도〉, 압록강과 산해관 일대. 조선에서 북경으로 가는 연행 경로로, 해당 지역에 대한 정보를 비교적 자세하게 다루고 있다.

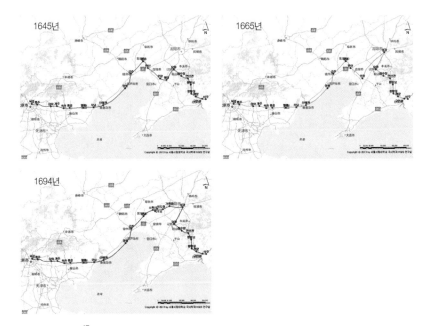

_ 사행로의 변화.[47] 조선시대 사행로는 청나라가 심양에 성경부를 새로 설치했을 때, 그리고 우가장의 군사시설 노출을 꺼려했을 때 변경되었다.

도로 정보가 성경지나 〈요계관방지도〉의 내용보다 훨씬 자세하다. 조선 사신들이 이 길을 다니면서 비교적 많은 정보를 직접 보고 들었기 때문이다. 구요동舊遼東, 신요동新遼東에 대한 내용들과 1665년 이전의 사신길(우가장-광녕) 표시도 성경지나 〈요계관방지도〉 유형의 지도에는 없는 것들이다.

영고탑, 몽골 등에 대한 서술이나 성경에서 영고탑에 이르는 도로 표시를 보면 이 당시에도 여전히 영고탑 회귀설이 맹위를 떨쳤음을 알 수 있다. 오라성 아래에 기록된 지지 정보도 이 지도의 특징 중 하나다. 이 기록에 따르면 동쪽으로 영고탑까지는 500리(혹은 700리), 서남쪽으로 성경까지는 820리, 남쪽으로 백두산까지는 1,300리다.[48] 영고탑에서 회령 혹은 경원부까지 연결되

47 김정미, 위의 글, 1996, 175쪽의 지도를 토대로 GIS로 재작성함.
48 〈서북피아양계만리지도〉: 東至寧古塔五百里 西南至盛京八百二十里 南至白山一千三百里. 『해동지도』의 〈서북피아양계전도〉에는 오라에서 영고탑까지의 거리가 700리로 되어 있다.

는 도로망이 표시되어 있는 것도 〈요계관방지도〉 유형과는 다른 점이다. 회령과 경원은 인조 대 이후 영고탑 사람들이 와서 물건을 사고 팔던 곳이다. 그러나 조선 지식인들은 영고탑을 청나라가 돌아갈 곳이며, 조선의 안전과 관련된 곳으로 생각하고 있었다.

〈영고탑총람도〉寧古塔摠覽圖(국립중앙도서관, 古2702-5)는 이 점을 좀 더 구체적으로 보여준다. 이 지도는 1741년(영조 17) 함경도 북병영에서 만든 것인데[49] 오라와 영고탑에서 조선의 회령에 이르는 길과 소요 일수(오라에서 회령까지는 11일 거리, 영고탑에서 회령까지는 7~8일 거리)가 표시되어 있다. 영고탑을 기점으로 후춘後春, 오라-북경, 몽골-북경에 이르는 여러 개의 길들이 그려져 있다. 영고탑-후춘이나 영고탑-오라-북경 길은 거리가 표시되어 있는 반면, 영고탑에서 흑룡강을 넘어 몽골 지역에 이르는 길은 각지의 부족 이름만 있을 뿐 거리는 표시되어 있지 않다. 여전히 몽골에 대한 두려움이 큰 반면 그 땅에 대한 지리 정보가 충분하지 않은 상황을 반영하고 있다. 북병영에서 자체적으로 만든 지도이기 때문에 성경지의 지리 정보는 반영되어 있지 않다.

만주 일대의 지리 정보를 전해준 새로운 자료로는 『고금도서집성』古今圖書集成과 〈황여전람도〉皇輿全覽圖, 『대청일통지』大淸一統志가 있다. 강희제 때 편찬되기 시작해 옹정제 때 완성된 『고금도서집성』은 당시까지 중국에 알려져 있던 거의 모든 지식을 망라한 일종의 백과전서였다. 정조는 1777년(정조 1) 사신으로 중국에 다녀온 서호수를 통해 이 책을 입수했다. 이 책의 직방전職方典에 중국 각 성省 지도와 군현 지도가 들어 있었는데, 특별히 조선의 관심을 끈 것은 조청 간의 국경지대와 만주 지역 지도였다. 성경지는 많은 역참과 지리 정보를 전해주었지만 지도가 자세하지 않은 편이다. 이에 비해 『고금도서집성』은 백과사전이면서도 만주 지역을 포함한 중국 각 성의 지지와 지도를 담았다. 성경지를 수입한 이후 이렇다 할 북방 지지·지도 자료를 입수하지 못했기에 이 지도들은 더욱 소중할 수밖에 없었다. 『고금도서집성』의 지도들은

---

49 이찬, 『한국의 고지도』, 범우사, 1991, 384쪽.

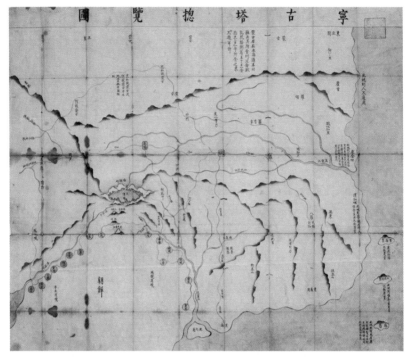

_ 〈영고탑총람도〉. 오라와 영고탑에서 조선 회령에 이르는 길과 소요 일수를 자세히 표시했다. 채색필사본, 1741년, 89.5×104.5cm, 국립중앙도서관.

조선에서 다양한 형태로 복제되었다.

〈황여전람도〉는 흔히 청대 지도학의 결정판으로 불린다. 보정왕輔政王의 통제를 벗어나 친정체제를 구축한 강희제는 중국 전역의 상황을 한눈에 파악하고자 했다. 『대청일통지』도 그런 목적으로 기획되었다. 그러나 서양과학에 관심을 가졌던 강희제는 서양의 측량법이 적용된 새로운 지도를 만들고자 했고, 그 결과 〈황여전람도〉가 탄생했다. 이때의 〈황여전람도〉는 『강희시대야소회교사지도집』康熙時代耶蘇會敎士地圖集(Der Jesuiten-Atlas der kangshi-zeit)과 같은 목각본, 〈만한합벽청내부일통여지비도〉滿漢合璧淸內府一統興地秘圖 같은 동판본, 〈황조여지전도〉皇朝興地全圖 같은 채색필사본이 있다. 〈황여전람도〉는 옹정제와 건륭제 때 수정되었다. 옹정제 때의 것은 〈옹정십배도〉雍正十

_ 〈여지도〉의 성경지도. 조선에서 『고금도서집성』의 지도를 복제해 만든 성경지도이다. 채색필사본, 조선 후기, 3첩 1축, 31.0×21.5cm(책 크기), 서울대학교 규장각 한국학연구원.

排圖, 건륭제 때의 것은 〈건륭십삼배도〉乾隆十三排圖라고 불린다.[50]

규장각에 소장되어 있는 〈서북계도〉西北界圖(古4709-89)는 〈황여전람도〉 계통의 지리 지식이 조선에 영향을 준 흔적을 잘 보여준다. 조선에서는 숙종 대의 〈요계관방지도〉에서 영조 대의 〈서북피아양계만리일람지도〉에 이르기까지 만주와 조선의 국경지대를 함께 그린 지도들이 제작되어왔고, 이 지도 역시 그런 유형 중 하나다. 그러나 이 유형의 선행 지도들이 예외 없이 성경지계통의 지리 지식을 토대로 한 것과 달리 이 지도는 〈황여전람도〉 계열의 지도를 기초 자료로 활용했다.

문제는 〈황여전람도〉 계열의 지도가 어떤 것인가이다. 지도의 외형은 기본적으로 『고금도서집성』 직방전의 지도와 크게 다르지 않다. 그러나 직방전 지도들은 〈강희도〉·〈옹정도〉·〈건륭도〉 등 〈황여전람도〉 원도原圖 계열 지도

50 汪前進,「康熙雍正乾隆三朝全國總會的繪制」,『清廷三大實測全圖集』, 外文出版社, 2007.

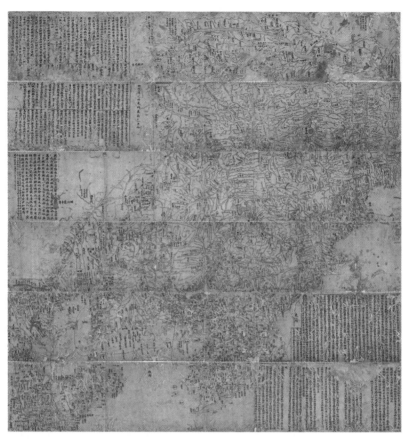

_〈서북계도〉. 이 지도는 성경지 이외에 새로운 지리 지식이 조선에 유입된 사실을 보여준다. 채색필사본, 18세기 중반, 6첩, 140.0×135.0cm, 서울대학교 규장각 한국학연구원.

_〈서북계도〉, 연해주 일대. 〈황여전람도〉계열의 지도를 참고한 이 지도는 연해주 일대가 왜곡되어 있다.

에 비해 대상 범위가 좁다. 연해주 일대만 하더라도 직방전 지도에는 자세하지 않지만, 〈강희도〉·〈옹정도〉·〈건륭도〉에는 모두 포함되어 있다. 〈서북계도〉에는 연해주 일대가 비록 왜곡된 형태로나마 그려져 있다. 이런 점으로 미루어보면 〈서북계도〉는 『고금도서집성』 직방전이 아니라 〈강희도〉·〈옹정도〉·〈건륭도〉 등 〈황여전람도〉 원도 계열의 지도를 참고한 것 같다. 그렇다면 『고금도서집성』과는 별개로 〈강희도〉·〈옹정도〉·〈건륭도〉 등 〈황여전람도〉 원도 계열의 지도가 조선에 유입되었다는 의미가 된다.[51] 〈서북계도〉에는 조선의 관심을 반영하듯 북경에서 영고탑에 이르는 역참이 상세히 표시되어 있다.

새로운 만주 지리지도 도입되었다. 그중 대표적인 것은 『대청일통지』와 『만주원류고』다. 『대청일통지』 편찬을 처음 시도한 이는 강희제였다. 삼번의 난을 진압하고 대만을 평정한 강희제는 1686년(조선 숙종 12, 청 강희 25) 새 지리지 편찬에 착수했으나 완성을 보지는 못했다. 1743년(조선 영조 19, 청 건륭 8), 『대명일통지』 체제를 토대로 최초의 『대청일통지』(342권)가 편찬되었다. 건륭제는 몽골, 위구르 등을 평정하여 판도를 넓힌 뒤 수정본(424권, 1784년, 조선 정조 8, 청 건륭 49)을 냈다. 가경제도 수정본을 만들려 했는데, 그 사업은 1842년(조선 헌종 8, 청 도광 22)에 마무리되었다.[52] 조선에 언제 『대청일통지』가 수입되었는지는 분명하지 않다. 다만 1753년(영조 29)에 이미 궁궐 내에 『대청일통지』가 있었던 점으로 미루어보면[53] 최초 간행 시기로부터 머지않은 시점에 이 책을 들여왔음을 알 수 있다.

건륭제는 성경지와 『대청일통지』의 만주 지리 지식에 만족하지 않고, 만주의 부족·지리에 관한 종합적인 정리를 시도했다. 『만주원류고』가 그것이다. 1777년(조선 정조 1, 청 건륭 42) 건륭제는 내각內閣에 칙지를 내려, 만주족이

---

51 〈강희도〉가 일본에 전래되어 다양한 영향을 미친 점에 대해서는 선행 연구가 있다. 船越昭生, 「鎖國日本にきた『康熙圖』」, 『東方學報』, 38, 1967. 그러나 〈서북계도〉는 〈황여전람도〉 원도 계열의 지리 지식이 조선에서 재해석되는 양상을 다양한 방식으로 드러낸다는 점에서 역사적 의미가 크다고 할 수 있다.
52 張岱年, 『中華思想大辭典』, 吉林人民出版社, 1991, 727쪽.
53 『승정원일기』, 영조 29년 4월 4일. (金)在魯曰 大淸一統誌 尙不還下云 宜下備局矣 聞渠輩亦爲上言云 而一統誌出來 譯官吳載綏 宜有論賞之典矣 上曰 卿爲司譯提調 故如是陳達 而大淸一統誌 大內亦有之 非新奇冊子矣.

혈연적·지리적·문화적으로 금나라의 후예이며, 이 사실을 당당하게 드러내야 한다고 주장했다.

건륭제는 우선 '금金 시조가 완안부完顔部에 살았으며, 그 땅은 백산과 흑수'라면서, 백산을 백두산, 흑수를 흑룡강으로 해석했다. 청나라는 금나라의 발원지에서 일어났다는 것이다. 건륭제는 또 "금나라의 선조들이 말갈부靺鞨部 옛 숙신肅愼의 땅에서 나왔다"는 기록도 그런 맥락에서 해석했다. 청나라가 건국하는 시기에 만주滿珠 땅을 주신珠申이라 부르다가 뒤에 '滿珠'로 고쳐 불렀는데, 이것이 다시 '滿洲'로 바뀌었다 한다. 결국 역사 기록에 보이는 옛 肅愼(sù shèn)은 珠申(zhū shén)이 와전된 것이므로, 금나라의 영역과 청의 발상지는 같다는 주장이다.[54]

건륭제는 만주의 역사를 담은 문헌들을 소개하고, 그 나름대로 내용의 오류를 지적하려 했다. 만주의 역사는 삼한三韓에 관한 기록에서 확인할 수 있다. 『후한서』後漢書 삼한전三韓傳에 "진한辰韓 사람은 아이가 태어나면 그 머리를 납작하게 만들기 위해 돌로 머리를 누른다"는 기록이 있다. 건륭제는 상식적으로 납득하기 어려운 이 기사를 만주족의 풍속과 관련지었다. 만주족은 아이가 태어나면 며칠 만에 와구에 눕혀서 아이의 머리 모양이 납작해지는데, 진한 또한 이런 풍속이 있었을 것이라는 논리다. 건륭제는 범위종范蔚宗(범엽范曄)이 그 사실을 제대로 이해하지 못했기 때문에 『후한서』를 편찬하면서 이렇게 적었다고 보았다. 건륭제에 따르면 범위종의 실수는 거기에 그치지 않는다. 그는 삼한이라는 이름 아래 진한辰韓, 마한馬韓, 변한弁韓을 열거하면서도 그 뜻을 자세히 밝히지 못했다는 것이다.[55]

만주의 역사에 관한 건륭제의 주장은 당나라 때로 거슬러 올라간다. 이때에 만주는 계림雞林으로 불렸는데, 계림은 길림吉林이 와전된 것이며, 신라·백

---

54 『欽定滿洲源流考』, 上諭. 乾隆四十二年八月十九日內閣奉上諭 頃閱金史世紀云 金始祖 居完顔部 其地 有白山 黑水 白山卽長白山 黑水卽黑龍江 本朝 肇興東土 山川鍾毓 與大金正同 史又稱 金之先 出靺鞨部古 肅愼地 我朝肇興時 舊稱滿珠所屬曰珠申 後改稱滿珠 而漢字相沿 訛爲滿洲 其實卽古肅愼爲珠申之轉音 更 足徵疆域之相同矣.

제 등 여러 나라가 모두 그 부근의 땅에 있었다고 했다. 건륭제는 역대의 역사가들이 이런 사실을 제대로 고증하지 못했다고 비판했다.[56]

건륭제는 만주족과 청나라의 정체성 문제를 다시 거론했다. 그는 청나라가 문화적·혈연적으로도 금나라에서 기원한다는 사실을 강조하고 싶어했다. 애신각라愛新覺羅(aisin jueluo)라는 성씨가 그 예다. 애신愛新은 만주어로 아이신aisin이라고 발음되는데, 금金이라는 뜻이다. 만주족이 금이라는 뜻의 성씨를 가지게 된 것이야말로 청나라와 금나라가 문화적·혈연적으로 친연관계임을 보여준다는 것이다.[57] 이런 주장은 사실상 견강부회에 가까웠지만, 건륭제는 개의치 않았다. 금나라에 문자가 있었다는 기록을 해석하는 태도에서도 그런 면모가 엿보인다. 건륭제는 누르하치가 어르더니 박시額爾德尼 巴克什 등에게 명해서 만들어낸 만주어가 사실은 사라진 금나라 문자일지도 모른다고 생각했다.[58]

강희제 이후 청나라의 지배자들은 중화의 논리를 자신의 것으로 만드는 데 주력했다. 중원대륙을 효과적으로 통치하기 위해서는 다른 선택의 여지가 없었다. 그러나 청나라가 정치적 안정과 영토 확장을 이루어가면서 건륭제는 만주족의 전통과 정체성에 새삼 관심을 기울였다. 『만주원류고』에 실린 건륭제의 칙지에는 만주족으로서의 자신감이 배어 있다. 만주족이 건국 이전에 명나라의 봉호를 받은 사실을 감출 필요가 없다는 주장도 그런 자신감의 표현이

---

55 『欽定滿洲源流考』, 上諭. 又後漢書三韓傳 謂 辰韓人 兒生 欲令頭匾 押之以石 夫兒初墮地 豈堪以石押頭 其說甚悖于理 國朝舊俗 兒生數日 置臥其 令兒 仰寢其中 久而腦骨自平 頭形似匾 斯乃習而自然 無足爲異 辰韓 或亦類是 范蔚宗不得其故 曲爲之解 甚矣其妄也 若夫三韓命名 第列辰韓 馬韓 弁韓 而不詳其義意 當時三國 必有三汗 各統其一 史家不知汗爲君長之稱 遂以音同誤譯而庸鄙者 甚至訛韓爲族姓 尤不足當一噱 向曾有三韓訂謬之作 惜未令人盡讀之而共噱耳.

56 『欽定滿洲源流考』, 上諭. 若唐時所稱雞林 應卽今吉林之訛 而新羅百濟諸國 亦皆其附近之地 顧 昔人無能考証者 致明季狂誕之徒 尋摘字句 肆爲詆毁 此如桀犬之吠 無庸深較 而舛誤之甚者 則不可以不辨.

57 『欽定滿洲源流考』, 上諭. 若夫東夷之說 因地得名 如孟子稱舜東夷之人 文王西夷之人 此無可諱 亦不必諱 至于尊崇本朝者 謂雖與大金 俱在東方 而非其同卽 則所見殊小 我朝得姓曰愛新覺羅氏 國語謂金曰愛新 可爲金源同派之.

58 『欽定滿洲源流考』, 上諭. 又金世紀稱 唐時靺鞨 有渤海王 傳十餘世 有文字禮樂 是金之先 卽有字矣 而本朝國書則自太祖時命額爾德尼巴克什等 遵製通行 或金初之字 其後因式微散佚 遂爾失傳 至我朝 復爲創造 未可知也.

다. 청나라는 명나라에 대해 도리를 다했으며, 명청 교체는 천명에 따른 것이므로 청이야말로 역대 어느 왕조보다 떳떳하다는 것이다.[59]

건륭제는 아계 등에게 만주의 역사와 역대 지명의 차이 등을 정리하도록 명했다. 형식적으로는 지리지 편찬 사업이었지만, 실제로는 만주족의 정체성을 확립하기 위한 역사 정리 작업이었다. 그것은 철저히 만주족의 역사를 중심으로 한 만주사가 되지 않을 수 없었다. 결국 『만주원류고』의 논리를 따라가다 보면 한반도의 역사는 만주사의 일부가 되며, 고구려의 존재는 사라지게 된다.

『만주원류고』의 핵심 내용은 부족, 강역, 산천 등 세 항목이다. 아계 등은 부족 항목에서 만주사의 범위를 정했다. 범례에 따르면, 만주는 역사적으로 숙신, 삼한, 읍루挹婁, 물길勿吉, 말갈, 신라, 발해, 백제, 완안부, 건주위 등의 무대였다고 한다.[60] 『만주원류고』 강역·산천 항목은 그 나라와 종족의 지리를 고증한 것이다. 아계가 『만주원류고』 산천 항목을 작성하면서 참고한 자료는 『대청일통지』와 성경지다.[61]

다양한 만주 지리서가 도입되는 사이 확산일로에 있던 영고탑 회귀설은 차츰 약화되었다. 조선 지식인들은 늘 '오랑캐에게는 100년의 운세가 없다'고 말해왔고 또 그렇게 되기를 기대했지만, 이미 그 '오랑캐' 나라는 100년을 넘어서고 있었기 때문이다. 그러나 조선에서 이 논리는 19세기까지도 완전히 불식되지는 않았다. 19세기 전반기 지식인 가운데 청나라 문물을 도입하자고 주장했던 성해응은 이런 문제의식을 잘 보여준다. 그는 이렇게 말했다.

저들이 진실로 천하가 오래 훔칠 물건이 아님을 스스로 안다면 패한즉 마땅히 오라·영고탑으로 돌아가리니, (오라와 영고탑은) 모두 우리의 가까운

59 『欽定滿洲源流考』, 上諭. 我祖宗時曾受明龍虎將軍封號 亦無足異 (중략) 我世祖章皇帝 定鼎燕京 統一寰宇 是得天下之堂堂正正 孰有如我本朝者乎.
60 『欽定滿洲源流考』, 凡例. 謹擬首立部族一門 凡在古爲肅愼 在漢爲三韓 在魏晉爲挹婁 在元魏爲勿吉 在隋唐爲靺鞨新羅渤海百濟諸國 在金初爲完顔部 及明代所設建州諸衛 並爲考據異同 訂析訛誤.
61 『欽定滿洲源流考』, 凡例. 謹擬次立山川一門 以現在大淸一統志 盛京通志所載 据今證古.

경계다. (저들이) 우리의 형세를 엿보고서, 만일 우리가 강하다면 전처럼 화호하겠지만 약하다면 쳐들어와 가지려 할 것이다. 우리나라는 병자호란 이래로 일찍이 군사를 기르거나 성곽을 수리한 일이 한 번도 없었으니, 유사시에 장차 어찌 그들에게 맞서겠는가.[62]

1860년 서양 세력에 의해 북경이 함락당하는 초유의 사태가 벌어지자, 조선에서는 서양의 침략 가능성을 우려하는 목소리가 생겨나기 시작했다. 흥미로운 사실은 이 과정에서조차 영고탑 회귀설의 흔적이 보인다는 점이다. 1861년 훈련천총 윤섭尹燮이 방어책을 올렸다. 그런데 글의 서두에서 윤섭은 청나라의 침입 예상 경로와 그 대비책을 거론했다. 청나라가 서양 세력에 의해 중원에서 밀려난다면 반드시 요양遼陽 방면으로 동진東進하여 조선을 침략하리라는 주장이었다.[63] 함풍제가 열하로 피신한 상황은 이런 시나리오를 더욱 극적인 것으로 만들었다.

성경지를 비롯한 많은 만주 관련 지식들이 들어왔지만, 영고탑 회귀설을 완전히 잠재우지 못했다. 만주에 관한 지식의 양과 질이 문제가 아니었다. 조선이 중화문화의 유일한 담지자라고 생각하는 한, 청나라는 아무리 번성한 문물을 가지고 있어도 본질적으로 늘 타자일 수밖에 없었다. 영고탑 회귀설이 1860년대까지 그 그림자를 드리웠던 것은 그 때문이었다.

변경의 치안과 지리적 관심의 이동

영고탑 회귀설이 장래 어떤 시점에 발생할지 모르는 국가의 위기사태라면, 변금邊禁 문제는 일상적으로 해결해야 할 숙제였다. 강변의 여진 문제는 15세기

---

62 성해응, 『연경재전집』, 권32, 風泉錄 2, 復雪議. 彼誠自知天下非久盜之物 敗則當歸於烏拉寧古塔 皆我隣境也 瞰我之勢 若强梗則如前修和好 若柔弱則欲襲而有之也 我朝自丙丁以來 未嘗講一兵修一城 脫有緩急 將何以敵之哉.
63 이헌주, 「병인양요 직전 강위의 어양책」, 『한국사연구』, 124, 2004, 130쪽.

부터 있어왔지만, 병자호란 이후 강변 치안 문제는 청의 문책을 의식해야 하는 사안이 되었다. 조선의 입장에서는 범월犯越 사건이 발생하지 않게 하는 것이 최선이었다. 그러나 일단 발생할 경우 문제가 된 곳을 파악하고 적절하게 대응할 필요가 있었다. 17세기 이후 특별히 여러 차례 문제가 되었던 것은 압록강 상류 대안의 도구道溝라고 불리는 곳이었다.

1685년(숙종 11), 조선 변경 주민들이 압록강을 건너 삼을 캐다가 갑자기 맞닥뜨린 청의 관병官兵을 살해한 사건이 일어났다.[64] 조선 조정은 청나라 예부에서 보낸 자문을 받고서야 사건을 알게 되었다. 자문에는 "압록강 삼도구三道溝 사람이 조선인이 쏜 총에 맞아 부상했다"는 내용이 들어 있었다. 조선 조정은 사건을 신속하게 조사해야 하는 부담을 안게 되었지만, 어디서부터 사건의 실마리를 풀어야 할지 알 수 없었다. 자문에 언급된 삼도구가 어디에 있는 곳인지 알 길이 없었기 때문이다. 비변사로서는 먼저 삼도구의 위치를 파악하는 것이 급선무였다. 비변사는 숙종에게 이렇게 제안했다.

삼도구란 이름은 일찍이 듣지 못하던 것이니 역관譯官을 급히 봉황성鳳凰城에 보내서 삼도구가 어느 곳이며, 총을 맞은 날짜가 언제인지를 탐문하게 해야 합니다.[65]

그때만 하더라도 조선은 청나라가 압록강으로 합류하는 여러 샛강들을 도구라는 이름으로 부른다는 사실을 전혀 몰랐다. 봉황성에 문의하는 것과 별도로 범월자 색출을 위한 조사가 대대적으로 벌어졌다. 그 결과 한득완韓得完과 박승선朴承先 등이 체포되었다. 그런데 청나라 측이 조사해올 경우 누구를 범인으로 내세워야 할지가 문제였다. 한득완 일행이 후주진厚州鎭을 거쳐 삼도구로 들어가서 청의 공차公差를 맞닥뜨렸다는 점 등은 확인되었다. 그러나 한

64 사건의 경과와 결과에 대해서는 이화자, 『조청국경문제연구』, 집문당, 2008 참조.
65 『숙종실록』, 숙종 11년 10월 9일. 禮部咨 稱 鴨綠江三道溝人 被我國人放槍致傷 備邊司啓言 三道溝之名 曾所未聞 急送譯舌於鳳城 探問三道溝是何處及放槍月日.

득완이 인정한 후주진 대안의 삼도구와 청나라에서 말하는 백석탑白石塔 인근의 삼도구의 거리가 좀 먼 것이 문제였다. 조선은 청나라 측 조사단이 그들을 직접 심문할 경우, 한득완 등이 사건이 일어난 곳은 백석탑이 아니라고 주장하며 그동안 인정했던 혐의마저 부인할 가능성을 우려했다. 더구나 박승선 등이 자백한 범월 장소는 삼도구와 무관한 곳이었다. 숙종은 백석탑에 관한 문제는 더 이상 거론하지 않는 선에서 한득완을 주범으로 내세우도록 했다.[66]

범월 사건이 터지고 청나라에서 조선 측에 책임을 묻고자 하는 상황이었지만 정작 범인으로 지목된 자의 범행 장소가 청나라에서 제시하는 장소와 일치하지 않는 상황이 발생한 것이다. 사건의 진실이 무엇이고 누가 범인인지도 중요하지만, 조선으로서는 범월이 자주 발생하는 압록강 대안 지역의 지리를 파악하기 어렵다는 것이 더 큰 문제였다.

도구道溝라는 지명이 다시 문제가 된 것은 1712년(숙종 38)에 들어서서였다. 이해 2월 청나라 예부로부터 자문이 도착했다. 목극등이 국경지대를 조사할 때 조선이 협조할 것을 요구하는 내용이었다. 청나라 측은 "칙사가 두도구頭道溝를 따라서 나올 것이며, 두도구는 폐사군廢四郡 진처盡處의 월변越邊"이라는 말을 흘렸다. 조선 측 관원을 강 건너편에서 대기하게 하기 위해서였다. 문제는 압록강 연안의 폐사군 지역이 너무 넓다는 데 있었다. 조선이 청나라가 말하는 두도구의 위치를 정확하게 안다면 전혀 문제 될 것이 없었지만, 사정은 그렇지 못했다. 조선은 다만 '폐사군 진처의 월변'이라는 말로 그 위치를 이해했지만, 이것만으로는 구체적인 지점을 특정하기 어려웠다.[67] '폐사군 진처의 월변'이 혜산진 일대를 가리키는지, 강계江界를 가리키는지 누구도 확실하게 말할 수 없는 상황이었다.[68]

66 『승정원일기』, 숙종 11년 11월 10일.
67 『승정원일기』, 숙종 38년 3월 16일.
68 『승정원일기』, 숙종 38년 3월 23일. (朴權)又所啓 (중략) 使臣狀啓中以爲 穆差 由興京邊頭道溝出來 以此見之 則似是江界越邊 而又以當出於廢四郡盡處爲言 諸議皆以爲 廢四郡盡處 必指惠山地方 以此接待凡事 皆今措置於北路 而臣之淺見以爲 自北路言之 則江界亦可爲廢四郡盡處 彼人若不出於惠山地方 而直出於江界之境 則事甚可慮.

1734년(영조 10) 조선 사람이 압록강을 넘어가서 야인을 살해한 사건이 벌어지면서 삼도구가 다시 문제가 되었다. 사건이 발생하자 조선은 신속하게 사건을 조사한 뒤, 세동과 나다내동 두 곳에서 사건이 발생했다고 청나라에 통보했다. 그런데 안핵사 이철보가 추가로 현지 조사를 한 결과는 달랐다. 나다내동 한 곳만 사건 현장으로 지목한 것이다. 그 뒤 심양장군의 제본이 포함된 청나라 측 자문이 왔다. 그런데 이 자문에는 "혼강渾江 지방과 삼도구 지방 두 곳에서 살략했다"는 내용이 있었다.[69]

자문이 도착하자 여러 가지 문제가 동시에 불거졌다. 사건 발생 지점이 세동과 나다내동 두 곳이 아니라 나다내동 한 곳이라는 조선 측의 추가 조사 결과를 청나라에 통보할 것인가, 말 것인가. 처음 통보했던 세동, 청나라 측에서 또 하나의 사건 현장으로 지목한 혼강 지방의 문제는 또 어떻게 할 것인가. 비변사는 특히 나다내동이라는 추가 조사 결과를 놓고 고민했다. 나다내동이라는 지명을 청나라 측이 말하는 삼도구라고 우길 것인가, 말 것인가.[70]

비변사는 조선의 자체 조사 결과를 심양의 조사 결과에 부합하도록 고치기를 원했다. 그러나 정작 사건 조사를 담당했던 이철보의 입장은 달랐다. 그는 눈앞의 문제를 모면하려다 청이 다시 나다내동 사건을 별건別件으로 조사할 경우 더 큰 문제가 생길 것이므로 사실대로 통보해야 한다고 주장했다.[71]

이철보는 나다내동과 삼도구 사이의 거리를 문제 삼았다. 그의 생각은 대략 이런 것이었다. "지금 문제가 된 삼도구는 1685년의 범월 사건에서 문제가 되었던 바로 그 장소다. 당시 조선은 봉황성에 자문을 보내 삼도구의 위치를 문의했고, '후주강 건너편'이라는 답을 들었다. 문제는 이번에 우리 측 조사에서 확인한 나다내동이 자성강 맞은편이라는 데 있었다. 자성강과 후주강 사이의 거리가 400리에 달하기 때문에 나다내동과 삼도구 역시 400리 거리가 될 수밖에 없다. 결국 나다내동을 삼도구라고 말하는 것은 400리나 떨어진 곳

69 『승정원일기』, 영조 10년 4월 29일.
70 『영조실록』, 영조 10년 3월 15일.
71 『승정원일기』, 영조 10년 3월 15일.

224

을 같은 곳이라고 주장하는 격이 아닌가."[72]

영의정 심수현은 나다내동을 삼도구라고 주장하더라도 큰 문제가 되지 않을 것이라고 생각했다. 설사 이철보의 말이 사실이라 하더라도 조선이 통보한 나다내동은 야인 주거지를 조선식으로 부르는 이름이기 때문에 청나라 측이 나다내동의 정확한 위치를 파악하지 못할 것이라고 생각했기 때문이다.[73]

영조는 일단 지명이 다른 점을 문의하도록 했다. 심수현은 봉황성에 구체적인 지명을 흘릴 필요는 없다고 주장했다. 여전히 미봉책의 가능성을 남겨두려고 했던 것이다. 이철보는 봉황성에 문의하더라도 큰 소득이 없을 것이라고 주장했다. 같은 장소를 부르는 이름이 다를 뿐만 아니라 그 발음도 다르기 때문이었다.[74]

한 달여 뒤 봉황성에서 답변이 왔다. 그런데 답변의 내용이 다시 문제가 되었다. 세 사람이 피살된 삼도구는 홍토암紅土巖 지방으로, 6명이 살해된 혼강渾江은 이도구二道溝 지방으로 바뀐 것이다. 회답에 따르면 이도구 지방은 벌등진 고산리 대안이었다고 한다. 문제는 범월 죄인들이 최초 조사에서 인정한 '세동'이 바로 벌등진 고산리였다는 점이다. 김홍경金興慶은 최초의 조사 결과에 기초해서 사건 발생 장소를 세동과 나다내동으로 특정하는 것이 사건의 진실에 좀 더 부합할 것이라고 주장했다.[75] 상식적으로 생각해보면 범월 사건을 처리할 때 가장 중요한 것은 김홍경의 주장처럼 실체적 진실을 가리고

72 『승정원일기』, 영조 10년 3월 15일. (李喆輔曰) 況聞乙丑謄錄 其時殺掠地方 亦是三道溝 而所謂三道溝地方 移咨鳳城 問是何地方 則鳳城答咨曰 厚州江越邊地方云云 然則卽今所謂羅多乃洞 乃是慈城江越邊地方 而慈城江之距厚州江 爲四百里 則羅多乃洞之於三道溝 亦當爲四百里 今欲以相距四百里地之事 强成一處 豈能無差錯乎.

73 『승정원일기』, 영조 10년 3월 15일. (沈)壽賢曰 且以前事觀之 興慶柵門外 則雖相去甚遠 皆稱以興慶門外 羅洞卽我國所稱地名 世洞乃我地 去渾河甚遠 以罪人口招 爲之合此二處 造成文書 則豈必有見露之弊乎.

74 『승정원일기』, 영조 10년 3월 15일. (李喆輔曰) 地方則問與不問 固非大事矣 彼我稱號不同 語音亦殊 則雖問地名 安知其與彼人所稱相符乎.

75 『승정원일기』, 영조 10년 4월 29일. (金)興慶曰 (중략) 回通纔來到 處所則果是二處 而前所謂三道溝地方三人被殺處 今爲紅土巖地方 前所謂渾江地方六人被殺處 今爲二道溝地方 而所謂二道溝地方 卽伐登高山里對境云 細洞卽此地也 (중략) 今若更爲詳覈 査得其細洞 羅多乃洞兩處殺掠之實 與當初咨文措語 無相左之端 則査案似爲明的矣.

시시비비를 정하는 것이다. 그러나 더 많은 사람들은 사건이 투명하게 재구성되지 않더라도 일단 범인을 내세워 사건을 일단락하는 데 치중했다.

조선은 같은 장소가 서로 다른 이름으로 불린다는 사실을 잘 알고 있었으며, 심지어 사건을 미봉하는 데 이런 지명의 차이를 효과적으로 활용하려고 했다. 그러나 그것은 범월 문제의 근본적인 해법은 아니었다. 범월 사건이 발생할 경우 사건 전모를 신속 정확하게 처리하기 위해서는 압록강, 두만강의 양안에 대한 상세한 지리 정보를 파악해야 했다. 강 너머에 있는 야인 부락의 위치와 그것의 조선식 이름, 그리고 그 지역에 관한 청나라 측의 지명을 일목요연하게 정리해야 하는 것이다. 1685년과 같은 지점이 문제가 되었던 1734년(영조 10)의 범월 사건은 이런 필요성을 제고시켰다. 『해동지도』(규장각, 古大4709-41)는 영조 대를 대표하는 회화식 전국 군현 지도집인데, 여기에 수록된 〈서북피아양계전도〉에는 두도구에서 십삼도구까지 각 도구의 이름과 도구별 야인 거주지가 명시되어 있다.[76] 이 지도는 1734년에 일어난 범월 사건의 파장이 미친 영향을 잘 보여준다.

조선은 『고금도서집성』을 들여오면서 마침내 해당 지역의 지명과 물길의 유로에 관한 청나라 측 자료까지 볼 수 있게 되었다. 『고금도서집성』에 실린 〈성경여지전도〉는 조선에서 그대로 복제되기도 했다.[77] 그런데 이 지도는 압록강 북안北岸에 관한 정보만 담고 있어서 각각의 물줄기가 조선의 어느 지역과 마주하고 있는지 알 수 없다. 더구나 조선 쪽에서 압록강 대안을 어떻게 부르는지도 알 수 없다. 이를 추정하기 위해서는 압록강 북안의 지리 정보를 포함하는 조선 지도가 필요하다. 〈서북계도〉(규장각, 古4709-89)는 정상기 유형 〈동국지도〉의 서북 지역 정보와 〈황여전람도〉의 해당 정보를 결합함으로써 그런 사회적인 요구를 충족한 지도라는 점에서 특별하다. 〈서북계도〉의 설명문은 압록강 대안의 야인 부락들이 조선식으로는 어떻게 불리고 있었는지를

---

76 會陽洞(頭道溝), 板乃洞(三道溝), 大岩洞(四道溝), 食鹽洞(五道溝), 大木洞(六道溝), 北水洞(七道溝), 食鹽穗(八道溝), 三洞(九道溝), 文岩洞(十道溝), 自水洞(十一道溝).
77 〈여지도〉(규장각, 고4709-78)의 제3책 1면에 실린 성경성 지도는 그 전형적인 사본 중 하나다.

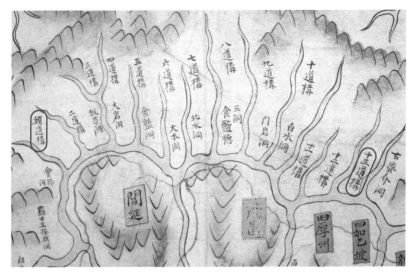

_ 『해동지도』, 〈서북피아양계전도〉, 두도구에서 십삼도구 일대. 압록강 두만강 일대의 지리 정보를 표기했는데, 강 너머 야인 부락의 위치, 청나라 지명과 조선식 이름을 상세하게 파악했다.

잘 보여준다.[78]

『해동지도』의 〈서북피아양계전도〉와 비교해보면 지명과 물길의 유로에서 적지 않은 차이가 있다. 가응이금동加應伊金洞이나 나사립동羅土立洞처럼 한자의 의미가 통하지 않는 지명들은 현지의 만주어 발음을 음차해서 적은 것이다. 준거리동浚巨里洞의 거리巨里, 후거리평後巨里坪의 평坪, 식염덕食鹽櫶의 덕櫶은 조선적인 의미를 중시한 지명들이다. 이 지역들은 다시 적로賊路라는 이름으로 조선의 서북 지역과 연결되었다. 〈서북계도〉에는 또 압록강 상류의 도구 지역에 관한 정보가 조선이 파악한 지명과 함께 실려 있다.[79] 『해동지도』의 〈서북피아양계전도〉와 〈서북계도〉는 조선 측 지명과 청나라 측 지명을 하나

---

78 〈서북계도〉 설명문에 기록된 압록강 대안 야인 부락의 지명들은 다음과 같다. 朔州(老土洞·三寨洞·別利馬郎洞·大坡兒洞·小坡洞·倭峴洞·大瓦坊·小瓦坊·浚巨里洞), 碧潼(後巨里坪·麻田洞·胡照里洞·突弘洞·沙倉洞·哥洞洞·淸交洞·毛土里洞), 理山(長洞·汗赤川洞·倉代洞), 渭源(檜洞·芚浦·長浦·楸洞·芚浦洞·古邊水洞), 江界(白水洞·小食鹽洞·三道口·門巖回三洞·伐草嶺·大食鹽洞·食鹽櫶·加應伊金洞·羅土立洞·會陽洞·削土洞).

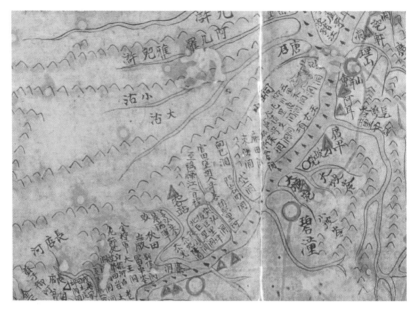

_ 〈서북계도〉, 압록강 대안 야인부락 일대. 만주어 발음을 음차한 지명 중에 후거리평後互里坪 등의 조선식 지명이 보인다.

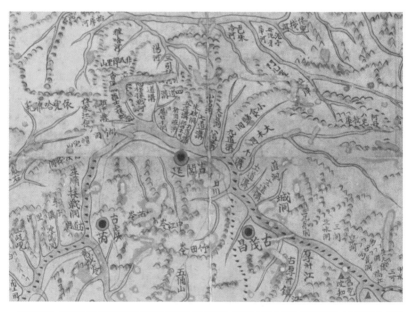

_ 〈서북계도〉, 압록상 상류 도구 일대. 지역 관련 정보가 조선이 파악한 지명과 함께 기재되었다. 두도구에서 십이도구 가운데 십일도구에는 조선식 지명이 없다.

의 지리적 실체로서 확인하기 위한 노력이 계속되고 있었다는 사실을 잘 보여준다.

범월 사건은 19세기에 들어서도 근절되지 않았다. 그러나 만주에 대한 청나라의 통제 시스템이 약해지면서 범월로 인한 정치적 긴장은 현저하게 완화되었다. 만주 일대에 거주하는 야인의 수가 19세기 들어 폭발적으로 늘어난 것도 그런 사정을 반영한다.

청나라는 순치 연간에서 강희 연간에 걸쳐 성경장군과 길림장군의 관할 지역에 버드나무를 심어 울타리로 삼고, 한족의 이주와 개간을 금지했다. 만주족의 발상지를 보호하는 차원에서 취한 조치였다. 청나라는 특히 울타리 동쪽편에서 압록강에 이르는 넓은 지역을 관리하는 데 주의를 기울였다. 청나라는 이곳에 기인旗人의 거주를 금지하고 변문邊門과 초소를 설치했을 뿐만 아니라 현지 조사를 위해 통순統巡 제도와 공동회초公同會哨 시스템을 도입했다. 그러나 1867년(고종 4) 당시 울타리 동쪽편 밖에서 이미 수십만 명이 토지를 개간하고 있을 정도로 청나라의 관리 시스템은 부실했다.[80] 1871년(고종 8)의 범월 사건은 이런 배경에서 발생한 것이었다.

그해 10월 20일, 압록강 너머에서 벌목하던 '비민'匪民 70여 명이 어둠을 틈타 강을 건넌 뒤 후창군厚昌郡 두지동杜芝洞 산골짜기에 숨어들었다. 침입자를 발견한 후창군수 조위현은 그들을 강 너머로 쫓아냈다. 11월 9일 총을 들고 깃발을 앞세운 비민 700~800여 명이 다시 압록강가에 모습을 드러냈다. 그들 중에는 조선인 이주자들도 적지 않게 포함되어 있었다. 청나라의 관리 시스템이 허술해지면서 강변 너머는 야인에게도, 조선인 이주자에게도 이미 해방구가 되어 있었던 것이다.

조위현은 군사를 보내 경계를 강화했다. 11월 25일, 400~500명의 비민

79 羅士立接戰洞(頭道溝), 會陽洞(二道溝), □祿接戰河(洞)(三道溝), 趙明千(干)洞(四道溝), 於用怪洞(四道溝), 郡毋木川(五道溝), 朱砂洞(六道溝), 小岩洞(七道溝), 大岩洞(八道溝), 小食鹽洞(九道溝), 大木洞(十道溝), 直洞(十二道溝).
80 구범진, 「19세기 盛京 東邊外 山場의 管理와 朝·淸公同會哨」, 『근대 변경의 형성과 변경민의 삶』(동북아역사재단 창립2주년기념 국제학술회의 자료집), 2008, 19~51쪽.

들이 얼어붙은 강을 건너 후창군으로 돌진해왔다가 조위현에 밀려 금창리金昌 里 건너편 마록포로 퇴각했다. 조위현은 평안감사 한계원韓啓源, 평안병사 조 태현趙台顯에게 그간의 경위를 보고했다.

금창리 양안에서는 거의 두 달이 다 되도록 대치 상태가 이어졌다. 조위현 의 완강한 태도를 확인한 비민들은 마침내 흩어지기 시작했다. 이즈음 왕양춘 王陽春, 한오정韓五亭 두 사람이 강을 건너왔다. 그들은 이후로는 다시 강을 건 너 침범하지 않겠다고 약속하면서 자신들의 이름을 적은 약서約書를 조위현에 게 보냈다.[81] 마침내 강변의 비민들이 스스로 해산했다. 조위현은 사건이 종결 되었음을 한계원과 조태현에게 알렸다. 12월 20일, 두 사람은 장계를 올려 저 간의 사정을 고종에게 보고했다. 1872년(고종 9) 1월, 고종은 이 사태의 전말을 자문을 통해 청에 알렸다.[82]

고종이 보낸 자문이 성경 예부를 거쳐 북경 예부에 도착한 것은 그해 3월 이었다. 예부는 사건에 대해 비민이 강을 넘어 소요를 일으킨 것만이 아니라 왕양춘 등이 제멋대로 약서를 보낸 것까지 문제 삼았다. 예부는 성경장군에게 이 사태를 엄밀하게 조사하여 밝힐 것을 요구했다. 예부의 보고를 받은 동치 제가 이렇게 명했다.

"비민이 강을 건너 소요를 일으킨 것은 크게 법금法禁을 어긴 것이다. 이른 바 조선국朝鮮國의 평안도平安道 후창군은 도대체 성경 지방의 어느 곳과 접하고 있는가? 현재 비적들은 비록 흩어졌다고 하나, 일이 금령을 어기고 경계를 넘은 것에 관계되므로 신속하게 철저히 사명査明하고 엄히 처벌해 야 한다. 도홍아都興阿, 서련瑞聯으로 하여금 해당 지방의 문무文武 관원들 에게 명하여 엄밀히 조사하여 잡아들이고 타당하게 처리하게 하라."[83]

---

81 『同文彙考』, 約文, 原編續 疆界二, 約文; 배우성·구범진 역, 『국역 동문휘고 강계 사료』, 동북아역사재 단, 2008(이 글에서 인용한 『동문휘고』는 모두 이 국역본이다).
82 『同文彙考』, 原編續 疆界二, 報沿江匪民越界侵擾咨 (移北京禮部互犯越上國人), 同治 11年 正月 口日.
83 『同文彙考』, 原編續 疆界二, 禮部知會沿江匪民越界侵擾咨轉奏奉上諭咨, 同治 11年 3月 口日.

동치제의 명은 곧바로 성경장군 도홍아, 봉천부부윤 서련에게 하달되었다. 예부는 동치제의 명을 조선에도 알렸다. 도홍아 등은 동치제의 명이 내려올 때까지 사건을 파악하지 못하고 있었다. 현지를 관할하는 책임자에게 보고받지 못했기 때문이다. 더구나 그는 조선이 자문에서 말한 두지동과 금창리 등이 압록강 북쪽 강변과 어느 지점에서 연결되는지 알지 못했다. 그는 조선 국왕에게 두지동과 금창리의 위치를 문의할 것을 청했다.[84]

조선이 청나라의 자문을 받은 것은 그해 4월 22일이었다. 고종은 바로 평안감사에게 이 사실을 알리고 해당 위치를 조사해 보고하게 했다. 6월 2일 평안감사의 장계가 서울에 도착했다. 이 장계에는 후창군수와 자성군수의 보고서가 첨부되어 있었다. 자성군慈城郡 중덕리中櫶里에서 강을 따라 금창리까지 170리, 금창리에서 두지동까지는 30리 정도인데, 중덕리·금창리·두지동의 대안對岸에는 각각 두도구·마록포·칠도구 등이 있다는 내용이었다.

고종이 이들의 보고 내용이 담긴 자문을 청나라 예부로 보낸 것은 6월 19일이었다. 고종은 평안감사의 장계 내용을 전한 뒤 말미에 이렇게 덧붙였다. "강역疆域에는 한계가 있고 공문公文에는 근거할 것이 없으므로, 거리를 헤아린 것에는 결국 추측이 개입되어 있고, 접하고 있는 경계에 대해서는 여전히 명증明證하기 어렵습니다. 번거로우시겠지만 귀부貴部에서 사실事實을 감량鑑諒해주십시오."[85]

조선은 강변 대안의 야인 거주지가 조·청 간에 서로 다르게 불린다는 사실을 인식하고 있었다. 범월 사건이 발생한 위치를 추정할 수 있을 만큼 경험과 지식도 축적되어 있었다. 그러나 범월 사건에 대한 조선의 최대 관심사는

---

84 『同文彙考』, 原編續 疆界二, 盛京禮部知會厚昌郡杜芝洞究與內地何處毗連詳明咨, 同治 11年 3月 □日. 도홍아는 또 "해당 지방의 문무文武 관원들에게 명하여 엄밀히 조사하여 잡아들이고 타당하게 관리辦理하게 하라"는 명에 따라 봉황성의 문무지방관을 동원하여 사건 관련자들을 조사한 후 보고하게 했다(盛京將軍都興阿等奏複邊查邊外山民渡江滋擾朝鮮情形折, 『淸代中朝關系檔案史料續編』, 中國檔案出版社).
85 『同文彙考』, 原編續 疆界二, 回咨 同治 11년 6월 19일. 청이 금창리, 두지동 대안에 관한 정보를 조선에 문의하기로 한 것은 그만큼 현지 파악이 충분하지 못하다는 뜻이다. 조선이 그 요청에 대해 조심스럽게 답변한 것은 그곳이 조선의 관할 지역이 아니기 때문이다.

사태의 진실을 밝히는 것이 아니라 외교적 긴장이 조성되지 않도록 처리하는 일이었다. 서둘러 범인을 확정해서 사건을 무마하고, 사건 처리에 관한 청나라의 요구에 응답하는 선에서 그친 것은 이 때문이었다. 강변 지리 지식은 그런 정치적인 요구를 충족시키는 데 크게 부족하지는 않았다.

17~18세기 조선에게 만주는 곧 범월 문제의 진원지였으며, 전쟁의 위기감을 연상시키는 단어였다. 기본적으로 학술적인 이슈가 아니었던 것이다. 이런 정치적 현실에서 지리적 관심의 초점은 요동이 아니었다. 압록강변 맞은편의 적로賊路였으며, 심양-길림(울라)-영고탑으로 이어지는 북만주였다. 명청교체를 전후한 시기부터 만주 지리에 대한 관심이 자연스럽게 요동에서 북만주로 옮겨간 것이다. 특히 백두산정계비 문제는 조선의 북만주에 대한 인식에서 백두산과 백두산의 수계 쪽이 부각되는 계기가 되었다.

2장. 청나라 지리지에 나타난 백두산과 주변 하천

성경지 계열의 백두산과 주변 하천

성경지에서 백두산과 주변 물길에 관한 내용은 지도와 산천지山川志에 들어 있다. 지도 가운데 〈여지전도〉輿地全圖와 〈장백산도〉長白山圖가 눈에 띈다. 〈여지전도〉의 내제內題는 '성경여지전도'盛京輿地全圖로 되어 있다. 백두산에서 압록강이 흘러내리는데, 동가강 물을 받아 서남쪽으로 흐른다고 한다. 또 백두산에서 동북쪽으로 토문강이 흘러나가는데 혼춘하渾春河를 받아 동해로 빠져나간다. 지도에서 토문강과 두만강은 전혀 구별되지 않는다. 백두산에서 북쪽으로 흘러내리는 여러 물줄기들은 한 줄기로 모여들었다가 백도눌장군白都訥將軍이 주재하는 장녕현長寧縣을 거쳐 흑룡강과 합류되는 것처럼 묘사되어 있다.

　〈장백산도〉는 백두산과 백두산에서 흘러나오는 물줄기만을 그린 간략한 지도다. 보통 지도와 달리 남북 방향이 바뀌었다. 청나라에서 제작한 것이므로 그들의 관점이 배어 있다. 백두산 천지와 압록강의 물결이 넘실거린다. 또 천지 주변으로 산자락이 겹겹이 둘러싸고 있는 모습은 지도라기보다 흡사 그림 같은 느낌을 준다. 아척혁토랍고阿脊革土拉庫, 낭목낭고하娘木娘庫河, 앙방토랍고昂邦土拉庫, 새인눌인賽因訥因, 액흑눌인額黑訥因, 토문하土門河, 삼둔하三屯河, 압록강鴨綠江, 토문강土門江이 보인다. 백두산에 관한 설명은 크게 두 부분

_ 『성경통지』, 〈장백산도〉. 청나라에서 제작한 백두산 지도이다. 압록강과 토문강의 위치로 보아 남북 방향이 바뀌어 있음을 알 수 있다. 국립중앙도서관.

으로 구성되어 있다. 백두산의 명칭 유래, 백두산에서 흘러나가는 물줄기에 관한 『대명일통지』의 설명과 그에 대한 해석이 한 단락을 이루고, 백두산에 제사를 지낸 연혁과 강희제가 현지를 답사하게 한 내용이 다른 한 단락을 이룬다.

장백산長白山의 만주어식 표현은 가이민상견아린산歌爾民商堅阿隣山이라 한다. 『산해경』에서는 불함산不咸山, 『당서』唐書에는 태백산太白山이라 하는데, 도태산徒太山 혹은 백산白山이라고도 한다. 『대명일통지』에 "장백산은 옛 회령부會寧府 남쪽 60리 지점에 있는데, 천 리에 뻗쳐 있으며 높이는 200리다. 그 꼭대기에 연못이 있는데, 둘레가 80리다. 남쪽으로 흘러 압록강이 되고, 북쪽으로 흘러 혼동강混同江이 되며, 동쪽으로 흘러 아야고강阿也苦江이 된다"고 했다. 문제는 아야고강이라는 이름이다. 성경지의 편찬자들은 백두산에서 흘러나가는 물줄기와 이른바 아야고강의 실체에 대해 다음과 같이 적었다.

지금 그 땅을 살펴보니, 장백산은 봉천부 영길주 동남쪽 1,300여 리에 있다. 서남쪽으로 흘러 바다로 들어가는 것이 압록강이 되고, 동남쪽으로 흘러 바다로 들어가는 것이 토문강이 된다. (또) 북쪽으로 흘러 선창성船廠城 동남쪽을 감싸고, 변책邊柵 밖으로 흘러나가 낙니강諾尼江을 받는다. 동북쪽으로는 흑룡강 남쪽에서 오소리강烏蘇哩江을 각각 받아 꺾여 바다로 흘러 들어가는 것이 혼동강이 된다. (장백산에서 발원하는 물줄기 가운데) 아야고라는 이름은 없으니, 옛 이름과 오늘날의 이름이 다르기 때문이다.[86]

성경지의 편찬자들은 또 역대 중원대륙의 국가들이 백두산에 제사를 지냈던 사례를 거론했다. 이 기록에 따르면, 금나라는 1172년(고려 명종 2, 금 대정 12)에 산 북쪽에 묘묘를 세우고 흥국영응왕興國靈應王으로 책봉하여, 악진嶽鎭의 고사故事대로 제사를 드렸다. 1193년(고려 명종 23, 금 명창 4)에는 개천굉성제開天宏聖帝로 높였으나 그 뒤에 폐지되었다. 청나라는 봄가을로 백두산에 제사를 지냈다. 이 제사를 주관한 것은 영고탑장군부도통寧古塔將軍副都統이었다. 그는 선창성 서남쪽 9리 지점에 있는 온덕항산溫德恒山 위에서 백두산을 바라보며 망제望祭를 지냈다. 이 제사에는 성경 예부의 관원도 파견되었다.[87]

성경지와 『대청일통지』, 『만주원류고』 등에는 이 밖에도 강희제가 백두산에 대신大臣을 보내 살펴보게 한 사례들이 언급되어 있다.[88] 이 기록들에 따르면, 1678년(조선 숙종 4, 청 강희 17)에 대신 각라오목눌覺羅吳木訥[89] 등이 황제의 칙지를 받들고 산에 올라 둘러보았다고 한다. 일행은 산자락에서 운무로 뒤덮인 곳을 만났다. 대신들이 무릎을 꿇고 강희제의 칙지를 읽어 내리자 운무가 걷히고 산의 형세가 분명해져서 지름길로 오를 수 있게 되었다. 정상에 오른

86 雷以誠, 『盛京通志』, 卷13, 山川志, 永吉州.
87 雷以誠, 『盛京通志』, 卷13, 山川志, 永吉州. 國朝誕膺天命 考正祀典 尊爲長白山之臣 春秋兩祭 寧古塔將軍副都統主之 在城西南九里溫德恒山之上望祭 盛京禮部 遣官隨祭 國家大典 遣大臣祭告加嶽鎭儀.
88 『만주원류고』의 기록은 상대적으로 자세하지 않지만, 기록의 취지는 동일하다(『欽定滿洲原流考』, 권14, 山川, 長白山).
89 『續淸史稿』에는 覺羅武默訥(『續淸史稿』, 列傳, 列傳 70), 『흠정성경통지』에는 覺羅武穆納으로 나온다.

일행의 눈앞에 천지의 풍경이 펼쳐졌다. 다섯 개의 봉우리들이 구부린 듯 높이 솟아 있고 남쪽 봉우리 하나가 마치 문처럼 조금 낮았으며, 가운데 못은 그윽했다. 못의 둘레는 족히 40여 리는 되었다. 산의 사방으로 수많은 물줄기들이 흘러나가니, 3대 강의 발원처였다.[90]

1677년(조선 숙종 3, 청 강희 16) 강희제는 대신 각라무묵눌覺羅武默訥 등에게 백두산을 돌아보고 사례祀禮를 행하게 하는 한편, 예부에 명하여 백두산을 국가 제사의 대상으로 삼는 문제를 내각과 협의해 보고하게 했다.[91] 『속청사고』續清史稿에 따르면 각라覺羅[92]는 기인旗人의 성씨인데, 청 태조가 육조六祖의 자손子孫들에 대해 모두 각라를 칭하고 홍대紅帶를 매어 구별하도록 했다 한다. 각라무묵눌은 경차도위輕車都尉(아달합합번阿達哈哈番, 만주어의 adaha hafan), 일등시위一等侍衛 등을 거쳐 1667년(조선 현종 8, 청 강희 6)에는 내대신內大臣으로서 좌령佐領을 관할했다. 강희제의 명을 받고 북경을 출발한 그는 성경 등을 거쳐 백두산에 올랐다. 북경에 돌아온 각라무묵눌이 답사 결과를 보고하자, 강희제가 칙지로 백두산을 국가 제사의 대상으로 삼게 했다.[93]

『속청사고』에도 각라무묵눌의 여정과 백두산 풍경에 관한 설명이 자세하다. 대부분은 성경지의 여러 판본들에 실려 있는 내용과 크게 다르지 않다. 다만 "왼편으로 흘러내린 물줄기가 송화강이 되고, 오른편으로 흘러내린 물줄기는 크고 작은 눌은訥殷이 된다"는 대목이 눈에 띈다.[94]

1684년(조선 숙종 10, 청 강희 23) 주방협령駐防協領 늑출勒出이 강희제의 칙지에 따라 백두산을 돌아보았다. 성경지에는 늑출의 답사 결과가 실려 있는데, 그 가운데 백두산 남쪽 기슭 산줄기가 두 갈래로 나뉜다는 대목이 보인다.

90 雷以誠, 『盛京通志』, 卷13, 山川志, 永吉州.
91 『清實錄』, 강희 16년 9월 병자.
92 만주어 jueluo를 음차한 것이다.
93 『續清史稿』, 列傳 70, 覺羅武默訥傳.
94 『續清史稿』, 列傳 70, 覺羅武默訥傳. 이는 사실상 부정확한 판단이었다. 그러나 그의 답사 목적은 수계 조사가 아니라 치제致祭였다. 따라서 백두산에서 흘러나가는 물길에 관한 그의 판단은 뒷날 큰 영향을 미치지는 않았다.

그 한 줄기는 서남쪽 갈래이니, 동쪽으로는 압록강을 경계로 하고 서쪽으로는 통가강通加江을 경계로 하는데, 그 산기슭이 다하는 곳에서 두 강이 만난다. 다른 한 갈래의 줄기는 산의 서쪽을 감싸고 북쪽으로 수백 리를 뻗었는데, 여러 물줄기들이 나뉘는 곳이므로 구지舊志에서는 이곳을 뭉뚱그려 분수령分水嶺이라 불러왔다. 지금은 서쪽으로 홍경興京의 변문邊門에 이르기까지 숲이 무성한 곳을 납연와집納緣窩集이라고 부른다. 여기서부터 서쪽으로 홍경의 변문에 들어서면 비로소 개운산開雲山이 된다. 납연와집의 한 갈래가 북쪽으로 40여 리 뻗은 것을 현지인들은 가이민주돈歌爾民朱敦이라고 부른다. 다시 서쪽으로 영액英額의 변문으로 들어오면 비로소 천주산天柱山과 융업산隆業山이 된다. (중략) 두 갈래 사이로 현지인들 나름대로 이름을 지어 산山이라 하고 령嶺이라 하는 것들이 하나둘이 아니지만, 모두 이 두 산의 갈래들이다.[95]

『흠정만주원류고』欽定滿洲原流考(권14, 산천, 장백산)에도 거의 같은 내용이 실려 있다.[96] 성경지의 지리 지식은 기본적으로 여러 판본들 사이에서 공유되었지만, 판본들 간에 차이가 나는 대목도 있다. 또 성경지 판본들에서 공유되는 내용이라 하더라도 『대청일통지』나 『만주원류고』와 차이가 나는 부분들도 있다. 『흠정성경통지』는 강희제·옹정제 때의 성경지들에 비해 연혁이 좀 더 상세하지만, 기본적으로 선행 판본들을 계승하고 있다. 다만 백두산의 위치에 대해 다르게 파악한 점이 눈에 띈다. 『흠정성경통지』에 따르면, 구지舊志들은 백두산이 선창船廠 동남쪽 1,300리에 있다고 했지만, 이 산은 사실상 '길림성

---

95 雷以誠, 『盛京通志』, 卷13, 山川志, 永吉州, 長白山. 康熙二十三年 奉遣駐防協領勒出等 復周圍 相山形勢 (중략) 南麓婉蜓磅礴 分爲兩幹 其一 西南指者 東界鴨綠江 西界通加江 麓盡處 兩江會焉 其一 繞山之西 而北亘數百里 以其爲衆水所分 舊志 總謂之爲分水嶺 今則西至興京邊 茂樹深林 呼爲納緣窩集 從此西入興京門 逾爲開運山 自納緣窩集而北一岡袤四十餘里者 爲歌爾民朱敦 復西指入英額邊門 逾爲天柱隆業二山 (중략) 其間因地立名爲山爲嶺者不一 要皆此山之支裔也.
96 다만 만주어를 음차한 방식이 달라서 인명과 지명의 한자 표시가 다르다. 雷以誠 본의 納緣窩集·歌爾民朱敦은 『흠정대청일통지』와 『만주원류고』에서 각각 納嚕窩集·果勒敏朱敦, 納嚕窩集·果爾敏朱敦이라 적혀 있다. 이 밖에 『흠정성경통지』에는 통가강에 해당하는 지명이 들어 있지 않아 혼선을 야기한다.

동남쪽 600리 지점'에 있다는 것이다.[97]

백두산에서 흘러나가는 물줄기에 대한 판단도 이 계열의 지리 지식이 모두 동일한 것은 아니다. 〈장백산도〉에 보이는 아척혁토랍고阿脊革土拉庫, 낭목낭고하娘木娘庫河, 앙방토랍고昂邦土拉庫, 새인눌인賽因訥因, 액흑눌인額黑訥因, 토문하土門河, 삼둔하三屯河, 압록강, 토문강 등 아홉 개의 물줄기에 관한 내용은 산천지山川志에 좀 더 자세히 적혀 있다.[98] 아척혁토랍고하阿脊革土拉庫河와 낭목낭고하娘木娘庫河, 앙방토랍고하昂邦土拉庫河는 모두 백두산에서 발원한다. 아척혁토랍고하와 낭목낭고하가 앙방토랍고하로 흘러들고 두 물을 받은 앙방토랍고하는 혼동강을 이룬다.[99] 액흑눌인하額黑訥因河와 새인눌인하賽因訥因河도 백두산에서 발원한다. 이 중 액흑눌인하가 새인눌인하로 흘러들고, 새인눌인하는 동북쪽으로 흘러 혼동강이 된다.[100]

토문하와 삼둔하는 모두 납록와집에서 발원하여 휘발하輝發河가 된다. 『대명일통지』에서 회배강灰扒江이라 불렸던 휘발하는 다시 동북쪽으로 흘러 혼동강이 된다.[101] 납록와집은 백두산의 남쪽 기슭으로부터 이어져온 한 줄기다. 이 물줄기 중 아척혁토랍고하와 낭목낭고하는 앙방토랍고하로 흘러들고 액흑눌인하는 새인눌인하로 흘러든다. 또 토문하와 삼둔하는 휘발하로 합류한다. 결국 압록강과 두만강을 제외한 일곱 개의 물줄기는 혼동강으로 합류한다는 것이다. 그런데 『흠정성경통지』와 『대청일통지』의 혼동강 항목에는 뇌이성雷以誠의 판본에 없는 다음과 같은 해설이 들어 있다.

---

97 『欽定盛京通志』, 卷27, 山川, 吉林各屬, 長白山. 按舊志 謂在船廠東南一千三百餘里 今考此山 實在吉林城東稍南六百里.

98 王河의 판본을 토대로 한 雷以誠의 『盛京通志』와 『흠정성경통지』는 자세함의 정도에 차이가 있다.

99 雷以誠, 『盛京通志』, 卷13, 山川志, 永吉州. 昂邦土拉庫 源出長白山 (중략) 北流並阿脊革土拉庫河 娘木娘庫河 卽爲混同江; 娘木娘庫河 源出長白山 東北流 復折 而西入昂邦土拉庫河; 阿脊革土拉庫河 源出長白山 (중략) 北流入昂邦土拉庫河.

100 雷以誠, 『盛京通志』, 卷13, 山川志, 永吉州. 賽因訥因河 源出長白山西 北流復折 而東北入混同江; 額黑訥因河 源出長白山西 北入賽因訥因河.

101 雷以誠, 『盛京通志』, 卷13, 山川志, 永吉州. 輝發河 明一統志作灰扒江卽此 源出納綠窩集 (중략) 東北入混同江; 三屯河 源出納綠窩集 東北流 會遼吉善河土門河 卽爲輝發河; 土門河 源出納綠窩集 東北流 合遼吉善河三屯河 卽爲輝發河.

동쪽의 물줄기는 백두산 꼭대기의 연못에서 발원하여, 부딪치며 세차게 흘러 천 길의 폭포가 되니, 속칭 도라고圖喇庫라 한다. (도라고에서) 물길이 두 갈래(派)로 나뉘어 그중 동쪽은 안파도라고하安巴圖喇庫河, 서쪽은 아제 격도라고하阿濟格圖喇庫河라 하는데, 수십 리를 흐르다가 합류한다. 그 동쪽으로 또 니아목니아고하尼雅穆尼雅庫河와 혁통액하赫通額河가 있는데, 모두가 산의 동쪽에서 발원하여 북쪽으로 흘러 (송화강 물길로) 들어간다. 서쪽의 물줄기도 또한 두 갈래(派)가 있어서 동쪽은 액혁액음하額赫額音河, 서쪽은 삼음액음하三音額音河라 하는데, 모두 장백산의 서쪽에서 발원하였다가 북으로 흘러 동쪽 갈래의 여러 천과 합쳐져 하나가 된다.[102]

이 글에서는 혁통액하라는 새로운 하천이 등장한다. 이 하천은 늑복선강勒福善岡이라는 곳에서 발원하여 서북쪽으로 흐르다가 부륵호하富勒呼河를 만난 뒤 혼동강으로 합류한다고 설명했는데[103] 이 대목은 뇌이성 본의 '합극통길하'合克通吉河 설명부에도 보인다.[104] 혁통액하와 합극통길하가 같은 하천이라고 보지 않을 수 없는 대목이며, 사실상 하나의 만주어 지명을 음사한 것 같다. 『흠정성경통지』와 『대청일통지』의 편찬자들은 왕하, 뇌이성이 소홀하게 다룬 혼동강 동쪽의 물줄기를 종합적으로 설명했지만, 혁통액하의 발원처에 대해 그것이 왕하, 뇌이성 본의 '합극통길하'라고 명시하지 않아 혼선의 빌미를 남겼다.[105]

성경지나 『대청일통지』의 여러 판본들과 『만주원류고』 사이에도 충돌하는 지점이 있다. 백두산에서 흘러나가는 '아야고강'을 통해 이 문제를 살펴보

---

102 『欽定大淸一統志』, 卷45, 吉林, 山川, 混同江. 按江有東西二源 東源出長白山巔之潭 激湍奔注 瀑布千尋 俗名圖喇庫 二派分流 東曰安巴圖喇庫河 西曰阿濟格圖喇庫河 行數十里合流 其東又有尼雅穆尼雅庫河赫通額河 皆自山東發源 北流入焉 西源亦有二派 東曰 額赫額音河 西曰 三音額音河 皆自長白山西發源 北流與東派及渚泉會爲一.
103 『欽定大淸一統志』, 卷45, 吉林, 赫通額河.
104 雷以誠, 『盛京通志』, 卷13, 山川志, 永吉州, 合克通吉河.
105 완전히 동일하거나 유사한 지명이 여러 곳에서 나오는 현상은 비단 이곳만의 문제는 아니다. 그러나 이러한 지식들이 조선에서 어떻게 받아들여졌는지를 염두에 두고 바라본다면 의미가 작지 않다.

자.『흠정성경통지』를 포함한 모든 성경지 판본들, 그리고『대청일통지』의 여러 판본들은 모두 백두산에서 흘러나가는 물줄기를 서남쪽으로 흐르는 압록강, 동남쪽으로 흐르는 토문강, 그리고 북쪽으로 흐르는 혼동강 등 세 갈래로 보았다.[106] 특히『흠정대청일통지』에 따르면, 두만강은 영고탑성 남쪽 600리 지점에 있는데, 백두산에서 발원하여 조선의 북쪽을 흐르다가 동남쪽의 여러 물을 받은 뒤 바다로 들어간다.[107] 그러나『만주원류고』는 백두산에서 동류하는 물줄기나 아야고강에 대해 다른 판단을 하고 있다.

『만주원류고』의 편찬자들은 두만강도 백두산에서 발원하여 동북쪽으로 흐르다가 바다로 들어간다고 생각했다.[108] 성경지나『대청일통지』의 여러 판본들이 "토문강이 동남쪽으로 흐른다"고 적은 것과 정확히 일치하지는 않는다. 그러나 이것을 큰 차이라고 말하기는 어렵다. 어느 판본이건 두만강의 유로에 대해 세밀하게 설명하지 않았다. 게다가 두만강이 백두산에서 발원하여 동류한다고 본 점은 동일하다. 성경지나『대청일통지』의 여러 판본들은 이 점 때문에 동류하는 아야고강을 부정했다.

『만주원류고』는 두만강의 존재와는 별개로 남류南流하는 압록강, 북류北流하는 혼동강, 즉 송아리강松阿里江, 그리고 동류하는 아야고강 등을 인정했다.[109] 가장 눈에 띄는 것은 역시 아야고강이다.『대명일통지』는 아야고강이 "장백산에서 발원하여 바다로 들어간다"고 적었다.『만주원류고』의 편찬자는『원일통지』元一統志나『대명일통지』에 보이는 아야고강을 애호하愛呼河로 이해했다.『만주원류고』에 따르면 애호하는 납목와집納穆窩集으로부터 납발

---

106 『欽定盛京通志』, 卷27, 山川, 吉林各屬, 長白山. 今考 西南流入海者爲鴨綠江 東南流入海者爲圖們江 北流入海者爲混同江.
107 『欽定大淸一統志』, 卷45, 吉林 圖們江. 在寧古塔城南六百餘里 源出長白山 東北流 繞朝鮮北界 又東南折會諸水 入於海.
108 『欽定滿洲原流考』, 卷15, 山川, 圖們江. 金史天會九年 以圖們水以西·和屯錫珊沁三水以北開田 給海蘭路諸穆昆: (按圖們江 在寧古塔城南六百里 源出長白山 東北流 繞朝鮮北界 復東南折入海).
109 『欽定滿洲原流考』, 卷14, 山川, 長白山. 元一統志 開元路長白山 在舊會寧縣南六十里 橫亘千里高二百里 其頂有潭 周八十里 淵深莫測 南流於鴨綠江 北流於混同江 今呼爲松阿里江 東流爲愛呼(舊訛阿也古 今改正)河.

240

하拉發河와 합류하여 혼동강으로 들어간다고 한다.[110] 『대명일통지』와 비교해 본다면, 아야고하의 존재를 인정하는 대신, 바다로 들어간다는 표현은 부정한 것이다.

〈황여전람도〉 계열의 백두산과 주변 하천

일찍이 나이토 고난內藤湖南은 『한국동북강계고략』韓國東北彊界攷略에서 제소남齊召南의 『수도제강』水道提綱의 백두산 수계에 관한 정보가 〈황여전람도〉의 지도와 유사할 것이라고 추정했다. 그러나 그는 〈황여전람도〉를 보지 못했기 때문에 『수도제강』과 〈황여전람도〉의 차이, 〈황여전람도〉 판본 간의 차이 등을 구체적으로 살피지는 못했다. 이 책에서는 『수도제강』을 〈강희도〉康熙圖, 〈옹정도〉雍正圖, 〈건륭도〉乾隆圖 등 세 종류의 〈황여전람도〉와 비교하여 백두산과 그 일대의 수계를 검토해보기로 한다.

　『수도제강』의 설명은 〈황여전람도〉의 내용과 매우 밀접한 관련을 지니고 있다. 여기에서는 비교의 편의를 위해 『수도제강』의 인용 부분 및 〈강희도〉, 〈옹정도〉, 〈건륭도〉 해당 부분에 번호를 붙였다. 백두산과 백두산에서 흘러나오는 여러 물줄기에 대해 제소남은 이렇게 말했다.

　①토문강의 강원은 장백산 꼭대기의 동쪽 기슭에서 나오는데, 토문색금土門色禽(sekiyen)이라 한다. 동쪽으로 보일 듯 보이지 않을 듯 수십 리를 흐르다가 동북쪽으로 방향을 바꾸어 수십 리를 흐르면, 서북쪽에서 온 한 갈래 물과 두 개의 물줄기가 합쳐서 남쪽에서 흘러온 한 갈래의 물이 만나니, 모두 장백산의 갈래 봉우리에서 흘러나온 것이다.

---

110 『欽定滿洲原流考』, 卷15, 山川, 愛呼河. 元一統志 長白山頂有潭 周八十里 南流爲鴨綠江 北流爲混同江 東流爲愛呼河 明統志愛呼江 源出長白山 東流入海(按元明統志 又俱訛爲阿世古 今倂改 考盛京通志 吉林諸河 多發於長白山諸窩集中 而自入海者 惟混同鴨綠圖們三江 愛呼河 自納穆窩集 會拉發河 入混同江 今明統志云入海 誤).

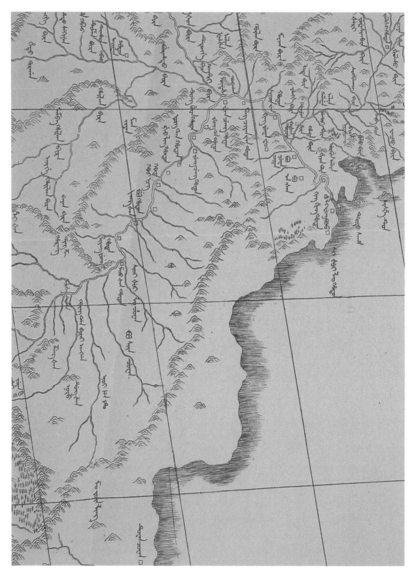

_ 〈만한합벽청내부일통여지밀도〉滿漢合壁淸內府一統輿地秘圖의 백두산 일대. 20세기 초 일본에서 간행된 이 지도는 〈황여전람도〉 만주어 판본이다. 서울대학교 중앙도서관.

② 동남쪽으로 100여 리를 흐르면 두 개의 물줄기가 합쳐서 서남쪽에서 흘러온 물줄기와 만난다(이 물줄기 아래쪽이 조선국이다).

③ 동북쪽으로 백수십 리를 흐르면 강 남쪽으로부터 작은 물줄기 둘과 큰 물줄기 하나를 받는다(두 개의 작은 물줄기는 모두 중산 북쪽에서 발원하여 북쪽으로 100여 리쯤 흐른다. 큰 물줄기는 홍단하紅丹河라 한다. 홍단하는 서남쪽에서 발원하는데, 큰 산에서 흘러나와 삼지원三池源의 물과 합하였다가 동쪽으로 백수십 리를 흐른 뒤, 다시 동북쪽으로 흘러 동쪽의 작은 물을 받는다. 또 북쪽으로 흘러 중산의 동쪽 기슭을 지나며, 또 동북쪽으로 흐르다가 북쪽으로 100여 리를 흘러 토문강으로 들어간다).[111]

④ 조금 동쪽으로 아궤개阿几个(ajige) 토문이 있는데, 서북쪽으로부터 한 물줄기와 합하여 동남쪽으로 와서 모인다(아궤개 토문의 색금은 장백산 꼭대기 동북쪽 100리의 큰 산에 있다. 그 서쪽은 니아무니아고泥牙母泥牙庫 색금으로서 서북쪽으로 흘러 송화강으로 들어가는 물줄기다. 아궤개 토문의 색금은 장백산 동쪽으로 100리를 흐르다가 두 물줄기를 모아 서북쪽에서 흘러드는 물줄기와 만난 뒤, 동남쪽으로 100리를 흐르다가 토문강으로 들어가니, 니아무니아고 색금과는 다른 수원水源이다).[112]

⑤ 또 동북쪽 100리를 흘러가다가 남쪽 언덕에서 물줄기 둘을 받는다(그중 하나는 어순하漁順河인데, 남쪽으로부터 두 물줄기를 합하여 북류하다가 또 한 물줄기를 합하여 300리를 흘러 토문강으로 들어간다. 다른 하나는 파하천波下川인데, 세 물줄기가 합하여 북류하다가 굽이굽이 이백 수십 리를 흘러 토문강으로 들어간다). 대산의 동쪽 기슭에 이르러 북쪽으로 흐르다가 동쪽에서 온 두 물줄기를 받는

111 齊召南, 『水道提綱』, 卷26, 東北海諸水, 土門江. 土門江 源出長白山頂之東麓 曰土門色禽 東流若隱若見數十里 折東北流 又數十里 有一水 自西北 一水 合二源 自南來 並會 俱長白支峰也. 東南流百餘里 有一水 合二源 自西南來會 (水南卽朝鮮國) 折而東北流百數十里 南岸 受小水二大水一 (二小水 皆甌山以北 北流僅百里許 大水曰紅丹河 源西南 出大山 合三池源之水 東流百數十里 折東北流 合東一小水 又北經甌山東麓 又東北而北百餘里 入土門江).

112 齊召南, 『水道提綱』, 卷26, 東北海諸水, 土門江. 稍東有阿几个土門 自西北 合一水 東南流來會 (阿几个色禽 在長白頂東北百里大山 其西卽泥牙母泥牙庫色禽 西北流爲松花江者 此河 自山東流百數十里 有一水 合二源 自西北來會 折東南流百里 入土門 亦別源也).

다. 그 동쪽 언덕은 조선의 무산성茂山城이다.[113]

⑥ 꺾여서 서북으로 흐르다가 서쪽에서 오는 한 물줄기를 받으니, 그 동안
은 조선의 양옹성良雍城이다. 다시 꺾여서 동북으로 평지 수백십 리를 흐
르다가 남쪽에서 오는 세 물줄기를 받으니, 그 동남안은 조선의 방산보方
山堡, 회령會寧, 고령高岺, 왕탄王坦, 종성鍾城, 동관潼關, 옹대雍大 등 7대 성
인데, 모두 강가에 닿아 있다. 작은 물줄기가 있어 서북쪽에서 흘러들어오
는데, 그 북안은 대산의 남쪽 기슭에 이른다.[114]

제소남의 설명에는 토문색금土門色禽(sekiyen), 증산甑山, 홍단하, 삼지원三
池源, 아궤개토문색금阿几个土門色禽(ajige tumen sekiyen), 니아무니아고색금泥
牙毋泥牙庫色禽(niyamniyaku sekiyen) 등 성경지 계열에서 보지 못한 많은 지명
과 그에 관한 설명이 등장한다. 색금色禽은 '강원'江源이라는 의미의 만주어
서키연sekiyen을, 아궤개阿几个는 '작다'(小)는 의미의 만주어 아지거ajige를 음
차한 것이다. 니아무니아고는 니얌니야쿠niyamniyaku라는 하천 이름을 음차
한 것이다.

제소남의 설명을 〈건륭도〉와 비교해보면 일부 음차한 한자가 다른 것을 제
외하고는 내용이 대부분 일치한다. 제소남의 설명에 등장하는 주요 지명이 〈강
희도〉, 〈옹정도〉, 〈건륭도〉에 표현되어 있는 양상을 살펴보면 〈표 1〉과 같다.

제소남은 이어서 갈합리하噶哈里河, 복아합토하卜兒哈兎河, 해란하海蘭河의
유로를 상세하게 기록했다. 해란하는 온성부 일대에서 두만강으로 합류하는
물줄기인데,[115] 복아합토하는 해란하와 합류하는 물줄기이며, 갈합리하는 복

---

113 齊召南, 『水道提綱』, 卷26, 東北海諸水, 土門江. 又東北百里 南岸 受水二 (一曰 漁順河 自南 合兩源 北
流 又合一水 行三百里 入土門江 一曰波下川 三源合而北流 曲曲二百數十里 入土門江) 至大山東麓 折北流
受東來二水 其東岸 朝鮮茂山城也.
114 齊召南, 『水道提綱』, 卷26, 東北海諸水, 土門江. 折而西北 受西來一水 其東岸 朝鮮良雍城也 又折東北
流平地中數百十里 受南來水三 其東南岸 卽朝鮮方山堡及會寧高岺王坦鍾城潼關雍大七城 皆濱江 有小水 西
北流入焉 其北岸 至大山南麓.
115 이 하천은 조선에서 분계강分界江으로 여기던 물줄기와 관계가 있기 때문에 조선의 인식을 염두에 둔
다면 반드시 검토해야 하는 중요한 곳이다.

『수도제강』	〈강희도〉	〈옹정도〉	〈건륭도〉
土門色禽	tumen giyang sekiyen	tumen giyang ni sekiyen	土門烏賴色欽
長白山	amba šanggiyan alin	ambašanggiyan alin	安巴山彦阿林
甑山	dzeng šan	dzeng šan	甑山
紅丹河	hūngdan bira angga	hūngdan birai angga	紅丹必拉昂柯
三池源	san ci yuan	san ci yuan	三池源
阿几个色禽	ajige tumen sekiyen	ajige tumen sekiyen	阿集格土門色欽
漁順河	ioi jen ho	ioi jan ho	御仁河
波下川	bo sia cuan	bo sia cuan	波下川

* 安雙成 편, 『滿漢大辭典』(遼寧民族出版社, 沈陽, 1993) 참고.

아합토하와 합류하는 물줄기다. 제소남은 먼저 그 원류에 해당하는 갈합리하
의 큰 흐름을 개략적으로 설명했다.

> 갈합리하가 있는데, 북쪽의 흥안령 서남쪽 기슭에서 시작되어 서남쪽으로
> 흐른 뒤, 여러 물길을 모아 동남쪽으로 흘러 서쪽에서부터 흘러오는 복아
> 합토하와 합한 뒤, 동남쪽으로 흘러와서 모인다. 또한 큰 하천이다. 그 남
> 쪽은 조선의 온성이다.[116]

그 아래로 갈합리하, 복아합토하, 해란하의 세부적인 유로에 관한 설명이
이어진다.

> 갈합리하는 흥안령으로부터 나오는데, 편동도는 14도, 북극고도는 44도
> 다.[117] 두 개의 물줄기가 있어서, 하나는 흥안령의 남쪽 기슭에서 흘러나오

---

116 齊召南, 『水道提綱』, 卷26, 東北海諸水. 有噶哈里河 北自興安嶺西南麓 西南流 合諸水 折東南 合西來
之卜兒哈兔河 而東南來會 亦巨川 其南對岸 卽朝鮮穩城也.

고, 다른 하나는 홍안령의 동남쪽 수십 리에 있는 지산支山에서 흘러나오는데, (이 두 물줄기는-인용자) 서쪽으로 수십 리를 흐르다가 하나로 합쳐진다. 서남쪽으로 수십 리를 흘러 북쪽에서 오는 한 물줄기와 만나고 다시 서남쪽으로 수십 리를 흐른다. 합달하哈達河가 있는데, (이 물줄기는-인용자) 서북쪽 마아호리령馬兒呼里嶺 대산大山으로부터 몇 개의 물줄기를 합하였다가 동남쪽으로 흘러서 (갈합리하에-인용자) 와서 모인다. 동남쪽을 흐르다가 서남쪽 활혼산活渾山에서 나오는 애의육하艾衣六河를 합하고, 또 동남쪽으로 흘러서 서쪽에서 흘러오는 활궤하活几河 및 동쪽에서 나오는 살기고하薩其庫河를 만난다. 또 동남으로 흘러 동쪽 살극득형령薩克得亨嶺에서 나오는 부아합하付兒哈河와 합한다. 또 동남쪽으로 흘러 동쪽에서 나오는 합순하哈順河를 만난다. 이 물은 수원에서부터 여기에 이르기까지 이미 400여 리인데, 복아합토하卜兒哈兎河가 서쪽으로부터 두 물줄기를 합하고 흘러와서 모인다.[118]

복아합토하는 혼원산渾源山 서북쪽으로 서로 이어진 대산에서 발원하는데, 그 서남쪽은 영액령英額嶺이다. 세 개의 물줄기가 합하여 남쪽으로 수십 리를 흐른다. 영액하英額河가 있어 서쪽 영액령 아래로부터 동류하여 와서 모인다. 또 동남쪽으로 수십 리에 화토하和土河가 있어서 서쪽 대산으로부터 와서 모인다. 동쪽으로 수십 리를 흐르다가 북쪽에서 흘러오는 부아합화라付兒哈火羅 및 달아화천達兒花川 두 물줄기를 합한다. 또 동쪽으로 수십 리를 흘러 애단성艾丹城의 남쪽을 지나 동류한다. 토문하가 있는데, 서북쪽 활혼산活渾山 남쪽 기슭에서부터 동남쪽으로 흘러와서 모인다.

---

117 "噶哈里河 出興安嶺 東十四度 極四四度"라는 대목이 『사고전서』에 들어 있는 『흠정수도제강』에서는 "噶哈里河 出興安嶺 極"으로만 적혀 있어 혼란을 준다. 이 글에서는 원래의 『수도제강』의 기록을 따라 이 대목을 보완했다.

118 齊召南, 『水道提綱』, 卷26, 東北海諸水. 噶哈里河 出興安嶺 東十四度 極四四度 兩水 一自嶺之南麓 一自嶺東南數十里支山 西流數十里合焉 西南流數十里 合北來一水 又西南數十里 有哈達河 西北自馬兒呼里嶺大山 合數源 東南流來會 折東南流 合西南來自活渾山之艾衣六河 又東南會西來之活几河及東來之薩其庫河 又東南合東來薩克得亨嶺之付兒哈河 又東南合東來之哈順河 此水自源至此 已四百餘里 而卜兒哈兎河自西合二大水來會.

또 동남쪽으로 흐르는데, 해란하가 서남쪽에서 와서 모인다.[119]

해란하는 발원처가 세 곳이다. 중원中源은 흑산黑山 북쪽에서 나오니, (흑산은－인용자) 곧 장백산과 200리 거리에 동북쪽으로 뻗은 간산幹山이다. 흑산의 서쪽 령은 곧 혼동강의 수원水源이다. 중원은 동북쪽으로 수십 리를 흐르니, (이 물줄기를－인용자) 아궤개해란阿几个海蘭이라 한다. 남원南源은 황정자산黃頂子山의 북쪽 기슭에서 나오는데, 흑산에서 동남쪽 100리 지점에 있다. 북쪽으로 또한 수십 리를 흐르니, (이 물줄기를－인용자) 파안하巴顔河라 하는데, 중원과 합하여 동북쪽으로 꺾여 80리쯤 흐른다. 북원北源은 흑산의 북쪽 줄기 수십 리 지점이다. 동북쪽으로 100여 리를 흐르니, (이 물줄기로－인용자) 아모팔해란阿母八海蘭이란 줄기가 와서 모인다. 백수십 리를 동북쪽으로 흘러 대산大山의 남쪽 기슭에 이른다. 동쪽으로 흐르다 서북쪽으로 흐르고, 다시 꺾어서 동북쪽으로 백수십 리를 흘러서 복아합토하를 만난다. 두 물줄기가 만난 뒤 다시 동남쪽으로 백수십 리를 흘러 대산의 북쪽 기슭을 지나고, 갈합리하와 만난다. 갈합리하는 또 동남쪽으로 수십 리를 흘러 토문강과 만난다. 이 물줄기가 여러 물줄기를 받아들이는 형세는 토문강에 비할 만하다.[120]

제소남은 갈합리하, 복아합토하, 해란하뿐만 아니라, 이 하천들에 합류하는 작은 하천들까지 상세하게 설명해두었다. 위의 내용은 갈합리하, 복아합토하, 해란하 일대에 관한 〈강희도〉, 〈옹정도〉, 〈건륭도〉의 묘사와 기본적으로 일

119 齊召南, 『水道提綱』, 卷26, 東北海諸水. 卜兒哈兎河 源出渾源山西北相連大山 其西南卽英額嶺也 三源合 南流數十里 有英額河 西自嶺下東流來會 又東南數十里 有和土河 西自大山來會 折東流數十里 合北來之付兒哈火羅及達兒花川二水 又東數十里 經艾丹城南而東 有土門河 西北自活渾山南麓東南流來會 又東南流而海蘭河 自西南來會.

120 齊召南, 『水道提綱』, 卷26, 東北海諸水. 海蘭河 三源 中源 出黑山北 卽長白相去二百里東北幹山 其西嶺卽混同江源也 此水 東北流數十里 曰阿几个海蘭 南源 出黃頂子山北麓 在黑山東南百里 北流亦數十里 曰巴顔河 與中源合 折東北流八十里許 北源 出黑山北幹數十里 東北流百餘里 曰阿母八海蘭者來會 東北流百數十里 至大山之南麓 折而東而西北 又折而東北百數十里 會卜兒哈兎河 二河旣會 又東南百數十里 經大山北麓 與噶哈里河會 噶哈里河 又東南數十里 會土門江 此水合衆流勢 與土門比盛.

치한다. 그러나 〈황여전람도〉 판본들 간에 적지 않은 차이가 있다. 위 지명들이 〈강희도〉, 〈옹정도〉, 〈건륭도〉에 적혀 있는 양상과 비교하면 〈표 2〉와 같다.

〈건륭도〉는 기본적으로 〈강희도〉와 〈옹정도〉를 계승한 지도지만, 세부적으로 살펴보면 백두산과 만주 일대에 관한 내용에서 무시할 수 없는 차이들도 보인다. 그중에는 단순한 기록 오류도 있지만, 내용이 수정된 경우도 있다. 그런데 『수도제강』의 기사들은 이런 차이를 어떻게 반영하고 있을까.

『수도제강』의 부아합하付兒哈河는 〈건륭도〉의 부이합필랍富爾哈必拉에 해당하는데, 〈강희도〉와 〈옹정도〉에는 그 위치에 각각 가손 비라gašon bira, 가순 비라gašun bira라고 적혀 있다. 또 『수도제강』의 합순하哈順河는 〈건륭도〉의 갈순필랍噶順必拉에 해당하는데[121] 〈강희도〉와 〈옹정도〉에는 더퉁거 비라 detungge bira라는 전혀 다른 지명이 적혀 있다. 그런데 『수도제강』에 나오는 부아합하와 합순하의 만주어 음가는 각각 풀하 비라fulha bira와 가손 비라 gašon bira에 해당한다. 〈강희도〉와 〈옹정도〉에 표시된 풀하 비라fulha bira, 가손 비라gašon bira, 묵더헌 다바간mukdehen dabagan의 위치가 〈건륭도〉와 『수도제강』에서 바뀌었기 때문에 빚어진 현상이다.

『수도제강』의 애단성艾丹城과 토문하土門河는 〈건륭도〉의 애단화둔艾丹和屯과 토문필랍土門必拉에 해당한다. 만주어 호톤hoton과 비라bira는 각각 '성'城과 '하'河를 의미하는데, 화둔과 필랍은 호톤hoton과 비라bira를 음사한 것이다. 또 애단성과 토문하는 〈강희도〉와 〈옹정도〉의 아이단 호톤aidan hoton, 투먼 비라tumen bira에 해당한다. 이 지명들은 〈건륭도〉의 경우 제소남의 설명과 정확히 일치하지만, 〈강희도〉나 〈옹정도〉와는 다르다.

살기고하薩其庫河의 경우도 〈건륭도〉와 〈강희도〉·〈옹정도〉 사이에 차이가 보인다. 제소남은 갈합리하와 동서 방면으로 합류하는 물줄기로 활궤하活几河와 살기고하를 언급했다. 〈건륭도〉에서는 이 두 물줄기가 화집필랍和集必拉과 살기고필랍薩奇庫必拉으로 적혀 있다. 활궤하는 화집필랍(bira)을, 살기고하는

---

121 특히 초창기 만주어에서 h와 g의 음가는 혼용되었기 때문에 哈順과 噶順은 무리 없이 통용된다.

〈표 2〉 갈합리하·복아합토하·해란하에 관한 『수도제강』·〈강희도〉·〈옹정도〉·〈건륭도〉의 지명 비교

사항	『수도제강』	〈강희도〉	〈옹정도〉	〈건륭도〉	비고
噶哈里河	噶哈里河	gahari sekiyen	gahari sekiyen	噶哈里河色欽	
	哈達河	hada birgan	hada bira	哈達必拉	
	馬兒呼里嶺	malhūri weji	malhūri weji	馬兒胡里倭集	weji(密林深處)
	活渾山	hohon alin	hohon alin	和歡阿林	alin(山)
	艾衣六河	amita bira	amita bira	艾米塔必拉	
	活几河	hoji bira	hoji bira	和集必拉	bira(河)
	薩其庫河	fulha bira	fulha birgan	薩奇庫必拉	fulha(楊樹) birgan(小溪)
	薩克得亨嶺	mukdehen dabagan	mukdehen dabagan	穆克德亨達巴漢	dabagan(嶺)
	付兒哈河	gašon bira	gašun bira	富爾哈必拉	
	哈順河	detungge bira	detungge bira	噶順必拉	
卜兒哈兎河	卜兒哈兎河	burhatu sekiyen	burhatu sekiyen	布爾哈圖色欽	
	渾源山	無	無	無	
	英額嶺	無	無	無	
	英額河	yengge bira	yengge bira	無	
	和土河	hetu bira	hetu bira	無	
	付兒哈火羅	fulha holo	fulha holo	富爾哈和羅	
	達兒花川	darhūte holo	darhūte holo	達爾呼忒和羅	
	艾丹城	aidan hoton	aidan hoton	艾丹和屯	
	土門河	tumen bira	tumen bira	土門必拉	
海蘭河	海蘭河	hailan bira	hailan bira	海瀾必拉	
	黑山	heišan	heišan	黑山	
	阿几个海蘭	ajige hailan bira	ajige hailan bira	阿集格海瀾必拉	
	黃頂子山	huang ding dz	huang ding dz	黃頂子	
	巴顏河	bayan bira	bayan bira	巴顏必拉	
	阿母八海蘭	amba hailan bira	amba hailan bira	阿木巴海瀾必拉	

* 安雙成 편, 『滿漢大辭典』(遼寧民族出版社, 沈陽, 1993) 참고.

살기고필랍(bira)을 뜻한다. 그런데 정작 〈강희도〉와 〈옹정도〉에는 이 두 물줄기가 각각 호지 비라hoji bira와 풀하 비라fulha bira(〈강희도〉), 호지 비라hoji bira와 풀하 비르간fulha birgan(〈옹정도〉)으로 되어 있다. 비르간birgan은 작은 계곡(小溪)을 뜻하는 만주어다. 〈강희도〉나 〈옹정도〉에는 제소남이 살기고하라고 부른 물줄기가 전혀 다르게 적혀 있는 것이다.

반대로 〈강희도〉나 〈옹정도〉와 부합하지만 〈건륭도〉와 일치하지 않는 내용도 보인다. 제소남은 두만강의 물줄기에 대해 "동쪽으로 보일 듯 보이지 않을 듯 수십 리를 흐르다가, 동북쪽으로 방향을 바꾸어 또 수십 리를 흐르면, 서북쪽에서 온 한 갈래 물과 두 개의 물줄기가 합쳐서 남쪽에서 흘러온 한 갈래의 물이 만난다"고 했지만, 〈건륭도〉에서 남쪽에서 흘러온 물줄기가 두 갈래인지는 분명하지 않다. 오히려 〈강희도〉와 〈옹정도〉에는 분명히 두 갈래로 묘사되어 있다. 제소남이 홍단하의 유로에 대해 설명한 내용도 〈강희도〉와 일치하지만, 〈옹정도〉·〈건륭도〉와는 일치하지 않는다. 또 제소남은 영액하와 화토하를 거론했는데, 〈강희도〉와 〈옹정도〉에 영거 비라yengge bira와 허투 비라hetu bira라고 적혀 있는 하천 이름이 정작 〈건륭도〉에서는 확인할 수 없다.

〈황여전람도〉 판본들 간의 차이로만 보면 제소남이 어떤 판본의 〈황여전람도〉를 참고하여 『수도제강』을 서술했는지 분명하지 않다. 다만 그가 지명의 만주어 음가에 대해 특별히 고민하지 않았음을 확인할 수 있다. 예를 들면 『수도제강』의 애의육하艾衣六河는 〈건륭도〉의 애미탑필랍艾米塔必拉에 해당한다. 이 물줄기에 대해 〈강희도〉와 〈옹정도〉에서 모두 아미타 비라amita bira라고 적은 것을 보면, 애의육하보다는 애미탑필랍의 중국어 발음이 원래의 만주어 음가에 가깝다. 그런 점에서 보면 애의육하는 〈건륭도〉의 애미탑필랍을 옮겨 적는 과정에서 '米'를 '衣'로, '塔'을 '六'으로 잘못 적은 결과인 것 같다. 만일 제소남이 『수도제강』을 작성하는 과정에서 이 지명들의 원래 만주어 음가를 고려했다면 이런 오류는 생겨나지 않았을 것이다. 제소남은 다만 한자를 기준으로 옮겨 적은 듯하다.

지리 정보의 불일치와 혼선

성경지 계열과 〈황여전람도〉 계열 사이의 여러 지리지·지도들은 모두 관찬의 성과였기 때문에 당연히 서로 영향을 주고받았을 것이다. 그러나 백두산과 그 주변의 물줄기에 관한 설명을 보면, 두 지리 지식의 관계가 생각만큼 밀접하지 않다는 느낌을 받게 된다.

백두산의 명칭에서부터 그런 흔적이 엿보인다. 가이민상견아린歌爾民商堅阿隣은 각각 만주어의 골민샹기얀 알린golminšanggiyan alin을 음차한 것으로 가이민歌爾民은 '쟝'長, 상견商堅은 '백'白, 아린阿隣은 '산'山이라는 의미다. 성경지나 『대청일통지』의 여러 판본들, 기타 청나라 때의 문헌들은 모두 골민샹기얀 알린golminšanggiyan alin이라는 만주어 단어의 의미를 따라 '장백산'이라고 불렀다. 그러나 강희제, 옹정제, 건륭제 때의 〈황여전람도〉 원도들은 모두 암바샹기얀 알린ambašanggiyan alin이라는 만주어, 혹은 그 만주어를 음차하여 '안파산언아림'安巴山彦阿林이라고 적었다. 암바amba의 의미는 '대'大 혹은 '태'太다. 따라서 〈황여전람도〉는 백두산을 '장백산'이 아니라 '대백산'大白山 혹은 '태백산'太白山이라고 적은 것이다.[122]

성경지 계열의 지식을 〈황여전람도〉에서 확인해보면 두 계열의 지식이 가진 편차를 좀 더 분명하게 확인할 수 있다. 성경지나 『대청일통지』의 판본 전체를 놓고 보면 '백두산에서 발원하는 혼동강의 수원'으로 공통적으로 거론되는 것은 아척혁토랍고하, 낭목낭고하, 앙방토랍고하, 새인눌인, 액흑눌인 등 모두 다섯 개 정도다. 그 지명을 서로 대비해보면 〈표 3〉과 같다.

성경지에는 분수령分水嶺, 가이민주돈歌爾民朱敦, 납연와집納緣窩集 등에 대한 별도의 해설이 있다. 백두산과 관련된 지명들이다. 분수령은 흑림령黑林嶺이라고도 하는데, 백두산 남쪽 기슭 한 갈래가 서북쪽으로 굽어 나간 것을 가리킨다. 이곳이 통가강通加江의 발원처라 한다. 가이민주돈은 남쪽으로 납연

---

122 물론 〈황여전람도〉 '조선도'와 같은 사본이나, 『고금도서집성』에는 장백산이라는 이름이 보이지만, 〈황여전람도〉 원본들이 모두 대백산 혹은 태백산이라고 부른 것은 별개의 의미가 있다.

〈표 3〉『성경통지』와 〈황여전람도〉 계열의 혼동강 수원에 관한 지명 비교

뇌이성 판본	『흠정성경통지』	『흠정대청일통지』	〈장백산도〉에 해당하는 지도상의 지명		
			〈강희도〉	〈옹정도〉	〈건륭도〉
阿脊革土拉庫河	阿濟格圖拉庫河	阿濟格圖喇庫河	ajige turakū	ajige turakū	阿集格圖拉庫
娘木娘庫河	尼雅穆尼雅庫河	尼雅穆尼雅庫河	niyamniyaku bira	niyamniyaku bira	尼雅木尼雅庫必拉
昂邦土拉庫河	安巴圖拉庫河	安巴圖喇庫河	amba turakū	amba turakū	阿木巴圖拉庫
賽因訥因	三音額音河	三音額音河	sain neyen bira	sain neyen bira	三因諾因必拉
額黑訥因	額赫額音河	額赫額音河	ehe neyen bira	ehe neyen bira	額赫訥因必拉

* 安雙成 편, 『滿漢大辭典』(遼寧民族出版社, 沈陽, 1993) 참고.

와집, 북쪽으로 고로눌와집庫魯訥窩集에 접한다. 백두산 남쪽 갈래가 여기까지 이르러 여러 물줄기들이 나뉘는데, 동북쪽으로 흘러 요길선하遼吉善河, 휘발하 輝發河 등이 되어 혼동강으로 들어가고, 서북쪽으로 흘러 영액하英額河, 점니하 占尼河, 합달하哈達河, 엽혁하葉赫河, 흑아소하黑兒蘇河 등 여러 물줄기가 된다. 또 가이민주돈의 남쪽으로는 납연와집이라는 밀림 지역이 있는데, 영길주성 永吉州城의 서남쪽 여러 물줄기와 홍경 안쪽의 여러 물줄기들이 대부분 여기에 서 발원한다.[123]

분수령, 가이민주돈은 〈황여전람도〉에서도 그 지명들을 확인할 수 있다. 분수령은 〈강희도〉, 〈옹정도〉, 〈건륭도〉에서 각각 헐리엔 다바간heliyen dabagan·헐리엔 다바간heliyen dabagan·흑림달파한黑林達巴漢으로, 가이민주 돈은 골민 주둔 다바간golmin judun dabagan·골민 주둔 다바간golmin judun dabagan·과이민주돈달파한戈爾民朱墩達巴漢으로 표시되어 있다. 달파한達巴漢 은 만주어 다바간dabagan을 음사한 것으로, '령'嶺이라는 뜻이다. 또 가이민歌 爾民(또는 과이민戈爾民)과 주돈朱敦(또는 朱墩)은 만주어 골민golmin과 주둔judun 을 음사한 것으로, 그 의미는 각각 '장'長과 '산배'山背다.

123 雷以誠, 『盛京通志』, 卷13, 山川志, 永吉州, 分水嶺: 歌爾民朱敦: 納綠窩集. 『흠정성경통지』에도 비슷 한 내용이 있지만, 歌爾民朱敦·納綠窩集은 長嶺子(果勒敏珠敦)·納嚕窩集으로 되어 있다.

성경지의 편찬자들은 아척혁토랍고하, 낭목낭고하, 앙방토랍고하, 새인눌인, 액흑눌인 등 혼동강의 수원을 구체적으로 묘사하지 않았다. 물론 분수령과 가이민주돈에 대한 성경지의 설명은 대체로 〈황여전람도〉의 내용과 크게 어긋나지 않는다. 그러나 성경지에 나오는 납연와집은 〈황여전람도〉에서 확인되지 않는다. 성경지 계열의 지식과 〈황여전람도〉 계열의 지식이 서로 긴밀하게 연계되지 않았을 가능성을 짐작하게 해주는 대목이다.

지리지 계열 간의 차이는 갈합리하, 포이합도하, 해란하의 유로에 관한 설명에서도 잘 드러난다. 『수도제강』이나 〈황여전람도〉 혹은 『고금도서집성』은 이 물줄기들을 상세하게 묘사했다. 특히 해란하(하일란 비라hailan bira)는 백두산에서 발원하지는 않지만 조선인들이 '백두산에서 발원한 뒤 온성부 근처에서 두만강에 합류하는 강', 즉 '분계강'分界江으로 생각하던 물길과 가장 유사하다.

뇌이성의 『성경통지』에는 해란하로 불리는 물줄기가 여럿 등장한다. 독자의 입장에서는 혼란스러울 정도다. 성경지 계열의 지리지 가운데 갈합리하(가하리 비라gahari bira), 포이합도하布爾哈圖河(부르하투 비라burhatu bira), 해란하(하일란 비라hailan bira)에 관한 지식을 담고 있는 것으로는 『흠정대청일통지』와 『만주원류고』가 있다. 『흠정대청일통지』는 해란하와 관련된 물줄기들에 대해 이렇게 기록하고 있다.[124]

① 갈합리하: 영고탑 성 남쪽 150리 지점에 있다. 발원처는 둘인데, 하나는 마륵호리와집瑪勒呼哩窩集에서 나오고, 다른 하나는 니엽혁와집尼葉赫窩集에서 나오는데, 남쪽으로 흐르다가 포이합도하布爾哈圖河를 만나 도문강圖們江으로 들어간다. 또 호제하呼濟河가 성 남쪽 300리 지점에 있고 그 북쪽으로 애밀달하愛密達河가 흐르는데, 모두 성 남쪽 이름 없는 산에서 발원하

124 『欽定大淸一統志』의 해란하海蘭河 항목은 뇌이성 판본에 적혀 있는 海蘭河이며, 두만강으로 흘러드는 海蘭河, 즉 하일란 비라hailan bira와는 다른 것이다. 『흠정대청일통지』에서 하일란 비라hailan bira는 哈蘭河로 표기되어 있다.

여 동쪽으로 흘러 갈합리하로 들어간다. 갈순하噶順河는 성 남쪽 340리 지점에 있고, 그 북쪽으로 살제고하薩齊庫河와 부이합하富爾哈河가 있는데, 모두 성 동남쪽 이름 없는 산에서 발원하여 서쪽으로 흘러 갈합리하로 들어간다.

② 포이합도하: 영고탑 성 남쪽 400리 지점에 있다. 성 동남쪽 무명산에서 발원하여 동쪽으로 흘러 영아하英峨河, 혁도하赫圖河, 도문하圖門河와 합하고 해란하를 만나서 갈합리하로 들어간다.

③ 합란하哈蘭河: 영고탑 성 남쪽 400리 지점에 있다. 발원처가 세 곳인데, 모두 성 남쪽 무명산에서 발원하여 동북쪽으로 흘러 포이합도하와 만난다.[125]

갈합리하(가하리 비라gahari bira)가 포이합도하(부르하투 비라burhatu bira)를 만나 도문강(투먼 비라tumen bira)으로 들어간다는 것, 호제하(호지 비라hoji bira)와 그 북쪽의 애밀달하(아미타 비라amita bira)가 갈합리하에 합류한다는 것, 갈순하(가순 비라gašun bira)와 그 북쪽의 살제고하·부이합하(풀하 비라fulha bira)가 모두 갈합리하로 합류한다는 것 등은 『수도제강』의 내용과 일치한다. 또 포이합도하가 영아하(영거 비라yengge bira)·혁도하(허투 비라hetu bira)·도문하(투먼 비라tumen bira)와 합하고 해란하를 만나서 갈합리하로 들어간다는 것, 해란하(하일란 비라hailan bira)가 포이합도하와 만난다는 것도 역시 『수도제강』과 일치한다.

또 『만주원류고』의 편찬자들은 해란하에 대해 이렇게 말했다.

성경지를 살펴보면 해란하가 여러 곳이다. 혼동강으로 흘러들어가는 곳이

---

125 『欽定大淸一統志』, 卷45, 吉林. ① 噶哈里河: 寧古塔城南一百五十里 源有二 一出瑪勒呼哩窩集 一出尼葉赫窩集 南流會布而哈圖河 入圖們江 又呼濟河 在城南三百里 其北又有愛密達河 俱出城南無名山 東流入噶哈哩河 噶順河 在城南三百四十里 其北又有薩齊庫河富爾哈河 俱出城東南無名山 西流入噶哈哩河 ② 布爾哈圖河: 在寧古塔城南四百里 源出城東南無名山 東流合英峨河赫圖河圖門河 會海蘭河 入噶哈哩河 ③ 哈蘭河: 在寧古塔城南四百里 源有三 俱出城南無名山 東北流會布爾哈圖河.

두 곳, 호이합하呼爾哈河로 흘러들어가는 곳이 한 곳이나, 바다로 들어간다는 내용은 없다. 『원사』에서는 '해란부가 고려와 가깝다'고 하고 또 '옛 건주의 동남쪽을 거쳐 흐른다'고 했는데, 고려와 가깝다는 설명이 옳다. 〈황여전도〉皇輿全圖를 살펴보면 영고탑 남쪽 400여 리에 안파해란하按巴海蘭河(암바 하일란 비라amba hailan bira), 아제격해란하阿濟格海蘭河(아지거 하일란 비라ajige hailan bira) 두 줄기가 있는데, 두 물줄기가 합류하여 포이합도하와 만났다가 갈합리하로 도달하니, 『금사』나 『원사』에서 말한 해란하는 마땅히 이것이다.[126]

『흠정대청일통지』에서는 갈합리하의 발원처가 마륵호리와집과 니엽혁와집이라고 기록하고 있다. 그러나 제소남은 마아호리령馬兒呼里嶺을 갈합리하가 아니라 합달하의 발원처로 보았으며, 니엽혁와집에 대해서는 전혀 언급하지 않았다. 제소남은 포이합도하와 해란하의 유로에 대해 〈황여전람도〉를 기초로 상세한 설명을 남겼지만, 『흠정대청일통지』는 그렇지 않다.

『만주원류고』의 경우 성경지나 『대청일통지』의 여러 판본들에서 찾아볼 수 없었던 대해란하(암바 하일란 비라amba hailan bira), 소해란하(아지거 하일란 비라ajige hailan bira)에 관한 정보를 실은 점이 눈에 띈다. 그 근거 자료로 언급된 〈황여전도〉는 〈황여전람도〉의 여러 판본 중 하나이거나 그 사본일 가능성이 높다. 그러나 『만주원류고』는 여전히 해란하의 유로 전체에 관한 구체적인 설명은 싣고 있지 않다. 『흠정대청일통지』나 『만주원류고』처럼 〈황여전람도〉의 지리 지식이 활용된 경우가 있었지만, 성경지 계열의 지리 지식은 여전히 많은 점에서 〈황여전람도〉의 지리 지식과는 일치하지 않거나 심지어 충돌하는 양상을 보여주었다.

---

126 『欽定滿洲原流考』, 卷15, 山川, 海蘭水. 按盛京通志 海蘭河凡數處 入混同江者二 入呼爾哈河者一 入布爾哈圖河者一 無入海之文 元史稱海蘭府地近高麗 又稱經舊建州東南 則自以近高麗者爲是 考皇輿全圖 寧古塔南四百餘里 有按巴海蘭河 阿濟格海蘭河 二源合流 會布爾哈圖河 以達于噶哈哩河 金元史所稱 當卽是也.

조선은 이렇게 일치하지 않는 지리 정보들을 꾸준히 들여왔다. 전쟁 재발에 대한 위기의식이 있었을 뿐만 아니라 변경을 효과적으로 관리해야 했기 때문이다. 정치적 현실에서 촉발된 만주 지리에 대한 관심은 점차 영토 의식으로 옮겨갔다. 백두산정계비 설치를 전후하여 조선 지식인들 사이에 토문강의 실체에 대한 관심이 높아졌다. 질문은 꼬리에 꼬리를 물며 이어졌다. 어디까지가 조선의 국경인가. 그렇게 주장할 수 있는 역사적, 문헌적 근거는 무엇인가. 고토는 조선의 현실에서 어떤 의미인가. 회복해야 하는가, 그렇지 않은가. 만일 회복해야 한다면 그 이유는 무엇인가. 고토 회복은 조선이 중화문화의 유일한 계승자라는 자존 의식과 어떤 연관이 있는가.

4부

변경과 역사적 고토는 어떻게 인식되었는가

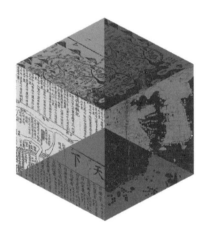

1장. 변경과 국경

만주어 변경 지명의 번역

1631년(인조 9) 만주어로 작성된 칸의 국서가 한문으로 번역되어 인조에게 전달되었다. 칸은 조선 사람들이 압록강을 넘어와 사냥하거나 삼을 캐다가 적발된 사례를 거론하면서 인조를 압박했다. 칸이 열거한 일 중에는 "금년 5월에 조선 사람 10인이 말 아홉 필을 끌고 우리나라 복아합토卜兒哈兔 지방에 와서 사냥한 일"도 들어 있었다.[1] 그런데 칸이 말하는 "우리나라 복아합토 지방"은 어디일까.

복아합토는 부르하투burhatu(부르가투burgatu)에 해당하는 여진어 혹은 만주어 발음을 한자로 음차한 것이다.[2] 그런데 조선과 청나라 사이에는 'r' 혹은 'ru'에 해당하는 음가를 음차하는 방식이 달랐다. 조선은 '乙'을 사용한 반면, 청나라는 '兒' 혹은 '爾'를 사용했다. 따라서 같은 곳을 가리키는 지명이라도 명나라나 청나라에서 작성된 문서를 통해 알려졌는지, 혹은 조선의 견문에 의

---

1 『인조실록』, 인조 9년 윤11월 22일. 汗書曰 今年五月內 貴國十人九馬 至我國卜兒哈兔地方行獵 彼札怒 捉住四人 九馬放回 其六人逃散 九月內 貴國人來灰扒地方艺参 與我人對戰 貴國五人被殺 又於九月內 貴國人同島人來寬奠艺参 被我人捉得.

2 만주어 사전에는 burgatu라고 되어 있다. 하지만 초기 만주어에서 h와 g의 음가는 무리 없이 통용되었다. 게다가 실제 청의 지리지나 지도에서도 burgatu보다는 burhatu에 해당하는 음가를 음차한 경우가 많다. 이하에서는 꼭 필요한 경우가 아니면 burhatu라는 단일한 음가로 표현하기로 한다. 부르하투burhatu는 중국 길림성 연변 조선족 자치주 연길 시내를 흐르는 하천이다. 현재는 부얼하통布爾哈通으로 불린다.

해 인지되었는지에 따라 표기 방식이 다를 수밖에 없다. 『인조실록』에 기록된 칸의 국서는 후금에서 부르는 지명이기 때문에 '복아합토'로 쓰였을 것이다. 만일 조선이 같은 지명을 현지의 발음을 듣고 기록했다면 표기가 조금씩 달라졌을 것이다. 건을가퇴件乙加退, 건가퇴件加退, 건가퇴件加堆, 벌가토伐加土 등이 그것이다. 이 중 건을件乙의 중국어 발음(지엔이jiànyǐ)은 부르하투burhatu의 '부르'bur와는 크게 차이가 나지만, 한국어 음가로 하면 '걸'이 되기 때문에 '부르'bur와 큰 차이가 없다. 件加退와 件加堆는 건을가퇴件乙加退라는 지명에서 파생한 것이다.

건을가퇴라는 지명은 1604년(선조 37)에 북방 방어 문제를 논의하는 과정에서 거론된 적이 있다. 함경감사 서성이 해서여진의 홀온忽溫 세력을 견제하기 위해 먼저 종성鍾城 번호藩胡 아이당개我伊唐介가 이주해 살던 '건을가퇴' 지역을 공격해야 한다고 주장했다.[3] 그런데 그사이 조선이 오히려 홀온 세력으로부터 선제공격을 받는 사건이 벌어졌다. 1605년(선조 38) 3월 홀온 야인野人들이 종성 지역에 쳐들어와 동관보를 함락시키고 첨사 김백옥을 죽였다. 이일이 있은 뒤 북병영의 우후 성우길이 수천 명의 군사를 거느리고 두만강을 건너 야인 부락을 공격했다. 다시 두 달 뒤 북병사 김종득이 강을 건너 야인 부락을 공격했으나 크게 패하고 돌아왔다.[4] 『광해군일기』에는 이때 김종득이 공격한 지역이 '건을가퇴'라고 적혀 있다.[5]

흥미로운 사실은 이 건을가퇴라는 지명이 『선조실록』이나 『연려실기술』에서는 건가퇴件加退라고 적혀 있다는 점이다.[6] 한자로 음차한 만주 지명의 'r' 혹은 'ru'의 음가는 조선의 언어 관습에 의해 탈락했던 것 같다.

'건가퇴'라는 지명은 15세기부터 확인된다. 1455년(단종 3) 함경도 도체찰사 이사철李思哲이 두만강변 안팎에 산재한 야인 마을의 종류와 등급을 파악

---

3 『선조실록』, 선조 37년 8월 8일. (尹)承勳曰 欲先攻件乙加退矣 鍾城藩胡我伊唐介所居 己亥年間 高嶺穩城 胡人甚盛 故懼而入於忽溫 爲其壻矣.
4 이긍익, 『연려실기술』, 別集 18, 邊圉典故.
5 『광해군일기』, 광해군 4년 6월 5일.
6 『선조실록』, 선조 38년 4월 3일.

해 보고했다. 보고서에 따르면, 건가퇴에는 지하리之下里라는 인물이 이끄는 여진 부락이 있었다.[7] 이듬해 세조는 변경을 안정시키기 위해 강변 야인들에게 관직을 내렸다. 이 기록에 따르면 김인을개金引乙介와 김지하리金之下里 등에게 건을가퇴등처부만호件乙加退等處副萬戶라는 직책이 주어졌다.[8] 1475년(성종 6) 지하리는 딸을 조선 사람에게 출가시키는 방식으로 조선에 입적할 수 있도록 해달라고 청원하여 성종의 재가를 받기도 했다.[9]

김지하리와 건을가퇴가 각각 지하리와 건가퇴를 가리키는 것은 분명하다. 그런데 흥미로운 점은 건을가퇴(건가퇴)의 위치다. 이사철의 보고서에는 '경원진慶源鎭에서 79리 강내江內' 지점이라고 적혀 있다. 그런가 하면 세조 때 난을 일으켰던 이시애가 체포된 지역은 경성鏡城의 건을가퇴였다.[10] 어느 경우든 건을가퇴(건가퇴)는 두만강 안쪽에 있었다. 그런데 선조 때 김종득이 공격한 건을가퇴(건가퇴)의 야인 마을은 두만강 너머에 있었다.[11] 두만강 아래쪽의 야인 주거지를 의미하던 건을가퇴(건가퇴)라는 지명은 적어도 임진왜란 이후 두만강 위쪽의 야인 거주 지역을 가리키는 지명으로 굳어진 듯하다.[12]

『북정록』北征錄은 1658년(효종 9) 제2차 나선 정벌에 나섰던 신유申瀏의 일기인데, 여기에 건가토강件加吐江, 천가퇴강舛可退江이라는 지명이 보인다.[13] 이 지명 역시 부르하투burhatu라는 여진어 발음을 한자의 조선식 음가에 따라 음차한 것이다. 같은 곳이 다른 한자로 기록된 것은 한자의 차이보다는 음가의 유사성에 주목해야 한다는 뜻이기도 하다. 건가토件加吐의 '건'件과 천가퇴

7 『단종실록』, 단종 3년 3월 24일.
8 『세조실록』, 세조 2년 1월 29일.
9 『성종실록』, 성종 6년 5월 25일.
10 『세조실록』, 세조 13년 8월 12일.
11 당시 비변사는 조선이 정벌하려는 건을가퇴件乙加退(件加退) 지역을 '조선과의 국경에서 130리 거리'에 있는 곳으로 보았다(『선조실록』, 선조 38년 4월 6일). 종성부 일대 번호藩胡의 거주지를 가리키던 건을가퇴件乙加退(件加退)는 아이당개我伊唐介와 같은 번호가 두만강 너머로 이주해가면서 새로운 이주지 명칭으로 굳어진 것 같다.
12 1631년 칸이 국서에서 언급한 '우리나라 복아합토卜兒哈兎 지방'이 바로 그곳이다.
13 이강원, 「조선 후기 국경 인식에 있어서 두만강 토문강 분계강 개념과 그에 대한 검토」, 『정신문화연구』, 제30권 제3호, 2007, 107쪽.

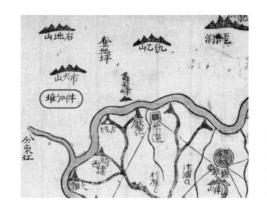

舛可退의 '천'舛은 발음이 꽤 차이 나지만, 천舛을 걸桀의 오기로 본다면 '천가퇴'는 '걸가퇴'로 읽을 수도 있다. 그렇다면 건가퇴(土)와 걸가퇴(土)의 차이는 무시해도 좋을 정도다.

건을가퇴에서 'r' 음가가 탈락한 건가퇴件加退는 때로 件加堆라는 이름으로도 기록되었다. 정약용의 『대동수경』大東水經을 보완한 이청李晴은 "분계강 가에 건가퇴件加堆가 있다"고 적었다. 김정호의 『대동지지』에도 건가퇴件加堆가 나온다. 건가퇴件加退와 음은 같지만 글자 하나가 다르다. 그런데 다만 음차에 불과한 '退'라는 글자가 언덕을 뜻하는 堆로 바뀐 것이 흥미롭다. 건가퇴는 이제 독자에게 언덕의 이미지를 부여하게 된 것이다. 〈대동여지도〉大東輿地圖에도 두만강 바깥쪽에 件加堆라는 지명이 선명하게 보인다.[14]

벌가토伐加土는 부르하투burhatu를 한자로 음차한 것 가운데 현지의 발음에 가장 가까운 경우에 해당한다. 이 지명은 홍양호洪良浩(1724~1802)의 『북새기략』에서 처음 확인된다. 홍양호는 정상기의 〈동국지도〉東國地圖를 관찬 지도로 채택하게 했을 뿐만 아니라, 『여지서』輿地圖書 편찬을 제안한 인물이기

14 〈청구도〉, 〈대동여지도〉에 활용된 다양한 종류의 관찬 자료들을 감안해보면, 김정호의 지도 작업이 개인 차원에서 이루어진 것이라고 보기 어렵다. 다만 두만강 대안에 '건가퇴'件加堆라는 지명을 사용한 것으로만 보면, 그는 부르하투burhatu를 전혀 다른 방식으로 음차해온 중국의 전통을 몰랐거나 알았더라도 별로 의식하지 않은 것 같다.

도 했다. 『북새기략』에는 두만강 일대에 관한 그의 지리 지식이 포함되어 있다. 이 저작에 따르면, 지금의 해란하를 분계강으로 보았던 그는 분계강으로부터 70여 리 거리에는 벌가토강이, 벌가토강으로부터 140여 리 거리에 동가강이 있을 것이라고 생각했다.[15] 경흥부사를 역임한 그의 이력으로 미루어보면 벌가토라는 강 이름은 그가 현지에서 전해 들은 것임이 분명하다.

칸이 국서를 보내왔을 때 인조를 비롯한 조선 관료들은 문서에 기록된 복아합토가 자신들이 건을가퇴(건가퇴)라고 부르는 지역이라는 사실을 알아채기 어려웠을 것이다. 두만강 너머로 문제가 된 지역을 직접 조사할 수 있는 상황도 아닌 데다 후금 측도 이 지명에 대해 자세히 설명하지 않았기 때문이다.[16]

복아합토가 잘 보여주는 것처럼 '부르하투'에 대한 후금·청나라의 음차 방식은 조선식과는 확연히 달랐다. 청나라는 조선과도 관계가 깊은 이 역사적 지명을 자신들의 방식으로 계속 음차하고 또 해설했다. 이 중에는 성경지·『대청일통지』·『만주원류고』·『수도제강』과 같은 지리지가 있었는가 하면, 〈황여전람도〉와 같은 지도도 있었다.

청나라는 자국에서 편찬한 지리지나 지도들이 조선으로 흘러나가지 않도록 통제했지만, 성경지·『대청일통지』·『만주원류고』·〈황여전람도〉·『고금도서집성』 등 관련 주요 성과들이 시차를 두고 조선에 유입되었다. 그 자료들에는 예외 없이 부르하투에 관한 지리 정보가 담겨 있었다. 『성경통지』(국립중앙

<hr>

15 홍양호, 『이계집』, 외집, 권12, 北塞記略, 白頭山考. 自分界江至伐加土江 爲七百餘里 自伐加土江至佟家江 爲一百四十餘里 自佟家江至朱溫川十五里許 自朱溫川至黑龍江三百五十里許.

16 〈서북계도〉에는 18세기 후반에 조선이 17세기의 부르하투를 어떻게 기억하고 있는지를 보여주는 흥미로운 사례가 있다. 해란하가 부르하투 하와 만나는 지점에 金將軍汝水不忘碑라는 표시가 보인다. 김여수 金汝水는 인조 대 말 경흥부사와 북병사를 역임한 무신이다. 경흥은 야춘 부락과 가까워서 특히 야인들의 출입이 잦은 지역이었다. 경흥부사는 동요하기 쉬운 지역 인심을 무마하고 야인들을 능숙하게 상대해야 하는 직책이었다. 김세렴金世濂은 경흥부사 김여수가 이 두 가지 임무를 훌륭히 수행한 점을 높이 평가했다(김세렴, 『동명집』, 권7, 北邊事情狀). 김여수는 1644년(인조 22) 북병사에 임명되었다(『인조실록』, 인조 22년 12월 26일). 그는 회령 개시에 참여하는 야인들을 상대로 그들이 필요로 하던 소를 공급해주기도 하고(『인조실록』, 인조 23년 6월 5일), 굶주림을 호소하는 후춘 부락 사람들을 구휼해주기도 했다(『인조실록』, 인조 23년 8월 11일). 이 비석에 관한 가장 직접적인 정보를 전해주는 것은 『대동수경』이다. 정약용에 따르면, 두만강에 합류하는 분계강가에 야인들이 김여수가 베풀어준 은혜를 기려 비석을 세웠는데, 이 비석이 당시까지도 남아 있었다 한다.

도서관, 韓古朝64-45)는 성경지의 여러 수정본 중 하나인데, 여기에 부르하투에 관한 기록이 있다.

갈합리하(성 남쪽 150리 지점에 있다. 수원은 마아호력와집馬兒虎力窩集인데, 토문 강으로 흘러 들어간다). 포아합도하布兒哈圖河(성 남쪽 400리 지점에 있다. 수원은 성 남쪽 600리 지점에 있는 이름 없는 산인데, 동쪽으로 흘러 갈합리하로 들어간다). 해란하(성 남쪽 410리 지점에 있다. 수원은 서남쪽 590리 지점에 있는 이름 없는 산인 데, 동쪽으로 흘러 포아합도하로 들어간다). 토문강(성 남쪽 600리 지점에 있다. 수원 은 장백산인데, 동북쪽으로 흘러 조선의 북쪽 경계를 감싼 뒤 다시 동남쪽으로 꺾여 흐 르다가 바다로 들어간다).[17]

이 설명에 따르면 해란하는 포아합도하로 합류하고, 포아합도하는 다시 갈합리하로 합류하며, 갈합리하는 최종적으로 토문강, 즉 두만강으로 흘러든 다. 이 지명들 가운데 '포아합도'는 부르하투burhatu를 음차한 것이다. 칸의 국서에 기록된 '복아합토'와 글자는 다르지만, 'r'에 해당하는 음가를 '아'兒 혹은 '이'爾로 음차하는 중국적 전통을 충실히 따르고 있다는 점에서는 차이 가 없다.[18]

이들 물줄기에 관한 설명은 제소남의 『수도제강』에 이르러 좀 더 상세해 진다. 그는 부르하투burhatu를 '卜兒哈兎'(복아합토)라고 적었다.

이 글자는 칸이 조선에 보낸 국서에 쓰인 것과 같아서 흥미롭다. 물길은 〈강희도〉, 〈옹정도〉, 〈건륭도〉 등 〈황여전람도〉의 여러 판본들과 거의 일치한 다. 이 물길의 이름은 〈강희도〉와 〈옹정도〉에서 부르하투 비라burhatu bira, 그 리고 〈건륭도〉에서 '포이합도필랍'布爾哈圖必拉이라고 적혀 있다. '포이합도' 는 부르하투burhatu라는 지명을, '필랍'은 하천을 뜻하는 만주어 비라bira를 각각 음차한 것이다. '포이합도'는 'r' 음가를 '爾'로 표현한 것인데, 이것 역

17 雷以諴, 『盛京通志』, 卷14, 山川.
18 이들 물줄기에 대한 설명은 강희제 때의 최초 판본에서부터 일관되게 계승되어왔다.

시 중국적인 전통을 따른 것이다.

〈서북계도〉는 전체적으로 〈건륭도〉와 가장 많이 닮아 있지만, 지명을 음차하는 방식이 다르다.[19] 하河·산山·령嶺·성城을 뜻하는 만주어 비라bira·알린alin·다바간dabagan·호톤hoton의 표시 형식을 보자. 〈서북계도〉에는 각각 하·산·령·성으로, 〈건륭도〉에서는 필랍必拉·아림阿林·달파한達巴漢·화둔和屯 등으로 적혀 있다. 전자는 번역된 것이고, 후자는 음차된 것이다.[20]

〈서북계도〉가 일반명사를 그 만주어 음가에 따라 음차하는 데 그치지 않고 그 뜻을 고려해서 번역어 하, 산, 령, 성 등으로 쓴 점은 의미가 있다. 만일 필랍, 아림, 달파한, 화둔처럼 단순히 음차된 단어가 기재되었다면, 독자들은 이 단어가 들어가는 지명들이 하河, 산山, 령嶺, 성城을 의미한다는 사실을 알 수 없기 때문이다. 이 지도의 독자들은 처음으로 청대의 지리지에 적혀 있는 드넓은 만주를 지도의 형태로 보았을 뿐만 아니라, 그 지명들이 지닌 의미까지 어렴풋이나마 짐작할 수 있었다. 물론 〈서북계도〉가 번역어를 채택했기에 가능한 일이다.

〈서북계도〉는 〈황여전람도〉의 사본을 따라 해란하(하일란 비라hailan bira)가 부르하투 비라burhatu bira와 만난 뒤 다시 가하리 비라gahari bira로 합류한 후 두만강으로 들어간다고 표시했다. 그런데 부르하투 비라burhatu bira에 관

19 우리 학계에서는 그동안 〈황여전람도〉가 조선에 유입된 사실조차 잘 알려지지 않았다. 정조가 청에서 수입해온 거질의 『고금도서집성』에 〈황여전람도〉의 도면을 기초로 한 지도가 들어 있었으며, 이 지도에 기초해 여러 사본들이 만들어졌다는 사실 정도가 확인되었을 뿐이다. 〈황여전람도〉가 조선에 수입되었다는 사실을 명시적으로 보여주는 문헌 기록은 없다. 다만 한국학중앙연구원 장서각에는 강희 연간에 간행된 〈황여전람도〉 사본이 일부 소장되어 있다(한국학중앙연구원 장서각, 『장서각도서한국본해제』, 지리류 3, 43~73쪽). 언제인지는 모르지만 이 지도가 조선에 유입되었음을 짐작할 수 있다. 그런데 이 사본들로는 조선 사람들이 〈황여전람도〉의 지리 지식을 어떻게 이해했는지 짐작할 길이 없다. 〈서북계도〉(규장각 古 4709-89)는 그런 점에서 매우 특별한 지도다. 숙종 대 〈요계관방도〉가 만들어진 이래로 조선에서는 만주와 조선의 서북 지역을 묶어 하나의 도면으로 제작하는 전통이 이어졌다. 〈서북계도〉는 이 전통을 계승한 지도인데 〈황여전람도〉의 연해주 및 만주 일대가 모사되어 있다. 〈서북계도〉는 〈대동여지도〉에 앞서서 분첩절첩식의 편집 형태를 보여준다는 점에서, 또한 〈황여전람도〉를 매개로 한 지리 정보의 동서양 교류사에 조선도 그 이름을 올릴 수 있음을 웅변해준다는 점에서 중요한 의미가 있다.
20 번역이나 음차를 막론하고 〈서북계도〉에는 오탈자가 적지 않다. 예를 들어 burhatu bira를 표시한 兒哈兎河는 卜兒哈兎河가 되어야 한다. 또 阿几羅土門은 阿几个土門이 되어야 옳다.

<표 4> 부르하투 일대에 관한 〈서북계도〉와 『수도제강』·〈황여전람도〉 계열의 지명 비교

사항	〈서북계도〉	『수도제강』	〈서북계도〉의 지명 위치에 해당하는 〈황여전람도〉상의 지명		
			〈강희도〉	〈옹정도〉	〈건륭도〉
gahari bira	噶哈里河	噶哈里河	gahari sekiyen	gahari sekiyen	噶哈里河色欽
	哈達河	哈達河	hada birgan	hada bira	哈達必拉
	馬兎□里嶺	馬兒呼里嶺	malhūri weji	malhūri weji	馬爾胡里倭集
	活渾山	活渾山	hohon alin	hohon alin	和歡阿林
	艾米大河	艾衣六河	amita bira	amita bira	艾米塔必拉
	活几河	活几河	hoji bira	hoji bira	和集必拉
	薩其庫河	薩其庫河	fulha bira	fulha birgan	薩奇庫必拉
	穆克得亨嶺	穆克得亨嶺	mukdehen dabagan	mukdehen dabagan	穆克德亨達巴漢
	付兒哈河	付兒哈河	gašon bira	gašun bira	富爾哈必拉
	哈順河	哈順河	detungge bira	detungge bira	噶順必拉
burhatu bira	兒哈兎河	卜兒哈兎河	burhatu sekiyen	burhatu sekiyen	布爾哈圖色欽
	無	渾源山	無	無	無
	英額嶺	英額嶺	無	無	無
	英額河	英額河	yengge bira	yengge bira	無
	和土河	和土河	hetu bira	hetu bira	無
	付兒哈火羅	付兒哈火羅	fulha holo	fulha holo	富爾哈和羅
	達兒花川	達兒花川	darhūte holo	darhūte holo	達爾呼忒和羅
	艾丹城	艾丹城	aidan hoton	aidan hoton	艾丹和屯
	土門河	土門河	tumen bira	tumen bira	土門必拉
hailan bira	海蘭河	海蘭河	hailan bira	hailan bira	海瀾必拉
	黑山	黑山	heišan	heišan	黑山
	阿几个海蘭	阿几个海蘭	ajige hailan bira	ajige hailan bira	阿集格海瀾必拉
	黃頂子	黃頂子山	huang ding dz	huang ding dz	黃頂子
	巴顔河	巴顔河	bayan bira	bayan bira	巴顔必拉
	阿母八海蘭	阿母八海蘭	amba hailan bira	amba hailan bira	阿木巴海瀾必拉

266

한 지명이 두 가지로 적혀 있다. 하나는 아합토하兒哈兎河, 다른 하나는 건을가퇴강仵乙加退江이다. 물론 아합토하는 복아합토하를 의미한다. 조선에서 부르하투burhatu를 표현하는 방식은 건을가퇴, 건가퇴仵加退, 건가퇴仵加堆, 벌가토伐加土 계열과 복아합토卜兒哈兎, 포이합도佈爾哈圖 계열로 확실히 구분된다. 엄밀한 의미에서 두 계열이 같은 곳을 가리킨다고 여겨진 적은 한 번도 없었다. 〈서북계도〉는 이 두 계열의 지명이 사실은 하나의 강줄기를 표현한다는 사실을 처음으로 도면상에 구현했다는 점에서도 특별한 의미를 가진다. 조선과 청나라 사이에 음차 방식이 달라서 지리적 실체가 동일시되지 못했던 부르하투 비라burhatu bira는 〈서북계도〉에서 비로소 하나의 실체로 처음 확인되었다. 〈황여전람도〉는 조선에서 음차뿐만이 아니라 번역어의 형태로도 소개되었다. 만주어와 음차된 한자로 제작된 원도原圖는 이런 방식으로 번역됨으로써 비로소 동문同文의 의미체계 속으로 들어갈 수 있었다.

청나라 지리 정보의 영향과 전통 지리 지식의 변용

청나라 때 편찬된 만주 지도와 지리서들은 조선이 당면한 정치적 이슈를 해결하는 데 유용하게 사용되었다. 그런데 학술적인 관점에서 볼 경우 다른 문제들이 있었다. 이 문헌들에서 소개된 정보들은 조선이 백두산과 북만주에 대해서 알고 있던 지식과 충돌하기 때문이다. 소하강蘇下江, 속평강速平江, 수빈강愁濱江 등도 그런 예다. 『세종실록지리지』世宗實錄地理志와 『신증동국여지승람』新增東國輿地勝覽에는 조선 초기 역사 경험에 기초한 만주 관련 지식들이 요약되어 있다. 그 가운데에는 만주 지역의 산줄기와 물줄기에 관한 내용이 있다. 가장 먼저 백두산에 관한 기록이 눈에 띈다.

『세종실록지리지』 편찬자는 이렇게 말했다. "백두산이 있는데, 산이 대개 3층으로 되었다. 꼭대기에 큰 못이 있으니, 동쪽으로 흘러 두만강이 되고, 북쪽으로 흘러 소하강이 되고, 남쪽으로 흘러 압록강이 되고, 서쪽으로 흘러 흑룡강이 된다."[21] 그런가 하면 『신증동국여지승람』에는 이런 내용이 보인다.

바로 장백산이다. 부의 서쪽으로 7, 8일 걸리는 거리에 있다. 산이 모두 3층으로 되어 있는데, 높이가 200리요, 가로는 천 리에 뻗쳐 있다. 그 꼭대기에 못이 있는데, 둘레가 80리다. 남쪽으로 흘러 압록강이 된다. 북쪽으로 흘러 송화강이 되고 혼동강이 된다. 동북으로 흘러 소하강이 되고 속평강이 된다. 동쪽으로 흘러 두만강이 된다. 『대명일통지』에 '동쪽으로 흐르는 것은 아야고하阿也苦河다'라고 했는데, 아마 속평강을 가리키는 듯하다.[22]

『세종실록지리지』에서 서쪽 물줄기를 흑룡강의 발원처로, 북쪽 물줄기를 소하강의 발원처로 인식하고 있는 점이 흥미롭다. 백두산과 그 산에서 발원하는 물줄기에 대해서는 『신증동국여지승람』이 좀 더 상세하다. 백두산을 장백산이라고 명시한 것부터가 인상적이다. 백두산에서 발원하는 물줄기에 관한 『세종실록지리지』와 『신증동국여지승람』의 기록에서 흥미로운 대목 중 하나는 백두산에서 흘러나가는 강 이름이다.

소하강, 속평강 등은 명청대 중국 측 지리서에서는 그 흔적을 찾을 수 없지만, 15세기 실록에서는 확인된다. 실록에서 소하강의 존재가 처음으로 확인되는 것은 태종 때였다. 이때 함경도 도순문사가 명나라 군대 1천여 명이 백두산의 절을 단청하는 일로 요동을 떠나 소하강변에 와서 주둔한 사실을 보고한 바 있다.[23] 중국 측 지리서에는 없고 조선 측의 기록에만 보이는 지명 중에는 수빈강과 같은 강 이름, 공험진·선춘령과 같은 역사적 지명, 거양성과 같은 일반 지명들도 있다.

『세종실록지리지』에 이런 설명이 보인다. "수빈강은 두만강 북쪽에 있다. 그 근원은 백두산 아래에서 나오는데, 북쪽으로 흘러서 소하강이 되어 공험진, 선춘령을 지나 거양성巨陽城에 이르고, 동쪽으로 120리를 흘러서 수빈강

21 『세종실록지리지』, 함경도, 경원도호부.
22 『신증동국여지승람』, 권50, 함경도, 회령도호부, 산천.
23 『태종실록』, 태종 17년 4월 15일.

이 되어 아민阿敏에 이르러 바다로 들어간다."[24] 백두산에서 흘러나와 공험진, 선춘령, 거양성을 지나 아민에 이르러 바다로 들어간다는 내용은 『신증동국여지승람』과 같다. 그러나 수빈강의 위치를 상세하게 적은 점, 상류 중 한 갈래로 속평강에 대해 언급하지 않은 점 등은 『신증동국여지승람』과 다르다.

조선왕조실록에서 수빈강에 관한 기록이 처음 확인되는 것은 태종 때다. 1402년(태종 2), 영안도 도안무사 이종무가 야인들에게서 들은 내용을 전해 올렸다. 명나라의 여직도사가 송갈강松濁江에서 수하강愁下江을 거쳐 수빈강으로 향했다는 것이다.[25] 수빈강에 관한 대부분의 기록은 세종 대에 집중되어 있다. 『세종실록』에는 야인들의 동향[26]뿐만 아니라, 수빈강 야인들에 대한 토벌 관련 기사도 적지 않다.[27] 그러나 정작 수빈강 야인들의 위치에 관한 정보는 충분하지 않은 편이다.

수빈강 올적합兀狄哈에서 조선 사진四鎭까지의 거리가 3, 4일정日程밖에 안 된다는 기사,[28] 야인 부락이 경흥부의 성 밑에서 수빈강까지 잇달아 뻗쳐 있다는 기사[29] 정도가 전부다. 수빈강을 비롯한 인근 지역의 지리적 형세를 탐문할 필요성이 제기될 정도였다.[30] 그런 점에서 보면 『세종실록지리지』의 수빈강에 관한 정보가 무엇을 근거로 하는지는 분명하지 않지만, 그 시점에서는 가장 상세한 것이라 해도 좋다.

『세종실록지리지』가 속평강에 대한 언급이 없는 데 비해, 『신증동국여지승람』에는 소하강과 함께 속평강이라는 강 이름이 나온다. 회령부 항목에 따르면, "동북으로 흘러 소하강이 되고 속평강이 된다"[31]고 했는데, 경원부 항목

24 『세종실록지리지』, 함경도, 경원도호부.
25 『태종실록』, 태종 14년 2월 6일.
26 『세종실록』, 세종 14년 10월 9일; 『세종실록』, 세종 16년 10월 8일.
27 『세종실록』, 세종 18년 11월 9일; 세종 19년 3월 11일; 세종 19년 4월 11일.
28 『세종실록』, 세종 19년 8월 7일.
29 『세종실록』, 세종 22년 1월 10일.
30 『세종실록』, 세종 25년 10월 6일.
31 『여지승람』, 권50, 함경도, 회령도호부, 산천. 南流爲鴨綠江 北流爲松花江爲混同江 東北流爲蘇下江爲速平江 東流爲豆滿江 大明一統志東流爲阿也苦河 疑指速平江也.

에는 "북쪽으로 흘러 소하강이 되는데 혹은 속평강이라고도 한다"[32]고 되어 있다.

경원도호부 기록에 따르면『신증동국여지승람』의 편찬자들은 소하강과 속평강을 같은 강으로 본 것 같다. 이는 속평강을 언급하지 않은 채 소하강이 공험진과 선춘령으로 흘러나간다는『세종실록지리지』의 기록과도 부합한다. 그런데 회령부의 기록에 따르면 사정은 조금 달라진다.

『신증동국여지승람』의 편찬자들은 회령부 산천 항목에서『대명일통지』의 아야고하가 속평강을 가리킨다고 추정했다. 그들이 속평강과 소하강을 같은 강으로 보았다면 본문에서 먼저 언급한 소하강 대신 군이 속평강이라는 이름을 사용했을까. 동북쪽으로 흘러나가는 물줄기가 "소화강이 되고 속평강이 된다"는 기사는 북쪽으로 흘러나가는 물줄기가 "송화강이 되고 혼동강이 된다"는 설명과 함께 적혀 있다. 따라서『신증동국여지승람』의 편찬자들이 송화강과 혼동강을 같은 강으로 보았는지의 여부를 확인할 수 있다면, 그들이 소하강과 속평강을 어떻게 보았는지도 알 수 있을 것이다.

15세기 조선은 송화강과 혼동강을 경험할 만한 계기가 없었다.『신증동국여지승람』의 편찬자들이 송화강과 혼동강의 위치를 파악하는 데 참고한 유일한 자료는『대명일통지』였다. 그런데『대명일통지』조차 혼동강과 송화강이 같은 강인지 다른 강인지 혼선을 보였다.『대명일통지』는 혼동강에 대해 이렇게 적었다. "혼동강은 개원성 북쪽 1,500리에 있다. 수원水源은 장백산에서 나온다. 옛 명칭은 속말하粟末河이며, 속칭 송와강松瓦江이라고 한다. 북으로 흘러 금나라의 옛 회령부 아래를 지나고, 오국두성五國頭城에 도달했다가 동쪽으로 바다로 들어간다"라고 되어 있다. 또 "송화강은 개원성 동북쪽 1천 리 지점에 있는데, 수원은 장백산에서 나온다. 북쪽으로 금나라의 옛 남경성을 거쳐 회배강灰扒江과 혼동강에 합류했다가 동쪽으로 흘러 바다로 들어간다"고도 했다. 성경지의 편찬자들은『대명일통지』의 모호함 때문에 중국에서도 송화강

---

32 『여지승람』, 권50, 함경도 경원도호부, 산천: 愁濱江. 源出白頭山 北流爲蘇下江 一作速平江.

과 혼동강을 서로 다른 강으로 여기는 경향이 생겨났다고 보았다.[33]

백두산에서 흘러나가는 물줄기, 소하강과 속평강 등의 실체를 확인할 만한 자료가 전혀 없는 상황에서 『세종실록지리지』와 『신증동국여지승람』은 거의 유일한 참고문헌이었다. 따라서 『신증동국여지승람』의 편찬자들이 『대명일통지』의 부족한 지리 정보를 근거로 혼동강과 송화강의 관계를 확정할 수는 없었을 것이다. 그들은 소하강과 속평강의 유로에 대해, 그리고 두 강 이름의 관계에 대해 해석의 여지를 열어두는 쪽을 택했다.

소하강, 속평강, 수빈강에 관한 『세종실록지리지』, 『신증동국여지승람』의 기록들은 만주에 관한 좀 더 자세한 지리서들이 유입되는 중에도 여전히 기억되고 있었다. 이긍익李肯翊(1736~1806)은 수빈강, 소하강, 속평강에 관한 『신증동국여지승람』의 기록을 접했다.[34] 이긍익은 소하강과 속평강에 관한 문제점을 거론하지 않고 『신증동국여지승람』의 기록을 그대로 옮겨 적었다. 허목은 소하강, 속평강, 수빈강에 관한 논란을 피한 채, "공험진이 회령부 소하강가에 있는데, 선춘령의 동남쪽, 두만강 이북 700리 지점에 있다"고 말할 뿐이었다.[35]

윤두서尹斗緖(1668~1715)의 지도는 소하강과 수빈강에 관해 『신증동국여지승람』과는 다른 정보를 전해준다. 백두산에서 동쪽으로 흘러나가는 물줄기로 두만강이 있고, 그 위로 두문하豆門河가 보인다. 두문하는 두만강 위를 흐르다가 온성부 부근에서 두만강에 합류한다. 이 물줄기는 지금의 해란하에 해당한다. 해란하는 백두산에서 발원하지는 않지만, 윤두서가 두문하를 백두산에서 발원하는 것으로 여겼는지는 분명하지 않다.

두문하의 위쪽을 흐르다가 바다로 합류하는 또 하나의 물줄기가 있다. 이 물줄기는 백두산 동북쪽에 있는 비호산貔虎山에서 발원하는데, 남쪽으로 흘러

---

33 雷以誠, 『盛京通志』, 卷13, 山川志, 永吉州, 混同江.
34 이긍익, 『연려실기술』, 별집 16, 지리전고, 총지리: 형승.
35 허목, 『기언』, 권30, 原集, 雜編 邊塞. 公險鎭在會寧府蘇下江濱 先春嶺東南豆滿江北七百里 (睿宗)三年 立石記功於先春嶺以爲界.

_ 윤두서, 〈동국여지지도〉의 백두산 일대. 윤두서의 지도는 조선의 전통 지리 지식이 청나라 지리 정보의 영향을 받아 변용되는 과정을 잘 보여준다. 채색필사본, 1710년, 112.0×72.5cm, 보물 제481-3호, 고산윤선도유물전시관(윤형식).

소하강이 된다. 상가하에서 방향을 바꾸어 동류하던 소하강은 원산성圓山城, 개양성開陽城 등을 지난 후 남쪽으로 흘러 수빈강이 된다. 소하강 위로는 담주평潭州平, 공험진, 선춘령이 있고, 수빈강 위로는 노관老串, 벌인伐引, 여사女土, 야치성也雉城, 우이미성于而未城, 후비석성厚飛石城이 보인다.

　성경지의 보급 범위는 점차 넓어졌다. 상주의 유학자 이만부李萬敷는 『신증동국여지승람』과 성경지를 비교 분석했다. 그는 중국인들이 장백산이라 부르는 곳은 조선의 백두산이며, 조선에 있는 장백산은 중국의 장백산과 무관하다고 적었다.[36] 명칭으로 인한 혼선을 막기 위한 배려다.[37]

　그 뒤로 『신증동국여지승람』과 성경지의 백두산에 관한 기록이 이어진다. 이만부는 두 기록을 비교하면서 둘 사이에 큰 차이가 있다는 것을 발견했다.

36　이만부, 『식산집』, 별집, 권4, 地行附錄, 白頭. 白頭山 在我東正北 古野人之地 今爲淸國烏喇寧古塔之境 自我夷山北距三四百里 自鼈山西行七八日入山 又上其絶頂二百餘里 女眞稱長白 我東稱白頭 以其山頭 草木不生 皓然露出 四時不變 我雄城海洋之境 又有所謂長白山者 卽白頭之東麓 非女眞之長白也.

37　조선의 백두산이 중국의 장백산이라는 사실은 『여지승람』에도 표시되어 있으나, 그 사실이 제대로 인지되지는 않았던 것 같다. 성경지의 장백산을 백두산과 별도로 표시한 김수홍의 지도는 그런 실태를 잘 보여준다.

압록강과 두만강을 제외하고는 백두산에서 흘러나가는 물줄기에 대한 설명이 너무나 달랐던 것이다. 이만부에 따르면 압록강과 두만강은 국경이어서 조선 사람들이 보고 들을 수 있는 데 비해 그 위쪽은 전문傳聞에 의지해야 했기 때문에 청나라의 기록과 차이가 생길 수밖에 없다.[38] 그는 소하강과 수빈강의 실체에 대해 고증할 필요를 느끼지 못했다.

성경지를 공구서로 활용했던 인물 중에서 『신증동국여지승람』의 견해를 따른 사례도 있다. 이익은 오국성, 졸본부여 등의 지리를 고증하면서 성경지를 활용했다.[39] 더구나 그는 만주어에 대한 기초적인 소양을 갖추고 있었기 때문에 청대 문헌의 지명을 이해하는 데 좀 더 유리한 입장이었다. 그는 시위를 하霞라고 적는 것이 만주어 히야hiya라는 발음에서 왔다는 것,[40] 가이민歌爾民·상견商堅·아린阿隣, 가이민歌爾民·주돈朱敦이 각각 長·白·山과 長·嶺에 해당한다는 것, 와집窩集이 수림樹林을 뜻하는 말이라는 것을 알았다.[41] 그러나 이익은 백두산 일대에서 흘러나가는 물줄기에 대해 『신증동국여지승람』의 기록을 신뢰했다.[42]

이익은 "동북쪽으로 흘러 소하강이 되고 속평강이 된다"는 『신증동국여지승람』 회령부 산천조의 기사와 "동쪽으로 흘러 아야고하가 된다"는 『대명일통지』의 기사를 나열한 뒤, 『대명일통지』의 아야고하가 속평강이라는 『신증동국여지승람』 편찬자의 추정까지 옮겨 적었다. 다만 이익은 아야고하, 즉 속평강을 분계강으로 추정한 점뿐만 아니라 윤관의 비석이 있던 자리를 속평강으로 보았다는 점에서도 특별하다.[43]

이익은 소하강이 선춘령, 거양을 거쳐 바다로 들어간다는 『신증동국여지승람』 경원부의 기사도 존중했다.[44] 그는 또 선춘령에 있는 윤관의 비가 두만

---

38 이만부, 『식산집』, 별집, 권4, 地行附錄, 白頭. 鴨綠豆滿二水 與我東所記合 其所謂土門 卽豆滿之一名也 其餘則多相戾 何也 蓋鴨豆二水 在我東之境 人所目見 故記之不差 其在山北者 得於傳聞 其有差誤無怪也.
39 이익, 『성호사설』, 권2, 天地門, 五國城 卒本扶餘.
40 이익, 『성호사설』, 권12, 人事門, 文無頭武無尾.
41 이익, 『성호사설』, 권3, 天地門, 生熟女眞.
42 이익이 오국성, 졸본부여 등의 지리 고증에 성경지를 활용한 것에 비추어보면 다소 의외다.

강에서 북으로 700리 지점에 있다고 말했다.[45] 이 역시 『신중동국여지승람』의 기사를 존중한 예다. 이익은 소하강, 속평강, 선춘령, 공험진 등에 관해서는 『신중동국여지승람』의 기사를 근거로 삼으면서도 속평강을 분계강으로 봄으로써 속평강의 실체에 관심을 보였다. 그러나 분계강의 실체와 그 유로에 대해서, 그리고 백두산과 백두산에서 발원하는 물줄기에 관한 성경지의 기록에 대해서 어떤 말도 덧붙이지 않았다.

수빈강을 동북 만주를 흐르다가 바다로 합류하는 강으로 보는 고정관념에 의문을 제기한 것은 『동국문헌비고』東國文獻備考의 편찬자들이었다. 그들은 "두만강은 경흥부의 동쪽에 이르러 적지를 지나서 수빈강이 된다"고 적었고, 또 "수빈강은 경흥에서 남으로 10리 되는 곳에 있는데 두만강 하류다"라고 했다. 『동국문헌비고』는 조선 전기의 지리 지식에 대해 본격적으로 의문을 표시하기 시작한 사례다. 그러나 여전히 성경지나 『대청일통지』의 지리 정보를 어떻게 보아야 하는지는 불분명했다.

적지 않은 지식인들이 『대청일통지』의 지리 정보를 받아들였고, 그것에 토대를 둔 백두산도를 그렸지만, 소하강·아민 등의 지명을 『대청일통지』의 만주 관련 지리 지식과 비교 분석하는 노력을 기울이지는 않았다. 그런가 하면 분계강을 설정하는 데도 『대청일통지』의 지리 정보를 신뢰하지 않았다.

정약용은 『신중동국여지승람』, 윤두서의 〈동국여지지도〉에 실린 수빈강의 위치에 대해 다른 논거들을 동원해 비판했다. 그는 먼저 『신중동국여지승람』과 윤두서의 〈동국여지지도〉가 편차는 있지만, 수빈강을 백두산에서 발원하여 바다로 들어가는 강이라고 본 점에서는 동일하다고 보고,[46] 이 점을 집중

43 이익, 『성호사설』, 권2, 天地門, 白頭山. 이익이 속평강을 소하강과 다른 강이라고 여겼을 가능성도 배제할 수 없다. 그럴 경우, 『여지승람』 경원부 항목에 있는 '一作速平江'이라는 기사가 문제가 된다. 속평강이 소하강과 다른 강이라면, 경원부의 위 기사는 '혹은 속평강이라 한다'가 아니라 '(다른) 한 줄기는 속평강이 된다'는 식으로 해석되어야 한다. 또 그 속평강이 어느 지점에서 소하강에 합류해야 한다. 그러나 이익은 분계강의 실체와 유로에 대해 더 자세히 적지 않았다.

44 이익, 『성호사설』, 권19, 經史門, 征尼麻庫.

45 이익, 『성호사설』, 권2, 天地門, 尹瓘碑. 이익은 다른 곳에서 윤관의 비가 있는 선춘령이 두만강 이북 100리 지점에 있다고 말하기도 했다(『성호사설』, 권2, 天地門, 豆滿爭界).

적으로 비판했다.[47]

정약용은 백두산에서 발원하는 물줄기, 그리고 두만강 너머 바다로 합류하는 물줄기에 관한 내용을 논거로 삼았다. 그는 백두산에서 발원하는 강은 어윤魚潤, 분계分界, 극통克通, 낭목娘木, 양토랍고兩土拉庫, 양눌음하兩訥音河, 압록鴨淥 등을 비롯해 모두 아홉 곳이라고 했다. 이 사실만으로도 수빈강은 적어도 백두산에서 발원하는 강이라고 말할 수는 없다는 것이다.[48]

정약용에 따르면 두만강 북쪽을 흐르다가 바다에 흘러 들어가는 강으로는 저륜하渚淪河와 수분하邃分河가 있다. 저륜하는 하사산夏渣山에서 나와 바다로 들어가고, 수분하는 모릉와집模稜窩集에서 발원하여 남으로 흘러서 바다로 들어가므로 역시 '백두산에서 발원하는 수빈강'이라 볼 수 없다. 더구나 두만강을 제외하고는 동쪽으로 흐른다고 볼 만한 강이 없기 때문에, 수빈강이 동쪽으로 흐른다는 것은 어불성설이라는 것이다. 정약용은 '백두산에서 발원한 뒤 동류하여 바다로 들어가는 수빈강'을 부정하는 대신, 낭목하娘木河를 『신증동국여지승람』에서 말하는 소하강으로 추정했다.[49]

그렇다면 『신증동국여지승람』의 오류는 어떻게 된 것인가. 정약용은 조선 초기 지리 지식의 한계에서 그 원인을 찾았다. 『신증동국여지승람』의 편찬자들은 백두산 바깥에 동북으로 흐르는 물줄기가 있다는 사실은 알았지만 그것이 혼동강에 합류한다는 사실은 알지 못했다는 것이다. 또 그들은 경원 바깥쪽에 남쪽으로 흐르는 큰 강이 있다는 것은 알았지만 그것이 모릉와집에서 발원한다는 사실을 알지 못했다 한다. 이런 한계에도 불구하고 그들이 백두산에

---

46 정약용, 『여유당전서』, 6집, 地理集, 권6, 大東水經, 滿水. 정약용은 윤두서 지도에 나오는 소하강의 발원처를 백두산으로 보았지만, 실제 도면에는 烏喇와 船廠 사이로 나오기 때문에 반드시 그렇게 보기는 어렵다.

47 정약용은 이 지점에서 선춘령과 공험진의 위치를 논증하려 하지는 않았다. 그러나 수빈강이 두만강 하류라면, 수빈강가라고 말해왔던 선춘령과 공험진의 위치는 재조정이 불가피할 것이다.

48 정약용, 『여유당전서』, 6집, 地理集, 권6, 大東水經, 滿水. 今考白山出九大水 曰魚潤也 分界也 克通娘木也 兩土拉庫也 兩訥音河也 鴨淥也 (詳見綠水條) 則ℎ此九者 更無大水 愁濱之出于白山 抑何據矣.

49 정약용, 『여유당전서』, 6집, 地理集, 권6, 大東水經, 滿水. 且豆滿之北水之自達于海者 有渚淪邃分二河 而渚淪之河 源出夏渣之山 南流入海 其流甚小 不可以擬之也 邃分之河 其流稍大 然源出於模稜窩集 南流入海 亦不可以擬之也 何況豆滿之外 更無東流之水 愁濱之東流 不亦妄乎 余謂古之蘇下江 卽今之娘木河也.

서 동북쪽으로 흘러가는 물줄기와 경원 밖으로 흘러나가는 물줄기를 억지로 하나로 봄으로써 물길의 발원처를 잘못 정했다는 것이다.[50]

정약용은 청나라 때의 만주 문헌, 특히 『대청일통지』를 전적으로 믿었을까. 그가 백두산에서 발원하는 강이라고 거론한 어윤, 분계, 극통, 낭목, 양토랍고, 양눌음하, 압록에서 그 실마리를 찾을 수 있다. 압록은 물론 압록강이다. 정약용은 나머지 물줄기들에 대해 무엇을 근거로 말했던 것일까.

극통, 낭목, 양토랍고, 양눌음하는 성경지와 『대청일통지』 등 청대 만주 문헌에서 그 근거를 확인할 수 있다. 양토랍고는 성경지의 아척혁토랍고하·앙방토랍고하, 그리고 『흠정대청일통지』의 안파도라고하安巴圖喇庫河·아제격도라고하阿濟格圖喇庫河에 해당한다. 또 양눌음하는 성경지의 액흑눌인하額黑訥因河·새인눌인하賽因訥因河, 그리고 『흠정대청일통지』의 액혁액음하額赫額音河·삼음액음하三音額音河에 해당한다. 극통하克通河·낭목하娘木河는 성경지의 합극통길하合克通吉河·낭목낭고하娘木娘庫河, 『흠정대청일통지』의 혁통액하赫通額河·니아목니아고하尼雅穆尼雅庫河에 해당한다.[51] 정약용은 극통, 낭목, 양토랍고, 양눌음하라는 물줄기 이름을 청나라 때의 만주 문헌에서 발견했고, 그것들이 백두산에서 발원하여 혼동강으로 들어간다는 설명을 신뢰했다.

정약용이 소하강을 낭목하로 본 것도 낭목하가 백두산에서 발원하여 혼동강으로 흘러들어간다고 생각했기 때문이다. 낭목하의 유로에 관한 지식은 말할 것도 없이 청나라 때의 만주 문헌에서 얻은 것이다.[52] 정약용은 이를 토대로 백두산에서 발원하여 북쪽으로 흘러가는 물줄기와, 동쪽으로 흘러 바다로 들어가는 물줄기 사이의 연관을 부정할 수 있었다.

---

50 정약용, 『여유당전서』, 6집, 地理集, 권6, 大東水經, 滿水, 余謂古之蘇下江 卽今之娘木河也 勝覽 聞白山之外 有東北流之水 而不知合於混同 又聞慶源之外 有南流之大水 而不知出於模稜 邌勒相膠合 誤定源委 然且界外荒遠 無人明辨 故人得以從之也.
51 이 지명들은 모두 현지의 만주어 지명을 중국어로 음차한 것이기 때문에 지리지에 따라, 혹은 같은 지리지라도 판본에 따라 한자 표기가 다르다. 조선의 독자들이 이런 차이를 얼마나 정확하게 이해했는지는 분명하지 않다.

역사적 지명과 국경

성경지에서 『고금도서집성』, 그리고 『대청일통지』에 이르기까지 북방 지리와 관련된 자료들을 들여오는 데 성공한 조선 지식인들은 이 자료들에서 만주 지역의 지리와 도로망, 조선 서북 지방과의 거리 등을 판단할 수 있는 근거를 얻었다. 그러나 이 자료들은 어디까지나 청나라의 입장에서 편찬된 것이다. 따라서 조선 지식인들이 독자적인 판단으로 추정해온 지리적 상황과 맞지 않는 부분이 생길 수밖에 없었다. 윤관비, 선춘령, 공험진, 오국성의 위치 문제나 토문강·분계강의 실체와 같은 문제는 더욱 그렇다. 이곳들은 별자리에서 연상되는 중화문화의 권역으로 가정되지는 않았다. 대부분 정치지리적 차원의 문제였다. 그러나 백두산 정계를 경험한 18세기 지식인들은 이 문제들에 대해 근본적으로 고심하지 않을 수 없었다.

오국성五國城은 도교를 숭상하다가 북송을 멸망에 이르게 한 무능력한 군주 휘종과 그 아들 흠종에 관한 고사에 등장하는 곳이다. 『송사』에 따르면, 금나라 사람들이 휘종과 흠종을 중경中京의 대정부大定府에 구금했다가 1127년에 회령에 이르렀으며, 다시 한주韓州의 홀리개로에 옮겼다가 1130년에 균주均州의 오국성으로 옮겼는데, 성은 백두산 남쪽에 있다 한다.[53]

처음 오국성은 도교의 무익함이나 북송대 정치의 문란함을 논할 때 등장하곤 했다. 그 지리적 위치를 본격적으로 논의하기 시작한 것은 숙종 때였다. 1679년(숙종 5) 청나라의 차사원이 백두산의 형세를 물어오면서 지도를 내놓자, 북병사가 장계를 올렸다. 청나라 차사원이 오국성의 구체적인 위치를 어느 곳으로 생각했는지는 알 수 없지만, '피변오국성'彼邊五國城이라는 기록으로 보아 최소한 조선 바깥쪽으로 그려져 있었음을 알 수 있다.[54]

---

52 정약용이 극통하克通河, 즉 성경지의 합극통길하合克通吉河, 그리고 『흠정대청일통지』의 혁통액하赫通額河가 백두산에서 발원한다고 본 것은 그가 성경지가 아니라 『대청일통지』를 참고했음을 보여준다.

53 『증보문헌비고』, 권15, 여지고 3.

54 『숙종실록』, 숙종 5년 12월 12일.

회령부 사람들이 언제부터 관내의 옛 산성을 오국성이라고 부르기 시작했
는지, 그런 인식이 언제부터 중앙에 알려졌는지는 분명하지 않다. 현재 확인
되는 가장 이른 기록은 1718년(숙종 44)의 것이다. 그해 6월 전 현감 최국량崔
國亮이 『단구첩록』壇究捷錄이라는 8책의 병서를 올렸다. 이 책은 명나라 왕명
학王鳴鶴이 편찬한 『등단필구』登壇必究라는 책을 요약한 뒤, 말미에 조선의 성
곽과 군사시설, 지리적 사정과 군사적 요충지에 관한 내용을 부록으로 붙인
것이다. 세자가 이 책을 보고 최국량에게 상을 내렸다. 그러나 사관에 따르면
최국량의 제안 중에 채택하여 시행한 것은 없었다.[55]

국립중앙도서관에는 그 주요 부분을 요약한 『단구첩록초』壇究捷錄抄(韓古
朝60-13: 내제는 온시蘊施로 되어 있다)가 남아 있는데, 이 책자에 함경도 회령 관내
의 고성을 오국성이라 적은 부분이 나온다. 최국량은 함경도 회령부 북쪽 30
리쯤에 있는 옛 완안성을 오국성이라고 불렀다. 최국량은 이곳이 군사적 요충
지이므로 하루빨리 이 고성을 손질한 뒤 보라진甫羅鎭과 풍산진豊山鎭을 그곳
으로 이전하여 유사시에 대비해야 한다고 주장했다.[56]

1727년(영조 3) 4월 주강이 열렸다. 검토관 조진희趙鎭禧는 회령부 관내 옛
산성인 운두성을 현지인들은 완안성完顔城 혹은 오국성이라고 부른다고 말했
다. 그는 이 성을 수리해 회령부를 옮기거나 보라첨사가 주재하도록 하자고 제
안했다.[57] 1730년(영조 6) 송진명宋眞明도 회령부사 한범석韓範錫이 그려 올렸던
운두산성 지도를 영조에게 펼쳐 보이며, 이곳이 오국성의 옛터라고 말했다.[58]

회령 현지에서는 운두성을 오국성으로 보고 있었을 뿐만 아니라, 인근의
무덤을 황제총으로 부르고 있었는데, 영조도 결국 그렇게 생각하게 된 것 같
다. 1741년(영조 17) 영조는 회령 오국성 근처에 휘종과 흠종의 무덤이 있다는

---

55 『숙종실록』, 숙종 44년 6월 16일.
56 이곳의 명칭은 기록에 따라 한자 표기가 다른데, 이 글에서는 보라진甫羅鎭으로 통일해 사용하기로 한
다. 최국량, 『단구첩록초』, 關北道, 山川城池要害. 五國城 處於會寧之北三十里許 而乃完顔之古都也 地勢絶
險 屹立於南北交會之間 而實爲賊路之要衝 倘或修治此城 移置甹下(=甫乙下)豊山兩鎭 而添兵增守 則必有
控扼萬里之勢矣 此城之緊要 實爲六鎭之喉舌也.
57 『영조실록』, 영조 3년 11월 8일.

설의 진위 여부를 참찬관 오수채吳遂采에게 물었다. 오수채는 백성들이 회령부 관내의 무덤을 황제총이라고 부른다고 대답했다. 영조는 오국성과 황제총이 모두 회령부 관내에 있을 것이라고 보고, 함경감사에게 황제총 인근에서 나무를 하거나 짐승을 치지 못하도록 했다.[59] 영조가 이런 판단을 내린 데는 나름대로 근거가 있었다. 『고려사』에, 1128년(인종 6) 송나라 사신 양응성 등이 휘종과 흠종을 찾아보기 위해 고려에 와서 길을 내주기를 청했다고 나온다.[60] 영조는 이 기록을 알고 있었고, 양응성 등이 고려에 길을 빌리려고 했다면 오국성이 함경도에 있었음은 의심할 여지가 없다고 생각했다.[61] 오국성이 회령부라면, 세간에서 황제총이라 부르던 무덤은 휘종과 흠종의 무덤이 틀림없기 때문이다. 1750년(영조 26) 2월 북경을 다녀온 사신 조현명趙顯命이 송나라 재상인 문천상文天祥의 초상을 구해 바치자, 영조는 회령의 오국성에 송제릉宋帝陵이 있다는 이유로 그곳에 사당을 세우려 했다.[62] 『송사』에 기록된 회령이라는 곳이 조선에도 있었기 때문에 운두성을 오국성으로 판단하게 되었고, 이것이 다시 인근의 무덤을 황제총으로 보게 하는 빌미를 제공한 것이다.

이즈음 압록강 중상류 지역 강 너머에 있던 다른 성터도 오국성으로 불리고 있었다. 『고기』(혹은 『해동고기』)에 따르면, 오국성은 둘이 있었다고 한다. 하나는 강계江界 벌등보伐登堡의 압록강 건너편에 있는 네모 모양의 성터이고, 다른 하나는 함경도 회령 보라진의 서쪽, 두만강 남쪽에 있는 옛 성터다.

『해동지도』海東地圖에는 강계부 벌등진 너머에 있다는 오국성이 표시되어 있다. 강계부 벌등진의 압록강 건너편에 극항이라는 곳이 있는데, 그 아래쪽

58 『승정원일기』, 영조 6년 9월 10일. 宋眞明曰 寧古塔 卽彼人依歸之地 而距六鎭 不過五六百里 彼若來據 則魚鹽必資於六鎭 當爲必爭之地 臣常爲之深慮 適得寧古塔地圖持入 而猥屑不敢上矣 上曰 上之 (중략) 上 手自指點 披翫不釋 (宋)眞明又開雲頭山城圖 上命展于案下 俯而觀之 眞明曰 此則五國〔城古基也 (중략) 臣 於北巡時 (중략) 因令其時會寧府使韓範錫 更加詳審論報 則範錫一一躬審 如是圖形以送矣〕.
59 『영조실록』, 영조 17년 5월 21일.
60 『고려사』, 권15, 世家 15, 仁宗 戊申. 六月丁卯宋國信使刑部尙書楊應誠齊州防禦使韓衍等來 (중략) 應 誠等歸館復上語錄云 今皇帝初登寶位 遣使撫問國王 就煩津發迎請二帝 (중략) 若使由貴國之路迎請二帝 則 不虧二百年忠順之義 亦以報列聖眷遇之恩.
61 『영조실록』, 영조 17년 5월 21일.
62 『영조실록』, 영조 26년 2월 3일; 영조 26년 3월 16일; 부록, 영조대왕행장.

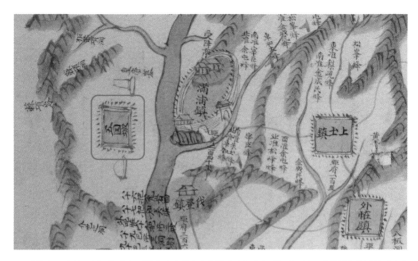

_ 『해동지도』 강계부 벌등진 일대. 압록강 너머 오국성이 표시되어 있다. 오국성은 북송의 휘종과 흠종에 관련된 지명인데, 그 위치에 관해 관심이 많았다.

으로는 오국성이, 위쪽으로 황제묘라는 곳이 있다. 또 황제묘 앞쪽으로 조선과 여진 사이의 경계에 관한 사실을 적은 큰 비석이 있으며, 오국성 주변에는 다섯 개의 큰 못이 있다.[63] 정조 때『고금도서집성』의 지도를 바탕으로 만들어진〈서북계도〉에서도 오국성은 벌등진 건너편으로 묘사되었다.[64]

『송사』에 기록된 회령이 조선의 회령이 아닐 가능성을 말해주는 기사가 전혀 없는 것은 아니었다. 성경지에는 오국성이 흑룡강과 송화강이 합류하는 지점쯤에 있을 것이라고 했다.[65] 그러나 성경지의 기록은 현지의 전문을 중시하는 지도들에서는 전혀 반영되지 못했다. 그렇다면 성경지의 지지地誌 자료를 토대로 작성된 지도들의 경우에는 어떨까.〈요계관방지도〉유형에서는 오국성이라는 지명을 찾아볼 수 없다. 숙종 때만 하더라도 오국성은 전혀 관심

---

63 『海東地圖』, 伐登鎭. 彼邊賊路 有介也之洞及蘇項 自細洞出來之胡 五月入此洞採獵 九月撤歸 蘇項之下 稱五國城 蘇項之上 稱皇帝墓 廟前有大碑 此乃彼我界事跡所記者也 五國城邊 有五大池 其中一池 有白蓮.
64 배우성, 앞의 책, 1998, 263쪽.
65 『欽定盛京志』, 卷31, 寧古塔, 五國城. 今松花江黑龍江合流處 有土城基 相傳卽五國城遺址.

의 대상이 아니었기 때문이다. 반면 책문 이설을 계기로 편찬된 〈서북피아양계만리일람지도〉 유형에서 오국성은 성경지의 기록과 일치한 곳에 표시되어 있다. 현지인의 전문을 중시할 것인가, 성경지의 지식을 중시할 것인가에 따라 오국성의 위치는 다양하게 표시되었다.

1777년(정조 1) 홍양호는 회령을 지나다가 현지인들에게 오국성의 위치를 물었다. 그 결과 회령부 서쪽 20리 지점 두만강이 내려다보이는 산등성이 자락이 오국성 자리임을 알게 되었다. 현지인의 증언에 따르면 그곳에서는 송나라 동전이 심심치 않게 발견되었다. 홍양호는 이 점들을 근거로 오국성이 조선 회령부 관내에 있다고 믿었다.[66]

홍양호는 이런 사실을 강조했다.[67] 홍양호는 지리 고증에 관한 한 현지에서 얻은 지식을 중요하게 여겼다. 그러나 오국의 연혁에서 두 기록은 미묘한 차이를 보인다. 조선의 회령부 관내에 있는 오국성 자리를 송나라의 두 황제가 유폐된 곳으로 볼 수 있느냐는 문제가 그것이었다.

홍양호는 「오국성송전기」五國城宋錢記에서 조선 회령부 관내의 오국성이야말로 두 황제가 유폐된 곳이며, 고려의 삭방도라고 주장했다.[68] 그런데 홍양호는 「북관고적기」에서 『대청일통지』에 나오는 오국성 관련 기록을 아울러 소개했다. 『대청일통지』의 기록에 따르면 오국성 혹은 오국두성은 영고탑 성의 동쪽, 금나라 도읍의 동북쪽 천 리쯤에 있는데, 송나라의 두 황제가 한주에서 오국성으로 갔다 한다.[69] 홍양호는 이 기록을 소개한 뒤, 오국성이 금나라 도읍의 동북쪽에 있다면 이곳이야말로 송나라의 두 황제가 유폐된 곳일 가능성이 높다고 보았다.[70]

---

66 홍양호, 『이계집』, 권14, 宋錢記. 今會寧府之甫羅鎭 有古山城 土人相傳爲五國城 余於丁酉 官北塞 路過 會寧 問所謂五國城 西望二十里 有麓屹然薄豆滿之江 俗名曰游端 其下數十里 宥大墳如丘陵 謂之皇帝塚 (중략) 田夫壠土 往往得宋錢云 余托邑人求之 得田四枚 一曰皇宋通寶 一曰景德元寶 一曰元豊通寶 一曰元祐通寶.

67 홍양호, 『이계집』, 외집, 권12, 北關古蹟記, 五國城. 五國城在會寧府西二十里 山麓豆江上 有古城遺址 俗稱游端 耕者往往得宋錢 今置甫羅僉使.

68 홍양호, 『이계집』, 권14, 宋錢記. 五國城 宋二帝之所拘也 高麗朔方道 舊爲女眞地 今會寧府之甫羅鎭 有 古山城 土人相傳爲五國城.

처음 「오국성송전기」를 지을 때만 하더라도 홍양호는 현지 답사와 현지인의 증언 등을 토대로 오국성의 위치를 추정했다. 그러나 홍양호는 뒷날 『대청일통지』를 접하고 현지에서 얻은 지식과 충돌하는 지리 정보를 확인하게 되었다. 홍양호는 송나라 황제가 유폐되었다는 오국성을 조선의 회령부 관내 오국성과 다른 곳으로 봄으로써 문제를 해결했다. 오국성이 두 군데라고 말함으로써 현지 체험과 새로운 지리 정보 간의 충돌을 피해갈 수 있게 되었다.

선춘령은 고려시대 윤관尹瓘(?~1111)이 북방 영토를 개척하여 9성과 비석을 세운 곳으로 알려졌다. 『세종실록지리지』에는 선춘령에 이르는 길이 표시되어 있다. 편자들은 이렇게 썼다. "(두만강의 하류인 경원부 관내 회질가탄會叱家灘에서) 강을 건너 10리 되는 넓은 들 가운데 큰 성이 있으니, 곧 현성縣城이다. (중략) 그 북쪽으로 90리 되는 곳의 산상山上에 옛 석성石城이 있으니, 이름이 어라손참於羅孫站이다. 그 북쪽으로 30리에 허을손참虛乙孫站이 있고, 그 북쪽으로 60리에 유선참留善站이 있으며, 그 동북쪽으로 70리에 토성土城의 터가 있으니, 곧 거양성巨陽城이다. (중략) 그 성은 본래 고려 대장大將 윤관이 쌓은 것이다. 거양에서 서쪽으로 60리를 가면 선춘현先春峴이니, 곧 윤관이 비를 세운 곳이다. 선춘현에서 수빈강을 건너면 옛 성터가 있다."[71]

수빈강을 따라가는 수로가 공험진과 선춘령을 거쳐 거양성에 이른다면, 육로의 역참으로는 거양성을 거쳐 선춘현에 도달하는 경로가 있었다. 그런가 하면 『세종실록지리지』에는 두만강을 건너 공험진에 이르는 별도의 노정도 기록되었다. "두만강탄豆滿江灘을 건너서 북쪽으로 90리를 가면 오동사오리참吾童沙吾里站이 있으며, 그 북쪽으로 60리에 하이두은河伊豆隱이 있고, 그 북쪽으로 100리에 영가사오리참英哥沙吾里站이 있으며, 그 북쪽으로 소하강가에

69 홍양호, 『이계집』, 외집, 권12, 北關古蹟記, 五國城. 按淸一統志云 五國頭城 在寧古塔城東北 大金國志 天會八年 宋二帝自韓州 如五國城 城在金國所都之東北千里 舊傳 宋徽宗葬於此 又按扈從錄 自寧古塔東行 六百里 日光突里噶尙 松花黑龍二江 合流於此 有大土城 或云五國城.
70 홍양호, 『이계집』, 외집, 권12, 北關古蹟記, 五國城. 蓋會寧金之上京也 五國城在於金國所都之東北 則似是宋二帝幽囚之處也.
71 『세종실록지리지』, 함경도, 경원도호부.

공험진이 있으니, 곧 윤관이 설치한 진鎭이다. (중략) 영가사오리에서 서쪽으로 60리를 가면 백두산이 있는데, 산이 대개 3층으로 되었다. 꼭대기에 큰 못이 있으니, 동쪽으로 흘러 두만강이 되고, 북쪽으로 흘러 소하강이 되고, 남쪽으로 흘러 압록이 되고, 서쪽으로 흘러 흑룡강이 된다."[72]

『동국여지승람』의 편찬자들도 수빈강을 설명하면서 공험진과 선춘령을 언급했다. "수빈강은 근원이 백두산에서 나와서 북쪽으로 흘러 소하강이 되는데, 혹은 속평강이라고도 한다. 공험진과 선춘령을 경유하여 거양에 이르러 동쪽으로 120리를 흘러 아민에 가서 바다로 들어간다."[73]

조선 초기에 편찬된 『고려사』 지리지에서 최초로 선춘령이 두만강 이북 700리 지점에 있다는 견해가 나왔다. 16세기에 『신증동국여지승람』이 간행된 이후에는 선춘령의 위치를 함경도 안쪽으로 보는 견해가 우세해졌다. 선춘령이 두만강 이북에 있다는 주장은 허목, 이세구李世龜(1646~1700) 등에 의해 되살아났으며, 이익 등에게 계승되었다.[74]

홍양호는 「북관고적기」에서 공험진과 선춘령에 대한 기록을 남겼다. 그는 우선 고려시대에 윤관이 9성을 개척한 사실을 적었다.[75] 그는 인용 출처에 대해 아무런 기록을 남기지 않았지만, 그 내용은 『고려사』 열전에서 따온 것이다.[76] 윤관은 영주, 복주, 길주, 함주와 공험진에 성을 쌓고 비를 세워 국경을 정한 뒤, 아들 윤언순을 통해 임금에게 글을 올렸다. 윤관은 이 글에서 새로 개척한 곳이 고구려의 옛 영토임을 강조하면서, 고구려가 잃어버린 영토를 다시 찾은 것이야말로 천명이라고 주장했다.[77]

---

72 『세종실록지리지』, 함경도, 경원도호부.
73 『동국여지승람』, 권50, 함경도 경원도호부.
74 조광, 「조선 후기의 변경 의식」, 『백산학보』, 16, 1974, 159~172쪽; 한영우, 『조선 후기 사학사 연구』, 일지사, 1989, 225쪽, 243~244쪽; 강석화, 앞의 책, 2000, 251~255쪽.
75 홍양호, 『이계집』, 외집, 권12, 北塞記略, 北關古蹟記. 尹侍中逐女眞 收復舊疆 其地方三百里 東至于大海 西北介于蓋馬山 南接于長定二州 新置六城 一曰鎭東咸州大都督府 兵民一千五百四十八丁戶 二曰安寧軍英州防禦使 兵民一千二百三十八丁戶 三曰寧海軍雄州防禦使 兵民一千四百三十六丁戶 四曰吉州防禦使 兵民六百八十丁戶 五曰福州防禦使 兵民六百三十二丁戶 六曰公嶮鎭防禦使 兵民五百三十二丁戶.
76 『고려사』, 권96, 열전 9, 윤관.

홍양호가 공험진에 대해 남긴 기록은 크게 두 단락으로 구분된다. 공험진에 이르는 경로 설명에 이어 『고려사』 지리지의 공험진 위치 추정에 대한 견해가 이어진다. 이 기사에, 두만강-고라이-오동창-영가참-소하강을 따라가면 강가에 옛 공험진의 성터가 있다고 나온다. 또 『고려사』 지리지에 따르면 공험진은 선춘령의 동남쪽, 백두산의 동북쪽, 소하강가에 있다는 말이 옳다 한다.[78]

홍양호는 선춘령에 대해서도 무심하지 않았다. 그는 회령부 앞 두만강을 건너 700리를 올라가면 선춘령에 닿는데, 옛 공험진 및 거양성에서 서쪽으로 60리 되는 지점에 있다고 했다. 백두산에서 흘러나오는 수빈강의 물줄기는 북쪽으로 흘러서 소하강이 되어 공험진과 선춘령을 지나 거양성에 이르고, 동쪽으로 120리를 흘러서 수빈강이 되어 아민에 이르러 바다로 들어간다고 했다. 홍양호에 따르면 윤관이 이곳에 '고려경'이라는 비석을 세웠는데, 야인들이 이 비석의 글자들을 지워버렸다.[79]

홍양호가 공험진과 선춘령에 대해 남긴 기사들은 거의 대부분 홍양호 자신의 견해는 아니다. 홍양호는 인용 출처를 밝히지 않은 채 『신증동국여지승람』에서 관련 내용을 옮겨 적었다.[80] 이 중 갈사수曷思水를 소하강蘇下江으로 본 대목 정도가 홍양호 자신의 견해에 해당한다.

홍양호가 선춘령(공험진)에 관해 남긴 글이 그 자신의 것이 아니라고 해서 그의 생각을 따라가볼 수 없는 것은 아니다. 그가 오국성의 지리를 논하면서

77 『고려사』, 권96, 열전 9, 윤관. 山川之秀麗 土地之膏腴 可以居吾民 而本勾高麗(高句麗-인용자)之所有也 其古碑遺跡 尙有存焉 夫勾高麗(高句麗-인용자)失之於前 今上得之於後 豈非天歟.
78 홍양호, 『이계집』, 외집, 권12, 北塞記略, 北關古蹟記, 公嶮鎭. 自高嶺鎭 渡豆滿江 踰古羅耳 歷吾童站 英哥站 至蘇下江 江濱有公嶮鎭古基 南隣貝州探州 北接堅州 按高麗史地理志 公嶮鎭 睿宗三年 築城置鎭 爲防禦使 六年 築山城 一云孔州 一云匡州 一云在先春嶺東南白頭山東北 一云在蘇下江邊 今以慶源爲孔州 則恐在先春嶺東南白頭山東北蘇下江邊者爲是 然未可考.
79 홍양호, 『이계집』, 외집, 권12, 北塞記略, 北關古蹟記, 先春嶺. 在今會寧府豆滿江北七百里 古公嶮鎭及巨陽城西六十里 直白頭山東北 有蘇下江 出白山 北流歷公嶮鎭先春嶺 至巨陽 復東流百二十里至阿敏 入于海 公嶮 南隣貝州探州 北接堅州 此三州 似是渤海及遼金古邑名 以東史考之 三韓之際 曷思王所居曷思水者 疑今蘇下江也. 高麗尹侍中 拓地至此 城公嶮鎭 遂立碑於嶺上 刻曰高麗之境 碑之四面有書 皆爲胡人剝去云.
80 『신증동국여지승람』, 권50, 함경도, 경원도호부; 경흥도호부.

_ 〈요계관방지도〉의 백두산 일대. 성경지를 참고한 이 지도는 토문강을 두만강으로 보고 있다.

활용한 『대청일통지』에는 조선의 두만강이 영고탑과 남북 방향으로 600리 거리에 있다고 적혀 있지만,[81] 그는 선춘령(공험진)의 위치를 논의하면서 이 지리정보를 전혀 언급하지 않았다. 홍양호는 두만강 이북 700리설을 굳게 믿었고, 이 주장을 뒷받침하기 위해 『신증동국여지승람』의 주요 부분만을 인용한 것이다. 홍양호는 아민, 소하강 등 자신이 구사한 지명들이 성경지 계통의 지리지나 관련 지도들에서 어디에 해당하는지에 대해서도 아무런 설명을 남기지 않았다. 홍양호는 「강외기문」江外記聞이라는 글에서 영고탑이 토문강 북쪽 600리에 있다고 적었지만, 이 기록은 선춘령(공험진)의 위치 문제와는 아무런 연관이 없었다.[82] 그에게 선춘령(공험진)은 논증해야 할 대상이라기보다는 신념의 문제였다.

정계 이후 조선 지식인들은 백두산과 그 산에서 흘러나오는 물줄기에 특별한 관심을 가지기 시작했다. 어떤 사람들은 정계비에 기록된 토문강이 두만강이 아니라는 전제에서 그 실체를 찾으려 했다. 토문강을 송화강과 이어지는 물줄기로 생각하거나, 두만강과 다르지만 두만강에 합류되는 물줄기로 보는 경

---

81 『欽定大淸一統志』, 卷46, 城堡 寧古塔城. 東至海三千餘里 西至海吉林二百五十里 南至圖們江朝鮮界六百里 北至混同江黑龍江將軍所割界六百里.
82 홍양호, 『이계집』, 외집, 권12, 北塞記略, 江外記聞. 寧古塔 在土門江北六百里.

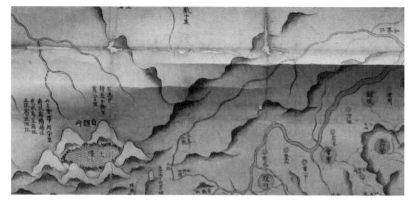

_ 〈서북피아양계만리일람지도〉의 백두산 일대. 토문강을 두만강으로 파악한 성경지의 인식이 그대로 반영되어 있다.

우가 거기에 해당한다. 물론 정약용처럼 토문강을 두만강과 같은 강으로 보는 사람도 있었다. 그러나 정약용은 조선과 청의 경계는 토문강이 아니라 분계강이 되어야 한다고 주장했다. 조선 후기에 제작된 여러 고지도 중에는 토문강과 두만강의 수원을 별개로 보거나 분계강을 설정한 것이 적지 않다.[83]

토문강과 분계강에 관한 인식은 조선 후기에 유입된 성경지 계통의 지리지와 어떤 관련이 있을까. 『대명일통지』에서 백두산 동쪽으로 흐르는 물줄기로 표시되었던 아야고강은 성경지에서부터 토문강으로 추정되었다. 성경지를 참고해 만든 〈요계관방지도〉와 그 사본들은 토문강을 두만강으로 보는 성경지의 인식을 그대로 반영하고 있다. 이는 두만강 이남 지역에 대한 청의 무리한 요구를 우려하던 정계 당시 조선의 분위기와도 관련이 있다. 이이명이 처음 〈요계관방지도〉를 만들 당시만 하더라도 토문강이 두만강이 아니라거나 분계강을 국경으로 삼아야 한다는 주장이 나올 만한 상황은 아니었던 것이다.

성경지는 해란하가 백두산에서 흘러내리지 않는다는 사실을 보여주었다

83 조광, 앞의 글, 1974, 159~172쪽; 강석화, 앞의 책, 2000, 261~268쪽.

는 점에서도 의미가 있다. 〈요계관방도〉를 보면 백두산에서 동쪽으로 흘러내리는 물줄기로는 두만강이 유일하다. 성경지에 따르면 두만강 위쪽을 흐르다가 온성부 부근에서 두만강에 합류하는 물줄기가 있지만, 이 물줄기가 백두산에서 흘러내리는 것은 아니다.[84] 이이명은 온성부 부근에서 두만강에 합류하는 물줄기가 백두산에서 흘러내리지 않는다는 성경지의 지리 지식을 〈요계관방지도〉에 그대로 반영했다.

분계강에 대한 발상은 『신증성경지』를 바탕으로 피아 지도를 만들 때부터 시작되었다. 분계강은 백두산에서 시작되어 두만강 위쪽을 흐르다가 온성부 부근에서 두만강에 합류하는 물줄기로 생각되었다. 〈서북피아양계만리일람지도〉류에 묘사된 분계강을 보면 이 물줄기에 관한 전형적인 인식을 읽을 수 있다. 이 지도는 『신증성경지』에 기초해 만들어졌지만, 분계강에 관한 한 성경지의 지리 지식은 부정되었다.

분계강이라는 이름을 사용하면서도, 그 물줄기가 백두산에서 흘러내리는 것이라고 생각하지 않은 경우도 있었다. 대부분의 정상기형 〈동국지도〉들은 백두산에서 동쪽으로 흘러내리는 물줄기를 토문강원土門江源으로, 온성부에서 두만강에 합쳐지는 물줄기를 분계강이라고 적었지만, 두 물줄기 사이는 공백으로 처리하고 있다. 물줄기의 양편 끝을 그려 넣으면서도 분계강이라는 지명을 사용하지 않은 경우도 있다. 분계강을 암시하면서도 물줄기가 이어지는지의 여부를 분명하게 말할 수 없다는 뜻이다. 황윤석黃胤錫(1729~1791)은 이 지도를 교정하면서 두 물줄기 사이를 산줄기로 갈라놓았다. 이어지지 않는다는 것을 좀 더 분명하게 표시한 것이다.[85]

『고금도서집성』은 온성부에서 두만강으로 합류하는 물줄기를 해란하로 적었다. 조선은 이 책을 통해 해란하가 백두산에서 흘러내리지 않는다는 사실을 좀 더 분명하게 확인할 수 있다. 〈서북계도〉는 『고금도서집성』의 지식을 받아들여 온성부에서 두만강에 합류하는 물줄기가 백두산에서 발원하지 않

84 이 물줄기는 사실상 해란하에 해당하는데, 〈요계관방지도〉에는 훈춘하로 적혀 있다.
85 배우성, 앞의 책, 1998.

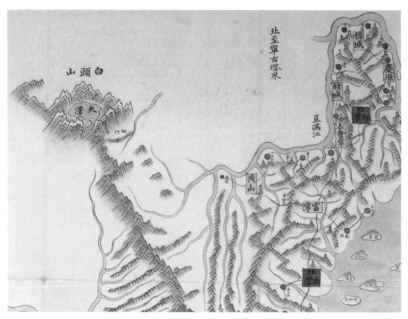

_ 〈여지도〉의 백두산 일대. 정상기형 〈동국지도〉로 물줄기의 양편 끝을 그렸으나 분계강이라는 지명을 사용하지 않았다.

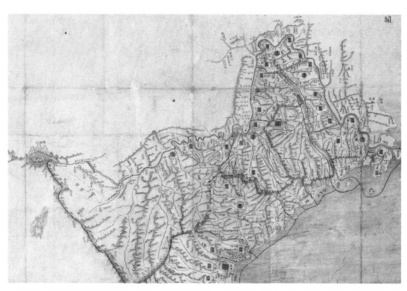

_ 〈함경도북관지도〉의 백두산 일대. 백두산 동쪽 물줄기에는 토문강원 표시가, 온성부에서 두만강에 합쳐지는 물줄기에는 '풍계강豊界江 일명 분계강分界江'과 토문강하류 표시가 되어 있다.

_ 〈서북계도〉의 백두산 일대. 이 지도는 『고금도서집성』의 지식을 받아들여 온성부에서 두만강에 합류하는 물줄기가 백두산에서 발원하지 않는 것으로 표현했으며, '해란하'와 '분계강'이라는 이름을 함께 기재했다.

는다는 사실을 분명히 했다. 그러나 〈서북계도〉의 제작자는 이 물줄기에 대해 해란하와 분계강이라는 이름을 모두 사용했다.

〈서북계도〉의 제작자는 또 토문강을 두만강의 상류로 묘사했다. 많은 학자들이 토문강을 두만강과 다른 강으로 본 것과 다른 양상이다. 이는 그가 『고금도서집성』에 근거를 둔 중국 측 지리 지식을 받아들였기 때문이다. 그는 대신 분계강과 선춘령을 표시함으로써 새로 입수한 방대한 지리 지식과 확대된 영토 의식 사이의 모순을 피해가려 했다.

홍양호는 백두산과 거기에서 동쪽으로 흘러나가는 물줄기에 대해 특별한 관심을 가졌다. 우선 토문강과 두만강에 대한 견해를 보자. 그에 따르면 백두산이 동쪽으로 흘러 토문강이 되는데, 동북쪽으로 흘렀다가 다시 동남쪽으로 흐른 뒤 여러 물을 받아 바다로 들어간다.[86] 그는 조금 다른 느낌으로 토문강을 다시 한 번 설명했다. 토문강은 백두산 동쪽에서 흘러나와 백두산의 서남방 40리 지점에 있는 북증산 앞에서 두만강으로 흘러들었다가 동남쪽으로 흘

---

86 홍양호, 『이계집』, 외집, 권12, 北塞記略, 白頭山考. 大澤之水 東流爲土門江 源出長白山 東北流繞北 又東南折 會諸水入於海.

러 바다로 들어간다는 것이다.[87] 마지막으로 그는 두만강에 대해서도 설명했는데, 두만강은 백두산의 동쪽에서 흘러내리며 여러 물을 받았다가 경흥 녹둔도 부근에서 바다로 들어간다고 했다.[88]

두 번째 기록과 세 번째 기록만으로 판단한다면 토문강은 두만강과 발원처가 다르며, 북증산 앞에서 두만강에 합류한다. 그러나 첫 번째 기록에 따르면 토문강은 두만강이 된다. 이런 혼선은 어디에서 오는 것일까. 홍양호는 〈백두산도〉를 그리면서 『대청일통지』를 기본 자료로 이용했으며, 여기에 국내의 지리서나 지도, 현지 체험 등으로 얻은 지식을 활용했다. 『대청일통지』를 확인해보면, 첫 번째의 기록은 그 책을 옮겨놓은 것이고, 나머지 기록들은 홍양호 자신의 판단임을 알 수 있다. 홍양호는 토문강을 두만강과 발원처가 다른 강이라고 보면서도, 사실상 두만강의 상류라고 생각했다.[89] 이런 이유로 홍양호는 〈백두산도〉에서도 토문강원만을 표시하고, 두만강원을 별도로 표시하지 않은 것이다.

홍양호가 『대청일통지』의 지리 지식을 무조건 신뢰하지는 않았다는 사실은 분계강에 관한 논리에서 더욱 선명하게 드러난다. 그는 분계강이 백두산 서북 방향에서 흘러나와 북증산의 뒤편을 흐르다가 남해로 들어가는데, 한 줄기가 온성부 근처에서 두만강으로 합류한다는 이야기를 들었다.[90] 그는 이 중에서 온성부로 합류하는 줄기를 분계강으로 생각하고 두만강과의 거리를 110리라고 적었는데, 앞의 〈백두산도〉에도 온성부로 합류하는 분계강의 흐름이 선명하다. 그는 또 분계강을 출발해 벌가토강-동가강-주온천을 거친 후 흑룡강에 이르는 지역 간 거리에 대해서도 전해 들은 이야기를 기록으로 남겼

---

87 홍양호, 『이계집』, 외집, 권12, 北塞記略, 白頭山考. 土門江 源出白頭山卯方 流至坤方北甑山前 流爲豆滿江 東南流入海.
88 홍양호, 『이계집』, 외집, 권12, 北塞記略, 白頭山考. 豆滿江 源自白頭之陽甲山天坪 東爲魚潤江 環流六鎭及彼地 (중략) 至慶興鹿屯島入海.
89 조광, 앞의 글, 1974, 171쪽; 홍양호, 『이계집』, 외집, 권12, 北塞記略, 白頭山考. 白頭山頂 中陷爲澤 (중략) 坏其北 西流爲鴨綠江 北流爲混同江 東一派 隱流於層峰巖石之間 始爲土門江 卽豆滿江上流也.
90 홍양호, 『이계집』, 외집, 권12, 北塞記略, 白頭山考. 分界江 出白頭山戌亥間 流至北甑山後割難地 入南海 一支至穩城界 達于豆江云 土門分界之間 爲一百十餘里.

_ 『이계집』의 〈백두산도〉. 홍양호는 『대청일통지』를 기본 자료로 이용하고, 조선의 지리 정보와 현지 체험에서 얻은 지식을 활용해서 〈백두산도〉를 그렸다. 그는 토문강을 두만강의 상류라고 생각했다. 목판본, 1843년, 31.2×19.6cm(책 크기), 서울대학교 규장각 한국학연구원.

다.[91] 그는 분계강의 유로 문제에 관한 한 〈서북계도〉보다는 피아 지도 유형과 같은 인식을 가졌으며, 그런 점에서 『대청일통지』에 실려 있는 해란하에 대한 정보를 받아들이지 않았다.

「북새기략」에는 〈백두산도〉와 함께 백두산에 관한 자세한 설명이 들어 있다. 백두산의 연혁에 관한 첫머리의 설명부와, 백두산에서 흘러내리는 압록강, 토문강(두만강), 혼동강에 관한 말미의 설명문은 『대청일통지』에서 따온 것이다. 반대로 백두산에서 조선 쪽으로 흘러내린 산줄기와 물줄기에 관한 설명은 조선 측 자료를 활용한 것 같다. 그는 『대청일통지』와 조선 측의 지리 정보를 효과적으로 결합시켜 〈백두산도〉를 그린 후, 그 그림에 대한 설명을 충실

91 홍양호, 『이계집』, 외집, 권12, 北塞記略, 白頭山考. 自分界江至伐加土江 爲七百餘里 自伐加土江至佟家江 爲一百四十餘里 自佟家江至朱溫川十五里許 自朱溫川至黑龍江三百五十里許.

하게 달아두었다.

성경지와『대청일통지』등 만주 관련 지리서들은 조선 지식인들이 성경-길림(울라)-영고탑 일대의 형세를 파악하는 것뿐만 아니라 백두산에서 발원하는 물줄기를 이해하는 데도 적지 않은 도움을 주었다. 그러나 문제가 있었다. 청나라 때 편찬된 지리서들에는 수빈강, 소하강, 속평강이 없었다. 분계강이라는 이름을 찾을 수 없을 뿐만 아니라 토문강은 그저 두만강일 뿐이었다. 『동국여지승람』의 지리 지식,[92] 정계定界 이후 촉발된 만주에 대한 관심과 지리 고증 등은 청나라 때의 만주 문헌과 사실상 큰 연관이 없었다. 만주 지리 인식의 지형은 이 양자의 관계를 어떻게 보느냐에 따라 서로 다르게 그려졌음에도, 여전히『신증동국여지승람』의 지식이 존중되었으며 분계강에 대한 문제의식도 지속되었다.

---

92 『신증동국여지승람』에 기록된 내용 중에는 선춘령과 공험진의 위치 문제도 있지만, 수빈강, 소하강의 위치를 어떻게 보느냐에 따라 달라지기 때문에, 이 글에서는 주된 논의의 대상으로 삼지는 않았다.

2장. 누가, 왜 고토를 회복해야 하는가

고토의 지리를 고증한 이유

한백겸韓百謙(1552~1615)은 『동국지리지』에서 자국 고대사의 강역과 그 변천 과정에 주목함으로써 종래 역사서가 군현의 연혁이나 예속 관계만을 다루던 한계를 뛰어넘었다. 『동국지리지』는 삼국 이전·삼국·고려 등 세 부분으로 구성되어 있는데, 문제가 되는 것은 삼국 이전과 고대에 관한 부분이다. 한백겸은 삼국 이전의 역사와 지리에 대해 『전한서』, 『후한서』 등에서 관련 기록을 발췌하고 자신의 사론을 덧붙인 반면, 삼국에 대해서는 고구려·백제·신라 순으로 국도國都·봉강封疆·관방關防에 관한 내용을 실은 후, 그 땅에서 일어난 다른 나라들을 덧붙였다. 발해가 고구려 뒤쪽에 붙어 있는 것은 이 때문이다. 한백겸은 이 책에서 남자남북자북설南自南北自北說에 입각하여 삼한, 사군의 영역과 역사에 대해 새로운 설을 제시했다. 이 주장 중 적지 않은 부분들은 오운, 남구만, 이세구, 유형원, 홍만종, 신경준, 안정복, 이긍익, 정약용, 한진서 등에게 영향을 미쳤다.[93]

한백겸의 주장이 널리 받아들여졌음을 기억하는 것은 물론 중요한 일이다. 그러나 필자는 한백겸이 고대의 역사 지리를 논증하면서 활용한 사료가

---

[93] 정구복, 「한백겸의 사학과 그 영향」, 『진단학보』, 63, 1987.

매우 제한적이었다는 사실에 주목해야 한다고 생각한다. 한백겸이 본문과 사론에서 인용한 중국 서적은 『한서』漢書, 『후한서』後漢書, 『당서』唐書, 『송사』宋史, 『통전』通典, 『문헌비고』文獻備考, 『속문헌비고』續文獻備考, 『광여고』廣輿考가 전부였다. 조선 측 사서로 인용한 것으로는 『삼국사기』, 『고려사』, 『동국여지승람』, 『동국병감』東國兵鑑 등이 있다.[94]

한백겸은 삼국 이전의 고대 강역과 지명, 그리고 자국사의 영역이었다가 중국의 군현이 되었거나 중국의 군현이었다가 자국사의 일부로 흡수된 지역을 서술할 때 중국 측 사료를 인용하고, 신라·고려의 역사를 서술할 때는 조선 측 사서를 이용했다.[95] 이는 나름대로 합리적인 역사 서술 원칙이었다. 그런데 한백겸이 고증하려고 한 영역은 만주와 한반도에 걸쳐 있는 데 비해, 그 영역의 당대當代 위치에 관한 정보가 충분하지 않았다는 것이 문제였다.

한반도 안에 존재했던 고대국가들의 영역과 지명을 자기 시대의 특정한 위치로 설명하는 일이 원천적으로 불가능한 것은 아니었다. 한백겸은 군현별 연혁의 형태로 시대별 지리 정보를 전해주는 『동국여지승람』을 볼 수 있었기 때문이다. 한백겸은 패수, 마자수馬訾水를 각각 대동강, 압록강으로 추정하거나 갈석산碣石山을 자비령慈悲嶺으로 보아 수성遂城을 수안군遂安郡 일대로 추정했다.[96] 중국 측 사료에 등장하는 역사 지명을 당대의 자연 지명(대동강, 압록강)이나 행정 지명(수안군)에 배당한 것이다. 그의 추론이 정확한지는 별개의 문제다. 필자는 한백겸이 『동국여지승람』을 통해 얻은 당대의 자연 지명과 행정 지명에 대한 위치 정보 덕분에 이런 추론을 할 수 있었다는 사실에 주목하고 싶다.

문제는 만주 땅에서 펼쳐진 역사적 영역과 지명을 자기 시대의 자연 지명

94 정구복, 「『동국지리지』에 대한 일고ー역사지리학파의 성립을 중심으로」, 『전북사학』, 2, 1978; 윤희면, 「한백겸의 『동국지리지』」, 『역사학보』, 93, 1982; 정구복, 앞의 글, 1987. 『동국지리지』에 기록된 『동사』를 오운의 『동사찬요』로 볼 수 있는지, 한백겸이 『동국통감』을 보았는지 등에 대해서는 연구자들 사이에서 논란이 있으므로 이 글의 본문에서는 이 책 이름을 열거하지 않았다.
95 윤희면, 「한백겸의 학문과 『동국지리지』 저술 동기」, 『진단학보』, 63, 1987.
96 정구복, 앞의 글, 1987, 177쪽.

이나 행정 지명으로 추론할 만한 구체적인 지리 정보가 전무하다는 것이었다. 한백겸은 『동국지리지』를 서술할 때 『요사』遼史나 『금사』金史는 물론 상대적으로 자신의 시대와 가까운 『대명일통지』조차도 열람하지 못했다. 만주에서 펼쳐진 고대사의 고증 결과를 당대의 자연 지명이나 행정 지명 등으로 연결지을 길이 없었던 것이다. 그의 고증 결과는 그런 점에서 미완성이었다.

한백겸이 『동국지리지』를 완성한 것은 1615년(광해군 7)이지만, 그의 아들 한흥일韓興一이 경상감사에게 부탁해 이 책의 목판본을 간행한 것은 1640년 (인조 18)이었다. 한흥일은 같은 해 아버지의 문집을 『구암유고』懼庵遺稿라는 이름으로 간행하기도 했다. 한백겸의 두 저작이 목판본으로 간행된 것은 더 많은 독자들이 한백겸의 성과를 확인할 수 있게 되었음을 의미한다.

소론계 학자 관료인 남구만은 『구암유고』를 읽은 초기 독자들 중 한 사람 이었다. 『구암유고』에 실려 있는 「동사찬요후서」東史纂要後敍라는 글에는 삼 한에 관한 한백겸의 주장이 담겨 있었다.[97] 남구만은 자연스럽게 한백겸의 삼 한설을 접하게 되었다. 남구만이 이세구로부터 삼한의 영역에 관한 질의를 받 은 것은 1690년(숙종 16) 무렵이었다. 남구만은 이세구와 편지를 주고받는 과 정에서 한백겸의 삼한설이 비교적 낫다고 말했다.[98]

남구만은 만주에 있었을 역사적 지명의 당대當代 위치를 추정하는 일을 시 도하기도 했다. 1684년(숙종 10) 사신길에 오른 남구만이 압록강을 건너 봉황 성을 지나게 되었다. 서리들은 봉황성을 옛 안시성이라고 말했지만, 남구만은 성의 크기나 주변 도로 조건으로 볼 때 그 말을 의심할 수밖에 없었다. 남구만 은 서둘러 문헌에서 관련 지리 정보를 확인했다. 『대명일통지』였다.[99] 『대명 일통지』에는 안시성이 '개주위蓋州衛 동북쪽 70리 지점'이며, 또 '압록강이 바 다와 만나는 지점'에 있다고 적혀 있었다. 남구만은 봉황성이 『대명일통지』에

97 박인호, 「남구만과 이세구의 역사지리연구 - 남구만의 동사변증 이세구의 '동국삼한사군고금강역설' 을 중심으로」, 『역사학보』, 138, 1993, 43쪽(『조선시기 역사가와 역사지리 인식』, 이회문화사, 2003 재수 록).
98 박인호, 위의 글, 1993, 43쪽.
99 허태용, 『조선 후기 중화론과 역사인식』, 아카넷, 2009, 165쪽.

기록된 이 두 가지 조건을 모두 충족하지 못한다는 사실을 확인했다.[100]

물론 『대명일통지』에 실려 있는 만주 지리 정보는 소략하기 짝이 없었다. 더구나 『대명일통지』의 인문 지명들은 명나라 때의 것이었으므로 남구만 당대當代의 지명과 같을 리 없었다. 그런 한계 속에서나마 남구만이 고대의 역사 지명을 명나라 때 지명과 비교 분석할 수 있었던 것은 순전히 그가 『대명일통지』를 볼 수 있었기 때문이다.

문제는 이런 수준의 단편적인 근거로는 고대국가의 영역이나 주요 역사 지명 전체를 당대의 인문 지명 혹은 자연 지명으로 추정하기 어렵다는 것이다. 만주의 인문·자연 지명과 역사적 연혁의 관계를 포괄적으로 담은 새로운 지식이 필요했다. 그런 의미에서 1697년(숙종 23) 조선에 수입된 성경지는 특별히 중요했다. 그해 성경지의 지도를 확대·모사해 올리면서 남구만은 이렇게 말했다. "요동遼東의 경우 당초 기자가 봉지로 받은 영역입니다. 개원현은 바로 옛날의 부여국扶餘國으로 (부여국은—인용자) 고구려 시조 주몽이 나라를 세운 곳입니다. 지금의 개평현盖平縣은 바로 진한辰韓의 옛 지경인데, (진한은—인용자) 또한 우리 삼한三韓의 하나입니다."[101]

남구만이 청나라 때의 지명인 개원현과 개평현을 거론한 것은 말할 것도 없이 성경지 때문이다. 그가 이 지명으로부터 만주에서 명멸했던 자국사의 흔적을 찾으려 한 것도 성경지 때문이다.[102] 특히 개평현을 진한으로 보고 그 진한을 삼한의 하나로 보았다는 점은 흥미롭다. 이세구와 편지를 주고받을 때까지만 하더라도 남자남북자북설을 인정했지만, 이제 성경지의 기록을 믿고 개평현을 진한이라고 말한 것이다. 그것은 물론 부정확한 추정이었지만, 적어도 성경지가 고대국가의 영역과 역사 지명을 당대當代의 지명으로 추정할 수 있는 실마리가 되었음은 의심할 여지가 없다.

---

100 남구만, 『약천집』, 권2, 詩, 鳳凰山.
101 『숙종실록』, 숙종 23년 5월 18일. 至於遼左 初是箕子受封之疆 而開原縣 乃古扶餘國 高句麗始祖朱蒙發迹之地 今之盖平縣 乃辰韓故境 亦我三韓之一也.
102 雷以誠, 『盛京通志』, 卷6, 建置沿革(1684년판). 盛京(箕子避地朝鮮 武王卽其地封之 遂爲朝鮮界): 盖平縣, 周(屬朝鮮 本辰韓地), 開原縣: 漢(屬扶餘國).

안시성에 관한 논란도 새로운 국면을 맞았다. 1684년판 성경지에는 안시성의 위치가 '개평현성에서 동북쪽으로 70리 지점'이라고 적혀 있다. '개주위 동북쪽 70리 지점'이라는 『대명일통지』의 기록을 존중한 것이지만, 성경지는 명대의 개주위가 청대의 개평현이라는 사실을 보여준다.[103] 안정복과 정약용 등은 모두 안시성을 개평현으로 보았는데,[104] 그 근거는 역시 성경지였다.

한백겸이 고대국가의 영역과 역사 지명의 대략적인 위치를 잡아 자국사를 재구성하려 했다면, 남구만은 성경지를 토대로 그 영역과 지명을 당대當代의 지명으로 추정하는 작업을 시도했다. 남구만의 초기 작업을 계승하여 발전시킨 것은 안정복과 정약용이다. 이들은 모두 성경지의 독자이기도 했다.

안정복이 『동사강목』東史綱目 저술에 착수한 것은 1756년(영조 32)이었다. 그런데 그 전해인 1755년(영조 31) 안정복은 이미 편사編史의 원칙에 관한 나름의 복안을 가지고 있었다. "작사자作史者는 반드시 먼저 강역을 정해야 한다"는 것이다.[105] 그는 한백겸의 삼한설이 중요한 성취임을 인정했다.[106] 하지만 한백겸처럼 고대국가의 영역을 다만 포괄적으로 말하고 지나가는 것은 고대사를 체계화하는 데 턱없이 부족했다.

『동사강목』 지리고에 붙어 있는 별도의 서문에 따르면 지리고가 완성된 것은 1756년이다. 안정복은 지리고를 완성한 뒤 『동사강목』의 본문을 저술하기 시작했다.[107] 그런데 안정복이 '선정강역'先定疆域의 원칙을 내세우고 영역에 관한 저술을 시도한 이유는 무엇일까.

『동사강목』 지리고의 인용서목은 이런 의문을 푸는 실마리가 된다. 조선

---

103 雷以誠, 『盛京通志』, 卷22, 古蹟, 蓋平縣, 古安市縣(1684년판). 高麗爲安市城 唐太宗征高麗 薛仁貴白衣登城 卽此 按明一統志 在今縣城東北七十里.
104 허태용, 앞의 책, 2009, 217쪽.
105 강세구, 「순암 안정복의 동사강목 지리고에 관한 일고찰」, 『역사학보』, 112, 1986; 안정복, 『순암집』, 권10, 書, 東史問答 上星湖先生書(乙亥). 作史者必先定疆域 而東史地誌 專無可據.
106 안정복, 『순암집』, 권10, 書, 東史問答, 與邵南尹丈書(丙子). 終無定論 至韓久菴而後始定 是亦一快事也.
107 강세구, 앞의 글, 1986, 50쪽.

측 문헌으로는 『삼국사기』·『삼국유사』·『고려사』·『동국통감』·『동사찬요』·
『동사회강』과 같은 사서류, 『동국여지승람』 등의 지리지류, 그리고 각종 문집
총 25종이 구사되었다. 중국 측 문헌은 총 36종에 달하는데,[108] 『요사』·『금
사』·『원사』·『수경주』·『요동지』·『일통지』(대명일통지)·성경지 등 각종 역사
서와 지리서가 눈에 띈다. 이 사료들은 특히 만주 지역을 무대로 한 자국사의
영역을 고증하는 데 기초 자료가 될 만했다. 안정복이 역사 서술의 선결 과제
로서 그 영역을 분명히 해야 한다고 주장할 수 있었던 것은 이런 자료적인 뒷
받침이 있었기 때문이다.

이제 안정복에게 남은 가장 중요한 문제는 고대사의 영역을 자기 시대의
지명으로 추정하는 일이었다. 안정복이 확보한 여러 자료 가운데 이런 정보를
전해주는 것은 오직 성경지밖에 없었다. 『순암집』順菴集에 따르면, 안정복은
늦어도 1753년(영조 29), 그의 나이 42세에 이미 성경지를 보았다.[109] 그런데 안
정복이 강목체에 입각한 자국사를 서술하기로 결심한 것은 1754년(영조 30)이
었다.[110] 저술 계획을 구체화하기 전에 역사적 영역의 당대 위치에 관한 자세
한 정보가 실린 책을 손에 넣었던 것이다.

'조선이야말로 유일한 중화'라고 생각한 안정복은 주자의 『자치통감강
목』을 모델로 삼아 자국사를 체계화하려 했다. 안정복은 내경외사內經外史, 경
사체용經史體用의 문제의식에 충실했다. 그런데 그렇게 하기 위해서는 고대사
의 영역을 분명하게 밝혀야 했고, 고대사의 영역을 정하기 위해서는 특히 만
주의 당대當代 지명이 중요했다. 성경지는 당대의 만주 지명을 기준으로 그곳
에서 명멸한 고대국가의 영역과 지명을 배치한 자료라는 점에서 중요했다. 물
론 안정복은 성경지에 기록된 역사 지명 정보를 무비판적으로 받아들이지는
않았다. 그러나 안정복이 시도한 고증의 대부분이 그 책의 만주 지명 정보에

108 강세구, 앞의 글, 1986, 54~55쪽.
109 안정복, 『순암집』, 권19, 說, 邊防種樹說(癸酉). 盛京志 寧古塔在虎兒哈河之傍 種松爲城 中實以土.
110 안정복, 『순암집』, 권10, 書, 東史問答, 上星湖先生書(甲戌). 若有人更編東史 自上古至麗末 合成一編
依綱目之例 名之曰東史綱目 使一方之文獻有傳 似好矣.

기초한다는 점에서, 안정복의 지리 고증 작업에서 성경지가 차지하는 비중은 여전히 높았다.[111]

성경지의 역사 지명 고증 내용이 조선에서 항상 후한 평가를 받은 것은 아니었다. 정약용은 안정복에 비해 훨씬 인색한 평가를 내렸다.[112] 그런데 정약용이 당대當代 만주의 지리 정보까지 불신한 것은 아니었다는 사실에 주목해야 한다. 그는 성경지와 기타 만주 지리서가 전해주는 당대當代의 지리 정보를 숙지하고 있었고, 자신의 고대 역사 지리 고증 결과를 이 정보와 연관 지어 설명하려 했다.[113] 자기 시대의 지명 정보를 존중한다는 면에서는 안정복과 다르지 않았다.

조선 후기 지리 고증과 관련한 지적 성취를 역사지리학파의 형성 혹은 역사지리학의 발전으로만 보는 것은 지나치게 편협한 시각이다. 안정복에게 지리 고증은 '기자마한정통론'의 논리적 토대를 만드는 것이었고, 그렇게 쌓아 올린 강목체의 자국사는 다시 문화적 중화관의 정당성을 확인하고 강화하는 역할을 한다. 정약용에게 지리 고증은 지리 조건의 우열로 역사의 성패를 논하기 위한 전제조건이며, 경세이학經世理學의 학문적 틀을 뒷받침하는 도구였다. 그런데 그 성패는 고대사의 영역과 역사 지명을 자기 시대의 만주 지명과 위치 정보로 추정할 수 있느냐에 달렸다고 해도 과언이 아니다. 성경지를 비롯한 청나라 때의 지리 지식이 조선의 학술 지형에서 특별한 의미를 지니는 것은 그런 이유였다.

문화적 중화관의 소유자라고 해서 모두 지리 고증을 중요하게 여겼던 것은 아니다. 송시열은 고구려 을지문덕이 당 태종에 맞서 싸운 것을 강상윤리

---

111 『동사강목』 이전에도 강목체로 된 자국사가 없었던 것은 아니다. 그러나 성경지를 토대로 지명 고증을 시도했다는 점에서 『동사강목』은 앞선 강목체 사서들과 분명한 차별성을 가진다. 안정복이 "작사자作史者는 반드시 먼저 강역疆域을 정해야 한다"는 원칙을 견지하고, 또 그 원칙을 『동사강목』에서 구현할 수 있었던 것도 그의 수중에 성경지가 있었기 때문이다.

112 정약용, 『여유당전서』, 1집, 詩文集, 題, 題疆域考卷耑. 大明一統志盛京志 雖見全部 此二書所記東方疆域之說 譌駁訛繆 不勝刊正 況可以憑據乎.

113 정약용, 『여유당전서』, 1집, 詩文集, 敍, 疆界考敍: 書, 上仲氏辛未冬.

라는 유교적 기준에 따라 높이 평가했다. 그러나 그의 평가는 오롯이 문화적 중화관에 입각한 것일 뿐이다. 송시열은 고구려가 북만주 일대에 있었을 가능성을 염두에 두지 않았다. 고구려가 어디에 있었든 그것이 중요한 것이 아니라 을지문덕의 '정의로운' 행동이 중요하다고 보았다. 같은 시대에 남구만이 고구려 영역에 대해 자기 시대의 위치를 오버랩시킬 수 있었던 것은 그의 손에 성경지가 있었기 때문이다. 성경지를 비롯한 만주 지리 지식은 이익, 신경준, 안정복, 이만운李萬運, 홍양호, 정약용 등에게도 중요했다. 그들은 이 지식들을 근거로 자국 고대사의 영역을 북만주까지 넓혀볼 수 있었다.

문제는 그들이 중요시한 고대사의 영역이 중화의 문제와 무관하지 않았다는 점이다. 이런 측면에서 보면 중화의 주류를 따지는 정통론은 핵심적인 문제였다. 이익은 단군과 기자에 의해 이어져오던 정통이 기준箕準에 의해 삼한三韓으로 연결되었다고 주장했다. 그의 삼한정통론은 안정복을 비롯한 많은 지식인들에게 직간접적으로 영향을 미쳤다. 만일 삼한정통론을 승인한다면, 요하 일대 혹은 북만주 일대에서 자국 고대사의 흔적이 발견된다고 해서 그 중요성이 모두 똑같지는 않다. 그것이 단군조선이나 기자조선이라면 중화와 정통의 맥락에서 매우 중요하다. 그러나 고구려나 부여나 발해라면 사정이 다르다. 요동과 북만주에서 아무리 넓은 영토를 차지했더라도 이 나라들은 정통이 아니다.

송시열이 고구려의 을지문덕을 높이 평가한 것은 자국사에 정통론을 적용하지 않았기 때문이다.[114] 송시열은 고토故土가 어디까지인지, 나아가 고토를 회복해야 하는지에 대해 아무런 언급을 하지 않았다. 왜일까. 청나라에서 1684년(숙종 10)에 처음 간행된 성경지는 송시열이 죽던 1689년(숙종 15)까지 조선에 수입되지 않았다. 만주 지리서를 본 적이 없는 송시열에게 고토의 영역을 자기 시대의 위치값으로 고증하는 것은 중요한 문제가 아니었다.

남인 학자 이익은 선춘령을 고토로 여겼다. 그에 따르면, 윤관이 소하강가

114 남구만이 고구려의 강역을 북만주 일대로 넓게 보고, 또 그 사실을 강조한 것도 같은 이유에서다.

에 개설한 공험진은 선춘령의 동남쪽이며 백두산의 동북쪽이다. 또 선춘령은 두만강 이북 700리 지점에 있는데, 윤관의 비가 있는 자리다. 그는 이 자리에 고구려 고비古碑가 있었을 가능성을 배제할 수 없다고도 말했다.[115] 선춘령이 고토가 된 시점을 고구려까지 끌어올린 것이다. 고토에 관한 이슈는 백두산 정계定界 문제로 이어진다. 이익은 정계 때 두만강 이북 700리에 있는 선춘령을 기준으로 하지 않고 두만강의 원류만을 찾으려 한 것은 잘못이라고 비판했다. 토문강의 원류를 찾아서 경계를 따진다면 선춘령을 포함한 넓은 지역이 조선의 영역이 될 수 있다는 말도 덧붙였다. 그러니 당시 당국자의 잘못이 크다고 말하는 것도 무리는 아니다.[116]

여기까지는 전형적인 고토론자의 면모다. 그러나 그가 정작 하고 싶은 말은 그다음부터다. 그는 이렇게 말했다. "오랫동안 버려두었던 것을 갑자기 찾으려 한다고 되는 것도 아닌 데다, 방수防守의 부담이 장래에 큰 걱정거리가 되리니, 반드시 영토를 넓히는 것만이 능사는 아니다. 지금 사대事大하여 도움이 되는 데다가 변방의 근심이 사라졌으니, 그 땅을 얻으려 하다가 도리어 문제를 만들어서는 안 될 것이다."[117]

이익의 제자인 안정복도 요동의 전 지역과 요서의 의주 및 광녕 이동 지역을 옛 기자의 영역이라고 믿어 의심치 않았다.[118] 고토의 전체 규모와 그 연혁에 관한 안정복의 문제의식은 「동국지계설」東國地界說에 좀 더 상세하다. 이 글에 따르면, 조선은 서북쪽이 육지로 이어져서, 형세상 오랑캐와 접한 데다 '중국'과도 통한다. 그러니 얻었다가 잃고 잃었다가 얻는 일이 잦을 수밖에 없지만, 상고사를 기준으로 한다면, 요 땅의 절반과 오라烏喇 이남이 모두 조선의 고토에 해당한다. 그 뒤 수당대隋唐代에 발해, 거란, 완안씨 등의 '잡종'雜

<hr>

115 이익, 『성호사설』, 권2, 天地門, 尹瓘碑.
116 이익, 『성호사설』, 권1, 天地門, 豆滿爭界.
117 이익, 『성호사설』, 권1, 天地門, 豆滿爭界. 棄之歲久 猝然覓還 未必可得 而防守之役 必爲方來之憂 何必以斥地爲能耶 今事大得力 邊憂帖息 不可徒知務得而不慮生釁也.
118 안정복, 『순암집』, 권7, 書 與李廷藻家煥書 乙酉(己酉). 以古初言之 箕子疆域 今遼東全地及遼西義州廣寧以東 皆係朝鮮疆域 驗於中國史 可知矣 而亦詳於鄙撰東史地理考中矣.

種이 번갈아 일어나니 고토의 영역이 줄어들 수밖에 없었다. 더 큰 문제는 신라 문무왕 이후 원대한 계책이 없었다는 점이다. 신라는 백제와 고구려를 평정한 것에 만족할 뿐 고구려의 옛 영역을 수복하려는 의지가 없었으며, 발해가 손쉽게 커지도록 방치했다. 고려 태조가 요나라와 국교를 끊는 데는 깊은 생각이 있었으나 불행히도 그 뜻을 펴기 전에 죽고 말았다. 그 뒤로는 왕들이 비록 그 뜻을 계승했다고 하지만 압록강과 두만강을 경계로 할 뿐 요동에 대해서는 한걸음의 땅도 넘보지 못했다.[119]

요동을 넘보지 못했다면 오라 이남의 상황은 어떤가. 「동국지계설」의 두 번째 논점은 이것이다. 안정복에 따르면, 조선에 들어와서도 상황은 크게 달라지지 않았다. 이성계가 화령을 국호로 청한 것은 고토 회복의 의지를 보이기 위해서였다. 그러나 오랑캐가 점차 강성해지니 선춘령의 옛 강역뿐만 아니라 덕릉과 안릉 등 조상의 능이 있는 곳조차 이역異域으로 남겨둔 채 압록강과 두만강만을 경계로 삼게 되었다.[120] 안정복은 그 영역을 회복하지 못한 현실을 안타까워했다.[121]

그렇다면 어떻게 해야 하는가. 안정복은 "기자와 고구려의 고토이므로 되찾아야 한다"고 말하지는 않았다. 그것은 현실적으로도 불가능한 일일 뿐만 아니라 조선의 군사력은 그런 문제를 논의할 상황이 아니었다. 그는 이렇게 말했다. "그 경계를 밝혀 자강自强의 도로 삼을 뿐이다." 여기서 자강이란 고

---

119 안정복, 『순암집』, 권19, 說, 東國地界說(戊寅). 至若西北面 連陸地 接山戎 且通中國 故得失無常 究本而論之 則遼地半壁 烏喇以南 皆我地也 而隋唐宋之際 渤海契丹完顏雜種代興 地界漸縮 惜乎 新羅文武以後皆無遠慮 幷濟平麗 志願已足 不能收復句麗舊疆 使渤海坐大 後來麗祖絶遼 意亦非偶 而不幸薨逝 後王雖能繼志 不過西以鴨綠爲限 北以豆滿爲界 而不能窺遼東一步之地矣.

120 안정복, 『순암집』, 권19, 說, 東國地界說(戊寅). 聖祖初封和寧伯 凡國號不惟以其封爵之號 北土是胚胎日月之地 故聖意所在 盖欲幷呑 以是請號也 夷虜漸盛 先春舊疆 亦不得保 而德安二陵 淪在異域 豆滿鴨綠作一大鐵限 此有志之士所以長吁短歎者也.

121 안정복이 '이성계가 화령으로 국호를 청한 것이 고토를 회복하려는 의지를 담은 것이었다'고 보는 대목은 주목을 요한다. 이 경우 조선의 고토는 명나라의 강역과는 상관없는 땅이 되고, 그 땅을 회복하는 것은 명나라의 인가를 받은 정당한 행위가 될 수 있기 때문이다. 안정복은 결코 고토 회복을 주장하지는 않았지만, 그가 구사한 논리에서는 고토 회복론이 예禮의 문제로 설명될 수 있는 단초가 엿보인다. 뒤에서 보는 것처럼 이종휘와 지견룡이 구사한 논법 중 하나가 바로 이런 것이었다.

토를 되찾을 수 있는 힘을 기르는 것을 말하는가. 안정복은 정계 당시에 조선 측 실무자가 잘못 대응하여 영토를 잃었다는 주장을 소개하면서 이렇게 덧붙였다. "왕자王者의 다스림은 덕에 힘쓰는 것이다. 땅에 힘쓰는 것이 아니다."[122]

이익이나 안정복은 역사적 영토에 관심을 가졌지만, 고토 회복보다는 덕치德治를 중시했다. 고토를 실질적으로 지배하는 문제에 대해서는 사실상 무심했다. 고토는 고대의 역사를 밝히는 데 중요한 것이고, 그렇게 해명한 역사는 경학經學과 함께 세계와 현실을 보는 버팀목이 된다. 이익과 안정복의 문제의식은 그런 것이었다. 그러니 그들이 고토라는 사실을 근거로 그 땅을 회복해야 한다고 주장할 이유는 없다. 고토의 범위를 적시하고 역사적 영토로서 고토를 말하는 것 자체보다, 그것을 어떤 맥락으로 보았느냐가 중요한 것이다.

고토 회복론이 제기된 배경과 맥락

고토의 범위와 그 연혁

신채호申采浩(1880~1936)에 따르면, 묘청의 난 이전까지 조선 역사에는 '유가儒家 사대주의'에 반대하는 '낭가郎家 독립사상'이 있었다고 한다. 윤관이 두만강 이북 700리에 세웠다는 선춘령비는 '낭가 독립사상'의 좋은 예다. 신채호의 논설은 한국 근현대 역사학에서 역사적 영토와 변경에 대한 그 어떤 주장도 자주냐 아니냐의 문제로 해석될 것임을 예고했다고 해도 과언이 아니다. 이종휘李種徽(1731~1797)는 조선 후기 지식인 가운데 신채호가 가장 후한 점수를 준 경우에 해당한다. 신채호는 이종휘가 "단군 이래 조선의 고유한 독립적 문화를 영가詠歌하여 김부식 이후 사가史家의 노예사상奴隸思想을 갈파" 했다고 말했다.[123] 이는 이종휘가 고토를 회복해야 한다는 주장을 가장 적극적으로 펼친 인물이기 때문이다.[124]

---

122 안정복, 『순암집』, 권19, 說, 東國地界說(戊寅). 以今兵力 無論於復箕高之故城 恢穆翼之舊居 當多識舊事 明其界限 爲自彊之道而已 (중략) 然王者之治 務德不務地.

123 이만열, 「17세기 사서와 고대사인식」, 『한국사연구』, 10, 1970.

이종휘는 신채호가 내린 평가에 어울리는 인물인가. 그는 중화를 무엇이라고 생각했는가. 고토의 범위를 어떻게 설정했으며, 고토 회복을 위해 어떤 실천을 구상했는가. 그 실천 방안은 현실의 청나라와 이미 사라진 명나라, 그리고 조공책봉 체제에 대한 생각과 어떻게 이어지는가.[125]

이종휘의 고토 회복론을 온전히 이해하기 위해서는 먼저 그 지리적 범주와 그것이 가지는 의미를 살펴보아야 한다. 고토의 북쪽 경계에 대한 이종휘의 아이디어는 「고사삼국직방고론」古史三國職方考論이라는 논설에서 선명하게 드러난다. 이 글에 따르면, 기록에서 확인되는 직방세계의 동쪽 경계는 청주青州와 기주冀州다. '좌해'左海 한 지역은 영역적으로 그 바깥쪽이기 때문에 '삼대三代의 직방職方'에서 누락될 수밖에 없다.[126]

그렇다고 해서 자국사의 경계를 추정할 수 없는 것은 아니다. 이종휘는 단군의 아들 부루가 개원현에 북부여의 도읍을 정하면서 단군조선의 계보를 잇는 영역이 오라-선창-요심-삼위의 라인으로 확정되었다고 말했다. 청석령青石嶺 동쪽의 요동 지역과 선춘령 이남의 북만주 지역이 조선의 고토가 된 것은 단군조선 때부터라는 뜻이다. 그 뒤 기자가 동래東來하면서 단군의 영역이 확장되어 요계 지방과 더욱 가까워졌다. 한나라는 위만에게 단군-기자로부터 이어져온 땅을 취했다가 고구려에 전해주었지만, 고구려는 그 영토적 규모를 유지하지 못했다. 그 뒤 당나라가 고구려를 취했다가 발해에 전해주면서

---

124 김철준에 따르면, 윤관의 전역戰役에 관한 신채호의 주장은 이종휘의 논설에서 영향을 받은 것이라 한다(김철준, 「수산 이종휘의 사학」, 『동방학지』, 15, 1974, 113~114쪽).

125 이종휘의 고토 회복론이 가지는 중화론적 의미에 대해서는 장유승의 연구가 유익하다(장유승, 「이종휘의 자국사인식과 소중화주의」, 『민족문학사연구』, 35, 2007). 그는 이종휘의 고토 회복론이 중화주의적인 사고에서 가능했다는 점을 분명히 드러내주었다. 조성산과 허태용도 부분적으로 관련 문제를 다루었다(조성산, 「조선 후기 소론계의 고대사연구와 중화주의의 변용」, 『역사학보』, 202, 2009; 허태용, 「조선 후기 남북국론 형성의 논리적 과정 검토」, 『동방학지』, 152, 2010). 필자는 중화주의자 이종휘의 아이디어가 어떤 결을 지니는지에 주목하려 한다. 그가 말하는 중화는 무엇인지, 그가 고토로 간주한 선춘령과 청석령은 지리적으로 어떻게 다른지, 고토 회복을 위한 실천 방안으로 그가 구상한 것이 중국으로서의 명, 여진으로서의 청과, 나아가 조공책봉 체제가 상징하는 예와 어떤 연관이 있는지를 드러내 보이고 싶다.

126 이종휘, 『수산집』, 권6, 史論, 古史三國職方考論. 青州之界 窮於嵎夷 冀州之域 止於碣石 左海一方 遂漏於三代職方.

비로소 단군-기자의 영역이 다시 완성되었다.[127]

이종휘는 이익이나 안정복처럼 고토 회복에 무심하지는 않았다. 오히려 그 반대였다. 그는 신채호가 높이 평가할 정도로 적극적인 고토 회복론자였다. 이종휘는 어느 지점에서 무엇 때문에 이익, 안정복과 다른 길을 간 것인가. 그는 고토를 어떤 맥락으로 보았는가. 이 점을 이해하기 위해서는 이종휘가 생각한 중국, 중국의 지리적 범위, 그리고 중화에 대한 아이디어를 해명하지 않으면 안된다.

이종휘의 논설 「취요심」取遼瀋은 이 점을 이해하는 데 많은 시사를 준다. 이종휘가 이 글에서 집중적으로 다룬 고토는 요심, 즉 요동 지역이다. 조선 후기 고토론자들이 대부분 선춘령 일대를 대상으로 논의를 전개한 것과는 다른 양상이다. 그에 따르면, 요심 일대는 기자와 고구려의 옛 영역이라는 사실이 중요하다. 기자와 고구려야말로 조선이 중화국가가 되는 이유이기 때문이다. 거란과 여진은 이 땅에서 발흥하여 중원을 압박하기도 했다. 그러나 기자와 고구려를 포함한 자국사 전체의 입장에서 보면 이 땅은 단군에서 발해까지 동방의 소유였다. 고려시대에도 청석령과 선춘령 두 곳을 경계로 삼았다.[128] 단군에서 고려까지 자국사의 무대가 되었던 요심은 언제 어떻게 멀어지게 되었는가. 이종휘는 이렇게 썼다. "금나라나 원나라 이래로 유주幽州는 대도회가 되고 산해관 밖은 군사적 요충지가 되었으므로 이 땅이 중국에 속하게 된 것은 형세상 당연한 일이다."[129]

'지금은 모두 중국의 땅이 되었다'는 표현, 혹은 '형세상 중국에 속하게

127 이종휘, 『수산집』, 권6, 史論, 古史三國職方考論. 檀君之國 初自太白 後移唐莊 其子夫婁 都於今開原 遂爲北夫餘之國 盖其界南暨臨津 東西北出入於今烏喇船廠遼瀋三衛之際 及箕子東來而 因檀君之舊 益近於燕薊 (중략) 盖朝鮮起自檀君 箕氏據之以傳於衛滿 漢取諸衛滿 以歸於高句麗 句麗不能合其全地 漢魏之際 分於公孫度 晉末 分於宇文慕容氏及靺鞨契丹 而北夫餘餘燼 又在其東界 及唐取高句麗而 復歸於渤海大氏 始完檀箕之幅.

128 이종휘, 『수산집』, 권6, 策, 取遼瀋. 今遼瀋一帶 卽箕高舊疆 而天下用武之地也 契丹女眞 皆以是起遂能拓冠裳之區而尸其郊 其要且重 可知也已 其地 自檀氏以來 至于渤澥大氏 皆爲東方之有 勝國亦以靑石先春二嶺爲界 而今皆爲中國之地.

129 이종휘, 『수산집』, 권6, 策, 取遼瀋. 盖金元以來 幽州爲都會 而山海關外爲奮武衛地 則其屬於中國者勢也.

되었다'는 의미는 무엇일까. '금원의 땅이 되었다'는 의미로 쓴 것이라면 이 때의 중국은 당연히 금나라나 원나라가 되어야 한다. 여기에서 말하는 '지금' 이 그의 시대를 가리키는 것이라면 당연히 청나라가 되어야 한다. 그러나 그 가 이 논설에서 청나라를 '로'虜, 원나라를 '호원'胡元이라고 불렀다는 사실을 감안하면 '로' 또는 '호원'에 대해 중원대륙을 차지했다는 이유로 '중국'이라 고 불렀을 가능성은 높지 않다. 더구나 이종휘가 말하는 '중국'은 매우 중의 적인 경우도 있으므로 좀 더 세밀한 검토가 필요하다. 여기에서는 다만 '지금 중국의 땅이 되었다'는 말을 '더 이상 자국사의 무대가 아니다'는 뜻으로 이 해해두기로 하자. 그가 여기서 강조한 것은 금나라와 원나라 이후로 요심이 자국사로부터 멀어지게 되었다는 점이기 때문이다.

이종휘가 원나라를 '호원'이라고 불렀다면, 새로 중원대륙의 주인이 된 명나라를 중화국가로 여겼을 가능성을 배제하기 어렵다. 그러나 그가 이 논설 에서 강조하려 한 것은 조금 다른 맥락이다. 그는 이렇게 말했다. "뒷날 왕자 王者가 함곡관과 낙양의 주인이 되고 동북으로는 황제의 수레가 미치지 않았 으니, 저 오랑캐들은 그 형세가 반드시 꺾이어 우리에게 귀부할 수밖에 없었 다." 그는 고려 말 이성계의 사례를 예로 들었다. '호원' 말에 이성계가 올랄 성兀剌城에서 오랑캐의 잔당을 격파하여 동쪽 황성皇城으로부터 서쪽 요하에 이르기까지가 텅 비게 되었다는 것이다.[130]

이종휘가 말한 '왕자'王者는 명나라일 것이다. 그러나 그에게는 명나라가 중원대륙의 주인이 된 사실보다, 명나라의 등장으로 요동과 북만주가 자국사 로 다시 통합될 수 있는 기회가 왔다는 사실이 더 중요했다. 이 지점은 매우 중요한 의미가 있다. 필자는 명나라의 등장에 대한 이종휘의 시선을 이렇게 읽는다. "요동과 북만주는 처음부터 중원대륙의 일부가 아니었다. 단군조선

---

130 이종휘, 『수산집』, 권6, 策, 取遼瀋. 然而後之王者 九鼎函洛 而東北無黃屋偃彊之虜 則其勢必折而入我 胡元之季 我太祖擊其遺種於兀剌城克之 東自皇城 西至遼河 爲之一空 此其前驗也. 이종휘가 말하는 '동쪽 황성'은 고구려 환도성 자리다(『수산집』, 권14, 東國輿地雜記, 擬與魚有沼將軍書). 따라서 '황성에서 요하 까지'는 요동 일대를 의미한다.

에서 고려시대까지 자국사의 무대였다. 금나라·원나라 이래로 '오랑캐'에게 그 땅을 부당하게 점거당했을 뿐이다. 명나라의 등장은 부당하게 점거당한 땅을 되찾을 수 있는 좋은 기회였다. 이성계가 이 지역에서 오랑캐의 잔당을 몰아낸 것은 그런 점에서 당연하고도 정당한 행위다."

「취요심」이 요동에 관한 논설이라면, 「선춘령기」先春嶺記는 그가 또 하나의 경계로 여긴 북만주에 관한 이야기다. 「선춘령기」의 첫머리에 고려의 경계에 관한 내용이 등장한다. 그에 따르면 선춘령은 고려의 북쪽 경계다. 회령부에서 두만강 이북으로 700리 떨어진 곳인데, 옛 공험진 및 거양성으로부터 서쪽으로 60리 지점이자 백두산 동북 방향이다. 소하강이라는 물줄기가 백두산에서 북쪽으로 흘러나가는데, 공험진과 선춘령을 거쳐 거양에 이르렀다가 다시 동쪽으로 120리를 흘러 아민에 닿은 뒤 바다로 들어간다.[131] 선춘령의 위치와 소하강에 관한 서술은 대부분 홍양호의 「북관고적기」에서 인용한 것이다.[132]

윤관이 이 땅을 개척한 것은 고려 숙종 때의 일이다. 그러나 이 영토 개척의 역사에 대한 세간의 평가가 반드시 호의적인 것은 아니었다. 어떤 사람들은 이렇게 보았다. "숙종이 공 세우기를 좋아하여 변경에서 일을 만들었다가 그 땅을 차지한 지 4년 만에 잃어버렸으니, 그는 진시황이나 한무제 같은 군주다." 이종휘는 이런 평가에 동의할 수 없었다.[133] 그는 숙종을 변호하기 위해 주나라 세종과 송나라 태종의 전례를 끌어들였다. 그들은 몸소 군대를 이끌고 거란과 여러 차례 싸웠다. 그들에 대한 역사의 평가는 나쁘지 않았다. 그들이 차지하려던 땅이 '중국의 고지故地'였기 때문이다. '중국의 고지'라면, '중국'의 힘이 회복할 만하다면, 회복하는 것이 마땅하지 않은가.[134]

131 이종휘, 『수산집』, 권4, 記, 先春嶺記. 先春嶺 高麗北界也 在今會寧府豆滿江北七百里 古公嶮鎭及巨陽城西六十里 直白頭山東北 有蘇下江 出白山北流 歷公嶮鎭先春嶺 至巨陽 復東流百二十里 至阿敏 入于海 (중략) 以東史考之 三韓之際 曷思王所居曷思水者 疑今蘇下江也.
132 홍양호는 『동국여지승람』을 참고하여 선춘령에 관한 사실을 재구성한 뒤, 삼한 때 갈사왕이 살던 갈사수라는 곳이 아마도 소하강일 것이라는 자신의 추정을 덧붙여 「북관고적기」를 작성했다. 이종휘의 「선춘령기」에 보이는 갈사수 관련 내용은 『동국여지승람』에는 없지만 「북관고적기」에는 있다.
133 이종휘, 『수산집』, 권4, 記, 先春嶺記. 世以高麗肅宗 好大喜功 生事邊境 雖得其地 四年而失之 秦皇漢武之流也 然 此論非也.

이종휘는 다시 북송대 신종의 사례를 인용하면서 숙종과 신종의 공통점과 차이점을 적었다. 그에 따르면, 신종 때 국세가 미약한데도 희하熙河를 두고 전쟁을 벌인 것은 그곳이 고토이기 때문에 옳은 일이지만, 국력이 약한 때 벌인 일이니 그 시기가 좋지 못했다. 그에 비하면 고려 숙종의 경우는 어떤가. 고려의 힘은 강했고 여진의 힘은 약했으니, 힘으로 그 땅을 회복할 수 있었는데도 곧 포기하고 말았다. 그 땅은 기자와 고구려의 옛 영역이므로, 굳게 지켜서 오랑캐가 스스로 물러날 때를 기다려야 했는데도, 이미 회복한 땅을 곧 버리고 말았으니 어찌 아깝다고 하지 않겠는가.[135]

이종휘에 따르면 숙종을 진시황에 비유하는 것도, 송나라 신종에 빗대는 것도 바른 평가는 아니다.[136] 숙종은 진시황처럼 영토적인 야심만 추구하지 않았고, 더구나 국력을 고려하지 않은 채 고토 회복을 시도한 것도 아니기 때문이다. 이종휘는 고토를 회복하려 한 것이 숙종의 미덕이라는 점, 그럼에도 그 땅을 지켜내지 못한 것이 그의 과오라는 점을 말하고 싶었던 것이다.

고토 회복론의 논리와 당위

「취요심」의 첫 단락에는 땅의 크기와 교화의 관계에 관한 이야기가 나온다. 이종휘에 따르면, 옛날 삼대 때에는 땅이 5천 리를 넘지 않았으므로 성인의 교화가 쉽게 행해질 수 있었다. 그런데 진한 이후로 땅이 만 리가 넘어가면서 교화가 시행되지 않게 되었다. 그러니 땅을 넓히는 것은 불필요한 일인가. 이종휘의 답은 분명하다. 땅이 넓지 못하면 중국은 날로 약해지고 이적은 날로 강해져 결국 중국이 이적으로 바뀌는 상황이 오지 말란 법이 없다. 중원대륙의

---

134 이종휘, 『수산집』, 권4, 記, 先春嶺記. 周世宗宋太宗 規圖山前 親率六師 與契丹戰者 數矣 然君子不以 爲非 盖中國故地 中國之人力可復則復之 固其宜也.

135 이종휘, 『수산집』, 권4, 記, 先春嶺記. 至於神宗之世 國勢已弱 强弩之末 不足以穿縞 而乃欲從事於熙 河 此其事雖是 而其時則非也 當肅王之時 高麗方强 女眞方弱 其力可以得之 而牽於廷議 旋復撤還 然九城之 地 非若秦之朔方漢之河西 是皆箕高之故疆 如周宋之於幽燕也 宜其堅守 以待民力之漸振 虜勢之自退 而旣 成之功 半塗而廢 其後並與雙城而棄之於元 豈不惜哉.

136 이종휘, 『수산집』, 권4, 記, 先春嶺記. 嗟夫 使周世宗宋太宗 及其中國之盛 從事於幽燕 雖百戰而得之 天下不以爲黷 何者 以其故土也 今刺肅王以宋神宗 則此迂儒之見 豈可與論於時務也哉.

308

역사가 그것을 증명하고 있지 않은가.[137] 이종휘가 고토론을 제기한 맥락을 짐작하게 해주는 대목이다.

이종휘의 입장에서 보면 조선이 요동을 오랫동안 치지도외置之度外해온 것은 문제가 아닐 수 없다. 그가 요동을 회복해야 한다고 주장한 것은 단순히 그곳이 고토이기 때문이 아니다. 그는 천하에 변란이 생길 경우를 대비해서라도 이 땅을 취해야 한다고 생각했다. 왜일까. 요심을 취하지 않으면 양계兩界를 보존할 수 없고, 양계를 보존할 수 없다면 '동국'東國 또한 그에 따라 이적이 될 수 있기 때문이다. 이종휘에게 고토는 조선이 이적으로 변하는 상황이 발생하지 않도록 하는 데 필요한 장소다.[138] 이종휘의 고토 회복론이 재래의 화이론에 기반한 것이라는 평가[139]는 그런 점에서 옳다.

오랑캐의 잔당들이 웅크리고 있는 것도 아닌 데다 중화문명 수호라는 정당한 명분도 있다. 그런데 왜 고토를 회복하지 못했는가. 이종휘는 의지 부족을 가장 큰 원인으로 꼽았다. 스스로 위축되어 감히 화살 한 발 쏘아보지 못하고 강 밖을 넘겨다보지도 못하는 처지에서 고토 회복을 꿈꾸기는 어렵다는 것이다. 그는 이런 요지의 말을 했다. "누르하치는 얼마 안 되는 부락으로 감히 중국에 대적하려 했는데, 수천 리의 봉강封疆과 100만 여의 민중을 가진 우리가 곧 망할 수밖에 없는 오랑캐를 몰아내고 기자-고구려의 옛 땅을 되찾지 못한단 말인가. 혹자는 이렇게 말할지도 모른다. 이곳은 중국의 구지舊地이니, 우리가 취한다면 중국이 어찌 다시 찾으려 하지 않겠느냐고. 그러나 우리는 여진에게서 취할 뿐이니, 우리와 여진 사이의 문제에 대해 중국이 무슨 이해관계가 있단 말인가."[140]

이종휘에게 누르하치의 나라는 결코 '중국'이 아니다. 단지 여진이며 오

---

137 이종휘, 『수산집』, 권6, 策, 取遼瀋. 古者三代之地 不過五千里 而聖人之教化易行 自秦漢以後 地過萬里而教化不行 然地不足則中國日弱 夷狄日強 馴至于中國爲夷狄而乃已 晉宋之事 斷可見也.

138 이종휘, 『수산집』, 권6, 策, 取遼瀋. 東國置斯區於度外者 幾千年矣 議者以爲別域異方 曾不敢近 而況於取之乎 然愚以爲 天下有變 則事勢自有不可不取者 何也 不取遼瀋 則無以保兩界 兩界不保 則東國亦隨之而夷狄矣.

139 장유승, 앞의 글, 2007, 65~68쪽.

랑캐일 뿐이다. 따라서 '곧 망할 수밖에 없는 여진에게서 우리의 고토를 되찾는 것일 뿐'이라는 주장에는 매우 흥미로운 논점이 들어 있다. 그가 청나라를 '곧 망할 수밖에 없는' 상대로 간주하는 것은 어떤 의미를 담고 있는가. 청나라의 운명적인 몰락을 전망한 것은 이종휘뿐만이 아니었다. 그보다 앞선 시대의 사람들도 그렇게 생각하는 경우가 많았다. 그들 대부분은 중화 의식을 가진 사람들이었다.

처음 북벌의 대의에 동의하던 조선 지식인들이 그 꿈이 실현 가능하지 않다는 사실을 깨닫는 데는 그리 오랜 시간이 걸리지 않았다. 물론 북벌이 불가능하다고 보는 것이 청나라의 중원 지배를 정당한 것으로 여긴다는 뜻은 결코 아니었다. 그 지배가 부당하다고 보면서도 자기 힘으로 그 현실을 바꿀 수 없는 상황에서 조선이 택할 수 있는 논리는 단 하나였다. 자신이 중화문화의 유일한 계승자라는 믿음을 더욱 강화하는 것, 청나라가 오랑캐라는 숙명적인 이유로 100년을 버티지 못하고 몰락하리라고 전망하는 것, 나아가 그 과정에서 전란이 발생할지도 모르기 때문에 방비를 소홀히 할 수 없다고 말하는 것. 중화 의식이 팽배해 있던 조선 사회에서 이런 주장을 확인하는 것은 그리 어려운 일이 아니다.

18세기 들어서 조선과 청나라의 관계에 미세한 변화가 나타나기 시작했다. 전성기를 구가하던 청나라는 조선에 대해 의구심을 누그러뜨렸다. 그에 따라 조선 사신의 운신 폭이 넓어졌으며, 그들이 북경 서점거리인 유리창琉璃廠으로부터 들여오는 문헌의 양도 늘어났다. 한편에서는 청나라의 운명적인 몰락을 더 이상 기대하지 않거나, 심지어 청나라로부터 배워야 한다고 주장하는 사람도 생겼다. 이종휘는 그런 변화가 감지되던 시기에 살았다. 이때는 청나라가 중원대륙의 주인이 된 지 100년이 지난 시점이었다. 논리적으로 보면

---

140 이종휘, 『수산집』, 권6, 策, 取遼瀋. 然遼瀋之所以不可取者 非以建虜之遺種 竄穴盤據 有難朝夕下也 我縮伏惴惴 不敢抗一矢窺江外 (중략) 奴兒哈赤 一指揮使也 尙能以區區之部落 敢與中國抗 我以數千里封疆 百許萬民衆 獨不能驅垂亡之虜 而還我箕高之靑氈乎 (중략) 或曰 是中國之舊地 我取之則中國 豈能無索耶 曰 我取諸女眞耳 我與女眞 何親疎於中國哉.

"전성기를 맞은 청나라가 망할 리 없다"고 말할 수도 있지만, "더 이상 버틸 여력이 없다"고 볼 수도 있다. '중화문화 국가 조선'을 믿어 의심치 않는 사람이라면 후자처럼 생각하는 것이 더 자연스럽다. 북경을 침략해 명나라 황실을 부활시켜야 한다고 주장한 성해응도, 요동 옛 땅을 회복해야 한다고 생각한 이종휘도 그런 견해를 가진 사람들이었다.

요동이 중국의 고토가 아니라고 주장하는 대목도 흥미롭다. 조선의 중화문명을 지키기 위해 고토를 회복해야 한다고 주장하는 이종휘에게 그 고토가 '중국의 구지舊地'가 된다면 문제는 간단치 않다. 그가 요동이 우공禹貢의 유주幽州일 가능성을 거론하지 않은 것은 그 때문일지도 모른다. 이곳이 우공 12주州의 유주였다고 말하는 순간 요동은 조선뿐만 아니라 '중국'의 고토가 될 수도 있다. 이 경우 '화살을 쏠' 대상이 '여진'이라 하더라도, 그 땅을 반드시 '우리'가 회복해야 한다고 주장하기는 어렵다. 그는 요동이 유주일 가능성을 배제함으로써 조선이 고지를 회복해야 한다는 주장의 논리적 정합성을 높였다.

이종휘는 고려 때 선춘령을 지켜내지 못한 것을 못내 아쉬워했다. 그러나 그가 말하는 고토가 중원대륙의 일부가 아닌 한, 고토가 조선의 중화문명을 지켜내기 위한 도구인 한, 고토 회복론을 철회해야 할 이유가 없었다. 고토가 달을 가리키는 손가락이라면, 조선이 기자로부터 계승해온 중화문명은 손가락이 가리키는 달이다. 이것이 이종휘가 제기한 고토론의 본질이다.

이종휘는 요동 회복이 당위當爲라는 점을 주장하기 위해 이합離合의 논리를 활용했다. 그에 따르면, 산하와 국토가 분리되기도 하고 통합되기도 하는 것은 천수天數 때문이다. 요동은 주나라 말에 연燕이 왕호王號를 참칭했을 때처음 떨어져 나갔다가 그로부터 300년 만에 한나라 원제 때 합쳐졌고, 이후 900년 만에 후오대後五代 때 다시 떨어져 나갔다. 그리고 거란이 발해를 멸망시킨 때로부터 다시 900년이 지났다. 이종휘의 결론은 분명하다. "지금이야말로 다시 합쳐야 할 시대가 아닌가. 오늘날 불행히도 조선이 문약文弱하니 희하熙河의 계책을 가벼이 논의할 수는 없겠지만, 뒷날 동방을 위해 깊이 고민할 사람은 또한 이 뜻을 알지 않으면 안 될 것이다."[141]

이종휘가 말한 이합의 지리적 범위는 어디를 가리키는가. 도대체 무엇에서 떨어져 나갔다가 무엇에 합쳐진다는 말인가. 필자는 이離와 합습에 관한 이종휘의 논리를 이렇게 읽는다. 이와 합의 중심에는 문화 혹은 문명으로서의 중화가 있다. 요동은 물론 처음부터 '중화문명 국가 조선'의 땅이었다. 문화적 속성을 기준으로 보면 '중화문명 국가 조선'의 땅이라는 것은 확장된 중화문화 영역 중 일부라는 뜻이기도 하다. 요동이 확장된 중화문화 영역의 일부라면, 그것은 합의 상태라고 말할 수 있다. 요동은 언제부터 이 영역에서 벗어나게 되었는가. 연나라 때부터다. 그로부터 300년 뒤 한나라 원제 때 한나라의 강역이 되었다. 조선의 고토가 한나라의 강역이 된 것이지만, 중화문화 영역이 이합하는 관계에서 보면 이 상태는 합이라고 보아야 한다. 왜인가. 한나라의 강역이 된 그 땅은 확장된 중화문화 영역이 되었다고 볼 수 있기 때문이다. 그 합의 상태가 무너지고 오랫동안 이離의 역사가 지속되었다. 그러니 이제 합의 상태로 되돌려야 한다. 누가 되돌릴 수 있는가. 원래 그 땅의 주인인 조선이 되돌리는 것이 당연하지 않은가.

고토를 회복하는 것이 당위라고 한다면, 그 당위는 어떻게 실천해야 하는가. 이종휘는 이 쉽지 않은 문제에 대답해야 했다. 그가 「취요심」에서 "문약하여 희하의 계책을 논의하기 어렵다"고 말한 것은 무슨 뜻일까. 송나라 장군 왕소王韶가 신종神宗에게 오랑캐를 평정할 계책을 제안했다. 서하西夏가 희하 지역을 침략의 교두보로 삼고 있는 상황을 방치해서는 안 된다는 것이었다. 왕소는 신종의 재가를 받고 희하를 정벌하여 토지를 회복하고 현지 주민을 귀부시켰다. 이종휘에게 고토 요동을 회복한다는 것은 오랑캐가 위협하는 상황을 막기 위해 신종이 그들의 고토 희하를 회복했던 것과 같은 의미를 가진다. 그의 입장에서 보면 신종이 무력으로 희하를 회복했던 것처럼 하지 말라는 법은 없다. 문제는 조선의 문약함이다. 북송은 그럴 만한 힘이 있었지만, 조선은

---

141 이종휘, 『수산집』, 권6, 策, 取遼瀋. 大抵山河國土 自有離合 天數然也 遼東始離於周末燕始僭王號之時 離三百年而合於漢元帝時 合九百年而復離於五季 契丹滅渤瀋之時 今且九百年矣 此其離而復合之時乎 (중략) 今日之勢 不幸如宋氏之文弱 熙河之計 固不可輕議 而後之爲東方深長慮者 亦不可以不知斯意也.

그렇지 못한 것이다. 그러면 고토를 회복하기 위해 지금부터라도 힘을 길러야 하는가. 그는 그렇게까지 주장하지는 않았다. 여진과 무력대결을 불사해야 한다고 주장할 수 있는 상황이 아니었기 때문이다. 이 점에서 이종휘의 판단은 성해응과 달랐다.

이종휘는 고토를 회복할 경우 북쪽으로 선춘령과 소하강, 서쪽으로 청석령과 우모령에서 심하까지 새로운 방어선이 생길 것이라고 전망했다. 압록강과 두만강에 못지않은 천혜의 조건을 갖추었으니 지켜내는 데 큰 문제는 없다고 본 것이다.[142] 그런데 지켜내는 것은 나중 문제다. 어떻게 회복할 것이냐가 관건이다. 현실로 시선을 돌리면 두 가지 난제가 있었다. 선춘령 가까이에 영고탑이 있고, 청석령은 한때 '중국'의 요동이었다. 영고탑은 오랑캐 여진의 발상지이니 오랑캐가 조선의 요구를 들어줄 리 없고, 청석령을 조선이 회복한다 해도 '중국'이 다시 돌려달라고 요구하지 않는다는 보장이 없지 않은가. 이종휘는 이렇게 말했다. "선춘령은 윤관의 비를 들어 보여주고, 청석령은 지리서를 근거로 다투어야 한다. 옛날에 거란이 발해의 옛 땅으로 쳐들어와서 절령岊嶺으로 경계를 삼으려 했을 때, 고려가 기자와 고구려의 영역이라는 이유로 항변하자 소손녕이 더 따지지 못하고 물러간 전례가 있지 않은가."[143]

이종휘는 처음부터 '중국'과 '오랑캐'를 분리해 생각했다. 여기서 오랑캐는 물론 청나라일 것이다. 그러니 북만주를 회복하는 것은 윤관비를 근거로 청나라를 설득하면 그만이다. 문제는 '중국'이다. 그가 말한 '중국'은 누구를 가리키는가. 엄밀한 의미에서 실체가 없다. 그러니 순전히 가상의 상황이다. 이종휘는 훗날 청나라가 무너지고 그 땅에 중화국가가 들어섰을 때, 그 중원 대륙의 중화국가가 '요동을 회복한 조선'에 대해 반환을 요구할 가능성까지

142 이종휘, 『수산집』, 권4, 記, 先春嶺記. 或曰 二江 所以據險也 捨此則蕩蕩矣 何以守之 曰 虜撓北界 陸則先春可以拒也 水則凍沐蘇下 皆可守也 西界則自靑石牛毛以東 至于深河也 凡皆水陸之險也 此豈二江之下哉.
143 이종휘, 『수산집』, 권4, 記, 先春嶺記. 然寧固塔 去先春甚近 虜肯聽我哉 且靑石舊隷於遼東 中國亦安能無索乎 此亦無難 若先春指尹碑以示之 靑石據輿地而爭之 昔契丹來討渤海舊地 欲以岊嶺爲界 高麗遽折以箕高之疆 蕭遜寧無辭而退 亦其驗也.

염두에 두었던 것이 아닐까.

이종휘의 고토론과 중화론이 가지는 의미의 결을 살펴보면 대략 이렇게 정리할 수 있을 것이다. '선춘령이라면 오랑캐와 조선의 문제다. 그런데 요동은 조선의 고지이면서 한때 '중국'의 땅이었기 때문에 애매한 점이 있다. 문명적 기준의 이합 관계에서 본다면 주인이 조선이 되든 중국이 되든 합의 상태가 아니라고 할 수는 없기 때문이다. 그러나 원래 주인이 그 땅을 되찾는 것이 순리다. 조선의 고지였다는 근거를 제시함으로써 중국을 설득할 수 있다.'

고토 회복의 실천 논리는 어디에서 온 것일까. 「의여어유소장군서」擬與魚有沼將軍書는 이종휘가 어유소에게 편지를 보내는 형식으로 쓴 글이다. 어유소는 명나라의 요청에 따라 건주위 정벌에 나서 이만주 부자를 죽인 조선 초기의 무관이다. 이종휘는 그런 어유소에게 편지를 쓰는 상황을 가정하여 자신의 고토관을 피력하고자 했다.

편지의 첫머리에는 중국사의 몇 장면을 비판하는 내용이 나온다. 이종휘에 따르면 진시황과 한나라 무제는 공을 세우기를 좋아하여 변경을 개척했으나 천하의 백성들을 도탄에 빠뜨렸을 뿐이다. 송나라의 태조, 태종, 진종, 인종 같은 이들은 천하가 부강했는데도 '중국'의 고토를 요나라의 야율씨와 북위의 탁발씨에게 떼어주었다. 그로 인해 중국의 기가 떨치지 못하게 되어 결국 송나라 휘종과 그의 신하들은 금나라 완안씨에게 죽임을 당하고 말았다.[144]

이종휘는 이렇게 말했다. "자기 것이 아닌 것을 가지려 한다면 도둑이다. 그러나 내 것을 잃어버렸다가 되찾을 만한 상황이 되었는데도 찾지 않는다면 그 또한 죄가 없다고 할 수 없다." 진시황과 한무제가 도둑이라면, 지킬 능력이 있으면서도 자기 땅을 오랑캐에게 떼어준 송나라 군주들은 죄인이라는 의미일 것이다. 그는 명나라의 구준이 『대학연의보』에서 고토 회복을 주장했다

---

144 이종휘, 『수산집』, 권14, 東國興地雜記, 擬與魚有沼將軍書. 僕歷觀前史 每歎秦皇漢武好大喜功 生事開邊 使天下生靈肝腦塗地 而竟不獲一絲一穀之效於河右朔方之地 又怪夫宋藝祖太宗眞仁之時 天下富强 而雍容暇豫 苟安無事 使中國故地幽燕靈夏之處 斷送於耶律拓跋 而曾莫置意 中國之氣 卒以不振 而靖康君臣 縶於完顏.

는 사실을 적은 뒤, 구준 같은 유학자가 공을 세우기를 좋아해서 그런 주장을 편 것이 아니라고 덧붙였다.[145]

중국사는 자국의 현실을 논의하기 위한 메타포다. 그렇다면 조선이 건주위 지역을 고토라고 주장하는 근거는 무엇인가. 옛날 이성계가 동북면병마사로서 나하추를 동녕부에서 토벌하고 울라를 정복하여, 동쪽 황성으로부터 서쪽의 요하에 이르기까지, 그리고 북으로 개원으로부터 남으로 바다에 이르기까지 오랑캐의 흔적을 없앴다. 이 땅이 지금의 건주建州다. 당시 이성계가 그렇게 한 것이 어찌 우연이었겠는가. 건주 땅은 본래 우리 기자─고구려의 옛 강토이고, 황성은 또 고구려가 도읍했던 환도성 자리가 아닌가. 강북 산천은 모두 조선의 판도에 속하니, 이성계가 원나라의 잔당을 쫓아낸 것은 고토를 회복하기 위한 것이었다.[146] 이종휘의 논지는 이런 것이었다.

어유소는 어떤 계기로 건주위 원정에 나섰는가. 어유소는 또 어떻게 했어야 하는가. 이종휘에 따르면, 조선이 건주위 토벌에 나선 것은 "황조皇朝에서 우리 조선에 명하여 저들의 반란을 토벌"하게 했기 때문이다. 그러니 어유소가 출정하여 승전보를 전한 것은 "황명을 받들어 국위를 선양"한 일이다. 그렇다면 이때 해야 할 급선무는 무엇인가. "천조天朝에 상달上達하여 우리 고토를 달라고 청함으로써 영토를 견고하게 만드는" 일이다. 그러나 어유소는 그렇게 하지 않았다. 이종휘는 말했다. "이성계가 개척한 지 100년이 되지 않아 조선 사람 가운데 그 일을 기억하는 자가 없었는데 이제 건주위 땅을 가히 취할 만한 기회가 되었는데도 도외시하고 있으니, 어찌 슬프지 않겠는가."[147]

건주위는 '대방大邦의 기미주'이니, 명나라가 조선의 청을 들어줄 리 없다

---

145 이종휘, 『수산집』, 권14, 東國輿地雜記, 擬與魚有沼將軍書. 愚謂此三代之事 其失均也 何者 有物於此 非其有而取之者 固可謂盜也 喪吾固有之物 而有可取之勢而不之取者 亦不爲無罪也 今皇朝太學士瓊山邱公 補大學衍義也 以河套未復 爲中國深恥 眷眷於經營恢拓之議 儒者之言 非出於好大喜功而然也 譬如青氈舊物 不能保有 則子孫之恥又孰甚焉.

146 이종휘, 『수산집』, 권14, 東國輿地雜記, 擬與魚有沼將軍書. 昔我太祖以東面元帥 討納哈出於東寧府 破 兀剌 擒拜住 東自皇城 西距遼河 北從開元 南抵海 無復虜跡 今之建州卽其地也 盖當時太祖之意 豈徒然哉 建州之地 本我箕高舊疆也 皇城又句麗所都丸都之地 海東地誌 江北山川 皆係版圖 其奮揚威武驅逐遺元者 所以復舊疆也.

는 회의론이 나올 수도 있을 것이다. 이런 주장이야말로 어유소의 입장을 합리화하는 논리다. 어유소의 시대로 돌아간 이종휘는 명나라를 설득하기 위해 주문을 작성하고 그 내용을 편지에 담았다. 주문 첫 단락의 요지는 이런 것이었다. "건주위는 기자가 조선에 오게 되어 주 무왕이 기자를 조선후로 봉했을 때부터 조선의 영토 안에 있던 땅이다. 지금 황명을 받들어 야인을 토벌하였다. 그 땅은 중국에게는 쓸모없는 곳이다. 조선에도 비옥하거나 요충지는 아니다. 그러나 선조의 유적이 있는 고토다. 그러니 조선이 황제의 은혜를 입어 이 땅을 허락받으려 하는 것이다. 더구나 조선이 천자에게 내복內服한 뒤로 군신君臣 사이이자 부자父子 사이처럼 되었으니, 마음에 품은 것이 있으면 바로 아뢰었고 아뢴 것을 바로 들어주었으니, 소방小邦이 어찌 청원하지 않을 수 있겠는가."148

주문의 두 번째 논점은 그 땅을 조선에게 양도하는 것이야말로 명나라에도 이득이라는 점을 강조하는 데 맞추어져 있다. "여진처럼 사나운 오랑캐를 직접 마주했다가 송나라에서 정강의 변이 일어난 역사를 교훈으로 삼아야 한다. 중국의 입장에서 생각해보더라도 조선이 그 사이에 끼어 중국의 울타리 역할을 하게 한다면 더 낫지 않은가. 조선으로서는 고토를 얻는 일이요, 중국으로서는 사나운 오랑캐를 중원대륙으로부터 떨어뜨려 요심 일대를 안정시키는 일이니, 중국이 무엇이 두려워 이렇게 하지 않겠는가."149

147 이종휘, 『수산집』, 권14, 東國輿地雜記, 擬與魚有沼將軍書. 邇來野人 竊據其間 有識之竊歎 亦已久矣 今我皇朝 以其叛亂 命我討之 將軍以數萬之師 深入其阻 覆其巢穴 蕩其羣醜 旣已對宣皇命 迺布國威 固宜上達天朝 請复故疆 以完金甌 此其時也 而伈伈日夕 未聞其事 僕竊惜之 昔李贊皇以失一維州 爲終身之恨 況此一方 卽聖祖筆輅藍縷 櫛沐風雨 辛勤開拓之地 而未及百年 東方士大夫今無一人知者 及此可取之幾 而猶置之意慮之外 擧以爲絶域異方 與我無關 東人之淺識 一至於此 可勝悲哉

148 이종휘, 『수산집』, 권14, 東國輿地雜記, 擬與魚有沼將軍書. 或者以爲此大邦羈縻之衛也 其肯聽小邦乎 僕常竊爲奏曰 箕子東入朝鮮 武王因以封之 建州之地 在其境內 (중략) 今承皇命 幸而勝之 醜類遠遁 境土空虛 如蒙皇恩 復歸屬國 則西自寬愛 東屬白山 而北出黑圖啊喇 皆中國徼外無用之地 而於屬國 亦非膏腴要害之處 亶係東國舊疆 祖先遺跡之地 自合按簿趍訟 無失青氈 況從內服以來 君臣父子之間 有懷必陳 有求必應 則小邦亦何敢自外哉

149 이종휘, 『수산집』, 권14, 東國輿地雜記, 擬與魚有沼將軍書. 且女眞舊俗 兇悍桀驁 自完顔氏已然矣 中國與之爲隣 前事可鑑 不如使屬國居其間而爲之藩蔽 以護遼藩 (중략) 使忠順可信之屬國 而得以復其舊物 而强悍難制之虜 隔絶於內地 遼藩一帶 自可高枕無憂 則中國何憚而不爲哉.

주문을 통해 '중국'을 설득한다 해도 내부에서 회의론이 나올 수 있다. 조선은 이미 육진을 개척하고 강변에 군현을 설치했다. 그러나 군사와 백성이 강하지 않아 강변 방어에 많은 문제가 노출되었다. 그러니 고토를 회복한다면 더 큰 문제가 생기지 않을까 하는 우려가 얼마든지 나올 수 있는 상황이었다. 이종휘는 강북에 비옥한 땅이 많을 뿐만 아니라 우모령牛毛嶺 밖으로는 산천이 험준하다는 점을 강조했다.[150] 건주위까지 영토를 넓힌 뒤 우모령을 경계로 삼자는 구상이었다.

이종휘의 시선은 건주위를 넘어 모린위로, 나아가 몽골 초원으로까지 향한다. "대개 우리나라나 고려가 약체를 면치 못하게 된 것은 요동과 건주를 얻지 못했기 때문이다. 건주를 수복한다면 모린위와 혼동강 지역을 회복하는 것은 시간문제다. 고구려와 발해의 옛 영토를 회복하여 동북을 웅시雄視하게 된다면, 여진을 복속시키는 데서 그치지 않고 북으로 몽골을 취할 수도 있을 것이다. 고려 때 윤관이 삼천리를 개척하고 선춘령에 비석을 세운 일이 있고, 최근 김종서가 또 육진을 개척한 일도 있다."[151] 이종휘는 "지금 취할 만한 상황에서 취하지 않는 것은 결코 옳지 않은 일"이라는 최초의 논점으로 다시 돌아와 글을 맺었다.

고토 회복론의 그림자

1884년 지견룡池見龍이 '국경을 넓히는 일'을 논한 상소를 올렸다. 지견룡이 국경을 넓히자고 말한 분수령은 이른바 분계강(사실상의 해란하)으로 이어지는 라인이다. 그는 정계비에 새겨진 토문강을 분계강으로 보았다. 그가 만국공법

---

150 이종휘, 『수산집』, 권14, 東國輿地雜記, 擬與魚有沼將軍書. 或者以爲往年開六鎭置三甲 又設江邊諸郡 兵民寡弱 而防禦實難 如復益拓建州 則秦漢之轍也 是又未知其二者也 江北之地 平原廣野 膏腴可耕 而牛毛 嶺以外 山川險阻 愈於七邑城寨.
151 이종휘, 『수산집』, 권14, 東國輿地雜記, 擬與魚有沼將軍書. 盖我朝與麗 所以馴致至弱之勢 則以不得遼 建故也 建州旣復而後 毛隣混同 又將不求而至矣 據高句渤海之舊而雄視東北 此其勢豈惟臣服女眞而已哉 雖 北取蒙古可也 高麗盛時 尹忠肅以文臣 闢地三千里 勒石先春嶺 近日金公又剏設六鎭.

의 세계질서를 전혀 의식하지 않은 것은 아니었다. 그러나 그는 조선 후기 이래의 고토 의식을 상기하면서 화이질서의 논리를 활용하여 국경을 넓히자고 주장했다. 지견룡의 주장에는 민족의식의 성장이 반영되어 있을 뿐만 아니라, 화이질서 관념이 만국공법적 세계관으로 변화하는 양상도 투영되어 있다.[152]

지견룡이 우선 논점으로 삼은 것은 넓혀야 할 국경의 범위였다. 그는 역사상 두 개의 정계定界 사례가 있다고 말했다. 하나는 선춘령 정계이고, 다른 하나는 분수령 정계다. 지견룡에 따르면 선춘령은 경원부 동북쪽 700리 지점에 있다. 선춘령 아래 땅은 둘레가 2천여 리가 되는데, 고려 때 윤관이 성을 쌓은 곳이다. 문제는 이 선춘령 정계비에 새겨놓은 글씨가 마모되어버렸다는 점이다.[153] 그는 또 하나의 근거에 집중하자고 주장했다. 분수령 정계다. 그에 따르면 분수령은 조선 초기 김종서가 개척하여 울타리를 세운 곳이며, 1712년에 목극등이 주도하여 정계한 자리다.

지견룡이 특히 1712년의 정계를 중요하게 여긴 이유는 무엇일까. 그는 이렇게 말했다. "이는 우리나라에서 마음대로 세운 것이 아니요 실로 중국에서 경계를 정한 것으로, 한 치의 땅도 공도公道로 분할하지 않은 것이 없습니다. 그런데 까닭 없이 그것을 상국上國에 돌려준 것은 본디 예禮가 아니며, 까닭 없이 포기하고 받지 않는 것 역시 의義가 아닙니다."[154] 분수령상의 정계비가 분계강(사실상의 해란하)으로 연결된다고 보는 지견룡의 입장에서, 해란하 아래쪽 땅이 조선의 소유라고 주장하는 것은 '중국'에 대해 예와 의를 지키는 일이다.

---

152 아키즈키 노조미는 함경도 지방 지식인 지견룡이 제기한 고토와 변경에 대한 주장을 소개하고 있다 (秋月望,「朝中勘界交涉の發端と展開 — 朝鮮側の理念と論理」,『朝鮮學報』, 132, 1992). 하원호도 개화기 간도 문제를 다루면서 지견룡의 상소를 언급했다(하원호,「개화기 조선의 간도인식과 정책의 변화」,『동북아역사논총』, 14, 2006). 필자는 지견룡의 견해를 이종휘의 연장선상에서 검토하고 싶다.
153 『승정원일기』, 고종 21년 6월 17일. 副護軍池見龍疏曰 (중략) 臣之所居豆滿江北白頭山下分水嶺東南西周回千餘里膏沃之土 卽宣德年間豳北節制使臣金宗瑞之拓疆立柵之地也 今鏡源府東北居七百里先春嶺以南周回二千餘里地 卽高麗侍中尹瓘建邑築城之地也 先春嶺定界 雖有崇碑之晶晶 字跡蕪沒 不可曰可徵之文獻 尙矣勿論.
154 『승정원일기』, 고종 21년 6월 17일. 分水嶺定界 非但金宗瑞之事業 載之野牌而已 康熙癸未五月 中國烏喇總官穆克登 奉皇旨査邊也 伐石竪碑 鏑爲之記曰 西爲鴨綠 東爲土門 然此非我國之擅劃 實由中國之定界 則而尺而寸 無非公道中所割之土 無緣而歸之上國 固非禮也 無緣而抛棄而不受 亦非義也.

그는 조선의 주민을 그 땅에 이주시켜 경작하게 하는 일은 '중국'이 보여준 신의에 답하는 행위가 될 것이니, '중국'에서 문제 삼을 리 없다고 주장했다.[155]

그래도 문제를 삼는다면 어떻게 해야 할까. 지견룡은 세 가지 다른 근거를 제시했다. 첫째, '중국'이 분계강가에 군사 초소인 카룬을 설치한 것은 분계강이 정계비에 새겨진 토문강이기 때문이다. 둘째, 회령 개시 때 중국 상인들이 "토문 이서가 너희의 경계이다"라고 말한 것을 보아도 토문강이 분계강임을 알 수 있다. 셋째, 토문강이 두만강이라면 왜 목극등이 정계비를 세울 때 두만강 언덕에 세우지 않고 토문강 상류 분수령 아래에 세웠겠는가.

협상에는 상대가 있으니 그것이 모두에게 의미 있는 일이라는 점을 주지시킬 필요가 있다. 지견룡이 마지막으로 강조한 것은 바로 실리實利였다. 그의 논리는 대략 이런 것이었다. '러시아는 중국과 아무 관련이 없는데도 땅을 할양받았다. 그에 비하면 우리나라는 예부터 중국과 협화協化의 의리가 있을 뿐만 아니라 분계강 아래 그 땅에도 익숙하다. 설령 연고 없는 땅을 새로 개척했다 하더라도 이치를 들어 간청하면 부득이 허락하지 않을 수 없는 형세이고, 정의로 보더라도 냉담할 수 없을 것인데, 심지어 그들이 떼어준 땅에다 오래 전 새겨진 비석이 있으니 더 말할 필요도 없다. 또 천 년 이상 황폐했던 땅을 조선에 양보한다 해서 '중국'에 손해 될 것은 없고 조선은 그 땅을 얻으면 이익이 클 것이다. 우리는 땅을 얻고 저들은 비용을 쓰지 않고도 은혜를 베푸는 일이 되니, 저들이 마다할 이유가 없고 우리가 방치해둘 이유가 없다. 조선이 이 땅을 개간하여 혼춘에 주둔한 '중국' 군대의 식량을 지원할 수도 있다는 식으로 말하는 것도 나쁘지 않을 것이다.' 지견룡은 글 말미에서 세계 각국이 대소를 따지지 않고 교섭하는 이때, 당당한 제후국인 조선이 영토 문제에 대해 좀 더 적극적인 자세를 취해야 한다고 주장했다.

지견룡의 상소는 매우 유익한 여러 가지 문제를 연상시킨다. 가장 먼저 눈에 띄는 것은 '중국'이라는 표현이다. 조선시대의 외교 문서를 모아놓은 『동

<hr>

155 『승정원일기』, 고종 21년 6월 17일. 巡其地而朵其實者 卽昨年西北經略使臣魚允中也 今如驅我民而無礙佔種 以若中國示信 必無更言.

문휘고』同文彙考에는 조선이 청나라에 보낸 각종 문서에서 얼마나 많은 외교적 수사가 구사되었는지를 보여주는 사례들이 있다. 이 문서들에서 청나라는 언제나 '중국'이자 '상국'上國이다. 그러나 그것이 조선 지식인의 의식세계를 보여준다고 말할 수는 없다. 병자호란 후 조선은 청나라에 조공해야 하는 처지가 되었다. 그러나 조선 지식인의 내면에서 청나라는 언제나 오랑캐일 뿐이었다. 명나라가 '베풀어준' 이른바 '재조지은'에 보답하고 명의 원수 청나라에 복수해야 한다는 주장이 나오더니, 급기야 조선만이 중화문화의 계승자이므로 그 자격으로 명의 황제들을 제사 지내야 한다는 발상까지 나오기에 이르렀다. 대보단은 중화 의식의 아이콘이라 해도 좋다. 상황이 이렇다 보니 조선의 내부 문건에서 '중국', '중화', '상국'이라는 단어가 청나라를 가리키는 경우는 드물었다.

지견룡이 상소문에서 청나라를 '중국'이라고 적은 것은 적어도 조선 후기의 주류적 전통과는 무관한 일이었다. 그렇다고 청나라를 공법질서의 관점에서 보았다고까지는 말하기 어려울 것이다. 공법질서와 조약체제가 만들어지고 있었지만, 1884년의 시점에서 조선에게 청은 여전히 책봉국이었기 때문이다. 그러나 황준헌黃遵憲(1848~1905)의 『사의조선책략』私擬朝鮮策略이 광범하게 유포되는 상황에서 청나라를 오랑캐로 간주하는 조선인의 정서에 변화가 생길 여지는 충분했다. 더구나 지견룡처럼 함경도 변방지식인이라면 그런 전통적인 정서로부터 더 자유로울 수 있었을 것이다. 청나라가 중화문명의 계승자인지 아닌지는 지견룡의 관심사가 아니었다. 그는 청나라를 교섭 상대로서 '중국'이라고 불렀을 뿐이다. 이 지점에서 지견룡은 이종휘와 분명히 달랐다.

지견룡이 제기하는 주장 가운데에는 이종휘가 전혀 언급하지 않은 것이 한 가지 있다. 분계강이다. 이종휘가 고토 회복의 당위성을 주장한 것은 그가 중화주의자이기 때문이었다. 그가 주장하는 고토론의 배경에는 '중화'라는 강력한 지지대가 있었다. 그렇다면 분계강은 어떤가. 이종휘는 왜 고토 회복을 주장하면서도 변경으로서, 나아가 국경으로서의 분계강을 한 번도 입에 올리지 않았던 것인가. 이 문제를 이해하기 위해서는 18~19세기 '분계강론'이 제기되는 맥락을 파악해야 한다.

안정복에 따르면 "목극등이 와서 강역의 경계를 정할 때 마땅히 분계강으로써 국경을 삼았어야 했다"고 생각하는 사람들이 있었다. 그들은 두만강 이북에 있는 분계강이 경계가 되는데도 당시 일을 주관하던 사람들이 이 점을 살피지 못하고 공연히 수백 리의 땅을 잃어버렸으니, 그 책임을 면하기 어려울 것이라고 주장했다. 안정복도 "그때 그 땅을 잃게 되어 지금은 야인들의 사냥터가 되었다"며 애석해했다.[156]

정약용의 분계강에 관한 주장은 좀 더 구체적이다. 그는 이런 요지의 주장을 펼쳤다. "분계하는 백두산 동쪽 기슭에서 발원하여 두만강에 합류하는 물줄기다. 이 물줄기가 일찍이 조선과 청나라 사이의 경계였기 때문에 이런 이름이 붙게 되었다. 조선 사람들 중에는 토문강을 분계강으로 여기는 사람이 있는데 이는 잘못이다. 옛날 야인들이 함경도병사 김여수가 베풀어준 은혜를 기억하며 세운 비석이 강변에 아직도 남아 있다."[157] 정약용은 토문강을 두만강으로 보면서도, 분계강을 조선과 청나라 사이의 경계로 간주했다.[158] 안정복이나 정약용처럼 남인계 학자들만 분계강을 거론한 것은 아니다. 소론계 관료학자 홍양호도 분계강의 존재를 믿어 의심치 않던 사람 중 하나였다.[159] 그는 『대청일통지』를 활용했지만, 적어도 분계강에 관해서는 함경도 현지에서 보고 들은 내용을 존중했다.[160]

---

156 안정복, 『순암집』, 권7, 書 與李廷藻家煥書 乙酉(己酉). 肅廟壬辰 穆克登來定兩國地界 立石于白頭山頂以記之 以分界江爲限 名以分界 則果是兩國之界也 江在豆滿北三百餘里 其時當事者無遠慮 公然棄之 今爲野人遊獵之所 豈不惜哉.
157 정약용, 『여유당전서』, 6집, 大東水經, 滿水 2. 分界河: 按白山東麓之水 上者爲阿几河 下者爲分界河 曾以此水界兩國 故有斯目焉 我人或以此別稱土門江 非也 昔咸鏡道兵馬使金汝水 善撫其衆 野人懷之 立碑于分界河邊 至今猶存也.
158 정약용, 『여유당전서』, 6집, 大東水經, 滿水 2. 同文彙考 乾隆四年 我國移咨于禮部曰 去乙卯年 鍾城人金成白 與穩城人金時宗 由永達堡下灘越境 (중략) 今年又移于分界豆滿兩江間去我境三十里咸之朴洞一名厚地洞居住 被官兵拿獲(犯越篇).
159 배우성, 「홍양호의 지리 인식: 조선 후기 만주 지리 지식과의 관련성을 중심으로」, 『진단학보』, 100, 2005.
160 홍양호, 『이계집』, 외집, 권12, 北塞記略, 白頭山考. 分界江 出白頭山戌亥間 流至北甑山後割難地 入南海 一支至穩城界 達于豆江云 土門分界之間 爲一百十餘里.

분계강에 대한 정서는 19세기에 들어서서도 크게 달라지지 않았다. 『만기요람』萬機要覽에는 이런 기록이 있다. "①〈여지도〉輿地圖에는 분계강이 토문강의 북쪽에 있으니, 강의 이름이 분계라면 정계비定界碑는 분계강의 발원처에 세워야 할 것이요, 또 비문에 '동위토문'이라고 적혀 있다면 정계비는 토문강의 발원처에 세워야 했을 것인데, 식자들은 당시 아무도 쟁변하지 않아 앉아서 수백 리의 강토를 잃어버렸다고 한탄한다고 한다. ② 옛날 윤관이 강역을 개척하여 속평강에 이르렀으며 그 비석이 남아 있었는데도 김종서에 이르러 두만강으로 경계를 삼았으니, 국인들은 오히려 윤관의 비석을 근거로 쟁집하지 못한 것을 한스럽게 여겨 명을 받든 자들의 잘못이라 한다."161

『만기요람』에 등장하는 분계강과 토문강은 각각 해란하와 두만강에 해당한다. 해란하는 백두산에서 발원하지 않지만, 가리키는 대략의 범위가 일치한다. 편자들은 토문강을 두만강으로 보는 대신 두만강 위쪽을 흐르는 분계강으로 가정했다. 분계강이라는 이름을 존중한다면 분계강을 정계의 기준으로 했어야 하지만, '동위토문'이라는 문구를 받아들임으로써 결국 토문강=두만강이 경계가 되었다고 보았다. 이것이 '식자'들의 견해다. 그러면 편자들은 분계강=해란하를 경계로 해야 한다고 주장하는 것인가. 그렇지 않다. 그들은 '국인'國人들의 견해를 소개했다. 정계 당시 고려시대 윤관이 개척한 '속평강' 라인을 관철시키지 못한 것이 더 문제라는 것이다.

18~19세기에 제작된 조선의 관찬 지도들은 분계강의 모습을 선명하게 그려 넣은 것이 적지 않다. 물론 이 물줄기는 사실상 해란하에 해당한다. 해란하는 백두산에서 발원하지 않으니, 그들의 분계강에 대한 지식은 사실상 부정확한 것이었다. 그러나 그보다 중요한 것은 그들이 백두산에서 발원하는 분계강을 믿어 의심치 않았다는 사실에 담긴 의미의 결이다.

정약용이 분계강에 관한 주장을 펼치면서 구사한 자료 중에는 『동문휘고』

---

161 『만기요람』, 軍政編 5, 軍旅大成. 輿地圖 分界江在土門江之北 江名分界 則定界碑當竪於此 且碑文旣曰東爲土門 則亦當竪於土門之源 識者歎其無一人爭辨 坐失數百里疆土云 昔尹瓘拓境至速平江 遺碑尙在 至金宗瑞 以豆滿江爲界 國人猶恨不能以尹碑爭執爲奉命者之失.

도 들어 있다. 정약용은 이 책 범월犯越 편에서 1739년(영조 15) 조선이 청나라 예부에 보낸 자문을 인용했다. 물론 그는 분계강이라는 지명이 사용된 사례를 보여주려 했을 뿐이다. 그러나 분계강이 조선이 자의적으로 상상한 이름이 아니라 청나라에 통보한 지명이라는 사실은 정약용의 의도와는 별개로 매우 흥미로운 대목이다. 분계강이라는 지명은 조선에서 적어도 1739년 이전부터 사용되다가 그해 청나라에까지 알려지게 되었던 것이다. 그런데 통보된 지명에 대해 특별한 논란이 있었다는 사실은 확인되지 않고 있다. 적어도 분계강의 실체에 관한 문제가 그 시점에서는 외교 현안이 되지는 않았다.

분계강에 관한 그 어떤 설명에서도 이종휘가 고토에 부여한 사상적인 의미를 찾을 수 없다는 사실은 좀 더 주의를 요하는 문제다. 이종휘에게 고토 회복은 오랑캐로부터 중화문명 국가 조선의 문화를 지키기 위한 행위다. 이 점에서 고토를 말하면서도 덕치德治를 강조한 이익이나 안정복과도 겹치는 부분이 없지 않다. 고토 회복을 영토 확장의 문제로만 보지 않은 것이다. 그러나 분계강은 차원이 다른 문제다. 분계강을 주장하는 모든 논자들은 분계강을 자국 고대사의 중심무대로 보지는 않았다. 그들은 분계강이 변경 혹은 국경이 되어야 한다고만 말했다. 분계강이야말로 순수하게 영토적인 어젠다였다.

지견룡은 상소의 글머리에서 내수內修하고 자강自强하는 일이 강화講和하고 개화開化하는 일보다 우선한다고 주장했다. 그에 따르면 국경을 넓히는 일은 자강을 위해 필요한 일이며, 자강은 내수를 위한 전략이다. 그렇다면 국경을 넓히는 일이야말로 곧 내수를 위한 선결 과제가 된다. 지견룡의 논리는 '외양外攘을 위해서 내수해야 하고 내수를 위해서는 군주의 공구수성恐懼修省이 가장 중요하다'는 시대적 논법에서 한참 떨어져 있다. 그는 자신이 '세계 각국이 대소를 따지지 않고 교섭하는 시대'에 살고 있다는 사실을 충분히 의식하고 있었다. 이종휘도 영토를 넓혀야 한다고 주장했다. 그러나 영토를 부국강병의 맥락에서 이해한 지견룡이 중화문화 국가의 토대를 강화해야 했던 이종휘와 생각이 같을 수는 없었다. 그렇다면 지견룡은 이종휘의 반대편에 서 있었던 것인가.

강역을 넓히기 위한 지견룡의 실천 전략을 보자. 그는 10여 일 전에 올린 다른 상소에서 외국 상인들이 서울에 들어와서 벌이는 상행위를 문제 삼았다. 그는 청나라가 '상국'이어서 여느 나라와는 다르기 때문에 부득이 청나라 상인들의 상행위를 허락할 수밖에 없었으리라는 점을 인정했다. 그런데 문제는 서양의 여러 나라가 청나라와 같은 기준의 적용을 요구해올 가능성이 농후하다는 점이었다. 그런 일을 미연에 방지하기 위해서는 서울에서 중국 상인의 상행위를 금지하는 것이 최선이다. 그러면 어떻게 해야 하는가. 지견룡이 제시한 해법은 "이해와 편부를 자세히 진술하여 상국上國에 자문咨文을 보내는" 것이었다.[162] 모든 외국 상인이 서울에서 상행위를 하지 못하도록 하기 위해서는 이미 서울에 들어와 활동하고 있던 청나라 상인의 상업행위를 규제해야 하고, 그러기 위해서는 자문을 보내 '청원'하는 수밖에 없다는 것이다.

국경을 넓혀야 한다는 주장 역시 조청 관계에 관한 그런 문제의식을 배경으로 한다. "천하만국이 개항하여 시역을 하는" 시대이며, "세계 각국이 대소를 따지지 않고 교섭하는" 시대에도 청은 여전히 '중국'이며 '상국'이다. 국경을 넓히기 위해 그는 이런 해법을 제안했다. "삼가 원하옵건대 전하께서는 중국에 자문으로 진달하되, 한 번의 자문으로 되지 않으면 두 번째 자문을 보내고 두 번의 자문으로 되지 않으면 세 번째 자문을 보내는 식으로 열 번의 자문을 보내서라도 얻기를 기필해야 합니다." 지견룡은 조청 관계 전반은 물론 국경문제에서조차 조공책봉 체제의 틀을 바꾸어야 한다고 주장하지는 않았다. 역사적 연고와 예의, 그리고 실리를 근거로 자문을 보내는 것이 유일한 해결책이라고 생각했다.

자문을 통해 영토 문제를 청원하거나 설득하는 것은 얼마나 현실성이 있는 방안인가. 배타적 영역 지배를 전제로 하는 근대사회에서는 상상하기 어려운 일이다. 그러나 전근대사회라면 사정이 다르다. 지견룡이 그런 해법을 제시하기 훨씬 전에 비슷한 방식으로 문제를 해결한 전례가 있었다. 영조 때 청

---

162 『승정원일기』, 고종 21년 6월 6일.

나라가 책문을 조선 쪽으로 물리고 그 땅을 개간하려 한 일이 있었다. 조선은 문제를 제기했고, 청나라는 조선 측의 문제 제기를 수용했다. 조선의 논법은 이런 것이었다. "청나라에서 국경을 엄하게 관리해온 것은 간악한 무리들이 불법적으로 경계를 넘나드는 것을 염려했기 때문이다. 심지어 청나라의 영역에 해당하는 사안이라도 조선이 문제를 제기하면 번번이 허락해준 예가 있다. 강희제는 국경 인근의 개간 행위를 금지해달라는 조선의 요청을 받아들였으며, 옹정제는 국경 인근에 방수를 설치하려 했다가 조선이 불편해한다는 회신을 받고서 취소한 적이 있었다. 조선 군신들은 그 조치들에 힘입어 국경을 잘 지켜왔으며 범월 사건을 미연에 방지할 수 있었다. 이제 책문을 물리고 토지를 개간한다면 범월이 빈발하게 될 것이 분명하다. 그러니 철회해주는 것이 좋지 않겠는가."[163] 온갖 미사여구를 동원한 주문이지만, 그 뼈대는 대략 이런 논리를 담고 있다.

주목할 대목은 문제를 처리하는 형식과 논리다. 조선이 외교 문서를 보낸 곳은 예부였고, 예부는 다시 황제에게 보고했다. 황제는 현지를 조사하게 한 후 조선 왕의 요청을 재가했다. 물론 황제에게 조선의 요구를 받아들여야 할 의무는 없었다. 그러나 황제가 최종적으로 그런 결론을 내릴 수밖에 없었던 것은 역대 황제의 정책을 준수해야 한다는 당위성 때문이었다. 그 점을 상기시킨 것은 물론 조선이었다.

주문에 따르면, 책문 이설 여부는 청나라가 자신의 영역에 대해 취하려 했던 조치다. 조선과 협의해야 할 사안은 아니었다. 그러나 그것이 조선의 이해 관계에 영향을 미칠 수 있다는 점이 중요했다. 조선은 그 땅을 주인 없는 땅이나 비어 있는 땅이라고 말하지는 않았지만, 결과적으로 청나라의 책문 이설 시도를 철회시켰다. 조공국 조선이 조공책봉 체제의 예적 질서에 따라 문제를 제기하고, 책봉국 청나라가 그것을 받아들이는 과정에서 결코 근대 국민국가가 자국의 영토에 대해 행사하는 배타적 주권 행사의 방식을 떠올릴 수는 없

---

163 『영조실록』, 영조 22년 4월 19일.

다. 지견룡이 이와 같은 사례를 알고 있었는지는 분명하지 않다. 그러나 조공 책봉 체제의 틀 안에서 영토적 요구를 실현할 수 있다고 보는 그의 아이디어는 매우 조선적인 것이며, 그 점에서 '근거를 가지고 설득'해야 한다고 생각한 이종휘와 닮았다.

'중국'에 청원하는 행위를 예의의 논리로 설명하는 점도 눈여겨보아야 한다. 「의여어유소장군서」에 들어 있는 자문은 조공국이 책봉국에 보내는 외교 문서인 만큼 '내복'內服이나 '군신부자'君臣父子와 같은 과장된 표현이 쓰일 수밖에 없다. 그러나 조선이 명에 청원하는 방식으로 '명과 무관한' 자신의 고토를 회복할 수 있다고 생각했다는 사실이 중요하다. 근거를 가지고 청원하는 방식이야말로 조공국과 책봉국 사이의 예적 질서라고 해야 한다.[164] 예적 질서를 준수함으로써 원하는 문제를 해결하는 것, 이것이야말로 조선이 명나라와 청나라를 상대로 국경 혹은 영토 문제를 제기하는 방식이자 그 본질이라고 해야 한다.

이종휘에게는 논리와 근거를 가지고 외교적인 청원을 시도하는 것 이외에 고토 회복을 위한 다른 선택지는 없었다. 제후국이 책봉국에게 청원하고 책봉국이 은혜를 베푸는 형식을 따를 수밖에 없다는 의미다. 이는 적어도 조공책봉 체제라는 외형에 어울리는 예적 질서라고 해야 한다. 내심 오랑캐로 여기는 상대에 대해 예적 질서의 형식을 통해서 고토를 회복하는 것도, 나아가 회복된 고토를 근거로 동주東周 혹은 소중화 이데올로기를 강화하는 것도 아이러니가 아닐 수 없었다. 그러나 조공책봉 체제의 예적 질서 형식을 벗어날 수 없고 중화 이데올로기를 버릴 수도 없는 이종휘로서는 최선의 선택이었다.

164 조공책봉 체제를 예적 질서라고 말하는 것은 엄밀한 의미에서 어폐가 있다. 책봉국의 입장에서 보면 이른바 '예적 질서'란 그들 마음대로 규정할 수 있는 매우 임의적인 것이기 때문이다. 이런 경우라면 말뜻과는 달리 전혀 예적이지 않다. 정계 당시의 상황도 예외는 아니다. 정계비는 청의 칙사가 조선의 실무자를 대동하고 가서 정한 것이므로 책봉국과 조공국이 서로 합의 혹은 양해를 전제로 했다고 하기 어렵다. 그러나 청의 입장에서는 그것을 예적 질서라고 강변하지 못할 이유가 없다. 책봉국이 칼자루를 쥘 수밖에 없는 구조이기 때문이다. 그럼에도 그 문제 해결 방식이 조공책봉 관계의 외형을 벗어나는 것이라고 말하기는 어렵다. 따라서 이 글에서는 예적 질서라는 말을 자문을 통한 문제 해결 방식 자체를 가리키는 것으로 사용했다.

다시 시간이 흘러 지견룡의 시대가 되었다. 지견룡의 논리에서 유일한 협상 파트너는 '중국'으로서의 청나라다. 그러니 더 이상 가상의 중화국가를 가정할 필요는 없다. 조선이 중화문화 국가라는 주장도 더 이상 중요하지 않다. 그는 다만 그 '중국'에 대해 '근거를 가지고 청원'하는 방식으로 조선의 영역을 확장할 수 있다고 생각했다. 예의의 내용도 달라졌다. 「의여어유소장군서」에서 이종휘가 가정한 예의의 대상은 명나라다. 그것은 소중화 국가 조선이 중화국가 명나라에 대해 지키는 의리이며, 형식과 내용을 갖춘 의리다. '오랑캐' 청나라에 대해 근거를 가지고 설득해야 한다고 생각한 현실의 이종휘라면 청나라에 대한 예의는 다만 형식상의 문제일 뿐이다. 이종휘에 비하면 '중국'으로서의 청을 설득하려는 지견룡에게 예의는 형식과 내용 양면에서 중요한 의미를 가진다. '중국'이 인가한 내용을 준수하는 것이 내용상의 의리라면, 자문을 통해 청원하는 것은 형식상의 예다. 이종휘의 논리가 지견룡의 단계에서 되살아나는 느낌이다. 지견룡에게는 이종휘의 그림자가 드리워져 있었던 것이다.

5부

중국 밖의 세계와 지리적 시야의 확대

1장. 중화문화의 경계로서의 유구

중국이 기억하는 유구

김수홍의 중화세계에서 가장 중요한 공간이 어디냐고 묻는다면 중원대륙과 조선, 그리고 그 둘을 연결하는 만주라고 대답해야 한다. 이는 물론 김수홍의 인식이며, 넓게는 17세기의 인식이다. 그러나 중화세계가 늘 그런 방식으로 구성되었다고 보는 것은 성급하다. 오늘날의 오키나와에 해당하는 유구국은 한때 중화세계의 일원으로 간주되었다. 그러나 김수홍의 〈천하고금대총편람도〉에서는 그런 '당당한' 존재감이 느껴지지 않는다. 조선 지식인들이 생각하던 중화세계에서 유구는 어떤 존재였으며, 또 어떤 이미지로 변해갔는가.

유구에 관한 정보는 동아시아 삼국 사이에서 공유되었다. 그중 가장 대표적인 것은 명대 정약증鄭若曾(1503~1570)의 〈유구국도〉琉球國圖다. 이 지도는 뒤에서 언급하게 될 『해동제국기』의 유구 지도와는 여러모로 다르다. 『해동제국기』가 유구의 위치와 방위를 중시하고 산과 성벽을 기호화한 것과 달리, 정약증의 지도와 그 사본들은 왕성과 왕성에 딸린 항만·사원 등의 부속시설을 묘사하는 데 중점을 두었다. 『해동제국기』의 유구 지도가 해양도海洋圖라면, 이 지도들은 왕성도王城圖라고 할 수 있다.[1] 그러나 이 지도가 왕성도라는

---

1 田中健夫, 「相互認識と情報」, 『アジアのなかの日本史』, 5, 1993.

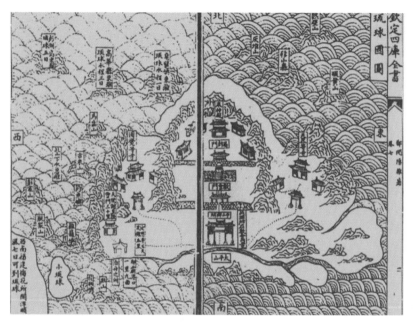

정약증의 〈유구국도〉. 이 지도는 명나라와 조공책봉 관계에 있던 유구를 그렸다. 중원대륙과 이어지는 서북해로를 자세히 설명하고 있으며, 유구국에 표시된 길도 중국 사신의 경로와 관련된 것이다.

『삼재도회』의 〈유구국도〉. 이 지도는 정약증의 〈유구국도〉를 토대로 했지만, 항해 및 노정 정보 등이 생략되어 있다.

사실보다 중요한 것은 제작자가 왕성도를 통해 말하려는 의미다. 이는 지도 제작자와 그 사용자들이 공간을 보고 이해하는 방식과 관련된다.

먼저 정약증의 지도를 보자. 지도의 중심에는 남북 방향으로 봉신전奉神殿, 누각문漏刻門, 서천지瑞泉池, 환회문歡會門, 중산패방中山牌坊 등이 강조되어 있다. 도면의 네 주변으로 동서남북의 방위 표시가 있고, 본섬에서 팽호도彭胡島에 이르는 서북 방향의 섬들에는 거리가 표시되어 있다. 서쪽 고미산古米山 아래쪽으로 물살이 거세다는 설명도 보인다. 특히 서남쪽 항로에 관한 정보가 자세하다. 본섬의 좌측 하단에는 선박들이 정박하는 나패항那覇港이 표시되어 있고, "서남쪽 방향으로 복건성 매화소에서 순풍을 타고 7일이면 유구에 도착할 수 있다"는 설명도 붙어 있다. 나패항에서 시작되는 본섬 내의 도로는 봉신전, 천계등사天界等寺 방향 등으로 이어지는데, 천사관天使館·영은정迎恩亭·패방牌坊 등 각 지점에는 환회문에 이르는 거리가 표시되어 있다. 그 밖에 본섬의 서남쪽 방향으로 소유구小琉球가 비중 있게 묘사되어 있다.

도면에는 유구국 중산왕中山王을 책봉하러 온 중국 사신의 시선이 반영되어 있다. 중국 사신을 실은 배가 나패항에 도착한다. 나패의 현재 일본어 음은 '나하'인데, 나하항은 지금도 오키나와 해상교통의 중심지다. 나패항(나하)에 내린 사신은 곧 천사관으로 이동한다. 중산왕은 사신을 맞이하기 위해 왕성인 슈리성을 나와 천사관 인근 영은정에 이른다. 지도에 따르면 영은정에서 천사관까지의 거리는 5리에 불과하다. 중산왕의 영접을 받은 중국 사신이 왕성으로 향한다. 왕성에서 사신이 처음 보게 되는 것은 중산패방이다. 패방은 중국식 문을 부르는 명칭이다. 이 자리에 패방이 있다는 사실은 중국의 영향력이 유구 왕국에까지 미쳤음을 잘 보여준다. 중산패방의 안쪽에 자리 잡은 슈리성은 내성과 외성의 이중구조로 되어 있다. 외성 위로 환회문, 내성 위로 누각문이 있고, 누각문을 지나야 비로소 정전인 봉신전을 만날 수 있다. 이 지도에 보이는 슈리성 안팎의 주요 건축물들은 현재 거의 남아 있지 않다.

정약증의 문집에는 이 도면 뒤로 설명문이 있다. '유구도설'琉球圖說이라는 제목의 이 설명문은 도면의 지명들이 어떤 의미를 가지는지를 잘 보여준

다. 유구도설은 「유구고」琉球考, 「세기」世紀, 「산천」山川, 「풍속」風俗, 「복건사
왕대유구침로」福建使往大琉球鍼路, 「회침」回鍼, 「토산」土産, 「공식」貢式, 「공물」
貢物, 「정단정공기사부록」鄭端靖公紀事附錄 등 다양한 항목으로 구성되어 있다.
이 가운데 「복건사왕대유구침로」와 「정단정공기사부록」은 지도가 보여주는
메시지들에 대해 좀 더 분명한 시사를 한다.

「복건사왕대유구침로」는 중국 사신이 유구를 왕래하는 해로를 적은 것이
다. 이 기사에 따르면 복건성福建省 매화소梅花所를 출발한 선박은 소유구-조
어서釣魚嶼-황마서黃麻嶼-적감서赤坎嶼-고미산-마기산馬屺山을 거쳐 나패
항에 도착하여 정박한다. 사신은 나패항에서 관원의 안내를 받으며 유구국에
들어간다.[2] 주황周煌의 『유구국지략』琉球國志略에 따르면, 고미산은 복주에서
유구국으로 가는 항로의 기준점에 해당한다.[3] 현재의 쿠메지마久米島다.

「정단정공기사부록」에는 고화서高華嶼, 원별서黿鼈嶼에 관한 설명도 들어
있다. 이 섬들은 천주에서 동쪽으로 유구로 연결되는 해상에 위치한다. 정
약증에 따르면, 이 섬들은 일찍이 수나라 양제煬帝가 유구를 정벌할 때 거쳐간
곳이다. 수나라 군대는 조주부潮州府에서 출발하여 고화서에 이른 뒤 다시 동
쪽으로 원별서를 거쳐 유구에 도착했다고 한다. 천주 동쪽의 팽호도 역시 같
은 항로상에 위치한다.[4]

「유구고」는 유구의 위치, 역대의 조공 사실 등을 기록하고 있다. 정약증에
따르면, 유구는 복건성 천주 동쪽 복주의 동북쪽 바다에 있는 섬나라로, 명대
에 들어서 비로소 중국에 조공했다 한다. 명은 항해에 능한 36성姓을 내려주었
을 뿐만 아니라 유학생들을 국학에서 공부할 수 있도록 배려해주었다고 한다.[5]

정약증은 명나라와의 관련 속에서 왕성을 표현하려 했다. 더구나 정약증

---

2 鄭若曾, 『鄭開陽雜著』, 卷7, 琉球圖說, 「福建使往大琉球鍼路」(『文淵閣四庫全書』, 584책, 615~616쪽).
3 周煌, 『琉球國志略』, 卷4, 上, 疆域, 西三島(『續修四庫全書』, 765책, 636쪽). 姑米山 亦曰久米島 (중략) 由
福州至國 必針取此山爲準.
4 鄭若曾, 『鄭開陽雜著』, 卷7, 琉球圖說, 「鄭端靖公紀事附錄」(『文淵閣四庫全書』, 584책, 618~619쪽). 泉
州東有島曰彭湖 煙火相望 水行五日可至 隨煬帝 嘗遣舟師 自義安(卽今潮州府) 浮海至高華嶼 又東行二日至
黿鼈嶼 又一日至琉球 襲破國都 焚其宮室 擄其男女而歸.

은 도면상에 구현하지 못한 항해 관련 정보를 「복건사왕대유구침로」를 통해 보충했으며, 실제 복주에서 유구에 이르는 별도의 지도를 수록하기도 했다.

동아시아 삼국에서 발견되는 다양한 종류의 유구국 지도들은 상당수가 정약증 지도에 토대를 두고 있다. 이 지도는 이후 나홍선羅洪先의 『광여도』廣輿圖(1555), 장황章潢의 『도서편』圖書篇(1577), 왕기王圻의 『삼재도회』三才圖會(1607) 등에 연달아 실렸다. 『광여도』, 『삼재도회』, 『도서편』과 같은 저작들은 『정개양잡저』鄭開陽雜著의 유구 관련 기사 중 일부를 전재하거나 요약하고 있다. 『천하지도』天下地圖와 『화한삼재도회』和漢三才圖會는 정약증의 지도가 조선과 일본으로도 퍼져나갔음을 보여준다. 같은 도면은 다른 시기, 다른 지역에서 공유되었다. 조선 지식인들은 『삼재도회』나 『도서편』 같은 책자를 통해서, 때로는 『천하지도』와 같은 지도책을 통해서 이 지도를 접했다.

동아시아 삼국에서 유통되었던 정약증 지도의 사본들을 비교해보면 〈표 5〉와 같다. 『광여도』와 『도서편』의 지도는 일부 오자를 제외하면 정약증의 지도와 큰 차이가 없다. 다만 『광여도』와 『도서편』의 지도에는 동북쪽으로 일본에 이르는 해로상의 노정이 추가된 점이 눈에 띈다. 일본의 존재를 의식했음을 알 수 있다.

『삼재도회』는 조금 다른 점이 있다. 우선 도면상에 방위 및 항해, 노정 관련 정보가 없다는 점에서 정약증의 지도와 크게 다르다. 정약증의 지도에 네 방향으로 있던 동서남북 표시가 사라진 반면, 『광여도』와 『도서편』의 유구국 지도에서 새롭게 추가된 일본 방향의 노정도 없다.

그뿐만이 아니다. 『삼재도회』의 지도에는 원별서, 고화서, 팽호도와 유구와의 거리, 고미산 아래의 험로險路 표시, 나패항에 관한 정보, 복건성 매화소에서 유구에 이르는 일정 표시 등도 없다. 이것들은 정약증의 지도뿐만 아니

---

5 鄭若曾, 『鄭開陽雜著』, 卷7, 琉球圖說, 「琉球考」(『文淵閣四庫全書』, 584책, 611쪽). 琉球國 在福建 泉州東 福州東北大海中 (중략) 漢魏以來 不通中國 (중략) 明洪武初 行人楊載使日本 歸道琉球 遂招之 其王首先歸附 率子弟來朝 太祖嘉其忠順 賜符印章服及閩人之善操舟者三十六姓 令住來朝貢 又許其遣子及陪臣之子來學於國學.

〈표 5〉 정약증 지도와 그 사본들 간의 지명 비교

사항	정약증 지도	『광여도』 (1555)	『도서편』 (1577)	『삼재도회』 (1607)	『천하지도』 (조선)	『화한삼재도회』 (일본)
奉神殿	奉神殿	奉神殿	無	奉神殿	奉神殿	奉神殿
漏刻門	漏刻門	漏列門	漏列門	漏刻門	漏刻門	漏刻門
瑞泉池	瑞泉池	瑞泉池	瑞泉門	瑞泉池	瑞泉池	瑞泉池
歡會門	歡會門	歡會門	歡會門	歡會門	歡會門	無
中山牌坊	中山牌坊	中山牌坊	中山牌坊	中山牌坊	中山牌坊	中山牌坊
中山牌坊-歡會門	5里中	5里	5里	5里	5里	5里
太平山	太平山	太平山	太平山	太平山	太平山	太平山
天界等寺	天界等寺	天界等寺	天界等寺	天界等寺	天界等寺	天界等寺
天使館	天使館	天使館	天使館	天使館	天使館	天使館
天使館-歡會門	30里	30里	30里	30里	30里	30里
迎恩亭	迎恩亭	迎恩亭	迎恩亭	迎恩亭	迎恩亭	迎恩亭
迎恩亭-天使館	5里	5里	5里	5里	5里	5里
圓覺等社	圓覺等社	圓覺等社	圓覺等社	無	無	圓覺等社
동북 방향 표시	無	東北至日本 國水程	東北至日本 國水程	無	無	東北日本 國薩州
방위 표시	東西南北	東西南北	東西南北	無	無	東
동쪽 무명 섬	無	無	有	無	無	無
硫黃山	硫黃山	硫黃山	硫黃山	硫黃山	硫黃山	硫黃山
熱壁山	熱壁山	熱壁山	熱壁山	熱壁山	熱壁山	熱壁山
移山嶼	移山嶼	移山奧	移山嶼	移山與	移山嶼	移山奧
灰堆山	灰堆山	灰堆山	灰堆山	灰堆山	灰堆山	灰堆山
黿鼊嶼	黿鼊嶼	黿鼊嶼	黿鼊嶼	黿鼊嶼	黿鼊嶼	黿鼊嶼
黿鼊嶼-琉球	東離琉球水 程一日	東離琉球水 程一日	東離琉球水 程一日	無	無	自琉球舟 一日
高華嶼	高華嶼	高英嶼	高米嶼	高英嶼	高英嶼	高英嶼
高華嶼-琉球	東離琉球水 程三日	東離琉球水 程三日	東離琉球水 程二日	無	無	自琉球舟 二日
彭湖島	彭湖島	彭胡島	彭胡島	彭胡島	彭胡島	彭胡島
彭湖島-琉球	東離琉球水 程五日	東離琉球水 程五日	東離琉球水 程五日	無	無	自琉球舟 五日
馬齒山	馬齒山	馬齒山	馬齒山	馬齒山	馬齒山	馬齒山
古米山	古米山	古米山	古米山	古米山	古米山	古米山
此山下水急礁	此山下水急礁	此山下水急礁	此山下水急礁	無	無	此山下水急礁
釣魚嶼	釣魚嶼	釣魚嶼	釣魚嶼	釣魚嶼	釣魚嶼	釣魚嶼
彭家山	彭家山	彭家山	彭家山	彭家山	彭家山	彭家山

鷄龍嶼	鷄龍嶼	鷄龍嶼	鷄龍嶼	鷄龍嶼	鷄龍嶼	鷄龍嶼
瓶家山	瓶家山	瓶家山	瓶家山	瓶家山	瓶家山	瓶家山
花瓶嶼	花瓶嶼	花瓶嶼	花瓶嶼	花瓶嶼	花瓶嶼	花瓶嶼
泊船之所	泊舟之所	泊船之所	古舡之所	無	無	無
那霸港口一里九曲	那霸港口一里九曲	那霸港口一里九曲	那霸港口一里九曲	無	無	無
小琉球	小琉球	小琉球	小琉球	小琉球	小琉球	小琉球
北山	北山	北山	壯山	無	無	無
서남 방향 표시	西南福建	西南福建	西南福建	無	無	西南福建
花島, 栗島, 獅子島	花島, 栗島, 獅子島 無	無	無	無	花島, 栗島, 獅子島	無

라, 다른 사본들인 『광여도』, 『도서편』의 지도에서도 모두 계승되던 것이다. 책봉 사절의 왕래가 끊긴 것은 아니었지만 이전에 비해 항해의 기억이 희미해 졌음을 반영한다.

도면과 함께 실린 설명문을 보면 사본들 사이의 차이가 좀 더 분명해진다. 『광여도』와 『삼재도회』의 설명문은 정약증의 설명문 일부를 요약한 것으로 특별한 의미는 없다. 장황도 『도서편』에서 정약증의 설명문을 요약해 실었다. 그러나 장황은 유구에 관한 다른 정보들을 함께 싣고 있어서 주목된다. 장황 은 의관제도, 중산왕中山王이 정사를 보는 풍경, 식문화와 주거문화, 상례절차, 형정, 선박제도, 신앙, 왕궁, 부세제도 등 유구의 풍속과 문화에 대해 설명한 뒤 총평을 덧붙였다.[6]

먼저 눈에 띄는 것은 유구의 상업, 선박제도에 대한 논평이다. 장황에 따르면 유구는 경제가 원활하지 못해서 상업활동이 부진할 뿐만 아니라 해변에 는 어염 또한 부족했다.[7] 유구의 상업활동이 이미 침체기에 접어든 상황을 반영한 서술이다.

---

6 章潢, 『圖書編』, 卷50, 琉球事實(『文淵閣四庫全書』, 970책, 이하 동일).
7 章潢, 『圖書編』, 卷50, 琉球事實. 地無貨殖 是以 商賈不通 (중략) 朝貢往來 俱乘大船 海邊魚鹽亦泛 小艇 未嘗不駕舟楫而縛木爲筏也.

장황은 특히 유구의 문화가 야만의 단계에 있지 않다는 사실을 강조하고 싶었던 것 같다. 그는 신분에 따라 색포色布를 달리하는 복식제도를 유심히 살펴보았다. 그리고 유구의 제도가 "군신의 분의分義가 화이華夷처럼 엄하지는 않으나 상하의 등급제는 완연히 갖추어져 있다"고 말했다. 유구에는 왕 아래로 정사에 간여하지 않는 왕족이 있고, 그 아래로 형정·재정·언론을 담당하는 관제가 마련되어 있었다. 유구의 제도는 "오랫동안 문교文敎에 나아오니 다시 옛날처럼 비루하지는 않다"고 했다. 부세제도나 관천수시觀天授時의 현황에 대한 시선도 우호적이다. 그는 유구의 부세제도가 "고인의 정전井田 유법遺法에 어울린다"고 보았으며, "천문관은 없으나 한자를 알고 정삭正朔을 받들기 때문에 큰 문제는 없다"고 적었다.[8]

장황은 조공국가로서의 유구를 그린 정약증의 지도와 그 설명문을 계승하는 한편, 유구의 문화를 가감 없이 소개하려 했다. 그것은 정약증이나 나홍선이 유구의 문화를 소개하지 않았기 때문만은 아니다. 장황은 아마도 중국 역대의 역사서와 지리지에 들어 있는 유구 문화에 대한 편견을 비판하려 한 것 같다.

유구 문화에 대한 편견은 명대의 관찬 지리지인 『대명일통지』大明一統誌에도 잘 나타나 있다. 이 지리지에는 중국 주변의 이른바 외이外夷가 동서남북의 구분 없이 실려 있는데, 유구는 조선, 일본 다음으로 비중 있게 다루어졌다. 그 내용에 따르면 유구는 복건성 천주부 동남해상에 있는 섬으로, 복건성을 거쳐 명에 조공을 했다고 한다. 중국과의 해로만 설명된 것처럼 산천 항목에도 본섬 서쪽, 즉 복건성 방향의 지표들만 나열되어 있다. 전벽서電䲬嶼, 고화서高華嶼, 팽호도彭湖島, 낙제落漈 등이 그것이다.[9] 정약증은 유구국의 연혁과 조공 사실 등에 관해서는 『대명일통지』의 기록을 계승했다.

---

8 章潢, 『圖書編』, 卷50, 琉球事實. 其君臣之分 雖非華夷之嚴 而上下之節 亦有等級 王之下 則王親尊而不與政也 次法司官 次察度官 司刑名也 次那霸港 司錢穀也 次耳目之官 司訪問也 (중략) 蓋久漸文敎 非夏襄者之陋矣 (중략) 至於賦斂 則寓古人井田遺法 但以名義未詳備 (중략) 雖無經生博士之流 亦曉漢字 奉正朔 豈至視月盈虧以知候 視草木榮枯以計歲哉.

『대명일통지』에서 눈에 띄는 것은 유구국의 풍속에 관한 대목이다. 기사에 따르면 유구 사람들은 수염을 기르지 않고 손에 묵형을 하며, 깃털 달린 갓과 털옷을 입었다. 또 예절이 없고 노략질을 좋아할 뿐만 아니라, 사람을 죽여신에게 제사 지내고 해골을 즐겨 모은다. 부세제도는 없으며 절삭을 알지 못한다.[10]

이런 기록들은 모두 송나라 때의 역사서인『태평환우기』太平寰宇記에서 옮겨 적은 것이다. 유구와 중국의 관계는 사실상 명대에 시작되었기 때문에『태평환우기』의 유구에 대한 정보는 왜곡될 수밖에 없다.『대명일통지』는『태평환우기』의 묘사를 그대로 옮겨 적음으로써 유구 문화에 대한 편견을 강화했다. 편견은 1319년에 간행된『문헌통고』文獻通考에서도 엿보인다.『문헌통고』에는 유구에 식인 풍습이 있다는 내용이 보인다. 장황은 중국 역대의 역사서 그리고『대명일통지』에 이르기까지 계속되어온 유구에 대한 문화적 편견을 불식시키기 위해 노력했다.

장황이 편견을 바로잡을 수 있었던 것은『대명일통지』이후에 편찬된 지리서 덕분이었다. 후대의 학자들에게『대명일통지』의 유구 기사는 전혀 사실을 반영하지 못한 것으로 평가받았다.[11] 이후 명나라 때만 하더라도 진간陳侃, 소숭업蕭崇業, 하자양夏子陽 등이 유구 지리지를 펴냈다. 특히 진간은 산천, 풍속, 인물 등을 자세히 살피고 역대 역사서와 지리서의 오류를 바로잡으려 했다.[12]

청나라는 조공책봉 체제를 재건하고 유구에 여러 차례 사신을 파견했다. 사신과 수행원들은 유구의 사회문화를 주의 깊게 관찰했으며, 그 결과를 기록

9 『大明一統志』, 卷89, 外夷, 琉球國. 其地在福建泉州東海島中 其朝貢 由福建 以達於京師 (중략) 山川: 電黿嶼〔在國西 水行一日〕高華嶼〔在國西 水行三日(중략)〕彭湖島〔在國西 水行五日 地近福州泉州興化漳州四郡界(중략)〕落漈(『元史』) 水至彭湖 漸低近琉球 謂之落漈 漈者水趨下不回也(중략)).
10 『大明一統志』, 卷89, 外夷, 風俗. 去髭黥手 羽冠毛衣(『寰字記』) 人深目長鼻 頗類胡人男子(중략)〕無禮節 好剽掠〔同上(중략)〕殺人祭神 聚髑爲佳〔同上(중략)〕無賦斂 不知節朔〔同上(중략)).
11 徐葆光, 『中山傳信錄』, 序(『續修四庫全書』, 745책, 이하 동일). 明一統志 成於天順初百年中 爲時未久 故所載皆仍昔惧 幾無一實.
12 徐葆光, 『中山傳信錄』, 序. 嘉靖甲午 陳給事侃奉使 始有錄 歸上於朝 其疏云 訪其山川風俗人物之詳 且駁群書之謬 以成紀略質異二卷 末載國語國字.

으로 남겼다. 장학례張學禮의 『사유구기』使琉球記, 왕즙汪楫의 『사유구잡록』使琉球雜錄, 서보광徐葆光의 『중산전신록』中山傳信錄, 주황周煌의 『유구국지략』琉球國志略 등은 대표적인 성과다. 이 가운데 가장 상세한 것은 『중산전신록』과 『유구국지략』이다.

서보광은 중산왕에게 관련 자료를 구하고, 육로와 바닷길을 직접 답사했다. 그는 유구의 제도·예의·풍속 등에서부터 사소한 것에 이르기까지 반드시 확인하고 사실대로 기록했으며, 해로도海路圖와 봉연도封宴圖 등 도면을 첨부했다. 그는 자신의 저술이 앞선 어떤 저술보다 정확하다고 자부했다.[13] 책 제목의 '전신'傳信이라는 말이 그런 자부심을 반영한다. 그런 서보광에게 유구는 어떤 의미였을까. 그는 이렇게 말했다.

"지금 유구는 비록 대해大海와 격해 있다 하나 (중략) 역대로 책봉을 받고 해마다 조공을 해오니 내지와 다름이 없습니다. (중략) 만일 (유구 관련 기록을 —인용자) 전처럼 탄망誕妄하게 한 채 바로잡지 않는다면 또한 어찌 성조聖朝께서 교화하신 원려遠慮와 외방에서 내향內嚮해온 내력을 드러내어 직방세계의 성대함에 짝하게 할 수 있겠습니까."[14]

서보광은 청나라를 중심으로 한 직방세계職方世界를 구현하고 싶었고, 이를 위해서는 조공국 유구에 대한 오해와 편견을 불식시킬 필요가 있었다. 그는 『중산전신록』의 첫머리에 봉주도封舟圖를 싣고 권1에 봉주封舟, 도해병역渡海兵役, 경갱, 침로針路, 전해행일기前海行日記, 후해행일기後海行日記, 역차봉주도해일기歷次封舟渡海日記, 풍신風信 등을 배치했다. 모두 책봉사의 파견과 관련된 내용이다. 서보광은 『중산전신록』에 새로운 유구 지도를 싣고, 『대명일

---

13 徐葆光, 『中山傳信錄』, 序. 先致語國王 求示中山世鑑及山川圖籍 又時與其大夫之通文字譯詞者 遍遊山海間 遠近形勢 皆在目中 考其制度禮儀觀風問俗 下至一物異狀 必詢名以得其實 見聞互証 與之往復 去疑存信 因并海行針圖 封宴諸儀 圖狀幷列 編爲六卷 雖未敢自謂一無舛漏 以云傳信 或庶幾焉.

14 徐葆光, 『中山傳信錄』, 序. 今琉球 水隔大海 (중략) 世世受封 歲歲來貢 (중략) 若仍前誕妄 不爲釐正 亦何以見聖朝風化之遠 與外邦內嚮之久 以附職方稱甚盛哉.

통지』및 정약중의 오류도 바로잡았다.

주황은 역대의 유구 관련 기록을 비교 검토하고 수정했으며, 거기에 자신이 견문한 내용을 더하여 『유구국지략』을 완성했다.[15] 『유구국지략』은 유구에 관한 종합적 저작으로서, 지리지의 일반적인 형식을 따르고 있다. 범례와 인용서목 및 수권首卷이 있고 그 뒤로 본문이 이어진다. 본문은 성야星野, 국통國統, 봉공封貢, 여지輿地, 풍속風俗, 산천山川, 부서府署, 사묘祠廟, 승적勝蹟, 작질爵秩, 부역賦役, 전례典禮, 병형兵刑, 인물人物, 물산物産, 예문禮文, 지여志餘 등으로 구성되어 있다. 본문 중에는 유구의 문화에 대한 평가도 보인다. 주황은 역대 저작들에서 유구 문화를 서로 다르게 평가한 이유를 해명했다. 유구에는 야만의 풍속이 있었으나, 중화문화의 세례를 받으면서 크게 달라지게 되었다는 것이다.[16]

주황이 이 저작을 완성하며 올린 글에는 유구를 보는 그의 시선이 분명하게 드러나지는 않는다. 그러나 수권首卷을 보면 그 의도를 짐작할 수 있다. 수권은 청나라 황제가 유구국 왕에게 내린 어서御書, 책봉칙서册封勅書와 유제문諭祭文, 그리고 도면으로 이루어져 있다. 문서들은 모두 청나라와 유구 사이의 조공책봉 관계를 말해주는 것이다.

도면은 유구성야도琉球星野圖, 유구국전도琉球國全圖, 유구국도도琉球國都圖, 유제선왕묘도諭祭先王廟圖, 책봉중산왕도册封中山王圖, 중산왕도中山王圖, 천사관도天使館圖, 구양팔경도球陽八景圖, 봉주도封舟圖, 파리루도玻璃漏圖, 나성도羅星圖, 침로도針路圖 등이다. 이 가운데 유제선왕묘도, 책봉중산왕도, 천사관도, 봉주도, 파리루도, 나성도, 침로도 등은 모두 책봉사의 파견, 항해, 책봉 행위와 연관된 것이다. 서보광이 그랬던 것처럼 장황도 유구를 조공책봉 관계라는 맥락에서 바라보았다. 그들에게 중요한 것은 조공책봉 관계에 의해 구성되

---

15 周煌, 『琉球國志略』, 凡例(『續修四庫全書』, 475책, 이하 동일). 今臣所纂 擬薈萃前使諸錄 互相考證 訂其訛舛 倂參前事 旁及百家紀載有關琉球事實者 兼收彙輯 質以親所見聞 爰成琉球志略一書.

16 周煌, 『琉球國志略』, 卷4, 下, 風俗. 要之 初猶儓當朴野 幾與雕題鑿齒 反踵貫胸裸袒涅顔者 埒今歷染華風 頓除蠻習.

는 청나라 중심의 직방세계였다. 그것은 현실의 국제질서와 외교관계를 반영하는 것이기도 했다. 명청 교체기 이후 조공국으로서의 유구에 관한 기억은 청나라에게 각별히 중요했다.

조선이 기억하는 유구

유구는 한때 동아시아 국제무역에서 중심적 역할을 수행했고, 그런 기억은 일본인들의 뇌리에 또렷하게 각인되었다. 신숙주의 『해동제국기』海東諸國記에 실린 〈유구국지도〉琉球國之圖는 일본인의 경험을 반영하고 있다.

오키나와와 그 주변의 섬들을 그린 이 지도는 항해도의 특징을 모두 갖추고 있다. 지도에 표시된 본섬과 그 주변 섬들과의 해로, 상대 거리, 일본 방면으로부터의 거리 등이 그것을 잘 보여준다. 『해동제국기』의 유구 지도는 유구 항해의 경험을 가진 일본인이 만든 원도를 베껴 그린 것으로 여겨진다. 본섬 주변의 여러 섬들의 지명에 율도栗島(아와시마), 조도鳥島(도리시마) 등 일본식 한자 발음이 반영되어 있다.[17] 본섬의 나패항 주변으로 국고國庫와 보고寶庫가 있고, 중국(강남), 남만, 일본 선박들이 이곳에 정박하고 있다는 사실이 표시되어 있다.

『해동제국기』의 지도는 단종 대 도안道安이 준 지도를 토대로 한 것이다. 도안은 유구국 사신을 칭했지만, 사실 그는 하카타博多의 상승商僧이었다. 도안이 조선에 들어온 것은 1453년(단종 1) 3월이었다.[18] 그는 예조에서 열린 연회에서 유구국과 사쓰마번(薩摩) 사이의 거리를 표시한 지도를 내보였다.[19] 그해 7월 도안은 유구국과 일본국의 지도 네 벌을 예조에 가져다 바쳤다. 단종은 이 지도들을 배접하여 한 벌은 궐내에 들이고, 나머지는 의정부, 춘추관, 예조에 나누어 보관하게 했다.[20] 조선은 도안에게 유구─사쓰마의 관계와 하카

---

17 田中健夫, 앞의 글, 1993, 223~226쪽.
18 『단종실록』, 단종 1년 3월 11일.
19 『단종실록』, 단종 1년 5월 11일.

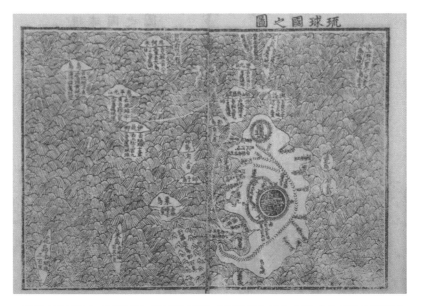

_ 신숙주, 『해동제국기』, 〈유구국지도〉. 유구 항해 경험을 가진 일본인이 제작한 지도를 베껴 그린 것으로 보인다.

타 상인의 항해에 대한 이야기를 들을 수 있었다. 도안에 따르면 하카타 상인이 유구를 왕래할 때에는 항상 사쓰마를 거치는데, 선린 관계에 있던 유구와 사쓰마 사이가 악화되어 하카타 상인이 사쓰마로부터 피해를 입고 있다는 것이었다.

세조 때에는 유구 사신을 통해 유구 지리를 확인하려 한 일이 있었다. 유구 사신을 맞은 이계손李繼孫은 유구국의 위치와 동아시아 해로 문제를 물었다. 일본–유구 간 경유지에 대한 사신의 답변은 이계손이 들고 있던 〈유구국지도〉의 내용과 일치했다. 그러나 정작 조선과 유구 사이의 해로에 대해서는 사신의 답변과 지도의 내용이 엇갈렸다. 〈유구국지도〉에는 조선에서 유구국으로 가려면 일본의 서쪽 해안을 따라 서쪽으로 간다고 되어 있었지만, 사신은 일본으로부터 동남방으로 가야 한다고 답변했다. 그는 또 일본으로부터 서

20 『단종실록』, 단종 1년 7월 4일.

쪽으로 가면 중국의 강남에 이를 것이라고 주장했다. 유구 사신의 주장은 사실상 잘못된 것이었지만, 다른 근거 자료가 없던 이계손은 유구국에 이르는 해로에 대해 더 이상 묻지 못했다.[21]

해로에 대한 유구 사신의 답변은 오히려 혼선을 가중시킨 느낌이 있다. 이계손이 다시 〈유구국지도〉에 표시된 부상扶桑, 영주瀛洲, 나찰국羅刹國, 대신大身, 대한大漢, 발초勃楚, 삼불제三佛齊, 흑치발해黑齒勃海, 미거尾渠 등의 나라가 있는 곳을 물었다. 사신은 부상과 영주에 대해서는 유구와 관련된 나름대로의 해석을 시도했지만, 나머지는 별개의 나라가 아니라고 답했다.[22]

『해동제국기』 유구 지도의 원도元圖에는 유구까지 항해했던 일본 측의 경험이 녹아 있었지만, 조선의 입장에서 그것은 확인되지 않은 지리 정보였을 뿐이다. 신숙주조차 『해동제국기』의 「유구국기」琉球國紀에서 "유구국이 조선과 먼 거리에 있어서 자세한 내용을 알기 어렵다"고 말했다.[23] 유구는 조선에 국서를 보내는 "만 리 밖 남방의 섬나라"일 뿐이었다.[24]

사신이 왕래하는 과정에서 물자의 이동이 수반된 것은 당연한 일이었다. 유구는 조선에 남방 물산을 전해주고 그들이 필요로 하는 불경 등을 받아갔다. 유구가 전해오는 후추 등의 남방 물산은 조선이 유구를 국제무역 기지로 기억하는 계기가 되었다.[25] 양성지는 유구를 "만 리 밖에 떨어진 작은 상업국가"로 여기기도 했다.[26]

『해동제국기』의 유구 지도는 17세기 조선에서 새로운 형태로 다시 만들어졌다. 민간에 널리 퍼져나간 목판본 지도집에는 소략한 유구 지도가 들어 있다. 이 지도는 『해동제국기』의 지도에 비해 상대적으로 소략하나 조선 후기의 유구 인식을 전형적으로 보여준다는 점에서 중요한 의미를 가진다.

21 『세조실록』, 세조 8년 2월 28일.
22 『세조실록』, 세조 8년 2월 28일.
23 하우봉, 「문물교류와 상호인식」, 『조선과 유구』, 아르케, 1999.
24 『성종실록』, 성종 8년 6월 6일.
25 『성종실록』, 성종 16년 11월 11일.
26 『세조실록』, 세조 13년 8월 6일.

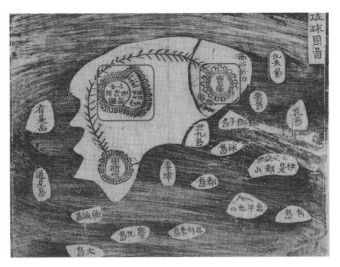

_ 〈구폭도〉九幅圖의 유구국도. 조선 후기의 목판본 유구 지도는 유구를 해상무역의 중심지로 생각하던 당대 인식을 보여준다. 목판본, 19세기 전반, 20.8×33.0cm, 영남대학교 박물관.

　도면은 국도國都가 위치한 본섬 주변으로 부속 도서를 그려 넣은 간략한 윤곽을 하고 있다. 본섬에는 국도國都, 보고寶庫, 국두성國頭城이 강조되어 있다. 국도는 통일왕조를 이룩한 중산왕이 살던 곳이다. 성문을 포함한 왕성의 기초적인 윤곽이 그려져 있는데, 중산왕의 거주 지역과 왕제王弟, 대신大臣들의 거주 지역이 별도로 구분되어 있다.

　국도 성곽으로부터 900리 거리에 핵심적인 시설 중 하나로 보고寶庫가 그려져 있고, 그 옆에는 상선商船들이 정박했던 자리가 표시되어 있다. 『해동제국기』에서 섬으로 묘사된 이 지역은 본섬의 일부로 그려져 있다. 유구는 유럽 세력이 동양 무역의 주도권을 확립하기 전까지만 해도 동아시아 해상무역에서 중요한 위치를 차지하면서 한때 번성기를 누렸다. 지도에서 상선들의 정박처가 표현된 것은 조선 후기 사람들에게 유구가 여전히 해상무역의 중심지로 여겨지고 있었음을 말해준다.

　1611년(광해군 3) 제주목사 이기빈李箕賓 등이 제주도 앞바다에서 표류하던 배 한 척을 약탈한 사건이 있었다. 중국, 일본, 유구 상인들이 타고 있던 이 배

안에는 많은 양의 재화가 실려 있었으며, 20대의 유구국 사신이 동승하고 있었다.[27] 상선을 약탈한 사실이 밝혀지면서 이기빈은 귀양길에 올라야 했다.

광해군 대에 일어난 이 약탈 사건은 곧바로 각색되기 시작했다. 각색의 첫 단계는 상선에 동승한 유구국 사신이 유구국의 왕세자라는 것이었다. 인조반정 직후 대왕대비에 의해 거론된 광해군의 죄목 가운데 그것을 보여주는 단서가 있다. 유구국의 세자가 조선에 표류해왔을 때 광해군이 제주목사에게 명해 몰래 죽이게 했다는 것이다. 신하들은 그 배에 유구국 왕자가 승선하고 있었는지는 분명하지 않으며, 광해군의 지시로 사건이 일어난 것은 아니라고 말했다.[28]

『인조실록』에 실린 이기빈의 졸기는 이 사건을 좀 더 신비롭게 묘사하는 양상을 보여준다. 배에 실려 있던 '많은 양의 재화'는 보물로 바뀌었다. 왕자가 죽는 장면에 대한 설명도 추가되었다. 졸기에 따르면 보물을 가득 실은 유구국 왕자의 배가 제주에 정박했으며, 이기빈이 그 왕자를 죽이고 보물을 가로챘다는 것이다. 유구국 왕자는 탐관오리의 칼날에 쓰러지면서도 의연한 자세를 잃지 않았다.[29] 비명횡사한 유구국 왕자와 그의 보물선이 인구에 회자되면서 이야기는 더욱 극적으로 각색되었다. 상선에 실려 있던 물건들은 다시 '국보'로 각색되었다.[30] 『택리지』擇里志의 유구국 왕자 이야기는 19세기 이후 야담집에 전승되었다.[31]

〈천하대총일람지도〉天下大總一覽地圖(『천하지도』, 국립중앙도서관, 한-61-11)에도 같은 유형의 유구 지도가 포함되어 있다. 이 지도에서도 유구는 동아시아 교역 중심지로 기억되고 있다. 설명문에 따르면, 일본과 남만南蠻 여러 나라의 상선들이 모두 유구에 모여들어 교역하므로 유구는 땅이 작고 사람은 많지만

27 『광해군일기』, 광해군 5년 1월 28일.
28 『인조실록』, 인조 1년 4월 14일.
29 『인조실록』, 인조 3년 1월 8일.
30 이중환, 『택리지』, 卜居總論, 山水. 이중환에 따르면 유구국 왕자가 배에 보물을 가득 싣고 나선 것은 일본에 잡혀간 왕을 구하기 위해서였다. 이중환은 또 주천석酒泉石과 만산장漫山帳 등의 신비한 국보, 왕자가 죽기 전에 남겼다는 시까지 『택리지』에 적었다.
31 김동욱, 「유구국왕자 이야기의 유변 양상」, 『한민족어문학』, 44, 2004.

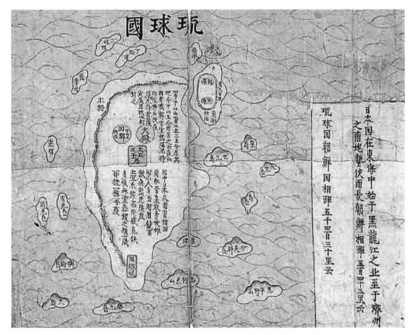

_ 〈천하대총일람지도〉의 유구. 유구의 무역활동이 쇠퇴한 이후에도 조선은 여전히 유구를 동아시아의 교역 중심지로 여기고 있었다. 채색필사본, 18세기 전반, 128.5×155.0cm, 국립중앙도서관.

재정이 풍족했다. 유구의 무역 활동은 16세기 들어 쇠퇴했지만, 조선에서 유구의 이미지는 여전히 국제무역 중심지로 각인되었다. 중세 일본에서 생겨난 해양국가 유구에 관한 기억은 17~18세기 조선에서 계승된 것이다.

잊혀간 중화문화 국가, 유구

조선왕조실록은 유구가 조선 건국 직후부터 여러 차례 사신을 보내온 사실을 기록하고 있다. 조선과 유구의 사신 왕래는 1524년을 끝으로 단절되었다. 이후 북경에서 사절단끼리 접촉하는 시기(1530~1638)를 지나 1662년부터는 관계 자체가 완전히 단절되었다.[32] 17~18세기에 유구는 조선과 사실상 아무런 관련이 없는 곳이 되었다.

조선과 유구의 직접 교린은 명의 책봉체제를 전제로 한 것이었다. 유구는 조선에 보낸 국서에서 처음부터 조공국으로서의 동질성을 강조했으며,[33] 이런 입장은 국서 왕래가 단절되는 단계까지 계속되었다. 조선도 유구가 조공국이라는 사실을 의식하고 있었다. 세종 때 유구 사신을 어떻게 접대해야 하는가를 두고 논란이 일었을 때, 조공국인 유구를 일본이나 야인과 같은 반열에 둘 수 없다는 주장이 대세를 이룬 것도 그것을 잘 보여준다.[34]

중국과 일본을 통해 들어오는 문헌들도 유구에 관한 지식을 늘려주었다. 처음에 조선이 의지한 중국 측 문헌은 『문헌통고』와 『대명일통지』였다. 1462년(세조 8) 유구국 사신이 입국하자, 선위사宣慰使 이계손이 그를 맞았다. 이계손은 먼저 『문헌통고』에 기재된 유구국의 풍속에 대한 내용을 근거로 조목조목 물었다.[35] 복식服飾, 관대冠帶, 궁전弓箭, 갑주甲冑, 도검刀劍, 참형斬刑, 식인 풍습, 주초酒醋, 염장鹽醬, 가무歌舞, 송종례送終禮, 곡식의 종류, 천축주天竺酒 주조법, 토산물, 잠적蠶績, 강무법講武法, 혼례婚禮, 신앙信仰, 입조入朝 시의 상공품常貢品 등 제도와 풍습에 관한 다양한 질문이 쏟아졌다. 유구 사신은 유구의 복식은 중국과 유사하며, 형벌은 모두 『대명률』大明律에 의거한다는 점을 강조하면서도 궁전, 갑주, 도검의 제도가 하나같이 일본과 같다고 말했다. 그는 또 『문헌통고』의 오류를 바로잡고 유구의 고유한 풍습을 자세히 설명했다. 『문헌통고』에 보이는 식인 풍습에 대한 기사는 중국인의 유구에 대한 편견에서 말미암은 것이었기 때문이다.[36] 유구 문화에 대한 편견에 가까운 서술은 『대명일통지』에서도 이어졌다. 『대명일통지』는 조선이 세계를 인식하는 중요한 근거 중 하나였다.

17세기 전후에 『도서편』과 『삼재도회』가 잇달아 조선에 수입되었다. 정약증의 지도는 『삼재도회』와 『도서편』을 통해 조선의 지식인들에게 알려졌다. 18세

---

32 손승철, 「조유교린체제의 구조와 특징」, 『조선과 유구』, 아르케, 1999.

33 『태종실록』, 태종 9년 9월 21일.

34 『세종실록』, 세종 13년 11월 7일; 9일; 15일.

35 『세조실록』, 세조 8년 2월 28일.

36 『세조실록』, 세조 8년 2월 28일. 이계손의 문견사목聞見事目.

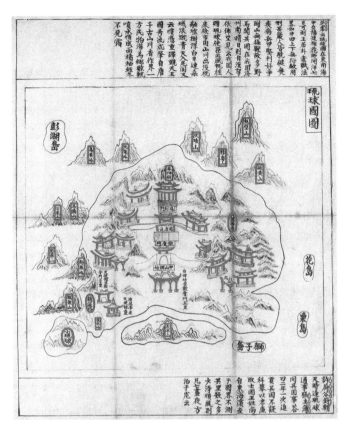

_ 『천하지도』의 〈유구국도〉. 지도의 이미지는 『삼재도회』의 유구 지도와 유사하지만, 유구에 관한 인식은 차이가 있다. 조선은 국제무역 중심지로 여기던 유구를 중화문화의 국가로 보기 시작했다. 채색필사본, 18세기 전반, 36.5×30.0cm, 영남대학교 박물관.

기 지도집인 『천하지도』 안에 실려 있는 〈유구국도〉는 그런 사본들 중 하나다.

지도의 내용은 『삼재도회』의 지도와 가장 흡사하며, 도면 자체만 놓고 보면 항해의 기억이 희미해진 사례에 해당한다. 그러나 도면의 오른쪽 하단에 화도, 율도, 사자도와 같은 새로운 지명이 추가되어 있을 뿐만 아니라, 도면의 위아래로 도면의 부족함을 메워주는 기록들이 있다. 상단의 설명문은 이수광 李睟光(1563~1628)의 『지봉유설』芝峰類說에서 옮겨온 것인데, 그 내용은 다음과 같다.

유구국은 동남해 가운데 있는데, 복건성 매화소 앞바다에서 7일이면 도달할 수 있다. 왕의 거처는 소박하며, 세금제도는 정전제와 흡사하다. 상하간에 부세의 과중함이 없으며 형벌제도는 매우 엄하다. 사람들은 용맹하며 질병이 없다. 병기들은 날카로우며, 싸우기를 좋아한다. 산에 맹수가 없는고로 들판에 야생말이 많다. 듣건대 유구국이 우리나라의 제주도 남쪽에 있어서 한라산에서도 건너다보인다 한다.

하단에는 허봉이 북경에서 유구국 통역관에게 들은 이야기가 적혀 있다.

2년에 한 차례씩 중국에 조공을 바친다. 과거제도를 시행하지 않고 효행과 청렴함으로 인재를 발탁한다. 국왕의 성씨는 상씨다. 동해 바닷가에서 나라의 경계 지점까지가 얼마나 되는지는 알 수 없으나, 순풍이 불어주면 7일이면 도달할 수 있다.

이 설명문들은 도면에서 사라진 항해의 기억을 부분적으로 되살려준다. 그러나 식인 풍습과 해골 수집 풍습을 거론한 『문헌통고』나 『대명일통지』와 비교해볼 때 사뭇 다른 양상을 보여준다는 점에서 더 중요한 의미가 있다. 이 설명문의 관점은 『도서편』이나 『삼재도회』의 시선과 가깝다. 『도서편』과 『삼재도회』에는 유구가 명의 책봉을 받고 대신의 자제를 명에 유학 보내는 나라라고 적혀 있다.[37]

이 지도의 설명문에 유구 유학생에 관한 기사는 나오지 않는다. 그러나 유구 문화를 야만적인 것으로 묘사하지는 않았다. 중화문화와의 연관성을 직접 거론하지는 않았지만, 그 실마리를 곳곳에서 찾아볼 수 있다. '왕의 거처가 소박하다'는 것, '효행과 청렴함으로 인재를 발탁한다'는 것은 유교적 기준에 따른다면 바람직한 문화적 양상이라 하지 않을 수 없다.

---

37 章潢, 『圖書編』, 卷50, 制禦四夷典故(『文淵閣四庫全書』, 제970책); 『三才圖會』, 人物13卷, 琉球國.

청나라 때 편찬된 유구 관련의 지리지들은 유구 문화에 대한 장황의 평가를 부분적으로 계승했지만, 그것은 철저히 청나라 중심의 조공책봉 관계를 전제로 한 것이었다. 『천하지도』의 시점은 명나라 때에 머물러 있다. 명나라에 대한 조공 사실이 설명문에 나오지만, 그것이 유구 문화에 대한 평가의 전제가 되는 것은 아니다. 말하자면 정약중 지도의 사본은 17~18세기 조선에서 원본과는 다른 맥락으로 재해석된 셈이다. 같은 공간이 다른 세계관 아래에서 달리 읽힌 것이다. 그렇다면 그것이 가능한 이유는 무엇인가.

　　조선 지식인들에게 17세기는 가혹한 시대였다. 그들은 조선이 유일하게 남은 중화국가라고 자부했지만, 현실에서는 그들이 오랑캐로 여기던 청나라와 조공책봉 관계를 맺어야 했다. 조선 초기의 소중화 의식은 당시의 조공책봉 관계와 모순되지 않았다. 그러나 명청 교체 이후 조선 지식인들의 의식 속에서 청나라와의 조공책봉 관계는 언젠가는 극복해야 할 굴레였을 뿐이다. 버거운 현실일 뿐 지향해야 할 세계는 아니었다. 그런 청나라와 조선이 세계를 보는 방식이 같을 수는 없는 일이다. 청나라는 자신을 중심으로 한 조공책봉 관계에 기초해 세계를 이해하려 한 반면, 조선은 중화문화적 정체성을 기준으로 세계를 보려 했다. 유구라는 공간에 의미를 부여하는 방식에도 그런 차이가 그대로 반영될 수밖에 없다.

　　조선이 처음부터 유구를 중화문화 국가로 여긴 것은 아니었다. 유구가 재상의 자제들을 명나라에 보내 공부하게 한 사실은 이미 조선 초기에도 알려져 있었지만,[38] 당시만 하더라도 유구의 문화는 일본적이거나 비유교적이며, 심지어 야만적인 것으로 인식되었다. 송환된 표류민들의 진술에 따르면, 유구 사람들은 부모가 죽어도 상복을 입지 않고, 제사를 지내지 않을 뿐만 아니라, 곡하는 데 슬퍼하지도 않고 보통 때처럼 고기를 먹는다.[39] 신숙주는 『해동제국기』에 유구가 명에 조공한 사실을 기록하면서도, 그 문화를 야만에 가깝게

---

38 『세종실록』, 세종 15년 윤8월 29일.
39 『단종실록』, 단종 1년 5월 11일. 표류인 萬年과 丁祿의 진술.

묘사했다. 유구국 사람들은 의복제도가 없으며 사람이 죽으면 친족들이 그 고기를 베어 먹고 심지어 죽은 사람의 두개골을 금으로 칠해 그릇으로 삼는다는 것이다.[40]

조선 지식인들은 장황의 『도서편』과 『대청일통지』 등에서 유구 문화의 중화적 속성에 대한 정보를 얻었다. 『대청일통지』에는 유구가 명대 이래 중국에 조공했으며, 유구의 저작물에 중화의 기풍이 있다고 적혀 있다.[41] 유구 문화의 중화적 속성에 대한 『대청일통지』의 설명은 장학례의 저작에서 인용한 것이다. 유구의 야만성을 드러내는 『대명일통지』의 표현들은 삭제된 반면 중화문화가 강조된 것은 주목할 만한 현상이다. 물론 유구 문화에 대한 이 기사들은 모두 조공책봉 관계라는 정치외교적 맥락에서 언급된 것이다. 그러나 조선 지식인들은 유구 문화 자체가 얼마나 중화적인가에 더 관심을 쏟았다.

중화문화 국가 유구에 대한 인식은 조선 후기 지식인들 사이에서 자연스럽게 확산되었다. 일본에 사신으로 다녀온 신유한申維翰은 유구의 관복이 조선과 유사하다고 여겼다. 그는 또 명나라 태조가 중국의 24성姓을 보내 유구에 살게 한 것 때문에 관복에 중국의 옛 풍속이 남아 있다는 아메노모리 호슈雨森芳洲의 설명을 기록으로 남겼다.[42] 황윤석의 인식은 좀 더 호의적이다. 그는 유구의 언어가 일본과 유사하다는 점과 함께, 유구 사람들이 경전과 역사서를 즐겨 읽고 과거제도를 시행한다는 사실을 아울러 기록했다.[43] 이긍익은 『연려실기술』에서 유구가 중국과 조공관계를 충실히 맺어온 사실을 기록했

---

40 신숙주, 『해동제국기』, 琉球國.

41 『大淸一統志』, 卷423, 琉球 風俗(『文淵閣四庫全書』, 483책). 去髭黥手羽冠毛衣(『寰宇記』(중략)) 深目長鼻 名有小慧(『隨書』) 無禮節 好剽掠(『寰宇記』(중략)) 火耕水耨(『文獻通考』(중략)) 家織蕉布(汪楫, 『使琉球雜錄』(중략)) 曝海爲鹽 木汁爲醋 米麴爲酒(『寰宇記』(중략)) 土多山洞 洞有小王(『寰宇記』(중략)) 無賦斂 有事則均稅 用刑亦無常準 皆臨事科決(『文獻通考』(중략)) 周惶, 『琉球國志略』(중략)) 近奉正朔 設官職 被復冠裳 表陳章奏 以土官爲府職 司朝貢者爲文職(王圻, 『續文獻通考』(중략)) 著作篇什有華風焉(張學禮, 『中山記』(중략)).

42 신유한, 『해유록』, 下, 附聞見雜錄.

43 황윤석, 『이재난고』, 권13, 己丑十一月十八日丙申(한국학중앙연구원 영인본 2책, 625쪽). 舊有中山山南山北三王 分據其地 今中山王 合而有之 人好讀經史 行科擧之法 常行書契 則用倭字 言語與日本相似.

다. 그는 특히 조선과 유구 두 나라에 대한 명나라의 대우가 특별했음을 강조했다. 중종 때 사신 정사룡이 북경에서 자유로운 출입을 청하자, 명나라가 허락하면서 조선과 유구를 제한 규정이 적용되지 않는 특별한 나라로 간주했다는 것이다.[44]

유구가 중화문화를 보존하고 있다는 사실을 적극적으로 평가한 그들에게서 유구 문화에 대한 편견은 더 이상 찾아볼 수 없다. 심지어 이덕무는 "유구 풍속이 여러 오랑캐 중에 가장 아름다워서 세상에서 '작은 조선'(小朝鮮)이라 칭한다"고 표현할 정도였다.[45]

일본에서도 유구를 중화문화 국가로 인식한 경우가 있다. 『화한삼재도회』에는 유구의 문화가 야만의 문화에서 중화의 문화로 변모했다고 적혀 있다.[46] 그러나 그 중화풍의 의미는 조선에서 이해되었던 것과는 다르다. 조선은 중화를 인류문명의 보편적 양상으로 이해한 반면, 『화한삼재도회』의 저자는 그것을 이국풍異國風으로 여겼다. 유구에 대한 설명이 이국인물異國人物이라는 항목에 들어 있는 것이 그 점을 보여준다.

유구의 문화를 이국풍으로 보려 했던 것은 사실 에도 막부였다. 유구의 언어와 문화에는 일본풍도 적지 않았다. 그러나 막부는 유구에서 오는 사절에게 이국풍을 강요했다. 유구 사절은 중국풍 의복과 중국 음악을 연주하며 에도를 왕래했다.[47] 일본형 화이질서의 일부로서 조공 사절처럼 보이게 하려는 전략이었다. 전혀 다른 맥락이지만, 청나라와 일본, 그리고 조선에서 유구는 중화문화 국가로 인식되기도 했던 것이다.

44 이긍익, 『연려실기술』, 별집, 제5권, 事大典故, 使臣.
45 이덕무, 『청장관전서』, 권52, 「耳目口心書」, 5.
46 『和漢三才圖會』, 12冊, 異國人物, 卷13, 琉球. 今則夷風變 冠裳被服禮儀 皆中華風也 其國小而貧弱 不能自立 雖受中國冊封 而亦臣服於日本.
47 하우봉, 앞의 글, 1999, 19~20쪽.

2장. 하이, 또 다른 위기 가능성

일본 지도와 하이에 관한 지리 정보

명청 교체를 전후한 시기의 동북아시아 세계를 자기중심적으로 이해한 것은 청나라도, 일본 막부도 마찬가지였다. 청나라는 한족의 화이사상을 내면화해 나갔으며,[48] 막부는 일본을 중심으로 한 새로운 국제질서를 꿈꾸었다.[49] 청나라는 물리력을 바탕으로 조공책봉 관계의 재건에 나섰다. 막부는 쓰시마對馬島, 사쓰마薩摩, 마쓰마에松前, 나가사키長崎 등 네 개의 창을 통해 조선, 유구, 하이蝦夷, 네덜란드와의 외교와 무역을 장악했다. 막부는 이른바 '일본형 화이질서'의 성립을 대내적으로 강조할 필요가 있었다.

청나라와 일본이 명청 교체와 이후의 정세를 새로운 국제질서의 안정화 과정으로 본 것과 달리 조선은 여전히 도덕적 국제질서의 당위성을 믿어 의심치 않았다. "오랑캐에게는 100년을 지탱할 운세가 없다"는 전망은 조선에서 일종의 상식이었다.[50] 문제는 조선이 청나라의 몰락을 앉아서 구경만 할 수 없다는 데 있었다. 조선은 청나라가 몰락할 경우 만주로 퇴각하면서 조선을 군사적으로 압박할 것이라고 판단했다.

청나라의 운명적 몰락과 도덕적 국제질서의 회복을 갈망하는 중화주의적

---

48 安部健夫, 『淸代史の硏究』, 創文社, 1971, 25〜43쪽.
49 荒野泰典, 「十八世紀の東アジアと日本」, 『講座日本歷史』 近世2, 東京大學出版會, 1985.

상황 판단은 해양 방면의 국제 정세 인식에도 영향을 미쳤다. 조선은 동아시아 해역의 상황도 결코 안정적이지 못하다고 판단했다. 물론 일본이 쓰시마를 경유해서 다시 침략할 가능성은 높지 않다고 보았다. 그러나 조선이 동북아시아 국제질서를 유동적으로 보는 한 대일관계를 안정시키는 것은 중요한 문제였다.

일본과는 임진왜란 이후 국교가 회복되면서 통신사 파견을 둘러싼 교섭이 시작되었다. 그런데 이 과정에서 막부의 무리한 요구로 인해 문제가 발생했다. 조선은 수차례 고비가 닥칠 때마다 논의 끝에 막부의 무리한 요구를 받아들였다.[51] 조선이 청나라에 대처하기 위해 남쪽의 군사적 안정을 도모할 필요가 있었던 것은 사실이다.[52] 그러나 조선의 막부에 대한 입장은 전래의 화이관념으로 일관되어 있었다. 대군大君 호칭을 받아들이고 병자통신사를 파견한 것은 교화를 통한 평화 유지를 위해서였다. 자신의 중화문화를 보여줌으로써 교화와 안정을 이룰 수 있다는, 다시 말해 문화적 대국으로서 오랑캐(蠻夷)와 작은 이익을 다투어서는 안 된다는 발상이었다.[53] 조선의 관념에 따르면 그런 대응이야말로 진정한 제왕의 도리이며, 남방을 안정시킬 수 있는 근본적인 대책이었다.

통신사 외교는 현실적으로 소기의 성과를 거두었지만 모든 문제가 해결된 것은 아니었다. 문제는 현실의 외교에 있는 것이 아니라 국제질서를 유동적인 것으로 보는 조선의 상황 인식에 있었다. 조선 지식인들은 그 유동적인 국제질서 속에 포함될 수 있는 새로운 변수를 발견했다. 아이누족과 그들의 땅 홋카이도였다. 조선은 그 땅을 '하이'蝦夷라는 이름으로 불렀다. 그들은 중국과

---

50 '오랑캐 국가에게 100년의 운세가 없다'(胡無百年之運)는 말은 『한서』漢書에 나오는 흉노족과 관련된 기록에 근거를 두고 있다(『漢書』, 列傳, 卷94, 下, 匈奴傳). 오랑캐 국가는 그들이 오랑캐라는 숙명적인 사실로 인해 100년 이상 국가를 유지할 수 없다는 전망이다. 조선에서 이는 청나라의 운명적 몰락을 뜻하는 말로 널리 사용되었다. 안정복은 청나라가 건국 후 100년을 넘어선 현실을 보면서 시세의 변화가 오랑캐에게 100년의 운세가 없다는 말을 무력하게 만들었다고 한탄했다(안정복, 『순암집』, 권12, 雜著, 橡軒隨筆).
51 孫承喆, 『朝鮮時代 韓日關係史硏究』, 지성의샘, 1994.
52 三宅英利, 孫承喆 옮김, 『근세한일관계사연구』, 이론과실천, 1991, 185쪽.
53 三宅英利, 孫承喆 옮김, 위의 책, 1991, 257쪽.

일본을 거쳐 흘러들어온 하이인들에 관한 여러 종류의 지식들을 취사선택하고 재해석함으로써 하이의 지리적 실체를 논의했다.

조선 지식인들이 처음으로 하이를 비중 있게 다루게 된 것은 일본의 영향이었다. 도요토미 히데요시豐臣秀吉의 일본 통일정권이 여진족과 처음으로 만나게 된 것은 임진왜란이 시작된 지 얼마 되지 않아서였다. 누르하치의 여진족 통일운동을 주목하던 가토 기요마사加藤淸正는 1592년 8월 두만강 너머 만주의 야인(달단, 오랑캐) 땅을 침략했다. 통일 이전에 그들을 제압하는 것이야말로 조선을 지배하고 명나라를 침략하기 위해 반드시 필요한 일이라고 판단했기 때문이다. 가토는 곧이어 도요토미에게 사태의 전말을 보고했다. 가토는 자신이 침략한 지역 사람들을 조선식 표현을 따라 '오랑캐'ォランヵイ라고 불렀다. 도요토미 정권은 여진족의 통일운동이 한반도 북부에까지 영향을 미치고 있다는 것을 알게 되었다.[54]

일본이 대륙 정세의 변동 기미만 알아차린 것은 아니었다. 가토의 보고서는 '하이는 오랑캐'라는 지리 인식이 일본 사회에 유포되는 계기가 되었다. 일본이 하이라고 생각하던 곳은 명나라에서는 달단韃靼, 조선에서는 오랑캐라고 부른다는 것이다.[55] 자신감에 차 있던 도요토미가 자신의 세력이 미칠 수 있는 최종적인 범주에 대륙(연해주와 만주)을 포함시킨 것은 이러한 지리 인식의 결과였다. 그러나 일본이 대륙에 주목할 수밖에 없는 현실적인 이유는 다른 데 있었다. 일본은 만주의 누르하치 세력이 성장하여 조선의 대명對明 조공로朝貢路인 요동 지역으로 진출하지 않을까 노심초사하고 있었다. 그것은 조선의 조공로를 빌려 감합무역勘合貿易을 부활시키고자 하는 일본의 희망에 찬물을 끼얹는 일이기 때문이었다.[56]

일본의 전근대적 영토 관념에 따르면 일본 영토에 포함되는 열도의 동북쪽 끝은 육오주陸奧州였다. 오늘날의 후쿠시마현, 미야기현, 이와테현, 아오모

54 紙屋敦之, 「幕藩制國家の成立と東アジア」, 『歷史學硏究』, 573, 1987, 83~84쪽.
55 紙屋敦之, 위의 글, 1987, 83~84쪽.
56 紙屋敦之, 위의 글, 1987, 86~87쪽.

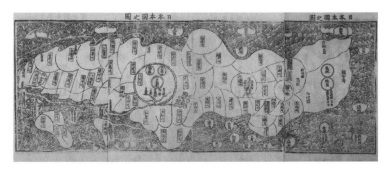

_ 『해동제국기』의 〈일본본국지도〉. 육오주는 오늘날 후쿠시마현, 미야기현, 이와테현, 아오모리현 등에 해당하는 지역으로, 지도에서는 '이지'夷地라고 했다.

리현 등에 해당한다. 『해동제국기』의 〈일본본국지도〉에 따르면 육오주는 '이지'夷地이며 홋카이도는 '이도'夷島다. 막부는 마쓰마에 태수를 통해 하이도蝦夷島의 특산물 일부를 징수하는 것을 제외하고는 어떤 통제력을 행사할 의도도 가지지 않았다. 설사 그런 의도가 있었다 하더라도 그것은 현실적으로 불가능했다. 일본이 하이도와 아이누족에 대해 배제정책으로 일관하다가 동화정책으로 돌아선 것은 19세기 중반이다.[57]

한번 형성된 지리 인식은 쉽사리 변하지 않았다. '일본에서 하이라고 부르는 곳이 조선에서 말하는 오랑캐'라는 관념에 따르면 만주는 '여진족이 차지하고 있는 하이 땅'이 된다. 하이도가 섬이라는 사실은 중세 일본에서도 인지되고 있었다. 그러나 이런 가정이 성립하기 위해서는 그들의 땅(하이도와 만주)은 거의 붙어 있거나 매우 가까운 곳이어야 한다.

하이도와 연해주 사이를 가깝게 보는 주관적 거리감은 17세기 일본에서 형성된 뒤, 조선에 파급되어 지식인들에게 큰 영향을 미쳤다. 뚜렷한 징후가 있는 것은 아니었지만 일본이 하이도를 거쳐 다시 침략해올지 모른다는 위기의식이 나타나기 시작했다. 이러한 위기의식은 조선 지식인들이 명청 교체 이후에도 동아시아 국제 정세를 매우 유동적으로 보고 있었기 때문에 나온 것이

---

57 荒野泰典, 앞의 글, 1985, 14~41쪽.

었다. 이 같은 국제 인식의 저변에는 중화주의적인 상황 판단이 자리 잡고 있었다.

조선 전기까지 그들이 볼 수 있었던 일본 지도는 가로로 긴 일본 열도를 그린 〈행기도〉行基圖 유형이 대부분이었다. 조선이 좀 더 다양한 형태의 일본 지도를 접하게 된 것은 17세기 이후였다.[58] 이 시기에도 〈행기도〉, 『해동제국기』에 수록한 일본 지도뿐만 아니라 강항姜沆의 『간양록』看羊錄에 실린 일본 지도, 목판본 〈여지도〉 책자의 일본 지도 등이 유포되고 있었다. 이 가운데 가장 널리 보급된 것은 목판본 지도 책자 안에 담긴 일본 지도다. 『해동지도』(규장각, 古大 4709-41)의 〈왜국지도〉倭國地圖는 〈행기도〉, 『해동제국기』의 일본 지도 등과는 기본적인 윤곽을 달리하고 있으나, 17~18세기에 유입된 일본 지도에 비해서는 소략함을 면치 못한다. 지도는 남쪽을 위로 하고 있는데, 한국인들이 전통적으로 일본을 바라보고 인식하는 방향이다. 조선과는 주로 쓰시마 방면의 관계만이 의식되고 있을 뿐이다. 노정기 중에는 부산포뿐만 아니라 쓰시마에서 왕래가 가능한 경상도 남부 해안 지역의 해로 사정이 자세히 기재되어 있다. 홋카이도가 하이도라는 이름으로 실려 있을 뿐만 아니라, 홋카이도의 맞은편에도 아이누족이 거주했음을 보여주는 '하이지'라는 표현이 적혀 있다.

근세 일본에서 제작된 새로운 일본 지도는 크게 두 가지 유형으로 구분된다. 전통적인 표현에 따라 동서로 긴 일본 열도를 묘사한 경우와, 동북지방을 상대적으로 길게 묘사한 경우다. 전자에는 〈본조도감강목〉本朝圖鑑綱目(1687)·〈일본해산조륙도〉日本海山潮陸圖(1691), 후자에는 〈부상국지도〉扶桑國之圖(1662)·〈일본원비도〉日本圓備圖 등이 있다.[59] 이 밖에 『화한삼재도회』에 실린 일본 지도가 있다.

하이도의 지리적 위치를 확정하기 위해서는 일본의 윤곽에 대한 판단이

---

58 도면의 홋카이도 관련 내용 어디에서도 조선과 관련한 위기의식이 엿보이지 않는데, 이는 이 지도가 조선 전기의 유형을 따르고 있기 때문이다.
59 배우성, 「정조시대 동아시아 인식의 새로운 경향」, 『한국학보』, 94, 1999.

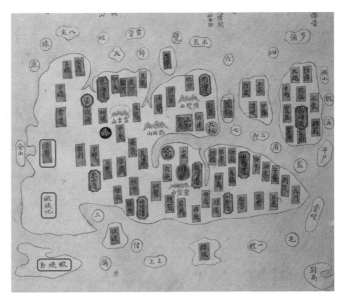

_ 『해동지도』의 〈왜국지도〉. 17세기 이후 조선에서 제작한 일본 지도에는 아이누족 거주지와 홋카이도를 '하이지'蝦蛦地와 '하이도'蝦蛦島로 표시했다.

중요한 문제가 된다. 이덕무는 다른 어떤 논자보다도 일본의 윤곽을 실제에 가깝게 인식하고 있었다. 육오陸奧는 'ㅅ'자의 꼭대기 부리, 강호江戶(에도)는 그 굽은 한가운데, 남해도는 그 파임에, 서해도는 그 삐침에, 비파호는 그 복판에 해당하는데, 다만 파임이 짧고 삐침이 길다는 것이다. 이덕무는 또 일본 땅이 흑룡강의 북쪽에서 시작하여 제주도의 남쪽에 이르며, 천하의 동북에 있다고 말했다.[60]

이덕무는 하이도가 일본의 동북 바다 가운데 있으며, 남북으로 긴 지형이라고 설명했다. 또 하이도의 남쪽 끝인 마쓰마에에서 북쪽 끝인 증우야曾宇夜[61]까지는 380리, 그곳으로부터 숙신 땅인 가량부지도加良不止島[62]까지는 43리라고 했다. 이덕무가 묘사한 하이도의 풍경은 야만 그 자체일 뿐이었다.[63] 그는 『청장

60 이덕무, 『청장관전서』, 권65, 蜻蛉國志 2, 輿地, 地形.
61 홋카이도 최북단의 소오야 곶을 말한다.
62 사할린 섬을 말한다. 일본에서는 사할린 섬을 가라후토樺太라 불렀다.

_ 『화한삼재도회』의 〈하이지도〉. 하이도는 남북으로 긴 형태의 섬으로, 그 북쪽에는 가량부지도가 위치해 있다. 가량부지도는 오늘날 사할린이다.

관전서』 이국異國 항목에서 『화한삼재도회』를 거의 그대로 옮겨 적었다.[64]

『화한삼재도회』에 실린 지도에서 하이도는 남북으로 긴 형태로 묘사되어 있다.[65] 하이도의 북쪽(지도의 좌측)으로 사할린 섬의 남단이 가량부지도加良不止島라는 이름으로 표시되어 있다. 설명문에 따르면 가량부지도는 달단에 속하며 이곳으로부터 중국 땅이 시작된다.

이덕무는 하이도와 그 주변의 거리에 대해서 『화한삼재도회』의 거리 기록을 실제의 10분의 1로 계산했다. 그는 문집의 다른 곳에서 하이도의 남북 간 거리를 3,800리, 소오야에서 가량부지도까지의 거리를 430리로 수정했다. 가량부지도는 영고탑에서 동북쪽으로 3천 리 지점에 있는 곳으로, 비아객飛牙喀 지방과 서로 인접해 있다고 했다.[66]

63 이덕무, 『청장관전서』, 권65, 蜻蛉國志 2, 異國.
64 하우봉, 『조선 후기 실학자의 일본관연구』, 일지사, 1989.
65 『和漢三才圖會』, 卷64, 地理 蝦夷島圖(서울대학교 구관도서, 0150-1, 제43책).
66 이덕무, 『청장관전서』, 권24, 兵志, 備倭論.

이덕무가 하이도에 주목한 것은 일본이 하이도를 경유해 조선을 침략할지 모른다는 속설 때문이었다. 일본인들은 오래전부터 도요토미 히데요시가 하이도를 통해 조선을 치러 했다고 말해왔으며, 일본에 파견된 통신사들은 일본인들로부터 어렵지 않게 이런 견해를 듣게 되었다. 이덕무도 익히 들어 알고 있었다.

이덕무는 경험적으로 볼 때 이 주장은 근거가 약하다고 판단했다. 유사 이래 왜구는 규슈와 쓰시마 일대로 들어와 조선의 서남해안을 노략질했으나 동해안은 그 대상이 아니었기 때문이다. 이덕무에 따르면 일본의 지형이 사람 '인'人 자 혹은 들 '입'入 자와 같아서 조선의 동해와 남해 두 바다를 마주하고 있지만, 동해 쪽은 파도가 높고 바람이 많아서 군사적인 근심거리는 없었다 한다.[67] 그러나 이덕무는 표류인의 진술을 통해서 하이도가 지금의 연해주와 매우 가까우며, 조선의 함경도와도 멀지 않다고 생각했다. 가능성은 높지 않지만 생각보다 지리적으로 가까워 주의를 기울여야 한다는 것이었다.[68]

『화한삼재도회』에 따르면 하이도 북쪽에 사할린 섬이 있었다. 이를 아는 이덕무는 하이도가 연해주와 결코 가깝다고 말할 수는 없었다. 더구나 하이도가 남북으로 3,800리에 달하는 엄청난 규모의 섬이라면 일본이 하이도를 건너 연해주를 거쳐 조선으로 들어올 가능성이 전혀 없다고 판단할 수도 있었을 것이다. 그러나 이덕무는 그런 타당한 가설을 확신하지는 못했다. 『화한삼재도회』와 근세 일본에서 출판된 개선된 윤곽의 일본 지도들을 볼 수 있었지만,[69] 끝내 속설을 부인하지는 못했던 것이다.

이익은 이덕무와는 전혀 다른 경로를 통해 새로운 일본 지도를 볼 수 있었다. 이익은 1745년(영조 21) 정상기에게 보낸 편지에서 자신이 본 새로운 일본 지도를 언급했다. "석고제石高制에 대한 설명이 들어 있고, 조선의 10리가 1리로 표현되어 있었다"는 점으로 미루어보면 일본에서 만들어져 조선으로 유입

---

67 이덕무, 『청장관전서』, 권24, 兵志, 備倭論.
68 이덕무, 『청장관전서』, 권24, 兵志, 備倭論.
69 배우성, 앞의 글, 1999.

되었거나 그것을 필사한 일본 전도임을 알 수 있다.[70] 그런데 그 지도에서 동서 방향의 길이는 그가 생각한 것보다 훨씬 짧고 남북의 길이는 상대적으로 길게 묘사되어 있었다. 바다는 별도의 물결무늬 없이 여백으로 처리되었다. 이익은 지도의 서쪽과 남쪽으로 선박이 묘사된 것에 대해 서남해 항구로 선박이 모여들기 때문이 아닌가 추측했다.[71] 근세에 만들어진 일본 지도들 가운데 이익이 지적한 특징을 골고루 갖춘 지도는 〈일본원비도〉日本圓備圖가 유일하다.

조선 후기에 〈일본원비도〉를 본 것이 확실시되는 인물은 이덕무다. 그는 1763년(영조 39) 일본을 다녀온 원중거元重擧의 『화국지』和國志에서 〈일본원비도〉의 원형을 보았다.[72] 이익이 정상기에게 이런 내용이 적힌 편지를 보낸 시점은 1745년(영조 21)이다.[73] 만일 이익이 본 지도가 〈일본원비도〉라면, 그는 이덕무보다 훨씬 앞서 이 지도를 본 셈이다. 그러나 문제는 신뢰도였다.

겐로쿠元祿(1688~1703) 연간에 만들어진 이 지도는 조선 후기 지식인들이 볼 수 있었던 일본 지도 가운데 가장 윤곽이 개선된 것이다. 이덕무는 〈일본원비도〉의 윤곽을 받아들이고 그것을 『청장관전서』에 수록했다. 그러나 일본이 동서로 4천 리, 남북으로 2천 리에 달하는 땅이라고 본 이익은 이 지도가 동서의 길이를 상대적으로 짧게 묘사한 오류가 있다고 생각했다.[74]

아래의 사례는 이익이 〈일본원비도〉를 어디에서 어떻게 구했는지를 짐작하게 해준다. 이익은 1758년(영조 34) 홍중효에게 보낸 편지에서 자신이 보았던 새로운 일본 지도에 대해 말했다. 편지에 따르면 동래부사를 역임했던 누군가가 왜관의 일본인들로부터 유출된 이 지도를 급히 베껴 그렸고, 이익이

---

70 석고石高는 도요토미 히데요시가 1582년(선조 15)에 경제적 기반을 다지기 위한 토지 조사(太閤檢地)를 시행하면서 토지에 설정한 법정 수확고의 단위를 말한다. 도요토미 히데요시는 전답과 택지를 구분하지 않고 매 1필마다 석고를 정하고 그것을 기초로 부세를 부과했다(石井寬治, 李炳天·金潤子 옮김, 『일본경제사』, 동녘, 1984, 8~15쪽). 이익은 이 지도에서 석고제石高制에 대한 기록을 보았지만, 그것이 무엇을 의미하는지는 이해하지 못했다.

71 이익, 『성호전집』, 권12, 答鄭汝逸(乙丑). 日本圖所謂高幾石者 不知何謂 彼以十里爲一里 蓋東西四千里而南北半之也 東西短者 失之矣 其畫船只是表海 西南是舟航交轅之所故然耶.

72 하우봉, 「새로 발견된 일본사행록들－『해행총재』의 보충과 관련하여」, 『역사학보』, 112, 1996.

73 이익, 『성호전집』, 권12, 答鄭汝逸(乙丑).

74 이익, 『성호전집』, 권12, 答鄭汝逸(乙丑).

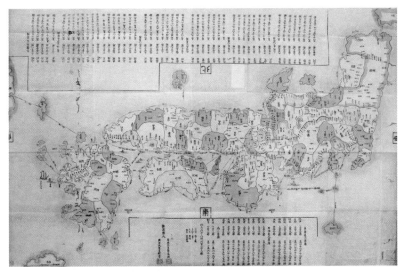

_ 〈교정대일본원비도〉校正大日本圓備圖. 〈일본원비도〉는 근세 일본에서 영토 윤곽을 개선하여 제작한 일본 지도
이다. 조선 후기 지식인들은 이 지도를 보고 하이에 대한 실체에 접근하고자 했다. 목판본, 馬淵自藁庵(日本) 圖/
岡田自省(日本) 書, 78.0×123.5cm 외, 서울대학교 중앙도서관.

친구를 통해 그 사본을 빌려 다시 베껴두었다 한다. 이익은 홍중효에게 동래
부사로 재임하는 동안 그 지도의 완성본을 구할 수 있는지를 문의했다. 가능
하다면 완성본을 구해 사본에서 빠진 부분을 채워넣고 싶다는 것이었다.[75]
18세기 중반에 이르면 왜관으로부터 새로운 일본 지도가 유출되고 있었음
을 알 수 있다. 이익은 그중 하나를 불완전한 형태로 가지고 있었으며, 1758년
까지도 그 지도를 보완하지 못했던 것이다. 이익이 지도를 완성하고자 했던
것은 정보량 때문이다. 그가 볼 수 있었던 일본 지도 중에 불완전한 그 사본만
이 유일하게 신숙주의 『해동제국기』와 강항의 『간양록』에 실려 있는 일본 지
도의 수준을 넘어서 있었다. 결국 이익이 홍중효에게 보낸 편지에서 말한 미
완성의 일본 지도는 그가 1745년(영조 21) 정상기에게 보낸 편지에서 말한 일

75 이익, 『성호전집』, 권17, 答洪聖源(戊寅). 日本興圖 申文忠 海東諸國記 及姜睡隱 看羊錄 所載 皆草草欠
缺 近世有金姓府使求見新成一卷 夜中摸傳 日晚 倭奴怒其不還 未及該洽而歸之 僕因友生得之 與上二圖 詳
略絶不相侔 足下在任時 能得其完成者耶 若然則 願借觀而壙補此卷焉 此謀國者所宜致意.

본 지도, 즉 〈일본원비도〉일 수밖에 없다. 그렇게 본다면 동래부사가 왜관에서 유출된 〈일본원비도〉를 최초로 입수한 것은 1745년 직전이 될 것이다.[76]

동북아 국제질서를 유동적으로 본 이익은 일본의 북해가 파도가 높아 건널 수 없으리라는 강항의 말을 신뢰하지 않았다. 안용복安龍福이 울릉도에서 일본인들을 발견한 것은 그들이 울릉도에 도달하는 바닷길을 파악하고 있었음을 의미한다.[77] 이런 가정에서라면 일본이 하이도와 연해주를 경유해 조선에 건너올 것이라는 전래의 의구심은 더욱 증폭될 수밖에 없다.

이익에 따르면 동서로 긴 일본의 지형은 그 동쪽 끝이 흑룡강 쪽으로 향하고 있다. 흑룡강 밖에서 뻗어 나온 한 가닥 지맥은 동쪽으로 뻗쳐 나가다가 남쪽으로 구부러져 일본의 북쪽 국경인 하이와 맞닿는다.[78] 또 산해관에서 동해까지는 5천 리인데, 그중 영고탑에서 동해까지는 3천 리에 해당한다. 일본 동북쪽에 있는 하이는 영고탑에서 동해로 이어지는 지점을 향해 북쪽으로 뻗어 있는데, 혹 이어지기도 하고 끊어지기도 하면서 '숙신의 땅'에 접한다. 이익은 그 지점을 정확히 추정할 수 없었다. 다만 신숙주가 『해동제국기』에서 '모인국毛人國이 흑룡강 북쪽에 있다'고 한 점을 참고할 만하다고 생각했을 뿐이다.[79]

하이가 숙신의 땅에 접해 있다는 이익의 판단은 그 시대에 널리 퍼져 있던 대표적인 속설이었다. 통신사들은 내부분 하이가 일본의 동북시방에 있으며 그 바다를 건너면 지금의 연해주 일대와 이어진다는 일본인들의 주장을 견문록에 기록했고, 이 설은 이익의 시대에도 폭넓게 확산되어 있었다. 이익은 전래의 속설을 믿어 의심치 않았다.

이익이 보는 하이는 일본에 복속된 존재가 아니었으며, 그런 면에서는 속설과 다른 측면이 있었다. 하이는 정이대장군征夷大將軍이라 칭하는 막부의 장

---

76 경상도읍지 선생안에는 김한철이라는 인물이 1743년 6월부터 1744년 12월까지 동래부사로 재임한 것으로 기록되어 있다.

77 이익, 『성호전집』, 권12, 答鄭汝逸(乙丑). 姜睡隱 看羊錄 有北海風高疑不敢渡之說 曾見之否 此亦未必然 彼每來爭鬱陵島 有直通之路 近時朴判書師洙有安龍福傳 其事極可觀.

78 이익, 『성호사설』, 권8, 人事門, 生財.

79 이익, 『성호사설』, 권3, 天地門, 生熟女眞.

군조차 굴복시키지 못했을 만큼 사나운 무리이며, 장차 막부와는 무관하게 조선에 근심이 될 수 있다고 보았다.[80]

안정복은 일본이 동해안을 노략질하거나 동북지방 습지의 바닷길을 경유해 조선을 침략할 가능성을 이덕무보다도 더 높게 보았다. 안정복은 우선 삼면이 바다인 조선의 지리 조건에 주목했다. 쓰시마와 규슈의 여러 섬에서 강원도와 동해까지는 불과 3~4일이므로 동해안 쪽에서 왜구가 출몰할 경우에 대비할 필요가 있다는 것이다.[81]

그렇다면 안정복은 하이도를 어떻게 생각했는가. 안정복은 하이도 문제에 관해서는 이수광의 『지봉유설』을 중요하게 참고했다. 이수광은 『지봉유설』에서 일본이 동서로 5천 리, 남북으로 수백 리에 달하며, 전체적으로 남북이 좁고 동서가 길기 때문에 '一' 자 모양의 나라라고 주장했다. 그에 따르면 66주 가운데 육오주가 가장 커서 54개 군을 관할하는데, 북쪽으로 하이와 접경하고 있다. 하이는 "그 땅이 광막하여 끝이 보이지 않는데, 문어·초피 등의 물품이 생산되며, 산오랑캐가 있어서 스스로 취락을 이루었다."[82] 안정복은 왜국지세설倭國地勢說을 서술하면서 이 표현을 인용 근거 없이 그대로 옮겨 적었다. 이수광은 또 "오주奧州의 평화천平和泉에서 이해夷海에 이르기까지 겨우 30리로서 야인野人과 경계를 연접連接했다"는 혹자의 말을 거론하면서 이해夷海는 이도夷島일 것이라고 보았다.[83] 그러나 이도를 하이도라고 단정 짓지는 않았다.

이수광은 하이의 실체에 대해 전혀 다른 가정을 하고 있었다. 그는 하이도를 『해동제국기』에 나오는 이른바 '모인국'으로 추정하고, 모인국의 땅이 흑룡강 북쪽에서 시작되었다는 『해동제국기』의 기사를 인용했다. 그는 또 모인국으로서의 '하이'를 고전을 통해 추정했다. 전거는 두 가지였다. "모국毛國이

---

80 이익, 『성호전집』, 권17, 答洪聖源(戊寅). 其人(蝦蚋 — 인용자)悍獷難馭 故常居東北極邊者以是也 其地迤北連於黑龍江外 假使夷性匪茹 此說得行 則我朝處之也 將如何彌縫 此亦天傾之一段間愁 國有大喪 彼不來慰 不可作歇後看 許不弔灾 春秋絶之 蟻孔之患 亦不可不防矣.

81 안정복, 『순암집』, 권19, 說, 東國地界說.

82 이수광, 『지봉유설』, 권2, 諸國部, 外國.

83 이수광, 『지봉유설』, 권2, 諸國部, 外國.

큰 바다 가운데에 있다"는 『산해경』의 기록과 "바다 밖의 모인毛人이란 이단夷亶의 고을을 가리킨다"라는 한유韓愈의 글이 그것이다. 이수광은 이어서 "서복徐福이 바다에 들어가서 이단주夷亶洲에 머물렀다"는 『후한서』의 기록을 인용하고, 夷亶을 夷亶으로, 夷를 일본 남해도南海道의 기이주紀伊州로, 亶을 남해도의 담주淡州로 각각 추정했다.[84] 이렇게 되면 하이蝦蛦=모인국毛人國=이단주夷亶洲=남해도南海道(기이주, 담주)가 된다. 하이가 모인국이고, 모인국이 일본 남해도의 기이주 담주라면, 하이로서의 모인국 땅이 육오주와 국경을 접하거나 흑룡강 북쪽에서 시작될 수는 없다. 반면 이수광이 '이도'夷島를 하이도로 보았다면 이도로서의 하이도는 흑룡강 북쪽에서 시작되어 육오주 건너 300리 지점까지 이어지는 큰 섬이 될 수도 있다.

안정복은 이수광의 정리되지 않은 정보들을 자신의 관점에서 취사선택했다. 안정복은 우선 "오주奧州의 평화천平和泉에서 이해夷海에 이르기까지 300리"[85]라는 『지봉유설』의 인용문을 재차 인용했다. 이수광은 夷海(夷島)가 하이도인지 아닌지를 분명히 하지 않았지만, 안정복은 그 300리 밖의 땅을 하이도로 보았다.[86]

안정복에 따르면 육오주는 일본 동북지방의 땅 끝이며 그 너머로 습지로 된 300리 바다가 이어져 있다. 300리 바닷길을 건너면 '여진의 땅'이 이어진다.[87] 안정복은 이수광이 언급하지 않은 습지의 바닷길을 의식하여, 그곳의 양편으로 육오주와 여진의 땅을 설정한 것이다.

육오주에서 300리 바닷길 저편에 하이도가 있다는 주장과, 육오주에서 300리 바닷길을 건너면 여진의 땅이라는 주장이 서로 논리적으로 충돌하지 않으려면 하이도가 '여진의 땅'이 되어야 한다. 안정복에게 하이는 "왜에게 복속되어 있으나 왜가 우려하는 곳"이었다. 막부 장군이 가진 정이대장군이

---

84 이수광, 『지봉유설』, 권2, 諸國部, 外國.
85 안정복은 일본의 리수가 조선의 10분의 1임을 알고 있었으므로 이수광이 30리라 한 거리를 300리로 고쳤다.
86 안정복, 『순암집』, 권19, 說, 倭國地勢說.
87 안정복, 『순암집』, 권19, 說, 倭國地勢說.

366

라는 칭호도 다름 아닌 하이를 의식한 것이라고 했다.[88]

안정복은 하이의 형세를 논하면서 강항의 『간양록』을 참고하기도 했다. 실제로 이수광이 『지봉유설』에서 아무 전거 없이 소개한 하이에 대한 정보는 강항의 『간양록』에서 따온 것이다. 다만 이수광은 하이가 왜국 전체보다 크다는 강항의 주장은 『지봉유설』에 옮기지 않았다. 안정복도 이수광을 따랐다.

안정복의 논리가 그렇게 될 수밖에 없는 것은 그가 참고한 강항과 이수광의 견해 때문이었다. 처음 강항은 ① 육오주는 하이와 마주 보고 있다는 것, ② 오주의 평화천에서 이해夷海까지가 겨우 30리(왜의 리수里數)라는 것은 자신의 견해로, ③ "하이는 우리나라 야인의 땅인데, 그 땅에서 문어와 초피 등이 많이 난다"는 것은 혹자의 말을 인용해서 기재했다.[89] 그런데 이수광이 『지봉유설』에서 거론한 혹자의 말은 "오주의 평화천에서 이해에 이르기까지 30리로서 야인과 경계를 연접했다"는 것으로 바뀌었다.

처음 강항이 인용한 혹자의 말은 그가 일본에서 들은 말로, 그 혹자가 야인野人이라고 표현한 것은 일본인이 아이누족을 야인으로 보고 있었음을 의미한다. 그런데 이수광이 아무 표시 없이 인용한 혹자의 말에서는 전혀 그런 느낌이 없다. 더구나 조선에서는 조선 동북지방의 오랑캐를 '야인' 혹은 '여진'이라고 부르던 터였다.

일본 동북지방으로부터의 군사적 위협 가능성을 우려하던 안정복으로서는 강항보다는 이수광의 견해를 더 신뢰할 수밖에 없었다. 육오주에서 습지의 바닷길을 건너 만나는 하이가 조선에서 말하는 야인의 땅, 즉 '여진의 땅'이라면 그 가능성은 더욱 높아질 것이기 때문이다.

안정복만 이런 생각을 한 것은 아니었다. 1636년 임광任絖의 부사로 일본에 다녀온 김세렴金世濂(1593~1646)도 혹자의 말을 빌려 "하이는 곧 우리나라 야인의 땅"이라 했다.[90] 결국 안정복의 추정에 따르면 일본이 습지로 된 300

88 안정복, 『순암집』, 권19, 說, 倭國地勢說.
89 강항, 『간양록』, 東山道八國, 陸奧.
90 김세렴, 『해사록』, 見聞雜錄.

리 바닷길을 건너서 조선에 군사적 위협을 가할 가능성은 높아질 수밖에 없다.

도요토미 히데요시가 이 습지의 바닷길에 대나무를 덮어 넘어오려 했다는 풍문도 안정복에게는 예사롭게 들리지 않았다. 이덕무가 보는 것처럼 일본인의 허풍이나 과장으로 치부할 문제는 아니었던 것이다. 안정복은 김세렴이 쓴 『해사록』海槎錄에서 이 풍문을 알게 되었다.[91]

안정복은 임진왜란 때 일본이 대마―부산 경로를 취한 것은 특별한 사정이 있어서이지 이 바다를 건너올 수 없었기 때문은 아닐 것이라고 생각했다. 그는 일본이 이 바다를 건널 수 있을 것으로 추정할 만한 여러 가지 실마리를 떠올렸다. 후한 때 선비족이 1천여 명의 왜호를 붙잡아 사역시킨 일, 1590년(선조 23)에 중국 군사들이 종성 부근에서 훈련한 사실을 일본이 들어 알고 있었던 것 등은 모두 연해주와 일본 사이를 쉽게 건널 수 있었기에 가능한 일로 여겨졌다. 안정복은 또 1644년 중국에 표류한 왜인들이 송환된 경로를 연해주―일본 동북지방으로 추정할 정도였다. 고사 가운데에는 원나라가 일본을 정벌할 때 이 경로를 선택하지 않은 것이 유일한 예외였다. 이는 원나라가 동아시아 지리를 제대로 파악하지 못해서 이미 오래전부터 열려 있던 이 경로를 몰랐기 때문이라고 해석했다.[92] 어떤 예외적인 사례도 안정복의 확신을 흔들리게 할 수는 없었다.

서구식 세계지도와 하이

도요토미 히데요시가 하이를 거쳐 조선을 침략하려 했다는 풍문은 조선에서 널리 퍼져나갔다. 이 속설은 동북아시아 국제질서를 지극히 유동적인 것으로 보는 조선 지식인의 상황 판단과 결합하면서 더욱 설득력을 발휘했다. 지식인들은 일본 지도를 비롯한 전통적인 지리 정보에 근거해 사태를 판단하려 했

---

91 안정복, 『순암집』, 권19, 說, 倭國地勢說(戊寅年).
92 안정복, 『순암집』, 권19, 說, 倭國地勢說(戊寅年).

다. 간간이 속설을 부인할 만한 결론을 내리는 경우가 전혀 없었던 것은 아니다. 그러나 그들은 대체로 전통적인 지리 정보를 존중했다. 전통 지리 정보에 대한 태도는 서로 달랐지만, 어느 경우든 속설을 완전히 부인하지는 못했다.

하이도의 상대 위치에 대한 정보를 담지 않았다는 점에서 전통적인 지리 정보는 결정적인 한계가 있었다. 에도시대의 일본 전도는 그 윤곽의 차이를 막론하고 하이도를 전혀 표시하지 않거나 '이도'夷島라는 이름으로 남단 끝자락만을 표시했을 뿐이다. 따라서 일본 전도만 가지고서는 하이도의 남단과 북단, 하이도와 연해주 사이의 거리 등을 판단할 수 없었다. 전통적인 중국 중심의 동아시아 지도에서 만주와 연해주, 하이도 일대는 묘사되지 않았다. 그런 의미에서 지구적 규모의 세계를 표현한 서구식 세계지도는 나름대로 강점을 가졌다고 할 수 있다.

서양 선교사가 동양 사회에 소개한 서구식 세계지도는 이 지역을 매우 특징적인 형태로 묘사하고 있다. 마테오 리치가 1584년 조경肇慶에서 만든 〈여지산해전도〉輿地山海全圖에는 한반도는 표시되어 있지 않으며 일본도 동서로 긴 형태의 무명의 섬으로 표시되었을 뿐이다. 1600년 남경南京에서 간행된 〈산해여지전도〉山海輿地全圖에서는 한반도에서 동북쪽으로 이어진 극동지방이 하나의 큰 만처럼 그려져 있고 만의 입구 자리에 일본이 두 개의 둥근 섬으로 표시되어 있다.[93]

아시아 동북부 지역의 묘사에 관한 한 마테오 리치의 세계지도는 1602년 북경에서 간행된 〈곤여만국전도〉坤輿萬國全圖에 이르러 하나의 전형을 이루게 된다. 이 지도에서 한반도의 북동 방향으로 이어지는 연해주는 곧 동쪽으로 길게 뻗다가 남동쪽으로 뻗어 돌출한 뒤 방향을 틀어 북동쪽으로 향한 후 북극해로 들어간다. 연해주 일대는 실제보다 동쪽으로 훨씬 더 넓게 묘사되었으며, 동북쪽이 길게 묘사된 일본 열도와의 사이에 하이도에 해당하는 섬이 그려져 있다. 〈곤여만국전도〉에 묘사된 아시아 동북부의 윤곽은 나가사키의 기

93 노정식, 『한국의 고세계지도』, 대구교육대학교재직동문회, 1998, 67~70쪽.

독교 교회에서 만든 세계지도와 공통점이 있다.[94] 알레니의 〈만국전도〉 역시 이 부분에 관한 한 크게 다르지 않다.

서구식 세계지도를 전적으로 신뢰한다면 이 섬을 하이도로 판정해야 할 것이고, 그렇게 되면 연해주 일대와 하이도·일본 열도 사이는 상대적으로 가깝게 느껴질 수도 있다. 그러나 〈곤여만국전도〉에서 좌도佐渡라고 적혀 있는 이 섬을 하이도로 단정하기는 어렵다. 지리적 실체를 기준으로 한다면 좌도 섬이라는 지명은 니가타현 앞바다에 있는 사도가시마佐渡島를 가리킨다.

설사 그 섬을 하이도로 단정한다 해도 문제는 남는다. 그곳이 하이도라 하더라도 하이도-연해주를 거쳐 조선으로 들어오는 것은 쓰시마를 거쳐 조선으로 들어오는 것에 비해 너무나 멀게 보인다. 더구나 서구식 세계지도에 묘사된 동북아시아 지역의 윤곽은 일본 열도가 동서로 길다는 전통적인 인식과도 정면으로 배치된다. 조선 후기 지식인들에게는 중요한 고민거리가 하나 더 생긴 셈이다. 무엇을 근거로 어떤 정보를 믿어야 한단 말인가.

17세기 초에 만들어진 것으로 추정되는 〈왕반지여지도모회증보본〉王泮識 輿地圖摹繪增補本은 그런 고민이 심화되기 직전의 모습을 보여준다. 이 지도의 원작자인 왕반王泮은 마테오 리치가 처음 조경에 정착할 수 있게 도와주면서 그와 친분을 유지한 인물이다.[96] 그가 마테오 리치의 〈산해여지전도〉를 간행한 것[96]은 결코 우연이 아니었다. 왕반이 만든 중국 지도는 17세기 조선 지식인에 의해 일본과 유구가 더해지고 노아奴兒, 홀온忽溫 등의 명칭이 추가되면서 새롭게 그려졌다.[97] 일본은 동북지방이 북향하고 있으며, 하이도는 '이도' 夷島라는 이름을 가진 독립된 섬으로 묘사되어 있다. 서구식 세계지도를 제외한 다른 어느 지도에서도 17세기 초에 이런 윤곽의 일본을 그리지 않았다는 점을 고려하면, 서구식 세계지도의 영향을 배제할 수 없다.[98] 그러나 일본의

94 노정식, 위의 책, 1998, 70~74쪽.
95 한연정, 「마테오 리치와 교류한 한인사대부」, 『明淸史硏究』, 14, 2001, 38쪽.
96 한영우, 「프랑스 국립도서관 소장 한국본 여지도」, 『한국학보』, 24: 1, 1998(『우리 옛 지도와 그 아름다움』, 효형출판, 1999, 233쪽 재수록).
97 한영우, 위의 책, 1999, 228~229쪽.

크기는 상대적으로 작으며 연해주 일대와 하이도 사이는 아주 멀리 떨어져 있다. 서구식 세계지도에 묘사된 일본 열도와 하이도의 윤곽을 따르면서도 크기, 연해주와의 상대 거리 등을 무의미하게 처리한 사례는 관련 지리 정보가 명확하게 정리되지 않은 단계의 문제의식을 드러내준다. 이 문제를 본격적으로 논의하게 되는 시기는 18세기다. 지식인들은 하이 문제와 관련하여 서구식 세계지도를 얼마나 신뢰할 만한 자료로 평가하고 있었는가.

이익은 개선된 윤곽을 담은 〈일본원비도〉를 보았지만 일본이 가로 방향의 긴 형상이라는 것을 믿어 의심치 않았다. 이익은 일본 동북쪽에 하이국이 있고, 하이국의 땅은 북쪽으로 흑룡강 바깥까지 이어진다고 보았다.[99] 이런 구성이 가능하려면 가로로 긴 일본은 동북방에서 서남방으로 누워 있는 형태가 되어야 한다. 그러나 이익이 본 『직방외기』職方外紀의 일본 지도는 가로로 긴 형상은 아니었다. 이익은 일본의 윤곽에 관해서는 서구식 세계지도를 신뢰하지 않았다. 그러나 『직방외기』에 그려진 하이도에 대해서는 매우 적극적으로 평가했다. 이익은 『직방외기』의 지도를 보면서 하이가 조선에서 멀지 않다는 자신의 추정을 확신하게 되었다. 그에 따르면 중국인들은 하이에 대해 "섬나라 오랑캐들로 동쪽 바다 가운데 있다"고만 말했을 뿐 하이의 지리적 위치를 분명히 제시한 적이 없었다.[100] 그는 『직방외기』의 지도에서 일본 본토와 연해주 사이에 연해주와 가깝게 묘사된 섬 하나를 보았다. 그는 그 섬을 하이도로 확신했다.

이익은 서양인들이 실제 지구를 일주하면서 그 섬을 보았기 때문에 그렇게 표현했을 것이라고 추정하면서, 서구식 세계지도에 묘사된 하이의 위치를 신뢰할 만하다고 평가했다.[101] 그러나 엄밀한 의미에서 보면 이는 이익이 서구

---

98 한영우, 위의 책, 1999, 242쪽.
99 이익, 『성호사설』, 권17, 人事門, 日本忠義.
100 전래의 문헌을 집대성했다는 『고금도서집성』에서조차 하이에 대한 정보는 지극히 소략하다.
101 이익, 『성호전집』, 권55, 跋職方外紀. 日本之地 本自胡地逆入海中 故其西北蝦夷之地 廣漠連陸 是於中原爲東北之國 而實在我邦之外矣 中原人只知其爲島夷 而不曾詳之 據輿地圖皆在東洋中 彼西士者 若不身歷而目擊 何從而知其如此乎 吾耳目之外 亦可斷其不全爲鑿空也.

_〈왕반지여지도모회증보본〉. 이 지도는 서구식 세계지도의 영향을 받아 일본을 동북지방이 북향하고 있는 것으로 그렸으며, 하이도를 '이도'라는 독립된 섬으로 표현했다. 채색필사본, 17세기 전반, 180.0×190.0cm, 프랑스 국립도서관.

식 세계지도를 하이에 관한 속설과 부합하는 쪽으로 자의적으로 해석한 것에 가깝다. 만일 이익이 서구식 세계지도에 그려진 동북아시아 일대의 윤곽을 신뢰했다면, 하이―연해주―조선으로 연결되는 길이 쓰시마―조선으로 연결되는 길에 비해 얼마나 먼지를 말했어야 하지 않을까. 하이를 경계의 대상으로 보던 이익은 이에 대해 아무런 언급도 하지 않았다.

안정복이 일본 지도와 동양 고전의 관련 기사들을 근거로 하이의 위치를 추정한 것은 그가 서구식 세계지도를 전혀 접할 수 없었기 때문일까. 그는 일본의 동쪽 망망한 바다 건너편에 수만 리나 떨어진 오랑캐가 일본을 위협할 수 없으며, 오로지 일본의 서쪽 국경 한 모퉁이가 조선과 접하고 있을 뿐이라고 판단했다. 안정복은 그 망망한 바다를 대동양大東洋이라고 불렀다. 그 근거는 물론 서구식 세계지도였다.[102]

당시 조선에서 볼 수 있었던 서구식 세계지도 가운데 일본 동쪽 바다를 대동양이라고 부른 것은 마테오 리치의 〈곤여만국전도〉가 유일하다. 안정복은 이 지도를 '이태서利泰西의 만국도萬國圖'라고 불렀는데,[103] 마테오 리치가 그의 중국인 친구들로부터 '서태자'西泰子, '태서泰西 이공리公' 등으로 불렸던 사실로 미루어보면[104] 그 점은 더욱 분명하다. 안정복이 일본의 위치를 논하면서 근거로 삼은 것은 마테오 리치의 〈곤여만국전도〉였던 것이다.[105]

안정복은 또 하이도가 일본의 동북쪽에 있으며 조선의 육진 지역과 바다를 사이에 두고 있다고 말했다.[106] 만일 그가 하이도나 연해주 일대가 조선과 위도 차이가 많이 나는 곳으로 생각했다면 이런 주관적인 거리감은 생겨날 수 없다. 서구식 세계지도, 특히 안정복이 접한 마테오 리치의 지도에서 연해주

---

102 안정복, 『순암집』, 권19, 說, 倭國地勢說.
103 안정복, 『순암집』, 권19, 說, 倭國地勢說.
104 한영정, 앞의 글, 2001, 53쪽.
105 안정복은 이 밖에도 알레니의 〈만국전도〉를 보고 베껴두었을 뿐만 아니라, 지구의용 세계지도 형식으로 요동과 만주 지방을 그린 〈영고양계요동전도〉寧古兩界遼東全圖도 필사한 것으로 추정된다(김양선, 「韓國古地圖硏究抄」, 『숭실대학보』, 10, 1965, 73쪽; 秋岡武次郎, 「安鼎福筆地球儀用世界圖」, 『歷史地理』, 61권 2호, 1933(노정식, 앞의 책, 1998, 82쪽에서 재인용).
106 안정복, 『순암집』, 권7, 書.

_ 〈곤여만국전도〉의 일본 열도 부분. 마테오 리치는 일본에 접해 있는 동쪽 바다를 '소동양'小東洋, 태평양 일대를 '대동양'大東洋이라고 했다.

일대는 조선의 관북지방과 위도 차이가 거의 나지 않는 형태로 묘사되어 있다. 이런 점으로 미루어보면 그가 〈곤여만국전도〉를 참고해 하이도와 육진의 위도 관계를 추정했을 가능성이 크다.

안정복은 서구식 세계지도에 묘사된 동북아시아의 윤곽을 전적으로 신뢰했던 것일까. 안정복의 인식은 조선의 위상을 설정하는 방식에서도 드러난다. 안정복은 조선팔도의 위도를 중원대륙의 각 성과 대비시켜 설명했다. 그에 따르면 조선의 함경도·평안도·강원도는 중국의 순천부와 동일한 위도이며, 제주도는 중국의 복건성과 동일한 위도다. 조선의 위도를 중원대륙 대부분의 위도와 맞먹는 범위로 설정한 것이다.[107] 조선을 이렇듯 과장해서 그린 사례는 그가 보았다는 〈곤여만국전도〉뿐만 아니라 당시의 다른 어느 서구식 세계지도에서도 확인되지 않는다. 이것은 사실상 매우 자의적인 해석이었다.

안정복은 일본이 동북지방에서 서남지방까지가 동서로는 4천 리, 남북으로는 800리에 불과한 옆으로 긴 형상이며, 동북에서 서남까지가 조선과 마주 보고 있다고 말했다.[108] 〈행기도〉 이후 겐로쿠 연간의 일본 지도에 이르기까지, 조선이 파악한 일본 지도들은 거의 예외 없이 동서로 긴 형태이며 안정복이 본 것도 그중의 하나였다. 그런 일본이 전체적으로 조선과 마주 보는 형태가 되려면 동북에서 서남 방향으로 비스듬히 누워 있지 않으면 안 된다.[109] 〈곤여만국전도〉를 비롯한 서구식 세계지도들은 동서로 길게 묘사된 겐로쿠 연간의 일본 지도에 비해 개선된 윤곽을 보여주었지만 안정복은 세계지도에 그려진 일본의 모습보다는 겐로쿠 연간의 일본 지도를 신뢰했다.

하이도의 경우도 마찬가지다. 일본 근세에 출판된 일본 전도에는 하이도가 아예 그려지지 않았거나 남쪽 끝자락만이 이도夷島, 이협夷挾 등의 이름으로 표시되어 있다. 이도는 사실상 하이도이지만, 어느 지도에서도 하이도라고 구체적으로 명시하고 있지 않다. 안정복의 추정에 따르면 육오주 위로 하이도가 있어야 하고, 서구식 세계지도는 그런 추정에 한 가지 근거가 되었음 직하다. 그러나 안정복은 서구식 세계지도에 그려진 일본 동북지방의 섬에 대해 아무런 언급도 남기지 않았다. 안정복이 보았던 〈곤여만국전도〉에는 이 섬이 좌도佐渡라고 명시되어 있다. 사실상 이 지명은 하이도와 무관하다. 물론 안정복이 이 사실을 알고 있었을 가능성은 높지 않다. 그러나 안정복은 위치상 하이도가 되어야 할 섬이 좌도로 표시된 것에 대해 아무런 논평을 남기지 않았다. 안정복은 〈곤여만국전도〉에 그려진 이 섬이 자신이 일본 지도와 동양 고전의 사례를 통해 추정한 하이도라고 확신할 수 없었던 것이다.

---

107 한영우, 『조선 후기 사학사 연구』, 일지사, 1989, 340쪽.
108 안정복, 『순암집』, 권19, 說, 倭國地勢說.
109 그에 비해 이덕무는 남북 방향의 윤곽이 개선된 〈일본원비도〉를 참고했기 때문에 일본이 사람 '인' 人 자 모양이라고 말할 수 있었다. 그러나 그 역시 안정복처럼 동북에서 서남까지 일본이 조선과 마주 보고 있다고 생각했다.

정약용은 지구설을 긍정하고 지도를 만들 때 경위도가 필요하다는 점을 인정하면서도, 서구식 세계지도에 묘사된 소략한 조선의 윤곽을 신뢰하지 않았다. 그보다는 정상기의 〈동국지도〉류가 훨씬 더 정확하다고 생각했기 때문이다. 일본의 경우도 마찬가지였다. 정약용은 서구식 세계지도에서 남북으로 길게 묘사된 일본 열도의 윤곽을 믿지 않았다.

지리 정보가 충분치 못한 하이도도 문제였다. 그가 녹우당에서 보았을 일본 지도에는 하이도의 남쪽 끝자락만이 표시되어 있을 뿐이어서 그것만으로는 하이도의 윤곽과 위도를 확인할 길이 없었다.[110] 정약용이 유일하게 의존할 수 있는 것은 서구식 세계지도였다. 그가 본 서구식 세계지도에는 조선의 동북지방으로부터 동북쪽 방향으로 여진, 노아간奴兒干, 백호白湖 등이 이어져 있었다. 그는 조선의 관북지방에서 백호까지는 10여 도의 경도 차이가 나는데, 거리로는 약 3천 리에 해당한다고 했다. 또 백호 남쪽 끝에 일본의 동북지방과 마주 보는 이름 없는 섬이 하나 있는데, 이 섬이 바로 하이도일 것이라고 추정했다.[111]

지도에 따르면 그 무명의 섬은 조선의 관북지방과 위도가 같다. 그런데 정약용은 같은 글에서 일본이 동서로 길게 누워 있으며 일본 동북지방과 마주 보는 하이도의 남단이 동래부나 울산부와 위도가 같을 것이라고 말했다.[112] 그렇다면 지도상의 무명의 섬이 하이도가 되기 위해서는 하이도가 지도에 표시된 것보다 훨씬 더 커야 한다. 그의 논리대로라면 하이도는 조선의 울산부에서 관북지방에 이르는 같은 위도상에 걸쳐 있어야 하기 때문이다.

정약용은 이덕무가 중시했던 하이에 관한 세간의 속설을 부정할 수 있게

---

110 정약용은 유배 시절 외가에 있던 윤두서의 일본 지도를 보았다. 이 일본 지도는 그동안 〈본조도감강목〉의 사본으로 여겨져왔지만(배우성, 「정조시대 동아시아 인식과 해동삼국도」, 정옥자 외, 『정조시대의 사상과 문화』, 돌베개, 1999); 오상학, 「조선시대의 일본 지도와 일본인식」, 『대한지리학회지』, 38-1, 2003) 대영도서관에 소장된 〈신판일본도대회도〉新版日本圖大繪圖가 원본에 더 가깝다는 견해가 최근 제기되었다(차미애, 「恭齋 尹斗緒의 國內外 地理認識과 地圖作成」, 『역사민속학회』, 37호, 2011, 332~342쪽).
111 정약용은 자신이 본 지도를 〈곤여도〉坤輿圖라 했는데, 이런 구성을 보이는 것은 알레니의 『직방외기』에 실려 있는 세계지도다.
112 정약용, 『여유당전서』, 詩文集, 雜評, 李雅亭備倭論評.

376

되었다. 하이도가 그렇듯 넓은 지역에 펼쳐져 있다면 결코 일본이 쉽게 경유할 수 없을 것이기 때문이다. 그렇다면 하이에서 곧장 조선의 관북지방으로 항해해올 수도 있지 않을까. 그는 그것도 사실상 불가능하다고 보았다. 3천 리에 달하는 해로상의 거리도 문제지만 높은 파도는 더 큰 문제이기 때문이다.[113]

정약용은 하이가 일본과 교역하고 있으며, 선박 제조와 항해에 능하다는 점을 인식하고 있었다. 그런 면에서 조선의 국방을 위협하게 될 가능성을 완전히 무시할 수는 없는 일이다. 그러나 하이의 지리적 위치로 볼 때 그것은 사실상 불가능한 일이었다. 결국 그는 하이를 경유한 일본의 침략 가능성도 우려할 필요가 없다는 결론에 이르게 된다. 400리 수령 길의 이야기는 원래 일본이 조선을 속이기 위해 만들어낸 것이므로 믿을 필요가 없다는 것이다.[114]

정약용은 서구식 세계지도를 토대로 하이의 위치를 추정하면서도 하이의 크기를 서구식 세계지도와는 다르게 봄으로써 지도의 신뢰도에 의문을 표시했다. 결국 문제는 서구식 세계지도의 지리적 내용이 얼마나 합리적이며 타당한가에 있지 않았다. 서구식 세계지도에 담긴 내용을 절대적인 것으로 받아들이지 않았다는 점에서는 정약용도 마찬가지다. 서구식 세계지도는 하이의 위치를 판단하는 데 도움이 되는 여러 참고자료 중 하나였을 뿐이다. 서구식 세계지도가 보여준 세계상을 인정한다는 것은 거기에 그려진 하이의 윤곽과 위치를 믿는다는 것과는 별개의 문제였다. 대부분의 조선 지식인들에게 하이는 자연지리가 아니라 정치지리에 관한 주제였기 때문이다.

113 정약용, 『여유당전서』, 詩文集, 雜評, 李雅亭備倭論評.
114 정약용, 『여유당전서』, 詩文集, 雜評, 李雅亭備倭論評.

3장. 중화 밖 세계로 지리적 시야를 확대하다

〈강리도〉와 그 사본들의 제작

〈강리도〉에 그려진 조선

강희제의 〈황여전람도〉皇輿全覽圖, 이노우 다다타카伊能忠敬(1745~1818)의 〈대일본연해여지전도〉大日本沿海輿地全圖, 그리고 김정호金正浩(?~1866)의 〈대동여지도〉大東輿地圖는 전근대 동아시아 세 나라를 대표하는 지도라고 해도 과언이 아니다. 이 가운데 〈대동여지도〉는 가장 늦은 시기에 완성되었으면서도 가장 전통적인 방식을 채택한 지도다. 그런 의미에서 〈대동여지도〉는 한국 지도학의 성과를 집대성한 지도라고 말할 수 있다. 김정호는 중국 고대의 지도 제작술인 방안도법方眼圖法을 기초로 하면서, 천문 측량의 성과를 반영하여 〈대동여지도〉를 제작했다. 그것은 전통적인 아이디어 속에 새로운 요소를 용해시키는 방식이었다고 할 수 있다. 이런 문제의식은 기술적인 영역뿐만 아니라 문화적인 영역에서도 잘 드러난다. 1402년에 조선에서 제작된 〈혼일강리역대국도지도〉混一疆理歷代國都地圖(이하 〈강리도〉로 줄여서 부르기로 한다) 역시 그 중 하나다.[115]

---

[115] 특별히 소장처별 사본을 구분할 필요가 있을 때는 류코쿠대학본, 혼코지본, 덴리대학본 등으로 구별해 부르기로 한다. 〈강리도〉의 세계 구성과 지도의 내용에 대해서는 오상학, 『조선시대 세계지도와 세계인식』, 창비, 2011, 91~133쪽 참조.

〈강리도〉가 유라시아 대륙과 아프리카 등 구대륙 전체를 망라한다는 점에서 특별한 의미가 있는 것은 사실이다. 그러나 〈강리도〉에서 이슬람의 지리 정보들이 한족漢族 지식인들에 의해 중원대륙을 중심으로 재구성되었다면, 그 도면에서 지리적 시야의 확대만을 읽어내는 것은 지나치게 일면적인 일이 되고 말 것이다. 확대된 세계 안에는 여전히 지리적 중화관이 내재되어 있기 때문이다. 단순히 중원대륙의 크기가 문제가 되는 것은 아니다. 중원대륙의 서쪽 전체가 극도로 왜곡된 현상 역시 지리적 중화관이 작동한 결과이다. 〈강리도〉는 새로 알게 된 넓은 세계와 전통적인 중화세계관이 모두 표현된 도면인 것이다.

〈강리도〉가 지리적 시야의 확대를 웅변해주는 것은 분명한 사실이지만, 동아시아를 벗어난 넓은 지역은 한자문화를 공유하는 동문同文의 세계로 간주되기 어려웠을 것이다. 이는 고려 말 지식인들이 가지고 있던 세계관과 무관하지 않다. 만권당萬卷堂을 통해 몽골제국의 한족 지식인들과 교류했던 고려의 지식인들은 몽골제국이 중원의 패자이며 동시에 유교문화의 계승자라는 점을 높이 평가했다. 몽골제국은 유목문화와 무슬림 문화를 동시에 가졌다는 점에서 역대 중원대륙의 패자들과 달랐다. 그러나 고려의 지식인들은 그들이 가진 그런 이질적인 모습에 주목하지 않았다.[116] 그들에게 몽골제국은 동문同文의 세계이며, 그런 점에서 역대 중원대륙의 패자와 다를 바 없었다.

이제현, 이색 등 고려 말 성리학 도입을 주도한 지식인들은 대체로 그렇게 생각했다. 물론 생각을 달리한 지식인들이 없었던 것은 아니다. 정도전을 중심으로 한 혁명파 지식인들은 형세론에 의거한 화이론을 거부했다. 그들은 혈연, 명분, 의리를 중시하는 화이론을 전개했다. 이런 입장에 서면 원나라는 오랑캐이며 새로 중원대륙의 패자가 된 명나라가 중화가 된다.

문제는 이 두 집단의 화이론 가운데 문화적 화이론이 공유되고 있다는 점에 있다. 이제현이나 이색이 원나라를 중화로 여겼을 때에도, 정도전이 명나

116 채웅석, 「원 간섭기 성리학자들의 화이관과 국가관」, 『역사와현실』, 49, 2003.

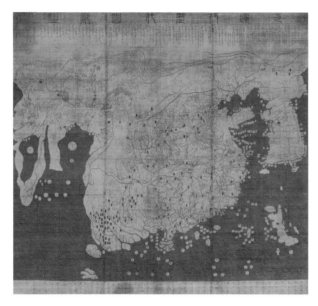

_ 〈혼일강리역대국도지도〉. 이 지도는 유라시아와 아프리카 등 구대륙 전체를 포함하고 있지만, 지리적 중화관으로 인해 서쪽 지역이 심하게 왜곡되어 있다. 채색필사본, 1402년, 158.5×168.0cm, 일본 류코쿠대학 도서관.

라를 중화로 여겼을 때에도 그들은 모두 문화의 계승을 중화의 기본 요건으로 간주했다. 대상은 달랐지만 최소한 한 가지 기준은 공유되고 있었던 것이다. 문화적 중화세계는 한자문화와 유교문화를 공유하는 동문의 세계다. 이 지점에서 몽골제국과 명나라 사이의 영역 차이는 그리 중요한 문제가 아니다. 어느 곳이 중화문화를 체현하고 있는가가 중요했다. 중화문화가 구현된 땅, 즉 동문의 세계라는, 당시 사람들의 관점에서 보면 동아시아를 벗어난 넓은 땅은 그다지 중요한 곳이 아니었다. 구대륙 전체를 그린 〈강리도〉와 동아시아 일대를 묘사한 〈혼일역대국도강리지도〉混一歷代國都彊理地圖의 차이는 사실상 오늘날 학자들이 생각하는 것처럼 크지는 않았다.

　새롭게 알게 된 넓은 세계를 중화세계관의 프리즘을 통해 이해하는 태도는 조선시대 전 시기에 걸쳐서 확인된다고 해도 과언이 아니다. 그러나 15세기 조선 지식인들은 〈강리도〉에 그려진 유라시아 대륙과 아프리카를 중화세계가 아니라는 이유로 무시하지는 않았다. 그곳은 말하자면 '굳이 그리지 않을 이유가 없는' 그런 공간이었다. 조선이 중국이 아니기 때문에 가지게 되는 자연스러운 차이를 애써 부정하려고 하지 않았던 것도 비슷한 맥락이다. 〈강리도〉에 들어 있는 조선 지도는 15세기 조선의 문제의식을 잘 보여준다는 점에서 중요하다.

〈강리도〉에 묘사된 한반도의 산줄기를 자세히 살펴보면 백두산에서 흘러내린 산줄기가 끊겨 있는 것처럼 보인다. 고려의 경계 안에 백두산 일대가 포함되지 않았기 때문에 빚어진 현상일 수도 있다. 백두산이라는 지명이 보이는 것도 의미 있는 현상이다. 한반도에는 소백산小白山, 백산白山, 백덕산白德山, 태백산太白山 등 '백'白자가 들어가는 산 이름이 많이 보인다. 이것들은 여러 백산을 구성한다. 백두산은 이런 여러 백산들 가운데 머리가 되는 산으로 여겨졌다.

〈강리도〉에는 고려시대 지도의 흔적도 남아 있다. 산줄기는 고려의 도읍인 개성부로 가깝게 이어지는 반면, 조선의 수도 한양까지는 연결되어 있지 않다. 전근대 사람들은 산줄기가 이어지는 것을 산을 통해 땅의 기운이 전달된다는 의미로 해석했다. 〈강리도〉에서 산줄기가 한양으로부터 먼 곳에서 끝나는 것은 아직도 고려시대의 관념이 남아 있음을 보여준다. 그런데 벽란도는 중국 사신이나 아랍 상인들이 고려의 수도 개성에 드나들 때 이용하던 곳인데도 이 지도에서 찾아보기 어렵다. 중부 이남의 포구가 비교적 충실하게 표시된 것과는 상반된 현상이다.

새 왕조의 창업과 관계된 특별한 지명이 등장한 경우도 있다. 청천강 가까운 곳에 위화도威化島라는 섬이 보인다. 압록강 하구에 있는 위화도를 청천강 하구에 묘사해놓은 것은 오류다. 그러나 조선왕조의 입장에서 보면 위화도는 반드시 기억해야 하는 곳이었다. 1388년 명나라가 철령위를 설치하겠다고 통보해오자 고려의 우왕은 최영, 이성계, 조민수 등에게 요동 정벌을 명했다. 요동 정벌에 반대하던 이성계는 결국 위화도에서 군사를 돌린 뒤, 우왕과 최영을 내쫓았다. 위화도는 조선의 건국 과정에서 중요한 단서가 된, 역사적인 장소였다. 15세기 조선으로서는 이 장소가 특별히 중요할 수밖에 없다.

안변에서 멀지 않은 곳에 석왕釋王이라는 지명이 보인다. 석왕은 '왕이 될

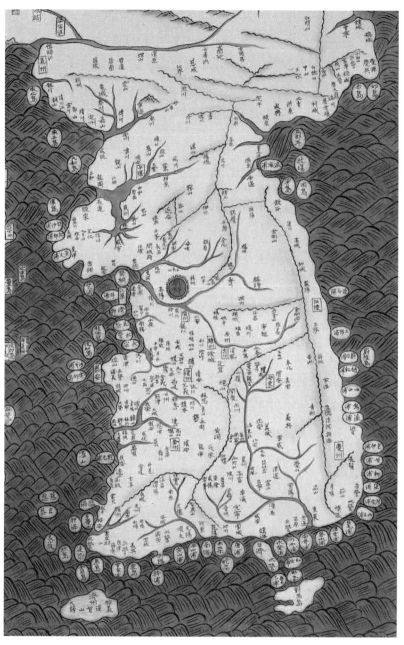

_ 〈혼일강리역대국도지도〉의 조선 일대. 일본 류코쿠대학 소장 지도 모사본. 15세기에 만들어진 이 지도에는 고려시대 지도의 흔적이 남아 있으며, 조선왕조 창업과 관련된 지역이 강조되어 있다. 채색필사본, 1480년대, 158.5×168.0cm, 서울대학교 규장각 한국학연구원.

것이라고 해석하다'라는 의미다. 18세기에 편찬된 지리서 『택리지』에는 이곳 지명이 왜 석왕인지를 알려주는 내용이 들어 있다. "영흥 남쪽 100리 지점은 안변부인데, 철령 북쪽에 있다. 고을 관아 서북쪽에 석왕사가 있다. 이성계가 왕위에 오르기 전에 세 개의 서까래를 등에 짊어지고, 꽃이 날리며, 거울이 깨지는 꿈을 꾸었다. 이성계가 무학스님에게 물으니, 무학이 말하기를 '등에 세 개의 서까래를 진 것은 임금 '왕'王 자입니다. 꽃이 날렸으면 마침내 열매가 있을 것이고, 거울이 깨지면 어찌 소리가 없겠습니까'라고 하였다. 이성계가 크게 기뻐하였다. 이성계가 그 뒤 왕이 된 후에 절을 세워 석왕사라 하였다." 조선의 지식인들은 무학이 이성계가 왕이 될 것임을 예언했고, 또 역사가 그 예언대로 되었다고 믿었다. 그런 그들에게 석왕은 중요한 곳일 수밖에 없다.

〈강리도〉에는 건국의 주인공인 이성계뿐만 아니라, 그의 선대의 일화가 얽힌 곳도 기록되어 있다. 함경도 동해안 쪽에 적도赤島가 보인다. 이곳은 이성계의 증조부인 이행리李行里(익조)와 관련이 있다. 『태조실록』에 이런 이야기가 전한다. "이행리는 평소 친분이 있던 여진족들이 자신을 박해하려 한다는 소식을 듣게 되었다. 그는 부인과 함께 적도로 피신하려 했다. 적도의 북쪽 언덕에 이르렀으나, 물길은 600보에 달하였고 약속되었던 배가 또한 오지 않았다. 그런데 조수가 없는 이곳에 갑자기 물이 빠져서 건널 수 있게 되었다. 이행리와 그 일행이 강을 건너자 다시 물이 불어나 쫓아오던 적병은 건너지 못하게 되었다. 북방 사람들이 이 일을 두고 '하늘이 도운 것'이라고 하였다."[117] 세종은 이 이야기를 기억하고 함경도 감사에게 적도에 대해 조사해 보고하라고 명을 내렸다.[118] 적도에 관한 이야기는 세종의 명에 따라 편찬된 『용비어천가』龍飛御天歌(1445, 세종 27)에도 들어 있다.

류코쿠대학본의 특징 가운데 하나는 함경도의 남병영·북병영, 그리고 경기·경상·충청·전라도 등의 병영과 수영이 표시되어 있는 것이다. 군사적인

117 『태조실록』, 총서.
118 『세종실록』, 세종 19년 8월 1일.

관심이 지도에 깊이 반영되었음을 짐작하게 해준다. 함경도의 포구로는 조지포曹至浦와 낭성포浪城浦 두 곳만이 기록되어 있다. 1449년(세종 31) 세종은 함경도감사 권맹손權孟孫의 건의를 받고 진명포鎭溟浦의 병선兵船을 낭성포로 옮기고, 임성포林城浦의 병선을 조지포에 옮기도록 허락했다.[119] 이 두 항구에 병선을 새로 배치한 것은 왜구로부터의 군사적 위협에 대비하기 위해서였다.

동남 해안쪽 포구를 집중적으로 묘사한 것도 그 때문이다. 먼저 한반도와 바로 맞닿아 있는 것처럼 묘사된 쓰시마를 보자. 〈강리도〉에 삽입된 일본 지도는 〈행기도〉라는 이름으로 불리는데, 〈행기도〉에는 쓰시마가 없다. 실제 15세기 조선 지식인들 중에는 쓰시마를 조선의 고토로 여기는 사람들도 있었다. 〈강리도〉의 최초 제작자로서는 쓰시마를 일본의 일부로 묘사할 필요성이 거의 없었던 것이다. 쓰시마의 위치는 15세기 조선이 쓰시마 출신 왜구의 압박을 어떻게 이해했는지를 잘 보여준다. 쓰시마는 일본 열도가 아니라 한반도에 거의 붙어 있는 것처럼 묘사되어 있다. 반면 이키시마壹岐島는 훨씬 멀리 떨어져 있다. 이키시마와 쓰시마 가운데 쓰시마의 왜구를 훨씬 더 중요하게 보았음을 반영한다.

쓰시마와 한반도는 두 갈래로 이어지는 것처럼 묘사되어 있다. 우선 쓰시마는 수영이 있는 거제도 방면으로 오사을포를 사이에 두고 이어진다. 쓰시마는 또 병영이 있는 창원과 내이포, 지세포, 조태포 등을 사이에 두고 연결된다. 이 두 갈래의 방향이 모두 병영 혹은 수영과 연결된다는 점은 쓰시마의 위협을 중시했음을 의미할 뿐만 아니라, 유사시 병수영을 통해 그들의 동향을 단속하려는 의도가 반영되었을 것이다.

내이포(제포)는 부산포, 염포와 함께 삼포로 불리던 곳이다. 1443년(세종 25) 조선 정부는 왜구를 평화로운 통교자로 전환시키기 위해 이곳에서 무역하는 것을 허락했다. 이곳에 그들을 위한 거주지도 마련했다. 물론 왜구 통제책의 일환이었다. 그 뒤 1449년(세종 31) 쓰시마의 좌위문대랑左衛門大郎이 조선 예

119 『세종실록』, 세종 31년 9월 30일.

조에 글을 올려 경상도의 각 항구에서 마음대로 무역할 수 있도록 해줄 것을 청했다. 조선 조정은 울산의 염포 한 곳을 추가 지정해주었다.[120] 이곳 왜인들은 1510년(중종 5) 쓰시마에서 온 원병들과 함께 삼포왜란을 일으키고 내이포(제포) 성을 점령하는 등 문제를 일으켰다. 조선 조정은 군대를 파견하여 이들을 진압했다. 류코쿠대학본에서 쓰시마─내이포(제포)로 이어지는 라인이 강조된 것은 이런 사정을 반영한다. 왜구는 이미 고려 말부터 문제가 되기 시작했다. 그러나 1402년에 쓰시마와 내이포의 거리가 특별히 가깝게 여겨졌어야 할 이유는 없다. 이 점을 고려해본다면, 최초의 〈강리도〉(1402)에서는 쓰시마와 내이포의 관계가 다르게 묘사되지 않았을 가능성도 배제할 수 없다.

쓰시마에 가깝게 그려진 또 다른 섬으로 오사을포吾思乙浦가 있다. 성종 때 경연이 열린 자리에서 유자광이 왜구가 전라도 흥양興陽에 들어와 노략질을 한 사건을 거론했다. 홍응은 전라도와 경상도의 수영 군사를 동원하여 여러 섬을 수색하는 방안을 제안했다. 이때 경상도 수영 수군이 수색 거점으로 거론한 곳이 오사을포였다. 〈강리도〉에는 吾士乙浦라고 묘사된 곳이다.[121] 〈강리도〉에서 거제도와 쓰시마 사이에 오사을포를 그린 이유를 짐작할 수 있다.

오사을포는 실록에 나오는 오아포吾兒浦와 동일한 곳인 듯하다. 오사을포의 발음은 실제는 '오살포'일 것이고, 오살포는 '오알포'를 거쳐 '오아포'가 될 수 있다. '오아포'라는 지명은 세종 때부터 인조 때까지 간간이 실록에 보이는데, 오사을포는 『성종실록』에서 한 번밖에 보이지 않는다. 류코쿠대학본에 담긴 정보가 성종 대에서 머지않은 시점의 지리 정보를 반영하고 있다는 사실을 이 지명에서도 읽을 수 있다.

류코쿠대학본에는 왜구에 대해 강경책을 구사하던 15세기 조선의 시선이 깊숙이 배어 있다. 이 사실은 경상도에서 강원도 연안에 이르는 포구 관련 정보에서 읽을 수 있다. 지도에 섬처럼 그려진 것들은 남해도, 거제도, 울릉도, 쓰시마를 제외하고는 모두 포구다. 이곳들은 예외 없이 일본 방면의 왜구를

120 『세종실록』, 세종 31년 1월 18일.
121 『성종실록』, 성종 21년 1월 5일.

진압하거나 경계하기 위해 군사기지가 설치되었다.

〈혼일역대국도강리지도〉, 〈화동고지도〉華東古地圖 등은 〈강리도〉와 유사한 윤곽을 가졌지만, 다른 사본들이다. 이 지도들은 동아시아 일대만 묘사하고 있다는 점이 〈강리도〉와 다르다. 지명과 발문 등으로 미루어보면 이 지도의 사본들은 1526년 이후에 제작된 것으로 추정된다.[122] 조선 지도만 놓고 보더라도 〈강리도〉와 〈혼일역대국도강리지도〉 계열의 지도는 적지 않은 차이가 있다. 〈혼일역대국도강리지도〉에서는 경상도에서 강원도에 이르는 한반도 동남 해안 일대의 군사기지 정보가 대부분 생략되어 있다. 여말선초의 왜구 창궐, 세종 대 쓰시마 정벌, 계해약조, 삼포왜란 등 동남쪽에 있었던 치안상의 문제들이 거의 의식되지 않았던 사정을 보여준다. 쓰시마를 묘사하는 방식에도 차이가 있다. 〈혼일역대국도강리지도〉에서는 쓰시마가 한반도에서 약간 떨어진 곳에 위치하고 있다. 또 〈화동고지도〉는 한반도의 남해안과 쓰시마 사이에 가덕도를 그렸다. 모두 삼포왜란이 지난 이후의 상황을 반영하고 있다.

류코쿠대학본 조선 지도의 충청도 연안에 파지도波知島, 안행량安行梁, 사근포沙斤浦가 섬처럼 묘사되어 있다. 안행량은 안흥량安興梁, 사근포는 사포蛇浦를 가리킨다. 파지도는 충청 수영에 소속된 지휘관이 배치된 곳이며, 안흥량과 사포 역시 다른 수군 지휘관들이 방어를 위해 집결하는 곳이었다.[123] 경기도 연안에 그려진 덕적도德積島는 태조 때 왜구가 출몰한 지역이며, 영종도永宗島, 화량진花梁鎭, 제물포濟物浦, 정포井浦, 교동도喬桐島 등은 모두 경기도 해안 방어의 중심지였다. 황해도 연안에 그려진 가을포加乙浦, 오예포吾乂浦, 아랑포阿郎浦, 허사포許沙浦 등의 포구들도 같은 의미를 지닌 곳이다. 가을포와 오예포는 각각 강령康翎·옹진甕津에 속하며, 아랑포·허사포는 장연에 속한다. 이곳들은 모두 황해도 수영 소속의 병선이 배치되어 있었다.[124]

전라도의 경우 녹도·마도·금갑도·진도·암태도·자은도 등은 섬이며, 금

122 오상학, 앞의 책, 2011, 135쪽.
123 『세종실록』, 세종 16년 10월 15일.
124 『세종실록』, 세종 22년 3월 11일.

모포·다경포·달량포·회령포 등은 섬처럼 그려져 있지만 포구다. 이 가운데 녹도, 회령포, 마도, 달량포, 다경포, 금모포, 군산도 등은 경상도와 마찬가지로 만호가 배치된 군사기지다. 그런데 이 전라도 연안의 정보는 왜구 문제와는 다른 맥락이 들어 있다. 목장의 소재와 그 관리, 관할에 관한 내용이 적지 않게 들어 있는 것이다. 『세종실록』에 따르면, 다경포, 압해도, 진도, 금갑도, 임치도, 자은도 등에는 목장이 설치되어 있었다.[125] 장산목이라는 지명도 장산도라는 섬에 목장이 있었음을 말해준다. 함경도의 마랑이도, 목장 등도 도서 지역에 분포하고 있던 목장 중 일부를 나타낸 것이다.

〈강리도〉 사본의 제작 시기와 배경

〈강리도〉의 사본들은 언제, 어떤 시대적 배경에서 복제되었을까. 학계의 성과에 따르면, 류코쿠대학본은 1480년대, 덴리天理대학본은 1549~1568년, 혼묘지本妙寺본은 1549~1567년, 그리고 혼코지本光寺본은 류코쿠대학본 이후에 제작된 것으로 추정된다.[126] 류코쿠대학본은 현재 남아 있는 사본들 가운데 〈강리도〉가 처음 제작된 시기와 가장 가까운 때 제작된 것으로 평가된다.

선행 연구들은 대부분 류코쿠대학본이 모사된 하한 시점을 밝혀내는 데 노력을 기울여왔다. 그러나 다른 가능성에도 주목해볼 만하다. 일관되게 지명이 반영되거나 그렇지 않은 시점이 있는지를 확인할 필요가 있는 것이다. 만일 그런 경향이 확인된다면 실물로 남아 있지 않더라도 해당 기간 중에 다른 사본이 제작되었을 가능성을 유추해볼 수 있다.

---

125 『세종실록』, 세종 28년 1월 23일; 세종 18년 7월 25일.
126 류코쿠대학본의 모사 시점에 대해 현재까지 제기된 설에 대해서는 조지형, 「혼일강리역대국도지도의 제작 시기-류코쿠본을 중심으로」, 『이화사학연구』, 42, 2011, 65~68쪽 참조. 최종적인 모사 시점의 하한선에 대해서는 1480~1534년(오상학, 앞의 책, 2011), 1479~1485년(Kenneth R. Robinson, "Chosŏn Korea in the Ryūkoku 'Kangnido': Dating the Oldest Extant Korean Map of the World(15th century)", Imago Mundi, 59:2, 2007], 1481~1485년(조지형, 같은 글, 2011)으로 추정되고 있다. 이 책에서는 현재까지 추정 시기가 겹치는 1480년대를 잠정적인 모사 하한 시점으로 삼고 논의를 전개하기로 한다. 필자는 그 하한 시점보다 어떤 다층의 시간값이 지도 안에 포함되어 있는지에 대해 더 관심이 있기 때문이다. 류코쿠대학본을 제외한 다른 사본들의 제작 시기에 대해서는 오상학, 앞의 책, 2011, 105~110쪽 참조.

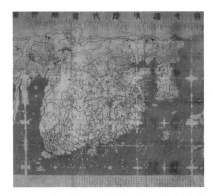

_ 〈혼일강리역대국도지도〉 혼코지본. 류코쿠본보다 뒤에 제작된 지도로, 일본 열도의 방향을 더 정확하게 표현했다. 채색필사본, 1480년대 이후, 219.0×277.0cm.

_ 〈대명국도〉 덴리대학본. 사해四海 관념이 반영되어 있는 〈강리도〉 사본이다. 비단채색본, 1549~1568년, 136.0×174.0cm.

류코쿠대학본 조선 지도의 압록강변에 고무창古茂昌, 고여연古閭延, 고우예古虞芮, 자성慈城이 보인다. 그런데 조선왕조실록에 따르면 무창茂昌, 여연閭延, 우예虞芮를 폐지한 것은 1455년(세조 1)의 일이다. 그 뒤 1459년(세조 5)에는 자성군을 폐지했다.[127] 고지도에는 지명의 변화가 시의적절하게 반영되지 않은 경우가 비일비재하다. 그러나 이 네 군현은 비슷한 시기에 폐지되었으며 이후 폐사군이라는 명칭으로 불렸다는 점을 고려해야 한다. 무창, 여연, 우예, 자성이 모두 폐지되었음에도 자성만 그 사실이 반영되지 않았다고 보기는 어렵다. 이 점을 중요하게 받아들인다면 평안도에 적혀 있는 네 지명은 이 지도가 적어도 1459년 이전의 상황을 반영하고 있음을 추측하게 해준다.

지명은 적어도 제작 시기의 하한선을 분명히 하는 데 도움을 준다. 1469년(예종 1)에 여흥을 여주로 개명하고, 천령을 여주로 병합했는데, 이 지도에서는 여주로 개명된 사실이 반영되어 있다. 따라서 류코쿠대학본은 적어도 1469년 이후에 작성된 것이 분명하다. 그런데 이 지도에는 1469년의 상황과 맞지 않는 정보들도 있다. 예를 들면 1469년에 여주로 병합된 천령이 여전히 도면에

127 『세조실록』, 세조 5년 1월 15일.

표시되어 있다. 이런 점은 물론 명백한 오류다. 관찬 지도라고 해도 오류가 없을 수는 없다. 그런데 이것은 단지 오류일 뿐일까. 편찬 시기와 일치하지 않는 정보들에서 다른 의미를 읽을 수는 없을까.

먼저 원도元圖의 특징을 살펴보기로 하자. 이 지도에 묘사된 정보 중에는 1469년 이전 상황에 관한 기록에 편차가 있다. 최초로 〈강리도〉가 제작된 1402년부터 앞에서 확인한 1469년까지의 상황을 살펴보자. 태종에서 세종 대 사이에는 전라도와 평안도 일대의 군현들이 잇달아 신설되었다. 벽동(1403, 태종 3), 정의현과 대정현(1416, 태종 16), 옥구(1422, 세종 4), 장연(1423, 세종 5), 자성(1433, 세종 15), 회령과 경원(1435, 세종 17), 무창(1440, 세종 22), 위원과 우예(1443, 세종 25), 평안도 삼수(1445, 세종 27) 등이 그런 곳이다. 이 신설된 군현들은 예외 없이 류코쿠대학본에서 확인할 수 있다. 1455년에는 귀성龜城이 신설되었는데, 이 사실 역시 류코쿠대학본에서 확인할 수 있다. 1402년부터 1455년(세조 1)까지 군현 신설에 관한 정보가 빠짐없이 류코쿠대학본에 반영된 셈이다.

문제는 1456년(세조 2)부터 1468년(세조 14) 사이의 변화에 대한 기록 양상이 이전과 판이하다는 점이다. 1459년(세조 5)에 폐지되는 자성은 여전히 류코쿠대학본의 도면에 이름이 보인다. 1459년에는 예원預原이 혁파되고, 1466년(세조 12)에는 수주隋州가 혁파되는데, 도면에는 두 곳의 지명이 그대로 노출되어 있다. 반면 1466년에 처음 설치된 경상도 웅천현은 도면에 보이지 않는다.

류코쿠대학본이 1480년 이후에 제작되었음에도 1402년(태종 2)부터 1455년(세조 1)까지의 정보를 충실하게 반영하고 있는 반면 1456년(세조 2)부터 1468년(세조 14) 사이의 변화를 전혀 반영하고 있지 않다는 사실은 무엇을 의미하는 것일까. 어떤 기간에 해당하는 지리 정보들이 일관되게 빠져 있는 것을 단순한 오류로 치부할 수는 없다. 이는 원도의 특징을 반영하는 것으로 보아야 한다. 류코쿠대학본은 적어도 1456년부터 1468년 사이의 변화가 전혀 반영되지 않은 모본을 모사했을 가능성을 배제할 수 없다.

류코쿠대학본의 하한선이 1480년이라면, 상한선은 언제쯤일까. 1480년 이후의 변화상을 반영하지 못하는 지명이 어느 시점부터 일관되게 확인되는 지를 살펴볼 필요가 있다. 경기도 남양만 일대에 섬 모양으로 표시된 지명 가운데 화량花梁과 수영水營이 있다. 화량은 경기도 수영이 설치된 곳인데, 1485년(성종 16)에 폐지되었다가 1556년(명종 11)에 같은 자리에 복설되었다.[128] 류코쿠대학본에 쓰인 경기 수영 표시는 이 사본이 1485년의 변화를 반영하지 않았다는 사실을 말해준다. 이 점을 중시한다면 류코쿠대학본의 제작 시기를 1480년(성종 11)에서 1485년(성종 16) 사이로 볼 수도 있다. 그렇다면 류코쿠대학본 조선 지도의 지명이 반영하고 있는 이 두 개의 제작 시점(1456~1458, 1480~1485)에 조선에서는 무슨 일이 있었던 것일까.

세조는 즉위 전부터 지도 제작에 뜻이 있었다. 1454년(단종 2) 세조는 예조 참판 정척, 집현전직제제학 강희안, 직전直殿 양성지, 화원 안귀생安貴生, 지관 안효례安孝禮, 산원 박수미朴壽彌 등과 함께 삼각산 보현봉에 올라 산수의 형세를 살폈다. 지관은 땅의 형세를 살피고, 산원은 거리·방위 등을 계산했다. 양반보다 신분이 낮은 그들은 지도 제작의 실무를 담당했다. 세조를 수행한 정척, 강희안, 양성지는 양반 사대부였지만, 당대 최고의 지도 전문가이기도 했다. 정척은 산천의 형세를 누구보다 잘 알고, 강희안은 그림을 잘 그렸으며, 양성지는 지도에 가장 밝은 인물로 명성이 나 있었다. 세조는 삼각산에 오른 뒤 직접 경성지도京城地圖의 초안을 제작했다. 그러나 세조는 더 큰 꿈을 꾸고 있었다. 새로운 조선 전도를 만들고 싶었던 것이다.[129]

세조의 생각이 허황된 것만은 아니었다. 조선은 이미 세종 때부터 지역 상황을 파악해 관찬 지리지를 만들거나, 편집 지도의 한계를 극복하고 실측 지도를 제작한 경험이 있었다. 세종은 북쪽으로 사군육진을 설치하고 양전사업을 시행했으며, 이를 토대로『신찬팔도지리지』新撰八道地理志라는 관찬 지리서를 편찬했다.[130] 세종은 또 새롭게 조선 전도를 제작하고, 이를 교정하기 위해

128 『성종실록』, 성종 16년 11월 28일; 이상태, 『한국고지도발달사』, 혜안, 1999, 50쪽.
129 『단종실록』, 단종 2년 4월 17일.

전국의 지방관들에게 자세한 지리 정보가 포함된 군현 지도를 만들어 올리도록 했다.[131]

세조는 조카인 단종을 왕위에서 밀어내고 스스로 그 자리에 올랐다. 왕권의 정통성이 취약한 세조에게 국방을 강화하고 국가적인 문화사업을 추진하는 것은 중요한 문제가 아닐 수 없었다. 세조는 진관체제라는 새로운 방어체제를 구축했으며, 『동국통감』東國通鑑이라는 역사서를 편찬했다. 전국 지도 제작은 그런 일련의 정책과 같은 맥락에 있는 사업이었다. 세조는 삼각산에 같이 올랐던 정척, 양성지 등을 다시 불렀다. 두 사람은 "의정부와 협의하여 〈동국지도〉를 고정考定하라"는 세조의 명을 들었다. 1463년(세조 9) 마침내 새로운 조선 지도가 완성되었다.[132]

세조는 왜 정척과 양성지에게 의정부와 협의하여 '고정하라'고 말했을까. 1402년 당시 〈강리도〉를 제작한 김사형金士衡, 이무李茂, 이회李薈, 권근은 각각 의정부 소속인 좌정승, 우정승, 검상, 참찬 관직을 담당하고 있었다. 〈강리도〉의 제작 주체는 처음부터 끝까지 의정부였으므로, 〈강리도〉를 복제할 경우 제작하고 관리하는 주체 역시 의정부가 될 수밖에 없다. 세조가 정척과 양성지에게 〈동국지도〉 제작을 지시하면서 '의정부와 협의하여 고정하도록' 한 것은 복제된 〈강리도〉를 참고하라는 배려가 아니었을까.

성종 대에는 법전(『경국대전』), 역사서(『동국통감』), 전국 지리지(『동국여지승람』) 등 통치의 기초가 되는 책들이 편찬되었다. 이 가운데 1480(성종 11)~1485년(성종 16) 전후 시기를 기준으로 본다면, 특히 『동국여지승람』의 편찬이 주목된다. 이 책은 지방의 역사와 문화를 총정리한 관찬 전국 지리지였다. 1481년(성종 12) 성종의 명을 받은 서거정이 50권으로 된 최초의 『동국여지승람』을 완성했다. 그러나 이 책자는 반포되지 못했다. 1482년(성종 13) 세조 때 〈동국지도〉 편찬을 주도한 양성지가 『동국여지승람』을 인쇄하여 반포하자고

---

130 『세종실록』, 세종 14년 1월 19일.
131 『세종실록』, 세종 16년 5월 24일.
132 『세조실록』, 세조 9년 11월 12일.

주장했다.[133] 1485년 성종은 김종직 등을 불러서 『동국여지승람』을 『대명일통지』의 체제에 맞추어 수정하도록 명했다. 연산군 대와 중종 대에도 『동국여지승람』의 수정본 제작이 계속되었다. 현재 남아 있는 『동국여지승람』은 중종 대의 수정본이지만, 성종 대의 성과를 기초로 한 것이 분명하다.

현존하는 〈강리도〉의 다른 사본들은 16세기 중반에 제작된 것으로 추정된다. 이 시기는 〈혼일역대국도강리지도〉 계열의 사본들이 활발하게 제작되는 시점과 맞물린다. 그 사본 중 하나인 덴리대학본은 사해四海 관념이 지도에 구현되어 있음을 보여준다. 구대륙 전체를 망라한다는 사실이 가지는 시의성時宜性이 떨어져갔던 것이다.

15세기에 적어도 두 차례 이상 〈강리도〉가 복제된 사실은 그런 점에서 의미심장하다. 15세기 중후반 새로운 조선 지도와 전국 지리지가 만들어지는 시기에 복제된 것은 더욱 특별하다. 16세기와 비교해보면 이 세기야말로 구대륙을 망라하는 것이 가지는 의미가 선명하게 살아 있기 때문이다.

서구식 세계지도가 전래될 수 있었던 맥락

서구식 세계지도의 유입

조선에 들어온 서구식 세계지도는 크게 단원형 세계지도와 양반구형 세계지도로, 형태상으로는 병풍과 책자로 구분할 수 있다. 조선이 처음으로 보게 된 서구식 세계지도는 단원형 세계지도인 마테오 리치의 〈곤여만국전도〉였다. 이탈리아 출신의 선교사 마테오 리치가 동방 전도의 사명을 띠고 중국 땅 마카오澳門를 밟은 것은 1582년 7월이었다. 1601년 북경에 거주하는 것을 공식적으로 허가받은 그는 포교활동과 함께 최신 서양과학을 소개하는 데 힘썼다. 그가 전한 서양의 천문 지리 지식 가운데 세계지도는 동양 사회에 매우 특별한 문화적·사상적 영향을 미쳤다.

133 『성종실록』, 성종 13년 2월 13일.

_ 〈곤여만국전도〉. 명나라 때 북경에 있던 선교사 마테오 리치가 서양의 지리 정보를 바탕으로 만든 세계지도다. 조선에 수입되어 조선 지식인들에게도 영향을 주었다. 비단채색필사본, 1708년, 8폭 병풍, 172.0×67.5cm(1폭), 보물 제849호, 서울대학교 박물관.

　마테오 리치의 지도는 크게 세 종류다. 1584년 조경에서 만든 〈여지산해전도〉, 1600년 남경에서 펴낸 〈산해여지전도〉, 1602년 북경에서 간행한 〈곤여만국전도〉가 그것이다.[134] 그 가운데 조선에 수입되어 전통적인 세계관에 충격을 던져준 것은 단연 〈곤여만국전도〉다.

　1603년 사신으로 명나라에 다녀온 이광정李光庭(1552~1627)과 권희權憘(1547~1624)가 1602년에 북경에서 간행된 마테오 리치의 북경판 〈곤여만국전도〉를 홍문관에 보내왔다. 당시 홍문관의 책임자였던 이수광은 6폭 병풍 속에서 넓은 세계를 보았다. 이수광이 보았던 〈곤여만국전도〉를 바탕으로 그린 8폭의 《(회입繪入)곤여만국전도》가 서울대학교 박물관에 전하고 있다. 이 8폭의 병풍은 1708년(숙종 34) 왕명에 따라 관상감의 주관하에 화가 김진여金振汝가 그린 것이다. 당시 관상감의 책임자 최석정崔錫鼎(1646~1715)이 쓴 서문에 따르면 이 지도는 아담 샬Adam Schall von Bell(중국명 탕약망湯若望, 1591~1666)의 천문도[135]와 함께 한 벌로 모사된 것이라 한다. 단원형 세계지도를 중심으로 마테오 리치와 최석정의 서문이 실려 있고, 여백에는 구중천, 천지의, 북반

134 鮎澤信太浪,「マテオリッチの世界圖に關する史的硏究」,『橫浜市立大學紀要』 A-4, No 18, 1953, 14~16쪽; 노정식, 앞의 책, 1998, 40~41쪽. 서구식 세계지도의 도입 양상에 관한 최근의 상세한 연구로는 오상학, 앞의 책, 2011을 참조.

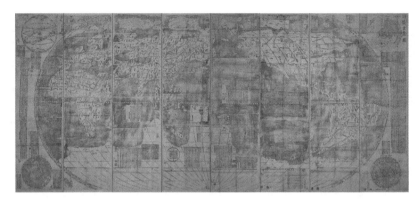

_ 〈양의현람도〉. 마테오 리치가 〈곤여만국전도〉를 만든 이후에 다시 제작한 목판 세계지도로, 구중천설이 십일중천설로 바뀐 점을 제외하면 대부분의 내용이 〈곤여만국전도〉와 동일하다. 목판본, 1603년, 8폭 병풍, 201.5×448.0cm, 숭실대학교 한국기독교박물관.

구, 남반구 등 당시의 서양 천문지식에 대한 설명이 추가되어 있다.

1602년판 〈곤여만국전도〉는 북경에서 두 벌의 목판으로 만들어졌지만 중국인들의 폭발적인 수요에 부응하기 어려웠다. 1603년 이응시李應試가 〈곤여만국전도〉보다 더 큰 판형으로 다시 목판에 새기고, 〈양의현람도〉兩儀玄覽圖라고 이름 붙였다. 8매의 목판으로 되어 있는 점, 구중천설이 십일중천설로 바뀐 것 등 극히 일부분을 제외하면 〈곤여만국전도〉와 동일하다.[136] 황중윤黃中允이 조선에 들여온 〈양의현람도〉는 현재 숭실대학교 한국기독교박물관에 보관되어 있다.

마테오 리치의 뒤를 이어 중국 땅을 밟은 알레니Giulio Aleni(중국명 애유략艾儒略, 1582~1649)도 마테오 리치가 그랬던 것처럼 선교활동의 일환으로 서양 천문지리 지식을 중국에 소개했다. 1623년 북경에 들어온 알레니는 같은 해에 〈만국전도〉를 제작했다.[137] 1630년 북경에 사신으로 간 정두원鄭斗源은 화

135 아담 샬의 천문도는 〈적도남북총성도〉다. 자세한 설명은 한국과학기술진흥재단, 「우리의 과학문화재」, 1994, 16~17쪽 참조.
136 김양선, 「명말청초 야소회 선교사들이 제작한 세계지도와 그 한국문화사상에 미친 영향」, 『숭대』, 6, 1961, 35~37쪽.
137 노정식, 앞의 책, 1998, 74~79쪽.

포·망원경·자명종 등 각종 서양 문물을 가지고 귀국했는데,[138] 그 가운데 〈만국전도〉가 포함되어 있었다.

조선에 들어온 〈만국전도〉는 현재 남아 있지 않지만, 그것을 베껴 그린 대형 지도가 〈천하도지도〉天下都地圖라는 이름으로 남아 있다.[139] 마테오 리치의 여러 지도와 동일한 단원형 세계지도이지만, 마테오 리치의 지도가 16세기 전반기의 도면을 토대로 한 반면 〈만국전도〉는 16세기 후반의 서양 세계지도를 바탕으로 하고 있다.[140] 마테오 리치의 지도와 알레니 지도의 가장 큰 차이는 중앙 경선 주변 가상 대륙의 윤곽이다.

서구식 세계지도는 한자로 번역된 서양과학 서적과 더불어 조선 후기 지성계에 비상한 관심을 불러일으켰다. 한역 서학서들은 서학에 대한 입장 차이에도 불구하고 지식인 사회에서 널리 읽혔다.[141] 주로 대형 병풍으로 제작된 서구식 세계지도는 열람이 쉽지는 않았다. 그러나 적지 않은 지식인들이 이들 서구식 세계지도를 보았고, 또 그 문제의식을 이해해나갔다.

『삼재도회』나 『도서편』, 『직방외기』의 지도들은 열람이 용이한 책자 속에 들어 있어서 좀 더 많은 독자들에게 읽혔다. 17세기 초에 이수광은 마테오 리치가 남경에서 펴낸 〈산해여지전도〉가 『삼재도회』[142]에 수록되어 있음을 알고 있었다.[143] 〈산해여지전도〉는 〈곤여만국전도〉보다 2년 앞서 만들어졌을 뿐만 아니라 책자 안에 들어 있어서 소략함을 면치 못했다. 그러나 이 책을 통해 더 많은 사람이 서구식 세계지도를 접하게 되었다는 사실이 중요하다.

명나라 때 만들어진 주제별 분류서 가운데 『삼재도회』와 쌍벽을 이루는 것으로 『도서편』이 있다. 이 책은 1613년 장황이 편찬한 일종의 백과전서인

---

138 이원순, 『조선 서학사 연구』, 일지사, 1986, 57~58쪽.
139 정조시대의 대표적인 관찬 지도집이라고 할 수 있는 〈여지도〉(서울대학교 규장각, 古4709-78)에 들어 있다.
140 노정식, 앞의 책, 1998, 77쪽.
141 이원순, 앞의 책, 1986, 49~107쪽.
142 1609년을 전후한 시기에 명나라 사람 왕기王圻가 편찬한 책으로, 천문天文 4권, 지리 16권, 인물 14권 등 총 106권으로 구성되어 있다.
143 이수광, 『지봉유설』, 諸國部.

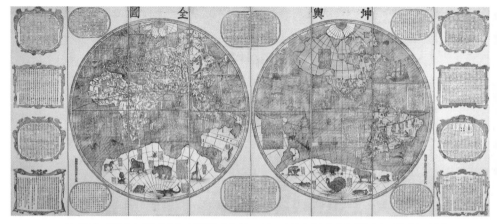

_ 〈곤여전도〉. 동양에 소개된 최초의 양반구형 세계지도로, 1674년 북경에서 초판이 간행된 후 광동에서 재판된 것이다. 목판본, 1858년(광동), 8폭 병풍, 173.3×400.0cm, 숭실대학교 한국기독교박물관.

데, 『삼재도회』와 함께 조선에 수입되어 널리 읽혔다. 그런데 『도서편』에 실려 있는 다양한 종류의 도형 가운데에는 마테오 리치의 지도를 토대로 하여 만들어진 〈여지산해전도〉가 포함되어 있다. 마테오 리치가 1584년 조경에서 만든 〈여지산해전도〉와 같은 제목의 지도다.

알레니도 책자 속에 세계지도를 넣어 간행했다. 그가 펴낸 『직방외기』 각 권에는 대륙별 지리와 문화에 대한 설명과 함께 세계지도인 〈만국전도〉와 대륙별 지도가 실려 있다.[144] 『직방외기』는 정두원에 의해 조선에 들어왔으며, 서학西學 혹은 서교西教에 관심을 둔 사람들 사이에서 폭넓게 읽혔다.

1658년 벨기에 출신의 선교사 페르디난트 페르비스트Ferdinand Verbiest (중국명 남회인南懷仁, 1623~1688)가 동방 전도를 위해 마카오에 도착했다. 청나라 조정은 바티칸에서 파견된 선교사들이 최신의 서양 천문지리 지식을 가지고 있다는 사실을 잘 알고 있었다. 페르비스트는 청나라 조정의 우대를 받으며 1672년에는 『곤여도설』坤輿圖說을 간행하고, 2년 후인 1674년에는 〈곤여전도〉를 목판에 새겼다.[145] 〈곤여전도〉는 동양에 소개된 최초의 양반구형 세

144 이원순, 「朝鮮實學知識人의 漢譯西學書 理解」, 『한국의 전통지리사상』, 민음사, 1991, 16~19쪽.
145 김양선, 앞의 글, 1961, 40~41쪽.

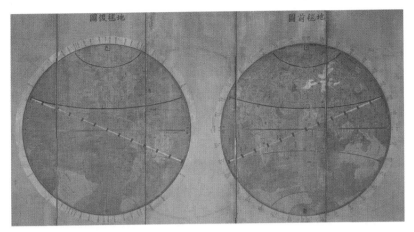

_ ⟨지구전후도⟩. 양반구형 세계지도의 영향을 받아 조선에서 제작한 세계지도이다. 비단채색필사본, 19세기, 10폭 병풍, 128.0×38.0cm(1폭), 고려대학교 박물관.

계지도였다. 1674년 북경에서 초판이 간행된 이 지도는 1856년 광동에서 다시 간행되었다. 숭실대학교 한국기독교박물관에 소장된 ⟨곤여전도⟩는 조선에서 새겨진 광동판 8폭 병풍형 세계지도다.

17~18세기 조선에서 병풍이나 책자로 널리 유포된 서구식 세계지도는 대부분 단원형이었다. 물론 양반구형 세계지도인 페르비스트의 ⟨곤여전도⟩가 『곤여도설』과 함께 수입되었을 가능성을 배제할 수 없다.[146] 이익은 페르비스트의 『곤여도설』을 열람한 바 있었다.[147] 그러나 현재로서는 19세기 이전에 ⟨곤여전도⟩가 널리 보급된 흔적을 찾기 어려운 형편이다.

19세기에 들어서면서 양반구형 세계지도는 조선 사회에 본격적으로 보급되었다. 이때 새로 들어온 것으로는 중국인 장정부莊廷敷가 1800년에 만든 ⟨지구전후도⟩地球前後圖가 있다. 최한기崔漢綺(1803~1877)는 1834년에 장정부의 세계지도를 목판으로 간행하는 일에 착수했다. 지도를 새기는 일을 담당했던 사람은 그의 오랜 친구이자 ⟨대동여지도⟩의 제작자인 김정호였다. ⟨지구

146 김양선, 「韓國古地圖硏究抄」, 『숭실대학보』, 10, 1965, 115~127쪽; 楊普景, 「대동여지도를 만들기까지」, 『韓國史市民講座』, 16, 1995, 110쪽.
147 노대환, 「정조시대 서기수용 논의와 서학정책」, 『정조시대의 사상과 문화』, 돌베개, 1999, 209~212쪽.

전후도〉는 목판본 병풍지도, 필사본 병풍지도, 지구의 등 다양한 형태로 남아 있다.[148] 장정부의 세계지도를 활용한 것 가운데에는 경위도와 남북아메리카를 삭제한 구대륙 중심의 세계지도도 확인된다.[149] 양반구형 세계지도는 다시 책자 속에 수록됨으로써 더 많은 사람들이 열람할 수 있었다. 최한기는 1857년 『지구전요』地球典要에 〈지구전후도〉와 같은 유형의 지도를 삽입함으로써 양반구형 세계지도를 널리 인식시키는 데 기여했다.

서구식 세계지도 전래의 정당화: 이문異聞과 존이불론存而不論

〈강리도〉의 제작 과정을 지켜본 권근은 이렇게 말했다. "천하는 지극히 넓어서 안으로 중국으로부터 밖으로 사해四海에 이르기까지 몇 천만 리가 되는지 알 수 없다. 요약하여 몇 척의 폭에다 그리니 자세하게 묘사하기 어렵다. 그러므로 그간의 지도들이 대개 소략했던 것이다. 그런데 이 새 지도는 조리가 있고 볼 만하니 참으로 문밖을 나서지 않아도 천하를 알 수 있다. 대저 도적圖籍을 보고서 지역의 멀고 가까움을 아는 것도 또한 나라를 다스리는 데 한 가지 도움이 되리니, 김사형과 이무 두 공이 이 지도에 정성을 다한 것에서 두 분의 규모와 국량이 크다는 것을 알 수 있다. 이 지도가 완성되었으니 나는 이미 평일에 책에서 강구하여 보고자 하던 나의 뜻을 이미 이루었다. 또 내가 뒷날 물러가 시골에 있으면서 와유臥遊하리라는 뜻을 이루게 되니 기쁘다."[150]

권근은 국제적인 차원에서 지역 간 거리를 아는 일이 국가를 경영하는 데 필요한 일이라는 점을 인정했다. 새로운 조선 지도가 만들어지고 『동국여지승람』이 편찬되던 시기에 〈강리도〉의 다른 사본들이 제작된 것은 그런 사정과 무관하지 않을 것이다. 개인 권근에게 이 지도는 지적 호기심을 충족시켜

---

148 이찬, 『한국의 고지도』, 범우사, 1991, 382~383쪽.
149 이찬, 위의 책, 1991, 341~342쪽.
150 권근, 『양촌집』, 권22, 跋語類, 歷代帝王混一疆理圖誌. 天下至廣也 內自中國 外薄四海 不知其幾千萬里也 約而圖之於數尺之幅 其致詳難矣 故爲圖者率皆踈略 (중략) 勒成新圖 井然可觀 誠可以不出戶而知天下也 夫觀圖籍而知地域之遐邇 亦爲治之一助也 二公所以拳拳於此圖者 其規謨局量之大可知矣 (중략) 旣償吾平日講求方冊而欲觀之志 又喜吾他日退處環堵之中而得遂其臥遊之志也.

주는 자료였다. 그는 늘 천하의 경계를 궁금하게 여겼다. '와유'라는 단어는 그런 의미다. 국내 산천도 좋지만 천하의 경계라면 더 좋을 것이다. 그곳을 밟고 싶었기 때문은 아니다. 은퇴 후 그만의 공간에서 그 경계를 꿈꾸고 싶었을 뿐이다.

〈강리도〉가 '넓은 세계'를 꿈꿀 수 있게 해주는 그림이자 통치의 정당성과 이념을 보여주는 자료로 여겨졌다고는 하지만, 그 안에 거부감을 불러일으킬 만한 요소가 전혀 없는 것은 아니다. 이 지도에는 한자의 의미가 통하지 않는 번역 지명이 무수하게 등장했다. 이 번역 지명들 중 대부분은 명나라 중심의 국제질서, 나아가 그 안에서 설명되는 '천하'와 어울리지 않는 점이 있었다. 번역 지명이 주었을 거부감이 희석될 수 있었던 근본적인 원인은 무엇이었을까. 그것은 '이문異聞을 넓힌다'는 정서였다.

이문은 신기한 이야기나 믿기 힘든 이야기이며, 또 사실관계를 확정하기 어려운 이야기다. 나라 안에서 일어났던 이야기이거나, 명 중심 국제질서의 안팎에 있는 나라들에서 전해진 이야기일 수도 있지만, 때로 그것은 현실의 조공책봉 체제와는 아무 관련이 없는 곳에 관한 이야기, 혹은 그곳에서 일어나는 일에 관한 이야기일 수도 있다. 우공구주禹貢九州와 같은 것이 여덟 개가 더 있다는 추연鄒衍의 세계관이나, 지리서와 신화서의 중간에 있다고 해야 할 『산해경』山海經의 이야기들조차 그런 경우가 되지 말라는 법이 없다. 현실에서 확인되는 사람들과 나라들에 관한 이야기, 근거를 가지고 사실관계를 판단할 수 있는 이야기가 아니라면 그 어떤 것이라도 이문이 된다.

이 이문들은 조선에서 신뢰의 대상이 된 적이 없었다. 유교적 합리주의자라고 해야 할 조선 지식인들로서는 사실관계를 확정할 수 없는 어떤 논의도 공인할 수 없었다. 그러나 정작 중요한 점은 따로 있다. 성리학적 세계관이나 가치관과 정면으로 충돌한다고 공인되거나 혹은 이단으로 판명되지 않는 한, 어떤 종류의 이문이라도 그 존재 의의가 부정되지는 않았다는 사실이다.

1797년(정조 21) 서학에 빠졌다는 이유로 정치적 곤경을 겪던 정약용이 사직을 청하는 상소를 올렸다. 그는 자신에게 던져진 의혹들을 '젊은 시절의 치기'로 돌렸다. 그는 '그 치기 어린 시절의 말과 행동이 중요한 것이 아니라 그 이후 서학과 결별하고 서학을 비판해온 과정이 중요하다'고 말하고 싶었던 것이다. 그런데 이 상소문에는 '이문을 넓힌다'는 것이 조선에서 어떤 의미였는지를 잘 보여주는 대목이 있다. 그는 이렇게 말했다.

"신이 서학서를 구해본 것은 대체로 약관의 초기였습니다. 당시에는 전부터 일종의 풍기風氣가 있어서, 천문天文과 역상曆象 분야나 농정農政과 수리水利에 관한 기구에 대해 말을 잘하거나 그 추험推驗하는 법을 아는 사람이 있으면 유속流俗에서 서로 전하면서 박식하다고 했습니다. 신이 당시 어린 나이인지라 마음속으로 그렇게 되고 싶었습니다. 그러나 성질이 조급하고 경솔하여 무릇 어렵고 깊은 의미를 담은 글들을 자세하게 연구하고 탐색할 수 없었기에 그 찌꺼기나 나머지조차 얻은 바가 없었습니다. 이내 도리어 생사生死에 관한 설에 얽히고 극벌克伐의 경계에 쏠리고 괴이하고 변박辨博한 글에 미혹되어서는, 마치 그것을 유문儒門의 별파別派인 양, 문단의 구경거리라도 되는 양 생각하여, 다른 사람과 담론할 때 거리낌이 없었고 다른 사람에게 배척당하면 그의 견식이 적고 비루하지 않은가 의심하였습니다. 그러나 그 근본 뜻을 캐어보면 대체로 이문을 넓히려는 것이었습니다."[151]

박학다식함을 높이 평가하는 세태에 영합하려다가 본의 아니게 서학서를 가까이하게 되었지만, 본래 의도는 다만 이문을 넓히는 것이었다는 주장이다. 천주학이 이단이라는 당대의 상식을 논박하지 않으면서 자신의 의도를 '이문을 넓힌다'는 공인된 어젠다와 연관시킴으로써 스스로를 변호한 것이다. 정약용의 논법에 따르면 이단의 혐의를 받지 않는 모든 것은 정당하다. 천문역산이나 농정수리 분야의 지식, 혹은 추험법에 관한 지식은 박학함의 상징일 뿐이니 '치기 어린 젊은이가 선망하는 세속적인 덕목'이라고 말할 수는 있어도

---

151 『정조실록』, 정조 21년 6월 21일. 臣之得見是書 蓋在弱冠之初 而此時原有一種風氣 有能說天文曆象之家 農政水利之器 測量其推驗之法者 流俗相傳 指爲該洽 臣方幼眇 竊獨慕此 然其性力躁率 凡屬艱深巧密之文 不能細心究索 故其糟粕影響 卒無所得 而乃反線繞於死生之說 傾嚮於克伐之誠 惶惑於離奇辨博之文 認作儒門別狐 看作文垣奇賞 與人談論 無所忌諱 見人詆排 疑其寡陋 原其本意 蓋欲博異聞也.

추구해서는 안 될 지식으로 볼 이유는 없다. 주자의 가르침이 아니더라도 유문의 별파인 한, 문단의 구경거리인 한 문제 될 것은 없는 것이다. 이단이라고 낙인 찍힌 행위가 아닌 한, 그 모든 것은 '이문을 넓히는 행위'라는 점에서 정당화될 수 있다.

명나라 중심의 국제질서보다 넓은 영역을 보여주는 〈강리도〉가 제작된 점, 그 사본들이 16세기까지도 계속 복제된 점은 모두 '이문을 넓힌다'는 말의 정당성이 인정되었기 때문이다. 통치를 위해 지도를 만드는 일도, 지도를 보고 와유臥遊의 꿈을 꾸어보는 일도 모두 '이문을 넓힌다'는 주장이 정당하다고 여겨졌기 때문에 가능한 것이다. 그 이문이 지리적 중화관과 충돌하지 않는 것처럼 해석될 여지가 조금이라도 있다면 더 말할 필요도 없다.

'이문을 넓힌다'는 어젠다는 서구식 세계지도가 전래되는 과정에서도 중요한 역할을 했다. 최명길의 손자이며 숙종 대 후반 영의정을 역임한 최석정은 이문을 넓히는 일의 의의를 누구보다 잘 아는 사람이었다. 숭정 연간에 탕약망湯若望이라는 중국식 이름을 가진 예수회 선교사 아담 샬이 천문도와 세계지도 병풍을 만들었는데, 그 인쇄본이 조선으로 흘러들었다. 1708년(숙종 34) 봄 서운관에서 그의 천문도를 복제해서 올리자, 숙종이 천문도와 짝하는 세계지도도 함께 그려 올리게 했다. 지도가 완성되자 최석정이 두 개의 병풍에 총서를 붙였다.[152] 최석정은 그가 '곤여도'라고 부른 이 세계지도에 대해 이렇게 말했다.

"곤여도라면 고금의 지도가 하나둘이 아니로되 모두 평면을 네모난 땅으로 여겼으며 중국의 성교聲敎가 미치는 곳을 외계로 삼았는데, 지금 이 서양 선교사들의 설은 지구를 위주로 하고 있습니다. 그들은 말하기를 '하늘은 둥글고 땅도 또한 둥글다. 이른바 네모난 땅이라고 하는 것은 땅의 도가 정靜을 위주로 하는 것이 그 덕이 네모나다고 이른 것이다'라고 합니다. 하나의 큰 원

---

152 최석정이 총서에서 자신을 '臣'이라고 부른 것을 보면 이 지도와 총서의 독자는 숙종 한 사람이었다고 해도 과언이 아니다. 이 점에서는 〈강리도〉에 부친 권근의 글과는 그 맥락이 다르다.

을 바탕에 놓은 채 남북으로는 가는 곡선을 그리고, 동서로는 횡으로 직선을 그린 뒤 지구의 상하 사방에 만국의 이름을 나누어 배치하였으니, 중국 구주九州는 북반구의 아시아 지면에 가깝게 있습니다. 그 설이 황당하고 허망하니 근거가 없고 불경하다고 해야 하겠지만, 그 학술이 전수되어 말미암은 바 있어서 가벼이 변파하기 어려운 점이 있으니, 잠정적으로 남겨두어 이문을 넓히시는 것이 옳습니다."[153]

〈강리도〉에서 서구식 세계지도에 이르기까지 중화세계 바깥에 관한 다양한 종류의 지식들이 사실로 인정받는 경우는 드물었다. 황당하고 불경한 것으로 간주되었다고 말하는 것이 더 일반적인 풍경에 가깝다. 그럼에도 이 지식들이 살아남을 수 있었던 것은 '이문을 넓힌다'는 언설 때문이다. 어떤 이문도 이단의 학문이 아닌 한 부정의 대상은 아니었다.

'존이불론'存而不論은 이질적인 지식의 연착륙을 가능하게 하는 또 하나의 메타포다. 이 말의 사전적 의미는 '보류해두고 토론에 부치지 않는 것'이다. 『장자』제물편에 "성인께서 육합六合의 바깥에 대해서는 존이불론하셨다"고 한 것이 그것이다.[154] 『주서』周書에는 좀 더 상세한 설명이 나온다. "땅을 덮은 하늘과 만물을 싣는 땅은 지극히 크고, 해와 달이 비추는 곳은 지극히 넓다. 그러므로 만물 가운데 사람은 적고 금수가 많은 것이며, 양의兩儀 사이에 중토中土는 좁고 서속庶俗은 넓은 것이다. 추연의 설을 살펴보면 황당한 이야기가 많고 『산해경』을 찾아보아도 기이한 이야기가 하나가 아닌데, 주공과 공자께서는 그것들에 대해 존이불론하셨다. 어지러워 분별할 수 없어서가 아니다. 분별할 필요가 없기 때문이다. 하늘이 제하와 오랑캐를 갈라놓고, 땅이 안과

153 최석정, 『명곡집』, 권8, 序引, 西洋乾象坤輿圖二屛總序. 坤輿圖則古今圖子非一揆 而皆以平面爲地方 以中國聲敎所及爲外界 今西士之說 以地球爲主 其言曰 天圓地亦圓 所謂地方者 坤道主靜 其德方云爾 仍以一大圓圈爲體 南北加細彎線 東西爲橫直線 就地球上下四方 分布萬國名目 中國九州 在近北界亞細亞地面 其說宏闊矯誕 涉於無稽不經 然其學術傳授有自 有不可率爾卞破者 姑當存之 以廣異聞 噫 乾象圖有崇禎戊辰字 坤輿圖有大明一統字 而眷焉中朝 世運嬗變 禹封周曆 非復舊觀 志士忠臣匪風下泉之思 庸有旣乎 臣於是重有感焉 摸寫裝屛旣訖 略識于左方空幅云.
154 『莊子』, 齊物論: 六合之外 聖人存而不論.

밖을 나누어놓지 않았는가. 그러니 선왕께서 제하諸夏를 높이고 이적夷狄을 멀리하며, 덕치를 중시하고 정벌을 천하게 여기신 것이다."[155]

'보류해두고 토론에 부치지 않는' 것은 그 사실관계에 대해서 판단하지 않겠다는 의미일 뿐이다. 중화세계와 부합하지 않기 때문에 '버려야 한다'는 의미는 결코 아니다. 그러나 현실에서 이 사전적 의미가 그대로 적용되었으리라는 것은 예단일 뿐이다. 어떤 이질적인 지식에 대해 누군가 '보류해두고 토론에 부치지 말자'고 말한다면, 그것은 보류한다는 명분으로 그 지식을 '버리려는' 것일 수도 있지만, '보류해둠으로써 버려지지 않도록 하는' 것일 수도 있다.

이익의 제자인 신후담愼後聃은 서구식 세계지도를 비판하며 존이불론을 주장했다. 그러나 신후담이 말한 존이불론의 의미는 좀 더 '버려야 한다'는 쪽에 가깝다. 신후담은 「서학변」西學辨이라는 글에서 『직방외기』의 내용을 요약한 뒤 이렇게 썼다. "중국은 천하의 가운데 있어 바른 풍기를 얻었으므로 예부터 지금까지 성현이 계속 나오고 명교를 숭상하였으니, 그 풍속의 아름다움과 인물의 융성함은 외국이 미칠 수 있는 바가 아니다. 그런데 저 구라파 등의 나라는 궁해窮海의 절역絶域이자 예이裔夷의 편방偏邦으로 스스로 화하華夏에 나아갈 수 없다. 지금 다만 그 토지의 대소가 대략 비슷하다는 이유로 곧 감히 중국과 병렬하고 혼칭하는 것은 옳지 못하다."[156]

신후담에 따르면, 천하는 중국을 중심으로 성립한 개념이기 때문에 천하라는 개념을 사용하는 한 천하의 중심에 중국이 있는 것은 선험적으로 진실이다. 중국은 땅이 중심이어서 풍기가 가장 뛰어나니 인재가 융성할 수밖에 없

155 『周書』, 卷49, 列傳 41, 異域 上. 蓋天地之所覆載 至大矣 日月之所臨照 至廣矣 然則萬物之內 民人寡而禽獸多 兩儀之間 中土局而庶俗曠 求之鄒說 詭怪之跡實繁 考之山經 奇誕之詞匪一 周孔存而不論 是非紛而莫辨 (중략) 是知鴈海龍堆 天所以絶夷夏也 炎方朔漠 地所以限內外也 (중략) 是以先王設教 內諸夏而外夷狄 往哲垂範 美樹德而鄙廣地.

156 余惟中國處天下之中 得風氣之正 自古迄今 聖賢迭興 名教是尙 其風俗之美 人物之盛 固非外國之所可及 而彼歐羅巴等諸國 不過窮海之絶域 裔夷之偏邦 不能自進於華夏 今乃徒以其土地之大小 略相彷佛 輒敢併列而混稱之者 固已不倫之甚矣(이 원문은 이원순, 『조선 서학사 연구』, 일지사, 1986, 294쪽에서 재인용하고, 필자가 다시 읽은 것이다).

다. 중국이 중국인 것은 땅의 크기 때문이 아니다. 따라서 땅의 크기가 중국과 비슷하다는 이유로 구라파국을 중국과 병렬시키는 것은 위계적인 세계에서 옳지 못한 일이 된다.

위계만이 문제는 아니다. 그는 또 이렇게 말했다. "대지와 대해의 광막한 끝에 있는 곳들은 거리가 멀어서 애써 가려 해도 갈 수 없으니, 비록 기이한 형상과 이상한 모습을 한 나라들이 그 가운데 널려 있다 하더라도 친히 가보고 그 사실을 증험할 수 없는 경우 군자는 '존이불론'했던 것이다. 저 서양 선비들이 비록 먼 거리의 여행에 능하다고 하나 천지의 네 끝자락에 가볼 수는 없었을 것인즉 해중海中의 제국諸國에 대해서도 두루 가보지는 못했을 터인데, 헛되이 그 이목이 미친 곳으로 구구하게 기록하여 오주五洲라고 지정하고 오만하게 스스로 천하의 풍경을 다 기록했다고 여기니, 어찌 그리도 소견이 작은 것인가."[157] 신후담의 입장에서 보면 서구식 세계지도는 '세계의 위계에 맞지 않는 지도, 좁은 소견과 지적 오만으로 얼룩진 지도'일 뿐이다.

중화세계와 양립할 수 없는 지도를 '존이불론'해야 한다고 주장한다면, 그것은 '보류해둠으로써 버려지지 않도록' 하는 것이라기보다는 '버리려는' 쪽에 가깝다. 신후담이 그런 경우다. 그러나 존이불론의 원래 의미가 '보류해두고 토론에 부치지 않는' 것인 한, '사실관계를 확인하기 어렵다'는 의미로, 나아가 '사실관계에 대한 판단을 유보함으로써 버려지지 않도록' 하기 위해 존이불론이라는 메타포를 사용하는 경우도 있었다. 최석정이 서구식 세계지도와 천문도를 복제해 올리면서 "잠정적으로 남겨두어 이문을 넓히시는 것이 옳습니다"라고 말한 부분에 주목해보자. 이 논리에 따르면, 이문을 넓히는 것이 용인되는 한, 그것을 위해서는 '잠정적으로 남겨두는' 일이 필요하다. 굳이 '토론의 대상에 부치지 말아야 한다'고 말할 필요조차 없다. 최석정에게

---

157 其在實瀛曠莫(漠)之際者 道里絶遠 梯杭(航)莫通 雖有奇形異狀之國 棋布乎其中 顯無以親歷而驗其實 則此君子所以存而不論者也 彼西土之士 雖善於遠遊 而要不能極天地四窮之涯 則海中諸國容亦有未能遍到 處也 徒以其耳目所嘗及者 區區編錄 指定五洲 傲然自以爲已盡乎天下之觀 何其爲見之小哉(이 원문은 이원순, 위의 책, 1986, 294쪽에서 재인용했다. ( ) 부분은 필자가 추정하여 다시 읽은 것이다).

존이불론이란 다만 '버려지지 않게 한다'는 의미일 뿐이다. 존이불론은 이문의 필요성을 주장하는 사람들이 내밀 수 있는 마지막 카드이기도 했다.

6부

세계의 인식과 지리적 중화

1장. 명청대 중국의 세계 인식

세계지도에 대한 생각

중국에서 땅은 우주구조론의 일부로 다루어지거나, 혹은 직방세계職方世界와 동의어로 간주되었다. 그런데 우주구조론 속에서 설정된 땅은 근본적으로는 중국 중심의 조공 권역인 직방세계와 논리적 연관성을 가지지 못했다. 천문도와 분야설分野說은 동양의 천지天地 상관적 전통을 보여준다는 점에서[1] 양자를 매개할 수 있는 가능성을 보여주지만, 분야설에서 땅은 늘 직방세계와 그 주변을 의미했다. 결국 우주구조론의 일환으로 설정되었던 땅은 천문학의 영역에서, 직방세계와 관련된 땅은 지리학의 영역에서 별개로 논의되어왔을 뿐이다.

서구식 세계지도가 명나라에 들어오자 〈황명직방지도〉皇明職方地圖의 저자 진조수陳組綬는 이렇게 말했다. "오대주五大洲의 설은 무엇에 근거한 것입니까. 태서씨泰西氏의 말로써 곧바로 삼황오제의 사해와 구주에 비하려 하는 것이니, 저는 알지 못하겠습니다. 주나라에 추연이 있어서 그가 천하에 구대주가 있다고 했지만, 주나라에서는 그것을 직방세계로 인정하지 않았습니다. 하나라에서는 수해豎亥가 있어서 천하의 길이를 재어 동서를 2만 8천 리, 남북을 2만 5천 리라고 했지만, 하나라에서는 이를 우공의 구주로 간주하지 않았

---

1 오상학, 앞의 글, 1999.

습니다. 오늘날 서양 학문은 아마 고대의 추연이나 수해의 주장과 같은 것이니, 두고서 논하지 않음이 옳습니다."[2] 지도는 지리학자의 관장 사항이며, 그런 의미에서라면 직방세계와 그 주변을 표시한 전통적인 영역에서 벗어나지 않아야 한다는 주장이다.

진조수에게 직방세계는 현실세계이자 중화를 중심으로 구성된 가치의 세계다. 추연이나 수해의 주장도, 나아가 서구식 세계지도의 세계상도 이 가치의 세계 밖을 논의하려 한다는 점에서 다를 바 없다. 그런데 지리학이 다루어야 하는 것은 그 가치의 세계뿐이다. 그곳을 넘어서면 천지설天地說로 전화하기 때문이다. 그렇게 되면 천문학의 영역이다. 진조수에게는 지리학이 다루어야 할 대상이냐 아니냐가 중요할 뿐이었다.

〈곤여만국전도〉의 도면 부분은 보기에 따라서 중국 중심으로 해석될 여지가 있다. 〈곤여만국전도〉는 중국을 작게 하려는 것이 아니라 중국 주변의 넓은 땅을 보려는 것이며, 중국에 대한 유럽의 조공, 즉 직방세계로의 편입이 마테오 리치의 존재로 증명되었다고 자의적으로 해석될 수도 있는 것이다.[3] 중원대륙에 붉은 글씨로 쓰인 '대명일통'大明一統이라는 네 글자는 이러한 가능성을 상징적으로 보여준다. 이렇게 가정한다면 〈곤여만국전도〉는 직방세계를 넘어선 넓은 세계가 아니라 새롭게 편입된, 혹은 조만간 편입될 직방세계의 넓은 외연으로 간주할 수 있다. 이런 해석의 여지는 지리적 중화관과의 충돌을 피하기 위한 서학론자西學論者들의 편법에서 나온 것이다. 직방세계를 중시하면서 〈곤여만국전도〉를 거부하는 반反서학론자의 입장에서 본다면 경계해야 할 논리였다.[4] 진조수는 이 논리의 문제점을 예리하게 지적했다. 그는

2 陳組綬, 〈皇明職方地圖〉, 序文. 五大洲之說何居乎 以泰西氏之言 而直欲駕之皇古之四海九州也 我不敢知 然則周有鄒衍 衍天下有大九州 而周不以加之職方 夏有竪亥 步天下之東西二萬八千里 南北二萬五千里 而夏 不以入之禹貢 西學之來 抑亦聖世之有鄒衍竪亥者乎 存而不論 可也(船越昭生, 「〈坤輿萬國全圖〉と鎖國日本 ― 世界的視圈の成立」, 『東方學報』, 41, 1970, 625~626쪽 재인용).
3 마테오 리치의 서문에는 그러한 자의적 해석을 유발할 소지가 있는 구절이 담겨 있다. 〈坤輿萬國全圖〉 (서울대학교 구관도서, 古4709-35. 이지조가 1602년에 각판한 일본 교토대학 소장본의 사진이다. 이하 같음). 萬曆壬寅利瑪竇序: 獻國雖編 而恒重信史 (중략) 竇也 跧伏海邦 竊慕中華大統萬里聲敎之聲 浮槎西來.

직방세계 외연의 확장을 명분으로 〈곤여만국전도〉를 인정하는 것은 전례가 없다는 점을 강조했다.

마테오 리치의 지도를 본 중국인들의 반응은 다양했다. 넓은 세계를 지리적 중화의 외연이 확장된 것으로 설명할 수 있는가. 견해는 엇갈렸다. 어떤 사람들은 진조수가 떠올린 추연과 수해의 개념이 서구식 세계지도에 비유되기에는 너무 부정확하고 거친 개념이라고 생각했다. 「총도서문」에서 마테오 리치는 "하늘이 땅을 감싸고 있기 때문에 하늘에 남북극이 있듯 땅에도 남북극이 있다"고 했다.[5] 지구설에 입각하여 땅의 위상을 논한 마테오 리치의 설명문은 당시 유럽의 천문지식을 반영하고 있다. 마테오 리치의 중국인 친구들이 〈곤여만국전도〉에 실은 설명문에도 이런 입장이 충실히 반영되어 있다. 이지조李之藻는 "지도地度가 위로 천도天度에 응하는 것은 만세불변의 법칙이다"라고 천명했으며,[6] 마테오 리치의 〈곤여만국전도〉를 "위로 천문天文을 취하여 지도地度에 견준 것"이라고 그 의미를 부여했다.[7] 이지조의 친구인 기광종祁光宗의 설명문에도 마테오 리치가 "지도地度로써 천전天躔에 응했다"라는 표현이 보인다.[8]

진조수는 〈곤여만국전도〉가 천문측량법과 지구설에 입각해서 땅을 논했다는 이유로 직방세계의 패러다임으로 설명하는 것은 적절하지 않다고 주장했다. 그러나 이지조를 비롯한 서학론자들은 바로 그런 이유로 〈곤여만국전도〉를 높이 평가했다. 그들은 '넓은 세계는 직방세계 외연을 확대해서 볼 수 있다'라는 타협적인 수사조차 구사하지 않았다.

---

4 陳組綬,〈皇明職方地圖〉, 序文. 或曰 子以是(皇明職方地圖－인용자)爲足以盡地之圖乎 泰西氏之言 其不足信與 夫西學 非小中國也 大地也 地大則見中國小 (중략) 而子不以此廣之職方 恐經緯者推步 將以子爲管窺蠡測 不見天地之大也 曰不然.

5 〈坤輿萬國全圖〉, 總圖序文. 天旣包地 則彼此相應 故天有南北二極 地亦有之.

6 〈坤輿萬國全圖〉, 萬曆壬寅利瑪竇序. 我存李先生(李之藻－인용자)夙知輿地之學 自爲諸王編輯有書 深賞茲圖 以爲地之上應天躔 乃萬世不可易之法.

7 〈坤輿萬國全圖〉, 李之藻序題. 禹貢之內且然 何況絶域不謂 有上取天文以准地度如西泰子萬國全圖者.

8 〈坤輿萬國全圖〉, 祁光宗題. 西泰子 遊覽諸國 經歷數十年 據所聞見 參以獨解 往往言前人所未言 至以地度應天躔 以讀天地之書 爲己之學.

마테오 리치와 그를 인정하던 중국 지식인들은 곧이어 중국 고대의 우주 구조론과 땅의 위상에 관한 논의들에 대해서도 평가를 시도했다. 물론 그 평가의 맥락이 단일한 것은 아니다. 마테오 리치 자신은 '육합'六合이라는 단어를 사용했다. 상하사방의 개념인 육합은 사방四方보다 지구를 묘사하는 데 상대적으로 가깝게 여겨졌기 때문이다. 그는 지구에서 상하를 설정하는 것 자체가 처음부터 무의미하다는 사실을 아울러 지적했다.[9] 오중명은 추연의 설을 '땅의 무한함'을 가정하는 것으로 받아들이면서도, 바로 그 무한하다는 가정 때문에 추연의 주장이 마테오 리치 설의 동양적 전례前例가 되기에는 불합리하다고 주장했다.[10]

양경순楊景淳도 수해, 태장, 육합을 거론했다. 양경순은 진조수가 천문학자의 주장에 빗대었던 수해와 태장의 사극四極을 직방세계적 규모에 불과한 것으로 보았다. 대신 그가 주목한 것은 육합이었다. 그는 과거 중국의 저명한 지성들이 육합의 규모를 중시하지 않음으로써 넓은 세계의 모습을 알 수 있는 기회를 잃어버렸다고 비판하면서, 〈곤여만국전도〉의 도면과 설명문이야말로 "위로 극성極星에 응하고 아래로 지기地紀를 궁구"하는 육합의 규모를 처음으로 밝힌 지도라고 보았다.[11]

중국 고대 천문학자들의 주장을 가장 폭넓게 거론하고, 그것을 마테오 리치의 경우와 대비한 인물은 이지조였다. 이지조의 견해는 가탐賈耽의 지도에서 나홍선羅洪先의 『광여도』에 이르는 중국의 전통 지도들이 가진 결함을 지적하는 것으로 시작한다. 직선거리에 입각하지 않아 정확도가 떨어진다는 점, 그리고 전통적인 직방세계를 벗어난 바깥 세계를 그려본 적이 없다는 점이 그

9 〈坤輿萬國全圖〉, 利瑪竇總圖序. 上下四方 皆生齒所居 渾淪一球 原無上下 蓋在天之內 何瞻非天 總六合內 凡足所佇卽爲下 凡首所向卽爲上.
10 〈坤輿萬國全圖〉, 歙人吳中明撰. 鄒子稱中國外如中國者九 神海還之 (중략) 夫地廣且大矣 然有形必有盡.
11 〈坤輿萬國全圖〉, 蜀吏楊景淳識. 漆園氏曰 六合之內 論而不議 子思子亦曰 及至聖人 有所不知 天唯不知 是以不議 然未嘗不論 未嘗不知也. 章亥之步地 所從來矣 禹貢之書 歷于九州 職方之載 罄乎四海 (중략) 而質之六合 皆且挂一而漏萬 孰有囊括苞擧六合如西泰子者 詳其圖說 蓋上應極星 下窮地紀 仰觀俯察 幾乎至矣.
12 〈坤輿萬國全圖〉, 李之藻ман. 輿地舊無善版 近廣輿圖之刻本 唐賈南皮畫寸分里之法 稍似縝密 (중략) 輶軒路出紆廻 非合應弦之步 是以難也. 禹貢之內且然 何況絶域不謂.

것이다.[12] 이지조는 마테오 리치의 천문측량법과 지구설이 그러한 문제점을 일거에 해결했다고 높이 평가했다.[13]

이지조는 이어서 천문측량법과 지구설에 견줄 수 있는 유사한 발상들이 동양의 역사에서 있었는지를 확인했다. 그는 『당서』唐書의 천문측량법, 원나라 때의 관련 사실 등을 거론했다. 그러나 『당서』의 관련 지식은 마테오 리치의 그것에 비해 너무나 소략한 것이며, 원나라 때의 관측 범위는 마테오 리치에 비해 훨씬 작은 것으로 평가되었다.[14] 『주비경』周髀經에 대한 채옹蔡邕의 설명, 혼천설 등도 마찬가지 사례로 거론되었다. 지구설과 유사하게 해석될 여지가 있지만 구면球面의 곳곳에 사람이 사는 원리까지 설명할 수는 없다는 것이다. 이지조는 결국 그런 한계가 중국 사회에서 '육합의 세계에 대해서는 두고서 논하지 않는다'는 전형적인 대응 방식을 낳았다고 지적했다.[15] 이지조는 수해, 태장太章의 사극에 대해서도 큰 의미를 부여하지 않았다.[16]

이지조와 양경순에게 수해와 태장의 사극은 직방세계의 공간적 범위와 크게 다르지 않은 좁은 땅일 뿐이었다. 오중명吳中明은 추연의 구주설九州說을 합리적이지 못한 것으로 비판했다. 마테오 리치와 이지조, 그리고 양경순은 동양 고전의 단어들 가운데 오직 육합을 〈곤여만국전도〉의 규모에 비유했다. 그러나 상하사방의 개념인 육합은 지극히 제한적인 의미를 가질 뿐이었다. 공처럼 생긴 물체에 대해 상하의 개념을 적용하는 것 자체가 무의미하다는 점은 이미 마테오 리치 자신에 의해 언급되고 있었다. 〈곤여만국전도〉에 대해 진조수가 "버려두고 논하지 말자"고 말했을 때에도, 마테오 리치와 그의 중국인

13 〈坤輿萬國全圖〉, 李之藻序. 有上取天文以准地度如西泰子萬國全圖者 (중략) 而取里則古今遠近稍異云 其南北則徵之極星 其東西則算之日月 衝食種種 皆千古未發之秘.
14 〈坤輿萬國全圖〉, 李之藻序. 元人測景雖遠 止于南北海二萬里內 (중략) 古人測景 曾有如是(西泰子－인용자)之遠者乎.
15 〈坤輿萬國全圖〉, 李之藻序. 所言地是圓形 蓋蔡邕釋周髀 已有天地各中高外下之說 渾天儀注 亦言地如鷄子中黃 孤居天內 其言各處晝夜長短不同 則元人測景二十七所 亦已明載 惟謂海水附地 共作圓形 而周圓俱有生齒 頗爲創聞可駭 要于六合之內 論而不議 理苟可據 何妨求野圓象之昭昭也 晝視日景 宵窺北極 所得離地高低度數 原非隱僻難窮 而人有不及察者 又何可輕議于方域之外.
16 이지조는 마테오 리치가 여행하며 측천한 곳이 수해와 태장의 범위를 넘는다고 말했다(〈坤輿萬國全圖〉, 李之藻序).

친구들이 적극적으로 그 의미를 설명했을 때에도 육합, 추연, 수해, 태장 등 동양 고전의 단어들은 신뢰받지 못했던 것이다.

그 단어들을 신뢰하지 않았던 것은 〈만국전도〉의 저자인 알레니도 마찬가지였다. 알레니에 따르면 바다에는 두 가지가 있다. 바다가 나라 가운데 있어서 나라가 바다를 품고 있으면 지중해地中海라 하고, 나라가 바다의 가운데 있어 바다가 나라를 품고 있으면 환해寰海라 한다. 환해는 지극히 넓어서 곳에 따라 이름이 다르다. 주역州域을 기준으로 하면 아세아에서 가까운 것은 아세아해라 하고, 구라파에서 가까운 것은 구라파해라 한다. 리미아利未亞, 아묵리가亞墨利加, 묵와랍니가墨瓦蠟尼加나 그 밖의 작은 나라들도 이런 방식으로 인근 바다를 부를 수 있다. 또 땅의 방위를 기준으로 할 경우에는 남쪽에 있으면 남해, 북쪽에 있으면 북해이며, 동해와 서해도 마찬가지다. 방위에 따를 뿐 일정한 기준이 없다. 중국을 중앙에 놓으면, 대동양大東洋에서 소서양小西洋까지가 동해가 되고, 소서양에서 대동양까지는 서해가 되며, 묵와랍니墨瓦蠟尼에서 가까운 곳은 남해가 되고, 북극 아래와 가까운 곳은 북해가 된다. 지중해가 거기에 딸려 있다. 천하의 물이 여기에서 다하니, 비해裨海나 대영해大瀛海는 황당한 이야기이며 근거가 없다.[17]

알레니는 지구적인 규모의 세계를 설명하는 과정에서 중국이 전통적인 직방세계를 묘사할 때 사용한 천하天下 혹은 사해四海 개념을 전유했다. 이 언설 속에서 천하는 더 이상 직방세계를 표현하는 말이 아니며, 사해는 상대적인 개념일 뿐이다. 바다는 다만 지중해와 환해일 뿐이며, 그런 바다에서 비해나 대영해와 같은 개념을 연상하는 것은 부적절한 일이라고 했다. 알레니는 『직방외기』의 독자들에게 지구적 규모의 세계가 추연의 세계관과 유비될 수 있

17 『欽定四庫全書』, 職方外紀, 卷5, 四海總說. 海則衆流所鍾 稱百穀王焉 故說水必詳於海 有二焉 海在國之中 國包乎海者 曰地中海 國在海之中 海包乎國者 曰寰海 (중략) 寰海極廣 隨處異名 或以州域稱 則近亞細亞者 謂亞細亞海 近歐邏巴者 謂歐邏巴海 他如利未亞 如亞墨利加 如墨瓦蠟尼加及其他最爾小國 皆可隨本地所稱 又或隨其本地方隅命之 則在南者謂南海 在北者謂北海 東西亦然 隨方易向 都無定準也 茲將中國列中央 則從大東洋 至小東洋 爲東海 從小西洋至大西洋 爲西海 近墨瓦蠟尼一帶爲南海 近北極下爲北海 而地中海附焉 天下之水 盡於此 裨海大瀛 屬近荒唐 無可證據.

는 성질이 아니라는 점을 분명히 선언한 것이다.

전통적 이역으로서의 서양, 새로운 이역으로서의 서양

1405년에 시작된 정화鄭和(1371~1433?)의 항해는 명청대 중국인들에게 '서양'이라는 말을 각인시킨 결정적인 사건이었다. 물론 정화 이전에도 '서양'이 중국에 조공해온 역사는 있었다. 『대명일통지』에 따르면 서양고리국이라는 나라가 명나라에 조공하기 시작한 것은 영락 원년, 즉 1403년이다.[18] 그러나 정화의 항해를 계기로 수많은 '서양' 국가들이 명나라에 조공하면서 '서양'의 내용은 더욱 풍부해졌다.

영락제 때의 환관이었던 정화는 일곱 차례에 걸쳐 대선단을 이끌고 바닷길에 나섰다. 정화는 남으로 자바, 북으로 페르시아 및 홍해의 메카, 서쪽으로 아프리카 동해안까지 미치는 범위를 여행했다.[19] 이 원정은 뒷날 '하서양'下西洋이라고 불렸으며, '서양'이라는 이름으로 그 여정을 기록한 책들도 나오게 되었다. 정화의 항해에 수행했던 비신, 마환, 공진 등은 각각 『성사승람』, 『영애승람』, 『서양번국지』를 지었다. 황성증黃省曾은 『명사』明史 외국전外國傳에서 이곳 '서양' 조공국들이 망라되지 못한 것을 보고 『서양조공전록』西洋朝貢典錄을 저술했다.[20] 황성증이 '서양'이라고 적은 나라는 점성국占城國, 진랍국眞臘國, 조왜국爪哇國, 삼불제국三佛齊國, 만자가국滿刺加國, 발니국浡泥國, 소록국蘇祿國, 팽형국彭亨國, 유구국琉球國, 섬라국暹羅國, 아노국阿魯國, 소문답라국蘇門答剌國, 남발리국南浡里國, 유산국溜山國, 석란산국石蘭山國, 방갈라국榜葛剌國, 소갈란국小葛蘭國, 가지국柯枝國, 고리국古里國, 조법아국祖法兒國, 홀로모사

18 『大明一統志』, 卷90, 外夷, 西洋古里國, 沿革(『文淵閣四庫全書』, 제473책). 其國乃西洋諸番之會 本朝永樂元年 國王馬那必加剌滿 遣其臣馬戌來朝貢焉 自是 朝貢不絶.
19 黃省曾, 『西洋朝貢典錄』(『續修四庫全書』, 史部, 地理類), 西洋朝貢典錄自序. 西洋之跡 著自鄭和 自占城西南 通國二十數 蘇門最遠 自蘇門而往 通國以六七數 柯枝最遠 自柯枝而往 通國以六七數 天方最遠.
20 黃省曾, 『西洋朝貢典錄』. 是編紀西洋諸國朝貢之事 自占城 以迄天方 爲國二十有三 國各一篇 篇各有論 攷明史外國傳 其時通職貢者 尙不盡於此錄 省曾止就內侍鄭和所歷之國 編次成書.

國忽魯謨斯國, 아단국阿丹國, 천방국天方國 등 모두 23개국이다.

『대명일통지』, 『도서편』 등 조선 지식인들이 볼 수 있었던 명나라 때의 지리지나 백과전서에는 인도양 국가로서의 '서양'이 수록되어 있었다. 『대명일통지』는 '외이'外夷라는 제목 아래 포괄적으로 조공국들을 적어둔 데 비해, 『도서편』은 '사이'四夷를 소항목별로 구분하고 있어서 당시의 서양 관념을 좀 더 잘 드러내준다. 장황은 『도서편』 총론에서 '제이' 가운데 '서양'을 언급한 '황명조훈'을 인용한 뒤,[21] 서양제국 항목을 따로 두어 고리古俚에서 파라문婆羅門까지 모두 74곳을 '서양' 여러 나라로 소개했다.[22]

마테오 리치가 제작한 한역 서구식 세계지도는 중국인들에게 새로운 세계를 보여주었다. 그중에는 '서양'(대서양과 소서양)도 들어 있었다. 정화의 항해를 계기로 중국의 조공권에 편입된 수많은 인도양 국가들을 '서양'으로 부르던 중국인들은 당연히 마테오 리치가 말하는 서양이 그 일부인지를 의심할 수밖에 없었다. 마테오 리치가 말하는 '유럽으로서의 서양'은 사실상 중국인들이 말해왔던 인도양 국가로서의 서양과 달랐으며, 그런 의미에서 완전히 새로운 곳이었다. 그러나 사이四夷 관념을 버리지 않는 한 중국인들은 마테오 리치의 서양을 어떤 식으로든 해석하지 않으면 안 되었다. 이런 고민은 『대청일통지』에서 그대로 계승된다.

『대청일통지』에서 서양은 조선, 안남, 유구, 하란荷蘭, 섬라에 이어 등장한다. 건치연혁 항목에 따르면 서양과 중국의 관계는 만력 연간에 마테오 리치로부터 시작되었으며, 그 뒤 강희 연간에서 건륭 연간에 이르기까지 부정기적인 조공 사절이 중국에 들어왔다.[23] 그 지리적 위치에 대해서는 이전의 역사책에서 기록된 것이 없으며, 마테오 리치와 알레니가 세계지도에서 구라파라고

---

21 章潢, 『圖書編』, 卷50, 制禦四夷典故(『文淵閣四庫全書』, 子部, 970책, 이하 같음). 皇明祖訓曰 海外諸夷東北朝鮮 正東偏北日本 正南偏東大琉球 小琉球(不通往來 不曾朝貢) 西南 安南 眞臘 暹羅 占城 蘇門答刺西洋 爪哇 彭亨 百花 三佛齊 浡泥.

22 章潢, 『圖書編』, 卷51, 西洋諸國.

23 『大淸一統志』, 卷423, 西洋, 建置沿革. 中國極遠 於古無可考 至明萬曆九年 有利瑪竇者 始汎海 抵廣州香山墺 (萬曆)二十九年 始入於京師 中官馬堂 以其方物進獻 自稱大西洋人.

말한 곳을 근거로 해서 보면 약 70여 개의 나라가 있다.[24] 또 그 풍속은 천주교
를 믿고 역법에 밝다.[25]

마테오 리치가 자신을 대서양인이라고 소개했을 때, 예부에서는 그를 믿
으려 하지 않았다. 『명회전』明會典에 기록된 서양이라고는 서양쇄리국西洋瑣里
國이 있을 뿐이어서 마테오 리치가 말하는 대서양국이라는 곳의 진위를 알 수
없었기 때문이다.[26] 인도양 국가로서의 서양의 이미지가 그때까지도 여전히
강하게 남아 있었음을 알 수 있다. 그러나 황제는 예부의 주장을 받아들이지
않았다.

『대청일통지』의 편자는 마테오 리치가 말한 유럽으로서의 서양을 인도양
국가로서의 서양과 구별해서 적었다. 그러나 『대청일통지』가 중국 중심의 세
계관이나 사이 관념을 버렸다고 섣불리 판단할 수는 없다. 실상은 그 반대에
가깝다. "유럽으로서의 서양은 인도양 국가로서의 서양과는 달리 중국인들에
게 새로운 이역이다. 그러나 그 새로운 이역은 마테오 리치 이후 여러 차례
'조공' 사절을 보내오고 있지 않은가. 한역 서구식 세계지도에 그려진 그 새
로운 이역들은 이미 조공하고 있거나 머지않아 조공하게 될 곳들을 잘 보여주
지 않는가." 『대청일통지』의 편자가 서양의 위치를 '서남해 가운데 있다'고
하면서 그 조공로를 소개한 것도 새로운 이역을 보는 이런 시선과 무관하지
않다.[27]

그렇다면 청나라에서 명나라 때의 역사 경험, 즉 인도양 국가로서의 서양
은 완전히 부정되었는가. 『대청일통지』에는 유럽으로서의 서양과는 또 다른
서양이 여전히 남아 있다. 파라국은 동양이 끝나는 곳이자 서양이 시작되는
곳으로 이미 당나라 때부터 조공해왔다 한다.[28] '서양西洋의 대국大國'인 고리

---

24 『大淸一統志』, 卷423, 西洋. 西洋 其地之遠近 舊史不載 今據利瑪寶南懷仁等所紀歐羅巴州之地 共七十
餘國 其大者 日以西把尼亞(在歐羅巴之極西).
25 『大淸一統志』, 卷423, 西洋. 尙天主教 通曆數 善製造(南懷仁〈坤輿圖說〉云).
26 『大淸一統志』, 卷423, 西洋. 是時 禮部言 會典止有西洋瑣里國 無大西洋 其眞僞不可知 又寄居二十年 方
行進貢 則與遠方慕義特來獻琛者不同 乞給賜冠帶還國 勿令潛居兩京 與中人交往 別生事端 不報.
27 『大淸一統志』, 卷423, 西洋. 在西南海中 其貢道 由廣東 以達於京師.

국은 영락 3년부터 조공하기 시작한 회교 국가이며,[29] 또 서해상에는 홍무 연간부터 중국에 조공해온 서양쇄리국이,[30] 서남해상에는 '서양의 요처要處'인 소문답라국蘇門答剌國이 있다.[31] 여기서 거론되는 서양은 인도양 국가로서의 서양이다.

결국 『대청일통지』는 서구식 세계지도를 통해 알게 된 유럽으로서의 서양과, 명나라 때와 그 이전의 역사 경험에 기초한 인도양 국가로서의 서양을 모두 인정한 셈이다. 청나라의 입장에서 보면 유럽으로서의 서양은 새로운 이역, 인도양 국가로서의 서양은 전통적인 이역이었을 뿐이다. 『대청일통지』는 사이四夷의 일부를 구성하는 것으로서 새로운 이역, 즉 유럽으로서의 서양을 인정했다. 그러나 그 새로운 이역과 전통적인 이역과의 구분선은 여전히 모호한 상태로 남아 있었다.[32] 한편에서는 중국 중심의 세계관과 사이관四夷觀을 유지하면서도 새로운 이역을 좀 더 경직된 방식으로 적용하려는 경우도 있었다. 『고금도서집성』은 그런 시선이 담겨 있는 저작이다.

『고금도서집성』의 세계 인식

전성기에 들어선 청나라는 문화 정리 사업에도 심혈을 기울였다. 강희제에서 시작되어 옹정제 때 마무리된 『고금도서집성』古今圖書集成, 건륭제에 의해 편찬된 『사고전서』四庫全書가 그것이다. 『고금도서집성』이 유서類書라면, 『사고전서』는 총서叢書에 해당한다. 이 중 17세기 후반 이후 중국 사회의 주류적인

28 『大淸一統志』, 卷424, 婆羅(在海海中 接近西洋) 建置沿革. 又名文萊 東洋盡處 西洋所自起也 唐高宗時常入貢.
29 『大淸一統志』, 卷424, 古里(在西海中) 建置沿革. 西洋大國也 自古不通中國 明永樂三年 其王馬那必加剌滿 遣使入貢); (중략) 風俗. 敬浮屠 崇回敎(『明史』).
30 『大淸一統志』, 卷424, 西洋瑣里(在西海中).
31 『大淸一統志』, 卷424, 蘇門答剌(在西南海中) 建置沿革. 在占城西南 或言卽漢條枝唐波斯大食二國地 西洋要會也.
32 청대의 경우 고대 서융西戎에 해당한다고 여겼던 서역西域, 그리고 인도양 국가로서의 서양이 전통적인 이역에 해당한다.

세계관을 잘 보여주는 것은 『고금도서집성』이다. 유서는 항목을 분류하고 배열하는 데 편찬자의 관점이 깊이 반영될 수밖에 없기 때문이다.

『고금도서집성』은 당시까지 중국에 알려져 있던 거의 모든 지식들이 항목별로 발췌 수록된 일종의 백과사전이다. 여기에는 물론 한역 서학서의 내용도 수록되어 있다. 역상휘편曆象彙篇, 방여휘편方輿彙篇, 명륜휘편明倫彙篇, 박물휘편博物彙篇, 이학휘편理學彙篇, 경제휘편經濟彙篇 등 총 여섯 편으로 구성되어 있으며, 더 세부적으로는 32전典 6,109부部로 나뉜다.

방여휘편 직방전職方典에는 중국 각 성과 군현이 파악되어 있다. 편목이 말해주는 것처럼 『고금도서집성』의 세계는 중국을 중심으로 한 직방세계였다. 직방전의 지도들은 청나라가 서양 선교사들을 동원해 만든 〈황여전람도〉의 지도들과 같은 외형을 하고 있다.

중국 주변 세계는 방여휘편 변예전邊裔典에 망라되어 있다. 서구식 세계지도에 등장하는 많은 국가들이 수록되어 있다는 점에서 보면 이 책자는 앞선 지리서나 유서들과 성격이 다르다. 그렇다면 서구식 세계지도의 도면은 확장된 직방세계로 받아들여졌던 것일까.

중국 주변의 세계는 동서남북으로 나뉘어 있다. 중국 역대 정사正史를 통해 그 실체가 확인된 것으로 보이는 나라나 종족들이 동서남북의 제국으로 분류되어 있다. 동방제국의 첫머리에는 조선과 일본이 수록되었는데, 말미에는 『산해경』이나 『삼재도회』에 기록된 부상부扶桑部, 문신부文身部도 포함되어 있다.[33] 비록 『산해경』에서 거론된 국가나 부족명이라도 중국 정사에서 관련 내용이 확인될 경우 중국 주변의 실체로 간주되었다. 『산해경』에 보이는 관흉국貫胸國, 장굉국長肱國 등이 남방제국부에 기록된 것도 같은 이유에서다.[34]

권41은 동방미상제국부東方未詳諸國部다. 중국 정사에 보이지 않는 나라(도

---

33 『古今圖書集成』, 方輿彙篇, 邊裔典. 권13에서 권40까지는 조선과 일본에 관한 기록이며, 부상부 등은 권41에 수록되었다. 『고금도서집성』 편찬 당시 일본은 중국의 조공권에서 벗어나 있었지만 그것은 전혀 문제가 되지 않았다. 역대 중국 정사에서 조공 사실이 확인된 경우는 예외 없이 사방의 제국부에 포함되었다.
34 『古今圖書集成』, 方輿彙篇, 邊裔典, 卷90, 貫胸部; 卷96, 長肱部.

시)는 풍속과 산물에 대한 확실한 근거가 없지만, 원본에 실려 있거나 동방제국의 주변으로 추정할 수 있다는 이유로 동방미상제국부로 분류되었다.[35] 동방미상제국부의 지명 혹은 종족명은『산해경』,『박물지』,『속박물지』,『삼재도회』,『술이기』述異記,『두양잡편』杜陽雜編,『임해수토지』臨海水土志,『태평어람』太平御覽 등에서 따온 것이다.[36]

권43에서 권86까지는 서방제국부다. 역대 중국 정사에서 확인되는 서방 국가(도시) 이름들과 그들의 조공 사실이 연대기 순으로 정리되어 있다. 동방제국부와 마찬가지로『산해경』에 등장하는 지명이라도 조공 사실이 확인된다고 여겨진 나라(도시)들은 더 이상 미상제국이 아니었다.[37]

서방제국부의 총론에 해당하는 권43 휘고에는 한나라 때 이후 명나라 때에 이르기까지의 개략적인 사실이 망라되어 있다. 정화의 항해까지만 기록되어 있을 뿐 유럽에 관한 내용은 들어 있지 않다.[38] 지리적 범주로서의 서양은 정화의 항해로 파악된 곳을 의미할 뿐이었다.[39]

유럽으로서의 서양을 전혀 의식하지 않은 것은 아니었다. 마테오 리치가 명나라에 와서 자신이 대서양국인大西洋國人이라고 말했다는 사실이 대진국大秦國에 관한 기사 말미에 실려 있다.[40] 그러나 편자는 "정사인『명회전』에 서양의 범위가 서양쇄리국까지만 기재되어 있어서 그 진위를 판별하기 어렵다"는『언폭담여』偃曝談餘의 기사를 함께 인용했다.[41]

변예전에 인용된 저술 가운데에는 페르비스트의『곤여도설』도 있다. 특히

---

35 『古今圖書集成』, 方輿彙篇, 邊裔典, 卷42, 東方未詳諸國部. 按外國之名不見於正史者 其土俗物産 皆無確據 其國部方向 亦未詳 或卽原本所載 或卽東方諸國左右旁近仿彿可推者 統入東方未詳諸國部.

36 『古今圖書集成』, 方輿彙篇, 邊裔典, 卷42, 東方未詳諸國部.

37 『산해경』해외서경에 등장하는 長股部, 奇肱部 등은 정사로 취급된『죽서기년』竹書紀年이라는 책자에 조공 사실이 확인된다는 이유로 서방 국가(도시)로 인정되었다(『古今圖書集成』, 方輿彙篇, 邊裔典, 卷45, 長股部, 奇肱部).

38 『古今圖書集成』, 方輿彙篇, 邊裔典, 卷43, 西方諸國總部.

39 서양이라는 표현은『명외사』明外史에서 인용된 서양쇄리부西洋瑣里部와 서양고리부西洋古里部만이 보일 뿐이다(『古今圖書集成』, 方輿彙篇, 邊裔典, 卷83, 西洋瑣里部; 卷85, 西洋古里部).

40 『古今圖書集成』, 方輿彙篇, 邊裔典, 卷61, 大秦部 紀事.

41 『古今圖書集成』, 方輿彙篇, 邊裔典, 卷61, 大秦部 紀事.

서방제국 가운데 천축국天竺國, 대진국大秦國, 대식국大食國, 묵덕나국默德那國
을 설명하는 부분에서 『곤여도설』이 활용되었다. 그러나 이 나라(도시)들은 역
대 중국 정사에서 조공 사실이 확인되었다고 간주된 중국의 서쪽 국가들이었
을 뿐이다. 이들 네 나라에 대한 기사는 『통전』, 『후한서』, 『당서』, 『명외사』明
外史 등으로부터 가져온 것이다.[42]

　대진국의 경우 후한대 이후 남북조까지 대진으로 불리다가 당나라 때 이
후 명나라 때까지 불름拂菻으로 불렸고, 그 후 의대리아意大里亞로 불리는데,
대체로 로마제국, 동로마제국 또는 이탈리아를 가리킨다.[43] 편자는 『곤여도
설』을 인용하여 여덕아如德亞가 바로 옛 대진국이며, 서방에 성인이 있다는 중
국 사회의 설은 이곳을 말한다고 적었다.[44] 그러나 편자가 인용한 『곤여도설』
에서 여덕아는 구라파주가 아니라 아세아주의 일부로 소개되었다. 『고금도서
집성』의 대진국은 결코 유럽은 아니었던 것이다.

　『곤여도설』에 기록된 유럽과 신대륙의 나라(도시) 이름들은 중국 중심으로
재해석되어 서방미상제국부에 포함되었다. 서방미상제국부의 서술 원칙은
동방미상제국부와 동일하다. 권87에서 권88 중반까지는 『산해경』의 해외서
경과 대황서경, 『삼재도회』, 『열자』列子, 『유습기』遺拾記, 『술이기』, 『통전』,
『태평광기』太平廣記 등에서 인용된 나라(도시) 이름들이 열거되어 있다. 『곤여
도설』에서 인용된 나라(도시) 이름들은 권88의 말미에 수록되어 있는데, ① 막
와이국莫臥爾國, ② 달마사곡국達馬斯谷國, ③ 백아서아국百兒西亞國, ④ 아라비
아국亞喇比亞國, ⑤ 납다리아국納多理亞國, ⑥ 아마작닉亞瑪作搦, ⑦ 득자득得自得,
⑧ 이서파니아以西把尼亞, ⑨ 파이두와波爾杜瓦, ⑩ 아묵리가제도亞墨利加諸島 등
총 열 곳에 달한다.[45]

　이들 열 곳은 『곤여도설』에서 어떻게 설명되어 있을까. 『곤여도설』에 따

---

42 『古今圖書集成』, 方輿彙篇, 邊裔典, 卷61, 大秦部; 卷78, 大食部; 卷86, 默德那部.
43 崔韶子, 『동서교류사연구』, 삼영사, 2002, 26쪽.
44 『古今圖書集成』, 方輿彙篇, 邊裔典, 卷60, 大秦部 彙考. 편자는 이 부분에 관해 인용 근거를 남기지 않
았지만, 같은 내용이 『곤여도설』에 실려 있다(『坤輿圖說』, 下, 亞細亞州).
45 『古今圖書集成』, 方輿彙篇, 邊裔典, 卷87; 卷88, 西方未詳諸國部.

르면 중화문명이 기원한 중국은 아세아주의 동남쪽에 자리 잡고 있다. 중국의 서북쪽으로 회회국回回國이 있으며, 인도의 주변으로 5인도 중 4인도를 병합한 ① 막와이국이 있다. 아시아주 안에서 극서쪽에는 옛 대진국인 여덕아국如德亞國이 있고, 그 서편으로 다시 ② 달마사곡국이 있다.[46] 인도하의 서쪽으로 ③ 백아서아국이 있다. 백아서아국 서북쪽의 여러 나라들은 모두 도아격都兒格에 병합되었는데, 병합된 곳 중에 ④ 아라비아국이 있고, 그 서북쪽으로 다시 ⑤ 납다리아국이 있다.[47] 중국의 북서쪽 일대는 구라파주의 동쪽과 닿는데 달이단韃而靼이라 한다. 이곳의 서쪽으로는 옛 여국女國이었던 ⑥ 아마작닉이 있으며, ⑦ 득자득이라는 곳도 있다.[48] 구라파주의 극서쪽으로는 ⑧ 이서파니아가 있고, 그 서쪽으로 ⑨ 파이두와국波爾杜瓦國이 있다.[49] 신대륙의 ⑩ 아묵리가제도의 섬들은 헤아릴 수 없을 정도로 많은데, 그중 큰 곳으로는 소이서파니아小以西把尼亞가 있다.[50] 서방미상제국부에 실려 있는 ①부터 ⑩까지의 나라 이름들은『곤여도설』에서는 중국에서 유럽을 거쳐 대서양을 건너 신대륙까지 이어진다. 서방미상제국부에는 중국 역사와 무관한 세계지도상의 지명 가운데 서쪽으로 해석될 만한 단서가 있는 곳이면 모두 포함되었다.[51] 신대륙의 아묵리가제도까지 포함되어 있는 것은 그 점을 잘 보여준다.[52]

46 南懷仁,『坤輿圖說』, 下, 亞細亞州(『文淵閣四庫全書』, 594책, 이하 같음). 中國則居其東南 西北有回回諸國 印度有五 惟南印度仍其舊 餘四印度 皆爲莫臥爾所併 最西有名邦 曰如德亞 如德亞之西有國 名達馬斯谷.
47 南懷仁,『坤輿圖說』, 下, 亞細亞州, 百兒西亞. 印度河西有大國 曰百兒西亞 百兒西亞西北諸國 皆爲都兒格所併 內有國亞喇北亞 都兒格西北納多理亞國.
48 南懷仁,『坤輿圖說』, 下, 亞細亞州, 韃而靼. 中國之北迤西一帶 直抵歐羅巴東界 俱名 韃而靼 迤西舊有女國 曰亞馬作搦 又有地 曰得自得.
49 南懷仁,『坤輿圖說』, 下, 歐羅巴州, 以西把尼亞 (중략) 歐羅巴之極西 曰以西把尼亞 (중략) 以西把尼亞屬國 大者二十餘 中下共百餘 本國之西 有波爾杜瓦國.
50 南懷仁,『坤輿圖說』, 下, 亞墨利加州, 亞墨利加諸島. 兩亞墨利加之島 不可勝數 大者爲小以西把尼亞.
51 중국, 인도, 회회국, 대진국 등 확정된 서방제국을 중심으로 그것들로부터 추정해나가는 방식이다.
52 『古今圖書集成』, 方輿彙篇, 邊裔典, 卷88, 西方未詳諸國部, 亞墨利加諸島.『고금도서집성』의 설명문 첫머리는 "서아묵리가西亞墨利加의 섬들은 이루 다 헤아릴 수 없다"로 시작하는데, 원래의『곤여도설』에는 이 부분이 "양아묵리가兩亞墨利加(남북아메리카)의 섬은 이루 다 헤아릴 수 없다"로 되어 있다. 아묵리가제도가 서방미상제국부에 포함된 것은 단순히 '兩' 자를 '西' 자로 잘못 읽은 것이 아님을 짐작하게 한다. 이서파니아를 연상시키는 소이서파니아가『곤여도설』, 아묵리가제도의 첫머리에 실려 있는 것도 신대륙을 중국의 서쪽으로 보는 인식에 영향을 미쳤을 수 있다.

남방제국에는 안남安南, 만자가滿剌加, 과왜瓜哇, 삼불제三佛齊, 유구琉球, 섬라暹羅, 점성占城, 여송呂宋, 발니淳尼 등 조공 사실이 확인된 것으로 간주된 동남아시아 국가(도시)들이 수록되어 있다. 이 중에서 만자가, 과왜, 발니는『곤여도설』에서도 확인된다. 흥미로운 사실은 불랑기佛郎機와 화란和蘭이 남방제국에 포함되어 있다는 점이다. 불랑기와 화란은 동방무역에 종사했던 포르투갈과 네덜란드를 가리키는데 중국 정사에서 이들 두 나라는 모두 동남아시아 일대의 국가로 간주되었다. 그들이 이곳을 거점으로 무역활동에 종사하고 있었기 때문이다.[53]

화란은 세계지도나『곤여도설』에 그 위치가 표시되어 있지 않았으므로, 중국의 역사 경험이 존중되었다고 해서 큰 문제는 아니다. 그러나 불랑기의 경우는 다르다.『곤여도설』에는 '이서파니아의 동북쪽이 불랑찰佛郎察, 즉 불랑기'라고 적혀 있다.[54]『곤여도설』의 불랑기 관련 서술은『고금도서집성』에서 남방제국으로서의 불랑기에 대한 설명부에 인용되어 있다.[55]『고금도서집성』이『곤여도설』의 세계 구성보다는 중국의 역사 경험을 더 중시했다는 점을 여기에서도 확인할 수 있다.

세계지도상의 유럽 국가들이 중국 중심으로 해체되는 양상은 남방미상제국부에서도 나타난다.『산해경』의 해내남경과 대황남경,『삼재도회』,『열자』의 탕문편湯問篇,『동명기』洞冥記,『부남토속』扶南土俗,『박물지』,『습유기』,『술이기』,『두양잡편』,『속박물지』,『광동통지』廣東通志,『명외사』 등에서 남방으로 추정되는 나라 이름들을 인용하고 있다. 무엇인가의 남쪽이라면 결국 중국의 남쪽이라고 볼 수 있지 않은가. 중국 고전에 등장하는 동서남북 방향의 미확인 국가들을 보는 중국인들의 시선은 그런 것이었다.

남방미상제국부의 후반부에는『곤여도설』에서 인용된 나라(도시) 이름들이 열거되어 있는데 다음과 같다.

---

53 崔韶子, 앞의 책, 2002, 33~34쪽.
54 南懷仁,『坤輿圖說』, 下, 歐羅巴州, 拂郎察.
55 『古今圖書集成』, 方輿彙篇, 邊裔典, 卷106, 佛郎機部.

① 대강국大剛國, 칙의란則意蘭, 마아지말馬兒地襪, 목로각木路各, 아이모사阿爾母斯, 가아도哥阿島, 나득도羅得島, 제파리도祭波里島

② 의대리아意大里亞, 물닉제아勿搦祭亞, 납파리納波里, 서제리아西齊里亞, 가이서가哥而西加, 열노아熱奴亞, 나득림일아羅得林日亞

③ 불란지아拂蘭地亞, 액륵제아厄勒祭亞, 라마니아羅馬泥亞

④ 막납목대피아莫納木大彼亞, 서이득西爾得, 공악국工鄂國, 정파井巴, 복도福島, 성다묵도도聖多默島, 의륵남도意勒納島, 성노릉좌도聖老楞佐島

⑤ 백로白露, 백서이伯西爾, 지가智加, 금가서랍金加西蠟

⑥ 북아묵리가北亞墨利加, 묵시가墨是可, 묵고아강墨古亞剛, 고리아가납古里亞加納, 과사대寡斯大, 화지花地, 신불랑찰新拂郎察, 와혁료瓦革了

위 나라(도시)들을 대륙별로 구분해보면 ①아시아, ②유럽 중 이탈리아, ③유럽, ④아프리카, ⑤남아메리카, ⑥북아메리카에 해당한다.[56] 열거된 아시아 국가들은 『곤여도설』에서 대부분 아시아 대륙의 남쪽에 해당하는 곳이다. 인도 남쪽에 칙의란과 마아지말이 있고, 루손 섬의 남쪽에 목로각이 있으며, 가아도, 나득도, 제파리도 등은 아시아주의 지중해상에 있는 섬들이다.[57]

남방미상제국부는 아시아주를 넘어 유럽으로 이어졌다. ②와 ③이 거기에 해당한다. 그중 ②는 남방제국으로 여겨진 불랑기(불랑찰) 인근의 국가들로 구성되어 있다.[58] 중국 역사 경험에 따르면 불랑기는 동남아시아 국가이므로, 『곤여도설』에서 불랑기에서 가까운 곳으로 서술된 국가(지역)은 『고금도서집성』에서 남방미상제국, 즉 미확인된 중국의 남쪽으로 취급된다.

『곤여도설』이 자의적으로 해체되어가는 양상은 ③, ④, ⑤, ⑥에서 좀 더 분명해진다. ③은 불랑기 인근으로 볼 수 없는 유럽 대륙의 국가들이지만, 『곤여

---

56 물론 『고금도서집성』에서 이런 대륙별 구분은 철저히 무시되었다.

57 南懷仁, 『坤輿圖說』, 下, 亞細亞州, 則意蘭; 木路各; 地中海諸島.

58 南懷仁, 『坤輿圖說』, 下, 歐羅巴州, 意大里亞; 熱爾瑪尼亞. 拂郎察東南 爲意大里亞 西北爲勿搦祭亞 其南爲納波里 意大里亞名島有三 一西齊里亞 一哥而西加 又近熱奴亞; 拂郎察東北有國 曰熱爾瑪尼亞 有羅得林日亞.

도설』의 설명문에서 모두 어느 지역의 '남쪽'이라고 서술된 부분이 확인된다.[59] 아프리카(④)와 남아메리카(⑤) 대륙에서 열거된 국가들은 방위상 일치하는 점은 없지만, 모두 중국보다 위도가 낮은 점에서는 공통된다. 북아메리카(⑥) 대륙의 국가들은 대륙의 '남쪽'인 멕시코와 그 인근의 국가들이라는 공통점이 있다.[60]

북방미상제국부에는 막사가미아莫斯哥未亞, 계미랍鷄未臘, 서방제만방西方諸蠻方 등이 열거되었다. 『곤여도설』에 따르면 막사가미아는 아시아 대륙의 서북쪽 끝, 계미랍 등은 북아메리카의 서쪽, 서방제만방은 북아메리카의 북쪽이다.[61] 모두 무엇의 북쪽이며, 위도가 중국보다 높다는 공통점이 있다.

『고금도서집성』에서 『곤여도설』의 지명들은 결코 부정되지 않았다. 중국 역사에서 확인되지는 않았지만 중국 주변으로 추정할 수 있다고 본 것이다. 그러나 오대주설을 바탕으로 한 『곤여도설』의 세계 구성은 철저히 부정되었다. 오대주와 대륙별 국가(지명)는 오히려 중국 중심으로 철저히 해체되었다.[62] 중원대륙이 중앙에 자리 잡은 단원형 세계지도의 도면은 이제 아무 의미가 없다. 오히려 세계지도의 지명들은 자의적으로 분산 해체되어 미확인 상태의 중국의 주변으로 남게 되었을 뿐이다.

---

59 南懷仁, 『坤輿圖說』, 下, 歐羅巴州, 拂蘭地亞, 厄勒祭亞. 亞勒馬尼亞西南 爲拂蘭地亞; 厄勒祭亞 在歐羅巴極南 東北有羅馬泥亞.
60 南懷仁, 『坤輿圖說』, 下, 北亞墨利加 墨是可; 花地 新拂郎察 瓦革了. 北亞墨利加 其南總名新以西把尼亞 內有大國 墨是可 迤北有墨古亞剛 更北有古里亞加納 有寡斯大; 北亞墨利加西南 有花地 有新拂郎察 有瓦革了.
61 南懷仁, 『坤輿圖說』, 下, 歐羅巴州 莫斯哥未亞; 北亞墨利加, 鷄未臘(附新亞泥俺. 加里伏爾泥亞); 北亞墨利加, 西方諸蠻方. 亞細亞西北盡境 有大國 曰莫斯哥未亞; 北亞墨利加西 爲鷄未臘 爲新亞泥俺 爲加里伏爾泥亞 地勢相連; 北亞墨利加 地愈北 人愈野.
62 변예전邊裔典의 마지막 권(140)에는 사방미상제국부四方未詳諸國部가 별도로 수록되어 있다. 아세아주亞細亞州, 구라파주歐羅巴州, 리미아주利未亞州, 아묵리가주亞墨利加州 등 4대륙과 가상의 묵와랍니가 墨瓦蠟泥加 대륙, 그리고 '무엇의 어느 쪽'이라고 판정할 수 없는 『곤여도설』상의 나머지 국가(도시)들이 모두 망라되어 있다.

2장. 『지봉유설』이 구성한 외국 세계 또는 '서역'

중국사에서 확인되는 나라들

이수광李晬光(1563~1628)은 북경에 사신으로 왕래하면서 베트남, 유구, 섬라 등에서 온 많은 외국 사신을 만났을 뿐만 아니라 누구보다도 먼저 서구식 세계지도를 보았던 인물이다. 『지봉유설』에 들어 있는 외국편은 그런 경험과 지식이 오롯이 녹아 있는 논설이다. 『지봉유설』에 관한 많은 개척적인 연구들은, 이수광이 시대적인 한계 속에서나마 세계에 대해 가능한 한 넓게, 편견 없이 소개하려고 노력했다는 사실을 알려주었다. 물론 그런 점이 있다. 그러나 그렇게 말하는 것만으로는 『지봉유설』에 관한 이해의 지평을 더 넓혀나가기 어렵다. 놓치지 말아야 할 점은 이수광이 세계에 관한 다양한 정보들을 조직하고 배치하는 방식이다. 저작에 투영된 작자의 의도를 읽어내기 위해서는 이지점에서 출발하지 않으면 안 된다.

냉정하게 말한다면 『지봉유설』 외국편의 나라 이름과 해당 정보들은 이수광이 참고문헌에서 발췌한 정보를 나열한 데 그친 것이므로, 이 지명 사이에 어떤 종류의 위계가 분명해 보이지는 않는다. 다양한 정보들이 충돌하는 지점에 대해 논평하거나 자기 입장을 분명히 정할 만한 상황이 아니었다고 보는 것이 좀 더 사실에 가깝다. 이수광은 다만 주요 텍스트와 보조 텍스트, 견문이나 개인적 체험을 통해 알게 된 정보들을 위계 없이 수록했을 뿐이다. 그러나 나라 이름들 사이에 위계 설정이 안 되어 있다고 해서 기사들에 투영된 의미의 맥락들이 전혀 없는 것은 아니다. 어떤 이름들은 세상의 끝자락에 대해 질문할 필요가 없는 나라를 가리키지만, 그 반대의 경우도 없지 않기 때문이다.

외국 항목의 첫머리에 등장하는 곳은 안남국安南國이다. 오늘날의 베트남이다. "안남은 중국의 서남쪽에 있으며, 북경으로부터 1만 3천 리 떨어져 있다. 진나라 때 상군象郡이었으며, 한나라 때는 교지군交趾郡을 두었다. 오대 말에 여환黎桓이 비로소 왕호를 참칭했다. 명나라 영락 연간에 그 땅을 평정했다. 동서로 1,700리, 남북으로 2,800리에 달한다. 후에 다시 반란을 일으켰다. 가정 연간 초에 막등용莫登庸이 찬시했다는 이유로 왕으로 봉하지 않고 안남 도통사라고 칭하였으나, 그대로 그 나라를 다스리게 했다. 『사문옥설』事文玉屑에 이르기를, '교지국은 일명 안남이라고 하니, 곧 호견狐犬의 유종遺種이다. 그 성품은 간활奸猾하다. 머리털을 자르고 맨발로 돌아다니며, 움푹한 눈에 입이 튀어나와 있으니, 지극히 추악하다. 광동 사람들이 사람 닮은 이귀夷鬼라고 하니, 곧 마원병馬援兵의 유종遺種이다.'"[63]

고대 이래로 명나라 때에 이르기까지 안남과 중원 국가 사이의 역사적 관계에 대한 내용이 상세한 편이다. 안남이 역대 중국 국가들과 가장 직접적인 관련이 많았던 나라 중 하나라는 사실을 감안한다면 매우 자연스러운 서술 패턴이다. 그러나 안남은 중국의 충실한 조공국도 아니며 중국에서 가장 가까운 나라도 아니다. 그런 나라를 첫머리에 배치한 것을 보면 이수광이 적어도 중국을 중심으로 동심원을 그리려고만 한 것은 아닐지도 모른다.

안남국 뒤로 삼불제三佛齊가 등장한다. 현재의 팔렘방Palembang이다. "삼불제는 동남해중에 있으며, 15주로 되어 있다. 동쪽으로는 조와爪哇, 서쪽으로는 만랄가滿剌加와 접하고 있다. 토질이 비옥하여 농사짓기에 적합하다. 사람

63 이수광, 『지봉유설』, 권2, 諸國部, 外國. 安南國在中國西南 距北京一萬三千里 秦爲象郡 漢置交趾郡 至五代末 黎桓始僭王號 皇明永樂時 平定其地 東西一千七百里 南北二千八百里 後復叛 嘉靖初 以莫登庸簒弑 不許封王 稱安南都統使 然猶自帝其國 按事文玉屑云 交趾國一名安南 乃狐犬之遺種 其性姦猾 剪髮跣足 窅目昂喙 極醜惡 廣人稱爲夷鬼貌類人者 乃馬援兵之遺種也.

들은 수전에 능하다. 사람들은 약을 먹어서 칼로도 상해를 입지 않으며, 적을 만나면 죽기를 각오하고 싸우니, 이웃나라가 두려워한다. 물이 많고 땅이 적어서 장령들은 뭍에서 살지만 백성들은 모두 수중에 뗏목을 띄우거나 들보와 기둥을 세워 산다. 글자는 범서를 쓴다. 학보다도 큰 닭이 있는데, 그 털은 청양과 같으며, 탄을 먹는다."[64]

여러 외국의 기이한 풍속 중에는 문화적 동질성·이질성의 범주를 벗어나는 내용도 있다. 점성국占城國(참파)에 대한 서술을 보자. "점성국은 옛 임읍林邑이다. 원래는 한나라 때의 상림현象林縣이었으며, 마원馬援이 동주銅柱를 두었던 곳이다. 한나라 말에 이르러 구련區連이 현령을 죽이고 왕을 칭했다. 당나라 원화 연간 초에 점성국이라고 개호했다. (점성국은) 대해大海의 남쪽에 있는데, 남쪽으로는 진랍眞臘, 서쪽으로는 교지交趾와 접한다. 1년 내내 여름날(夏天)처럼 덥고, 서리나 눈이 내리지 않는다. 초목은 길고 푸르다. 풍속은 모질고 사나우며 싸움을 잘한다. 여자를 귀히 여기고 남자를 천하게 여기며, 검은색을 아름답게 여긴다. 이 사람들이 사는 띠집은 3척을 넘을 수 없으며, 출입할 때에는 말이나 코끼리를 타고 다닌다. 시두만尸頭蠻이라는 자가 있는데, 부인婦人이다. (시두만은) 밤에 머리만으로 남의 집에 들어가서 (그 집) 어린아이의 예기穢氣를 먹어야 그 머리가 다시 몸에 합쳐지는고로, 그 몸을 잃어버리면 머리와 합할 수 없어 곧 죽고 만다. 코뿔소 중에 큰 것은 800근이 된다. 코끝에 외뿔이 나 있는데, 길이가 가히 5촌은 된다. 말은 노새보다 작다. 살펴보건대 당나라 태종 때 임읍이 오색의 앵무를 바쳤으니, 대개 그 나라에서 나는 것이리라."[65]

여름날을 하천夏天이라고 표현한 점이 특이하다. 조선시대적인 산문의 용

64 삼불제는 송나라가 수마트라에 있던 스리비자야라는 나라를 부르던 이름이다. 『지봉유설』에 보이는
각종 지명의 현재 위치에 대해서는 별도의 표시가 없는 한 한영우, 『실학의 선구자 이수광』, 경세원, 2007
을 주로 참고했다. 이수광, 『지봉유설』, 권2, 諸國部, 外國. 三佛齊在東南海中 有地十五州 東距爪哇 西距滿
剌加 土沃宜稼穡 人嗜水戰 服藥刀不能傷 遇敵敢死 隣國畏之 水多土少 將領得居陸 民率架筏水中 架梁柱
字用梵書 有火(大－인용자)鷄大於鶴 毛如靑羊食炭.

례를 기준으로 보았을 때 여름을 夏天이라고 적는 경우는 드문 편이다. 이는 오히려 중국 측 문헌에서 일상적으로 사용하는 용어다. 그렇다면 이수광이 점성국에 대해서 자신의 이야기를 한 것은 '按(안) 이하의 짧은 부분이 된다. 물론 인용이라고 해서 의미가 작은 것은 결코 아니다. 인용의 방식과 인용의 전략 속에 인용자의 생각이 깔려 있기 때문이다.

점성국 뒤로 섬라국暹羅國이 나온다. 오늘날의 타이에 해당한다. "섬라국은 사방 천여 리에 달하며, 바다 가운데에 있다. 여러 산이 높이 솟아 둘러 있고 땅은 낮고 습하다. 기후는 바람과 더위가 일정하지 않다. 원래는 섬暹과 나곡羅斛 두 나라의 땅이었다. 섬은 곧 적미赤眉의 유종遺種이다. 원나라 지정 연간에 비로소 합하여 한 나라가 되었다. 불교를 숭상한다. 부인이 지혜가 많아 지아비가 처의 말을 듣는다. 상례喪禮에 부자들은 수은을 부어 장사 지내고, 민간에서는 조장鳥葬을 한다. 수전水戰에 능하며 노략질을 좋아한다. 보석과 기이한 향료, 사자, 흰 코끼리, 흰 쥐, 발이 여섯 개인 거북 등이 난다. 소목蘇木이 땔나무처럼 흔한데, 그 색깔이 빼어나다. 내가 일찍이 북경에 갔다가 그 나라의 지도를 보니, 용아산龍牙山이 바다 사이를 가로질러 있는데 그 중간을 열어 문으로 삼았으니, 그 형세가 매우 기이하다. 그 나라 사람들은 머리를 깎고 얼굴에 검은 색을 칠하며, 저고리는 좌임左衽하고, 맨발로 다닌다. 손으로 먹고 마시며, 천조天朝의 문자를 알지 못한다. 대개 의관衣冠의 나라는 아닌 듯하다."[66]

기후 조건이나 풍속, 신앙, 주민들의 생활상 등과 같은 내용이야말로 문화

---

65 이수광, 『지봉유설』, 권2, 諸國部, 外國. 占城古林邑 本漢象林縣 馬援置銅柱之處 至漢末 區連殺縣令稱王 唐元和初 改號占城國 在大海南 南距眞臘 西距交趾 四時常熱如夏天 無霜雪 草木長青 俗獷悍 果于戰鬪 貴女賤男 以黑色爲美 所居茅茨 不得踰三尺 出入乘馬象 有尸頭蠻者 婦人也 夜飛頭入人家 食小兒穢氣 頭返合體如故 失其體不得合卽死 犀大者八百斤 獨角在鼻端 長可尺五寸 馬小於驢 按唐太宗時 林邑獻五色鸚鵡 蓋其所産也.

66 이수광, 『지봉유설』, 권2, 諸國部, 外國. 暹羅國方千餘里 在海中 群山峭拔環繞 地下濕 氣候嵐熱不齊 本暹與羅斛二國地 暹乃赤眉遺種 元至正間 始合爲一國 尚釋教 婦人多智 夫聽於妻 喪禮 貴者灌水銀葬 民間鳥葬 習水戰喜寇掠 産寶石奇香獅白象白鼠六足龜 蘇木賤如薪 色絶勝 余嘗赴京 見其國地圖 有龍牙山橫截海中 中闢爲門 形勢甚異 其人剪髮 面多漆黑 左衽跣足 飮食以手 不識天朝文字 蓋非冠帶之國也.

적 동질성·이질성을 드러내기에 가장 적합한 소재다. 외국 항목에 실린 나라들 중에는 그런 내용이 전혀 수록되지 않은 나라도 있다. 여국女國도 그중 하나다. 이수광은 일본에 관한 대목의 끝자락에다 여국에 관해 이런 이야기를 실었다. "양만세楊萬世가 말하기를, '여국이 일본에서 가깝고 또 야차국이 있는데, 사람을 만나면 곧 잡아먹으니 일본인이 두려워하였다'고 했다. 『사문옥설』 등의 책을 참고하건대 이르기를, '여국은 동남해 중에 있다. 나신으로 바람과 교감하여 아이를 낳는다'라고 한다. 또 이르기를, '우물 아래의 물을 굽어보고 그 형체를 비추어 보아서 교감한다'라고 하였다."[67]

진랍국眞臘國은 오늘날의 캄보디아에 해당한다. "살펴보건대, 진랍국은 원래 부남으로, 땅은 사방 7천여 리에 달한다. 점성국의 서남해 가운데 있으며, 섬라와는 보름 정도 거리에 있다. 나라가 크고 부유해서 세간에서는 사치를 숭상하는고로, 옛날부터 '부유한 진랍국'이라는 말이 있었다. 그 땅은 사계절이 항상 5, 6월과 같다. 4월부터 9월까지는 매일 비가 내리다가 10월부터 (이듬해) 3월까지는 비가 전혀 오지 않는다. 날짐승으로는 공취孔翠와 앵가鸚哥가 있고, 들짐승으로는 코뿔소, 코끼리, 들소, 산마山馬가 있다. 기러기, 까치, 꾀꼬리, 제비는 없다. 쥐의 크기가 고양이만 하다. 정월에 연꽃이 핀다. 가지나무와 목화나무는 키가 집보다 높다. (이상의 이야기는) 풍토기에서 따온 것이다. 소설에 따르면 진랍국 사람들은 술을 마시지 않는데, 음사淫事로 여겨서 아내하고만 방 안에서 마신다고 한다. 또 소설에 따르면, 서번의 홀로모국에서는 술 마시는 자는 저자에 내다버린다 한다. 저자에 내다버리는 것은 가혹한 일이지만, 술을 마시지 않는 것은 더욱 가상한 일이라 할 만하다."[68]

이수광은 진랍국의 위치, 기후, 풍속에 관한 이야기를 비교적 풍부하게 소

---

67 이수광, 『지봉유설』, 권2, 諸國部, 外國. 又楊生言女國近於日本 亦有夜叉國 遇人輒啖 日本人畏之 按事文玉屑等書曰 女國在東南海中 裸形感風而生 又曰俯視井底水 照見其形 以爲交感.

68 이수광, 『지봉유설』, 권2, 諸國部, 外國. 按眞臘國本扶南 地方七千餘里 在占城西南海中 距暹羅半月程 國甚雄富 俗尙華侈 故古有富貴眞臘國之稱 其地四時常如五六月 自四月至九月 每日下雨 自十月至三月 絶無點雨 禽有孔翠鸚哥 獸有犀象野牛山馬 無鴻鵲鸎燕 鼠大如猫 正月間荷花開 有茄樹與木綿樹 高可過屋 出風土記 小說 眞臘國人不飮酒 比之淫 惟與妻飮房中 又西番忽魯謨國 飮酒者棄市 棄市酷矣 而不飮尤可尙也.

개해주었다. 풍속의 말미는 음주에 관한 이야기로 이어진다. 그런데 이 지점에서 갑자기 논의의 방향이 바뀐다. 음주에 대한 홀로모국 사람들의 엄격한 기준을 소개하고 높게 평가한 것이다. 이수광이 『지봉유설』에서 이른바 외국들을 소개하려 한 것은 의심할 여지가 없다. 그러나 경우에 따라서는 나라에 대한 설명으로 그치지 않고 그 풍속과 연관된 다른 나라 이야기를 자연스럽게 꺼냈다. 외국을 소개한다는 기본 방향에 충실하면서도 비교사적인 관점에서 포괄할 수 있는 다른 논점들을 충실히 수용했다는 점에서, 이수광의 노력이 엿보이는 장면이다.

고리국古俚國은 인도 서남부에 있는 캘리컷(지금의 코지코드)에 해당한다. 캘리컷은 1498년 바스코 다 가마가 아프리카를 돌아 인도 항로를 발견한 뒤 도착한 곳이다.[69] 『지봉유설』에 고리국에 관한 내용이 보인다. "고리대국은 서양의 제번諸番이 모이는 곳으로, 중국과는 10만 리 거리에 있다. 왕은 불교를 좋아하고, 코끼리와 소를 공경한다. 왕이 늙으면 아들에게 (왕위를) 물려주지 않고 외손에게 주거나, 그렇지 않으면 동생에게 물려준다. 외손이나 동생조차 없으면 선행을 한 사람에게 물려준다. 풍속은 신의를 숭상한다. 행인은 (서로) 길을 양보하고, 길에서 남이 떨어뜨린 것을 주워가지 않는다. 호로葫蘆로 악기를 만든다. 대개 바다 가운데 있는 절국絶國이지만 상고시대 삼대三代의 유풍이 있으니, 가상하다고 할 만하다."[70] 이국적인 풍속을 편견 없이 적는다는 사실도 중요하지만, 삼대의 유풍을 높이 평가했다는 사실은 더욱 중요한 의미가 있다. 그는 그런 유교적 덕목에 절대적인 가치를 부여하는 유학자였다.

고리국 뒤로 방갈랄榜葛剌이 보인다. "방갈랄은 동인도다. 나라가 가장 크고, 재물이 풍부하기가 이웃나라에 비해 으뜸이다. 왕과 여러 관리들은 모두 회회인回回人이며, 머리를 깎고 흰 베로 둘렀다. 기후는 늘 여름처럼 덥다. 음

69 한영우, 앞의 책, 2007, 245쪽.
70 이수광, 『지봉유설』, 권2, 諸國部, 外國. 古俚大國 西洋諸番之會 去中國十萬里 王好浮屠 敬象牛 老不傳子 傳外孫 否則傳弟 無外孫弟 傳善行人 俗尙信義 行者讓路 道不拾遺 以葫蘆爲樂器 蓋海中絶國 而有上古三代之風 可尙也.

양陰陽, 의복醫卜, 백공百工, 기예技藝가 중국과 유사하다. 역법은 열두 달이 있고 윤달은 없다. 풍속은 후박厚朴하다. 농사를 좋아하여 1년에 이모작을 한다. 부녀자들은 지분脂粉을 바르지 않아도 자연적으로 곱고 (피부가) 희다. 음식을 먹을 때 남녀가 함께 먹지 않는다. (여자들은) 지아비가 죽어도 재가하지 않으며, (남자들은) 처가 죽어도 재취하지 않는다. 고아 과부처럼 의탁할 곳이 없는 사람이 있으면 온 마을에서 돌아가며 기른다. 두라금이라는 비단이 있는데, 넓이가 4~5척, 두께가 5푼이며 뒷면은 모두 털이다."[71]

『지봉유설』에 소개된 나라들 중에는 중국과의 거리도 분명하지 않고 중국 문화와의 관련을 유추할 수 없는 곳이 적지 않다. 오늘날의 스리랑카에 해당하는 석란산錫蘭山도 그런 곳 중 하나다. "석란산은 대해 중에 있다. 왕은 불교를 숭상한다. 코끼리와 소를 중시하여 우유는 마시되 그 고기는 먹지 않으며, 소를 죽인 자는 사형에 처한다. 나라는 부유하다. 땅은 넓고 사람은 드물어 조와에 버금간다. 백성들은 상반신은 옷을 입지 않고 하반신은 천으로 두른다. 주지珠池가 있어 제번諸番의 장사치들이 앞다투어 와서 교역한다."[72] 불교 국가이자 상업 국가이며 이질적인 문화를 가진 나라의 이미지다.

석란산에서 시작된 '옷을 입지 않는' 사람들에 관한 이야기는 적인도赤印島라는 곳으로 이어진다. 진랍국 이야기를 하다가 음주 문화를 매개로 홀로모국의 풍습을 소개한 것과 같은 서사 구조다. "적인도라는 곳이 있는데, 사람들이 모두 굴 속에서 산다. 남녀가 모두 벌거벗어서 마치 야수와 같다. 곡식을 먹지 않고, 물고기, 새우, 파초, 바라밀波羅蜜 등을 먹는다. 살펴보건대 바라밀은 남해 가운데에서 나는데, 형태가 동과東瓜처럼 생겼다 한다."[73]

---

71 이수광, 『지봉유설』, 권2, 諸國部, 外國. 榜葛剌 東印度也 國最大 財物豐衍 甲於隣國 王及諸官 皆回回人 祝髮白布纏頭 氣候常熱如夏 陰陽醫卜百工技藝 大類中國 曆有十二月無閏 風俗朴厚 好耕殖 一年二熟 婦女不施脂粉 自然嬌白 飮食男女不同處 夫死不再嫁 妻死不再娶 若孤寡無倚 一村輪養之 有兜羅錦 闊四五尺 厚可五分 背面皆毳絨.

72 이수광, 『지봉유설』, 권2, 諸國部, 外國. 錫蘭山在大海中 王尙釋 重象牛 飮牛乳 不食其肉 殺牛者罪死 國富饒 地廣人稀 亞於爪哇 民上裸下纏帨 有珠池 諸番買來市.

73 이수광, 『지봉유설』, 권2, 諸國部, 外國. 有赤印島 人皆穴居 男女皆裸若野獸 不粒食 食魚蝦芭蕉子波羅蜜 按波羅蜜産南海中 形如東瓜云.

이어서 유산溜山이 등장한다. "유산은 서해 중에 있다. 사면이 모두 바다이고 성곽이 없다. 산자락에 의지해 모여 산다. 모두 유溜라고 부르는데, 그 수가 무려 3천 곳이다. 배를 타고 가다가 풍랑을 만나 유로 들어갔다가는 빠지고 만다. 토인이 말하기를, '이곳은 약수弱水가 삼천이다'라고 한다. 사람들은 굴에서 살고 물고기와 새우를 먹으며, 옷을 입지 않는다. 초목의 잎으로 앞뒤를 가린다. 운부韻府를 살펴보니 이르기를, '약수는 서해 중에 있는데 새의 깃털도 띄우지 못한다' 하니, 대개 이 때문이다. 또 『진서』晉書에는 '부여국扶餘國이 현토玄菟의 북쪽에 있고 그 북으로 약수가 있다. 숙신씨肅愼氏는 동쪽으로 대해大海가 있고, 북쪽으로 약수에 이른다' 하였고, 속선전續仙傳에서는 '봉래蓬萊산이 약수에서 3만 리 거리에 있으니 나는 신선이 아니면 갈 수 없다'고 하였으니, 그렇다면 동북쪽으로 또 다른 약수가 있을 것이다."[74]

이수광이 유산을 이 자리에 배치한 것은 나름대로 이유가 있다. 유산에도 '옷을 입지 않는 사람들'에 관한 이야기가 있기 때문이다. 그는 옷을 입지 않는 풍속에 대해 편견을 드러내려 하지는 않았다. 다만 이것을 매개 고리로 삼아 석란산과 적인도 그리고 유산에 대해 말하려 했을 뿐이다. 그런데 이 세 지역이 '옷을 입지 않는 사람들'에 관한 이야기를 포함하고 있다는 사실만큼이나 중요한 것은 세 지역의 나머지 이미지가 같지 않다는 점이다.

행간을 읽어보면 석란산은 불교 국가이자 상업 국가라는 느낌이 강하다. 적인도는 바라밀을 먹는다는 점에서 특별하다. 유산에 관한 이야기의 핵심은 '유'溜의 의미와 여러 약수의 존재에 관한 것이다. 이수광은 '옷을 입지 않는 사람들'을 매개 고리로 하여 세 지역에 대해 서로 다른 점을 강조했다. '옷을 입지 않는 것' 자체는 이질적인 문화지만, 이수광은 그것을 야만시하지 않았을 뿐만 아니라, 어떤 편견도 드러내지 않았다.

---

74 이수광, 『지봉유설』, 권2, 諸國部, 外國. 溜山在西海中 四面皆海 無城郭 依山聚居 皆以溜名 無慮三千 舟行遇風失入溜卽溺 土人日 此弱水三千也 人巢居穴處 唊魚蝦 無衣 草木葉蔽前後 按韻府日 弱水在西海中 不能負羽 蓋是也 又晉書 扶餘國在玄菟北 北有弱水 肅愼氏東濱大海 北極弱水 續仙傳日 蓬萊隔弱水三萬里 非飛仙莫至 然則東北亦有弱水矣.

'옷을 입지 않는 사람들'을 매개로 펼쳐놓은 이야기 뒤로 살마아한撒馬兒罕이 나온다. 오늘날 우즈베키스탄에 속하는 사마르칸트다. "살마아한은 한나라 때의 계빈罽賓이다. 가욕관嘉峪關에서 만 리 거리에 있다. 동서의 길이는 천 리에 달한다. 풍경이 위려偉麗하고 땅은 비옥한 것이 자못 중원과 비슷하여, 서남쪽 오랑캐 상인들이 이곳에 모여든다. 풍속은 회회교를 숭상한다. 배천옥拜天屋이 있는데, 푸른 돌에 조각을 한 것이 매우 정교하다. 인물은 수미秀美하고 예능藝能의 재질이 많다. 옛날에 조세배照世杯라는 잔이 있었는데, 광채가 나고 투명하여 비추어보면 세상일을 알 수 있었다 한다. 『오학편』吾學編에는 그 나라 국왕의 표문이 실려 있는데, 대략 중국의 문자와 같다."[75]

사람들이 회회교를 믿으며, 풍토와 문자가 중국과 크게 다르지 않다는 내용이다. 문화적 차이에 대해 비교적 개방적이었던 이수광은 유교문화가 다른 문화와 양립할 수 없다고 생각하지는 않았다. 역으로 말하면, 다른 어느 문화에서라도 삼대의 유풍을 발견할 가능성을 원천적으로 배제하지 않았다는 의미다. 물론 불가사의한 내용으로 채워진 여국女國과 같은 경우는 예외다.

사마르칸트(살마아한)에서 천산북로를 따라 가욕관 쪽으로 오다 보면 천산중로와 합쳐지는 지점 인근에 투루판이 있다. 『지봉유설』에서 토로번土魯番이라고 적힌 곳이다. "토로번은 화주火州 서쪽 100리 지점에 있다. 옛 교하현이며, 또한 차사국車師國이라고도 한다. 기후는 따뜻한 때가 많고 비와 눈은 적다. 토질은 삼과 보리를 심기에 적합하다. 사람들은 모두 집을 짓고 살며 불교를 믿는다. 둘레가 20여 리 되는 영산靈山이 있는데, 모두 오색의 사석砂石으로 되어 있어 빛을 발하는 것이 불을 사르는 듯하다. 산의 둘레로는 깎아지른 계곡이 있는데 하늘이 만들어낸 절경이다. 초목이 자라지 못하고 금수가 드물다. 대개 불서佛書에서 말하는 영산이 이것이다."[76]

투루판 인근에 로브노르Lob Nor가 있다. 『지봉유설』에는 '흑루'黑婁라는

75 이수광, 『지봉유설』, 권2, 諸國部, 外國. 撒馬兒罕 漢罽賓也 去嘉峪關萬里 東西相距千里 風景偉麗 土田膏腴 頗類中原 西南番賈多聚於此 俗尙回回敎 有拜天屋 靑石雕鏤極精巧 人物秀美多藝能 舊有照世杯 光明洞徹 照之可知世事 按吾學編 載其國王表文 略與中國文字相同.

이름으로 기록되어 있다. 중국 지리지에는 흔히 누란樓蘭으로 적혀 있는데, 로브노르를 음차한 것 같다. 흑루는 누란樓蘭의 '樓'자와 통하는 婁에, 흑색이라는 이미지가 합쳐진 말이다. 『지봉유설』에는 이 나라가 왜 흑루인지를 보여주는 기록이 있다. "흑루는 토로번에 가깝다. 산천초목과 금수가 모두 흑색이며, 남녀 또한 그러하다. 염택鹽澤에서 석염石鹽이 나는데, 단단하기가 돌과 같아서 쪼아서 그릇을 만들 수 있다. 이 그릇에 술과 음식을 담으면 소금을 치지 않아도 짜다. 이 소금은 합렬哈烈 등지에서도 생산된다고 한다."[77]

흑루가 토로번에 이어 등장하는 것이 지리적 근접성 때문이라면, 합렬이 흑루 뒤에 나오는 것은 소금이라는 문화적 매개체 때문이다. 합렬은 아프가니스탄의 헤라트Herat에 해당한다. 흑루가 천산남로의 동쪽 끝이라면 합렬은 서쪽 끝에 해당하기 때문에, 위치 정보만을 기준으로 본다면 이 두 지역이 나란히 등장해야 할 하등의 이유가 없다. 그것을 가능하게 해준 것은 신기한 소금에 관한 이야기다. 『지봉유설』 외국 항목에는 서술 체계와 그 기준에 관해 아무런 설명도 찾을 수 없지만, 행간을 찬찬히 뜯어보면 이와 같은 독특한 서사 구조를 읽어낼 수 있다.

이수광은 합렬에 대해 이렇게 말했다. "합렬은 가욕관에서 1만 3천 리 거리에 있다. 사면이 큰 산으로 둘러싸여 있으며 비가 적다. 남자들은 머리를 깎는다. 옷은 흰색을 숭상하는데, 상을 당하면 청색과 흑색으로 갈아입는다. 달리기를 잘하는 사람들이 많아서, 하루에 300리를 간다. 기후는 늘 온화하다. 남녀 사이에 풍기가 문란하나 부끄러워하지 않는다. 그러나 학사學舍를 두어서 경의經義를 강습하고, 형벌을 줄이고 세금을 가벼이 하며, 다투지 않고 베풀기를 좋아하며, 농상에 힘쓰니, 대개 그 풍속이 또한 순박하다."[78] 믿기 어렵거나 황당한 이야기는 없다. 이수광은 다만 위치 정보, 의복, 기후, 정치와 사

76 이수광, 『지봉유설』, 권2, 諸國部, 外國. 土魯番 在火州西百里 古交河縣 亦曰車師國 氣候多煖少雨雪 土宜麻麥 人皆屋居信佛法 有靈山周二十餘里 悉五色砂石 光焰灼火 四回峻峭 天巧奇絶 草木不生 禽獸鮮少 蓋佛書所稱靈山是也.
77 이수광, 『지봉유설』, 권2, 諸國部, 外國. 黑婁 近土魯番 山川草木禽獸皆黑 男女亦然 有鹽澤 産石鹽 堅白如石 可琢爲器 以盛酒食 不鹽而鹹 哈烈等地亦産云.

회문화, 풍속을 담담하게 써내려갔다.

이수광이 흑루의 소금을 매개로 펼쳐놓은 합렬에 관한 이야기에서 정작 중심 줄거리는 소금이 아니다. 소금 이야기 대신 풍속에 관한 이야기만 가득하다. 남녀 간의 풍기가 문란한 것은 문제지만, 그것을 상쇄할 만한 질박한 풍속이 있다고 했다. 그 질박함은 유교적 생활문화에서 권장할 만한 덕목이기도 하다. 이수광의 이야기는 다시 그 질박함을 징검다리로 삼아 '존비의 예절을 아는 나라'로 옮겨간다.

이 나라의 이름은 우전대국于闐大國이다. 이수광은 이렇게 말했다. "우전대국은 총령의 북쪽에 있다. 동서가 5천 리, 남북이 1천 리다. 사람들은 기교가 있고 불교를 받든다. 서로 만나면 문득 무릎을 꿇고, 문유問遺하는 편지를 받으면 머리 위로 올려놓았다가 펼쳐보니, 존비尊卑의 예절을 조금 안다 할 만하다. 생김새 또한 중화中華 사람과 비슷하다. 산천으로는 백옥하白玉河, 녹옥하綠玉河, 흑옥하黑玉河가 있다. 옥과 산호와 해구신海狗腎이 난다."[79] 우전대국은 오늘날의 호탄Khotan이며, 총령은 카라코람 산맥에 해당한다. 타클라마칸 사막 남쪽으로 천산남로의 경유지에 있는 이 나라는 지리적인 근접성으로만 본다면 합렬(헤라트) 다음에 와야 할 이유가 전혀 없다. 우전대국이 이 자리에 있는 것은 합렬과의 문화적 연속성 때문이다.

『지봉유설』이라는 카메라 앵글은 투루판(토로번)에서 시작하여 로브노르(흑루), 헤라트(합렬)와 호탄(우전대국)을 거친 뒤 화주火州로 돌아와 멈춘다. 화주는 지금의 중국 신강성 카라호조Kara Khojo에 해당한다. 화주로 '돌아온다'고 말할 수 있는 것은 이 앵글의 출발점이라고 해야 할 투루판이 '화주의 서쪽 100리 지점'에 있기 때문이다. 흑루는 토로번의 인근에 있고, 합렬은 토로번과 같이 소금이 난다. 우전대국은 존비의 예절을 아는 질박한 문화라는

---

78 이수광, 『지봉유설』, 권2, 諸國部, 外國. 哈烈 去嘉峪關萬三千里 四面大山而少雨 男髡首 衣尙白 乃喪易青黑 人多善走 日行三百里 氣候常煖 男女瀆亂無恥 然有學舍 講習經義 省刑薄斂 寡爭好施 務農好桑 蓋其俗亦淳朴矣.

79 이수광, 『지봉유설』, 권2, 諸國部, 外國. 于闐大國 在葱嶺北 東西五千里 南北千里 人機巧 喜浮屠法 相見輒跪 得問遺書 戴于首 乃發之 稍知尊卑禮節 狀貌亦似華人 有白玉河綠玉河黑玉河 産玉珊瑚腽肭臍.

점에서 합렬과 유사한 부분이 있다. 그러나 이 모든 이야기의 출발점은 토로번이다. 따라서 화주 인근인 토로번에서 시작한 이야기를 화주에서 마무리하는 것은 지리적인 감각으로 본다면 이상할 것이 없다. 이수광은 문화적 동질성/이질성과 지리적 근접성의 기준을 자유자재로 넘나들면서 외국 항목을 구성했던 것이다.

화주에 관한 기사는 상대적으로 자세한 편이다. "화주는 한나라 때의 차사국 전왕 및 후왕의 땅이다. 장안으로부터 9천 리 거리에 있다. 원제元帝 때 무기교위戊己校尉를 두고 전왕정前王庭에 둔전을 하게 하였는데, 지세가 고창高敞하여 '고창'高昌이라 불렀다. 당 태종이 고창高昌을 평정하고 서주西州를 두었으나, 뒤에 토번에게 함락당했다. 원나라 때 외올아畏兀兒로 불렸으며 지금은 화주라 불린다. 풍속은 흉노와 비슷하여, 천신天神을 섬기고 불교를 믿는다. 살펴보건대 『송사』宋史에 따르면, 고창 사람은 명이 길어서 대부분 100세를 넘기며 요절하는 사람이 없다 한다. 그 산천 중 대표적인 것으로는 영산靈山, 포류해蒲類海, 교하交河가 있다. 그 땅은 산색이 불과 같고 날씨는 매우 덥다. 『사기』 상여전相如傳의 주註에 따르면 곤륜산 북쪽에 불타는 산이 있어 물건을 건지면 곧 타버린다 하는데, 당나라 시인 잠삼岑參의 시에 '저녁 무렵 교하성交河城에 들었더니 화산이 붉고 우뚝하구나' 한 것이 바로 이 산이다."[80]

미지의 나라들

화주 인근의 투루판(토로번)과 로브노르(흑루)에서 시작한 뒤 소금과 질박한 문화를 매개로 헤라트(합렬)와 호탄(우전대국)으로 갔다가 그 출발점인 화주로 돌아오기. 이수광의 서사 전략은 그 자체로 매우 흥미로운 대목이 있다. 그런데

---

80 이수광, 『지봉유설』, 권2, 諸國部, 外國. 火州 漢車師前後王地 去長安九千里 元帝置戊己校尉 屯田於前王庭 以地勢高敞 名高昌 唐太宗平高昌置西州 後陷於吐蕃 元號畏兀兒 今號火州 俗類匈奴 事天神信佛法 按宋史曰 高昌人多壽 率百餘歲 無夭死 其山川 靈山蒲類海交河爲大 其他山色如火 天氣多熱 史記相如傳註 崑崙之北 有炎火之山 投物輒然(燃 — 인용자) 岑參詩云 暮投交河城 火山赤崔嵬 是也.

이 한 단위의 이야기는 그것으로만 끊어지지 않는다. 이수광에게 문화적 동질성/이질성은 하나의 지리적 단위 안에 있는 나라들을 연결할 뿐만 아니라, 때로는 지리적 단위가 다른 두 개의 권역 사이를 매개하기도 한다.

다른 단위의 이야기를 시작할 때 이수광이 앞 이야기에서 찾은 키워드는 "산색이 불과 같은" 곳이다. 투루판(토로번)의 이야기가 흘러가서 멈춘 곳, 화주는 그 이름이 시사하듯 불의 땅이다. 이제 "산색이 불과 같은" 어떤 땅을 매개로 다른 단위의 이야기를 전개할 차례다. 이 다른 단위는 '서역'西域 이야기로 시작되었다가 다시 서역 이야기로 마무리된다. 이 나라들은 중국과 통하지 않은 나라들이기도 하다. 이제 서역을 시작으로 중국과 통하지 않았던 미지의 나라들이 등장할 차례인 것이다.

그 첫머리에 등장하는 나라는 노진魯陳이다. 타클라마칸 사막의 북쪽, 천산중로에 위치한 이곳은 오늘날의 쿠차에 해당한다. 이수광은 이렇게 말했다. "노진은 유성柳城이라고도 한다. 서역 가운데 있다. 큰 하천을 지나면 사막이 되는데, 물과 풀이 없어서 말과 소가 이곳을 지나다가 죽는 일이 많다. 돌풍이 갑자기 일어서 사람과 말이 사라지기도 한다. 길가에는 해골이 많고 귀신과 도깨비가 있다. 행인이 동료를 잃으면 대낮에도 방향을 잃고 헤매게 되니, 이곳을 일러 한해旱海라고 한다. 서쪽으로 유사하流沙河가 있고 북쪽으로 화염산火焰山이 있는데 화염산의 산색은 불과 같다. 기후는 온난하고 토질은 마와 보리 농사에 적합하다. 작은 포도가 있는데 달고 씨가 없다고 한다. 유사하라는 곳은 대개 우공편에서 말하는 유사流沙다."[81] "산색이 불과 같은" 곳을 매개로 하고 있지만, 서역의 극한 환경에 관한 이야기가 중심이다.

노진의 뒤로 홀로모사忽魯謨斯라는 나라가 적혀 있다. "홀로모사는 서남해西南海 중에 있다. 토질이 비옥하여 농사에 적합하다. 사람들은 질박하고 올곧으며, 외모는 크고 준수하다. 불사佛事를 즐겨 한다. 사자獅子, 타조, 사슴, 영

---

81 이수광, 『지봉유설』, 권2, 諸國部, 外國. 魯陳 一名柳城 在西域中 經大川 沙磧 無水草 馬牛過此輒死 大風倏起 人馬相失 道傍多骸骨 有鬼魅 行人失侶 白日迷亡 謂之旱海 西有流沙河 北有火焰山 山色如火 氣候和煖 土宜麻麥 有小蒲萄 甘甜無核云 所謂流沙河 蓋卽禹貢流沙也.

양, 마합수馬哈獸 등이 난다. 당나라 시인 한유의 '화물貨物이 사자국獅子國으로 통하네'라는 시구에 '사자국은 남해 가운데 있다. 사람들은 키가 1장 5척이나 된다. 배는 매우 높고 커서 사다리를 타고 올라간다'라는 주석이 붙어 있으니, 사자가 난다는 곳은 바로 이 사자국이리라."[82] 홀로모사는 오늘날 이란의 호르무즈에 해당하는 곳이다. 그런데 이 나라는 노진과 같은 서역이라고 적혀 있지도 않고, 노진과 어떤 문화적인 특성을 공유하지도 않는다.

노진과 무관해 보이기로는 홀로모사에 이어서 등장하는 역사파한亦思把罕이나 아속阿速도 마찬가지다. 역사파한은 오늘날 이란의 이스파한에 해당한다. "역사파한은 서남해 중의 대국으로, 사방이 천 리다. 궁궐은 화려하고, 물산은 풍부하다. 불교를 숭상하고 형벌을 두려워하며, 베풀기를 좋아하고 빼앗기를 싫어한다. 주박珠珀이 나지만, 벼는 나지 않아서 주식으로는 오로지 기장과 보리를 먹는다. 보리 낟알은 크고 달다."[83] "아속은 서해西海 중에 있으며, 또한 대국이다. 부처와 귀신을 공경하며 보시를 즐겨 한다. 물산은 풍요롭고 기후는 서늘하고 따뜻한 정도가 적당하니, 굶주리는 사람이 없고 밤에도 도둑이 없다. 낙토樂土라고 할 만하다."[84]

홀로모사, 역사파한, 아속 세 나라 사이에서 공유되는 점이라고는 서남해, 서해 등과 같은 위치 정보가 유일하다. 그러나 서쪽 방향임을 암시하는 정도의 공통점은 앞쪽에 배치된 유산 같은 곳에서도 확인된다. 세 나라를 여기에 배치한 데에는 무언가 이유가 있을 것이다. 이 나라들 사이의 공통점은 중국과의 관계나 거리를 유추할 수 없다는 점뿐이다.

노진에서 아속까지는 『오학편』이라는 같은 전거에서 인용했다. 그렇다면 이 뒤로는 중국과의 관계를 추정할 수 없는 다른 수많은 나라들에 관한 이야

---

82 이수광, 『지봉유설』, 권2, 諸國部, 外國. 忽魯謨斯 在西南海中 土厚宜耕種 人質直 狀貌偉碩 喜作佛事 産獅子駝鷄福鹿靈羊馬哈獸 按韓詩貨通獅子國註 獅子國在南海中 人長丈五尺 船極高大 梯而上之云 疑卽此也.
83 이수광, 『지봉유설』, 권2, 諸國部, 外國. 亦思把罕 西南海中大國 廣袤千里 王居侈麗 物産豐厚 尙佛畏刑 喜施惡奪 有珠珀而無稻黍 日食惟穄麥 麥粒■壯甘美.
84 이수광, 『지봉유설』, 권2, 諸國部, 外國. 阿速在西海中 亦大國 敬佛鬼好布施 物産饒裕 凉暄適節 人無飢寒 夜無寇盜 蓋樂土也 以上諸國 出吾學編等書.

기를 다양한 전거에서 찾아볼 일이다. 『송사』에서 주련국注輦國에 관한 이야기를 따다가 아속의 뒷자락에 붙이고 논평한 것은 그런 이유에서다. 이수광은 이렇게 말했다. "또 『송사』에 이르기를, '주련국은 예부터 중국과 통하지 않았는데, 수로로 광주廣州까지 약 41만 리 거리에 있다'고 하였으니, 이 밖에 서번西番 및 해외의 소국 가운데 팽형彭亨, 여송呂宋, 아로감阿魯甘, 파리巴里 같은 나라들을 다 싣지는 못한다. 그 중국과 통하지 않아서 기록에 실려 있지 않은 나라들이 (이 밖에도) 또한 얼마나 많겠는가."[85]

이수광이 『송사』에서 주련국에 관한 이야기를 끌고 온 것은 이 나라를 소개하기 위해서가 아니다. 서번 및 해외의 소국을 이루 다 실을 수 없다는 것, 나아가 옛날부터 중국과 통하지 않았던 먼 나라가 얼마나 많을지 알 수 없음을 말하고 싶었던 것이다. 이제 그 나라들을 찾아가는 여정이 시작될 것이다. 물이 없는 극한의 생존조건, 서역이 다시 그 출발점이 된다.

이수광은 이렇게 말했다. "『오대사』에 이르기를 '서역의 오로지五盧地에는 물은 없고 날씨가 추워 눈이 많으니, 매양 날씨가 따뜻해져서 눈이 녹아야 물을 얻을 수 있다. 또 중운계仲雲界에도 물이 없는데, 사람들은 땅을 파서 젖은 모래를 얻으면 그것을 가슴에 얹어 갈증을 해소한다'고 한다. 또 『오학편』에는 '서역의 대사하大沙河는 200리는 족히 되는데 물이 없다. 물이 있어도 사람은 마실 수 없으며, 말과 소에게 먹이면 곧 죽어버린다. 토래사討來思는 바다 가운데 있는데, 산 밑에 물이 있어 불이 타는 것처럼 붉은빛이다'라고 한다. 역시 기이한 일이다."[86]

이 이야기 뒤로 서역과 무관한 나라들에 관한 설명이 이어지고, 그 뒤로 회회국에서 구라파국까지 서역에 관한 이야기가 다시 이어진다. 따라서 이 단락에 관한 한 서역에 방점이 찍혀 있는 것은 아니다. 그렇다면 이 단락은 물을

---

85 이수광, 『지봉유설』, 권2, 諸國部, 外國. 宋史曰 注輦國 自古不通中國 水行至廣州 約四十一萬餘里云 此外西番及海外小國 如彭亨呂宋阿魯甘巴里等國 不能悉錄 其不通中華 不入載籍者 亦何限乎.

86 이수광, 『지봉유설』, 권2, 諸國部, 外國. 五代史 西域五盧地無水 而常寒多雪 每天暖雪消 乃得水 又仲雲界無水 掘地得濕沙 人置之胸以止渴 又吾學編 西域大沙河可二百里無水 卽有水 人不可飮 飮牛馬輒死 討來思在海中 山下有水 赤色如火燃 亦異矣.

구할 수 없는 곳에 사람이 산다는 그 '이상한 땅' 이야기가 될 수밖에 없다. 결국 이 에피소드들은 '이상한 나라들'에 관한 어떤 이야기가 뒤이어 전개될 것임을 시사해주는 도입부인 셈이다. 그 이상한 나라들 중 다수는 아마도 '중국과 통하지 않았던 서번 및 해외의 작은 나라들이거나 미지의 나라들'이 될 것이다. 그중 어떤 나라들은 세상의 끝자락에 관한 독자의 상상을 자극할 수도 있을 것이다. 그러나 그 이상한 나라들이 경로상 믿을 수 있는 어떤 나라로부터 이어진다는 식으로 설명한다면, 이상한 나라라고 해서 그 존재를 부정하기는 어려울 것이다. 이 점에 유의하면서 그 나라들을 살펴보자.

이야기는 중국과의 교류 흔적이 미세하게 확인되는 나라들로부터 시작된다. 가장 먼저 등장하는 것은 숙신肅愼이다. 그런데 구만한국寇漫汗國, 비리국裨離國, 양운국養雲國, 일군국一群國의 이야기는 숙신과 하나의 단위가 된다. 이수광은 『진서』晉書에서 이 나라들에 대한 설명을 따왔다. "숙신씨는 읍루라고도 한다. 불함산의 북쪽에 있으며, 부여에서 60일 거리에 있다. 동쪽은 큰 바다에 닿고 서쪽은 구만한국과 접하며, 북쪽은 약수에 이른다. 그 면적이 수천리가 된다. 비리국은 숙신씨의 서북쪽에 있는데 말을 타고 200일을 가야 하고, 양운국은 비리국에서 말을 타고 또 50일을 가야 한다. 구막한국寇莫汗國은 양운국에서 100일을 가야 하고, 일군국은 막한(구막한국)에서 또 150일 동안을 가야 한다. 합계하면 숙신에서 5만여 리의 거리다. 진나라 무제 때 각각 소부를 보내 그 방물을 바쳤다." 이수광은 이 인용부 뒤편에다 숙신에 관한 자신의 견해를 덧붙였다. 『진서』에서 말하는 숙신은 흑수말갈이며, 흑수는 흑룡강이라는 것이다.[87]

인용부와 이수광의 설명으로 미루어본다면, 숙신은 엄밀하게 말한다면 전혀 이상한 나라가 아니다. 문제는 숙신으로부터 이어지는 구만한국, 비리국,

---

87 이수광, 『지봉유설』, 권2, 諸國部, 外國. 晉書 肅愼氏 一名挹婁 在不咸山北 去扶餘可六十日 東濱大海 西接寇漫汗國 北極弱水 廣袤數千里 裨離國 在肅愼氏國西北 馬行二百日 養雲國 去裨離馬行又五十日 寇莫汗國 去養雲國又百日 一群國 去莫汗又百五十日 計去肅愼五萬餘里 晉武時各遣小部 獻其方物 按黑水靺鞨 卽肅愼氏也 黑水 今黑龍江也.

양운국, 일군국 등이다. 이 나라들은 진나라 무제 때 방물을 보냈다는 사실을 제외하고는 아무것도 알려지지 않았다. 대략 중국의 북쪽에 해당한다고 할 수 있지만, '중국과 통하지 않았던 나라 혹은 서번 및 해외의 나라들'이라는 범주에서 벗어나지 않는다.

북쪽의 나라들에 관한 이야기는 다시 세상의 끝자락을 연상시키는 에피소드로 확장된다. 구양수歐陽脩는 『신오대사』新五代史 사이편四夷編에서 철전鐵甸 등을 처음 언급했다. 그 뒤 마단림馬端臨이 『문헌통고』(권345, 사예고四裔考 22, 계단契丹, 상)에서 이 기사를 옮겨 적었다. 구양수에 따르면, 거란 태종 야율덕광이 죽자 거란의 황족 소한蕭翰이 거란으로 돌아갈 때, 호교胡嶠라는 인물이 그를 수행했다. 호교는 유주幽州를 출발한 뒤, 거용관居庸關-석문관石門關-한주汗州-신무주新武州-계명산鷄鳴山-영정관永定關-귀화주歸化州-천령天嶺을 지나 마침내 거란 상경上京에 도착했다. 고생 끝에 도착한 상경이었지만 시련이 그를 기다리고 있었다. 소한이 피살당하자 호교는 졸지에 오갈 데 없는 처지가 되었다. 호교는 소한이 다스리던 복주福州로 거처를 옮겼고, 그곳 복주에서 제국諸國의 종류와 원근에 대한 이야기를 듣게 되었다.

호교가 들은 이야기는 대략 이런 내용이다. "거란의 동쪽으로는 바다가 있고, 철전鐵甸이라는 곳이 있다. 이곳 족속들은 들에다 동물가죽으로 천막을 치고 사는데, 사람들은 용맹스럽다. 초목은 적다. 물맛은 짜고 탁하며 핏빛이라서 거른 뒤에야 마실 수 있다. 또 북쪽으로 우제돌궐牛蹄突厥이 있는데, 사람의 몸에 소의 발을 하고 있다. 동북쪽으로 말겁자襪劫子에 이른다. 그 사람들은 활을 잘 쏘아서 사람을 만나는 대로 쏘아 죽여 그 고기를 먹으니, 거란국 등이 모두 그를 두려워한다. 그 북으로 구국狗國이 있다. 사람의 몸에 개의 머리를 하고 있는데, 긴 털에 옷을 입지 않으며, 손으로 맹수를 때려잡으며, 개 짖는 소리처럼 말한다. 그 처는 모두 사람인데, 능히 한어를 말하는데, 사내를 낳으면 개가 되고 여자아이를 낳으면 사람이 된다. 거란이 백리마 스무 필을 가려서 사람을 보내 북쪽으로 가게 했다. 그 사람이 흑고자로부터 우제국을 지나 43성을 거쳐 33성에 이르렀다가 철전 말을 하는 사람을 만났다. 그는 '이곳이북으로는 용과 뱀과 맹수와 도깨비들이 떼 지어 다녀서 갈 수 없다'는 철전 사람의 말을 듣고 발길을 돌렸으니, 그곳이 바로 북황北荒의 극지極地다."[88] 이 수광은 구양수의 『신오대사』에서 호교가 들었다는 이야기를 그대로 옮겨 적 었다.

중국 정사正史의 지리지에서 확인되는 잘 알려진 국가에서부터 시작하여, '해외의 제국諸國과 세상의 북쪽 끝자락'을 설명하는 방식은 회회국, 불랑기 국, 영결리국永結利國, 구라파국 등 '해외의 제국'과 '세상의 서쪽 끝자락'에 관한 서술에서도 유사하게 나타날 가능성이 있다. 각 국가별 서술의 내적 구 조와 국가 간 서술의 연결 관계 속에 어떤 서술 전략이 숨어 있는지 주목해보 자. 회회국은 중국 정사 지리지에서 잘 알려진 나라이며 또 서역의 일부이지 만, 세상의 서쪽 끝을 설명하는 출발점이 되기 때문에 반드시 이 위치에서 서 술하지 않으면 안 된다. 북방 국가들을 설명하면서 숙신에서 출발한 것과 같은 구조다. 회회국에 관한 설명은 매우 상세하면서도 다채로운 편이다.

이수광은 "회회국은 하늘을 섬기고 조상을 섬기는 것 이외에는 숭배하는 대상이 없다"는 내용을 야사에서 옮겨 적은 뒤, 다시 회회국 사람이 지었다는 시를 소개했다. "불가에서는 부처가 서방에 있다 하고, 도교에서는 봉래산이 해동에 있다 하네. 오직 유가에서만 실질적인 일을 옳게 여기니 눈앞에 봄바 람 아닌 날이 없다네." 불가에서 말하는 피안과 도교에서 말하는 봉래산이 모 두 현실을 부정하거나 현실 저 너머에 절대적인 가치를 부여하는 반면, 오직 유가만이 현실을 중시하는 올바른 학문이라는 메시지를 담고 있다. 이수광은 시문 뒤에 자기 생각을 덧붙였다. "회회국은 서역에 있는데도 그 시의 내용이 이와 같은데, 중화의 선비로서 불교를 숭상하는 것은 무슨 까닭인가?" 학문이

88 歐陽脩, 『新五代史』, 四夷編; 馬端臨, 『文獻通考』, 권345, 四裔考, 22, 契丹 上. 距契丹國東至於海 有鐵 甸 其族野居皮帳 而人剛勇 其地少草木 水咸濁 色如血 澄之久而後可飲 (중략) 又北 牛蹄突厥 人身牛足 (중 략) 東北至襪劫子 (중략) 尤善射 遇人輒殺而生食其肉 契丹等國皆畏之 (중략) 又北 狗國 人身狗首 長毛不衣 手搏猛獸 語爲犬嗥 其妻皆人 能漢語 生男爲狗 女爲人 (중략) 契丹嘗選百里馬二十四 遣十人覆乾面北行 窮 其所見 其人自黑庫子 歷牛蹄國北行一年 經四十三城 至三十三城 得一人 能鐵甸語 其言頗可解 云地名頡利 鳥于邪堰 云自此以北 龍蛇猛獸 魑魅群行 不可往矣 其人乃還 此北荒之极也.

라면 모름지기 유학을 근본으로 삼아야 한다는 지적이다. 회회국에 대한 이수광의 평가는 그런 점에서 비교적 우호적이다. 회회국은 중국과 떨어져 있으면서도 중국과 크게 다르지 않은 문자와 역법을 사용할 뿐만 아니라, 그들이 신봉하는 회회교는 유학은 아니지만 불교를 배척하고 하늘을 섬긴다는 점에서 나름대로 의의가 있다는 것이다.[89]

이어서 회회국의 풍속과 그것으로부터 연상되는 다른 문화 요소들 간의 연관관계에 대한 해설이 뒤따른다. 생명의 근본이라는 이유로 외신外腎을 보호하는 풍속이 있는 이 나라는 연혁이 분명하지 않은 것이 문제였다. 어떤 이는 이 나라가 옛 대식국大食國이고 당나라 때의 회골回鶻 혹은 회흘回紇과 무관하다고 하지만 사실관계를 확인하기는 어려웠다. 이수광은 자신이 북경에 사신으로 갔을 때 회회국 사람들이 머리에 흰 천을 두른 모습을 본 적이 있다는 말로 논의를 시작한다. 회회국의 특이한 풍속은 일본에서 멀지 않은 곳에 있다는 나양국裸壤國의 이미지와 중첩된다. 회회국이 회골이나 회흘이라고 단정할 근거는 없으며, 『한서』의 회계會稽는 적어도 회회국은 아니라고 말할 수 있다.[90]

회회국에 관한 설명은 회회국이 속해 있는 서역에 대한 해설로 확장된다. 이수광은 이렇게 말했다. "천하의 기이한 보물은 서역에서 나는 것이 많다. 파려玻瓈, 마노瑪瑙, 포도葡萄, 서과西瓜, 호도胡桃, 사자獅子 같은 것들이 그것이다. 불법佛法과 환술幻術도 모두 서역에서 나온 것이데, 비록 좌도左道라고는 하지만 그 나라 사람들이 기예技藝가 많다는 것을 알 수 있다. 그 산천은 유사流沙, 약수弱水, 곤륜崑崙, 성숙해星宿海가 있다. 중국의 황하가 바로 여기에서 발원하니, 또한 영이靈異하다."[91]

89 이수광, 『지봉유설』, 권2, 諸國部, 外國. 稗史言回回國 事天事祖之外 無所崇 有詩曰 僧言佛子在西空 道說蓬萊在海東 惟有孔門眞實事 眼前無日不春風 余謂回回在西域 而其言如此 以中華之士 而乃尙佛敎何也 回回文字 有篆草楷三樣 其曆法與中國僅差二刻 聞西南諸國 奉回回敎法者多云 蓋斥佛法而以事天爲重耳.
90 이수광, 『지봉유설』, 권2, 諸國部, 外國. 又其俗善保養 常護外腎 使不着寒 夜臥以手握之令暖 謂此乃生人性命之本根 不可不保護 此說亦有理 回回或以爲古之大食國 非唐之回鶻回紇也 余赴京時 見其國人 皆白布纏頭 亦詭矣 裸壤國 距日本不遠 其人身甚長 全身黑如炭 目多白 額鼻高突 頭髮如羊毛 娶倭女居日本 楊生萬世親見如此云 大抵海中之爲裸壤者多矣 漢書曰 會稽海外 有東鯷人 分爲三十餘國云 此則似指倭奴而言 今以我國爲鯷岑 恐未是 況可自稱乎.

회회국에서 시작된 논의가 서역에 관한 설명으로 확대되었다면, 결국 그 뒤에 이어질 내용은 '세상의 서쪽 끝'에 관한 것이 되지 않을 수 없다. 이수광이 그것을 위해 배치한 것은 불랑기국, 영결리국, 구라파국 세 나라다. 이 가운데 먼저 수록된 것은 불랑기국이다. 이수광의 설명에 따르면, 이 나라는 섬라의 서남쪽 바다 가운데 있는 '서양西洋 대국大國'이다. 섬라(타이)의 서남쪽 바다가 곧 서양이다.

오늘날을 기준으로 그 실체를 추적한다면, 이수광이 말한 불랑기국은 물론 유럽 국가 포르투갈이다.[92] 그러나 이수광이 '불랑기국이 서양 국가'라고 말했을 때, 그 서양은 유럽이 아니다. 서양이라는 말이 시사하는 범위는 적어도 유럽과 미주로서의 서양은 아니다. 그는 유럽에 있는 어떤 나라가 아니라, 섬라 서남쪽의 해상국가를 연상했을 뿐이다. 그 나라 사람들이 만든 화기는 불랑기포라는 이름으로 불리며 군문에서 사용되고 있었으며, 서양포西洋布라는 베는 가볍고 가늘어서 품질이 매우 우수했다. 엄밀한 의미에서 서양포가 불랑기의 제품이라고 단정할 만한 근거는 없다. 그러나 이수광은 불랑기가 '서양 대국'이라는 사실에서 서양포를 불랑기와 연결 짓는 기민함을 발휘했다.

불랑기의 화포와 베는 그들 문화의 일부를 보여주지만, 그들의 외모나 지리적 위치 등은 여전히 미지수다. 이수광은 불랑기의 이미지를 남번국南番國으로 확장하는 전략을 채택했다. 회회국을 설명하면서 회회국과 큰 연관이 없어 보이는 나양국을 끌고 들어온 것과 같은 이유다. 이수광은 이렇게 말했다. "남번국 사람이 만력 계묘 연간에 왜선倭船을 따라가다가 우리나라에 표착한 일이 있었다. 그 사람을 보니 눈썹이 속눈썹과 통하여 하나가 되었고 수염은 염소수염과 같았으며, 아랫사람들은 얼굴이 옻칠한 듯 검고 형상은 더욱 추하

91 이수광, 『지봉유설』, 권2, 諸國部, 外國. 天下奇寶 多出於西域 如玻瓃瑪瑙葡萄西瓜胡桃獅子之類是也 佛法幻術 皆從西域而出 雖曰左道 可見其人多技藝也 其山川 有流沙弱水崑崙星宿海 中國之黃河源於此 亦 靈異矣哉.

92 『지봉유설』에 대한 연구 가운데에는 이수광이 현재의 유럽 국가로 추정되는 나라들에 대해 언급한 점에 큰 의미를 부여하는 사례도 적지 않다. 그러나 그 나라 이름이 언급되었다는 사실보다 중요한 것은 어떤 맥락에서 언급되었는가 하는 점이다.

고 괴이했으니, 아마도 해귀海鬼의 일종이리라. 언어가 통하지 않아 왜역倭譯을 통해 물으니, '우리나라는 바다 가운데 있는데 중국에서 8만 리나 떨어진 곳입니다. 왜인들이 진귀한 보물이 많이 난다 하여 저희와 왕래하면서 통상합니다. (저희는) 본토를 떠난 지 8년 만에 비로소 여기에 도착했습니다'라고 하니, 대개 절국絶國인 듯하다."[93]

남번국은 오늘날의 네덜란드에 해당한다. 『지봉유설』에서 남번국은 '서양 대국'과의 관계 속에서 설명되었다. 이 점을 고려하면, 이수광이 말한 남번국이 오늘날의 유럽 국가일 가능성은 높지 않다. 이수광에게 남번국은 불랑기의 이미지를 유추할 수 있는 소재이기 때문에 중요했다. 결코 유럽에 소재한 국가이기 때문이 아니다. '중국에서 8만 리 거리에 있다'는 것은 남번국 사람의 말일 뿐, 이수광의 생각과는 무관하다. 이수광은 남번국에 대해 판단할 수 있는 다른 근거가 없었으므로 다만 '먼 나라'라는 의미에서 '절국'이라고만 표현했다. 이수광의 논법에 따르면, 남번국은 '서양 국가' 불랑기의 이미지와 연결해 생각해볼 수 있는 '불확실한 소재'였을 뿐이다.

같은 전략은 영결리국을 설명하기 위해 골리간국骨利幹國을 동원하는 장면에서도 잘 드러난다. 불랑기가 섬라의 서남쪽 바다 가운데 있는 '서양 대국'이라면, 영결리국은 '극서極西 외양外洋'에 있는 나라다. 이 나라는 낮이 길고 밤이 짧으며, 우수한 선박과 대포를 가졌다 한다. 우수한 선박을 가진 나라라면? 이수광은 전라도 홍양에 표류해온 높고 큰 배 이야기를 덧붙였다. 뒷날 일본인에게 들으니 그 큰 선박이 영결리국의 배였다는 것이다.

무엇보다 압권은 '낮이 길고 밤이 짧은' 나라의 흔적을 찾는 과정이다. 이수광은 『원사』元史에서 이런 기록을 발견했다. "길리길사吉利吉思는 중국에서 2만 5천 리 떨어진 곳에 있는데, 낮은 길고 밤은 짧다. 즉 당나라 때의 골리간국이다." 이수광은 결리結利와 길리吉利와 골리骨利의 음이 비슷한 것을 범상

---

93 이수광, 『지봉유설』, 권2, 諸國部, 外國. 南番國人 萬曆癸卯年間 隨倭舶漂抵我境 見其人 眉與上睫通爲一 髯似羊鬚 其率人面漆黑 形狀尤醜怪 蓋海鬼類也 言語不通 因倭譯問 則國在海中 距中國八萬里 倭人以地多珍寶 故往來通商 離本土八年 方到此云 蓋絶國也.

하게 보아 넘기지 않았다. 세 음이 비슷한 것을 보면 영결리국, 길리길사, 골리간국은 모두 같은 나라를 다르게 부른 것이 아닐까?[94] 이수광은 이런 의문이 들었다.

만일 다른 문헌 자료에서도 비슷한 내용을 얻을 수 있다면 이 추론은 하나의 근거를 더 가질 수 있다. 『원사』에 언급된 '당대唐代의 골리간국'을 확인하기 위해서는 『당서』唐書를 보아야 한다. 거기에 이렇게 적혀 있다. "골리간 땅은 낮이 길고 밤이 짧다. 일몰 후에 석양이 물들었다가, 얼마 안 있어 곧바로 해가 다시 떠오른다. 당나라 초에는 결골結骨이라고 불렀다."[95] 『주자어류』에도 골리간국에 관한 같은 이야기가 나온다. 그런데 주자는 낮이 길고 밤이 짧은 현상이 무엇을 의미하는지에 대해 좀 더 분명한 언설을 남겼다. 해가 지더라도 가려지는 곳이 없어서 늘 빛을 발하다가 다시 동쪽으로 가서 새벽이 되는 것은 그곳이 땅끝이기 때문이라는 것이다.[96]

『당서』에 따르면 골리간국은 한해瀚海의 북쪽에 있다. 『주자어류』에서 당태종이 '극북처極北處에 이르렀다'고 말한 방향 감각과 다르지 않다. 주로 북쪽을 가리키고 있는 것이다. 골리간국을 낮이 길고 밤이 짧은 나라로 적고 있다는 것도 공통점이다. 그런가 하면 『주자어류』에서는 낮이 길고 밤이 짧은 현상이 '땅끝'(地尖處, 地絶處, 角尖處)이기 때문이라는 언급이 있다.

---

94 이수광, 『지봉유설』, 권2, 諸國部, 外國. 永結利國 在極西外洋 晝則極長 夜纔二更 旋卽天明 其俗惟喫麥屑衣皮袋 以舟爲家 四重造船 以鐵片裹內外 船上建數十檣竹 船尾設生風之機 碇索用鐵鎖數百湊合以成 故雖遇風濤不敗 戰用大砲 出沒行劫 海中諸國 莫敢相抗 頃年 自日本漂到興凡之境 其船極高大 如層樓大屋 我軍搏戰 不能攻破 致令脫去 後間倭使 知其爲永結利人也 按元史 吉利吉思去中國二萬五千餘里 晝長夜短. 물론 의심의 여지가 전혀 없는 것은 아니다. 과연 '極西 外洋'에 있는 나라(영결리국)를 '중국에서 2만 5천 리 떨어진 나라'(길리길사, 골리간국)와 동일시하는 것이 어려워 보일 수도 있기 때문이다. 그가 '모두 같은 나라다'라고 단정적인 표현 대신 '같지 않을까'라는 추측에 머문 것은 그런 이유 때문일 수도 있을 것이다.

95 이수광, 『지봉유설』, 권2, 諸國部, 外國. 永結利國: 卽唐骨利幹國云 結利與吉利骨利音相近 疑卽此也 按唐史 骨利幹居瀚海北 其地晝長夜短 日沒後天色正曛 煮羊胛適熟 日復出 唐初 號結骨 朱子曰 此是地之角尖處 日入地下 無所遮蔽 故常光明 及東出而爲曉 其所經遮蔽處 亦不多耳.

96 『朱子語類』, 권1, 理氣 上. 唐太宗用兵 至極北處 夜亦不曾太暗 少頃卽天明 謂在地尖處 去天地上下不相遠 掩日光不甚得 (揚) 地有絶處 唐太宗收至骨利幹 置堅昆都督府 其地夜易曉 夜亦不甚暗 蓋當地絶處 日影所射也 其人髮皆赤 (揚) 通鑑說 有人適外國 夜熟一羊胛而天明 此是地之角尖處 日入地下 而此處無所遮蔽 故常光明 及從東出而爲曉 其所經遮蔽處 亦不多耳(義剛).

문제는 이 여러 가지 정보를 조합하는 이수광의 전략이다. 그는 영결리의 '결리'와 골리간의 '골리' 사이에 나타나는 음가의 유사성을 기초로 두 나라를 같은 나라로 보았다. 그런데 『당서』에 보이는 '한해의 북쪽', 『주자어류』에 기록된 '극서 외양' 등의 방위는 '극서 외양' 국가로서의 영결리와 어울리지 않는다. 그중 하나는 버려야 한다. 확장된 서역의 끝을 보여주려는 이 단락의 의도에 비추어본다면, 극북처의 이미지를 버릴 수밖에 없다. 이수광은 『당서』와 『주자어류』에서 극북極北의 방위 감각을 버리는 대신, '낮이 길고 밤이 짧다'는 사실을 강조했다. 땅끝의 이미지를 적극적으로 계승하기 위한 포석인 셈이다.

서쪽 땅끝에 관한 이야기는 영결리국에서 클라이맥스에 도달한 느낌이다. 그러나 이수광은 영결리국 뒤로 또 하나의 서쪽 나라를 배치했다. 구라파국이다. 서쪽 땅끝 이야기를 마친 이수광이 굳이 부족하다고 느낀 것은 무엇이었을까. 이 점을 주목하면서 구라파국에 관한 이수광의 설명을 따라가보기로 하자. '이마두'利瑪竇(마테오 리치)를 소개하는 장면이 구라파국 에피소드의 첫머리를 장식한다. 마테오 리치는 8만 리 먼 곳으로부터 풍랑을 헤치고 중국에 와서 살았다는 사실만으로도 이수광의 흥미를 끌기에 충분한 존재다.

이수광은 마테오 리치가 소개한 천주교와 우정론의 개략을 편견 없이 소개했다. 그런데 그가 더 자세하게 묘사한 것은 〈구라파국여지도〉歐羅巴國輿地圖다. 그는 이렇게 말했다. "그 지도를 보니 매우 정교했으며, 서역에 대해 특히 상세했다. 중국 지방, 조선 팔도, 일본 60주의 지리에 대해 원근과 대소를 빠뜨리지 않고 모두 기록했다. 이른바 구라파국은 서역에서 가장 먼 곳에 있는데, 중국과의 거리가 8만 리다. (중략) 구라파국의 경계는 남쪽으로는 지중해에 이르고, 북은 빙해氷海에 이르며, 동쪽은 대내하大乃河에 이르고, 서쪽은 대서양에 이른다. 지중해라는 것은 이것이 바로 천지의 한가운데서 그렇게 부른다고 한다."[97]

이수광은 '서양 대국' 불랑기국과 '극서 외양의 나라' 영결리국을 배치함으로써 서쪽 땅의 끝자락에 관한 논의를 그 나름대로 훌륭하게 전개했다. 그런데 문제가 남는다. 불랑기국과 영결리국의 에피소드에서 회회국을 중심으로 하는 서역과의 관계를 유기적으로 설명하지 못하기 때문이다. 회회국 이하의 서술이 일관성을 가지기 위해서는 '확대된 서역의 끝자락'으로 설정된 나라를 들어 논의를 마무리하는 것이 순리다. 구라파국은 바로 그런 존재였다. 이수광에 따르면 구라파국은 '서역에서 가장 먼 곳에 있는 나라'다. '확장된 서역의 끝자락', 바로 그곳인 것이다.

외국 항목에서 이수광이 시도한 마지막 작업은 '서역에서 가장 먼 곳에 있는 나라'의 이미지와 중첩될 수 있는 다른 근거를 확인해두는 일이다. 불랑기국이라면 남번국, 영결리국이라면 골리간국에 해당하는 정보가 그것이다. 이수광은 흰 돌로 집을 짓는 풍속이 있다는 호인국互人國 이야기를 『이문지』異聞志라는 문헌에서 발견하고, 『후한서』를 근거로 호인국을 서역의 대진국으로 추정하기도 했다.[98] 대진국이 구라파국이라고 주장하지는 않았지만, 적어도 대진국의 이미지는 '서역에서 가장 먼 곳에 있는 나라'인 구라파국에 어울릴 만했기 때문이다.

새로운 이역, 유럽으로서의 서양에 대한 인식

이수광이 말한 서양은 구미의 이미지를 떠올리게 하는 서양과는 아무런 관련이 없는 단어였다. 그가 말한 불랑기국이 오늘날의 포르투갈에 해당한다고 해서 이수광이 그 불랑기를 통해 '유럽을 말하려 했다'고 본다면 그것은 난센스다. 이수광이 말하려 한 것은 유럽 국가 포르투갈이 아니라 타이의 서남쪽 바다에 있는 해양국가 포르투갈이다. 영결리국과 남번국의 경우도 예외는 아니다. 『지봉유설』에서 언급한 외국 가운데 구라파국을 제외한 그 어느 나라도

---

97 이수광, 『지봉유설』, 권2, 諸國部, 外國. 歐羅巴國: 見其圖甚精巧 於西域特詳 以至中國地方曁我東八道 日本六十州地理 遠近大小 纖悉無遺 所謂歐羅巴國 在西域最絶遠 去中國八萬里 (중략) 歐羅巴界 南至地中海 北至冰海 東至大乃河 西至大西洋 地中海者 乃是天地之中故名云.

98 이수광, 『지봉유설』, 권2, 諸國部, 外國. 異聞志云天下無處非鬼充塞無間 獨互人國白玉城 以白玉爲之 鬼不敢入 蓋鬼陰物 喜黑而惡白耳 有人至此城得其故 歸以白石繞屋爲墻 時河間多疫癘 獨其家無染者 今人 用白堊塗門 亦其遺意也 按後漢書 西域大秦國 以石爲城 列置郵亭 皆堊曁之云 互人疑亦西域國名.

유럽 국가로 여겨지지는 않았다. 그것은 이수광이 유럽을 어설프게 알았기 때문이라기보다는 그가 유럽으로 표상되는 '넓은 세계'에 관한 지식을 자기 나름의 스토리 구조 안에 담으려 했기 때문이다. 지식 정보의 양과 질보다는 그것을 담아내는 그릇의 형태가 문제라는 말이다.

먼저 지적할 점은 이수광이 〈구라파국여지도〉를 중시하지 않았다는 것이다. 지구적 규모의 세계를 담은 도면을 앞에 놓고서도 그것을 전적으로 신뢰하지 않는 것이 도대체 가능하기는 한 일일까? 물론 우리의 상식으로는 이상한 일이다. 그러나 지구를 이해할 수 없었던 이수광, 지구를 받아들일 의사가 없었던 이수광으로서는 당연한 일이 아니었을까. 만일 그가 〈구라파국여지도〉를 전적으로 신뢰했다면, 아마도 『지봉유설』 외국편을 대륙별로 구성했을 것이다. 그러나 그는 세계를 이미 알고 있는 땅에서 시작되는 몇 갈래의 '땅끝'으로 설명했다. 철전鐵甸에서 이어지는 '북쪽 땅끝', 회회국에서 시작되어 불랑기국을 거쳐 영결리국에 이르는 '서쪽 땅끝', 그리고 확대된 서역 끝자락으로서의 구라파국 등이 그런 것들이다.

땅끝 안쪽에 있는 여러 나라들을 보는 이수광의 시선은 비교적 유연하다. 그는 불교 국가나 이슬람 국가에 대해 호의적으로 평가하거나,[99] 천주교와 우정론 등 낯선 유럽 문화를 편견 없이 소개할 수 있었다. 물론 개방적인 학문 태도 때문이다. 그런데 그것뿐일까? 그 나라들에 대한 논평 중에는 '유학자 이수광'을 연상시키는 대목이 적지 않다. 섬라국에 대해 "의관의 나라는 아니다"[100]라고 말하는 정서에는 의관의 나라가 소망스럽다는 의미가 배어 있다. 그는 고리국에 대해 "해외의 절국인데도 상고시대 삼대의 유풍이 있으니, 가상하다"[101]라고 말했다. 구라파국에 대한 설명에서도 같은 관점이 엿보인다. 그는 〈구라파국여지도〉에 실린 서문을 보고 '동문同文의 나라'라는 점을 높이 평가했다.[102] 어디에 있건 삼대의 유풍을 보존하고 있는 나라가 가장 소망스러

---

99 한영우, 앞의 책, 2007, 218쪽.
100 이수광, 『지봉유설』, 권2, 諸國部, 外國, 暹羅國. 其人剪髮 面多漆黑 左衽跣足 飲食以手 不識天朝文字 蓋非冠帶之國也.

운 것이다.

그런 이수광의 관점을 염두에 두면, 그가 〈구라파국여지도〉에 그려져 있었을 신대륙에 대해서 한마디도 남기지 않은 이유를 짐작할 수 있다. 근본적으로는 신대륙을 묘사한 〈구라파국여지도〉에 대한 신뢰도가 높지 않았기 때문일 것이다. 신대륙은 이미 알고 있는 땅에서 시작되는 몇 갈래의 '땅끝'으로 설명할 수 없는 곳인 데다가 삼대의 유풍을 거론할 만한 아무런 근거가 없는 곳이다. 고리국이나 구라파국과는 본질적으로 다른 양상이다.

그렇다면 이수광의 세계관이 보통의 유학자들과 같았다고 보아도 좋은가. 물론 그렇지는 않다. 이수광이 가진 가장 큰 미덕은 세계를 결코 중국과 조선 중심으로만 보지 않았다는 점이다. 중화문화를 '문명의 발상지'인 중국이나 '소중화'인 조선만이 독점하고 있다고 생각하지 않은 점에서 그런 면모가 엿보인다. '해외의 절국'인 고리국 또는 '서역최절원'西域最絶遠인 구라파국에도 중화문화의 유풍이 보존되어 있다고 말한 것은 그 사실 자체만으로도 무게감을 가진다.

고리국과 구라파국을 중화문화를 기준으로 설명하는 데는 세계를 중화문화의 밀도에 따라 위계 지으려는 전략이 숨어 있는 것은 아닌가. 물론 그런 부분이 있다. 그러나 세계를 그렇게만 보는 것은 필연적으로 전통적인 사이四夷 체계가 내포하고 있는 문화적 특질들을 부정하는 결과를 가져온다. 그는 전통적인 지리 관념을 변형하거나 재해석함으로써 세계를 설명하려 했다. 영결리 국이나 구라파국에 관한 설명에서 그런 면모가 드러난다. 전통적인 사이의 범주에서 벗어나는 나라라는 이유로 이 정보를 무시하거나 버리려 하지 않은 것이다.

때로 그는 전통적인 지리 관념을 확장하는 수준을 훨씬 넘어서기도 했다.

---

101 이수광, 『지봉유설』, 권2, 諸國部, 外國, 古俚大國. 蓋海中絶國 而有上古三代之風 可尙也.
102 이수광, 『지봉유설』, 권2, 諸國部, 外國, 歐羅巴國. 所謂歐羅巴國 在西域最絶遠 去中國八萬里 自古不通中朝 至大明始再入貢 地圖乃其國使臣馮寶寶所爲 而末端作序文記之 其文字雅馴 與我國之文不異 始信書同文 爲可貴也.

'북황北荒의 극지極地'를 설명하는 과정에서 등장하는 우제돌궐과 구국은 '서쪽 땅끝' 사람들을 묘사하는 방식과 완전히 다르다. 우제돌궐은 사람의 몸에 소의 발을 하고 있고, 구국은 사람의 몸에 개의 머리를 하고 있다고 적혀 있다. 풍속에 관한 기록도 상식적으로 납득하기 어려웠을 것이다. 그런데도 이수광이 거의 『산해경』의 신화세계를 연상시키는 내용들을 굳이 인용한 것은 왜일까. 세계의 끝자락에 대해 '불가사의'한 어떤 여백을 인정하지 않을 수 없다고 생각한 것은 아닐까.

인용 말미에 이수광은 이렇게 말했다. "이 북황의 바깥으로 어찌 또『삼재도회』에 적혀 있는 세계와 같은 곳이 없다고 장담할 수 있겠는가."[103] 그가 '세계'世界라는 말을 구사한 것도 의미심장하다. 당시 '세계'라는 단어는 십방十方을 의미하는 불교적 세계를 가리키는 말이었고, 『삼재도회』에 실려 있는 도면 가운데 규모 면에서 거기에 해당하는 것은 서구식 세계지도인 〈산해여지전도〉山海輿地全圖가 유일하기 때문이다. 그는 서구식 세계지도를 확신하지 못하면서도, 중국을 중심으로 하는 '천하'적 규모와는 다른 어떤 세계의 존재 가능성은 열어두고 싶었던 것이다.

이수광이 분명하게 오늘날의 유럽이라고 생각하고 적은 것은 구라파와 대서국, 대서양 정도다. 이수광은 "구라파국의 명칭은 대서국이라고도 하는데, 그 나라 사람 마테오 리치가 8만 리의 바닷길을 넘어 광동에 와서 10여 년을 살았다"고 말했다.[104] 그는 또 구라파의 경계에 대해 서술하면서 그 서쪽 경계가 '대서양'이라고 말했다.[105]

주목할 대목은 유럽으로서의 서양, 즉 구라파를 설명하는 방식이다. 그는 명대의 문장가 초굉焦竑이 마테오 리치를 '서역이군'西域利君이라고 부른 대목

---

103 이수광, 『지봉유설』, 권2, 諸國部, 外國, 鐵甸. 余謂此北荒外 安知又有世界如三才圖會所紀者乎.
104 이수광, 『지봉유설』, 권2, 地理部, 外國. 歐羅巴國 亦名大西國 有利瑪竇者 泛海八年 越八萬里風濤 居東奧十餘年 (중략) 焦竑曰 西域利君.
105 이수광, 『지봉유설』, 권2, 地理部, 外國. 歐羅巴界 南至地中海 北至氷海 東至大乃河 西至大西洋 地中海者 乃是天地之中故名云.

을 특별한 논평 없이 인용했다. 그는 또 이광정과 권희가 들여온 6폭짜리 〈구라파국여지도〉를 보고 "서역이 특별히 상세하다"고 평하는가 하면, 구라파(국)에 대해 "서역에서 가장 먼 곳에 있으며 중국과의 거리가 8만 리"라고 적었다.[106] 결국 이수광이 새로운 이역, 즉 유럽으로서의 서양을 서역의 연장선상에서 보았음을 알 수 있다. 유몽인柳夢寅도 유럽으로서의 서양을 구라파라는 이름으로 소개하면서, 그 위치를 '천축의 서쪽'이라고 표현했다.[107] 천축, 곧 전통적인 서역의 일부를 유럽을 설명하는 기점으로 삼았다는 의미다.

1711년 통신사의 부사로 일본에 다녀온 임수간任守幹은 서양 혹은 서양이라는 말이 포함된 단어에 대해 여러 번 거론했다. 그는 또 "서양고리국 사람 마테오 리치가 일본에 와서 문자를 남겼다"는 소식을 전해 들은 적이 있는데, '서양인' 마테오 리치가 일본에 와서 천주교를 전파했다고 말했다.[108] 임수간의 말을 종합해보면, 마테오 리치는 서양 사람인데, 그 서양은 곧 서양고리국을 뜻한다. 대서양과 서양의 관계는 여전히 불분명하지만, 임수간이 대서양을 유럽으로서의 서양으로 생각한 것은 분명하다. 이 문제에 관한 한 임수간의 입장은 분명하다. 그는 "대서양은 서역의 나라 이름"이라고 단정적으로 말했기 때문이다.[109]

이수광이나 임수간의 유럽 인식이 철저했느냐고 묻는다면 그렇지 않았다고 답해야 옳을 것이다. 그러나 여기에서는 그들이 새로운 이역, 곧 유럽으로서의 서양을 자신들이 알고 있던 전통적인 이역, 즉 서역의 연장선상에서 이해하고 있었다는 사실에 주목하고 싶다. 그것은 『동문광고』同文廣考의 저자인 이돈중李敦中도 마찬가지였다.[110]

이돈중은 『동문광고』의 서역편을 서술하면서 『서역지』와 『역대서역기』를 참고했다. 이돈중은 『서역지』에서 「서역산하경로」에 관한 부분과 「역대서역」

106 이수광, 『지봉유설』, 권2, 地理部, 外國. 所謂歐羅巴國 在西域最絶遠 去中國八萬里.
107 구만옥, 「16~17세기 조선 지식인의 서양 이해와 세계관의 변화」, 『동방학지』, 122, 2003, 27쪽.
108 구만옥, 위의 글, 2003, 17~18쪽.
109 원재연, 「조선시대 학자들의 서양 인식」, 『대구사학』, 73, 2003, 51~52쪽.

등 두 부분을 주로 인용했다.

「서역산하경로」에 따르면, 서역은 옛날에는 네 구역으로 나뉘어 있었다. 유사流沙에서 서쪽으로 총령 이동에 이르는 구역, 총령의 서쪽에서 서해에 이르는 구역, 자설 이남에서 월씨 이북에 이르는 구역, 서해 사이 수택 이남의 구역이 그것이다.[111]

「역대서역」은 서역의 명칭과 범위에 관한 내용으로 시작된다. 한무제 때 서역은 36국이었다고 하지만 이미 이합집산과 흥망성쇠가 무수히 반복된 결과 후한대 이래로 서역 국가의 수도 달라지곤 했다. 또 같은 서역 국가라도 시대별로 다른 이름으로 불렸다. 예를 들면 차사국車師國은 일명 고사국姑師國인데, 당나라 때에는 고창高昌, 원나라 때에는 외올아外兀兒, 명나라 때에는 화주火州로 불렸다.[112]

「역대서역」의 후반부는 서역이 중국에 조공해온 연혁을 주로 다루고 있는데, 그 말미에 '명나라 때 대서양 구라파가 입근入勤했다'는 내용이 나온다.[113] 대서양은 구라파와 같은 차원에서, 유럽으로서의 서양은 서역의 연장선상에서 이해되었음을 말해준다.

이돈중은 또 서역의 범위에 관해서는 『역대서역기』를 인용했는데, 여기에서도 유럽으로서의 서양을 서역의 연장선상에서 바라보는 논리를 확인할 수 있다.

그 땅은 동으로는 옥문 양관에 접하고, 서쪽으로는 서해, 북쪽으로는 사막, 남쪽으로는 교지, 동남쪽으로는 운남雲南 제전諸甸에 미치니, 그 폭이 약 3만 리가 되는데, 총령이 그 가운데 있다. 총령 동쪽에서 유사의 서쪽으로

---

110 『동문광고』의 체제, 내용, 특징 등에 대해서는 노태돈, 「18세기 사서에 보이는 세계사 인식체계−동문광고를 중심으로」, 『규장각』, 15, 1992 참고.
111 이돈중, 『동문광고』, 西域考. 西域舊分爲四域 自流沙以西 至蔥嶺以東爲一域 自蔥嶺以西 至西海爲一域 自者舌以南 至月氏以北爲一域 西海之間 水澤以南爲一域.
112 이돈중, 『동문광고』, 西域考. 班固云 武帝時西域爲三十六國 哀平間爲五十五國 東漢以後諸國名 與西漢稍異 且如國名 今右(古)不同者 車師國一名姑師 唐爲高昌 元爲外兀兒 明爲火州.
113 이돈중, 『동문광고』, 西域考. 大明神宗萬曆間 大西洋歐羅巴亦入勤.

는 100여 군장이 있는데, 고창·소륵·차사·누란·오손의 무리가 가장 크다. 대진 일역은 서해 중에 있으니, 유구와 일본이 동해 중에 있는 것과 같은데, 그 땅이 8, 9천 리에 달한다. 대진 이서는 곧 해가 지는 곳이니, 마테오 리치가 말하는 대서양이 아마도 대진인 듯하다.[114]

이돈중이 말하는 서역의 범주는 중국인들이 생각한 서역과 비교해보았을 때 어떤 특징이 있을까. 『한서』 서역전은 서역의 서쪽 경계를 총령으로 보았다.[115] 그렇다면 청나라 때는 어떤가. 『황여서역도지』皇輿西域圖志는 전성기를 구가하던 청나라가 서역이란 단어를 어떻게 이해하고 있었는지를 잘 보여준다.[116] 서역전도설西域全圖說에 따르면 서역은 옛날의 서융 지역이다. 한나라 때 처음 이곳에 통했으며, 도호부를 두어 기미주로 편입했지만, 실제로 복속시킨 것은 아니었다. 더구나 송나라 때 이후로는 중국과 멀어지게 되었다고 했다.[117]

서역의 범주는 중국 역사의 소장과 함께 달라지게 마련이다. 『황여서역도지』의 편자는 중국사상 가장 넓게 서역의 범위를 정했다. 동쪽으로는 숙주肅州, 동북쪽으로는 객이객喀爾喀, 서쪽으로는 총령葱嶺, 북쪽으로는 아라사俄羅斯(러시아), 남쪽으로는 번장番藏이 그 경계가 되는데, 그 넓이가 대략 2만여 리에 달한다. 서역은 크게 천산 이북의 준가르부와 천산 이남의 회부로 나뉘는데, 준가르부 사람들은 거칠고 성곽이 없는 반면, 회부 지역은 풍기는 유약하지만 성곽이 있고 토지가 비옥하다.[118] 『한서』에도 서역36국西域三十六國이라

---

114 이돈중, 『동문광고』, 西域考. 其地東接玉門陽關 西至西海 北亘沙漠 南際交趾 東南抵雲南諸甸 幅員盖數三萬里 而葱嶺在其中 嶺以東 流沙以西 君長白數 而高昌疏勒車師樓蘭烏孫之屬最大 大秦一城 在西海中 如琉球日本之在東海中 地方亦八九千里 大秦以西 卽日沒處 利瑪竇所謂大西洋似是大秦云.
115 班固, 『漢書』, 卷96, 上, 西域傳. 西域以孝武時始通 本三十六國 其后稍分至五十余 皆在匈奴之西 烏孫之南 南北有大山 中央有河 東西六千余里 南北千余里 東則接漢 厄以玉門陽關 西則阻以葱嶺.
116 『皇輿西域圖志』, 卷1, 圖考, 西域全圖說(서울대학교 구간도서, 古4860-3. 제1책, 이하 같음).
117 『皇輿西域圖志』, 卷1, 圖考, 西域全圖說. 西域在古爲西戎 自漢孝武 始通其境 厥後二千年來 向背靡詳 三代以下 宋時隔越西夏 倂不獲與接境 明則裹地閉關 退葸已甚 其長駕遠馭 號稱閩大者 莫如漢唐 然考其時 僅設都護府 置羈縻州 虛存統率之名 初無服屬之實.

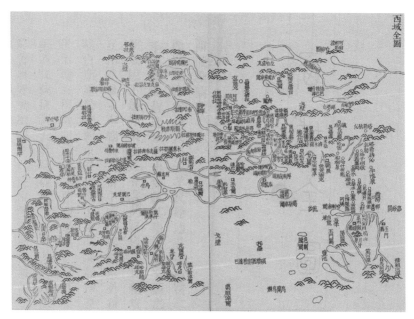

_『흠정황여서역도지』의 〈서역전도〉. 청나라 때 서역으로 인식하던 범주를 보여준다. 지도에서 서역은 총령을 경계로 하고 있는데, 그 범위가 이전 왕조에 비해서 넓어졌지만 유럽까지 확장되지는 않았다. 연활자본(중국), 1782년, 48권 24책 4갑, 29.8×18.0cm(책 크기), 서울대학교 중앙도서관.

는 표현이 보이는데, 『황여서역도지』의 편자는 이곳을 천산 남쪽의 회족 거주지역으로 추정했다. 청나라 때의 서역은 강거국康居國, 대완국大宛國, 휴순국休循國, 연독국捐毒國, 오타국烏秅國, 난두국難兜國, 월씨국月氏國, 계빈국罽賓國 등에 해당하는 지역이 새롭게 포함되었다는 것이다.[119] 『황여서역도지』의 서역관은 청나라야말로 중국 역사상 서역의 최대 판도를 개척한 왕조라는 자부심

118 『皇輿西域圖志』, 卷1, 圖考, 西域全圖說. 其地 在肅州嘉峪關外 東南接肅州 東北直喀爾喀 西接葱嶺 北抵俄羅斯 南界番藏 輪廣二萬餘里 天山以北 準噶爾部居之 人皆强悍 逐水草 無城郭 天山以南 回部居之 風氣柔弱 有城郭 土田良沃 人習耕種.

119 『皇輿西域圖志』, 卷1, 圖考, 西域全圖說. 間考漢書西域三十六國 皆在匈奴之西 烏孫之南 南北有大山 中央有河 (중략) 由是言之 則今回部諸城 爲古西域有城郭之三十六國 確然無疑 至準夷在天山北 並爲烏孫地 其東境猶屬匈奴地 故古之稱西域者 指南北兩大山內之諸國言之 而新闢皇輿之西域 兼及北山之北 古烏孫匈奴故境 拓地又廣 至左右哈薩克 東西布魯特 霍罕 安集延那木干 塔什罕 拔達克山 博洛爾 布哈爾 愛烏罕 痕都斯坦 巴勒提諸部 揆諸往古 當屬康居大宛休循捐毒烏秅難兜月氏罽賓諸國.

456

이 깔려 있다. 그러나 그 서쪽 경계는 여전히 총령이다. 이돈중이 서역의 서쪽 범주로 언급한 총령의 서쪽에서 서해까지는 이 책의 서역 개념에는 없었다.

이돈중이 인용한 『역대서역기』의 출처가 불분명한 것은 아쉬운 대목이다. 그렇다고 해서 이 인용문이 무의미한 것은 아니다. 이 인용문은 설령 이돈중 자신의 저술이 아니라 하더라도, 이돈중이 유럽으로서의 서양을 서역의 연장선상에 두고 있었음을 보여준다는 점에서 중요하다. 이돈중은 특히 서역의 범위를 더 넓게 잡고 그 확장된 범위의 연장선상에서 유럽으로서의 서양을 보았다.

유럽으로서의 서양을 서역이 확장된 개념으로 이해하는 것은 사이관의 연장선상에서 유럽으로서의 서양을 인정할 수 있다는 의미가 된다. 그 점에서 보면 『대청일통지』에서 보이는 양상과 크게 다르지 않다. 다만 『대청일통지』는 서역이나 인도양 국가로서의 서양과 개념적 구분이 분명하지 않은 상태에서 유럽으로서의 서양을 인정했다는 점이 다르다. 사이관 안에서 유럽이라는 실체를 인정할 수 있다는 결론에 이른 것은 같지만, 그 과정은 같지 않았던 것이다. 무엇이 이런 차이를 만들어낸 것일까. 그 저변에는 서역을 경험한 역사와 그렇지 않은 역사, 인도양 국가로서의 서양을 경험한 역사와 그렇지 않은 역사 사이의 차이가 깔려 있다.

3장. 세계에 관한 동양적 모델과 천하도

동양 고전은 어떻게 세계를 구성했을까

서구식 세계지도에 대한 중국 지식인의 반응은 다양했다. 그러나 어느 경우에도 육합, 추연, 비해, 영해, 대영해, 구구주 등 동양 고전에 보이는 단어들이 크게 부각되지는 못했다. 이 단어들이 보여주는 세계상은 마테오 리치와 그의 중국인 친구들에게는 너무나 부정확한 것이었다. 반대로 서구식 세계지도의 세계상을 중국 중심으로 해체한 『고금도서집성』의 편찬자들로서는 그 단어를 연상해야 할 하등의 이유가 없었다. 그렇다면 서구식 세계지도는 조선에서 어떤 방식으로 독해되었던 것일까.

『직방외기』에 실린 오주론五洲論을 비판한 신후담이 『직방외기』의 세계지도에서 『산해경』의 지명을 연상했다는 사실은 흥미롭다. 그는 『산해경』의 지명을 연상했으면서도 『산해경』의 세계 구성에 대해 말하지는 않았다. 땅이 물을 품는지 물이 땅을 품는지에 대해서도 궁금해하지 않았으며, 수해와 태장, 육합과 추연을 거론하지도 않았다. 천지설天地說이라고 말해도 좋을 이런 논의는 그에게 결코 격물格物의 일환이었던 적이 없었다.

뒷날 노론사대신으로 불리게 되는 이이명李頤命(1658~1722)의 경우를 보자. 그는 서구식 세계지도를 열람한 뒤, 의문 나는 점을 쾨글러I. Koegler(중국명 대진현戴進賢)에게 문의했다. 이이명이 질의한 핵심은 천문측량법과 지구설의 동양 고대의 모델이 분명하지 않다는 것이었다. 그에 따르면, 동양의 천원지방설은 서양의 지구설과 일치하지 않으며, 천도로써 지리를 획정하는 것은 우주 구조상으로 유사한 혼천설에서도 볼 수 없다. 어디에서도 근거를 찾기 어려웠던 그는 의구심을 가지지 않을 수 없었다. 혹 서양인들이 도교 계통의 서적인 『십주기』十洲記나 불교계의 사대주설四大洲說을 듣고 천문측량법과 지구설을 주장한 것은 아닐까?[120]

이이명이 서구식 세계지도를 보고 가장 먼저 넓은 세계의 실체를 묻지 않은 것은 의외다. 그러나 그가 넓은 세계를 직방세계의 외연이 확장된 것으로 이해하고 있었다면 큰 문제는 아니다. 오히려 그의 관심은 서구식 세계지도의 설명문에 쓰인 천문측량법과 지구설에 있었다. 그는 다만 반드시 제시되어야 할 것으로 간주하던 동양 고대의 모델이 확인되지 않는 점을 의아하게 여길 뿐이었다. 이이명의 사례는 서구식 세계지도가 조선에서 그 동양적 모델과 관련된 단어를 통해 이해되고 있었을 가능성을 시사해준다.

그 가능성을 좀 더 구체적으로 보여준 것은 최석정이다. 그가 1704년(숙종 30)에 쓴 「우주도설」宇宙圖說이라는 글이 있다. 이 흥미로운 논설의 요지를 읽어보자. 그에 따르면, 천하와 서구식 세계지도의 패러다임은 층위가 다르다. 상하사방上下四方의 공간을 '우'宇라고 하고 고금의 시간을 '주'宙라고 한다면, 추연의 구주설과 마테오 리치의 세계지도야말로 우설宇說의 대표적인 사례다. 그러나 기氣의 본체는 지대至大하고 무외無外하며, 항구恒久하고 불식不息하니, 한 세계, 한 개벽에만 국한되지는 않을 것이다. 그는 또 이렇게 말했다. "장자는 '육합六合의 밖에 대해서는 성인聖人께서 존이불론存而不論하셨다' 하고, 소옹은 '천지의 밖에 따로 천지만물이 있다고 하는 사람이 있지만 이 천지만물과 다른 것에 대해서 나는 알 수 없다'고 했는데, 이 두 분의 논의에 우설의 의미가 내포되어 있다. 군자는 하나라도 격물格物하지 못하는 것을 부끄럽

---

120 황윤석, 『이재난고』, 권18, 七月初三日辛丑(한국정신문화연구원 탈초본 3책, 765쪽). 疎齋與西洋人蘇霖戴進賢書.

게 여긴다."[121]

　이문異聞에 관한 최석정의 생각은 분명하다. 황당무계하고 불경하게 여겨지는 것이라도 가벼이 논파하기 어려운 학술적인 근거가 있다면 '이문을 넓히는 것'으로서 그 의의를 인정할 수 있다는 것이다. 마테오 리치의 지도와 아담 샬의 지도는 바로 이런 논리에 의해 복제될 수 있었다. 그런데 그 서구식 세계지도가 보여주는 이문은 〈강리도〉가 보여주는 이문과 질적으로 같은 것으로 여겨지지는 않았다. 이 점이 더 중요하다.

　최석정은 평평한 땅과 중국의 성교聲敎가 미치는 범위를 가정한 천하 패러다임과 지구설에 기초한 유럽식 패러다임 사이에는 층위의 차가 있다고 생각했다. 전자가 천하관이라면 후자는 이른바 '우설'宇說이다. 우공구주와 같은 것이 아홉 개가 더 있다는 추연鄒衍의 구구주설九九州說도 그 점에서 '우설'에 해당한다. 그의 논리에 따르면 이문 중에서도 우설에 해당하는 것은 천하의 경계를 평면적으로 확장해나가는 것과는 차원이 다를 수밖에 없다. 많은 사람들이 권근이 〈강리도〉를 본 것과 같은 시선으로 서구식 세계지도를 바라보았을 수도 있지만 적어도 최석정은 그렇게 생각하지 않았다.

　흥미로운 점은 그런 그조차 '우설'에서 중화국가의 흔적과 중화문화의 보편가치를 읽어내려 했다는 사실이다. 그가 아담 샬의 천문도와 세계지도에서 특별히 눈여겨본 것은 '숭정무진'崇禎戊辰, '대명일통'大明一統과 같은 글자들이었다. 이 글자들이야말로 충신과 지사志士들에게 대명의리론과 존주론을 떠올리게 했기 때문이다. 최석정도 예외는 아니었다.[122] 그가 추연의 구구주설

---

121 최석정, 『명곡집』, 권11, 雜著, 宇宙圖說. 傳曰 上下四方謂之宇 往古來今謂之宙 (중략) 鄒子神海九州 卽宇說也 (중략) 近世西洋利瑪寶地球之圖 卽亦宇說也 然竊嘗潭思而細推之 氣之體 至大而無外 恒久而不息 夫豈局於一世界一開闢而已哉 莊子曰 六合之外 聖人存而不論 邵子曰 人或告我曰天地之外 別有天地萬物 異乎此天地萬物 則吾不得而知之 (중략) 莊邵二子之論 宇說含吾蓄而意則可見 (중략) 然君子恥一物之不格 此是理氣大源處 何可一向擱閣而任其不知乎 (중략) 假設宇有許多世界 宙有許多開闢 其間人物之形色名 目 未必盡同 世界之明闇理亂 亦無定準 而其陰陽五行之運化 三綱五常之倫理 則必普遍而無不在 綿亙而不 可易 (중략) 今輒妄爲圖子 以資窮格之一端云 甲申初夏 書于紫洞之晩悟堂.
122 최석정, 『명곡집』, 권8, 序引, 西洋乾象坤輿圖二屛總序. 乾象圖有崇禎戊辰字 坤輿圖有大明一統字 而 眷焉中朝 世運嬗變 禹封周曆 非復舊觀 志士忠臣匪風下泉之思 庸有旣乎 臣於是重有感焉 摸寫裝屛旣訖 略 識于左方空幅云.

과 마테오 리치의 지구설을 거론한 것은 그 세계상을 믿었기 때문이 아니다. 오히려 그 반대에 가까울지도 모른다. 그러나 엄밀하게 말한다면 그에게 구구주설과 지구설의 신뢰도는 핵심적인 논점이 아니다. 그에게는 이 우설의 세계조차 음양오행과 삼강오륜의 보편성에서 자유롭지 않다는 사실이 중요했다. 그는 구구주설과 지구설을 들어서 격물궁리格物窮理의 보편성을 가리키고 있었다.[123]

중화국가의 흔적과 중화문화의 보편가치를 읽어낼 수 있다면 누구라도 이문을 넓히는 행위에 반대할 수는 없을 것이다. 최석정의 생각은 그런 것이었다. 그는 서구식 세계지도를 본 자신의 감상을 이렇게 노래하기도 했다.[124]

땅의 덕은 원래 곧고 네모난 모양인데	坤德元來體直方
지구구체의 새 설이 서양에서 시작되었네	地球新說刱西洋
백성들이 이고 밟은 하늘과 땅은 높낮음이 없고	民均戴履無高下
햇살이 달라 덥고 서늘함에 장단이 있네	景異炎凉有長短
육합에 대해 성인은 두고 말하지 않았으니	六合聖人存不議
구주와 비해를 견주어도 자세히 알기는 어렵네	九州神海較難詳
망망한 우주에 퍼져 있는 많은 경계를	茫茫宇宙彌千界
어디에서부터 걸을지 수해와 태장에게 물을까	健步何由問亥章

육합六合, 비해神海, 수해竪亥, 태장太章 등에 대한 최석정의 태도에서 일차적인 거부 반응이나 불합리성에 대한 비판은 엿보이지 않는다. 그에게 서구식 세계지도는 중국의 성인들이 '두고서 말하지 않은' 육합의 세계를 표현한 것이었다. 그 육합의 세계가 전통적인 직방세계의 논리로 설명되지 않는다고 해서 거부해야 할 이유는 없었다.

---

123 최석정, 『명곡집』, 권11, 雜著, 宇宙圖說. 假設宇有許多世界 宙有許多開闢 其間人物之形色名目 未必盡同 世界之明闇理亂 亦無定準 而其陰陽五行之運化 三綱五常之倫理 則必普遍而無不在 綿亘而不可易.
124 최석정, 『명곡집』, 권6, 論泰西坤輿.

_ 〈곤여만국전도〉(좌)와 〈천하도지도〉(우)의 일목국과 여인국. 카스피해 근처에 표기된 일목국과 여인국은 『산해경』에 등장하는 지명으로, 당시 중국과 조선의 지식인들이 낯선 세계를 이해하는 일단을 보여준다.

최석정이 연상한 단어들은 명말청초 중국 지식인들이 거론한 단어들과 크게 다르지 않다. 낯선 문화와 지식은 조선과 중국에서 동일한 단어로 표현되었던 것이다. 그러나 중요한 것은 그 결과다. 마테오 리치와 그의 중국인 친구들은 이 단어들을 불신했지만 최석정은 어떻게든 자신이 연상한 이 단어들을 통해 〈곤여만국전도〉가 가진 우설宇說의 맥락을 이해하려 했다.

실제로 〈곤여만국전도〉의 도면에는 그 불가사의한 세계를 연상시킬 만한 내용이 없지 않다. 북고해北高海(카스피해) 위쪽으로 일목국一目國이, 왼편으로 여인국女人國이 있다. '외눈박이들의 나라', '여자들만 사는 나라'라는 뜻으로 『산해경』에 등장하는 지명들이다. 이 나라 이름들은 알레니의 지도를 베껴 그린 〈천하도지도〉에도 등장한다.

〈곤여만국전도〉의 아시아와 북아메리카 사이 북극 인근에는 야차국夜叉國과 유귀流鬼가 있다. 일찍이 『사문유취』 등을 본 이수광은 이렇게 말했다. "야차국은 유귀국의 북쪽에 있고, 유귀국은 흑수말갈의 동북쪽에 있는데 동남쪽으로 바다에 닿는다고 한다." 야차국과 유귀국의 위치와 특성에 관한 정보는 『통전』과 『당서』에 좀 더 자세하다. "당나라 정관 14년에 유귀국이 삼중의 통역을 거쳐서 당나라에 조공하고, 스스로 말하기를 '북부여의 후예로 고구려에게 멸망되어, 북으로 지루하池漏河를 건너 산다' 하였다. 지루하는 동북으로 흘러서 흑수로 들어간다. 유귀국은 말갈 동북쪽에 있어 항해하면 15일 만에 이른다고 한다. 유귀국에서 북으로 한 달쯤 가면 야차국이 있는데, 사람들이 모두 돼지 같은 이빨로 사람을 문다고 한다."125

〈곤여만국전도〉에 보이는 야차국과 유귀국의 위치는 대체로 『통전』이나 『당서』에 묘사된 내용과 가깝다. 『산해경』에는 귀국이라는 이름이 보이지만, 귀국이 유귀국인지 아닌지, 그 나라가 야차국과 관계가 있는지 없는지는 알 수 없다. 마테오 리치는 일목국과 같은 불가사의한 나라들을 배치하기 위해 『산해경』을 동원한 것과 같은 이유로 야차국과 유구국에 관한 정보를 『당서』 등에서 따온 것이다. 그는 다양한 동양 고전에서 불가사의한 곳으로 알려져 있던 지명들을 발췌한 뒤 서구식 세계지도 위에 원전의 위치 정보를 참고하여 적절하게 배치했다.

구주와 육합, 수해, 태장 등의 용어는 『회남자』淮南子에서 발견된다. 육합 은 십이간지를 배합한 방위 개념으로도 사용되지만, 일반적으로 상하와 사방 을 의미하는 용어로 이해되었다. 『회남자』는 바로 이 육합의 개념을 집중적으로 다룬 책이다.126 이익도 육합의 문헌적 근거를 『회남자』에서 찾은 바 있다.127 마테오 리치는 상하사방으로 구성된 땅을 가정한 육합의 개념을 인정하지 않았다. 육합으로는 지구를 설명할 수 없으며 구체에서 상하를 설정하는 것도 무의미하기 때문이다. 그러나 육합은 동양에서 제시된 모델 가운데 넓은 세계가 평면적이지 않다는 사실을 설명할 수 있는 거의 유일한 것이었으며, 최석정은 거기에 의미를 부여했다.

『회남자』 추형훈墜形訓에 등장하는 천지 구성에 관한 내용은 다음과 같다. 땅은 상하사방의 구조로 되어 있으며, 사극四極의 안쪽이다. 사극은 구체적으

125 안정복, 『동사강목』, 권3, 炤智王, 下. 按通典及唐書 唐貞觀十四年 流鬼國 三譯入貢 自言北扶餘之裔 高句麗滅之 北渡池漏河居焉 河東北 流入黑水 其國在靺鞨東北 航海十五日乃至云 國北一月行 有夜叉國 人 皆豕牙嚙人云 更按 日本北海中 有羅刹國 一名夜叉 疑此國.
126 劉安, 『淮南子』, 原道訓.
127 이익, 『성호사설』, 권28, 詩文門, 六合.

로 우임금이 수해와 태장을 시켜 재게 했다는 범위다. 우임금이 태장으로 하여금 동극에서 서극까지 걷게 했더니 2억 3만 3,500리 75보가 되었고, 수해로 하여금 북극에서 남극으로 걷게 했더니 2억 2만 3,500리 75보가 되었다.[128]

사극 안에는 동서로 2만 8천 리, 남북으로 2만 6천 리가 되는 지역이 포함되어 있다. 『회남자』에서 '사해의 안쪽'으로 설명된 이 지역을 17세기의 유학자 김수홍은 '해내의 지면'이라고 표현했다.[129] 즉 땅은 사극으로 포괄되어 있으며, 그 안쪽에 '사해로 쌓인 지면'이 포함되어 있다는 것이다. 해내의 지면인 구주九州[130] 밖으로 팔연八埏, 팔굉八紘, 팔극八極의 땅이 펼쳐진다. 팔연의 기운은 구주에 비를 내리고, 팔굉의 기운은 추위와 더위를 결정하며, 팔극의 기운은 천하에 비를 내린다.[131]

결국 『회남자』에서 묘사된 땅은 사해 내의 지면, 사해, 사극(팔극)으로 이어지는데, 사극(팔극)에서 땅끝의 개념이 비로소 성립한다. 사극이 땅의 경계인한 그곳에 도달하기 위해서는 구주로부터 사해를 건너가지 않으면 안 된다. 『회남자』에서 명시적으로 언급되지 않았지만, 사극(팔극)이 곧 사해 밖의 또다른 대륙으로 간주될 수 있는 소지가 여기에 있다.

비해는 중국 고대 추연의 세계관에서 등장하는 표현이다. 추연은 중국인들이 알고 있던 세계는 전체 세계의 동남방에 있는 하나의 주에 불과하며, 전체 세계에는 그와 같은 주 여덟 개가 별도로 존재한다고 주장했다. 추연에 따르면 각기 하나의 주는 비해라는 바다가 사방을 둘러싸고 있으며, 전체 9주의밖에는 영해瀛海라는 이름의 바다가 감싸고 있다.[132]

중국 고대의 신화서 혹은 지리서로 알려진 『산해경』에도 수해와 육합에

---

128 劉安, 『淮南子』, 墜形訓.
129 김수홍, 〈천하고금대총편람도〉.
130 동남東南의 신주神州, 정남正南의 차주次州, 서남西南의 융주戎州, 정서正西의 엄주弇州, 정중正中의 기주冀州, 서북西北의 태주台州, 정북正北의 제주濟州, 동북東北의 박주薄州, 정동正東의 양주陽州 등 총 9주인데, 신주적현과 기타 8주를 포괄하는 개념이다.
131 劉安, 『淮南子』, 墜形訓.
132 『古今圖書集成』, 曆象彙編 乾象典, 제4권, 天地總部, 王充의 論衡編.

관한 이야기가 나온다. 이 책은 권1~권5의 「산경」, 권6~권13의 「해경」, 권14~권18의 「대황경」 등 크게 세 부분으로 구성되어 있다. 이 세 편은 각각 다른 시기에 다른 저자에 의해 완성되었다. 「해경」(해내동경)에는 수해가 쟀다는 동극과 서극 간의 거리에 관한 내용이 실려 있다.[133] 수해에게 그 거리를 재게 한 주체가 직방세계를 상징하는 우임금이라는 설이 소수 견해로, 천제天帝라는 설이 다수 견해로 소개되어 있다. 「해경」의 첫머리인 해외남경에 "땅이 육합의 구조로 되어 있으며 사해 안에 있다"는 설명이 나온다.[134]

「해경」은 해내와 해외가 사면으로 구분되며, 해내와 해외는 또 각각 서로 대칭되는 동서남북의 작은 네 지역으로 구분되어 있다. 「대황경」은 해내경이 중앙에 놓여 있으면서 사방으로 대황이 둘러싸고 있는 구도다. 「산경」의 저자는 중심과 네 주변이라는 지리적 구도를 설정했고, 「해경」의 저자는 세계의 안과 밖을 대칭 구조 속에서 밝혔으며, 「대황경」의 저자는 안팎의 구분을 넘어서 안팎 사이의 거리를 강조했다. 「대황경」은 인식된 땅의 끝이다.[135]

세계의 범위에 대한 인식은 「해경」과 「대황경」에서 좀 더 분명하게 드러난다. 「해경」의 저자는 육합의 구조 속에서 사해로 둘러싸인 땅을 생각했고, 「대황경」의 저자는 대황의 안팎으로 해내와 사해를 설정했다. 「산경」, 「해경」, 「대황경」은 각각 저술된 시기의 역사적 상황과 저자의 세계 인식을 반영한다.[136] 엄밀한 의미에서 저자들이 구상한 것은 중국을 중심으로 한 세계였을 것이다. 그러나 여기에서 문제가 되는 것은 『산해경』 원작자들의 의도나 세계관이 아니다. 서구식 세계지도를 본 조선 후기 지식인들이 연상한 『산해경』의 구조가 무엇인가가 문제의 핵심이다.

조선 후기 지식인들은 『산해경』을 하나의 일관된 저술로 받아들였을 것이다. 이 경우 「산경」, 「해경」, 「대황경」의 세부적인 차이에도 불구하고 『산해경』

133 『산해경』, 해내동경; 정재서 역주, 『산해경』, 민음사, 1993, 254쪽.
134 「해경」의 사해四海는 『회남자』에서 사극四極으로 바뀌어 있다. 『회남자』에서 사극은 사해보다 훨씬 바깥쪽의 땅끝이다.
135 서경호, 『산해경 연구』, 서울대출판부, 1996, 96~101쪽.
136 서경호, 위의 책, 1996, 168~174쪽, 231~239쪽.

의 세계는 하나의 체계로 정리되지 않으면 안 된다. 『산해경』의 큰 구도인 「산경」, 「해경」, 「대황경」을 땅과 바다의 관계로 본다면 중앙대륙과 외대륙 사이에 해내와 해외를 구분하는 바다가 있으며, 대황의 끝에 다시 바다가 있는 구도가 된다. 중앙대륙과 바다, 외대륙은 전체적으로 중심과 주변의 관계에 있으며, 각각의 구성 요소 역시 그 안에 중심과 주변의 구성을 가지게 될 것이다.[137]

'바다 밖의 땅' 혹은 '바다로 둘러싸인 땅'

서구식 세계지도는 조선에서 추연, 수해, 태장, 육합과 같은 단어를 연상시켰을 뿐만 아니라 세계 구성에 관한 더 다양한 논점들에 대해 주의를 환기시켰다. 그중에는 땅과 바다의 관계에 관한 논의도 포함되어 있다. 땅의 끝에 바다가 있는가, 바다의 끝에 땅이 있는가. 조선 지식인들은 새삼스럽게 이 문제를 깊이 탐구하기 시작했다.

소론계 지식인 이종휘는 마테오 리치의 〈남북극도〉를 보고 '바다로 둘러싸인 땅'을 연상했다. 그는 이렇게 말했다. "마테오 리치의 〈남북극도〉에서는 중국을 아세아亞細亞 지방이라고 하는데 대개 구라파의 방언이다. 소양해小洋海 중에 있으며, 중국·서역·동이·북적·남만이 모두 여기에 있으니, 불교에서 말하는 남섬부주南贍部洲다. 동쪽·북쪽·남쪽은 모두 바다로 둘러싸여 있으며, 서쪽은 페르시아波斯 외곽과 육지로 접하고 있다. 구라파 세계는 곧 이른바 서양인데, 대양해가 그 서쪽·남쪽·북쪽을 감싸고 있다. 구라파에서 남서쪽으로 가면 리미아利未亞 세계이고, 리미아로부터 동남쪽으로 갔다가 아세아의 남쪽을 가로지르면 묵와랍니가墨瓦蠟泥加다. 묵와랍니가에서 아세아를 동쪽으로 가로질렀다가 동남쪽으로 가면 남아묵리가南亞墨利加 세계인데, 사면이 모두 바다로 둘러싸여 있다. 대동북양大東北洋의 안에 북아묵리가北亞墨

137 서경호에 따르면 『대황경』의 각 권에서는 가장 바깥에 있는 지점이 바다에 있거나 바다 가까이 있는 것으로 기술되어 있다(앞의 책, 1996, 235쪽). 조선 후기의 『산해경』 독자들이 '대황 밖 바다'의 이미지를 받아들였다면, 세계는 중앙대륙 – 바다 – 외대륙 – 외해로 구성된다.

利加 세계가 있다."¹³⁸

여섯 개의 대륙 가운데 아시아, 유럽, 남아메리카, 북아메리카는 모두 주변의 바다에 둘러싸인 것처럼 묘사되어 있다. 가상의 묵와랍니가와 아프리카(리미아)를 바다와 연관시키지 않은 이유는 분명하지 않다. 그러나 이런 논법이라면 이 두 대륙조차 바다에 둘러싸여 있다고 말하더라도 전혀 이상한 일이 아니다. 이종휘는 세계를 '바다로 둘러싸인 땅'이라고 말하고 있는 것이다. 그는 왜 이런 세계상을 강조하려 했던 것일까. 그것은 그가 마테오 리치의 지도를 보고 추연을 떠올렸기 때문이다.

이종휘는 곧이어 이렇게 말했다. "추연에 따르면 신주적현神州赤縣이 1주州가 되며, 그 바깥에 또 신주적현과 같은 것이 아홉이 있으니, 이것이 이른바 아홉 개의 구주. 비해神海가 각각의 구주를 둘러싸고 있으며, 또 대영해大瀛海가 아홉 개의 구주 바깥을 둘러싸고 있으니, 그곳은 천지가 만나는 곳이라 했다. 내 생각에 마테오 리치의 지도는 모두 추연의 설과 같은 것인데, 그 요지를 요약하자면 반드시 인의절검仁義節儉에 이르게 될 것이다. 지금 마테오 리치의 지도에서 소양해라고 하는 곳이 곧 비해이며, 대양해라고 하는 곳이 곧 영해다. 아세아로부터 육대주를 그렸으나 추연이 말한 아홉 개의 구주에 비추면 3대주가 없다. 이는 마테오 리치가 그 3대주를 보지 못해서가 아닐 것이다. 추연이 죽고 그 학문이 전해지지 않은 지가 2천 년이나 되었다. 그러나 마테오 리치의 기인십편畸人十編을 보니, 그의 도술이 또한 인의절검에 근본하고 있으니, 이 어찌 추연의 유풍을 듣고 말했다고 하지 않겠는가."¹³⁹

138 이종휘,『수산집』, 권4, 記, 利瑪竇南北極圖記. 利瑪竇南北極圖 稱中國爲亞細亞地方 盖歐邏巴方言也 在小洋海中 中國及西域東夷北狄南蠻皆係焉 佛家所謂南瞻部洲也 東北南皆海環 西波斯之外連陸 (중략) 曰 歐邏巴世界 卽所謂西洋也 大洋海環其西南北 (중략) 由歐邏巴而南且西爲利未亞世界 (중략) 由利未亞而東 且南 直亞細亞之南 爲墨瓦蠟泥加世界 (중략) 由墨瓦蠟泥加而東直亞細亞 東南爲南亞墨利加世界 南北東西 皆海環 (중략) 大東北洋之內 有北亞墨利加世界.
139 이종휘,『수산집』, 권4, 記, 利瑪竇南北極圖記. 嘗觀鄒衍云 神州赤縣爲一州 其外如神州赤顯者九 乃所 謂九州 各有神海環之 又有大瀛海 環其外 天地之際焉 其術皆此類 而要其歸 必至乎仁義節儉 今圖所謂小洋 海 卽神海 大洋海 卽瀛海也 第自亞細亞爲六州 而無其三 豈瑪竇亦不能盡見也 鄒衍死而世無其學二千年 觀 畸人十編 其道術 亦本於仁義節儉 斯非所謂聞其風而說者歟.

엄밀하게 본다면, 추연이 제시한 세계상을 유교적 덕목이라고 할 인의절검으로 해석하는 것은 마테오 리치의 지도를 '바다로 둘러싸인 땅'을 그린 도면이라고 말하는 것 이상으로 자의적이다. 마테오 리치가 땅이 바다로 둘러싸여 있다는 것을 말하기 위해 세계지도를 제작한 것은 아니기 때문이다. 그러나 적어도 이종휘에게 마테오 리치는 추연이었으며, 육대주가 그려진 마테오 리치의 지도는 구대주가 불완전하게 묘사된 도면일 뿐이다.

단원형 세계지도의 이미지만으로 보면 이종휘처럼 '바다로 둘러싸인 땅'을 연상하기에 충분하다. 그러나 반대로 생각하는 사람들도 있었다. 홍양호도 그중 하나였다. 사신길에 오른 홍양호가 심양에서 하루를 묵었다. 다음 날 새벽 북경을 향해 떠날 준비를 서두르는데, 해가 멀리 들판에서 떠오르고 있었다. 해가 동해 바다에서 떠오른다고 생각했던 그로서는 충격적이었다. 그는 가만히 생각했다. "해는 하늘과 짝하는 것이니, 들고나는 일이 없다. '부상설'이나 '함지설'은 해가 바다에서 나왔다가 들어간다고 여기는 주장이므로 잘못된 것이다. 요동 들판에서 해가 뜨는 것을 목격했으니 더 이상 그렇게 말할 수는 없다. 결국 해는 낮에는 지상으로 다니다가 밤에는 지하로 들어간다고 보아야 한다. 그런데 그렇게 되기 위해서는 바다가 땅을 품고 있는 것이 아니라 땅이 바다를 품고 있어야 한다. 서양 선교사가 만든 서구식 세계지도는 바다가 땅 가운데 있다는 사실을 분명히 말하고 있지 않은가. 서양인들은 배를 타고 바다 끝까지 가보았으니 그 말이 진실로 근거가 있다. 물론 성인은 오래전에 그 사실을 알고 있었을 것이지만."[140]

해가 지는 연못이라는 '함지'와 해가 뜨는 바다 위에 있다는 '부상'은 모두 『산해경』이나 『회남자』 등에 근거를 둔 이야기다. 홍양호는 일단 이 설을 부정했다. 그도 서구식 세계지도를 보았지만 결코 수해, 육합, 태장, 추연과 같은 단어들을 떠올리지 않았다. 그는 서양인들이 배를 타고 바다 끝까지 가보

140 홍양호, 『이계집』, 권13, 遼野日出記. 然余獨謂日者麗乎天 何嘗有出入哉 特以晝夜而有是名 晝則行於地上 夜則行於地下而已 夫豈有入海之理 古之謂咸池扶桑之說者 皆妄耳 近世泰西之人 始作坤輿之圖 明言海在地中 彼嘗乘舟而窮海者也 其言誠有據矣 世之談天地者 奇其說 乃謂前人所未道 余則謂聖人已先知之矣.

고서 그 끝에 다시 땅이 있다는 사실을 알게 되었다고 생각했다. 그는 서구식 세계지도를 '바다 밖에 땅이 있다'는 사실을 보여주는 도면이라고 해석했다.

"서양인은 항해를 해보고서야 바다 밖에 또 땅이 있다는 사실을 알게 되었지만, 성인은 오래전 그 사실을 알고 있었다"는 대목이 특히 흥미롭다. 홍양호가 '성인이 알고 있었다'고 말한 근거는 『중용』이다. 그 책에 이런 말이 있다. "지금 저 땅은 한 줌의 흙이 모인 것이다. 그것이 넓고 두터워지자 화산을 실어도 무겁지 않고 하해를 거두어도 새지 않으니, 만물이 거기에 실려 있다."[141] 그런데 『주자어류』에는 맥락이 다른 이야기가 나온다. "땅의 아래와 네 가장자리로 모두 해수가 흐른다. 땅이 물 위에 떠 있으면서 바다와 접하니, 하늘이 물과 땅을 감싼다."[142]

『중용』에 묘사된 세계 구성의 원리를 믿어 의심치 않았던 장유張維(1587~1638)는 이렇게 말했다. "내 생각으로는 하늘이 땅 바깥을 감싸고 있고 땅의 네 주변은 하늘과 잇닿아 있으며 해수海水는 이 땅 위에 담겨 있다. 땅의 형체는 가운데가 높고 사방 변두리는 낮은데, 높은 지역은 산하가 되고 국토가 되어 인물人物이 살고, 그 아래는 물이 둘러싸고 있어서 바다가 되니, 해수가 아무리 깊어도 그 바닥은 모두가 땅이다."[143] 그가 논지를 전개하는 과정에서 『주자어류』와의 충돌을 염두에 두지 않은 점은 흥미로운 대목이다. 그에게는 『중용』과 『주자어류』의 차이를 정밀하게 논증해야 할 절실함이 없었다. 장유는 다만 『중용』의 언설을 바탕으로 자기주장을 폈을 뿐이다. 그것은 다만 '재미있는 이야기'였다.

이 두 갈래의 주장이 가진 의미의 차이에 주목한 것은 윤봉구尹鳳九, 한원진韓元震 등 권상하의 문인들이었다. 윤봉구는 호락湖洛 논쟁에서 인물성 이론異論을 지지한 호론의 맹장이기도 했다. 그는 '물이 대지를 품는다'는 주장이

---

141 『中庸章句』, 26장. 今夫地 一撮土之多 及其廣厚 載華嶽而不重 振河海而不洩 萬物載焉.
142 『朱子語類』, 권2. 地之下與地之四邊 皆海水周流 地浮水上 與天接 天包水與地.
143 장유, 『계곡만필』, 권1, 論天覆地載. 竊意天包地外 地之四邊 與天脗合 而海水盛於地上 地之形 中高而四下 高處爲山河國土 人物居焉 其下者水環之而爲海 海水雖深 其底則皆地也.

주자에게서 나왔다는 사실을 인정했다. 『주자어류』에 명확하게 그런 표현이 나오는 것은 아니지만, 『주자어류』의 의미를 확장하면 얼마든지 그런 해석이 가능하기 때문이다. 그러나 『중용』의 '진하해'振河海의 의미에 대해 '진振은 거둔다는 뜻이다'라고 말한 것도 주자 자신이다. 결국 충돌하는 두 주장 중 하나를 선택해야 한다면 근거와 합리적인 추론이 필요하다.

윤봉구는 『태극도설』의 주석을 이렇게 해석했다. "하해가 크다고 하나 땅에 의부倚附하지 않을 수 없다." 만일 땅의 사방과 아래쪽, 그리고 하늘과 만나는 지점에 이르는 곳이 모두 물이라면, 물의 크기는 땅보다 훨씬 커야 하지만 이치상으로 따져보더라도 그럴 리 없다.[144] 윤봉구 역시 이 주장들이 '육합의 바깥'에 관한 이야기라고 생각했지만, 결국 이런 입장에 서면 『주자어류』의 내용을 부정하게 되는 셈이다. 주자주의에서 한걸음도 벗어나지 않았던 그가 『주자어류』를 의심하는 근거는 여전히 주자였다. 그는 『주자어류』의 해당 부분이 주자의 말을 기록하는 과정에서 생긴 오류일지도 모른다고 생각했다.[145]

호론의 또 다른 지도자 한원진은 주자의 언설 그 자체를 의심할 필요가 없다고 생각했다. 그는 주자가 만년에 쓴 『초사』 주석에 '물이 땅을 품는다'는 사실이 언급되어 있다고 주장했다. 이제 『중용』의 메시지를 '물이 땅을 품는다'는 사실과 충돌하지 않게 조정하는 일이 남는다. 지상에서 보는 것만을 가지고 말한다면 얼마든지 '물이 땅 위를 흐른다'는 식으로 말할 수 있지만, 만일 땅의 주변이 빈 공백일 뿐 물이 없다면 땅에서 흘러나온 물이 어디로 흘러간단 말인가.[146] 그는 이런 논법을 구사했다.

---

144 윤봉구, 『병계집』, 권29, 答金景休(癸酉). 水浮大地之說 本出朱子 固不敢肆喙 而終不能無疑 振河海章句 先生謂振收也 太極圖說註 又謂五行質具於地而氣行於天 此皆言雖河海之大 而不能不倚附於地也 今言水反載地 誠不可知也 若地之四邊及下面 以及天際而皆水 則水之大倍地者五 此已決無之理也 (중략) 莊子曰 六合之外 存而不論 此言誠得之.

145 윤봉구, 『병계집』, 권36, 雜著, 中庸序箚說. 此當以中庸此說爲準 未知語類所錄本意 果無記錄之誤耶 當更博議於知者耳.

146 한원진, 『남당집』, 권13, 書, 同門往復, 答尹瑞膺(癸亥七月). 楚辭輯註 朱子晚年手筆也 分明說水之包地 今不可遽非也 中庸振河海 河行于地中 地入於海中 故據其地上所見而言之耳 地之四外 若皆空闊而無水 則地之四邊盛水處 必有匡郭以周之 方可以住得水 此果然乎哉.

어떤 사람들은 사실관계를 확정하기 어렵기 때문에 '존이불론'하는 것이 맞다고 생각했다. 이노춘李魯春의 아이디어가 그런 경우에 해당한다. 그는 정조의 질문에 대해 이런 취지로 답했다. "자사가 '진하해'振河海라고 말한 것은 쌓인다는 의미를 비유적으로 표현한 것일 뿐 땅과 물의 대소를 비교한 것은 아니며, 주자가 '땅이 물 위에 떠 있다'고 한 것도 바다의 본체를 가지고 말한 것일 뿐입니다. 그러니 물에 대해서 말할 때에는 물이 가장 크다 하고 땅에 대해서 말할 때에는 땅이 가장 크다고 말한 것입니다. 뜻이 각각 다른 것에 대해 말이 반드시 똑같아야 할 이유는 없습니다. 그러나 육합의 바깥쪽에 대해서는 존이불론하는 것이 맞습니다."[147]

여러 흥미로운 가정 중에서도 특히 눈에 띄는 것은 윤봉구의 경우다. 『중용』의 '진하해'에 대한 추론을 해외 대륙에 관한 아이디어로 발전시켰기 때문이다. 윤봉구는 이렇게 말했다. "땅의 상하사방은 공허하지만, 대기의 가운데 있기 때문에 떨어지지 않는 것이다. 대명 초에 마테오 리치라는 사람이 서양국으로부터 왔는데, 신과 같은 사람이었다. 그는 사해의 바깥을 두루 유람하였으며, 해외제국지도海外諸國地圖를 만들었는데, 그 인쇄본이 세상에 돌아다닌다. 그 지도는 사해의 바깥으로 육지가 있고 여러 나라가 거기에 나열되어 있다. 이것은 준신準信하기 어렵지만, 대개 진하해라는 말을 기준으로 삼는다면 해외에 반드시 대륙이 있을 것이다."[148]

마테오 리치가 만든 지도에는 사해四海의 바깥에 육지가 있고 그 육지 위에 여러 나라들이 분포하고 있다는 말이다. 윤봉구가 어떤 지도를 보고 이렇게 말했는지는 분명하지 않다. 그러나 사해의 바깥쪽에 육지가 있다고 해석했다는 사실, 그 해석을 '진하해'에 관한 『중용』의 언설로 합리화하고 있다는 사

---

147 『홍재전서』, 권80, 經史講義, 中庸(辛丑選). (李)魯春對 子思之旨 在於引喩積累之工 而不在於較挈地水之大小 朱子所論 從海之本體而言 言水處極言水之大 言地處極言地之大 意各有所主 則語不必相同 (중략) 第六合之外 固當存而不論 則臣不敢質言.

148 윤봉구, 『병계집』, 권32, 書, 答鵝山成公(庚午). 地之上下四方空虛 而以在大氣之中故不墜矣 大明初 利瑪竇者來自西洋國 而便神人也 歷覽四海之外 有海外諸國地圖 印本行於世矣 其地圖 四海之外 有陸而諸 國列焉 此不可準信 而蓋以振河海之言準之 海外必陸矣.

실이 중요하다. 이종휘가 마테오 리치의 지도에서 '바다로 둘러싸인 땅'을 보았다면, 홍양호와 윤봉구는 '바다 밖의 땅'을 보았던 셈이다. 그들은 같은 사람이 만든 지도를 전혀 다른 방식으로 읽은 것이다.

『중용』의 '진하해'를 '바다 밖의 땅'에 관한 언설로 받아들이고 그 언설과 서구식 세계지도의 세계상을 일치시키려 한 것은 근기남인을 이끌던 이익도 예외는 아니었다. 물론 이익과 윤봉구가 바라보는 곳은 달랐다. 윤봉구가 『중용』의 언설이 언제나 옳다는 사실을 증명하려 했다면, 이익은 『직방외기』의 세계상이 믿을 만하다는 사실을 말하려 했다. 그러나 어떤 의도에서든 '진하해'를 바다 밖의 땅에 관한 언설로 여기고 그것을 다시 서구식 세계지도의 이미지와 연결시키려 한 점에서는 다르지 않다.

이익은 이렇게 말했다. "자사子思가 땅에 대해서 이르기를 '하해河海를 싣고 있되 새지 않는다'라고 했으니, 대개 바다가 땅을 품고 있는 것이 아니라 땅이 바다를 싣고 있음을 말한 것이다. 명해溟海와 발해의 바깥으로 그 바닥은 모두 땅인고로 '거두어 싣되 새지 않는다'고 말한 것이다. 자사가 이미 충분하게 설명했음에도 후인들이 깨닫지 못했는데, 서양 선비들이 자세히 설명하자 그 내용이 자사의 말과 꼭 들어맞았다. 알레니의 『직방외기』에 따르면, 대서양은 지극히 크고 가없는 바다라 서양 사람들도 일찍이 바다 밖에 땅이 있다는 것을 알지 못했는데, 100여 년 전에 콜럼버스가 동양에 도착했으며, 또 마젤란이라는 사람이 다시 동양을 좇아 중국 대지에 도달하여 세계를 일주했으니, 자사의 선견지명이 이로써 밝혀진 것이다."[149]

자사가 『중용』에서 '진하해'라고 한 말은 바다 밖으로 땅이 있다는 의미이며, 그것이 마젤란에 의해 입증되었다는 주장이 「발직방외기」跋職方外紀라는 논설에 담겨 있다는 사실은 매우 흥미로운 대목이다. 알레니는 『직방외기』에

---

149 이익, 『성호전집』, 권55, 題跋, 跋職方外紀. 子思子語地曰振河海而不泄 蓋非海之負地 卽地之載海 溟渤之外 水必有底 底者皆地 故謂收載而不泄也 子思已十分說輿 而後人罔覺 及西洋之士詳說以左契之 (중략) 今按艾儒略職方外紀云 大西洋 極大無際涯 西國亦不曾知洋外有地 百餘年前有大臣閣龍者 尋到東洋之地 又有墨瓦蘭者復從東洋 達於中國大地 於是一周 而子思之指 由此逾明.

서 '바다 밖의 땅'이라는 이미지를 강조한 적이 없지만, 이익은 그렇게 읽은 것이다. 이 지점에서 '바다 밖의 땅'은 『중용』의 언설과 서구식 세계지도를 모두 만족시키는 키워드가 된다.

천하도의 탄생

조선 사회에서 서구식 세계지도가 보급되기 시작한 17세기는 신선설神仙說이 대두했다가 쇠퇴하는 시기였으며, 명청 교체에 따라 중화관념이 변해가는 시기이기도 했다. 노장사상 혹은 신선설은 이미 16세기부터 주목받았다. 조식曹植(1501~1572)과 서경덕徐敬德(1489~1546) 그리고 그들의 문하생들 사이에서 이런 경향이 이어졌다.[150] 16세기 중반에 조선에서 그려진 덴리대학교 소장의 〈대명국도〉大明國圖에는 〈강리도〉에 없던 신선적 지명들이 수록되어 있다.[151]

17세기 초에는 일부 지식인들 사이에 양생설에 대한 관심이 더욱 커졌다. 이수광은 유학자이면서도 무위자연과 자기절제를 강조하는 도교의 양생설에 심취해 있었으며, 노자와 장자의 글도 편견 없이 평가했다.[152] 그러나 개방적 학풍의 지식인들 사이에 유행하던 신선설은 곧 강화되어가던 중화주의에 묻혀 쇠퇴하지 않을 수 없었다. 조선 사회에서 중화와 이적, 정통과 이단을 구분하는 문제가 비중 있게 다루어졌다. 이수광의 노장적 취향은 이단 학문이라는 비난을 피할 수 없었다.[153] 조식과 서경덕의 문하생들은 입지가 약화되어 독자적인 그룹을 유지하지 못하게 된다. 양생설이나 도교적 취향은 학문적으로 더 이상 용인되기 어려웠다.

그런데 바로 이 시점에서 지식인들이 추연이나 육합을 거론하거나, 땅과 바다의 관계에 관한 『중용』과 『주자어류』의 차이에 대해 고민하기 시작했다.

---

150 조선 중기 처사형 사림의 학풍에 대해서는 신병주, 『남명학파와 화담학파 연구』, 일지사, 2000 참조.
151 Gari, Ledyard, "Cartography in Korea", *The History of Cartography*, Vol 2, Book 2, 1994, pp.23~26.
152 한영우, 「이수광의 학문과 사상」, 『한국문화』, 13, 1992, 380~393쪽.
153 한영우, 위의 글, 1992, 392쪽.

서구식 세계지도 때문이었다. 서구식 세계지도를 전통적인 직방세계의 바깥, 혹은 그것과 질적으로 다른 세계를 묘사할 수 있는 동양 고대의 모델을 통해서 이해하려 한 그들은 그 세계상을 연상시키는 단어들을 신선적·도교적 문헌에서 발견했다. 서구식 세계지도는 신선설이 쇠퇴하는 바로 그 시점에서 도교 계통의 문헌이 다시 주목받는 근거가 되었던 것이다.

서구식 세계지도의 세계 구성을 '바다 밖에 땅이 있다'는 것으로 해석한 경우는 주목할 만하다. 그들의 해석에 따르면, 대륙에서 바다를 건너면 다시 땅을 만나게 된다는 것은 세계 일주에 성공한 유럽인들이 보여주었을 뿐만 아니라 자사가 이미 오래전에 말했던 진실이기도 하다. 바다 밖에 땅이 있음을 인정하는 것은 결국 서구식 세계지도의 세계상을 받아들이는 것이며 동시에 성현이 말한 진실을 재확인하는 과정이기도 했다. 서구식 세계지도가 보급되면서 도교적 문헌이 재발견되고 바다 밖에 땅이 있다는 주장이 나오는 상황은 매우 독특하고 흥미로운 도면으로도 표현되었다. 사람들은 이 도면을 '천하도'天下圖라고 불렀다.

이 유형의 도면은 조선 후기에 널리 유포된 목판 지도책의 첫면을 장식하고 있다. 가면 모양의 중앙대륙(내대륙), 중앙대륙을 감싸는 안쪽의 바다(내해), 그리고 안쪽의 바다를 감싸는 바깥쪽의 대륙(외대륙), 외대륙 밖의 바다(외해)가 있고, 해와 달이 뜨고 지는 곳이 외해의 끝자락에 있다. 나라 이름, 산천 이름 등 140여 개가 넘는 지명들이 지도 전체에 고르게 분포되어 있다. 천하도에서 중앙대륙과 내해에 적혀 있는 많은 나라 이름 중 대부분은 실재하지 않는 상상의 나라다. 조선국, 중국, 안남국(베트남), 섬라국(타이), 유구국(오키나와), 일본, 번호십이국, 서역제국 정도가 실체가 있거나 있다고 여겨지는 나라들이다.

내해와 외대륙에 기록된 가상의 나라 및 산천 이름은 대부분 중국 고전 중의 하나인 『산해경』에서 따온 것이다. 중앙대륙의 지명은 『산해경』의 「해내경」에서, 내해의 지명은 「해외경」에서, 외대륙의 지명은 「대황경」에서 대부분 확인된다. 중앙대륙 서남쪽 귀퉁이의 지명들은 『한서』漢書 서역전西域傳에서 확

_〈사해총도〉. '사해총도'四海摠圖라는 이름의 천하도로, 내해와 외대륙의 지명은 대부분 『산해경』에서 가져온 것
이다. 채색필사본, 조선 후기, 40.9×33.0cm, 숭실대학교 한국기독교박물관.

인된다. 같은 이름들이 『통지』通志 사이전四夷傳의 서융과 남만 아래에도 열거되어 있는데,[154] 천하도에서 서역제국은 중앙대륙의 좌측 끝에 표시되어 있다.

중앙대륙 동쪽 중국의 주변으로 보이는 태산泰山, 숭산嵩山, 화산華山, 형산衡山, 항산恒山은 내오악이다. 그 안쪽으로 곤륜산이 있다. 곤륜산은 안쪽 바다 사방의 광승산, 장리산, 여농산, 광야산 등과 함께 외오악을 구성한다.[155] 외오악을 구성하는 사방의 네 개 산이 내대륙과 외대륙 사이의 내해에 위치하는 것은 곤륜산의 위상이 단순히 내대륙의 중심으로 그치지 않고 내해의 양쪽, 즉 내대륙과 외대륙의 중심으로 간주되었음을 말해준다. 외오악을 기술하고 있는 문헌으로는 『동천복지옥독명산기』洞天福地獄瀆名山記(당唐, 두광정杜光庭, 901년)와 『상청영보대법』上淸靈報大法 등의 도교 서적이 있다.[156] 이수광은 『완위여편』宛委餘編이라는 책을 통해,[157] 정약용은 『운급칠첨』雲笈七籤에서, 정조는 『도경』道經에서 각각 외오악의 존재를 알게 되었다 한다.[158] 외오악의 존재는 도교 경전을 제외한 다른 문헌에서는 확인되지 않는다.

곤륜산은 『산해경』에서 '해내동경의 서북쪽에 있다'라고 간단하게 언급하고 있을 뿐이다.[159] 곤륜산의 이미지는 오히려 『회남자』에 자세하다. 『회남자』에 따르면, 곤륜산은 하늘의 문에 다다를 수 있는 곳이며, 그 인근에서는 하수(동북쪽), 적수(동남쪽), 익수(동남동쪽), 양수(서북쪽)가 발원한다.[160] 천하도의 한 사본에는 "땅에 구주九州, 팔주八柱가 있는데, 곤륜산은 팔주 가운데 중심이며 그 기가 위로 통한다"는 설명이 있다.[161] 결국 천하도에서 곤륜산은 내외대륙의 중심이면서, 내대륙 위에서 하늘에 닿을 수 있는 유일한 접점인 셈

154 海野一隆, 「李朝朝鮮における地圖と道敎」, 『東方宗敎』, 57, 1981, 25쪽.
155 〈여지도〉의 천하도(영남대학교 박물관, 『한국의 옛지도』, 1998, 도판 4). 泰山·崇山·華山·衡山·恒山 內五岳. 廣野山·麗農山·廣乘山·長離山·崑崙山 外五岳.
156 Gari, Ledyard, 1994, pp. 23~26.
157 이수광, 『지봉유설』, 권2, 地理部, 山.
158 정약용, 『여유당전서』, 詩文集, 권8, 對策, 地理策.
159 『山海經』, 海內東經: 崑崙山 在西湖西 皆在西北(정재서 역주, 앞의 책, 1993, 281쪽).
160 劉安, 『淮南子』, 墜形訓.
161 〈朝鮮地圖〉의 天下圖(국립중앙도서관 소장, 도서번호 한-61-6. 李燦, 앞의 책, 1991, 163쪽).

이다.[162] 천하도 외해 밖 동서쪽 끝에는 해와 달의 출입과 관련된 지명이 명시되어 있다. 동방의 유파산流波山과 부상扶桑은 해와 달이 뜨는 곳으로, 서방의 방산方山과 반격송盤格松은 해와 달이 지는 곳으로 그려져 있다.

서구식 세계지도를 본 조선 지식인들이 추연과 육합을 떠올리거나, 땅과 바다의 관계에 대해 고민했다는 사실은 천하도의 내대륙-내해-외대륙-외해상에 도교 계통의 문헌들에서 발췌된 지명들이 배치된 사실과 매우 특별하고 밀접한 관련을 지니고 있다. 조선 지식인들은 서구식 세계지도에서 일목국一目國이나 야차국夜叉國과 같은 불가사의한 지명들을 보았으며, 추연의 세계관을 연상시키는 이미지를 떠올렸다. 그들은 또 땅이 바다를 품고 있는지 바다가 땅을 품고 있는지에 대해 새삼스럽게 논의하기 시작했다. 천하도는 직방 세계를 넘어서는 땅과 바다, 그리고 불가사의한 지명을 담고 있다는 점에서 서구식 세계지도의 문제의식을 반영한다. 말하자면 서구식 세계지도는 천하도가 나올 수 있었던 가장 중요한 지적 배경이 되었던 것이다.

서구식 세계지도가 천하도 도면을 구성하는 원리로까지 작용했을 가능성은 없을까. 외대륙의 존재를 보자. 중앙대륙-내해-외대륙-외해의 구성은 기본적으로 『산해경』 같은 동양 고전에서 온 것이다. 그런데 서구식 세계지도나 천하도를 본 조선 지식인들이 연상한 추연의 세계관에서는 비해裨海와 대영해大瀛海만이 있을 뿐이다. 비해와 대영해를 가르는 외대륙의 존재가 분명하지 않은 것이다. 그럼에도 불구하고 조선 지식인들이 그렇듯 추연을 연상한 이유는 무엇일까. 그것은 서구식 세계지도가 '바다 밖에 땅이 있다'는 것을 보여주는 도면으로 이해되었기 때문이 아닐까.

천하도는 왜 원형인가. 상상을 자극하는 흥미로운 문제다. 중앙대륙-내해-외대륙-외해의 세계 구성에 가장 가까운 내용을 보여주는 『산해경』에서도 세계는 원형으로 묘사되지 않았다. 천하도의 제작자가 도면을 원형으로 결정하게 된 다른 중요한 계기가 있었음직하다. 중앙대륙-내해-외대륙-외해

---

162 곤륜산과 네 물줄기는 중국 고대의 지리적 세계상을 반영하며, 곤륜산을 천지의 중심으로 설정하는 것은 두광정의 도교 문헌에서도 확인된다(海野一隆, 앞의 글, 1981, 23~24쪽).

가운데 천하도의 형태를 결정하는 데 가장 중요한 요소는 외대륙이다. 서구식 세계지도가 '바다 밖의 땅'으로 이해된 것이 외대륙이 천하도에 등장하는 계기였다는 전제에서 보면 또 다른 흥미로운 가정이 가능하다. 중앙대륙에서 어디로 가더라도 연결되는 바다 밖의 땅이라면 중앙대륙이 어떤 형태건 그 바다 밖의 땅은 원형이 되어야 하지 않을까.

천하도가 보여주는 대륙 구성과 지명들은 당대인들에게 어떻게 독해되었을까. 천하도를 구성하는 지명들이 대부분 도교 계통 혹은 신선사상이 담긴 문헌에서 발췌되었다는 점을 중시한다면, 천하도가 유행했던 17~19세기 조선 사회에서 도교사상 혹은 신선사상이 널리 성행했다고 말할 수도 있을 것이다. 그러나 천하도를 제외하면 조선 후기 학문 지형에서 신선사상이 광범위한 영향력을 미치고 있었음을 보여주는 다른 증거를 발견하기 어렵다. 그렇다면 도교 계통의 문헌에서 온 많은 지명들이 천하도를 장식한다는 사실을 어떻게 이해해야 할까.

서구식 세계지도를 본 조선 지식인들이 공통적으로 떠올린 키워드 하나를 거론한다면 당연히 추연이 되어야 한다. 그들은 일목국을 보고 『산해경』의 세계를 떠올렸으며, 야차국을 보고 중국 정사에 나타나는 불가사의한 나라를 연상했다. 그들은 또 직방세계를 넘은 광활한 땅을 보았다. 그러나 그 모든 것보다 더 중요한 것은 땅이 지닌 위상이다. 문제는 땅과 바다의 관계다. 서구식 세계지도를 보면서 땅이 바다를 품고 있는지 바다가 땅을 품고 있는지를 고민했던 그들이 추연을 떠올린 것은 당연한 일이다. 추연은 비해와 영해, 대륙과 바다의 관계에 관한 가설을 제시한 유일한 인물이었기 때문이다.

위백규魏伯珪(1727~1798)는 천하도에 대해 공식적인 논평을 남긴 흔치 않은 인물에 해당한다. 지방 지식인이었던 그가 어느 날 지도 한 장을 얻어보게 되었다. 천하도였다. 그는 이 지도가 마테오 리치의 세계지도일 것이라고 확신했다. 그는 지도를 복제해놓고 '이마두천하도'利瑪竇天下圖라는 제목을 달고 이런 설명을 붙였다. "비해의 구주, 그 밖으로 아홉 개의 구주가 있으니, 마테오 리치의 지도는 실로 제나라 선비의 주장에 근본하고 있네."[163] 제나라 선비

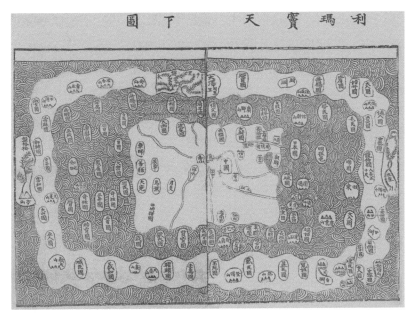

_ 『존재전서』의 〈이마두천하도〉. 지방 지식인이었던 위백규는 중앙대륙과 외대륙으로 그려진 천하도를 보고 마테오 리치의 세계지도로 생각했다.

란 추연을 말한다. 위백규 역시 천하도를 보고 추연을 떠올린 것이다.

서구식 세계지도를 본 사람이나 천하도를 본 사람들이 공통적으로 추연을 연상했다는 사실은 두 지도 사이에 특별한 친연성이 있다는 것을 보여준다. 그러나 여기에서 주목할 점은 그 친연성의 고리가 신선사상이 아니라 추연의 설이라는 것이다. 물론 땅과 물의 관계, 천지의 구성, 불가사의한 곳에 관한 이야기를 담고 있다는 점에서 보면 도교 계통 문헌들이나 추연의 주장이나 큰 차이는 없다. 그러나 『산해경』이나 『회남자』 같은 도교 계통의 문헌은 신선사상이 농후하다는 점에서 추연의 세계상과는 다른 점이 있다.

그런 차이를 염두에 두고 보면 『산해경』이 아니라 추연이 연상되었다는

163 寰瀛誌敍圖(정초본 1): 위백규, 『존재전서』, 경인문화사, 하, 35~40쪽(정초본 1은 『환영지』 정초본 원본을, 정초본 2는 『환영지』 정초본 수정본을 가리키는 용어로 사용하기로 한다. 이하 동일). 神海九州 外 又九九 利瑪之圖 實本齊儒 利瑪竇天下圖 第五.

것을 무심히 지나칠 수 없다. 천하도의 제작자가 말하고 싶었던 것도, 천하도의 독자가 읽고 싶었던 것도 신선에 관한 이야기는 아니었다. 그들은 다만 자신들이 직방세계의 지리적 중화라고 생각해온 우공구주禹貢九州를 바다와 땅의 구성이라는 틀 속에서 이해하고 싶었던 것이다. 천하도에 그려진 중앙대륙－내해－외대륙－외해는 사실상 추연의 설보다는 『산해경』의 세계 구성에 가깝다. 그럼에도 위백규가 추연을 거론한 것은 추연의 설에 담긴 세계상을 중요하게 보았기 때문이다. 그렇다면 『산해경』에 근거를 둔 지명들은 무엇인가. 이것들은 우공구주를 벗어난 곳이 가지는 불가사의한 이미지를 보여주는 것이 아닐까.

천하도에 기록된 도교 계통 지명의 의미는 천하도가 수록된 지도집 전체의 맥락에서 독해할 필요가 있다. 천하도가 수록된 지도책은 대부분 일정한 형식으로 구성되어 있다. 천하도가 가장 첫 면에 등장한다. 그 뒤로 중국 지도, 일본 지도, 유구 지도, 조선 전도, 조선 팔도 지도가 등장한다. 지도책은 조선 팔도를 설명하기 위해 먼 곳에서부터 클로즈업해 들어오는 카메라와 같다. 천하도는 중국 지도를 설명하기 위해, 중국 지도는 조선 지도를 설명하기 위해 존재하는 것이라 해도 과언이 아니다. 이 지도책에서 일본과 유구는 중국과 조선을 축으로 하는 중화세계의 주변이다. 이런 흐름이라면 천하도－중국 지도－조선 지도가 가지는 의미는 하나의 단일한 맥락이 되지 않으면 안 된다. 만일 그것이 신선사상이라면 조선 지식인들이 신선사상을 천하와 중국과 조선을 관통하는 키워드로 여겼다는 의미여야 한다. 그러나 아무리 천하도 도면의 지명들을 글자 그대로 해석한다 해도 신선사상으로 지도집 전체를 이해하기는 어렵다.

이런 관점에서 보면 천하도 도면 중앙부에 있는 '중국' 두 글자가 유난히 선명하다는 사실이 새삼스럽다. 글자의 크기도 특별하지만 기호도 특별하다. 그런데 흥미로운 점이 있다. 중앙대륙에서 보면 그 '중국'이 중심에 있지 않은 것이다. 중앙대륙의 중심에는 곤륜산이 있다. 그러나 중앙대륙－내해－외대륙－외해 전체의 구조에서 보면 중국이 그 중심에 있다는 사실을 알 수 있다. 천하도가 출현하는 데 서구식 세계지도의 영향이 매우 컸다는 점, 천하도의 독자나 서구식 세계지도의 독자가 추연이라는 같은 키워드를 연상했다는 점을 기억한다면, 천하도의 중심과 관련한 이 흥미로운 불일치 현상이 서구식 세계지도에서 말미암았을 가능성도 배제할 수 없다. 서구식 세계지도에서 중원대륙은 구대륙의 동남쪽에 있지만, 도면 전체적으로 보면 좀 더 중심에 가깝기 때문이다.

안정복의 문집에는 이 문제와 관련 있어 보이는 이야기가 나온다. 이 가상의 에피소드는 천학天學에 대해 혹자가 던지는 질문에 안정복이 답하는 형식으로 되어 있다. 혹자가 물었다. "우리 유가의 학문에 진정 하늘을 섬기는 것에 관한 내용이 있다면, 선생께서 서사西士의 학문을 배척하시는 이유는 무엇입니까?" 안정복이 대답했다. "이른바 하늘을 섬기는 점에 있어서는 같지만 유학은 정학正學이고 서학은 사학邪學이니 내가 사학을 배척하는 것이다." 혹자는 생각했다. 서양 선교사들이 결혼하지 않고 수행하는 것은 유가에서 행실이 돈독한 선비도 하지 못하는 일이다. 그들의 천문, 역법, 기계에 대한 지식은 이전에 없던 것으로 천체 관측기구와 화포는 신비스럽고 놀라운 것이다. 80리를 가는 화포를 만든 서양인 육약한陸若漢은 마테오 리치의 친구다. 그 나라 사람들은 또 대지를 두루 다니고 천도를 측량하였으니 신성神聖한 사람이라 할 만하다. 그런데 어찌 믿을 수 없단 말인가.[164]

안정복이 답했다. "그런 점은 있다. 그러나 천지天地의 대세大勢를 가지고 말한다면, 서역은 곤륜산 아래에 있어서 천하의 중앙이 되기 때문에 풍기가 돈후하고 인물人物이 기위奇偉하며 보물이 난다. 이것은 사람으로 말하자면 배에 해당하니, 혈맥이 모이고 음식이 모여서 사람이 살게 하는 근본이 되는 것이다. 중국으로 말하면, 천하의 동남쪽에 있어서 양명陽明한 기운이 모여든

164 안정복, 『순암집』, 권17, 雜著, 天學問答. 或曰 吾儒之學 果不外於事天 則子斥西士之學何也 曰 其所謂 事天則一也 而此正彼邪 此吾所以斥之也 或曰 彼西士之童身制行 非中國篤行之士所能及也 且其知解絶人 至於天度推步 曆法籌數 制造器皿 若洞貫九重之天 八十里火炮之類 豈不神異 我仁祖朝 使臣鄭斗元狀啓 西洋人陸若漢制火器 能作八十里之火炮 若漢卽利瑪竇之友 其國之人 又能周行大地 入其國則未幾而能通其言 語文字 測量天度 一一符合 此實神聖之人也 旣爲神聖 則烏不可信乎.

다. 이 기운을 품부받아 태어난 사람이 진실로 신성神聖한 사람이니, 요·순·우·탕·문·무·주공·공자 같은 분들이 그렇다. 사람으로 말한다면 심장과 같은 곳이니, 가슴속에 있으면서 신명神明함의 근본이 되어 만화萬化가 거기에서 나온다. 이로써 본다면 중국의 성학聖學은 정학이며, 서국의 천학天學은 그들이 말하는 진도眞道나 성교聖教일지는 몰라도 우리 유가에서 말하는 성학은 아니다."[165]

안정복이 "서역이 천하의 중앙에 있고, 중국은 천하의 동남쪽에 있다"고 말했을 때 그 기준을 '천지의 대세'에 둔 대목은 주목할 만하다. 그는 이 논설에서 서역과 서양을 거의 같은 개념으로 구사했다. 따라서 그가 말하는 서역은 혹자가 말하는 서양 혹은 마테오 리치의 나라와 구별되지 않는다. 그는 그 서역이 곤륜산 아래에 있어서 천하의 중심이라고 말한 것이다. 그렇다고 해서 중원대륙이 지니는 특별한 위상이 달라지지는 않는다. 안정복은 누구 못지않은 중화주의자였다. 그는 한 번도 중화가 인류 문명의 정수라는 사실, 중원대륙이 그 중화문화를 배태한 땅이라는 사실을 의심한 적이 없다.[166] 혹자의 질문과 안정복의 답변은 신성神聖함을 어떻게 정의할 것인가로 모아진다. 그의 논리에 따르면 서양인의 천문역법과 항해술이 신성함의 근거가 될 수는 없다. 신성함은 천하의 동남쪽에 있어서 양명한 기운이 모여드는 중국에 있으며, 신성한 그 땅에서 요·순·우·탕·문·무·주공·공자가 태어났다는 것이다.

천지의 중심과 동남쪽에 관한 안정복의 아이디어가 지구설과 서구식 세계지도에 대한 반응이었는지는 분명하지 않다. 그는 '서양'이라고 부르지 않고 굳이 '서역'이라고 말했다. 천지의 대세상 중심이 곤륜산이며 중원대륙이 그 동남쪽이라고 말한 것도 그냥 지나치기 어려운 대목이다. 이런 이미지야말로 서구식 세계지도보다는 천하도에서 가장 선명하게 읽을 수 있기 때문이다. 그

165 안정복, 『순암집』, 권17, 雜著, 天學問答. 天地之大勢言之 西域據崑崙之下而爲天下中 是以風氣敦厚 人物奇偉 寶藏興焉 猶人之腹臟 血脈聚而飲食歸 爲生人之本 若中國則據天下之東南而陽明聚之 是以稟是氣 而生者 果是神聖之人 若堯舜禹湯文武周孔是也 猶人之心臟居胸中 而爲神明之舍 萬化出焉 以是言之 則中國之聖學其正也 西國之天學 雖其人所謂眞道聖教 而非吾所謂聖學也.
166 이 책의 2부 3장 참조.

가 천하도를 보았으며 그 도면에서 넓은 세계의 이미지를 떠올렸을 가능성을 배제할 수 없다.

천하도에서 중국은 중앙대륙의 동남방에 있지만, 외대륙과 외해를 포함하는 천지 전체의 구조에서 보면 의연히 도면의 중심에 있다. 천하도는 천지의 규모에서 중국이 차지하는 위상을 가장 효과적으로 보여주는 도면이라고 할 수 있는 것이다. 조금 과장하여 말하자면 천하도는 천지의 대세에서 문명의 아이콘인 '중국'을 그 중심에 놓은 최초의 도면이라고 할 수 있다.

4장. 『환영지』가 구성한 세계

마테오 리치의 지도에 대한 오해

지방 지식인 위백규魏伯珪(1727~1798)가 『환영지』寰瀛誌를 처음 펴낸 것은 1770년, 그의 나이 44세 때였다. 스승 윤봉구를 찾아나선 얼마간을 빼고는 나고 자란 장흥에서 칩거해온 그였다. 서화골동에 열광하던 호사가적인 취미나, 북경에서 들어오는 최신 서양과학 서적들은 그와 무관했다. 그런 것들은 모두 경화사족과 벌열가문, 서울과 그 인근 지식인 사회의 몫이었다. 그는 지식의 경향 분리, 나아가 지적 권위의 경향 분리가 심화되던 시대에 살았다. 이런 시대적 배경을 고려하면 그가 일종의 세계지리서인 『환영지』를 펴낸 것은 의아한 일이 아닐 수 없다. 무엇인가 중요한 지적인 자극이 있었음직하다.

그는 『환영지』의 서문(정초본)을 이렇게 시작했다. "천지가 있어 광대함이 무한하고 시간이 있어 유원함이 무한하니, 광대함과 유원함이 합하여 세상이 서게 되었다." 마치 홍대용의 무한우주설을 연상시키는 듯한 발언이다. 이 말은 우주의 구조와 시간의 무한함에 관한 철학적 논설의 도입부는 아니다. 그는 다만 만물 중에 가장 영험하다는 인간조차 천지의 광대함과 시간의 유원함을 결코 다 알 수 없다는 점을 말하고 싶었던 것이다.

시방천이나 억겁의 시간 등 불교적인 느낌마저 들게 하는 이 언설 속에서 중화세계의 존재는 드러나지 않는다. 물론 이 한마디를 근거로 하여 '그가 중화세계를 중시하지 않았다'고 판단하는 것은 성급한 일이다. 그러나 설사 그가 중화세계를 높게 보고 있었다 하더라도, 천지의 광대함과 시간의 유원함을 의식했다는 사실 그 자체가 가지는 의의가 반감되는 것은 아닐 것이다. 중화세계가 가지는 '의미'와 천지와 시간이 가지는 '광대함과 유원함'은 층위가 다른 문제이기 때문이다.

인간은 모든 것을 알 수는 없는 유한한 존재일진대, "천지의 동쪽 끝, 명해溟海의 구석진 모퉁이"에서 태어난 사람이라면 더 말할 것이 없다. 서문의 두번째 논점은 자신에 대한 자각이다. 이 넓은 세계에서 주변부 중의 주변부에 있다는 자각. 내가 서 있는 위치는 중국에 비하면 조선이고, 조선에 비하면 장흥이다. 여기, 내가 가진 한계는 물론 지리적인 한계이며, 동시에 문화적인 한계이자 지식 정보의 한계다. "좁은 산길과 들의 물길은 자장子長이 노닐 만한 곳이 아니며, 비루한 책들은 의상倚相이 읽을 만한 것이 못 된다." 이런 환경을 감안한다면, 처마 밑 담장 아래에서 천지를 논하고, 100년도 못 살면서 시간을 논한다는 것은 영험하다는 인간을 욕되게 하는 행위가 아닐까.

그런데도 그가 그 가당치 않은 일을 하려 한 이유는 무엇인가. 서문의 세번째 단락은 저술의 동기에 관한 내용이다. 그는 우연히 얻어보게 되었다는 지도 이야기를 꺼냈다. 지도의 이름은 〈이마두구구주도〉利瑪竇九九州圖다. 웃음. 지도를 본 그의 첫 반응이다. 물론 믿을 수 없다는 뜻이다. 그러나 천지의 광대함과 시간의 유원함을 모두 알 수 있는 사람은 없다. 더구나 궁벽한 곳만을 다니며 비루한 책을 보고 자란 사람이라면 믿을 수 없다고 해서 버릴 일은 아니다. 그는 이렇게 말했다. "만일 작은 귀와 좁은 눈을 가진 이 사람이 억지로 그 사실 여부를 의심한다면, 혹 넓은 세상을 다녀보았을 바다자라에게 웃음거리가 될까 두렵다."

불언괴력난신不言怪力亂神이라는 말이 있다. 유가는 괴력난신이라고 판단되는 것에 대해 기록을 남기지 않는다는 의미다. 물론 이 선언적인 말이 꼭 지켜진 것은 아니다. 고려 말의 유학자 이규보는 동명왕 난생설화를 기록했으며, 조선 지식인들도 불교적·도교적인 단어를 구사하거나 추연의 주장을 언급하는 경우가 있었다. 그러나 그것들은 신화나 전설 혹은 문학적인 메타포의 범위를 뛰어넘는 것은 아니었다. 위백규는 괴력난신을 포함하는 그런 믿기 어려운 세계상을 기록의 대상으로 삼으려 했다는 점에서 특별하다.

서문의 말미에는 『환영지』의 구성에 관한 설명이 붙어 있다. 믿기 어려운 〈이마두구구주도〉를 기록으로 남긴다면, 당연히 검증된 다른 지도들을 덧붙이지 않을 수 없었다. 〈중주십삼성지도〉中州十三省地圖, 〈조선팔도지도〉朝鮮八道地圖 같은 것들이다. 천지의 광대함에 관한 것을 기록으로 남기려 한다면, 시간의 유원함에 관한 것을 빠뜨릴 수 없다. "천지와 고금 사이에 차고 쌓여서 얽힌 실타래처럼 알아보기 어려운 것들"을 분류해 그림으로 그려 지도 아래에 붙여둔 것은 그런 이유에서다. 이것들은 물론 지도는 아니다. 그러나 "이것들이 없으면 우주가 허투虛套하게 될 것이며, 지도 또한 그 쓰임에 맞는 바가 없게 될 것이다."[167]

『환영지』에 실린 도면들은 천지의 무한함과 시간의 유원함을 표현하기 위한 도구다. 흥미로운 점은 이 도면들의 구성과 배치가 판본에 따라 미세하게 달라진다는 사실이다.[168] 〈표 6〉에서 정초본·정서본·목판본은 각각 처음 쓰인 원고, 정자체로 다시 쓰인 원고, 목판으로 간행된 원고를 가리킨다.

정초본 도면의 첫머리는 천지개벽과 별자리에 관한 내용이 차지하고 있

---

167 위백규, 『존재전서』, 경인문화사, 하, 33쪽: 新編標題纂圖寰瀛誌序. 上天下地而廣大極焉 始今終古而悠遠極焉 合廣大悠遠而人世立矣 (중략) 況有人生於天地之極而溟海之偏隅 其於天地之大也 虾蟹矣 古今之遠也 蟪蛄矣 樵逕野水 非子長之所遊 煤編俚簡 非倚相之所讀 只以經糟驪粕 蠆飫而蠹飽 殘毫冷墨 鳥呼而虫啼 蓬簪藜墙 天地於一身 晨寤夕眠 古今於百年 則向所謂最靈者 幾乎忝矣 其謂爲之難者 尤不暇論也 林居多間 偶閱利瑪竇九九州圖 遂不勝自笑也 此之爲無是烏有 雖未可知 然若以僻耳劣目 强以疑之 則或恐爲海鼈所笑也 遂摸之于册 因係之以中州十三省及我國八道地圖 又以天地古今之間 盈積芬綸而難於記認者 彙列纂圖 付之其下 合而名之曰實瀛誌 其付下諸圖 雖非地圖之類 然若無是則宇宙爲虛套 而地圖亦無所寓其用矣 故稱實瀛而統之 嗚呼 萬猶不可盡 而地圖則止於十數 若目於斯而曰天地也古今也則誠愚矣 然善觀者默玩而識之 觸類而求之 安知鳥跡竪橫 不爲史皇創制之一助也耶.
168 정초본 1과 정초본 2 뒤의 숫자는 도면의 순서를 가리킨다. 정초본 2는 정초본 1의 도면 목록 위에 직접 추가, 삭제, 수정을 가하거나, 정초본 1에 없던 목록을 새로 추가한 부분을 가리킨다. 그런데 이 정초본 2의 도면 목록은 한 시점에 작성되었다고 보기 어려운 점이 있다. 정초본 1과 비교해보았을 때, 도불잡설 이후 부분은 분명 새롭게 추가된 것이지만, 그조차 같은 시점의 것이라고 보기 어렵다.

다. 이 중 눈에 띄는 것은 〈구천팔지도〉九天八地圖다. 하늘이 열렸으니, 이제 땅에 관한 이야기를 시작해야 한다. 〈중국구주도〉中國九州圖(정초본 1, 4번)와 〈이마두천하도〉(정초본 1, 5번)가 여기에 해당한다. 〈중국구주도〉의 설명문에는 이런 글이 보인다. "하늘이 이미 열리고 깊이 감싸주어 짝하게 하니, 인황人皇이 다스림을 시작하여 구주를 나누었네." 인황은 천황天皇, 지황地皇과 더불어 전설 속의 삼황三皇을 이루는 존재다. 이 설명대로라면 하늘이 열린 뒤 삼황오제의 시대에 중국 땅이 구주로 나뉘었다는 이야기가 된다. 구주는 다시 중국으로부터 확대된 더 넓은 세계로서의 천하도를 이해하는 키워드가 된다. 왜냐하면 그 세계는 중국구주와 같은 아홉 개의 구주로 구성되어 있기 때문이다.

정초본 도면 목록에 보이는 〈이마두천하도〉는 위백규가 정초본의 서문에서 "『환영지』를 편찬하는 계기가 되었다"고 말한 〈이마두구구주도〉다. 정초본 도면 목록에는 이렇게 설명되어 있다. "지도 번호 5: 이마두천하도: 비해의 구주, 그 밖으로 아홉의 구주가 있으니, 마테오 리치의 지도는 실로 추연의 주장에 근본하고 있네."[169] 이마두는 마테오 리치, 구구주는 우공구주가 하나가 아니라 아홉이라는 추연의 언설을 가리킨다. '구구주도'는 추연의 세계관이 투영된 천하도를 의미한다. 위백규는 이때까지만 해도 마테오 리치의 세계지도를 보지 못했으며, 천하도를 보고 그것이 마테오 리치의 지도라고 생각했다. 위백규에게 마테오 리치의 세계지도는 천하도 그 이상도 이하도 아니었던 것이다.

마테오 리치의 지도가 추연의 세계상을 계승하고 있으리라고 판단한 것은 단지 마테오 리치의 지도를 보지 못했기 때문일까. 그러나 소론계 중앙 지식인 이종휘가 마테오 리치의 세계지도에서 추연의 세계상을 떠올린 것을 염두에 둔다면, 반드시 그렇게만 생각할 필요는 없을 것이다. 적어도 18~19세기 조선 사회에서 마테오 리치의 세계지도에서 추연의 세계상을 구현한 천하도를 연상하는 일은 그리 낯선 풍경이 아니었다. 적어도 당대인의 인식을 기준

169 위백규, 寰瀛誌敍圖(정초본 1). 裨海九州 外又九九 利瑪之圖 實本齊儒 利瑪竇天下圖 第五.

〈표 6〉『환영지』 판본별 도면 목록과 순번

순번	정초본 1	정초본 2	정서본	목판본
1	九天八地圖	九天八地圖	九天八地圖	九天八地
2	天經成化圖	天經成化圖	天經成化圖	天經成化
3	經星躔位圖	經星躔位圖	潮汐圖	經星躔位
4	中國九州圖	利瑪竇天下圖	經星躔位圖	九九州
5	利瑪竇天下圖	皇明十三省圖	利瑪竇天下圖	皇明十三省
6	皇明十三省圖	皇明一統志總圖	皇明十三省圖	十三省總
7	禹貢圖	禹貢圖	禹貢圖	西洋
8	職方圖	遼東圖	職方圖	遼東
9	歷代國都圖	北漠圖	歷代國都圖	北漠
10	九州國名圖	中國九州圖	九州國名圖	寧古塔
11	皇明一統志總圖	職方圖	皇明一統志總圖	朝鮮八道
12	遼東圖	歷代國都圖	遼東圖	漢陽
13	北漠圖	九州國名圖	寧古塔圖	平壤
14	朝鮮八道圖	朝鮮八道圖	北漠圖	濟州
15	朝鮮總	朝鮮總	朝鮮八道圖	朝鮮總
16	日本圖	日本圖	朝鮮總圖	日本
17	琉球圖	琉球圖	耽羅圖	琉球
18	古今戶口總數圖	古今戶口總數圖	日本圖	一元消長
19	歷代官職圖	歷代官職圖	琉球圖	三十六宮
20	朝鮮官職圖	朝鮮官職圖	古今戶口總數圖	二十四節
21	古今歷代圖	古今歷代圖	歷代官職圖	元會運世
22	朝鮮沿革圖	朝鮮沿革圖	朝鮮官職圖	經世運會
23	歷代歷年圖	歷代歷年圖	古今歷代圖	歷代國都
24	元會運世圖	元會運世圖	朝鮮沿革圖	東方國都
25	經世運會圖	經世運會圖	歷代歷年圖	天下嶽瀆
26	三十六宮圖	三十六宮圖	元會運世圖	東國名山大川
27	二十四節圖	二十四節圖	經世運會圖	聖賢道統
28	人物分配五行圖	人物分配五行圖	三十六宮圖	聖賢生卒
29	人身五行圖	人身五行圖	二十四節圖	聖賢異相
30	三才合應圖	三才合應圖	人物分配五行圖	六藝名物
31	器物始制圖	器物始制圖	人身五行圖	黃鍾事始
32	黃鍾事始圖	黃鍾事始圖	三才合應圖	鄕黨保伍
33	□□保伍圖	保伍圖	器物始制圖	古今戶口
34	王制分封圖	王制分封圖	黃鍾事始圖	王制分封

35	井地出賦圖	井地出賦圖	保伍圖	井地出賦
36	周官經國圖	周官經國圖	王制分封圖	周官經國
37	冠服名號圖	冠服名號圖	井地出賦圖	歷代官職
38	殿屋厦屋圖	殿屋厦屋圖	周官經國圖	東國官職
39	明堂圖	明堂圖	冠服名號圖	冠服名號
40	帝王宮殿圖	帝王宮殿圖	殿屋厦屋圖	殿屋厦屋
41	天下嶽瀆圖	天下嶽瀆圖	明堂圖	帝王宮殿
42	東國名山大川圖	東國名山大川圖	帝王宮殿圖	明堂
43	聖賢道統圖	聖賢道統圖	天下嶽瀆圖	水土人稟
44	聖賢生卒年圖	聖賢生卒圖	東國名山大川圖	物性
45	名臣圖	聖賢異相圖	聖賢道統圖	中國物産
46	東國名臣圖	六藝名物圖	聖賢生卒圖	東國物産
47	帝王陵號圖	帝王陵號圖	聖賢異相圖	禹貢
48	九州分野圖	九州分野圖	六藝名物圖	周禮職方
49	歷代年號圖	歷代年號圖	帝王陵號圖	物化
50	中國東國年表圖	中國東國年表圖	九州分野圖	動植物數
51		(道佛雜)	歷代年號圖	道佛劫號
52		潮汐圖	中國東國年表圖	道佛雜說
53		聖賢異相圖	(道佛雜說)	人物分配
54		六藝名物圖	物化圖	人身五行
55		物化圖	天下物産圖	三才合應
56		天下物産圖	東國物産圖	器物始制
57		東國物産圖	太古世紀圖	兵陣
58		太古世紀圖	二家劫號圖	律管候氣
59		二家劫號圖	西京圖	九變樂成
60		寧古塔圖	漢師圖	九數經邦
61		西京圖	兵陣	帝王陵號
62		漢師圖	物性	九州分野
63		耽羅圖	物數	歷代年號
64		(兵陣)	性稟	中國東國年表
65		(物性)	西洋	
66		(物數)	一元	
67		(性稟)		
68		(西洋)		
69		(一元)		

으로 본다면, 지구설의 수용 및 저항이라는 관점으로만 설명할 수 없는 다른 폭넓은 접점이 있었던 것이다.

위백규는 정초본에서 왜 이런 설명을 한 것일까. 〈중국구주도〉와 〈이마두 천하도〉를 이 자리에 배치하고 이 두 개의 도면을 '구주'라는 키워드로 연결하려 한 위백규의 의도는 이런 것이었으리라. "이제 하늘의 이야기가 끝이 났다. 그런데 구천의 하늘 아래 팔연, 팔굉, 팔극의 땅이 있다고만 말하는 것은 어딘가 부족하다. 하늘이 9의 숫자를 가졌다면 땅도 9의 숫자를 가지는 것이 순리이며 훨씬 더 자연스럽다. 구천은 중천을 중심으로 한 여덟 개의 하늘이니, 땅 역시 중심을 가진 어떤 곳이 되어야 하기 때문이다. 그것이 하늘의 뜻에 가깝다. 우임금이 다스렸다는 구주에 관한 이야기가 있지만, 그것은 천지개벽하던 그 상황은 아니다. 땅의 역사가 삼황오제 시대부터 시작되었다면, 이미 그때부터 땅의 이야기는 중국의 이야기이며, 중국의 이야기는 구주로부터 시작되어야 한다. 만일 중국 바깥으로 더 넓은 세계가 있다면 그것은 구주와 같은 것 아홉 개로 구성된 세계일 것이다. 하늘이 구천九天이라면, 중국이 구주이고, 더 넓은 세계가 구구주九九州인 것이다."

천지 구성 원리를 논증하는 일이 마무리되었으니, 이번에는 중국구주를 역사적으로 설명할 차례다. 역사 시대의 중국구주를 설명하는 일은 사라진 중화국가 명나라를 현재의 명나라로 되새기는 일에서 출발한다. 현재 중원이 오랑캐 청나라에 의해 지배되고 있다고 해서 청나라를 중국으로 여길 수는 없다. 부당한 현실은 조만간 지나갈 일시적인 혼선일 뿐이다. 중국 이야기의 첫 자락에 〈황명십삼성도〉皇明十三省圖(정초본 1, 6번)를 배치한 이유가 여기에 있다. 중원대륙은 중국 역사를 장식한 역대의 인물과 문화가 생겨난 곳이다. 물리적인 실체이기도 하지만, 역사문화적으로 특별한 의미를 지닌 장소인 것이다. 지도 아래의 설명문에도 "역대의 호준豪俊이 난 것은 실로 지령地靈 때문이라네"[170]라는 표현이 보인다. 인물의 탄생을 땅의 힘이 작용한 결과로 본 것이다.

〈황명십삼성도〉 뒤로 〈우공도〉禹貢圖(정초본 1, 7번), 〈직방도〉職方圖(정초본

1, 8번), 〈역대국도도〉歷代國都圖(정초본 1, 9번)가 이어진다. 각각 임토작공任土作
貢, 설관분직設官分職, 역대 도읍지의 양상을 보여주는데, 모두 우공구주의 개
념 안에 있다. 〈구주국명도〉九州國名圖(정초본 1, 10번)는 주나라 때의 중원대륙
(구주)을 표시한 도면이다. 명나라 13성에서 출발했다가 우공구주와 주나라
때의 구주에 이르는 중국 이야기는 다시 명나라의 전체 영역을 표시한 한 장
의 도면으로 마무리된다. 〈황명일통지총도〉皇明一統志總圖(정초본 1, 11번)가 그
것이다.[171] 명나라 때의 13성에 해당하지는 않지만 역대의 중원국가와 특별한
인연이 있는 곳도 기록의 대상이 된다. 요동은 옛 유주이자 당 태종이 동정東
征한 곳이며, 북막北漠은 오랑캐 땅이지만 명 태종이 북정北征한 땅이다. 〈황명
일통지총도〉(정초본 1, 11번) 뒤로 〈요동도〉遼東圖(정초본 1, 12번)와 〈북막도〉北漠
圖(정초본 1, 13번)가 등장하는 것은 그런 이유다.[172]

천지 구성의 원리, 중화국가와 그 주변을 거쳐온 지도 이야기는 마침내 위
백규 자신의 나라 조선으로 이어진다. 먼저 도별 지도를 그리고 말미에서 조
선 전도를 통해 조선 강역의 범위를 그리는 방식은 〈황명십삼성도〉에서 시작
하여 〈황명일통지총도〉로 마무리하는 방식과 동일하다. 정초본 지도 목록에
기재된 〈조선팔도도〉朝鮮八道圖와 〈조선총도〉朝鮮總圖의 설명문은 강조점이
다르다. 전자가 해가 뜨는 곳, 군자의 나라라는 고유한 특성을 묘사했다면, 후
자는 삼국·삼한·한사군 등 고대사의 주요 지명을 중시했다.[173] 위백규는 일본
과 유구를 다룸으로써 세계 구성에 관한 정초본의 도면 구성을 완성했다.[174]

천지의 광대함에 관한 에피소드 뒤로 시간의 유원함에 대한 이야기가 이
어진다. 원론적으로 말하자면 천지의 광대함이 공간에 관한 이야기라면, 시간

---

170 위백규, 寰瀛誌敍圖(정초본 1). 皇明劃野 近而可徵 歷代豪俊 寔維地靈 皇明十三省圖 第六.
171 위백규, 寰瀛誌敍圖(정초본 1). 畫十三省 圓我金甌 朔磧南漢 西崑東海 皇明一統志總圖 第十一.
172 위백규, 寰瀛誌敍圖(정초본 1). 遼水東西 實舊幽州 西控海關 東連于我 遼東圖 第十二: 逖矣北漢 獷霧
所居 雖在所略 亦不可遺 北漠圖 第十三.
173 위백규, 寰瀛誌敍圖(정초본 1). 日出之鄉 君子之國 聖不曰陋 實維我宅 朝鮮八道圖 第十四: 奧維三韓
鼎立厥國 四郡古界 我標分域 朝鮮總圖 第十五.
174 위백규, 寰瀛誌敍圖(정초본 1). 森矢暾溟 徐福之邦 我乃爲鄰 厥域可詳 日本圖 第十六: 南洋諸夷 琉球
最大 久通中國 聞見亦曁 琉球圖 第十七.

의 유원함은 그 위에서 펼쳐진 역사와 문화에 관한 이야기다. 공간이 중국구주-구구주의 구조 속에서 설명되었다면, 역사 역시 억겁의 시간대 속에서 중화문화가 지니는 의의를 강조하는 방식으로 서술될 수밖에 없다. 그것이야말로 위백규가 말하고 싶었던 시간과 공간의 이중주다.

정초본 1의 지도 목록은 〈중국동국연표도〉中國東國年表圖(정초본 1, 50번)로 마무리된다. 그런데 정초본을 기초로 작성되었을 정서본 지도 목록은 도면의 기재 순서가 바뀌는가 하면 새로운 도면 이름들이 추가된 경우도 있다.[175] 목록에 보이는 이 사소한 변화들 중에서 눈여겨보아야 할 것을 찾아보자.

정서본 목록의 〈구천팔지도〉九天八地圖(정서본, 1번)에서 〈황명일통지총도〉(정서본, 11번)를 정초본의 1, 11번 목록과 비교해보자. 정초본에 없던 〈조석도〉潮汐圖(정서본, 3번)가 〈천경성화도〉天經成化圖와 〈경성전위도〉經星躔位圖 사이에 삽입된 대신, 정초본에 있던 〈중국구주도〉中國九州圖(정초본 1, 4번)가 목록에서 사라진 것이 눈에 띈다. 이런 변화를 반영하듯, 정서본의 해당 도면을 찾아보면 〈조석도〉는 〈천경성화도〉에 첨부되어 있다. 〈천경성화도〉와 연관된 설명이 늘었다는 점을 제외하고는 특별히 다른 의미는 없다. 문제는 〈중국구주도〉다.

정초본의 구도에 따르면, 천지가 개벽했을 때 이미 하늘과 중국과 가없는 넓은 세상을 '9'라는 공통분모에 의해 구천九天-중국구주-구구주라는 방식으로 질서가 부여되어 있었다. 그런데 이 구도를 떠받치는 핵심적인 매개체가 정서본에서 사라진 것이다. 무엇보다 중국구주가 우공의 구주가 아니라 인황의 구주라는 점이 문제였을 것이다. 우공의 구주에 비하면, 전설에 불과한 인황의 구주는 문헌 근거가 취약하고 신뢰도가 낮을 수밖에 없다.

위백규는 정서본에서 인황의 구주를 버리고 우공의 구주를 유지하는 쪽을 택했다. 이제 세계의 광대함은 구천과 연결되는 구구주에 의해서만 표현될 뿐이다. 그러나 그 세계의 중심에 여전히 우공구주로서의 중국, 그리고 명나라

---

175 정서본의 지도 목록은 필자가 기재 순서에 따라 임의로 부여한 것이다.

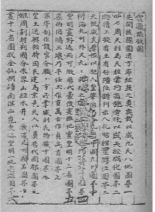

_ 정초본 지도 목록(좌)과 정서본 지도 목록(우). 정서본에는 정초본에 없던 〈조석도〉가 삽입되고, 정초본의 〈중국구주도〉가 목록에서 사라졌다.

로서의 중국이 있다는 사실은 변함이 없다. 〈중국구주도〉를 버리고 나면 도리어 중국을 구천-구구주의 관계 속에서 이해하기가 훨씬 수월하다. 구천-구구주-우공구주로 이어지는 새로운 구조는 마치 우주에서 지구로, 지구에서 중국으로 위성 카메라의 포커스를 좁혀오는 과정과 흡사하다. 위백규는 아마도 그런 효과를 기대한 것 같다. 정서본 도면 목록에서 사라진 〈중국구주도〉는 목판본 목록에서도 찾을 수 없다.

〈중국구주도〉와 함께 구천-중국구주-구구주의 구조를 이루는 이른바 〈이마두천하도〉(〈이마두구구주도〉)에 관한 설명에서도 미세한 변화가 감지된다. 정초본 2의 지도 목록에는 다시 초서로 수정한 흔적이 보이는데, 거기에는 이렇게 쓰여 있다. "지도 번호 4: 이마두천하도: 비해의 구주, 그 밖으로 아홉의 구주가 있으니, 추연의 설은 무엇이 계승하였는가?"[176] 지도의 제목은 달라진 것이 없다. 아마도 이 지도의 이름은 그가 지은 것이 아니라, 그가 참고한 〈여지도〉 책자에서 따왔을 가능성이 높다. 위백규는 이렇게 말한 것이 아닐까. "지도가 추연의 설을 반영하고 있다는 점은 의심할 여지가 없다. 지도

---

176 위백규, 寰瀛誌敍圖(정초본 2). 神海九州 外又九九 齊儒之說 焉所是受 利瑪竇天下圖 第四.

의 제목이 '이마두천하도'이니 논리적으로는 전처럼 마테오 리치의 지도가 추연의 세계관을 계승했다고 말할 수도 있을 것이다. 그러나 충분한 방증 자료를 확보하기 전에는 그렇듯 단정적으로 말하기 어렵지 않을까."

정서본 지도 목록에도 약간의 변화가 있다. "이마두천하도: 비해의 구주, 그 밖으로 아홉의 구주가 있으니, 추연의 설은 계승된 바가 있으리라."[177] 지도 목록은 번호가 빠진 것을 제외하면 내용상 정초본의 지도 목록 설명과 큰 차이는 없다. 그런데 정초본 서문에서 〈이마두구구주도〉라고 불리던 도면은 정서본 서문에서는 '이마두'라는 이름이 빠지고 '구구주도'라고만 되어 있다. 서문과 지도 목록 사이의 차이는 천하도에 대한 그의 판단이 점점 혼란스러워지고 있음을 보여준다.

세계지도의 변용과 새로운 세계상

천지의 광대함과 시간의 유원함을 보여준다는 점에서는 목판본 도면 목록도 정초본이나 정서본 도면 목록과 크게 다르지 않다. 〈구천팔지도〉(목판본, 1번)에서 〈유구도〉(목판본, 17번)까지가 천지의 광대함에 관한 도면이라면, 〈일원소장도〉(목판본, 18번)부터 〈중국동국연표도〉(목판본, 64번)는 시간의 유원함에 관한 도면이다. 그러나 천지의 광대함에 관한 도면 목록상에도 미세한 변화가 있다.

〈구천팔지도〉(목판본, 1번)에서 〈구구주도〉(목판본, 4번)까지가 구천-구구주의 체계를 표시한 것이라면, 〈황명십삼성도〉(목판본, 5번)와 〈십삼성총도〉(목판본, 6번)는 구천-구구주의 체계가 곧바로 명나라 때의 중원대륙으로 연결될 수 있음을 나타낸 것이다. 그런데 정초본 1의 도면 목록이나 정서본 도면 목록에서 두 개의 명나라 시기 지도 사이에 있던 〈우공도〉와 〈직방도〉는 목판본에서 훨씬 뒤쪽(47, 48번)에 배치되었다. 이 자리는 천지의 광대함이 아니라 시

177 위백규, 寰瀛誌敍圖(정서본). 神海九州 外又九九 齊儒之說 有所是受 利瑪竇天下圖.

간의 유원함을 설명하는 곳이다. 위백규는 도면 목록의 앞자리에 구천-구구주-명나라에 관한 정보만을 남겨놓음으로써 논점을 더 선명하게 하는 효과를 기대한 것 같다.

정서본 서문과 도면 목록에 보이는 천하도에 대한 혼선도 목판본 단계에 이르면 마침내 일단락된다. 목판본 서문은 정서본 서문에서처럼 원형 천하도가 구구주도라고 되어 있다. 이 '구구주도'라는 명칭이 목판본 지도 설명에서도 확인된다는 것이 흥미롭다. 지도 설명은 이렇게 되어 있다. "지도 번호 4: 구구주도: 비해의 구주, 그 밖으로 아홉의 구주가 있으니, 추연의 설은 무엇이 계승하였는가?"[178]

위백규가 마침내 '이마두천하도'라는 명칭을 포기한 것은 이마두에 관한 새로운 정보를 얻었기 때문일 것이다. 정서본 하단부에서 확인되는 새로운 도면 이름 가운데 〈서양도〉(정서본, 65번)가 있다. 그 서양은 마테오 리치가 보여준 서양이다. 위백규는 서구식 세계지도를 보고 비로소 자신이 이마두천하도, 이마두구구주도라고 불러왔던 천하도가 이마두(마테오 리치)의 세계지도가 아니라는 사실을 확인한 것이다. 물론 위백규가 구천-구구주-우공구주의 구조에 비추어 이 서구식 세계지도를 어떻게 해석했는지는 별개의 문제다.

정서본 도면 목록에서 제 위치를 찾지 못했던 서양은 목판본 도면 목록에서 〈십삼성총도〉(목판본, 6번) 다음에 배치되었다. 비로소 세계 구성과 연결될 수 있는 자기 위치를 찾은 것이다. 지도에 붙여놓은 설명문에 이런 내용이 보인다. "서사西士가 와서 말하길 오대주가 있다 하네. 풍토가 회궤恢詭하니, 내가 징험하여 기록하였네."[179] 이 설명문은 정서본에서도 확인되지만, 실제 도면상에 구현된 것은 목판본이 처음이다. 목판본 도면 목록에서 〈서양도〉(목판본, 7번)가 〈십삼성총도〉(목판본, 6번) 아래에 배치된 사실은 무엇을 말하는가. 위백규는 마테오 리치가 보여준 세계상을 '구천-구구주-우공구주'라는 질서 아래에 놓으려 한 것이 아니었을까.

178 위백규, 寰瀛誌敍圖(목판본). 神海九州 外又九九 齊儒之說 焉所是受 九九州 第四.
179 위백규, 寰瀛誌敍圖(목판본). 西士來言 州有五大 風土恢詭 我徵以記 西洋 第七.

〈서양도〉(목판본, 7번) 뒤로 〈요동도〉(목판본, 8번)와 〈북막도〉(목판본, 9번), 그리고 〈영고탑도〉(목판본, 10번)가 이어지는 점도 주의 깊게 살펴볼 필요가 있다. 〈요동도〉는 중국의 동쪽 변경, 북막은 중국의 북쪽 변경에 해당한다. 정서본과 목판본 도면 목록에는 공히 〈영고탑도〉에 대해 이런 설명이 붙어 있다. "지세 험난한 저 영고탑, 우리 북관北關과 지척이자 청나라의 발상지라네."[180] 정서본 목록에서처럼 요동도-영고탑도-북막도의 순서라면 영고탑은 중국 동쪽 변경의 연장선상에 놓일 수밖에 없다. 반면 목판본 목록에서처럼 요동도-북막도-영고탑도의 순서라면 영고탑은 중국의 동쪽 변경이라기보다는 조선과 가까운 곳이 될 수밖에 없다. 목판복 목록에서 영고탑도 뒤쪽으로 조선팔도도, 한양도, 평양도, 제주도, 조선총도가 이어지는 것은 그런 이유에서다. 조선에 이어 일본도와 유구도가 배치된 것은 정서본 목록과 다르지 않다.

목판본 도면 목록 뒤에는 정초본이나 정서본에 없는 범례가 수록되어 있다. 범례의 첫 항목은 지도와 기타 도면 사이의 차이에 관한 것이다. 편집한 여러 도면들은 지도를 제외하고는 어차語次를 따른 것이어서 명물과 같은 것들이 많을 뿐, 고문古文에 관한 정보는 소략할 수밖에 없다는 것이다.[181] 이 말을 뒤집으면 〈구천팔지도〉(목판본, 1번)에서 유구도(목판본, 17번)에 이르는 도면들이야말로 일정한 위계와 규칙에 따라 편집되었다는 의미다. 그것은 구천-구구주의 외연 속에서 중국, 중국의 외연으로서 서양·북막, 그리고 중국의 주변으로서 조선·일본·유구를 표현하는 방식이었을 것이다.

지도로 표현된 산천과 군읍에 관한 정보들은 모두 원도原圖를 베껴 그린 것일 뿐, 직접 확인한 것은 아니므로 위치와 거리 등의 사실관계를 확정하기 어려운 대목이 있다. 범례의 두 번째 항목은 이 문제에 관한 것이다.[182] 위백규는 위치와 거리가 다소 부정확할 수 있지만, 산천과 군읍의 대체大體를 이해하

---

180 위백규, 寰瀛誌敍圖(정서본). 維寧古塔 被山帶江 近我北關 淸祖肇邦 寧古塔圖.
181 위백규, 新編寰瀛誌凡例(목판본). 一. 所編諸圖 地圖外 皆隨錄於語次 故類皆名物有數者 其於古文 無全句劃引.
182 위백규, 新編寰瀛誌凡例(목판본). 一. 山川郡邑 皆以圖傳圖 非所目擊 故部位近遠之得失難辨 只存大體而已.

는 데는 크게 부족하지 않으리라고 생각했다.

『환영지』에는 외국에 관한 기록이 있다. 외국이라는 표현은 오늘날 '자기 나라가 아닌 다른 나라'를 의미하지만, 위백규가 말하는 외국은 그런 뜻이 아닐 것이다. 오히려 '어떤 조건을 충족하는 나라를 제외한 나머지의 나라'라는 의미에 가까울 것이다. 하여튼 위백규는 이들 외국을 기록할 때 가급적 참고문헌을 존중하는 자세를 유지했다. 위백규가 '본서'本書라고 표현한 이 참고문헌들은 내용이 중첩되거나 심지어 충돌하는 경우도 없지 않을 것이다. 이 경우 현대의 편집자라면 중복된 내용을 정리하거나 혹은 충돌되는 내용을 삭제했을 것이다. 그런데 위백규는 그렇게 하지 않았다. '본서'의 주요 내용 중에 중복되는 부분이 있더라도 그대로 둠으로써 본서들 사이의 내용과 구성의 차이를 이해할 수 있도록 하는 전략을 취한 것이다.[183]

그렇다고 해서 위백규가 외국에 관한 모든 기록을 그대로 옮겨 적기만 한 것은 아니다. 그는 외국의 풍속이나 사물 가운데 '황탄하여 사리에 맞지 않는' 내용을 과감하게 버리고, 최소한의 내용만을 남겼다.[184] 유학자가 '사리에 맞지 않는 내용들'을 버리는 것은 전혀 이상할 것이 없다. 그도 그 점에서는 하등 특별할 것이 없다. 도리어 특별해 보이는 것은 '최소한'의 내용이나마 『환영지』에 수록했다는 점이다.

그것은 위백규가 도교와 불교를 비판하면서도 그중 일부 내용을 옮겨 적은 것과 비슷한 면이 있다. 그는 도교와 불교가 유교와는 전혀 다른 사상체계이지만, 서로 영향을 주고받은 면이 있다는 점을 무시하지 않았다. 이런 태도를 취하게 되면, 도교나 불교 계통의 콘텐츠 중에서도 유교와 통하거나 혹은 충돌하지 않는 사례들은 기록으로 남겨둘 여지가 생긴다.[185]

송시열은 자타가 공인하는 조선 최고의 주자학자였고, 권상하權尙夏는 그의 제자였다. 위백규는 권상하의 제자 집단인 강문팔학사 중의 한 사람이다.

183 위백규, 新編寰瀛誌凡例(목판본). 一. 外國記 各因本書而錄之 其疊出者 亦並存之 使詳略互備.
184 위백규, 新編寰瀛誌凡例(목판본). 一. 外國風俗事物之誕怪不近理者 並刪去 十取其一.
185 위백규, 新編寰瀛誌凡例(목판본). 一. 道佛之說 與儒並行 文字言語之間 自多引用 故取其數條 以存名目.

말하자면 송시열의 학문적 종지를 계승한 직계 제자 중에서 '사리에 맞지 않는 내용' 혹은 불교와 도교 계통의 콘텐츠에 대해 송시열과는 다른 방식으로 대응하는 사람이 있다는 사실은 흥미로운 대목이 아닐 수 없다.

목판본 『환영지』는 지도와 지리지를 결합하거나, 역사·문화 관련 도면과 그 설명문을 결합하는 방식으로 만들어졌다. 당연히 책자 안에서 지도가 차지하는 비중이 클 수밖에 없다. 그러자면 정보량이 풍부한 자료를 구해야 하고 지명 변화와 같은 내용도 충실하게 반영할 수 있으면 좋을 것이다. 그러나 일개 지방 지식인이 구할 수 있는 지도는 양과 질에 한계가 있을 수밖에 없다. 지명 변화의 내용을 현실에 맞게 수정하는 것은 더욱 어려운 일이었다. 그는 다만 〈조선팔도지도〉에서 감사, 목사, 부사, 군수, 현령, 현감 등 지방관의 위계를 보여주기 위한 도식을 구사할 수 있었다.[186] 원 자료를 구했다 하더라도 싣지 못한 경우도 있었다. 〈중주남북경도〉처럼 책판의 크기를 넘어서는 지도들은 편집 대상에서 제외할 수밖에 없었다.[187] 책판의 크기에 맞추어 원도의 콘텐츠를 소략하게 하는 카드를 버린 것이다. 이렇게 해서 64장의 도면이 탄생하게 되었다. 이 도면들은 〈구천팔지도〉에서 〈유구도〉까지가 상권, 〈일원소장도〉에서 〈중국동국연표도〉까지가 하권을 이룬다. 상권이 '우'宇라면 하권은 '주'宙이니, 곧 천지와 고금을 통합한다는 뜻이다.[188]

정서본과 마찬가지로 목판본 역시 도면 목록 뒤로 실제 도면이 배치되어 있다. 정서본은 66개의 도면 목록과 달리 52개의 실제 도면만 있는 데 비해, 목판본은 64개의 도면 목록에 해당하는 대부분의 도면이 수록되어 있다. 이 목판본의 도면 중에는 〈조선팔도총도〉, 〈일본도〉, 〈유구도〉처럼 지도가 대체되거나, 〈서양제국도〉처럼 목판본 단계에서 처음 수록된 도면들도 있다. 지지의 밀도에도 차이가 있다. 정서본 중에는 〈영고탑도〉(정서본, 13번)와 〈조선팔

---

186 위백규, 新編寰瀛誌凡例(목판본). 一. 我東郡邑 皆爲圈子 而監營回牧 □府 □郡 □令 □監 □以別之 其有 古今 □降之異者 未及盡攷.

187 위백규, 新編寰瀛誌凡例(목판본). 一. 中州南北京圖 全摸則板狹 刪削則不全 故闕之.

188 위백규, 新編寰瀛誌凡例(목판본). 一. 刪煩取約 合計六十四圖 而簡秩重大 分爲上下 上卷首九天八地 爲宇 下卷首一元消長爲宙 統天地古今之義也.

도도〉(정서본, 15번)만이 도면에 해당하는 지지가 포함되어 있지만,[189] 목판본에는 다른 여러 도면들에도 다양한 지지가 보충되어 있다. 〈구구주도〉, 〈서양제국도〉처럼 많은 지면을 할애한 경우가 있는가 하면, 〈천경성화도〉·〈일본도〉·〈유구도〉처럼 한두 면 정도의 지면을 안배하거나, 〈조선팔도총도〉처럼 정서본의 지지를 좀 더 간략한 다른 지지로 대체한 경우도 있다. 그런가 하면 〈영고탑도〉처럼 정서본에 수록된 한 면짜리 지지가 목판본에서 삭제된 사례도 있다. 전체적으로 보면 위백규가 목판본에서 천지의 광대함과 관련하여 심혈을 기울인 것은 〈구구주도〉에 관한 지지, 그리고 〈서양제국도〉 도면과 관련한 지지 정보라고 할 수 있다.[190]

아래에서는 목판본 단계의 세계 구성을 이해할 수 있는 중요한 도면들에 대해 검토해보기로 한다. 물론 위백규가 강조하려 했던 맥락을 따라가기 위해서는 〈구구주도〉와 〈서양제국도〉 및 관련 지지를 핵심적인 분석 대상으로 삼지 않을 수 없다.

〈구천팔지도〉(목판본, 1번)는 하늘이 열리면서 생긴 아홉 개의 천天에 대해 땅의 여덟 개 끝 지점이 팔연, 팔굉, 팔극 등 다양한 수위에서 어떻게 연결되는지를 보여주는 도면이다. 여백에는 우임금이 다스린 동서의 범위(2만 8천 리)와 남북의 범위(2만 6천 리), 태장이 걸었다는 동서의 거리(2억 3만 3,500리 75보)와 수해가 걸었다는 남북의 거리에 관한 기록 등이 있다. 정서본의 지도와 동일하다.

〈조석도〉潮汐圖가 첨부되어 있는 〈천경성화도〉天經成化圖(목판본, 2번)는 음양의 결합 방식에 따라 비, 바람, 구름, 번개, 서리, 눈, 안개, 이슬 등 하늘에서 생기는 자연현상이 어떻게 발생하는지를 보여주는 도면이다. 〈천경성화도〉 자체는 정서본과 같은 내용이지만, 첨부된 〈조석도〉의 주기에 변화가 있다.

---

189 그나마 영고탑도는 정초본 1에는 없던 도면이다. 즉 정서본을 작성하는 과정에서 보충된 문건이다.
190 위백규가 목판본에서 조선총도, 일본도, 유구도 등의 도면을 대체하고 관련 지지를 보충할 수 있었던 것은 아마도 천하도, 중국 지도, 일본 지도, 유구 지도, 조선 지도, 도별 지도 등으로 구성된 새로운 〈여지도〉 책자를 구할 수 있었기 때문인 듯하다.

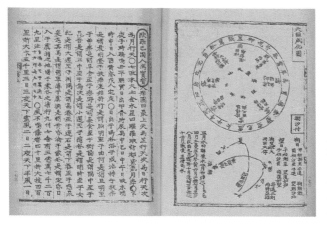

_ 〈천경성화도〉 및 지지. 위백규는 목판본 〈천경성화도〉와 지지를 만들면서 이수광의 『지봉유설』을 참고했다.

모두 한 달과 한 해를 단위로 한 조석의 변화를 설명하고 있지만, 정서본과 목판본의 내용이 다르다. 위백규는 목판본 주기에서 정월부터 12월에 이르는 물의 이름을 나열한 뒤, 그것이 모두 기수奇水를 가리킨다고 적었다. 이 월별 물줄기의 이름은 이수광의 『지봉유설』에서 확인된다.[191] 그러나 위백규가 목판본 〈천경성화도〉의 주기를 작성하면서 비로소 『지봉유설』을 비롯한 새로운 전거들을 참고했다고 단정하기 위해서는 더 많은 근거가 필요하다. 목판본 〈천경성화도〉 도면 뒤로 두 면에 걸쳐 지지가 추가되었다는 사실에서 어떤 실마리를 얻을 수 있을까.

〈천경성화도〉 지지의 첫머리는 이렇게 시작한다. "구라파국 사람 풍보보馬寶寶가 그린 천형도天形圖에 이르기를, '가장 위는 성행천星行天, 그다음은 일행천日行天, 그다음은 월행천月行天'이라고 한다."[192] 그런데 이수광의 『지봉유설』에 이런 내용이 있다. "내가 일찍이 구라파국 사람 풍보보가 그린 천형도를 보니 거기에 이르기를, '하늘에 아홉 층이 있으니 가장 위는 성행천, 그

191 이수광, 『지봉유설』, 권2, 地理部, 水. 按正月水曰解凍水 二月曰白蘋水 三月曰桃花水 四月曰瓜蔓水 五月曰麥黃水 六月曰山礬水 七月曰豆花水 八月曰荻苗水 九月曰霜降水 十月曰復艚水 十一月曰走凌水 十二月曰蹙凌水.
192 위백규, 新編標題纂圖寰瀛誌上(목판본). ○歐羅巴國人馮寶寶天形圖曰 最上爲星行天 次爲日行天 次爲月行天.

500

다음은 일행천, 그다음은 월행천'이라고 한다. 그 설이 또한 근거가 있는 듯하다."[193] 내용이 일치하는 것도 그렇지만, 풍보라는 이름도 『지봉유설』 이외의 다른 전거에서는 찾을 수가 없다. 위백규가 목판본 도면과 지지를 작성하는 과정에서 『지봉유설』을 참고했음을 보여주는 대목이다.

〈경성전위도〉經星躔位圖(목판본, 3번)는 28수의 별자리가 하늘에 어떻게 붙어 있는지를 보여주는 그림과 그에 대한 해설로 되어 있다. 목판본 도면 목록대로라면 이 뒤로 〈구구주도〉가 있어야 한다. 〈구구주도〉는 이미 정서본에서 〈이마두천하도〉라고 소개한 바로 그 천하도 유형일 것이다. 그런데 어찌된 일인지 천하도 도면이 보이지 않고 느닷없이 천하도에 관한 긴 지지가 등장한다. 지지가 시작되는 면 위에 '차간의결구구주도'此間疑缺九九州圖라는 간행자의 코멘트가 달린 것을 보면, 목판본이 간행되는 시점 이전에 이미 해당 부분에 문제가 생긴 듯하다.

사라진 〈구구주도〉(천하도)는 어디로 갔는가? 누군가 〈구구주도〉를 의도적으로 없앤 것인가? 혹시 〈구구주도〉를 없앤 사람이 위백규 자신은 아닐까? 새로 입수했을 〈여지도〉 책자에 천하도가 처음부터 수록되지 않았던 것인가? 근거 없는 추측들이 생길 수밖에 없는 대목이다. 그러나 분명한 사실은 위백규가 의도적으로 〈구구주도〉(천하도)를 삭제하지는 않았을 거라는 점이다. 정서본에 없던 관련 지지가 길게 수록되어 있을 뿐만 아니라, 『환영지』 편찬의 직접적인 계기가 된 것이 천하도였다고 한 서문 내용에도 아무런 변화가 없기 때문이다. 목판본 지도 목록에서 구천-구구주-중국구주의 구도가 그대로 이어지고 있는 점도 이 사실을 반증한다.

〈구구주도〉(천하도) 관련 지지는 오대악에 관한 설명으로 시작된다.[194] "『완위여편』宛委餘編에 이르기를, '동악東岳은 광상산廣桑山, 남악南岳은 장리

---

193 이수광, 『지봉유설』, 권1, 天文部, 天. 余嘗見歐羅巴國人馮寶寶所畫 日天有九層 最上爲星行天 其次爲日行天 最下爲月行天 其說似亦有據.
194 내오악內五岳에 관한 설명이 없는 것으로 미루어보면 지도와 함께 지지 일부가 떨어져 나간 것이 아닌가 싶다.

산장리산長離山, 서악西岳은 여농산麗農山, 북악北岳은 광야산廣野山으로 모두 바다 가운데 있다. 중악中岳은 곤륜산이니, 천지의 중심이 된다."[195] 『완위여편』은 명나라 고문사파의 리더인 왕세정王世貞이 지은 책이다. 그런데 이 글귀가 다시 『환영지』에 인용된 것을 보면, 아마도 위백규는 『지봉유설』에 수록된 『완위여편』의 구절을 다시 인용한 것 같다.[196]

　흥미로운 점은 이수광이 인용한 『완위여편』의 글이 위백규가 인용한 내용과 미세한 차이가 있다는 사실이다. 『지봉유설』에서 이 대목은 이렇게 적혀 있다. "『완위여편』에 이르기를, '동악은 광상산으로 동해 중에 있고 남악은 장리산으로 남해 중에 있으며, 서악은 여농산으로 서해 중에 있고 북악은 광야산으로 북해 중에 있다. 중악은 곤륜산으로 구해九海 중에 있으니, 천지의 중심이 된다. 이것이 오대악이다."[197] 위백규의 인용문에는 "곤륜산이 구해 중에 있다"는 내용이 빠져 있다. 물론 중요하지 않다고 판단해서 생략한 것일 수도 있다. 이 글이 천하도를 설명하기 위한 지지라는 점을 감안한다면, "곤륜산이 구해 중에 있다"는 왕세정의 표현은 천하도 중앙대륙의 중심부에 있는 곤륜산과 어울리지 않는다는 사실을 범상하게 지나칠 수 없다. "곤륜산이 구해 중에 있다"는 글귀는 천하도로는 설명할 수 없는 내용인 것이다. 위백규가 이 대목을 옮겨 적지 않은 이유가 되기에 충분하다.

195 위백규, 新編標題纂圖寰瀛誌上(목판본). 宛委餘編曰 東岳廣桑山 南岳長離山 西岳麗農山 北岳廣野山 俱在海中 中岳崑崙山 爲天地心.
196 왕세정이 『완위여편』에 기록한 내용은 도교 계통의 문헌인 『동천복지악독명산기』洞天福地嶽瀆名山記에서 따온 것이다. 따라서 위백규는 『지봉유설』을 통해 간접적으로 도교 계통의 문헌을 인용한 셈이 된다. 그가 도교 계통의 문헌을 인용하려는 의지가 있었는지는 알 수 없다. 그러나 외오악에 관한 이 인용문은 도교와 불교 계통의 문헌을 신뢰하지 않았으면서도 그 콘텐츠를 모두 없애지는 않겠다는 범례의 취지와 부합하는 대목이라고 볼 수 있다.
197 이수광, 『지봉유설』, 권2, 地理部, 山. 宛委餘編曰 東嶽廣桑山 在東海中 南嶽長離山 在南海中 西嶽麗農山 在西海中 北嶽廣野山 在北海中 中嶽崑崙山 在九海中 爲天地心 此五大嶽也.

위백규가 『지봉유설』을 끌어들인 이유

현재 남아 있는 목판본 『환영지』에서 천하도를 직접 설명하는 지지는 외오악에 관한 것이 유일하다. 그런데 외오악의 뒤편으로 '부외국'附外國이라는 표제 아래 여러 나라의 이야기가 실려 있다. 안남에서 불랑기에 이르는 이 나라들의 이름과 관련 기사들은 모두 『지봉유설』(제국부諸國部의 외국外國 항목)에서 옮겨 적은 것이다. 그 뒤로 '산해경우왈'山海經又曰로 시작하는 기사와 함께 『산해경』에 수록된 수많은 나라 이름들이 등장한다. 이 두 갈래의 내용은 위백규가 천하도를 설명하기 위해 필요한 문헌 자료라고 판단한 것들이다.

위백규에게 천하도는 단순히 상상의 지도나 도교적 세계를 구현한 지도는 아니었다. 구천九天과 연결되는 구구주九九州의 규모와 대륙 구성을 보여주는 중요한 도면이었던 것이다. 『지봉유설』을 요약한 설명문은 그런 점에서 특별히 흥미를 끈다. 천하도를 보지 못했을 이수광이 『지봉유설』을 썼을 때의 맥락과, 위백규가 천하도 안에서 『지봉유설』을 읽을 때의 맥락이 같을 수는 없기 때문이다. 위백규가 『지봉유설』을 다시 읽으면서 구사한 그만의 전략이 있을까. 만일 위백규가 『지봉유설』을 천하도의 맥락 안으로 끌어들이려 했다면, 『지봉유설』의 어떤 지명을 천하도의 어떤 지명과 동일시하려 한 것은 아닐까. 이 점에 초점을 맞추어 위백규가 다시 읽은 『지봉유설』을 살펴보자.

위백규는 『지봉유설』의 순서를 따라 가장 먼저 안남(1)[198]을 인용했다.[199] 그는 다만 이렇게 적었다. "북경으로부터 3천 리 거리에 있다. 호견狐犬의 후예이며, 사람 모습을 하고 있다. 복파伏波의 군종軍種이다." 중국으로부터의 방위나 외국들 간의 지리적 관계는 무시되었다. 위백규에게 안남은 갈 수 있는 곳인가, 그렇지 않은가는 별로 중요하지 않았다. 그는 다만 그 나라가 중국과 얼마나 멀리 떨어져 있으며, 사람들의 외모나 문화가 어떤가에 관심이 있

---

198 이하 괄호 안의 숫자는 『환영지』 외국 항목에 나오는 나라 이름들에 대해 필자가 편집된 순서에 따라 임의로 매긴 번호다.

199 위백규, 新編標題纂圖寰瀛誌上(목판본). 安南(1): 距北京三千里 狐犬之後貌惡貌類人者 伏波軍種.

었을 뿐이다.

위백규가 구사한 문화적 동질성·이질성 드러내기 전략은 온전히 이수광의 것을 따른 것이다. 그러나 꼭 같지는 않다. 삼불제三佛齊(2)는 오늘날의 팔렘방에 해당한다.[200] 그는 삼불제의 위치 정보와 나라 크기 등을 중시하지 않은 반면, 특이한 풍속을 기억하려 했다. "그 나라 사람들이 약을 먹어서 칼로도 상해를 입지 않는다"는 대목은 믿기 어려웠을 테지만, 그대로 옮겨 적었다. 그 정도는 문화적 동질성·이질성의 범주에서 크게 벗어나지 않았기 때문이다. 흥미로운 대목 중 하나는 위백규가 『지봉유설』의 내용을 아주 간략히 요약하면서도 도리어 이수광이 말하지 않은 내용을 첨가한 점이다. "이상한 향목과 기이한 보물이 난다"고 적은 부분이 그렇다. 위백규가 단순히 『지봉유설』 외국 항목을 요약 정리하는 수준에 머무른 것이 아니라, 그 나름의 전략이 있었음을 짐작하게 하는 대목이다.

이수광은 중국과의 관계는 물론 다양하고 때로 기이하기까지 한 점성국의 풍속을 자유롭게 수록했다. 그중에는 머리와 몸이 따로 다닌다는 시두만尸頭蠻에 관한 이야기도 포함되어 있다. 위백규는 다만 이렇게 적었다. "점성국은 옛 임읍이며, 한나라 때의 상군이다. 사시사철 덥다. 여자를 귀하게 여기고 남자를 천하게 여긴다."[201] 위백규는 다만 연혁, 기후, 풍속을 간단하게 메모했을 뿐, 시두만에 관한 믿기 어려운 이야기를 채택하지 않았다. 시두만에 관한 에피소드는 문화적 동질성·이질성의 범주를 넘어설 뿐만 아니라, 믿을 수 없는 이야기였을 것이기 때문이다.

목판본 『환영지』의 지지에서 네 번째로 등장하는 외국은 섬라(4: 태국)다. "사방이 천 리다. 적미赤眉의 유종遺種이라 한다. 불교를 숭상한다."[202] 위백규는 『지봉유설』에서 지극히 일부만을 선택했다. 풍속에 관한 많은 에피소드들

---

200 삼불제의 현재 이름에 대해서는 한영우, 앞의 책, 2007을 참조했다. 이하 『지봉유설』 외국 항목에 나오는 다른 나라들의 현재 이름 역시 마찬가지다.

201 위백규, 新編標題纂圖實瀛誌上(목판본). 占城國(3): 古林邑 漢象郡 四時常熱 貴女賤男.

202 위백규, 新編標題纂圖實瀛誌上(목판본). 暹羅(4): 方千里 赤眉遺種云 尙釋教.

을 생략하고, 심지어 "의관의 나라가 아닌 듯하다"는 이수광의 판단조차 옮겨 적지 않았지만,[203] 종족의 기원이나 문화적 동질성·이질성을 미루어 짐작할 수 없는 정도는 아니다.

『지봉유설』의 여국女國 스토리에서는 그 나라의 기후 조건이나 풍속, 생활 상 등은 전혀 확인되지 않는다. 믿을 수 없는 이야기로 가득 차 있을 뿐이다. 점성국의 시두만 이야기를 삭제한 것에 비추어본다면, 위백규가 이 황당한 이야기를 군이 채택할 이유는 없었을지도 모른다. 그런데 위백규는 이 믿을 수 없는 이야기를 수록하고, 거기에 살을 덧붙이기까지 했다. 위백규는 여국(5) 항목에서 이렇게 말했다. "여인국: 일본에서 가깝다. 바람과 교감하여 임신한 다. 표류해온 사람의 양물陽物을 보면 감체甘薷로 여겨 그 왕에게 바친다."[204] 위백규는 문화적 동질성·이질성에 관한 실마리를 전혀 확인할 수 없는 나라들의 경우, 불가사의한 이야기라도 거리낌 없이 수록했다. 그에게는 아마도 문화적 동질성·이질성을 논의할 수 있는 나라와 그렇지 않은 나라를 구별하려는 의식이 있었던 것 같다.

위백규가 진랍국(6)에 관한 『지봉유설』의 내용을 요약하는 방식을 보자. "사방이 7천 리다. 나라가 크고 (사람들은) 화려하다. 음주하는 것을 음사로 여겨서 오직 처와만 방 안에서 마신다."[205] 이수광이 진랍국과 홀로모국을 넘나들면서 시도한 풍부한 묘사와는 같을 수 없다. 그러나 이수광이 진랍국 항목에서 그 나라에 대해 소개한 핵심적인 논점을 그대로 계승하고 있다고 말할 수는 있다. 다만, 술을 마시지 않는 것에 대해 '가상하다고 할 만하다'는 이수광의 평가를 옮겨 적지 않은 점은 재미있는 대목이다.

진랍국 뒤로 고리국(7)에 대한 설명이 나온다. "서양의 도회都會이며, 중국으로부터 10만 리 거리에 있다. 왕은 (왕위를) 아들에게 물려주지 않고, 선인에

---

203 위백규는 이수광의 개인적 경험이나 판단 가운데 객관적이라고 보기 어려운 대목은 옮겨 적으려 하지 않았다.
204 위백규, 新編標題纂圖寰瀛誌上(목판본). 女人(5): 近日本 感風而孕 見漂到人陽物 以爲甘薷 貢之其王.
205 위백규, 新編標題纂圖寰瀛誌上(목판본). 眞臘(6): 方七千里 雄富華侈 以飮酒比之淫 惟與妻飮房中.

게 전한다. 행인들은 (서로) 길을 양보한다."[206] 이수광이 말한 삼대의 유풍을 직접 거론하지는 않았지만, 고리국에 관한 주요한 논점을 거의 그대로 계승했다고 볼 수 있다. 계승한 여러 가지 내용 가운데 눈에 띄는 것은 "중국과 10만 리 떨어져 있다"는 대목이다. 이수광은 『지봉유설』의 외국 항목 곳곳에서 해당 국가의 지리적 위치에 대한 정보를 남겨두었다. 그런데 위백규는 어떤 지리 정보는 무시했지만, 어떤 정보는 존중했다. 위백규는 그곳이 갈 수 있는 나라인지 아닌지에 대해 큰 관심은 없었다. 다만 중국이나 일본 등 알고 있는 장소와 연관된 지리 정보는 『지봉유설』에서 옮겨 적었다.

물론 위백규가 계승하지 않은 부분도 있기는 하다. 위백규는 이수광이 고리대국이라고 적었던 나라를 다만 고리국이라고 불렀다. 그뿐만이 아니다. 특히 불교 국가의 이미지를 계승하지 않은 대목은 의미가 적지 않다. 이수광은 유학자지만 불교나 도교, 회회교 등 다른 종교에 대해 편견을 가지지 않았다. 어느 경우에는 개방적이기조차 했다. 이는 이수광 자신의 캐릭터이기도 하지만, 17세기 초 서울의 문화적 분위기를 일부 반영하는 현상이다. 그러나 위백규는 이수광과 다른 시공간에 살았다. 18세기 말 지방 지식인 위백규가 17세기 초 서울 지식인 이수광의 생각을 그대로 따라갈 수는 없을 것이다.

위백규가 외국의 풍속에 대해, 특히 불교에 대해 편견을 가졌다고 말할 것까지는 없다. 그는 삼불제가 불교 국가라고 해서 그 사실을 굳이 배제하려 하지는 않았다. 그러나 그 나라의 문화가 일부분이라도 중화문화와 연관된 경우라면 문제가 다르다. '서로 길을 양보할 정도로 인륜을 아는 사람들이 불교를 믿는다고 말할 수 있을까?' 그는 스스로에게 이런 질문을 던졌음직하다. 결국 위백규는 '삼대의 유풍이 남아 있는 서양 불교 국가' 대신 다만 '삼대의 유풍이 남아 있는 서양 국가'를 그려냈다.

고리국의 사례를 보면, 위백규가 그리는 세계에서 중국은 지리적으로나 문화적으로 중요한 판단 기준이 되었던 것 같다. 엄밀한 의미에서 위백규에게

---

206 위백규, 新編標題纂圖寰瀛誌上(목판본). 古俚(7): 西洋都會 去中國十萬里 王不傳子 傳善人 行者讓路.

중국은 모든 것의 기준이 아니었을까. 『환영지』에서 고리국 다음으로 이어지는 나라 방갈랄榜葛剌(8)에 관한 기사에서 그런 가능성을 읽을 수 있다. 이 나라는 벵갈, 즉 오늘날의 방글라데시에 해당한다.

위백규가 옮겨 적은 내용은 이렇다. "방갈랄: 곧 동인도다. (물자가) 풍부하다. 회회교를 숭상한다. 음양과 복서卜筮와 백공百工이 중국과 유사하다."[207] 위백규가 방갈랄에 대해서 특별히 강조하고자 한 것은 문화적 동질성·이질성에 관한 대목이다. 이수광이 말한 회회인은 회회국 사람이라기보다는 회회교를 믿는 사람이라는 뜻에 가깝다. 위백규가 '회회교를 숭상한다'고 말한 것도 그런 유추에 기반하고 있는 것 같다. 위백규에 따르면, 회회교를 믿는 이 나라는 음양, 의복醫卜, 백공, 기예 등 기술적인 면에서 중국과 유사한 문화를 가지고 있다는 점이 특별히 중요하다. 무의탁자가 생길 경우 온 마을 사람들이 함께 구휼하는 것도 유교문화 전통과 크게 달라 보이지 않았을 것이다. 그러나 위백규는 기술적인 면에서조차 중국 문화가 표준이 될 수 있다는 사실을 방갈랄의 사례를 통해 강조하려고 한 것 같다.

위백규가 방갈랄에 이어서 소개한 곳은 적인도赤印島(9)와 유산溜山(10)이다. "적인도 사람들은 벌거벗은 채 동굴에서 산다. 곡식을 먹지 않고 바라밀을 먹는다. (바라밀은) 남해에서 나는데 동과처럼 생겼다."[208] 이수광이 강조했던 중요한 논점을 계승하고 있다고 하겠다. 유산의 경우도 마찬가지다. "서해상에 있다. (사람들은) 굴에서 살며, 나뭇잎으로 앞뒤를 가린다. 그 물 가운데 '溜'라고 이름 붙여진 것이 무려 3천 곳이다. 배가 잘못 '溜'로 들어가면 빠져서 헤어나오지 못하니, 곧 약수삼천이라 한다."[209] 위백규는 이수광이 논증하려 했던 동방 약수의 존재에 대해서는 침묵했지만, 나머지 유산 항목의 주요 논점을 요령 있게 요약하는 데 성공했다. 물론 '옷을 입지 않는 사람들'을 매

---

207 위백규, 新編標題纂圖寰瀛誌上(목판본). 榜葛剌(8): 卽東印度 豊富 尙回回敎 陰陽卜筮百工 大類中國.
208 위백규, 新編標題纂圖寰瀛誌上(목판본). 赤印島(9): 裸而穴居 不粒食 食波羅蜜生南海如東瓜.
209 위백규, 新編標題纂圖寰瀛誌上(목판본). 溜山(10): 在西海巢居穴處 以木葉蔽前後 其水以溜名者 無慮三千 舟誤入溜 則溺不出 卽弱水三千.

개로 한 것이다.

문제는 석란산이 적인도와 유산의 앞자락에서 확인되지 않는다는 점이다. 목판본 『환영지』에서 석란산은 외국 항목의 후반부에, 그것도 서른 번째 나라로 등장한다. 위치를 바꾸었다는 것은 이미 석란산을 '옷을 입지 않는 사람들'의 범주에서 다루지 않겠다는 뜻이다. 위백규는 다만 이렇게 적었다. "석란산은 불교를 숭상한다. (그 나라 사람들은) 우유를 마신다." 불교 국가와 그 '이국적인 식생활'을 적는 대신, 『지봉유설』과는 달리 '옷을 입지 않는 사람들' 이야기나 상업 국가의 이미지를 버린 것이다. 위백규가 어떤 나라나 지역을 이해할 때 종교와 풍속을 가장 우선시했음을 엿볼 수 있다.

위백규는 유교문화와 다른 문화의 양립 가능성에 대해 이수광보다 훨씬 더 보수적인 견해를 가졌던 것 같다. 고리국의 불교 국가 이미지를 덜어낸 것에서 보이듯이 그는 유교문화와 불교문화의 병존을 인정하기 어려워했다. 그러나 그런 그도 유교문화와 회회문화의 양립 가능성까지 부정하지는 않았다. 방갈랄을 서술하는 대목에서 확인되는 그런 면모는 살마아한撒馬兒罕(11)에 대해 요약하는 장면에서도 비슷하게 나타난다. 그는 이렇게 적었다. "살마아한은 가욕관에서 만 리 거리에 있다. 풍토는 자못 중원과 흡사하다. 회회교를 숭상한다."²¹⁰

상업 국가의 이미지, 이국적인 풍경에 관한 이야기는 버렸지만 가욕관으로부터의 거리, 문화적 동질성, 종교에 관한 기사를 존중했다. 그는 중국 및 중국 문화와의 연관 속에서 회회문화를 이해할 수 있다는 태도를 보여준 것이다. 엄밀하게 말한다면, 그것을 다른 문화에 대한 개방적 태도라고 보는 것은 지나친 측면이 있다. 경험해보지 못한 다른 문화에서까지 관철되는 유교문화의 보편성. 그것에 대한 무한의 신뢰라고 말하는 편이 사실에 가깝다.

살마아한(11)의 뒤로 토로번(12)에 대한 설명이 이어진다. 위백규는 『지봉유설』의 주요 논점을 대부분 수렴했다. "토로번(12)은 옛 교하交河이며, 차사車

---

210 위백규, 新編標題纂圖寰瀛誌上(목판본). 撒馬兒罕(11): 去嘉谷關萬里 風土頗似中原 尙回回敎.

師다. 불교를 믿는다. 영산靈山이 있는데 오색의 돌이 사람을 비추고 바위와 계곡은 기이하고 아름다우니, 곧 불가에서 말하는 영산이다."[211] 위백규가 계승하지 않은 것이 있다면 화주火州로부터의 거리다. 이수광이 적은 위치 정보를 존중하지 않은 것이다. 만일 그 위치 정보가 '중국으로부터의 거리'나 '장안으로부터의 거리' 혹은 '가욕관으로부터의 거리'에 관한 정보였다면 어땠을까. 그는 아마도 기꺼이 이 정보를 수록했을 것이다. 중원대륙, 나아가 장안과 가욕관이야말로 위백규에게 모든 것을 판단하는 기준 위치가 되기 때문이다.

'화주로부터의 거리'처럼 다른 계통의 지리 정보들은 이 기준 위치와의 관계를 알 수 없다면 무용지물이다. 이 나라는 어디쯤 있는가? 갈 수 있는가, 그렇지 않은가? 알고 싶어도 알 길이 없다. 그러나 엄밀히 말한다면 토로번은 조금 사정이 다르다. 『지봉유설』에서 화주와 장안 사이의 거리가 설명되어 있기 때문이다. 토로번과 화주 사이의 거리, 화주와 장안과의 거리를 알 수 있으니, 결국 의지만 있다면 토로번과 장안 사이의 거리를 기재하지 못할 이유는 없다. 그러나 위백규는 그렇게 하지 않았다. 불교를 믿는 나라 토로번을 그럴 만큼 중요하게 여기지 않았기 때문일 것이다.

토로번 뒤로 합렬哈烈(14)이 있다. 위백규는 『지봉유설』에서 합렬의 위치 정보와 풍속에 관한 이야기를 발췌해 옮겨 적었다. "합렬(14)은 가욕관으로부터 1만 3천 리 거리에 있다. 남녀 사이에 풍기가 문란하지만, 학사를 두어서 강학한다. 풍속이 또한 질박하다."[212] 위백규의 입장에서 본다면, 합렬의 위치 정보는 가욕관으로부터 계산되기 때문에 수록 대상이 된다. 나머지 내용 중에서 무엇인가를 골라서 적어야 한다면 평가가 필요하거나 강조할 필요가 있는 것을 우선 선택할 수밖에 없다. 남녀 간의 풍기가 문란한 것, 학사를 두어 강학하는 풍조, 풍속이 질박한 것 등이 거기에 해당한다. 『지봉유설』 기사와 비교해보면 기후·의생활 등에 관한 내용이 빠진 상태지만, 전체적인 논지에서

---

211 위백규, 新編標題纂圖寰瀛誌上(목판본). 土魯番(12): 古交河車師 信佛 有靈山 五色石照人 巖壑奇巧 即佛說靈山.
212 위백규, 新編標題纂圖寰瀛誌上(목판본). 哈烈(14): 去嘉谷一萬三千里 男女瀆亂 有學舍講學 俗亦朴.

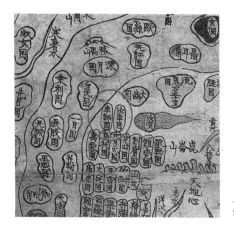

_〈사해총도〉, 차사국 부분. 위백규는 『지봉유설』
의 내용으로 천하도를 설명하고자 했다.

크게 달라진 것은 없다.

합렬 뒤로 화주(15)가 있다. 위백규는 『지봉유설』의 기사를 이렇게 요약했
다. "화주는 또한 차사車師다. 장안으로부터 9천 리 거리에 있다. 한나라 때 무
기교위戊己校尉를 두었다. 당나라 때의 고창국이며, 원나라 때의 외올이다.
산색이 불과 같다."[213] 불교를 믿는다는 이야기가 빠졌고, 불타는 산에 관한 이
야기가 간략한 편이지만, 『지봉유설』의 중요한 논점들이 거의 망라되었다고
할 수 있다. 그러나 놓쳐서는 안 될 중요한 차이가 있다.

위백규가 "화주는 또한 차사"라고 말한 대목에 주목해보자. 『지봉유설』
에 이렇게 되어 있다. "화주는 한나라 때의 차사국 전왕 및 후왕의 땅이다."
그러고 보니 차사, 영산, 교하 등은 이미 『지봉유설』 토로번 항목에서 등장한
적이 있다. 『지봉유설』에서는 이 겹치는 세 이름이 토로번 항목과 화주 항목
에서 그대로 노출되었다. 위백규도 『환영지』의 토로번 항목에서 이 세 곳을
옮겨 적었지만, 화주의 경우에는 그렇게 하지 않았다. "화주는 또한 차사"라
고만 했을 뿐, 영산과 교하에 관한 이야기를 싣지 않았다. 위백규가 화주가 토
로번과 함께 "또한 차사"라는 점을 강조한 이유는 무엇일까. 차사를 특별히

213 위백규, 新編標題纂圖寰瀛誌上(목판본). 火州(15): 亦車師 去長安九千里 漢置戊己校尉 唐高昌 元畏兀
兒 山色如火.

강조할 이유가 없었던 이수광과, 그것에 특별한 의미를 부여하지 않을 수 없었던 위백규. 무엇이 이 두 사람에게 차사에 대한 서로 다른 시각을 갖게 한 것일까.

정서본에 실려 있고 목판본에도 실려 있었을 천하도에서 그 답을 찾을 수 있다. 위백규가 『환영지』에서 『지봉유설』의 외국 항목을 요약 정리하려고 한 것은 천하도를 설명하기 위한 방편 중 하나였다. 천하도에는 조선, 중국, 일본, 안남 등 자기 시대에 실제로 존재하는 나라뿐만 아니라, 『산해경』에서 빌려온 수많은 상상의 나라들이 있다. 그뿐만이 아니다. 어떤 나라 이름들은 당시 이미 존재하지 않았다. 당시의 지명, 상상의 지명, 역사 지명 등 다양한 종류의 지명들이 중앙대륙, 내해, 외대륙 안팎으로 고르게 분포하고 있는 것이다.

위백규로서는 이 '예기치 못한' 도면을 발견하고 어떤 식으로든 설명하고 싶었으리라. 상상의 지명들은 『산해경』을 참고하면 그만이다. 다른 역사 지명과 당시의 지명들은 『지봉유설』을 통해 설명할 수밖에 없다. 그러나 천하도에 적혀 있는 당시의 지명 혹은 역사 지명이 『지봉유설』 외국 항목에 나와 있는 지명과 일치하지 않는 사례가 많다는 점이 문제였다. 위백규로서는 천하도의 지명과 직간접적으로 연관될 수 있는 어떤 작은 실마리도 놓치고 싶지 않았을 것이다. 토로번과 화주에서 확인되는 차사는 천하도 중앙대륙 서쪽의 차사국으로 그렇게 재발견된 것이다. 이제 천하도의 역사 지명은 적어도 차사국의 존재로 인해 부인하기 어려운 그 나름의 '진정성'을 가지게 되었다. 위백규는 『지봉유설』을 천하도의 내부로 끌어들임으로써 천하도가 보여주는 넓은 세계(구구주)와 중원대륙(구주)을 하나의 원리로 설명할 수 있었던 것이다.

7부

중화세계관이 그린 마지막 궤적

1장. 김정규, 공자를 들어 조국을 가리키다

변경의 유학 지식인, 고유문화와 '한국 사상'을 자각하다

김정규는 왜 기자를 중시하지 않았나

연길 옛 대성중학교의 교정. 2층 전시관으로 올라가면 얼마나 많은 사람들이 민족을 위해 헌신했는지를 생생하게 보여주는 자료들이 있다. 그것들은 대부분 민족시인 윤동주, 혹은 1920년대 사회주의계 민족운동을 떠올리게 한다. 그러나 교정에 남아 있는 역사의 흔적들 중에는 그와 전혀 어울리지 않는 것들도 있다. 교사校舍 현관에 새겨진 '공기'孔紀 두 글자도 그런 예다. 이 학교가 '공자孔子 기년紀年으로 몇 년도에 세워졌다'는 표시에서 윤동주나 사회주의자를 떠올리기는 어렵다. 그런 시선으로 보면 교명도 예사롭지 않다. 물론 대성중학교의 '대성'大成은 '크게 이룸' 또는 '그런 성과'라는 의미가 있다. 그러나 현관에 공기孔紀가 새겨진 점을 감안하면, 그 '대성'이 '대성전'大成殿에서 오지 않았다고 장담하기도 어렵다. 대성전은 문묘文廟의 정전正殿을 부르는 이름이며, 공자의 위패를 모신 사당을 말한다.

대성중학교를 세우는 데 깊이 간여한 인물은 함경도 출신의 유학자 김정규金鼎奎다. 그는 1881년 함경도 경성鏡城에서 태어났다. 김창협金昌協의 학통을 계승한 김병진金秉振에게 배웠으니,[1] 학맥만으로 따지자면 노론계 지식인이었던 셈이다. 그러나 서울에서 활동한 것도 아니고 안동처럼 강력한 유학

_ 대성중학교 현판. 오른쪽에 작은 글씨로 '공기孔紀 2472년 10월 8일 대성유교'라고 쓰여 있다.

커뮤니티가 형성된 곳을 지역 기반으로 한 것도 아니었으니, 엄밀히 말하면 그는 변경의 지식인일 뿐이었다.[2]

1907년 군대가 해산된 뒤 전국적인 의병운동이 일어나자, 김정규는 주저 없이 의병 활동에 참여했다. 1909년 두만강을 넘었을 때에도 그의 의지는 전혀 꺾이지 않았다. 1910년 유인석柳麟錫이 연해주에서 결성한 십삼도의군十三道義軍에 가담했던 그는 1919년 연길에서 의군부義軍府 결성을 추진하면서 다시 한 번 의병에 투신했다. 유인석이 걸어갔던 길을 의심 없이 뒤따른 것이다. 그가 참여한 십삼도의군과 의군부에 '의'義라는 글자가 공통적으로 들어가는 것도 예사롭지 않다. 그는 유학적 가치를 지키는 학문 활동도 소홀히 하지 않았다. 연길에서 간도공교회間島孔敎會와 대성학교를 창립하여 '신학'新學과 계몽주의 사상을 경계하고, 『대한사』大韓史를 편찬한 것도 같은 사람 김정규다.

1 윤병석, 「용연 김정규의 생애와 야사」, 『한국독립운동사연구 5』, 1991(『근대한국민족운동의 사조』, 집문당, 1996, 713쪽 재수록).
2 김정규를 변경의 지식인으로 정의한다는 것은 그가 담론을 생산하거나 공유하는 주류 지식인 사회의 네트워크에서 배제되어 있었다는 것을 전제로 한다. 러일전쟁을 전후한 시기, 서울에서 가장 첨예한 관심사가 되었던 문제 중 하나는 공러의식과 인종주의였다. 대한제국의 동양 삼국 협력론도, 일본에 의해 유포된 공러의식과 전혀 무관한 것은 아니었다. 의병운동의 지도자 유인석조차 러일전쟁 전후의 상황을 인종 간 대립으로 여긴 것을 보면, 당시 공러의식의 여파가 어느 정도였는지를 짐작할 수 있다. 신채호가 신기선의 동양주의를 맹렬히 비판한 것이 오히려 예외적으로 보일 정도다. 그런데 김정규라는 또 한 명의 예외가 있다. 그에게는 동양 삼국 협력론, 공러의식, 인종주의에 관한 어떤 종류의 아이디어도 보이지 않는다. 신채호가 중앙학계의 논의를 알고 비판했던 것과 달리, 김정규는 주류 지식인 사회의 움직임을 전혀 알지 못했던 것 같다.

그는 또 대종교大倧教에 입문하기도 했다.

김정규는 고난의 시대를 살았던 흔적을 일기로 남겼다.[3] 이 일기는 북간도 한인 의병 지도자 김정규의 면모를 생생하게 전해준다.[4] 그러나 그를 변경의 유학 지식인으로 본다면 좀 더 다른 결을 읽어낼 수 있지 않을까. 가능하다면 이런 질문을 던지고 답을 찾아보고 싶다.

변경의 유학 지식인에게, 조선의 유학적 전통은 어떤 의미였을까. 그는 제후국과 보편문명의 아이콘으로 여겨졌던 조선, 중화, 기자에 대해 어떤 생각을 가졌을까. 전제군주 국가 청나라와 공화제 정부 중화민국에 대한 그의 생각은 어떤 것이었는가. 그의 아이디어는 안동 중심의 유학자, 심지어 그의 스승인 유인석과는 어떤 차이가 있는가. 그는 유학과 국가 혹은 공자와 조국의 관계에 대해 어떻게 생각했는가. 그의 사상은 입적을 거부하거나 공교회와 대성학교를 설립하는 데 어떤 영향을 미쳤는가.

김정규를 변경의 유학 지식인으로 정의하는 한, 그에게 조선의 유학적 전통이 어느 정도 어떻게 남아 있는지를 아는 것은 중요하다. 김정규 일기를 읽다 보면 그가 자신을 설명할 때 늘 한민韓民, 한족韓族이라는 말을 즐겨 썼음을 발견할 수 있다. '한'韓은 멸망한 대한제국과 무관하지 않다. 그런데 유학자에게 대한제국이란 어떤 의미였을까.

대한제국이 황제국을 칭하려 했을 때 조선의 유학자 집단으로서는 동의하기 어려운 여러 가지 이유가 있었다. 그중 가장 핵심적인 문제는 이런 것이었다. '시간이 아무리 오랑캐 청나라에 대한 적대 의식을 무디게 만들고 조선이 유일한 중화라는 자신감을 키워주었다지만, 언젠가 중원대륙에 다시 중화국가가 들어선다면 지금 이 상황을 무어라 설명한단 말인가?'

뒷날 김정규의 스승이 된 유인석도 그렇게 생각하던 사람들 중 하나였다. 그렇다고 해서 한국韓國, 한족韓族이라는 용어를 쓰지 못할 이유는 없다. 실체

3 독립기념관 한국독립운동사연구소, 『용연 김정규 일기』, 경인문화사, 1994(이 책에서 인용하는 『용연 김정규 일기』는 모두 경인문화사 영인본이다. 이하 『일기』로 약칭한다).
4 독립기념관 독립운동사연구소 편, 『북간도지역 한인민족운동』, 2008.

로 말한다면, 대한제국이 들어선 순간 조선은 없어지고 '한국'韓國이라는 나라가 생겼기 때문이다. '한국'이라는 나라의 백성이라면 당연히 '한족'이 된다. 유인석이 "우리 땅은 한국이요, 우리 종족은 한족"[5]이라고 말한 것은 그런 이유에서다.

그런 유인석에게 조선이 여전히 살아 있는 의미였다는 사실에 주의할 필요가 있다. 대한제국이 조선 대신 '한'이라는 대명사를 택했을 때, 거기에는 한韓으로부터 표상되는 문화 또는 문명에 관한 기대가 있었다. 그것은 조선 후기 삼한정통론 이후 면면히 이어져오는 의식을 계승한 것이기도 했다. 유인석에게도 그 '한'韓에 담겨 있는 문명 의식은 존중의 대상이었다. 다만 그 나라가 황제의 나라를 표방했다는 사실이 껄끄러웠을 뿐이다. 유인석의 시각에서 본다면, '한국'이나 '한족'은 적어도 제후국의 문명을 내포한 단어가 되기는 어려웠던 것이다. 그가 중화세계의 재건과 조선의 독립이라는 목표를 향해 달려가고자 했을 때 그에게 훨씬 더 익숙하고 중요한 대명사는 '조선'이었다.

김정규는 이 문제를 어떻게 생각했을까. 1909년 강을 넘은 김정규가 청의 지방관 오록정吳祿貞의 부관을 만난 자리에서 이렇게 말했다. "무릇 동방은 중국의 울타리이니, 의리상으로 보면 군신이나 부자와 같습니다. 최근 섬나라 오랑캐가 창궐하여, 저희 강토를 침략하고 수도를 점거하며 충신을 살해하고 윤리를 멸절시키더니, 오늘에 이르러서는 동토東土를 삼키고는 강을 건너 화지華地를 잠식하고 있으니, 이들은 비단 저희들이 애통해할 뿐만 아니라 중국의 큰 근심이기도 합니다. 대인께서 저를 받아주신다면 동지 수천을 규합하여 작으나마 대인을 도와, 함께 강적强賊을 격파하고 구강舊疆을 회복하여 전조前朝의 호의好誼를 다시 닦고 오늘의 큰 은혜를 갚고자 합니다."[6] 첫머리에서

---

5 유인석, 『의암집』, 권36, 雜著, 警示諸任員. 吾土韓國也 吾種韓族也 今而後吾無吾國 吾無吾族 天下至慟 執此爲過 天下至憤 執此爲加.

6 김정규, 『일기』, 1909년 6월 17일(상, 291~293쪽). 夫東方 中國之藩籬也 義爲君臣而親若父子 故危則救 以保之 安則輔以敎之 使自得之者四千有餘年矣 挽近以來 島夷猖獗 侵我疆土 據我京部 殺害忠良 滅絶倫綱 而以至今日 則吾盡東土 稍稍渡江 蠶食華地 非徒吾人之可痛 而是亦中國之大患也 若大人不以我寒微拘而棄 之 肯相有容 則徐聚同志之人數千 以助大人一擊之力 共破强賊 乃復舊疆 復修前朝之好誼 以報今日之大恩.

'동방'과 '중국'의 우호적인 역사를 거론하는 김정규에게 어떤 종류의 반청反淸 의식이나 중화주의적 정서를 찾아볼 수 없다는 점은 흥미로운 대목이다. 청나라든 아니든 모두 중국으로 볼 수 있다면, 왕정이든 공화정이든 모두 중국으로 여겼을 가능성도 있다. 반청 의식이 강하게 남아 있는 유인석과 대비되는 면모라고 하지 않을 수 없다.

김정규가 자국사 편찬을 본격적으로 시도한 것은 1911년경이다.[7] "아한我韓의 고질병은 타국사를 즐겨 말하는 것에 있다. 본국의 역사는 도리어 버려두고 묻지 않으니, 이것이 어찌 존군애국尊君愛國의 뜻이겠는가." 그가 역사를 적으면서 한 말이다. 그는 일진회가 편찬한 역사서를 보고 역사 연구의 필요성을 새삼 느끼게 되었던 것 같다. 그는 편의에 따라 사료의 의미를 왜곡한 역사서 대신, '존군애국'에 도움이 되는 역사서가 필요하다고 판단했다.[8]

김정규는 단군·기자·삼한·부여·발해·삼국·통일신라·고려·조선 초의 역사를 다루었지만, 모든 내용에 대해 독자적인 고증을 시도하거나 그만의 한국사 체계를 제시하는 데까지 이르지는 못했다. 대부분 장지연張志淵의 글과 현채玄采의 책 등을 참고하여 필요한 부분을 발췌한 것 같다. 따라서 그가 역사를 보는 관점이나 전하려고 했던 메시지는 그 편차와 내용을 통해서 짐작할 수밖에 없다. 무엇보다 흥미를 끄는 대목은 그가 조선의 명칭과 단군의 사적, 그리고 건국신화에 관해 제시한 논점이다. 그는 이렇게 주장했다.

첫째, 『동사고기』東事古記에는 "단군이 요임금과 같은 시기에 나라를 세워 조선이라 했다"고 되어 있지만, 『동사고기』는 후대의 기록이므로 믿기 어렵다. 따라서 고조선과 상대적으로 가까운 시기에 작성된 중국 고서古書를 기준으로 삼을 수밖에 없다. 중국 고서를 보면, 조선이라는 칭호가 적어도 기자조선 때 사용되었다는 사실은 분명하다.[9] 둘째, 단군은 우리나라 최초의 군주다.

---

7 김정규가 『대한사』를 기획한 것은 망국 이전인 1910년 3월이었다(윤병석, 앞의 책, 1996, 724쪽). 그러나 그 당시만 하더라도 그가 참고할 만한 문헌은 충분치 못했던 것 같다.
8 김정규, 『일기』, 1911년 5월 3일(중, 145~146쪽). 我韓痼癖 惟在好談他國 使本國史乘 抛却不問 是豈尊君愛國之意也 近來會社人 雖或有採述者 各以其學 斷章取旨 文義隔絶 可勝嘆哉 可勝嘆哉.

『위서』魏書에 이런 기록이 있다. "단군왕검이 아사달에 도읍하고 국호를 조선이라 했으니 요임금과 같은 시기다." 『위서』가 비록 본국사는 아니라 하더라도 시대가 당시와 가장 가까우니, 반드시 증거가 있어서 그렇게 적었을 것이다. 더구나 그 내용은 『동사고기』나 『삼국유사』의 해당 부분과도 부합한다.[10] 셋째, 고기古記류에 나오는 건국신화들은 모두 황탄荒誕하고 불경한 것이다. 일본인이 지은 조선사에서 단군을 일본 고대 스사노오노미코토素盞嗚尊의 아들로 설명한 것은 변론할 가치조차 없다. 단군이 임금으로 추대된 것은 성덕聖德이 있었기 때문이니, 그런 황당한 이야기를 믿을 필요가 없다.[11]

단군과 기자에 관한 김정규의 주장을 따라가다 보면, 기자에 대한 언급이 거의 없다는 사실을 발견하게 된다. 그에 따르면, 단군은 요임금과 같은 시기에 나라를 연 자국사 최초의 군주다. 더구나 그는 성덕을 가졌기 때문에 군주에 추대되었다. 그에 비하면 기자는 기본적인 인적사항조차 잘 드러나지 않는다. 기자는 단군이 사용한 '조선' 국호를 이어받아 기자조선을 표방했을 뿐이다. 김정규는 기자가 '자주'와 '성덕'으로 표상되었을 단군의 이미지를 성공적으로 계승했는지, 그렇지 않은지에 대해서조차 분명하게 말하지 않았다. 기자가 계승한 역사에 대해 그리 후한 평가를 하지 않았을 가능성을 짐작하게 하는 대목이다. 만일 그렇다면 기자가 계승한 '조선'이라는 칭호는 건강성을 상실할 수밖에 없다. 단군의 방식이 아니라 이미 기자의 방식으로 전유되었을 것이기 때문이다. 김정규는 단군과 기자를 조선이라는 하나의 키워드로 설명하려 하지 않았다. 오히려 단군을 조선으로부터 분리하려는 느낌마저 준다. 그가 군이 단군과 조선을 떨어뜨리려 한 이유는 무엇일까.

조선시대 지식인들이 그려놓은 자국사에서 단군이 역사의 시작이자 혈연

---

9 김정규, 『일기』, 1911년 5월 3일(중, 146~147쪽). 東史古記云 檀君與堯幷立 國號朝鮮 古記亦後代之傳聞 難見確信 以支那古書證之 (중략) 以此考之 則稱之以箕子朝鮮無疑也.
10 김정규, 『일기』, 1911년 5월 3일(중, 147쪽). 我國首出之君 卽檀君 檀君之蹟 始見於支那魏書 其曰 往在二千載 有檀君王儉 立都阿斯達 國號朝鮮 與堯同時云 魏書乃三國時記述者也 雖非本國史 然其時代最遠 必有證據而筆之也 東史古記與三國遺事之所記相符 不必多疑也.
11 김정규, 『일기』, 1911년 5월 3일(중, 148쪽). 盖檀君我國首出之君 必有聖德 故國人推戴爲君 古記之詭誕 何足取信.

공동체의 상징이었다면 기자는 문명화의 상징이자 제후국의 아이콘이었다. 단군과 기자 뒤로 조선이라는 단어가 붙은 것은 고려 말 이승휴의 삼조선설이 등장하던 때부터다. 그러나 새 왕조가 조선을 국호의 후보로 택했을 때도, 조선 후기 일군의 지식인들이 자국사를 연구할 때도 그들에게 중요했던 것은 중화문화 담지자로서의 조선이었다. 이종휘처럼 단군의 의의를 강조하는 학자도 예외는 아니었다. 단군과 기자가 조선이라는 키워드로 얽히는 한 이 구도를 벗어날 수는 없는 일이었다.[12]

신채호는 단군시대의 문화를 높이 평가한 조선 후기 사료들을 발굴한 뒤, 그것을 중화문화와 무관한 방식으로 재해석했다. 그의 문제의식에 따르면, 단군의 성취를 중화문화의 영역에서 말하는 순간 이미 '노예사상'으로부터 벗어날 수 없기 때문이다. 김정규는 단군을 '성덕'을 가진 존재로 평가했다. 그러나 그 '성덕'을 중화주의적인 방식으로 해석하지는 않았다.

조선의 유교문화도 마찬가지다. 수입된 문화지만 이미 조선화된 문화일 뿐이다. 그 이상도 그 이하도 아닌 것이다. 자국이 중화국가인지 아닌지, 제후국으로서 그 문화를 지키고 있는지, 그 중화문화가 중국에 남아 있는지 아닌지는 전혀 중요하지 않다. 그런 점에서 볼 때, 단군을 조선에서 분리하는 일은 '성덕을 가진 조선 최초의 군주'를 '제후국의 정체성'으로부터 분리하는 과정이기도 하다. 김정규가 단군에 대해 특별한 의식을 가지고 있었다고 말하기는 어려울지 모른다. 그러나 적어도 그는 오랫동안 소중화와 '조선 중화'의 이미지로 쓰였던 조선이라는 말을 선호하지 않았다. 그가 유인석의 숭화계崇華契 서문을 본 것은 1912년 1월이었다. 그는 유인석이 "숭화崇華의 의미를 탁월하게 천명했다"고 말하면서도, 정작 자신은 기자·소중화·존화尊華·양이攘夷 대신 존군애국을 강조할 뿐이었다. 그것은 1910년대 연길 이주자 사회의 유학 지식인들이 가졌던 공통된 정서이기도 했다.

1914년 9월 10일, 간도공교회가 성전聖殿을 짓기 위해 작성한 「의연금종

12 배우성, 「조선 후기 역사학과 신채호, 그리고 21세기」, 『한국학논집』, 43, 2011, 55~66쪽.

지서」義捐金宗旨書에도 '한족'韓族이 등장한다. 종지서의 저자가 공자의 혼령이 한족의 제사를 기쁘게 흠향할 것이라고 말하는 과정에서 동원한 논거는 세 가지다. 공자가 구이九夷의 땅에 가서 살고 싶어했다는 것, 동방에서 공자의 제사를 지내왔다는 것, 그리고 명청 교체 후 동방에서 공자의 문물을 보존해왔다는 것 등이다. 이 가운데 세 번째 내용은 조선 후기 지식인들이 자기 정체성을 설명해온 근거와 다르지 않다. 그러니 저자가 자신의 논거를 조선 후기 지식인들로부터 빌려왔다고 해도 과언이 아니다. 그런데 놓쳐서는 안 되는 중요한 논점이 있다. 「의연금종지서」에는 기자가 전혀 등장하지 않는다는 점이다.

조선시대 지식인들이 소중화로서 혹은 '조선 중화'로서 자신을 설명하려고 할 때 그 출발점은 늘 기자였다. 물론 '공자가 구이의 땅에서 살고 싶어했다'는 『논어』의 기록[13]도 자주 인용된다. 이 중에는 송시열이 그랬던 것처럼 공자가 동방을 문명의 땅이나 살 만한 곳으로 여겼다고 보는 경우도 없지 않다. 반면 공자가 도가 행해지지 않는 상황을 한탄한 것이라거나[14] 공자의 의도는 야만의 땅을 문명의 땅으로 바꾸려 한 것이었다고[15] 여긴 경우도 있었다. 이 경우 '욕거구이'欲居九夷는 동방의 문화적 전통을 설명하는 데는 적절하지 않을 수도 있다.

제후국 조선이 가진 문화의 전통을 설명하기 위해서는 공자보다 오래된 인물, 그리고 제후로서 조선을 문명화한 인물이 필요했다. 기자는 그렇게 '재발견'되었다. 논리적으로 본다면 명청 교체 후 조선이 간직한 중화문화는 공자의 문화이기도 하지만, 더 근본적으로는 기자의 문화로 여겨질 수밖에 없다. 이익이 '은殷의 유민遺民'으로 자처할 수 있었던 것도 그런 이유에서다. 그런데 이렇듯 오랫동안 문화와 문명의 아이콘으로 여겨지던 기자가 「의연금종지서」에는 흔적조차 보이지 않는 것이다.

---

13 『論語』, 子罕. 子欲居九夷 或曰 陋 如之何 子曰 君子居之 何陋之有.
14 『홍재전서』, 권124, 魯論夏箋 3, 子罕篇, 子欲居九夷章. 浮海之嘆 子路認以爲實 居夷之敎 或人聞而爲 眞 皆未喩夫子之意也 特以道之不行 有此發嘆也.
15 이익, 『성호사설』, 권25, 經史門, 劉靜修.

물론 이 문건이 공교회 취지문이라는 점을 고려할 필요는 있다. 성전 건립을 위해서라면 모든 것을 공자와의 연관 속에서 설명할 수밖에 없다. 하지만 이 이주자 집단 속의 유교 지식인들이 적어도 조선 후기의 사상계의 주류적 분위기를 계승한 사람들이었다면, 기자를 그렇듯 철저히 배제하기는 어려웠을 것이다. 같은 시기 유인석이 여전히 기자를 중시했던 것은 그가 중화문화의 보편성을 첫 번째 가치로 여겼기 때문이다. 유인석의 사례에 비추어본다면, 1910년대 연길 이주자 사회의 유학 지식인들이 기자를 그다지 중시하지 않은 것은 그들이 자기 자신을 중화문화의 계승자로 간주하지 않았음을 뜻한다.

유인석은 청조의 멸망에 큰 희망을 품었다가 쑨원孫文의 공화제 정부가 들어서자 실망을 감추지 못했다. 그는 공화제 정부가 가지는 역사적 의의를 인정할 수 없었지만, 적어도 쑨원 정부의 본질이 어떤 것인지는 정확하게 꿰뚫어보았다. 반면 「의연금종지서」의 저자는 위안스카이袁世凱에 의해 공교가 국교화되었다는 사실만을 강조하고 있을 뿐이다. 중화민국이 공화제 정부라는 사실에 대해서는 아무런 논평을 하지 않는 대신, 위안스카이가 공교회를 국교화했다는 사실을 근거로 중화민국의 탄생에 의미를 부여한 것이다.

1915년 4월, 김정규는 일본이 중국에 대해 21개조에 달하는 강압적인 요구를 했다는 소식을 접하고 비분을 못 이겨 붓을 들었다. 연길 이주자 사회의 유학 지식인들과 연명聯名하여 민국 지방정부에 편지를 보내기 위해서였다. 중국이 재정과 무기를 도와준다면 동지를 규합해 공동의 적 일본과 싸우는 데 힘을 보태겠노라는 취지의 글이었다. 그런데 이 편지에서 필자의 눈길을 끄는 것은 조선과 중국의 관계에 대한 대목이다.

김정규는 이렇게 적었다. "저희들이 망국을 목격했을 때는 죽고 싶은 마음뿐 살아서 즐거운 것은 없었습니다만 오늘에 이르도록 죽지 않고 살아 있는 것은 오직 중화일류中華一陸이 (외침에) 무너지지 않았기 때문이니, 이곳이야말로 저희가 지켜야 할 곳이며 살아서건 죽어서건 의지해야 할 곳입니다." 얼핏 보면 전형적인 중화주의자를 연상시킨다. 그런데 그다음 부분이 인상적이다. "오국吾國은 이미 중화와 더불어 정의情誼상 한 집안과 같아서 피차간에 상친

相親하고 상구相救하는 은의恩義가 있습니다. 하후씨 때에는 단군이 아들을 도산의 회합에 보냈고, 은나라 말에는 기자가 평양성에서 가르침을 폈으며, 명나라 말에는 여러 사대부가 오랑캐 정벌 전쟁에서 목숨을 바쳤고, 1894년에는 위안스카이 총통께서 정왜征倭에 공을 세우셨습니다."[16]

중국을 일관되게 중화로 부르는 것은 편지의 수신자가 중국 지방정부이기 때문일 것이다. 그는 그 '중화'를 '오국'과 대비시켰다. '멸망한 나라의 백성으로 중국 땅에 와서 살고 있지만 우리는 중국 사람이 아니다'라는 자각이 없다면 불가능한 표현이다. 그가 만일 중국을 돕는다면, 그것은 다만 '오국'의 백성으로서 '중화'를 돕는 것이 된다.

김정규가 단군, 기자, 임진왜란, 청일전쟁을 거론하며 역사적으로 '오국'과 '중화'가 '상친하고 상구하는' 관계라고 말한 것도 흥미로운 대목이다. 조공책봉 체제는 이미 오래전 만국공법 체제에 의해 대체되었으나, 유학 지식인 중에는 중화세계의 재건에 대한 기대를 버리지 않은 사람이 적지 않았다. 엄밀한 의미에서 중화세계의 재건은 천자국과 제후국의 존재를 전제로 한다. 중화 질서가 재건된다 해도 예전처럼 '천자국이 은혜를 베풀고 제후국이 감사를 올리는' 형식은 복원되기 어려울지도 모른다. 시대가 바뀌었기 때문이다. 그러나 아무리 세상이 달라졌다 해도, 중화세계인 한 결코 (오국과 중화가) '상친하고 상구하는' 관계가 되기는 어려울 것이다. 그런 점에서 볼 때, '오국'과 '중화'는 서로 다른 나라이며, 역사적으로 '상친하고 상구하는' 관계였다고 말하는 김정규의 정서는 중화세계의 재건을 굳게 믿었던 유인석의 생각과 결코 같지 않았다.

청나라와 민국을 중화 혹은 중국이라고 부르는 김정규는 청나라에 의해 중원대륙에서 중화가 단절되었다고 보는 유인석과 여러모로 대비된다. 유인

---

16 김정규, 『일기』, 1915년 4월 27일(하, 148~150쪽). 本人等目見屋社之變 時焉有死之心無生之樂 而顚倒至此于今不死而存者 猶有中華一陸未沈 則是吾碩果圖存之所 而生依死葬之有托也 是心何心 吾國已與中華 誼同一室 而彼此有相親相救之恩義在也 在夏后氏 檀君送子于塗山會 在殷末時 箕子佈敎于平壤城 其在明季 諸士夫致死於征虜之役 往在甲午 袁總統有功於征倭之擧.

석에게서는 반청 의식의 잔영과 중화 보존에 관한 의지를 읽을 수 있다. 어째서 김정규는 같은 노론계 성리학자이면서도 유인석과 다른 생각을 했던 것일까. 이 점을 이해하기 위해서는 김정규가 '존재감 없는 변방 출신의 유학 지식인'이었다는 사실을 무겁게 받아들여야 하는 것은 아닐까. 그를 의병운동가이며 독립운동가라로 부를 수 있지만, 위정척사파라고 부르기 애매한 것은 이런 이유 때문이다.

고유문화와 '한국 사상'에 대한 자각

김정규의 조국관은 대종교에 관한 인식에서도 잘 드러난다. 1912년 1월 29일 저녁, 현천묵玄天黙이라는 사람이 찾아와 '단군교檀君教만이 조국사상祖國思想을 가지고 있다'는 말을 흘리며 김정규의 생각을 물었다. 김정규가 단군교의 내용에 대해 묻자 현천묵이 대답했다. "이 종교는 오늘날의 어떤 교와도 비할 바가 아닙니다. 우리 민족으로 하여금 조국정신祖國精神을 일깨우게 함으로써 외래종교에 대응하고 국혼을 잃지 않게 합니다. 단군은 곧 우리나라에서 처음 나온 임금이자 모든 성씨의 시조인고로 군신·부자·형제·부부의 도로써 종지를 삼습니다. 또 고기에 따르면 단군이 백성들에게 편발과 개수를 가르친 뒤로 복장도 소박함을 숭상하여 편발과 백의가 지켜져온 것입니다."[17]

현천묵은 김정규의 사상을 잘 알고 있었고, 그 점에 맞추어 단군교를 소개했다. 단군교가 삼강오륜을 핵심적인 교리로 하지 않았음에도 불구하고 그렇게 말한 것은 단군교의 교세 확장을 위해서 유학 지식인의 입교가 절실했기 때문일 것이다. 현천묵의 말은 김정규의 관심을 끌기에 충분했다. 그의 말이 사실이라면 단군교야말로 유가의 가르침과 다르지 않으며, 그가 일생토록 추구해온 가치에 부합하기 때문이다.

결국 김정규는 대종교에 가입하는 쪽을 선택했다. 현천묵의 말을 완전히 믿을 수 있다고 여겨서가 아니었다. 그는 마음속으로 단군교 교단 조직의 활

17 김정규, 『일기』, 1912년 1월 29일(중, 377~378쪽).

용 가능성을 계산했다. '우리 동지들이 사방에 흩어져 있으니 별들이 서로 바라보면서도 함께하지 못하는 것과 비슷한 형상이다. 단군교에 가입하여 조직을 결성한 뒤 유사시 활용하는 것도 나쁘지 않을 것이다. 단군교의 종지가 만일 현천묵의 말과 같다면 우리로서는 다행한 일이지만, 만일 그렇지 않다면 나는 나이고 그는 그일 뿐이다'.[18] '김정규가 대종교에 가입했는가'라고 묻는다면 당연히 '그렇다'고 대답해야 한다. 그러나 김정규가 대종교도였는지를 묻는다면 쉽게 대답하기 어렵다. 중화세계의 재건이나 단군의 신앙화는 그에게 가장 중요한 문제가 아니었다. 그의 시선은 늘 민족정신과 국혼을 정신적 자산으로 삼고 삼강오륜과 편발백의編髮白衣를 문화적 내용으로 하는 '조국'에 맞추어져 있었기 때문이다.

그런데 김정규는 그런 조국관에 어울리는 강렬한 영토 의식을 가지고 있었던 것일까. 일본은 조선과 대한제국이 간도에 대해 가졌던 영유 의식을 근거로 하여, 간도의 한인을 보호한다고 주장했다. 간도가 조선(대한제국) 땅이라면, 조선의 외교권을 대행하는 일본이 조선(대한제국) 사람을 보호하는 것이 마땅하다는 논리였다. 간도에 정착한 조선인 유학 지식인들의 입장에서는 딜레마가 아닐 수 없었다. 간도가 조선 혹은 대한제국의 땅이라고 주장하는 순간, 일본의 침략 논리를 뒷받침하는 모양새가 되기 때문이다. 이 경우 청나라 지방정부와 함께 반일反日 공동전선을 구축하는 것은 더욱 기대하기 어렵다. 이 문제에 대한 김정규의 결론은 분명하다. "지금 종사가 무너지는 판에 신하 된 자가 그것을 근심하지 않고 청인淸人과 땅을 다투니, 이것이 과연 대한제국 정부의 뜻이란 말인가. 반드시 부왜附倭하는 무리들의 소행일 것이다. 이 땅은 얻어도 기쁠 것이 없고 잃어도 근심할 것은 없을 것이다."[19]

그렇다면 그는 청나라의 정책에 순수하게 협력했는가. 전혀 그렇지 않다.

---

18 김정규, 『일기』, 1912년 1월 29일(중, 378쪽). 余辭不材 心中自思曰 凡我同志 散在四方 如晨星想望 而合同不得 不如一着姓名於教中 組織一團 徐待有事之日 以備一面之用也 教旨若果然 則吾人之幸 若不然 我爲我彼爲彼.
19 김정규, 『일기』, 1909년 8월 7일(상, 330~331쪽). 今我宗社 沒入犬羊 而爲人臣者 不以此爲憂 反與淸人爭之 是果京部之意歟 必也附倭者之所爲也 得之何喜 失之何憂.

청나라의 지방관 오록정이 일본에 대해 강경한 정책을 취한 것은 간도 문제를 영토 주권 수호 차원에서 인식했기 때문이다. 반일 정서를 공유하고 있던 이주 한인이 보기에는 오록정이 자신들에 대해 온정적이라고 느낄 수도 있는 대목이다. 그러나 오록정의 생각은 한인韓人의 신규 이주를 차단하고, 이미 이주한 한인은 귀화시킨다는 쪽에 더 무게가 실려 있었다.[20]

오록정의 역관이 이렇게 물었다. "그렇다면 그대는 진실로 치발역복薙髮易服을 하려 합니까?" 김정규는 당황했지만, 곧 이렇게 써내려갔다. "지금 대인께서 인의仁義의 선비들을 이끌고 강폭强暴한 적을 공격하시려 하면서 이내 치발역복을 물으신단 말입니까. 치발역복이 지금의 급선무입니까. 저 일본인들이 덕으로 남을 복종시키지 않고 억지로 위력을 행하여 수천 년 이어온 우리의 구습舊習을 바꾸려고 하는고로 의병이 일어나 죽기로 싸우는 것이니, 대인께서는 잘 살피시기 바랍니다."[21]

김정규는 청나라 정부를 도와 일본 세력과 대결할 용의가 있었다. 그러나 '구강舊疆의 회복'과 '구습의 보존'을 전제로 한 김정규의 문제의식은 결코 한인의 귀화를 전제로 한 오록정의 반일정책과 같을 수 없었다. 김정규가 식은땀을 흘려가며 치발역복에 반대하는 이유를 설명해야 했던 것은 '구강의 회복'과 '구습의 보존'이야말로 그에게는 버릴 수 없는 가치였기 때문이다. 귀화 문제는 연길 이주자 사회의 뜨거운 감자였다.

박무림朴茂林 등 30여 명의 조선인이 독립된 조선인 자치단체의 건립을 시도한 것은 1909년경이었다. 그러나 일본이 집요하게 방해공작을 펼쳤고, 연길지방관 도빈陶彬은 귀화를 전제조건으로 내걸었다. 귀화 의사가 없었던 박

20 孫承會, 「淸末 吳祿貞의 영토 인식」, 『역사와 경계』, 65, 2008, 122쪽. 청이 이주 한인의 귀화 입적을 권유한 것은 1882년 '以韓實邊' 정책을 추진하면서부터였다. 이 시기 조선족의 국적 문제로 인해 초래된 청과 일본 사이의 외교 분쟁에 대해서는 金春善, 『延邊地區朝鮮族社會的形成硏究』, 吉林人民出版社, 2001, 185~212쪽 참조.
21 김정규, 『일기』, 1909년 6월 17일(상, 291~293쪽). 余冷汗浹出 以書對曰 (중략) 今大人率仁義之士 欲攻强暴之賊 而乃問曰薙髮易服耶 薙易果今日之急務乎 聞甚懼惶 彼日本之人 不以德服人而强行威力 欲變我數千年來舊習 故義徒蜂起 甘願死賊 願大人熟察之.

무림 등은 결국 뜻을 이루지 못했다. 1910년 3월, 귀화한 조선인 이동춘李同春을 회장으로 하는 간민교육회가 설립되었다. 물론 청나라의 허가를 받은 단체였다. 그들은 간민교육회 내에 자치부를 두거나 아예 간민자치회를 발족시키기를 희망했지만, 청나라 정부는 이 청원을 받아들이지 않았다. 민국 정부의 부총통 리위안훙黎元洪도 자치라는 이름을 허락하지 않았다. 1913년 4월, 마침내 명동학교 교장 김약연金躍淵을 회장으로 하는 '간민회'墾民會가 설립되었다.[22]

김약연은 입적入籍 문제에 대해 김정규와 다른 입장을 취했다. 김약연의 간민회는 일본의 간섭에서 벗어나 토지소유권을 보장받기 위해서라도, 나아가 신교육을 시행하기 위해서라도 적극적으로 입적해야 한다고 주장했다. 강상윤리와 민족 고유의 전통문화를 지켜야 한다고 생각하는 유학 지식인들은 입적을 '반역' 행위로 간주했다.[23] 그들은 반일 민족교육이라는 한길을 걸었지만, 입적 문제에 관해서는 서로 너무 먼 곳에 있었다.

간민회를 이끌던 세력들은 잡거雜居 구역에서 입적 운동을 주도했다.[24] 김약연은 도빈에게 제출한 건백안에서 "날로 향화向化가 깊어져 고향 땅에 사는 것처럼 즐겁다"고 말했다.[25] 1914년 2월, 이동춘과 김립은 입적을 희망하는 1만여 한인 세대를 대표해 북경에 가서 귀화 입적 신청서를 제출하고 간도에 돌아와 입적 수속을 마쳤다.[26] 간민회와 직간접적으로 연결되어 있던 연길의 조선인 학교들은 새로운 문명의 수용과 애국심 함양을 위한 민족교육을 지상 과제로 여기고 있었다.[27]

22 姜龍范, 「略論延邊地區朝鮮族早期社會團體」, 『中國邊疆史地研究』, 2~36, 2000, 87~92쪽. 간민회의 성격에 대해서는 민족운동 차원에서 이해하는 연구들이 있는가 하면, 현재의 연변 조선족 사회의 형성 과정의 일부로 여기는 연구들도 있다. 간민회 관련 연구의 추이에 대해서는 김춘선, 「중국조선족사연구의 현황과 과제」, 『중앙사론』, 24, 2006; 박걸순, 「북간도 간민회 선행조직의 추이와 성격」, 『한국근현대사연구』, 51, 2009 참조.
23 姜龍范, 위의 글, 2000, 92~94쪽.
24 姜龍范, 위의 글, 2000, 94쪽.
25 손춘일, 「중국조선족 민족과정과 간민회」, 『북간도 지역 한인 민족운동』, 독립기념관 한국독립운동사연구소, 2008, 131쪽.
26 손춘일, 위의 글, 2008, 133쪽.
27 朴秀海, 「20세기 초 간도 조선인 민족교육운동의 전개와 중국의 대조선인 교육정책」, 『한국근현대사연구』, 48, 2009, 79~91쪽.

청나라 혹은 민국 정부에 입적하고 귀화한 조선인들은 자신의 정체성을 어떻게 생각하고 있었을까. '조선 혹은 한국의 유민遺民'인가, 혹은 '잃어버린 조국이 있는, 그리하여 되찾아야 할 조국이 있는 중국의 소수민족'인가.[28] 입적이라는 법적 절차가 내면의 정체성에 어느 정도 영향을 주었는지는 가늠하기 어렵다. 그들이 입적을 했다고 해서 마음속 깊은 곳으로부터 기꺼이 '공화지민'共和之民이 되고자 했다고 보기 어려울지도 모른다. 그러나 결과적으로 본다면 김약연의 선택이 뒷날 주덕해朱德海의 조국관에 미친 영향이 없다고 말하기는 어렵다.

김약연의 입적 운동을 비판한 김정규는 국혼과 조국정신을 지켜낼 주체로 어떤 사람들을 생각했을까. 이즈음 유학 지식인들이 조직한 단체 가운데 농무계農務契와 사우계士友契가 있었다. 농무계가 입적하지 않은 농민들을 참여시켜 간민회에 대응하기 위한 조직이었다면, 사우계는 유학 지식인들 사이에 상호부조를 하기 위한 모임이었다. 김정규가 사우계를 발족시킨 것은 1912년 8월이었다.

김정규에게 연길에서 함께 살아가는 '사'士는 어떤 존재인가? 그들은 전에는 같은 나라에서 같은 군부를 모시고 덕업과 예속을 같이했으며, 그 뒤로는 망국을 경험하고 이역異域에서 살며, 호오好惡와 환난患難을 함께한 사람들이다. 그들은 이제 나라의 보호를 받지 못하고 친척의 도움도 받기 어려운 상황에 내버려진 존재이기도 했다. 자치 규약을 정해 상호부조를 하는 일이 무엇보다도 시급하지만, 쉽사리 엄두를 내지 못하는 상황이었다. 돈 때문이었다. 김정규는 저금貯金을 통해 계전契錢을 조성하는 방안을 발의했다.[29] 입적을 거부한다는 것은 외부의 도움을 기대하기 어렵다는 것을 의미했다. 김정규는 이런 상황을 같은 곳에 사는 유학 지식인들 간의 자율적인 상호부조를 통해 돌파하려고 했다. 신분은 갑오개혁 때 철폐되었지만, 신분의식은 변방의 유학 지식인들에게 강고하게 남아 있었던 것 같다.

'일군의 치배蚩輩들이 민국에 아첨하기 위해 간민회를 만들고는 이주 한인에게 민국 입적을 권유한다'는 소식이 김정규에게 전해진 것은 1913년 6월이었다. 김정규에게 입적은 민족 고유의 전통을 부정하고 종족을 멸망시키는 길일 뿐이었다.[30] 그는 입적론을 비판하면서 다양한 주장을 펼쳤다. 그중에서 특히 하나의 논점과 두 개의 반증 사례가 두드러진다. 요지는 이런 것이었다.

머리를 묶고 흰옷을 입는 것은 원래 '우리 한국韓國의 제도'인데 이제 머리를 깎고 검은 옷을 입으며 언어를 같이 쓰고 같은 풍속을 공유하는 일을 할 만하다고 여긴다면 한국 사상은 또한 어디에 있는가. 한국 사상이 없는 상태로 '국권을 회복한다'고 하는 것은 남을 속이는 말이다. 중화민국의 의관은 고제古制가 아니라 서양의 신식新式을 모방한 것이니 그것을 가지고 '중화를 숭상한다'고 말하는 것은 가소로운 일이다. 이 땅이 민국의 땅이므로 입적하는 것이 옳다고 주장한다면, 다른 외국에 사는 오민吾民들은 모두 그 나라에 입적해야 한단 말인가.[31]

머리를 묶고 흰옷을 입는 것은 '자국에 남아 있는 중화문화의 일부'가 아니라 다만 '한국 사상'으로 간주된다. 치발역복은 그런 면에서 '한국 사상'에 역행하는 것이다. 피발좌임被髮左衽이라는 말이 있다. '머리를 풀어헤치고 옷깃을 왼쪽으로 여미는 것'이다. 머리를 풀어헤치는 것이 야만의 상징이라면, 머리를 묶는 것은 문명의 상징이다. 조선의 문명화가 기자로부터 시작되었다고 본다면, 문명의 역사는 기자로 상징되는 중화의 역사가 된다. 그런데 한편에서는 단군이 백성들에게 머리를 땋고 모자 쓰는 것을 가르쳤다고 생각하는

30 최봉용,「북간도 간민회의 조직과 활동 및 성격」,『북간도 지역 한인민족운동』, 독립기념관 한국독립운동사연구소, 2008, 244~246쪽.
31 김정규,『일기』, 1913년 6월 14일(중, 492~493쪽). 束髮白衣 本吾韓國之制 而今焉薙髮黑服 同言語共一風 尙云果爾 則韓國思想 亦安在也 其無韓國思想 則將挽回我國權云者 欺人太甚之言也 試問 今日中華民國之衣冠 果中華之古制耶 乃西洋之新式也 其從西洋之新式 而乃曰崇華崇華 使有知者聽之 眞可笑可歎 又試問 此地乃民國之所占 則吾民之居此者 入籍於民國可也 然則吾民之散居外國者 亦入籍於外國 可乎.

사람들도 있었다. 이 둘이 충돌하지 않게 묶어내려면 "단군에서부터 이어져온 문화적 토대 위에 기자의 문명화가 이룩되었다"라고 설명할 수밖에 없다. 실제 조선 후기에 편찬된 문헌들에서 이런 방식의 설명을 찾는 것은 어려운 일이 아니다. 문제는 김정규가 머리를 묶는 문화적 전통을 중화문화의 일부가 아니라 조선 고유문화로서 설명하고 있다는 점이다. 그는 조선 후기 지식인들이 단군과 기자를 충돌 없이 이해하기 위해 동원했던 논리를 거의 신경 쓰지 않고 있는 것이다.

그가 치발역복을 언어의 문제로 연결한다는 점은 더욱 흥미롭다. '한국 사상'을 지키려 한다면 그들의 언어를 구사해서는 안 된다는 것이다. 그는 왜 치발역복과 상관없는 언어의 문제를 거론했을까? 조선 전기 지식인들에게 백화白話는 '중화의 언어'였다. 유력한 문신들이 어전통사가 되어 왕과 명나라 사신의 대화를 통역한 것은 그 때문이었다. 명청 교체 이후 상황은 급변했다. 중화의 언어가 오랑캐에 의해 오염되었다고 여겨지면서 지식인들의 중국어 학습 열기는 현저히 식어갔다. 물론 중국어가 오염되었다는 주장에 동의하지 않는 사람들도 있었다. 심지어 박제가는 "자기 말을 버리고 중국어를 택함으로써 조선이 오랑캐라는 글자를 면할 수 있다"고 생각할 정도였다.

중요한 사실은 중국어가 오염되었다고 생각한 사람도, 중국어를 배워 오랑캐를 면해야 한다고 주장하는 사람도 중국어가 지닌 중화 언어로서의 원래 지위를 부정하지 않았다는 것이다. 그런데 김정규는 중국어에 관한 그런 조선 후기의 정서로부터 거의 자유로웠던 것 같다. 그는 중국어가 중화의 언어인지 아닌지조차 관심을 두지 않았다. 중국어를 배워 구사하는 일은 다만 다른 나라의 언어에 물드는 일이며 한국 사상을 희석시키는 행위였다. 적어도 일기가 끝나는 1920년대 초까지만 하더라도 김정규가 중국어를 구사했다는 증거는 없다. 그는 다만 필담으로 민국의 관리들과 대화를 나누었다.

중화민국의 의관이 중화의 고제古制가 아니라 서양의 신식이라고 비판한 대목도 흥미롭다. 김정규의 논리에 따르면, 중화민국이 중화의 고제를 따르는 것은 중국의 정체성을 지키는 길이지만, 서양을 모방한 민국 정부의 의관을 가지고 중화를 높인다고 말하는 것은 사람들을 기만하는 행위다. 그는 아마도 중국이 중국의 정체성을 지켜야 하는 것처럼 동방은 동방의 정체성을 지켜야 한다고 말하고 싶었던 것 같다. 그에게 자국의 의관을 지키는 것은 자국의 정체성을 지키는 것을 의미하고, 자국의 정체성을 지키는 것은 국권을 회복하는 것을 뜻하기 때문이다. 중국 문화는 자국 문화와 충돌하는 경우도 있고 그렇지 않은 경우도 있다. 그런데 자국 문화와 충돌하는 중국 문화는 김정규에게 결코 인류 문화의 정수가 아니다. 다만 자국 문화의 정체성을 훼손하는 '불편한 문화'일 뿐이다.[32] 김정규의 입장에서 보면, 입적은 그 불편한 문화에 동화되는 행위이므로 절대 해서는 안 되는 일이었다.

공자의 가르침이냐, 조국의 독립이냐

신학문·신문명과의 투쟁

1907년경 함경도 경성 유학 지식인들에게 가장 중요한 문제는 '신학'新學과 '구학'舊學, 그리고 일진회一進會와 의병 등이었다. 이 문제들은 서로 연결되어 있었다. 그러나 신학과 구학이 학문에 관한 문제라면, 일진회와 의병은 정치적인 문제라는 점에서 결의 차이가 있다. 이 가운데 김정규가 우려한 것은 '신학'이었다. 신학문을 주장하는 사람들이 지역사회의 교육 헤게모니를 장악하기 위해 학교를 세우고 학생을 모집하기 시작했기 때문이다.[33] 엄밀한 의미에서 국가가 '신학'을 금지하지 않는 한 '구학'이 '신학'의 공세를 당해낼 방법은 없었다. 김정규 역시 이 상황을 불가항력으로 여겼던 것 같다. 그는 다만 이렇게 생각했다. "각자 제 갈 길을 가면 그만이다. 우리 학문에는 우리의 길이 있고, 저들의 학문에는 저들의 길이 있으니, 우리가 우리의 길을 간다면

---

32 김정규의 입장에서 보면 '서양의 의관을 채택한' 민국 정부가 그리 마음에 차지는 않았을 것이다. 그러나 그들이 이주 한인의 정체성을 훼손하지 않는다면 그가 상대하는 지방권력이 청조이건 민국 정부이건, 그들이 채택한 문화가 중화의 고제건 서양의 신식이건 큰 문제는 아니었다. 그에게는 청조도 중화민국도 다만 외국이기 때문이다.

33 김정규, 『일기』, 1907년 4월 19일(상, 12쪽).

금세今世의 죄인은 될지언정 성문聖門의 죄인은 되지 않을 것이다."[34]

그러는 사이에 송병준과 이용구 등이 주도하는 일진회가 함경도에까지 세력을 뻗쳐왔다. 김정규는 일진회 함경북도 지회장인 최기남崔基南을 눈여겨보았다. 그는 김정규와 같은 함경도 출신으로 지역사회에서 일진회를 대표하는 인물이었다. 1907년 7월, 김정규는 최기남이 서울에 가서 일본에 아첨하여 벼슬을 얻고서 일본군 100여 명을 이끌고 간도에 들어가 감찰부를 개설하려 한다는 소식을 전해들었다.[35] 감찰부란 통감부 간도파출소를 말한다.

얼마 뒤 김정규는 최기남이 간도에서 중국인 관원에게 체포되었다는 소식을 들었다. 시심詩心이 동한 그는 최기남을 비웃는 시를 한 수 지었다. 그중에 이런 대목이 있다. "검은 옷은 왜적과 같고 깎은 머리는 산승山僧과 마찬가지라네. 선왕先王의 제도는 무너지고 부모가 주신 발부髮膚는 훼손되었구나." 유학자에게 의복과 머리는 다만 복장이 아니라, 선왕의 제도를 지키는 일이자 효도의 근본이었다. 그러니 의복과 머리를 바꾼 채 '국민을 보호한다'고 말하는 것은 선왕의 제도를 무너뜨리고 효도의 근본을 버린 채 백성을 구제한다고 주장하는 것이다. 아무리 그럴듯하게 포장한다 해도 그 본질은 백성들을 속이는 행위일 뿐인 것이다.[36]

김정규가 최기남을 가장 먼저 비난한 것이 그의 '검은 옷과 깎은 머리'라는 사실에 주목할 필요가 있다. 필자는 김정규의 아이디어를 이렇게 읽는다. "검은 옷과 깎은 머리는 선왕의 제도를 버리는 행위다. 최기남이 선왕의 제도를 버린 것은 그가 개명開明을 추구했기 때문인데, 그 개명이야말로 신학의 종지이자 일본 침략주의자의 논리일 뿐이다. 지켜야 하는 것이 구학이며 선왕의 제도라면, 극복해야 하는 것은 신학과 신문명이며 침략주의 이데올로기다."

의병은 '구학'과 선왕을 지키기 위한 노력이 정치적으로 표현된 것이다.

34 김정규, 『일기』, 1907년 4월 29일(상, 14쪽).
35 김정규, 『일기』, 1907년 7월 8일(상, 24쪽).
36 김정규, 『일기』, 1907년 8월 10일(상, 24쪽). 黑衣倭賊同 髠首山僧是 先王制禮壞 父母髮膚毀 / 吾雖完固徒 汝忝大姓氏 自云保國民 演說欺人子 / 付倭囚邊方 開明胡不恥 苟能斥地方 何必類天記 / 我爲守舊黨 觀爾新民技 自古天厭穢 興亡從可觀.

헤이그 밀사 사건과 고종 퇴위, 정미 7조약과 군대 해산 등 조선의 정세가 더욱 급박해지면서 의병운동은 다시 전국적으로 퍼져나갔다. 함경도에서도 홍범도와 차도선을 중심으로 하는 의병이 일어났다. 일진회와 '신학'을 비판하던 김정규는 고향 경성과 명천 등지의 유학 지식인들을 규합하기 시작했다.[37] 그들이 의병을 일으키지 않을 수 없었던 것은 일진회의 친일행위가 국가의 존립을 위태롭게 했기 때문이다. 그런데 그들에게는 일진회를 이끌던 송병준이 민영환의 식객 출신으로 신학을 하는 사람이라는 사실, 이용구가 동학교도 출신이라는 사실도 중요했다. 김정규에 따르면, '신학'을 주장하는 사람들은 '무성誣聖의 무리'이며, 동학 출신자들은 '무군지배'無君之輩다.[38] 송병준과 이용구는 국가를 위태롭게 했을 뿐만 아니라, 선비의 정체성도 없으며, 신학과 개명만 추구할 뿐 유학적 가치관을 존중하지도 않았던 것이다.[39]

그사이 길주와 명천에서는 '짧은 머리를 한 관리'들이 '구학'舊學의 교장敎長들을 잡아다 수감하고 '구학' 학생들을 '신학'으로 보내는 일이 발생했다. 지역 유학 지식인들은 "분서갱유의 참사를 다시 보게 되었다"며 탄식했다.[40] 김정규는 '구학'에 대한 공권력의 위압적 태도에 문제를 제기하려면 조직화, 나아가 정치세력화가 불가피하다고 생각했다. 학문적 헤게모니를 조직적으로 지켜내는 일은 의병을 일으켜 일진회를 무너뜨리는 일만큼이나 중요했던 것이다. 그는 친구 지장회에게 보낸 편지에서 구학계舊學契를 결성하자고 제안했다. 그는 "반드시 당이 없는 것을 옳다 하고 당이 있는 것을 그르다고 할 필요는 없다"는 주자의 붕당론에서 조직화의 근거를 찾았다.[41]

연길과 강 건너 연변의 상황도 크게 다르지 않았다. 통감부 간도파출소가

---

37 윤병석, 앞의 책, 1996, 715쪽.
38 김정규, 『일기』, 1908년 5월 9일(상, 109쪽). 方今韓室擾亂 倭寇强盛 而聖朝一無盡忠奮義之臣 惟干賣國欺君之賊 故所謂十大臣 皆新學誣聖之徒 莫重觀察 又東學無君之輩也.
39 김정규에 따르면, 시천교侍天敎(일진회一進會)와 천도교天道敎는 모두 동학東學을 모태로 하는 종교인데, 동학이 유불선 일체를 내세우며 혹세무민을 일삼은 탓에 결국 유학이 쇠퇴하고 국가가 패망하게 되었다 한다(『일기』, 1911년 5월 2일(중, 142쪽)).
40 김정규, 『일기』, 1908년 4월 20일(상, 98쪽).
41 김정규, 『일기』, 1908년 5월 22일(상, 116쪽).

한인 보호를 명분으로 곳곳에 학교를 세우자, 청나라 지방정부 역시 학교를 세우고 '독서인讀書人을 위협하여 학도學徒로 채우는' 상황이 벌어졌다. 이주자 사회의 유학 지식인들로서는 자신들이 아무리 반청 의식이 없다 해도, 또 간도 영유권에 관심이 없다 해도 그냥 지나칠 수 없는 문제였다. 교육 대상으로 지목된 독서인은 바로 유학 지식인이었기 때문이다. '신학'을 거부하고 귀화에 반대하는 김정규가 이런 한인학교를 비판한 것은 당연한 일이었다.[42] 그가 이 상황을 한인에 대한 청일 간의 지배권 다툼으로 본 것도 흥미로운 대목이다. '신학'의 아이콘이라고 할 학교를 외세의 압박 수단으로 인식한 것이다. 그는 오록정에게 편지를 보내 이 정책을 철회해줄 것을 간곡하게 호소했다.[43]

당시 통감부는 대한제국의 모든 행정 사무를 장악한 뒤, 학교를 설립하고 철도와 수도를 부설하며 황태자를 일본으로 강제 유학시켰다. 이 소식을 들은 김정규는 탄식하며 말했다. "어제 경부京部의 명위를 잃더니, 오늘 군정軍政과 사법司法을 잃으며, 다음 날은 농업과 서무를 잃고 그다음 날은 황태자의 국사를 잃게 되었으니, 신학으로 개명해야 한다고 주장하는 자들은 이 소식을 듣고 무어라 할 것인가. 언필칭 보국안민保國安民이라 하면서 남의 재산을 속여 뺏고 헛되이 자기의 구체口體를 기르더니, 국가의 위망에 이르러서는 전혀 마음 쓰지 않고 편안하게 보니, 신학을 생각하니 부끄럽고 국가를 생각하니 애석하다."[44]

그는 각론상의 문제도 그냥 지나치지 않았다. "신학과 개명을 주장하는 사람들에게 교육은 성현의 말씀을 배우는 것이 아니라 다만 치발하고 역복하는 일이며, 그들에게 식산은 밭 가는 것이 아니라 다만 척지尺地하고 금산禁山하는 일이다. 그들은 법률을 강조하면서 거짓을 행하고, 자유를 부르짖으면서 일본을 따른다. 신학자들은 윤선輪船과 전포電炮를 만든다 하고 천상天象과 지

42 김정규, 『일기』, 1909년 9월 29일(상, 353~354쪽).
43 김정규, 『일기』, 1909년 10월 11일(상, 360~365쪽).
44 김정규, 『일기』, 1909년 9월 30일(상, 354~356쪽). 昨日失京部名位 今日失軍政司法 明日失農業庶務 又明日失太子國嗣 所謂新學開明者 觀此國報而以爲如何耶 言必稱保國安民 誑聚人家財産 徒養自己口體 至於國家之危亡 一不動心 晏然視之 吾爲新學羞之 吾爲國家惜之.

구地球를 안다고 하지만, 정작 중요한 것은 만들지 못하고 알지 못한다. 산수算數가 정확하다고 떠들지만 부정확한 곳이 많으며 국사國事를 깨끗하게 본다고 하지만 음탐하고 간특한 것을 이루 다 말하기 어렵다. 자강회自强會나 자치회自治會는 이름은 몸을 위하고 나라를 위한다더니 지금은 일본 헌병이 되었으며, 공립학교나 사립학교는 애국사상을 가르친다더니 모두가 일왕 만세를 외친다."[45]

'신학'에 대한 김정규의 비판은 거의 전면적인 것이었다. 그의 관점에서 '신학'이 애국사상과 보국안민을 구현하지 못하는 것은 '신학'을 주장하는 사람들의 한계이기도 하지만, 본질적으로는 인륜과 도덕의 중요성에 눈감은 신학의 한계라 해도 과언이 아니다. 그에게 '신학'과 개명을 주장하는 사람들은 일본이 권력을 강탈하는 장면을 구경하거나 혹은 적극적으로 돕는 자들이었으므로, 그들에게서는 어떤 가능성도 발견할 수 없다. 그에게 '신학'은 다만 공익公益을 표방하면서 사익私益을 추구하는 학문, 외세에 봉사하는 매국적인 학문일 뿐이었다. 타협 가능성이 전혀 없는 것이다.

1911년 9월, 김정규는 편지 한 통을 작성해서 청나라 지방정부 책임자에게 보냈다. 이주 한인들의 애로 사항을 청원하기 위해서였다. 처음 거론한 것은 권학원勸學員 혹은 찬성원贊成員들의 행패였다. 그들은 사숙私塾의 학생을 빼가고 교사를 폭행하고, 교재를 거두어가고 재정을 빼앗기도 했다고 한다. 김정규는 청나라 지방정부가 '구학'을 탄압하는 현실을 일본이 용정에 대성전을 지어 한인들에게 '구학'을 권장하는 상황과 대비시켰다. 그의 눈에 비친 일본의 정책은 동요하는 이주 한인들을 끌어들이기 위한 계략으로 진정성이 없었다. 정작 김정규가 말하고 싶었던 점은 그다음이다. 일본의 계략이 맞아떨어져 효과가 커지게 되면, 결국 한인들은 러시아나 일본의 관할 지역으로

---

45 김정규, 『일기』, 1909년 11월 21일(상, 434~435쪽). 至若言其教育 則不學□理 而徒薙髮易服而已 言其殖産 則不敎耕□ 反尺地禁山而已 名稱法律 而在其 □□□□ 號爲自由 而行其事 則從倭法□ □□□□ 必日造輪船電炮 而不能製一箇□□ □□學者 敢言天象地球 而其不知半箇□□ □算數者 言如張良復生 而見其尺量 則廣狹長短 多有不合 論國事者 淸如魯連再生 而見其行 則淫貪奸惡 難可形言 其曰自强會自治會 名雖爲身爲國 今爲日本憲兵 公立學校私立學校 言必愛國思想 皆呼倭王萬歲.

옮겨갈 것이다.[46]

한인의 관할권을 두고 청이 일본과 러시아를 경계하는 상황에서 한인들이 일본 혹은 러시아 관할 지역으로 이주한다면 청나라 지방정부도 타격을 입을 수밖에 없었다. 김정규는 이 상황을 잘 알고 있었고, 또 적절히 이용할 줄 알았다. 형식은 구학 탄압정책의 철회를 위한 청원이라고 하지만, 실제로는 벼랑 끝 전술에 가깝다. 그러나 상황은 달라지지 않았다. 권학원은 여전히 한인촌을 들락거리며 '이노'里老들을 협박하고 '요민饒民의 자제들'을 강제로 입학시켰다.[47] 유학 지식인들은 이 상황을 "치배들이 민국 지방정부와 짜고 모리謀利하는 행위"로 여겼지만,[48] 청원만으로 그들의 행위를 근절시킬 수는 없었다.

김정규와 유학 지식인들이 사숙개량회私塾改良會라는 조직을 결성한 것은 그 때문이었다. 이 모임이 의도한 것은 세 가지였다. 개량을 내세워 '신배'新輩들의 압제를 피하는 것, 한문을 읽혀 '오도吾道의 정맥正脈'을 지키는 것, 중심을 모아 뒷날의 쓰임으로 삼는 것이 그것이다. 취지서는 한문 이야기로 시작해 사숙의 중요성을 강조하는 것으로 끝난다. "한문은 성현의 말씀과 일상의 윤리를 포함한 모든 것을 담고 있다. 민국정부의 교과서도 한문으로 쓰여 있기는 하지만 이런 가치를 담고 있지 않으니 어찌 지엽枝葉의 발달을 기대할 수 있겠는가. 더구나 면마다 촌마다 학교가 세워진 것은 아니라서 한인들이 자제들을 학교에 보내려 해도 보내기 어려운 경우도 있다. 성현의 말씀과 강상윤리를 전하기 위해서라도, 이주 한인에게 교육 혜택을 넓히기 위해서라도 각 촌마다 사숙을 열지 않을 수 없다. 사숙에서 한문을 가르침으로써 우리의 정신을 만회하고 우리의 실지實地를 진보進步시켜야 한다."[49]

개량을 내세운다는 뜻은 학교의 의의를 제한적으로 인정할 수 있다는 의

46 김정규, 『일기』, 1911년 9월 4일(중, 284~286쪽).
47 김정규, 『일기』, 1912년 2월 13일(중, 379~380쪽).
48 김정규, 『일기』, 1912년 2월 14일(중, 380쪽).
49 김정규, 『일기』, 1912년 7월 10일(중, 402~404쪽).

미다. 학교의 교육 효과가 전혀 없다고 할 수는 없지만, 모든 지역사회에 학교가 있는 것도 아닌 데다 한문으로 쓰인 교과서조차 한문의 본질을 다루지 못하니 사숙에서 한문을 가르침으로써 그 한계를 넘어설 수 있다는 것이다.

학교에 대해 가져왔던 대결적인 자세를 누그러뜨리거나 사숙을 통해 '정신과 실지'를 함양할 수 있다고 말하는 것에서 치배들의 공세를 늦추려는 전략이 엿보인다. 그러나 상황은 녹록지 않았다. 김정규가 사숙개량회의 취지를 설명하기 위한 모임에 참석했을 때, 갑자기 총을 든 순초巡哨들이 들이닥쳤다. 유학 지식인은 다시 한 차례 민국 정부로부터 탄압을 받았다. 김정규는 '신학' 세력을 의심했다. 그들이 민국 지방정부에 사숙개량회 모임을 일진회 세력이라고 무고했다는 것이다.[50] 연길의 '신학' 세력과 유학 지식인이 서로를 일진회 혹은 친일파라고 몰아붙이는 상황에서 사숙개량회가 뚜렷한 성과를 내기는 어려웠다.

김정규는 사숙개량회를 포기하는 대신 비밀리에 22명의 참여자를 모아 사우계士友契를 결성했다. 여씨향약의 형식을 빌려 사숙개량회의 취지를 담은 조직을 만든 것이다.[51] 1912년 9월 15일, 마침내 신입회원 14명을 포함한 최초의 모임이 열렸다.[52] 그러나 그것으로는 민국 지방권력이 사숙을 탄압하고 입적을 권유하는 상황에 효율적으로 대처하기 쉽지 않았다. 김정규와 유학 지식인들이 공교회孔敎會에 눈을 돌리게 된 것은 바로 이즈음이었다.[53]

50 김정규, 『일기』, 1912년 7월 20일(중, 405~406쪽).
51 김정규, 『일기』, 1912년 8월 1일(중, 410~411쪽).
52 김정규, 『일기』, 1912년 9월 15일(중, 447쪽).
53 김정규 외에도 공자교에 관심을 보인 인물이 적지 않았다. 서울에서 활동했던 박은식은 대동교大同敎를 창립하여 유학의 종교화를 시도했다. 성주 출신인 이승희는 공자교 동삼성지회를 세웠으며, 함양 출신인 이병헌은 캉유웨이에게 직접 배웠다(김준, 「동아시아 시각에서 보는 근대 공자교운동」, 2011학년도 서울시립대-연변대 국제학술교류 동아시아 속의 한국학 발표자료집, 2011). 그 밖에 안동 출신 유교 개혁론자인 이상룡, 유인식, 송기식 등의 저작에도 공자교의 흔적이 묻어 있다(김종석, 「근대 안동지역 유학자들의 공자교 수용 양상」, 『안동학연구』, 7, 2008). 출신이나 활동 지역만으로 본다면 박은식을 제외하고는 모두 지방 지식인이지만, 유학의 학문적 지형도에서 보면 이들은 모두 주류 지식인에 해당한다.

공자를 들어 조국을 가리키다

1913년 7월 6일, 김석여金錫汝와 최공일崔公一 등이 김정규를 찾았다. 두 사람은 중화공교회中華孔敎會와 연락해보자는 아이디어를 냈다.[54] 유학 지식인들은 공교회잡지孔敎會雜誌를 통해 북경공교회의 취지와 회규 등을 검토한 뒤[55] 민국 지방정부에 지부 발기 사실을 알리는 문서를 보냈다.[56] 1913년 11월 19일, 마침내 북경공교총회의 지부 형태로 간도공교회가 출범했다.[57]

처음 캉유웨이康有爲가 유교의 종교화를 제창했을 때, 그것은 출발부터 정치적인 것이었다. 캉유웨이는 서양의 부강함과 강성함 뒤에 국민정신을 통일한 기독교가 있다고 보고, 종교의 형식을 빌려 근대적 국민을 만들어내려 했다.[58] 위안스카이의 생각이 캉유웨이와 같지는 않았을 테지만, 적어도 공교회를 정치적인 맥락에서 생각한 점에서는 큰 차이가 없다. 그런 점에 비추어보면, 연길 이주자 집단의 유교 지식인들이 공교회를 추진하면서 단순히 유학의 종교화만을 의도했다고 보기는 어렵다.

이 문서는 "종교는 도덕을 닦는 기준이며, 도덕은 국가를 세우는 기본"이라는 말로 시작한다. 메시아에 대한 신앙은 종교를 도덕과 국가의 맥락에서 바라보는 김정규 등에게 결코 절실한 문제가 아니었다. 그의 입장에 서서 보면, '화華와 한韓'은 같은 종교를 가져왔으며 국민정신도 같다고 할 수 있다. 따라서 민국 정부가 공교를 국교로 삼고 학교에서 공자를 제사 지내게 한 것은 중국을 위해서도 좋은 일이지만, '오민'吾民을 개도할 기회이기도 했다.

공교가 공자의 가르침을 전하는 것인 한 당연히 유교문화권 안에서는 공유될 수 있는 자산이다. 김정규도 그 사실을 잘 알고 있었다. 그러나 그에게는

---

54 김정규, 『일기』, 1913년 7월 6일(중, 496쪽).
55 김정규, 『일기』, 1913년 8월 13일(중, 501~504쪽).
56 김정규, 『일기』, 1913년 9월 2일(중, 506~508쪽). 報延吉上下官吏: 竊惟宗敎是修道德之範圍 道德是立國家之基本 (중략) 現有中國識時諸君子 提唱孔敎會名 (중략) 賀中國大勢之速達 而喜吾民之因此可達也 何則 華與韓同一宗敎 而國民精神 自歸一轍.
57 최봉룡, 앞의 글, 2008, 248쪽.
58 민두기, 「강유위의 개혁운동(1898)과 공교－康은 왜 공교에 끝까지 집착하였는가」, 『역사교육』, 36, 1984, 152쪽.

공자가 '화'華와 '한'韓에 공유되고 있다는 사실도 중요하지만, 화와 한이 엄연히 별개라는 사실은 더 중요했다. 강상윤리를 재확립하는 것도 중요하지만, 사숙 탄압과 입적 강요라는 난관을 헤쳐나가고 '한국 정신'을 지키는 것은 더 중요한 문제였다. 김정규에게 공교지회는 그런 것이었다.

실체를 드러낸 간도공교회 발기 모임에 대한 연길 한인 사회는 어떤 반응을 보였을까. 김정규는 간도공교회에 동조하지 않는 사람들을 세 갈래로 구분했다. 유교가 확장되는 것을 꺼려 지회를 음해하려는 유신파維新派는 뭐니뭐니 해도 가장 강력한 반대세력이었다. 급진파와 방관파도 있었다. 유교가 유약하다는 이유로 별도의 자강책을 모색하던 사람들이 급진파라면, 교회라는 명칭을 꺼려 찬동하지 않는 사람들은 방관파였다. 김정규는 적어도 급진파와 방관파를 깨우쳐 공교회에 합류시키는 것이 급선무라고 생각했다.[59]

유신파는 간민회와 그 지도자 김약연을 가리킨다. 학교 교육, 의무금 부과, 입적 문제를 둘러싸고 유학 지식인들과 심각한 갈등을 빚어온 간민회로서는 유학 지식인이 추진하는 간도공교회를 고운 눈으로 바라볼 리 없었다. 1913년 12월, 간도공교회가 길신여학교 건물을 빌려 강연회를 개최했을 때, 간민회 회원들이 장소를 빌려준 정안립을 끌어내 구타한 사건이 일어났다. 그러자 공교회와 간민회 세력이 서로에게 친일 딱지를 붙이며 고소 고발했다. 길림동남로관찰사 도빈은 "도덕을 양성하려는 공교회의 주장과 법률을 연구하고 언어를 동일하게 하려는 간민회의 취지가 충돌하지 않는다"며 사건을 무마하려 했다.[60]

도빈의 입장은 본질을 호도한 측면이 있다. 간도공교회는 시종일관 입적을 반대했다. 그들이 주장하는 도덕은 그 자체가 최종적인 목적은 아니었다. 그들은 도덕의 부흥을 통해 '한국 정신'을 확립하려 했다. 그들은 결코 중국

59 김정규, 『일기』, 1913년 9월 10일(중, 512쪽). 一維新派 忌我儒敎之廣張 而方欲暗害也 一急進派 笑我儒門之柔弱 而分欲自强也 一傍觀派 厭於敎會之名稱 而不欲贊同也 (중략) 不爲則已 旣欲有爲 莫若使急進傍觀二派耳 提之面命之期 歸於一轍然後 務眞理待天命而已.
60 최봉용, 앞의 글, 2008, 249쪽.

어를 쓰려고 하지 않았으며, 그런 점에서 '언어를 동일하게 하려는' 간민회와 타협할 수 없었다. 도빈이 간도공교회의 본질을 꿰뚫어보지 못한 것일 수도 있다. 그러나 알았다 해도 그에게는 다른 선택지가 없었다. 그는 입적을 받아들인 간민회를 보호해야 했지만, 동시에 국교화된 공교를 표방하는 간도공교회 세력을 승인하지 않을 수 없었기 때문이다.

급진파와 방관파를 합류시켜 공교지회에 참여시키는 것은 사우계의 조직적 한계를 뛰어넘는다는 의미도 있었다. 그러나 그것으로 충분하지 않았다. 사숙개량회의 문제의식을 계승하면서 교육 문제에 관한 대안을 모색할 필요가 있었다. 유학 지식인들이 간도공교회가 공식적으로 출범하기도 전에 국자가에 대성학교를 열기로 결정한 것은 그런 이유에서였다.[61] 1913년 11월 12일, 마침내 현장縣長이 참석한 가운데 대성학교가 문을 열었다. 대성학교는 간도공교회의 본거지이자 교육기관이었다. 김정규는 학교 교육의 정상화를 위해 교재 출판을 고민했으며,[62] 성전聖殿 건립에 관한 논의를 주도했다.[63]

이즈음 유럽 국가들 사이에서 일어난 전쟁이, 일본이 독일을 상대로 해서 싸운 일을 계기로 세계대전으로 비화되었다. 중국인들이 발행하는 신문을 통해 세계정세의 동향을 예의 주시하던 김정규는 요동치는 국제 정세를 조선 독립을 위한 천재일우의 기회로 여겼다. 일본이 세계대전에 휘말렸다면 조선에 신경 쓸 여력이 없을 것이며, 적어도 통치에 균열이 생길 가능성이 있기 때문이다. 민족해방운동이 일어난다면 그 효과는 배가될 것이 분명했다. 그러나 국내외에서 이러한 국제 정세를 활용하여 독립투쟁을 벌이고 있다는 소식은 들리지 않았다.[64]

그가 희망을 건 것은 간도공교회였다. 공교회를 통해 독립의 가능성을 볼

---

61 김정규, 『일기』, 1913년 11월 3일(중, 527쪽).
62 김정규, 『일기』, 1914년 3월 13일(중, 587쪽).
63 김정규, 『일기』, 1914년 윤5월 6일(중, 638쪽).
64 김정규, 『일기』, 1914년 10월 1일(하, 21~22쪽). 近聞歐洲風雲 日甚又日變 始而奧塞失和 繼而俄援塞 德援奧 英法聯俄又拒德 是則種族戰爭也 又繼而日本崛起東方 赴於靑島 而然後之加入戰團者 共有九國 可謂世界大戰爭也 此實安危存亡之秋 而其在吾人 則果難得易失之會也 然而南北寥寥 前顧茫茫 言念及此 寧欲無生 惟有可望者 孔敎之復行於中洲 而支會之隨設於此墾也.

7부 중화세계관이 그린 마지막 궤적   541

수 있다고 여겼을 것이다. 그렇다면 그가 바라보던 목표 지점은 공자의 가르침인가, 조국의 독립인가. 그는 공자를 지키기 위해 조국을 필요로 한 것이 아니라 조국을 지키기 위해 공자를 필요로 했으며, 중화세계의 재건을 위해 공자를 필요로 했던 것이 아니라 조국 독립을 위한 정신적 단결을 위해 공교회 지회를 필요로 했던 것이다. 조선의 유학 지식인들은 예외 없이 중화세계의 보편적 가치를 굳게 믿었다. 조국의 독립과 중화세계는 동전의 양면과 같았지만, 궁극적으로 그들이 추구한 것은 중화세계의 재건이었다. 김정규의 스승인 유인석도, 그리고 심양에서 동북삼성공교회를 설립한 이승희도 예외가 아니었다.[65] 그런 점에서 김정규의 인식은 매우 특별하다.

1916년 5월 6일 공교를 국교화했던 위안스카이가 사망했다. 이 소식은 연길에도 빠르게 전파되었다. 김정규가 소식을 들은 것은 5월 18일이었다. 김정규의 눈에 비친 위안스카이는 겉으로는 오족협화를 말하면서도 속으로는 황제가 되기 위해 자치입헌법을 폐지한 인물, 그리고 공교를 국교화하여 사민士民의 마음을 위로하고 복고에 뜻을 둔 인물이었다.[66] 간도공교회를 주도한 인물이 공교회 국교화를 시행한 사람에 대해 내린 평가 치고는 꽤 냉정한 것 같지만, 공교의 국교화가 간도공교회에 우호적인 환경으로 작용했을 것은 분명하다. 역으로 말하면 위안스카이의 죽음은 간도공교회로서도 위기의 시작이 될 수도 있었다.[67]

김정규는 간도공교회를 세우고 성전 건립 사업을 추진했을 뿐만 아니라, 유학 지식인들을 모아 공자의 가르침이 들어 있는 고전들을 강독했다. 그러나

65 한주학파의 적자인 이승희는 중화의 도통을 보존하는 문제를 민족이나 국가보다 우선시했다. 그는 신해혁명을 중화의 진정한 회복으로 보지 않았다. 신해혁명이 중화의 도통과 예악제도를 회복한 것이 아니라고 생각했기 때문이다. 이승희가 가졌던 중화 관념과 민족 인식에 대해서는 王元周, 「1910년대 전반기 한계 이승희의 중화사상과 민족 인식─신해혁명에 대한 중국인 이문치와의 논쟁을 중심으로」, 『역사교육』, 103, 2007 참조.
66 김정규, 『일기』, 1916년 5월 18일(하, 302~303쪽). 外言五族協和 內懷皇帝主意 破自治立憲法 又電飭各省 設立孔教會 崇拜之 尊祠之 以慰士民之心 而似有復古之意耳 今已薨逝耶 想中政府 一番大擾也.
67 위안스카이 사후 국회가 다시 개설되었고, 캉유웨이는 다시 공교회의 중심이 되었다. 그는 공교총회에서 회장에 당선된 이후 공식적으로 공교의 국교화를 다시 요구했지만, 끝내 뜻을 이루지 못했다(張頌之, 「孔教會始末彙考」, 『文史哲』, 304, 2008, 64쪽).

위안스카이의 몰락으로 공교가 국교로서의 지위를 잃은 상황에서 연길공교회 내부로부터 '공교를 유신해야 한다'는 주장이 나오기 시작했다. 핵심은 신학문을 배척할 필요가 있느냐는 것이었다. 김정규는 유신을 주장하는 세력들이 공교가 국교로서의 지위를 잃은 사이에 관의 위세를 빌려 공교의 교육 내용을 바꾸려 한다고 생각했다. 그의 일기에는 이런 상황에 대한 불만과 분노가 가득하다.[68] 그는 공교회 모임에 참석할 때마다 이 문제에 대해 논쟁을 벌였다. 그러나 '겉으로는 유학을 한다고 하면서 속으로는 신학문을 하는 무리들'이 늘어나는 상황을 되돌리기에는 역부족이었다.[69] 공교회는 점차 김정규가 생각하는 방향과는 다른 쪽으로 흘러가기 시작했다.

김정규에게 공교회에서 사서오경을 읽는다는 것은 무슨 의미일까. 그는 이렇게 말했다. "우리 의관衣冠을 보존하고 우리 정신精神을 면려하며, 아이들을 교육하여 그 나아갈 바를 알게 하고 조국에 관한 사상을 잊지 않게 하는 것이다."[70] 그의 입장에서 보면 무엇보다 중요한 것은 공교지회를 통해 이주자 사회의 유학 지식인들을 결집시키고 그 아이들에게 '조국'을 잊지 않게 하는 일이었다. 보편적 가치인 공자의 가르침은 그에게는 '조국'이라는 달을 가리키는 손가락이었을 뿐이다. 신학문은 제대로 된 손가락 역할을 할 수가 없다. 그러니 손가락을 보지 말고 달을 보아야 하며, 그 손가락이 제대로 된 손가락인지도 살펴야 한다.[71] 김정규의 메시지는 그런 것이었다.

조선과 기자를 지우려 했던 김정규, 조국 정신에 입각해 귀화를 반대하던

---

68 김정규, 『일기』, 1916년 6월 1일(하, 312쪽). 卒之 直道不容 袁總統今已薨逝 又聞有維新者流 改頭換面 附官挾勢 欲以新學雜之 拒之不得 其將奈何.

69 김정규, 『일기』, 1916년 8월 9일(하, 361쪽). 今日嗜新厭常之輩 出入會中 欲以新學雜之 雖有一二好古之君子極力衛道扶敎 固不能顯言拒絕 而陽儒陰新之徒 又從而和之.

70 김정규, 『일기』, 1916년 6월 1일(하, 314쪽). 保我衣冠 勵我精神 敎我子弟 使之知其趣向之方 而欲勿忘祖國之思想矣.

71 유학 지식인이 신학문에 대해 거부반응을 보인 것이 이상한 일은 아니다. 그러나 연길 이주민 사회에서 신학문의 선봉장이라고 해야 할 김약연 자신이 유학자 출신일 뿐만 아니라 연길공교지회 내부에서도 신학문의 필요성에 공감한 유학자가 있었다는 사실을 감안한다면, 유학자이기 때문에 신학문에 거부반응을 보일 수밖에 없었다고 말하는 것은 설득력이 떨어진다. 김정규에게는 이미 입적 문제를 둘러싸고 간민회와 갈등을 빚었던 경험이 있다. 그가 일체의 신학문에 대해 일말의 타협 가능성을 남겨두지 않았던 것은 이런 트라우마와 무관하지 않을 것이다.

김정규, 신학문에 대해 투쟁하던 김정규, 그리고 공자로 조국을 가리키던 김정규. 이는 물론 김정규만의 문제의식은 아닐 것이다. 그와 문제의식을 같이했던 1910년대 연길 이주자 사회의 유학 지식인들의 생각이기도 하다.

공교회의 주도권을 상실하면서 김정규의 활동 공간은 크게 줄어들었던 것 같다. 유학 지식인을 조직화하는 일도, 유학 교육을 통해 '의관을 보존하고 정신을 면려하며 조국 사상을 깨우치는 일'도 어느 것 하나 마음대로 되지 않았다. 그러던 차에 이주자 사회에도 3·1운동의 기운이 꿈틀거리면서, 연길과 연해주를 아우르는 독립군을 조직하려는 움직임이 나타나기 시작했다. 국면 전환의 기회를 맞은 김정규는 이주자 사회의 유학 지식인들을 결집하여 의군義軍을 편성하고, 연해주 의병 세력과 제휴하여 의군부義軍府 결성을 추진했다.[72]

그는 이즈음 대한민단총부大韓民團總部의 명의로 작성한 「통유문」通諭文 초안에서 이렇게 말했다. "지구상에 수많은 민족과 국가들이 있는데 왜 어떤 나라는 흥하고 어떤 나라는 망하는가. 혹자는 지리 때문이라 한다. 그렇다면 지금의 동국東國 산천은 옛날의 동국 산천인데 왜 고구려나 발해에서만 영웅이 나온 것이며, 옛날의 소중화는 지금의 대한국大韓國인데 왜 충후예의忠厚禮義의 민족이라는 명예는 지금 땅에 떨어진 것인가. 혹자는 또 영웅 때문이라 한다. 그렇다면 알렉산드로스가 나왔는데도 마케도니아는 왜 먼지가 되었고, 칭기즈칸을 배출했는데도 지금 몽골은 왜 저리 숨을 헐떡거리고 있단 말인가. 지리도 영웅도 아니라면 무엇 때문인가. 무릇 나라는 백성이 쌓여 이루어지니, 나라에 백성이 있는 것은 몸에 사지四肢와 근맥筋脈이 있는 것과 같다. 사지가 아프고 근맥이 끊어지면 몸을 보존할 수 없듯이, 인민人民이 겁이 많고 흩어져 있으면 그 나라는 능히 설 수 없다. 몸이 건강하려면 의약이 필요하듯이 나라가 다시 서려면 인민들이 단결하지 않으면 안 된다."[73]

국가주의의 기치 아래 이주자 사회를 조직화하려는 목적의식이 잘 드러난 글이다.[74] 그러나 의군 혹은 의군부라는 명칭에서 드러나는 것처럼 유학 지식

---

72 윤병석, 앞의 책, 1996, 718쪽.
73 김정규, 『일기』, 1919년 12월 1일(하, 599~600쪽).

인 김정규에게 독립운동이 의義를 실천하는 과정이었다는 사실은 여전히 중요하다. 그에게 '의'란 '충후예의한 민족'의 특징을 반영하는 것이며, 그에게 '소중화'란 제후국의 표상이 아니라 '의를 간직한 민족'의 아이콘일 뿐이다.[75] 대성중학교의 설립을 주도한 김정규는 단 한 번도 '대한국'의 백성이 아닌 적이 없었다. 공자를 들어 조국을 가리키는 것. 김정규에게 공자와 대종교, 나아가 중화와 중화세계는 그런 의미였다.

---

74 국가와 인민의 관계에 관한 문제의식이나 알렉산드로스의 사례야말로 신학문을 통해 획득한 지식일 것이다. 그런 점에서 신학문을 배척한 김정규조차 신학문의 간접적인 세례를 받았다는 사실은 흥미로운 대목이다. 그는 전신 설비의 혜택을 누렸으며, 중국인들이 간행하는 신문을 읽고 격동하는 국제 정세를 파악하기도 했다.

75 김정규, 『일기』, 1919년 12월 1일(하, 599쪽). 今之東國山川 是古之山川 而高句麗渤海國人族 何獨占其雄 古之小中華 是今之大韓國 而忠厚禮義民族 已墜其譽.

2장. 유인석, 유교적 동양론을 제기하다

조선은 황제국이 될 수 있는가: 중화세계와 화동華東

변경의 유학 지식인 김정규가 만난 사람들 중에는 의병운동의 아이콘이라고 해도 좋을 유인석도 있었다. 김정규가 십삼도의군에 참여한 것도 유인석이 말하는 '의'義에 동의했기 때문일 것이다. 그러나 유림의 대표라 할 수 있는 유인석의 문제의식은 공자를 들어 조국을 가리키려 한 김정규의 생각과 같을 수 없었다.

1902년 관서 지역의 유학 지식인들이 숭화재崇華齋를 짓고 숭화계崇華契를 결성하자, 유인석이 숭화계의 서문을 쓴 일이 있었다. 서문은 "하늘에 음양이 있듯이 땅에는 화이가 있다"는 말로 시작하여, "중화를 높이고 이적을 물리쳐야 한다"는 말로 끝맺는다. 유인석의 논점은 이런 것이다. "중화는 인간이 세상에 태어나서 추구해야 할 가장 소중한 가치지만, 시대에 따라 성쇠가 있었다. 원나라와 청나라가 중원대륙에서 중화를 단절시키자 소중화인 아동我東이 그 맥을 이었으나, 그나마 이제 위기에 처하게 되었다. 중화가 위기에 처했을 때 성현들이 늘 대의를 존양하는 데 힘을 쓰셨던 것을 본받아 지금 관서關西의 사람들이 숭화의 뜻을 담아 숭화재를 짓고 공자·기자·주자·송자(송시열)·이항로를 모셨다. 관서는 기자가 임금을 한 곳이며 소화가 근본한 땅이니, 중화를 높이고 이적을 물리치는 데 마음을 합쳐야 할 것이다."[76]

중화세계의 재건에 관한 유인석의 문제의식을 가장 선명하게 보여주는 글은 「우주문답」이다. 유인석은 1912년 블라디보스토크 근교에서 이 논설을 집필했다. 유인석은 가장 먼저 '중국'이 '중국'인 이유를 말하는 것으로 글을 시작한다. 중화세계의 본질이 초월적인 가치를 지닌 것임을 주장하기 위해서는 그것을 가장 먼저 해명해야 하기 때문이다. 그가 실마리로 삼은 것은 지리와 풍기다.

그에 따르면, 대지의 한가운데 '중국'이 있다. 대지의 한가운데 있기 때문에 풍기가 일찍 열리고, 사람이 나고 나라가 열리는 시점도 가장 이르다. '중국' 주변으로 '외국'이 있는데 그 주변적인 위치 때문에 풍기가 늦게 열리고, 나라도 뒤에 열리는 차이가 있다. 이치와 형세상 그렇게 되지 않을 수 없다. 지구의 모양이 달걀과 같은데 어찌 중심과 주변의 구분이 있겠느냐고 질문할 수도 있을 것이다. 물론 달걀은 둥글다. 그러나 염통, 배, 날개, 발이 각각 모양을 갖추고 있으니 달걀 또한 중심과 주변이 있는 것이다. '중국'은 정중앙에 있으므로 상달을 행하니, 상달이란 도리에 이르는 것이다. '외국'은 치우친 주변에 있으므로 하달을 행하니 하달이란 형기에 이르는 것이다. 상달이 '중국'의 장기라면 하달은 '외국'의 장기다. 그 장기가 서로 다른 것은 풍기와 품격이 다르기 때문이니, 이미 크게 나뉜 이것들을 바꿀 수는 없다.[77] 대지를 달걀에 비유한 것은 사실상 그의 스승 이항로가 구사한 이광지의 논리이기도 했다.[78]

유인석의 논리에 따르면 '중국'이 '중국'인 것은 지리와 풍기에 의해 이미 결정된 것이다. 따라서 '도리에 상달하기 때문에 중국'이 아니라 '중국이어서 도리에 상달'하는 것이다. 그렇다면 '중국'을 '중국'이게 하는 상달이란 무

---

76 김정규, 『일기』, 1912년 1월 8일(중, 366~369쪽).
77 유인석, 『의암집』, 권51, 宇宙問答. 大地有中國 中國中者也 故風氣早開 人而國焉 居先而極久矣 有外國 外國邊者也 故風氣晩開 其引國焉 居後未久而參差矣 此其理勢有不得不然也 人曰地形如雞子之圖圖 豈有中邊之分 是不知雞子圇圇 而心腹翅足 森具其形 自有其中邊也 中國國以正中 其爲也上達 上達達乎道理也 外國國以偏邊 其爲也下達 下達達乎形氣也 上達中國之長技也 下達外國之長技也 上達下達 長技之異致 出於風氣稟格之自異而爲然也 此其大分而有不可移易也.
78 임종태, 앞의 글, 1999, 82쪽.

엇으로 이루어지는가. 제왕의 대통, 성현의 가르침, 강상윤리와 의발 제도 등
네 가지다.[79]

　'중국이어서 상달해야 하는' 그 당위가 현실에서는 왜 전혀 실현될 전망
이 보이지 않는 것인가. 유인석의 고민이 여기에 있었다. '중국'은 지극히 쇠
약한 운세를 맞았고, '외국'은 극도로 강성한 형세를 보이고 있다. 이 현실을
극복하고 '중국'이 강해지기 위해서는 어떻게 해야 하는가. '중국'의 장기인
도리를 회복하는 것이야말로 근본적인 방법이다. 그렇다면 서양의 장기는
'중국'이 강해지는 데 전혀 무의미한가. 그렇지는 않다. 도움이 되는 면이 전
혀 없는 것은 아니기 때문이다. 더구나 그중 대부분은 이미 오래전 '중국'에
서 쓰던 것들이므로 '외국'의 장기를 가져다 '중국'을 강화하는 것을 거부할
이유는 없다. 그러나 '외국'의 장기를 모두 받아들여야 할 이유는 없다. 무엇
이 시급한지를 잘 판단해서 제한적으로 활용하면 된다. '중국'을 강하게 하기
위해서는 우리의 장기인 도리를 두터이 하고 저들의 장기를 일부 빼앗아오는
전략을 취할 필요가 있는 것이다.[80]

　유인석은 '외국'의 장기를 이미 '중국'에서 있었던 아이디어라는 식으로
합리화하고, 그런 합리화의 토대 위에서 '외국'의 장기를 제한적인 범위에서
활용할 수 있다고 주장했다. 이 논리가 특별히 새로울 것은 없다. 서양 천문지
리 지식이 동양 사회에 유포되었을 때, 명청 지식인과 조선 지식인들 사이에서
"서양 과학은 '중국'에서 기원했다"는 식으로 말하는 경우가 있었기 때문이다.

　유인석의 주장은 언뜻 동도서기론 혹은 중체서용론을 연상시킨다. 그러나
'외국'의 장기에 대한 유인석의 생각은 동도서기론과는 같지 않다. 그는 이렇
게 말했다. "어떤 이는 '중국'의 도를 체로 삼고 '외국'의 법을 용으로 삼는다
고 하는데, 이것은 이치가 닿지 않는 말이다. 체와 용이 본래 하나의 바탕인

79　유인석, 『의암집』, 권51, 宇宙問答. 所以爲中國 擧其大有四 曰帝王大統 聖賢宗教 倫常正道 衣髮重制 四
者立則百度萬事次第擧矣.
80　유인석, 『의암집』, 권51, 宇宙問答. 今中國當極衰極弱之運 外國持極盛極强之勢 (중략) 今中國用古所極
得我長技而致强矣 彼外國長技 抑其有勢 須所用者 是中國盛古之時 無所用而不爲者也 今不當盡用 取其中
所急難無者而用之可也 旣教我長技 又奪彼之長技 我益强矣 是則可爲也.

데, 어찌 '중국'의 도와 '외국'의 법을 섞어 하나의 바탕으로 하겠는가. 저들을 적대하기 위해서 적들의 것을 취할 뿐이니, 그것은 부득이한 데서 나온 것이다.[81] 유인석의 논리로 말한다면, 동도서기론자들이 결코 하나의 바탕일 수 없는 도리와 형기를 하나의 바탕이어야 할 체와 용에 배당하는 것은 일종의 형용모순이다.

'중국'에 대한 유인석의 설명은 최익현이 구사한 논리와 다르지 않다. 1898년 66세의 최익현이 올린 사직 상소에는 화이의 구별이 지리와의 관계 속에서 논의되고 있다. 최익현의 논리는 천지의 개벽으로부터 시작된다. 천지가 개벽할 때 위로 올라간 기운은 하늘이 되고 아래로 내려간 기운은 땅이 된다. 이 시점에서는 사람과 만물의 구별은 있지만 화이의 구분은 없다. 천지가 열리는 과정에서 중요한 것은 천지가 처음 생기는 방위다. 12방위로 본다면 하늘은 정북쪽 자子 방위에서 열리고, 땅은 자와 가까운 축丑 방위에서 열린다. 말하자면 북방은 천지가 처음 열리는 방위이며 또한 음양이 먼저 생겨난 방위다. 따라서 크고 맑은 기운이 모두 여기에 모여 성인이 나오게 된다. 최초의 성인은 삼황오제이며, 그 자리는 지금의 중원대륙이다. 성인은 이곳에서 문명을 일으키고 사람들을 교화시켰다. 반대로 이적은 이미 천지의 궁벽한 곳에 있으므로 산천과 풍기가 자연히 고르지 못하다. 그런 이유로 이적의 땅에서 난 사람들은 정대함이 없고 사기가 많다.[82]

최익현의 논법에 따르면 천지가 열리는 방위와 그 땅의 기운이 이미 중화와 이적을 결정한다. 이런 식이라면 동이로 불리던 조선은 결코 이를 벗어날

---

81 유인석, 『의암집』, 권51, 宇宙問答. 或曰 以中國之道爲體 以外國之法爲用 是則語不成理 體用自是一原 豈以彼此爲一原 爲敵彼而取彼而已 其出不得已也. 18세기 말 청나라 문물을 도입하거나 북학을 해야 한다고 주장한 조선 지식인들이 주자학이 가진 정학으로서의 지위를 부정했다고 단정할 수는 없다. 그렇다면 '외국'의 장기를 제한적인 범위 내에서 활용할 수 있다고 하는 유인석의 아이디어는 근본적으로 청나라 문물을 도입해 중화문화를 강화하려 했던 18세기 말 지식인들의 구상과 본질적으로 다르지 않다고 볼 수도 있지 않을까.

82 최익현, 『면암집』, 권4, 疏, 辭議政府贊政疏(再疏). 升者爲天 降者爲地 南北爲樞 東西爲維 而人物生於 其中 固無執華執夷之分矣 然天開於子 子者 北方之位也 地闢於丑 丑亦北方之位也 北方旣爲天地始生之位 而陰陽二氣 亦先生焉 故正大淸秀之氣 皆聚於是 而聖人生焉 如五帝三王是也 卽今中原之地也 (중략) 至於 夷狄 旣處天地極偏之地 山川風氣 亦隨以不均 是以其人之生 少正大而多巧詐.

수 없다. 그런데 최익현이 상소에서 화이의 구별을 강조한 것은 서양과 일본의 도전으로부터 조선의 문명을 보호하기 위해서다. 조선은 중화, 서양과 일본은 이적에 배치되어 있는 것이다. 화이가 지리적으로 결정된다는 원리와 조선이 '화'라는 주장 혹은 청나라가 중원을 지배하는 현실은 충돌할 수도 있다. 최익현은 이 논리적인 모순을 해결하기 위해 운세運勢라는 변수를 끼워넣었다.

최익현의 논리는 대략 이런 것이었다. "화이의 갈림길은 천지가 열릴 때 이미 지리적으로 정해진 것이지만, 현실은 늘 땅의 속성대로 유지되지 않는다. 오랑캐가 들어와 중원대륙을 차지한 것은 운세가 그렇기 때문이다. 명청 교체 이후 200여 년이나 조선이 중화를 보존해온 것은 다행스러운 일이다. 이제 중원에 중화국가가 없는 현실에서 조선은 문화적으로 중화가 된다. 따라서 조선에 대한 도전은 중화에 대한 도전이다."[83]

최익현과 유인석의 시야에서는 문제를 포착하는 계기도, 대안을 제시하는 지점도 언제나 중화다. 자국에 닥친 위기는 엄밀한 의미에서 '자국에서 유일하게 보존되고 있는 중화문화의 위기'로 여겨진다. 이런 논리라면, 자국을 구하는 것은 이적을 물리치기 위해 필요한 일이며, 이적을 물리치는 것은 중화를 보존하기 위해서 필요한 일이다. 두 사람이 궁극적으로 말하려고 한 것은 중화의 보존, 나아가 중화세계의 재건이었다.

'화동'華東은 유인석이 중화세계를 묘사할 때 즐겨 쓰던 단어다. 이항로가 김평묵과 유중교柳重敎에게 명해 짓게 했다는 『화동송원사합편강목』華東宋元 史合編綱目에서 취한 용어다. 화동은 말할 것도 없이 '중국'과 조선을 가리킨다. '중국'은 중원대륙에 들어서야 할 가상의 중화국가다. 금수로서의 서양이 등장한 상황이지만 현실의 청나라를 이적이 아니라고 할 수는 없다. 그러니 화동의 범주에 청이 들어갈 수는 없는 일이다. 화동은 대와 소에 어울리는 분수와 의리가 있으니, 마치 종가宗家와 지가支家의 관계와 같다. '중국'과 조선

---

83 최익현, 『면암집』, 권4, 疏, 辭議政府贊政疏(再疏). 嗚呼 自皇明屋社 滿虜之汙穢中原 今已二百有餘年矣 天下極否之運 盖莫有甚於此者 而于時我東 獨保華夏之舊章 衣冠禮樂 庶幾有三代之風 是以中原義士之馳誠 我國者 至于今不衰.

은 문명의 기운을 받아 나라가 열리는 시점에 이미 인종과 윤리와 예악이 같았다. 유일하게 다른 점이라고는 지리적 위치뿐이었다.[84]

유인석의 시야에서 보면 종가와 지가의 관계는 역사에서도 온전히 확인된다. 요임금이 나라를 세우자 단군이 왕이 된 것은 '중국사'와 '동국사'의 조화가 시작되는 장면이다. 그렇다면 문명으로서의 '동국사'는 언제 시작되었는가. 우임금이 도산에서 제후를 모았을 때 부루가 거기 참여함으로써 시작된 문명의 조짐은 기자가 동쪽으로 와서 교화를 펼침으로써 만개했다. 문명을 본질로 하는 역사인 한, '중국'을 높이고 오랑캐를 배척하는 존화양이는 문명과 동의어가 된다. 주원장이 명나라를 세우자 이성계가 그 대의를 따라 제후국이 되었으며, 신종 만력제는 왜란으로 위기에 처한 조선을 구원하여 '재조의 은혜'를 베풀어주었다. 명나라는 후금과 싸운 조선 장수 김응하를 요동백에 봉했다. 조선은 청나라가 침략해오는 상황에서 척화론의 기치를 높이 들었으며, 삼학사는 장렬한 죽음으로 명예와 절의를 지켰다. 조선의 사태가 위급해지자 의종 숭정제는 파병을 검토했다. 송시열은 효종의 북벌론을 도왔으며, 숙종은 대보단을 만들어 명나라에 대해 군신과 부자의 정의를 다하였다.[85]

조선 지식인의 중화주의적 사고에 따르면 명청 교체는 중원대륙에서 '중국'이 사라졌음을 의미한다. 그런 가정에서라면 조선이 중화문화의 유일한 계승자가 되는 것은 당연한 일이다. 유인석도 그런 문제의식을 가졌다. 유인석

---

84 유인석, 『의암집』, 권3, 詩, 華東吟. 美哉赤縣靑邱色 天地中間大小華 分義有之勢以 親依卽似宗支家 文明氣發闢鴻濛 先後國先竇宇中 疆脈星分人種一 倫常禮樂乃相同. '인종' 人種이라는 표현이 눈에 띈다. 유인석이 러일전쟁 전후 유행하던 인종주의 담론의 영향을 받았을 가능성을 배제할 수 없다. 유인석의 입장에서 볼 때 이 개념은 청나라 혹은 일본과의 혈연적 차이를 드러낼 수 없지만, 대중화와 소중화 사이에 혈연적 차이가 없다는 점을 부각시키는 장점이 있다. 유인석이 중화문명과 인종을 가장 상위의 개념으로 두는 전략을 취했다면 차라리 청나라 혹은 일본과의 혈연적 차이를 과도하게 강조하지 않는 편이 더 나았을지도 모른다.

85 유인석, 『의암집』, 권3, 詩, 華東吟. 乾坤起立我明皇 大義風從康獻王 君臣際會邁千古 更服華規極燦光 / 國步曾年困島夷 神宗赫怒降皇師 蒙恩再造如天大 環域江山草木知 / 建虜匪茹萬曆年 本朝赴義卽如川 奮忠立死遼東伯 賜祭贈封紛降天 (중략) / 當時大發斥和論 國滅寧宜負帝恩 去死虜庭三學士 但令名節樹乾坤 / 危聲上徹震楓宸 亟降援師似昔辰 差緩事機威未及 追聞感激泣君臣 (중략) /大賢偉有宋先生 密贊孝宗心掃淸 天不祚明事乃謬 貂裘老撫淚長傾 / 御苑儒林壇廟成 滔滔江漢億年情 君臣父子兼恩義 上下言玆貫一誠.

에 따르면 중화문명과 그 땅은 오랑캐의 비린내로 오염되었으므로, "주례周禮가 동국東國에 있은 지 이미 300년이 되었다." 그 '동국에 있는 주례'는 오직 하나 남은 과일이다. 하늘이 그 과일을 남겨놓은 이유는 무엇인가. 그것은 본래의 씨를 보존하기 위해서다. 300년이 지난 그 시점에서조차 중국의 불행은 계속되었으며, 조선도 위기에 처하게 되었다. 그러면 그럴수록 본래의 씨를 발아시켜 '중국'과 조선을 핵으로 하는 중화세계를 재건하는 일이 더욱 시급해진다. 왜 '중국'의 안정이 필요한가. '중국'이 안정되면 동국도 자연히 안정되기 때문이다. 역사가 그것을 증명하고 있다. 더구나 운세는 순환하지 않던가. 그렇다면 중화세계의 재건은 희망사항만은 아니다. 필연인 것이다. 중화세계를 재건하기 위해서는 존화양이의 의리를 드높이는 일이 필요하다. 이는 하늘의 '상경'常經이자 백성의 '본정'本情이다. 존화양이의 의리를 밝히느냐 그렇지 않느냐는 사람이 될 것이냐 금수가 될 것이냐의 문제인 것이다. 김평묵과 유중교가 주자의 강목체에 따라 『화동송원사합편강목』을 지은 것은 그런 이유에서다.[86]

유인석은 그 유일본을 보관하고 있었다. '화동'을 문명의 아이콘으로 생각하는 유인석에게는 이 저작에 대한 애착이 남다를 수밖에 없었다. 을사조약이 체결되던 1905년 말, 유인석은 공자의 고향인 산동성 곡부로 가려 했다. 그러나 뜻을 이루지 못했다. 『화동송원사합편강목』이 세상에 전해지지 못할지도 모른다는 우려 때문이었다. 그는 발길을 돌려 가정산에 숨었다. 『화동송원사합편강목』을 인쇄하고 배포하기 위해서였다. 100질을 인쇄하여 중국에 보내 유포시키는 한편, 만세사를 지어 주나라의 오성과 송나라의 오현을 배향하고 그곳에 장판을 보관하려 했다. 마침내 판각이 완성되었다. 그러나 그의 계획은 성사되지 못했다.[87] 일제가 장판을 압수해갔기 때문이다.

---

86 유인석, 『의암집』, 권3, 詩, 華東吟. 唐虞文物沒腥羶 周禮在東三百年 不食果應天有意 還原種下理宜然 / 有華運否雪加霜 東浪西瀾極浩洋 大小元同休戚義 輔車昏齒念興傷 / 自蔑有華崇彼夷 滔滔新見極乖宜 性甘奴隸姑無說 狃虎招傷正可悲 / 有定神州化漸東 推求往蹟理今同 元無不復循環運 龍虎風雲想望中 / 尊中攘外天常經 拱北必東民本情 惟曰晦明斯義際 伊f伊獸便相爭 / 我帥華重省三翁 到底尊攘苦血夷 爲整二儀規萬世 續朱靑史逑華東 / 春秋一統素王功 大義明如日揭空 安見世爲天下道 華東永在泰平中.

처음 이항로가 '화동'을 구상했을 때 일본을 위해 안배된 공간은 없었다. 따라서 유인석이 화동 개념을 계승한 것은 그 역시 기본적으로 왜양일체론倭洋一體論적 관점을 가졌다는 의미다. 왜양일체론을 견지하는 순간, 서양의 외피를 쓴 일본을 지리적으로 동쪽에 있다는 이유로 동방 혹은 동양의 일부로 보기는 어렵다. 그의 관점을 확장하면, 양력을 쓴다는 점에서 일본과 서양은 다를 것이 없다. 양력을 쓰는 주체가 일본과 서양이라면, 음력을 쓰는 주체는 중원대륙의 중화국가와 조선, 그가 말하는 '화동'이다. 따라서 음력이냐 양력이냐의 문제는 화동이냐 왜양이냐, 나아가 문명이냐 야만이냐의 문제가 된다. 그는 '화동의 원칙은 음력'이라고 단언했다.[88]

화동의 세계 안에서 조선의 위상은 어떤 것이 되어야 하는가. 유인석은 대한제국이 황제를 칭하는 문제에 대해서 반대 입장을 밝혔다. 그는 몇 가지 근거를 들었다. 무엇보다 오랑캐의 모델을 좇아 황제 칭호를 붙이는 것은 최악의 선택이다. 그에게 황제를 칭하자고 주장한 세력은 "조종조의 중화제도를 더럽히는" 무리이자, "박영효의 문제의식을 계승하여 터키·러시아·독일·오스트리아의 전례를 받아들이려는" 자들일 뿐이다. 1902년(광무 6) 유인석은 송시열의 9대손 송병선에게 보낸 편지에서 이렇게 썼다. "우리 임금을 당당한 대명大明의 신방臣邦이자 예의의 군주로 대우하는 것이 존경하는 자세입니까, 아니면 터키·러시아·독일·오스트리아 등 추한 오랑캐의 예로 대우하는 것이 존경하는 자세입니까."[89]

서양 여러 나라의 전례에 비추어 국제 정세상 황제를 칭할 만하다고 주장한다면 그것은 그것대로 문제다. 만일 그런 식이라면 강한 오랑캐들이 조선을 약하게 보고 조선이 황제를 칭하지 못하게 한다면, 그것은 또 국제 정세상 피할 수 없을 것이다. 국제 정세에 따라 황제를 칭했다가 폐했다가 하는 것은 의

---

87 유인석, 『의암집』, 권2, 詩, 華東史板秩爲日賊作奸.
88 유인석, 『의암집』, 권2, 詩, 開國行倭曆 以臘吉爲元朝 爲發痛哭.
89 유인석, 『의암집』, 권6, 書, 與宋淵齋(秉璿). 時輩之上號也 以泳孝之汚革祖宗華制 謂爲更張新命 而追成其所未成 乃比例於土俄德奧 待吾君以堂堂大明臣邦禮義之主 爲尊敬乎 待以土俄德奧醜夷之例 爲尊敬乎 麟錫之愚 誠不忍以土俄德奧待吾君也.

리를 기준으로 일관된 주장을 견지해야 할 유학자로서는 피해야 할 일이다. 이보다 더 심각한 문제가 있다. 조선이 황제를 칭한다면 명나라에 대해 황제라고 칭할 수 없기 때문이다. 황제가 하나일 수밖에 없는 것은 하늘에 해가 하나인 것과 같은 이치다. 만일 명나라 황제를 황제로 부르지 않게 된다면 만동묘에서 지내온 명나라 황제에 대한 제례에도 변화가 불가피해질 것이다.[90] 유인석의 입장에서 보면 대명大明의 신방臣邦이자 예의의 군주로 남는 것만이 최선의 선택이다.

서양의 전례에 따라 조선이 황제를 칭해야 한다고 주장한다면 '사라진 중화국가' 명은 전혀 고려 대상이 아니다. 그러니 그 새로운 황제 국가 조선이 명을 대체하거나 계승할 필요는 없다. 명은 전혀 고려 대상이 아니다. 박정양, 윤치호 등 독립협회를 주도하던 사람들의 인식은 그런 것이었다. 그러나 하늘에 해가 둘일 수는 없으므로 조선이 황제를 칭해서는 안 된다고 주장한다면 사정은 완전히 달라진다. 조선이 황제국을 칭하는 것은 사라진 중화국가 명나라 혹은 중원대륙에 다시 들어서야 할 미래의 중화국가를 부정하는 것과 다름없다. 유인석에게 황제란 국제 정세에 따라 누구나 표방할 수 있는 것이 아니라, 중화세계의 문화적 권역을 상징하는 단어이다. 황준헌의 『사의조선책략』이 소개된 후 국익을 위한 국가 간 연대론 또는 연합론이 횡행하는 분위기 속에서도 유인석은 유교문화 혹은 문명 자산의 공유에 기초한 중화세계 복원이라는 꿈을 결코 버릴 수 없었다. 그런 그가 황제 칭호에 반대한 것은 자연스러운 일이었다.

황제를 칭한다는 것은 조선의 위상과도 관련되는 문제였다. 유인석은 조선이 중화의 맥을 유일하게 계승하고 있다고 자부하는 중화주의자였지만, 그 자부심은 결코 황제 칭호로 연결될 성질이 아니었다. 유인석의 시야에서 보

---

90 유인석, 『의암집』, 권6, 書, 與宋淵齋(秉璿). 萬一强夷弱視而禁其所稱則必削之 此時爲能不遵其削而獨稱乎 以義以勢 似不得以獨稱也 然則隨時輩之稱而稱之 隨强夷之削而削之 烏足爲主義理有執守者哉 且也吾國帝大明 是孝廟與老先生所立光明大義而世守者也 天下無二帝 不當復帝皇明 雖如萬東廟 供奉誠禮 當異於前日 不亦甚缺然矣乎.

면, 황제는 중원대륙의 패자이자 예의의 주인이다. 편방偏邦인 조선이 예의의 주인이 된다 해서 중원대륙에 들어설 예의의 주인을 대체할 수는 없는 일이다. 처음부터 황제는 그런 의미였다. 따라서 조선이 중화문화의 유일한 계승자라고 해서 한나라의 정통을 계승한 촉한, 진나라의 정통을 계승한 동진에 비유할 수는 없는 일이다. 천하에 황제가 없을 수는 없고 그렇다고 이적을 황제로 받들 수도 없는 상황이라면 조선의 선택은 분명해진다. 사라진 중화국가 명나라를 황제로 하여 천하의 진정한 주인이 나오기를 기다리는 것이다.[91]

이런 문제의식을 가질 때 황제로 대우해야 할 명나라는 '천하의 진정한 주인이 나오기를 기다리기 위한' 이정표다. 결코 '사라진 중화국가'에 대한 집착이라고 말할 수는 없다. 조선이 중화문화의 유일한 계승자임을 자부하는 것은 언젠가 중원대륙에 중화국가 혹은 천하의 진정한 주인이 들어서리라는 믿음과 충돌하지 않는다. 문제는 조선이 황제를 칭한 뒤 진정한 주인이 나오는 상황이다. 이 경우 조선이 황제를 칭한 것은 난감한 일이 된다. 스스로 황제라며 중원대륙의 황제 국가를 대할 수도 없는 일이며, 이미 황제를 칭한 마당에 신하의 예를 갖추어 새로운 중화국가를 대할 수도 없기 때문이다.[92]

대한제국이 사용하기로 한 광무 연호도 문제였다. 유인석의 입장에서는 황제국을 선포하는 것도, 광무라는 독자 연호를 사용하는 것도, 모두 터키·러시아·독일 등의 모델을 따르는 것이다. 서양 '오랑캐'의 의례를 따라하는 것은 "당당한 대명의 신방이자 예의의 주인"인 조선으로서는 차마 해서는 안 될 일이다. 연호를 쓰지 말자고 주장한다면 그것은 물론 임금을 존경하는 고심에서 나온 것이 아니라고 할 수는 없지만, 만일 조선 임금을 '당당한 대명의 신방이자 예의의 주인'으로 여긴다면 대명의 연호를 써서 존주대일통尊周大一統의 의리를 주장하는 것이 옳다.[93]

91 유인석,『의암집』, 권6, 書, 答崔勉庵. 蓋以皇帝者 本是統中國之大而作禮義之主也 我國能盡驅夷獸 光復舊日之華制 旣屬偏邦則不副其實 其與屬漢東晉之正統所在 有不同矣 天下不可無帝 又不可以夷虜爲帝 則只得謹守華法 以帝先王先祖所帝之皇明 爲待天下眞主之作而已.
92 유인석,『의암집』, 권6, 書, 答崔勉庵. 若遽自稱帝 早晩中國有能一統而帝者 處之當如何 將以僭僞待之乎 於理不穩當 將以臣禮事之乎 於事有顚倒.

어떤 사람들은 광무 연호만이 아니라 숭정 혹은 영력 연호도 써서는 안 된다고 주장했다. 그 이유가 그리 거창한 것은 아니다. 명나라의 마지막 황제 연호인 숭정을 쓰기에는 길이가 너무 길어지고, 남명의 연호인 영력을 쓰기에는 그 기점이 분명하지 않다는 것이다. 유인석이 보기에 그 주장은 광무 연호를 쓰자는 주장보다 더 위험했다. 광무 연호를 쓰는 것은 의리에 맞지는 않아도 개선의 여지가 있지만, 일체의 연호를 쓰지 않는다면 의리가 아예 발붙일 곳이 없어지기 때문이다. 유인석의 시각에서 보면 연호란 정통에 관한 올바른 명분과 의리를 담고 있느냐 그렇지 않느냐의 문제다. 사용하기 간편한지 그렇지 않은지, 기점이 분명한지 아닌지의 문제가 아니다.[94]

유중교에 따르면, 사람은 하루라도 임금이 없을 수 없지만 그렇다고 참황僭皇을 황제라고 할 수도 없으므로 '임시로' 선왕先王과 선조先祖가 섬긴 제왕을 황제로 삼아 천하의 참된 임금이 나오기를 기다려야 한다. 유인석이 광무나 융희 대신 명나라의 연호를 사용한 것은 유중교의 가르침을 존중했기 때문이다.[95] 이런 시선에서라면 고종을 황제로 간주하는 것은 중화문화의 유일한 계승자인 조선이 '왜양'의 모델을 따르는 것일 뿐이다.

한일강제병합과 함께 일제는 고종의 황위를 낮추고 연호를 폐지했다. 일본이 조선의 의례를 격하한 것은 유인석에게 간단치 않은 고민을 안겨주었다. 이런 상황에서 명나라나 대한제국의 연호를 쓰지 않게 되면 결과적으로 일본이 강제한 의례와 차이가 없어진다. 그가 비로소 명나라의 연호와 함께 대한

93 유인석, 『의암집』, 권22, 書, 別紙, 答朴允縉(文熙) 癸卯閏五月五日(1903). 今日年號 比例於土俄德奧諸夷之號 不忍以吾君之爲堂堂大明臣邦禮義之主 等待諸夷之例 而不用年號 乃士尊君敬君之苦心正義也 旣尊吾君以大明臣邦禮義之主 則用大明年號 以主尊周大一統之義 亦其事宜也.

94 유인석, 『의암집』, 권22, 書, 別紙, 答朴允縉(文熙) 癸卯閏五月五日(1903). 若以崇禎爲訖久 彼亦日 用之於甲乙 以前甲乙 至今日爲幾年 幾年之間 忽爲訖久耶 (중략) 昔尤翁告孝宗 有曰建號南方 大統有在 且朱子作綱目 帝蜀漢 是第一大義 後之帝東晉南宋南明 用綱目大義也 前後所主大義 極其光明 如日月然 其日不分明 獨何見識耶. 청과의 전략적 제휴를 주장한 유인석과, 정통과 명분을 지닌 연호를 사용해야 한다고 말하는 유인석은 같은 사람이다. 그에게 청과의 전략적 제휴라는 아이디어는 대명의리의 정당성과는 층위가 전혀 다른 문제였다.

95 유인석, 『의암집』, 권32, 雜著, 散言. 吾師省齋先生說其義曰 人不可一日無帝 又不可以剃頭僭皇爲帝 姑帝先王先祖之所帝 以待天下眞主之出 其義甚正也 吾故守之. '고' 姑라는 부사어를 사용한 것이 눈에 띈다.

제국의 융희 연호를 쓰기로 한 것은 일본의 신하가 될 수 없다는 절박함 때문이었다. 그렇다면 일제로부터 해방되었을 경우는 어떻게 할 것인가. 나라를 회복하는 데 그칠 것이 아니라 중화를 회복해야 할 것이다. 중화를 회복한다는 것은 중화 질서를 벗어난 독자의 황제정을 추구하지 않는다는 것이다. 중화세계를 재건한다면 조선의 군주에게 새로운 중화국가의 황제를 받들게 해야 한다. 하늘에 해가 둘 있을 수 없고 땅에 두 군주가 있을 수 없기 때문이다. 이것이 춘추대의이자 존화양이의 의리인 것이다.[96]

중화문명의 수호와 전략적 제휴 대상으로서의 청나라

청나라에 대한 유인석의 시선이 잘 드러나는 것은 조공책봉 체제가 붕괴하는 장면에서다. 청일전쟁에서 승리한 일본은 미국의 중재로 청나라와 시모노세키 조약을 맺었다. 조약 제1조는 '청나라는 조선이 자주독립국임을 인정한다'는 것이다. 이전까지 조선과 청나라의 관계를 규정하고 있던 것은 조공책봉 체제였다. 개항 이후 조선은 자본주의 세계체제에 서서히 편입되어갔지만, 조청 관계는 예외였다. 조공책봉 체제의 틀이 유지되는 한 청나라는 책봉국, 조선은 조공국이었기 때문이다. 이 체제는 국가평등관에 기초한 서구 국가 시스템과는 질적으로 다르다. 그러니 근대 국민국가의 관점에서 조공국 조선을 정확하게 묘사하는 것은 불가능하다. 속국이라고 할 수도 없지만, 자주독립국이라고 할 수도 없다. 일본이 청나라에 대해 조선의 독립국으로서의 지위를 확인시키려 한 것은 물론 조선을 지배하기 위해서였다. 그러나 그 결과 오랫동안 한중관계를 관통해왔던 조공책봉 체제는 공식적으로 막을 내렸다.

개화파가 조공책봉 체제 아래 조선의 위치를 속국으로 생각했는지는 분명

---

96 유인석, 『의암집』, 권32, 雜著, 散言. 吾今稱皇吾君用年號 爲其不臣於倭也 曾聞有一士人議論 曰文字凡係尊攘事 用皇明年號 凡關國家事 用本國年號 凡在汙漫事 只用年月日 其言似有理 吾將效之也 (중략) 以吾爲復國 亦復復華 是將特以有華而尊之 非復如班之倭洋之爲也 若中國有眞主出 當勸吾君帝之 蓋天無二日 地無二王 是大義也.

하지 않다. 그러나 조공책봉 체제에서 이탈함으로써 조선이 근대적 의미의 자주독립국가가 되었다고 생각한 것은 분명하다. 개화파나 개화파가 주도하는 정부도 시모노세키 조약 제1조에 대해 환영 일색이었다. 정부에서는 "동방에 나라가 생긴 이래 처음 있는 일"이라는 반응이 흘러나왔고, 개화파 중에는 "우리 스스로 모의에 가담하여 정축년에 청에게 항복한 부끄러움을 씻었다"고 보는 경우도 있었다.[97] 전자가 조공책봉 체제로부터의 이탈에 의미를 두었다면 후자는 '청나라로부터 벗어났다'는 점을 강조한 것이다. 근대 서구 국가 시스템의 시선에서 보면 둘의 내용은 다르지 않다. 그러나 중화세계의 당위성을 철석같이 믿는 사람의 입장에서 보면 문제의 결이 달라진다. '청나라로부터 벗어나는 일'과 '조공책봉 체제의 틀을 무의미하게 만드는 일'이 같은 의미일 수는 없는 것이다.

유인석에게 "아동我東이 중국에게 의존하는 것은 의리義理이자 형세形勢"다.[98] 그가 말한 '중국'은 현실의 청나라가 아니라 가상의 중화국가다. 그러니 '의존'이라는 말도 주체성의 상실을 뜻하는 것은 아니다. 그의 논법에 따르면, 조선은 중화문화의 유일한 계승자이며, 그 때문에라도 중원대륙에 들어설 가상의 중화국가와 함께 중화세계를 복원해야 할 의무가 있다. 복원된 중화세계의 질서는 조공책봉 체제를 근간으로 한다. 청나라와의 조공책봉 체제를 중화체제라고 할 수 없지만, 중화세계 안에서 조선과 가상의 중화국가 사이의 정치적 질서는 조공책봉 체제라고 하지 않을 수 없다. 그의 입장에서 보면 중화세계 재건을 지향해야 할 조선이 조공책봉 체제를 무력화하는 결정에 환호하는 것이야말로 아이러니다.

그렇다면 청나라로부터 벗어나 '정축년의 아픔'을 씻었다고 말하는 개화파의 논리는 정당한가. 과연 일본이 청나라로부터 조선이 자주독립국이라는

---

97 유인석, 『의암집』, 권7, 書, 與李文仲(甲午, 1894). 日昨人自京至 言國家得爲自主獨立 蓋日人設力做此 與清有爲條約 朝廷謂此自東有國初有之事 爲作振古大慶幸 開化人謂自能與謀 亦足雪丁丑下城之恥 作己大功云.

98 유인석, 『의암집』, 권7, 書, 與李文仲(甲午, 1894). 夫我東之依中國 義也勢也.

사실을 인정받았다고 해서 병자호란의 치욕은 씻을 수 있는가. 유인석은 그렇지 않다고 생각했다. 그는 스스로에게 묻고 대답했다. 그 치욕을 씻으려면 어떻게 해야 하는가. 효종과 송시열이 추구했던 북벌의 이상을 실천하면 그만이다. 나아가 청나라와 조공책봉 체제를 파기하고 '중국의 의로운 군주'가 일어나기를 기다리면 될 일이다. 하지만 개화파는 그런 노선을 취하지 않았다. 유인석의 눈에 비친 개화파는 일본 세력을 등에 업고 외국의 누추한 전례를 따라 '자주독립'의 형식을 취하려는 세력일 뿐이다. 그것은 다만 소중화의 정체正體를 버리는 행위일 뿐이다.[99]

유인석이 말하는 '자주독립'은 개화파가 생각하던 '자주독립'과 개념이 다르다. 그는 이렇게 말했다. "의리를 주로 하여 천지 간에 설 수 있을 때라야 비로소 자주독립인 것이지, 누추한 전례를 따라 열강이 서로 경쟁하는 사이에 끼어 그 맨 끝 줄에 있는 것이 자주독립인가?"[100] 그에게 의리란 존화양이와 춘추대의다. 따라서 자주독립이란 존화양이와 춘추대의의 정당성을 주장할 때 비로소 달성되는 것이다. 조공책봉 체제에서 이탈하여 무방비상태에서 열강이 약탈하는 구조 안에 스스로를 내던지는 행위는 결코 자주독립이 아니라는 의미다.

유인석으로서는 모순적인 상황이 아닐 수 없다. 청나라가 이적인 한 청나라와의 조공책봉 체제는 궁극적으로 파기해야 할 대상이다. 그렇다고 이 체제에서 이탈하여 공법체제하의 자주독립국을 지향할 수도 없다. 그가 청나라와 전략적 제휴 가능성을 열어놓은 것은 그런 모순을 돌파하기 위해서였다. 그에게 청나라는 원칙적으로 '높일 나라'는 아니다. 그러나 현실의 청나라는 조선을 박하게 대하지는 않았다. 갑신정변 때 위안스카이가 일본군에게 납치된 고종을 구출한 것은 심지어 임진왜란 때 명이 조선을 구원해준 고사를 연상시킬

---

99 유인석, 『의암집』, 권7, 書, 與李文仲(甲午, 1894). 至有爲淸所制 是極痛憤事 然自有力 能進而掃淸 以伸昔日孝宗尤菴之大義 次以能絶約閉關 以俟中國義主之興 豈非可壯 不能有此而乃得倭做謀 棄我所守小華之正體 同隊外各國之醜例 是甚貌樣.

100 유인석, 『의암집』, 권7, 書, 與李文仲(甲午, 1894). 以自主獨立言之 我國主義理而立於天地間 乃自主獨立也 從醜例 介於衆强頡頏之間而居最末 是爲自主獨立乎.

정도다.[101]

　위안스카이에 대한 유인석의 기대는 남다른 데가 있었다. 임오군란 이후 10여 년 동안 전횡을 일삼던 위안스카이는 귀국 후 북양대신이 되어 신식 군대를 양성하고 자신의 세력을 키워나갔다. 위안스카이가 임오군란과 갑신정변을 진압한 것은 조선을 청나라의 식민지로 만들려는 야심 때문이었지만, 유인석은 그의 행동을 조선에 대한 선의로만 읽으려 했다. 중화문명 국가 조선을 일본의 위협으로부터 지키기 위해서라면 청나라의 힘을 이용해야 한다는 생각에 사로잡혀 위안스카이의 저의를 읽지 못한 것이다. 유인석은 이렇게 말했다. "위안스카이가 일본에 대해 복수설치하게 된다면 우리는 그 시혜에 힘입어 다시 나라를 되찾게 될 수도 있을 것이다. 위안스카이가 전에 조선을 위기에서 구해주고 은혜를 베풀었으니, 지금 우리나라의 위급한 형세를 들으면 반드시 측은히 여겨 구원하려 할 것이다. 조선의 상하 인정은 오직 위안스카이만 생각하고 또 그에게 바라고 있다."[102]

　물론 중화세계 재건을 위한 최선의 방안은 북벌의 이상을 실천하고 대륙의 진정한 주인이 등장하기를 기다리는 것이다. 그러나 그것은 당위일 뿐 현실에서는 무망한 일이었다. 그렇다면 차선이라도 택해야 한다. 이적인 청나라와 제휴하여 눈앞의 금수인 일본에 맞서는 것이 유인석이 선택할 수 있는 유일한 차선책이었다. 송시열과 유인석은 중화세계 재건이라는 같은 목적지를 바라보고 있었다. 송시열은 청나라에게 복수하는 것에서 중화세계 재건의 길을 찾았다. 청나라는 다만 중화세계를 위협하는 유일한 적대세력이었기 때문이다. 그러나 새로운 도전자 일본에 대처해야 했던 유인석은 송시열과 같은 선택을 할 수 없었다.

　을미사변 후 의병의 기치를 쳐든 유인석은 관군에 밀려 뜻을 이루지 못한

101　유인석, 『의암집』, 권7, 書, 與李文仲(甲午, 1894). 清雖非可尊 其待我不甚薄 年前袁大人事 非清有是命 自有相感深義 有昔壬辰故事之餘意者 蓋亦因清有不薄也.

102　유인석, 『의암집』, 권41, 序, 送白景源入中國. 其將有事於雪羞恥 而我東蒙其施爲而得復存國乎 況袁公曾以欽差 久留我國 有厚顔情於君臣 旣又救亂而遺大恩矣 聞我國危急之勢 豈無惻然救援之心哉 我國上下人情 惟袁公是思是望.

채 간도로 떠났다. 청나라로부터 군사적 원조를 받을 수 있지 않을까 기대했기 때문이다. 청나라에 기대는 일이 과연 옳은 처신인가. 국내 유학자 집단 사이에서 이런 논란이 일었던 것은 당연하다. 그때까지도 주류 유학자 집단 사이에서 청나라를 보는 시선은 크게 달라지지 않았다. "청나라가 중원대륙을 오염시키고 화하華夏의 법복法服을 훼손한 것은 진실로 큰 변고이자 죄악이니, 대명大明의 신방臣邦인 조선이 그들을 배척하는 것은 당연하다"고 여긴 것이다. 유인석이 삼선생三先生이라고 불렀던 이항로, 김평묵, 유중교 등도 예외는 아니었다. 그러나 중화를 지키기 위해 일본에 맞서야 했던 유인석은 일본을 적대적 타자로 삼는 단일한 전선을 구축할 필요가 있었다. 청나라를 배척의 대상에서 활용 가능한 상대로 바라본 것은 그런 이유였다.

죄에 대한 책임은 누구에게 있으며, 또 누가 징벌할 수 있는가. 유인석의 질문은 이렇게 시작한다. 청나라가 중화문명을 파괴한 죄를 저질렀다고 말한다면, 그 죗값을 받아야 할 사람은 누구인가. 순치제일 뿐이다. 만일 청나라를 배척해야 한다고 말한다면 누가 그렇게 주장할 수 있는가. 효종과 송시열이라면 그렇게 말할 수 있다. 그러나 지금은 상황이 다르다. 화이의 구분이 중요할 뿐 원수를 배척하는 일은 그때만큼 중요하지 않다. 청나라는 조선에 대해 예의를 지켜왔으며 갑신정변 때는 조선이 왜양倭洋이 되는 것을 막아주기도 했다. 그러니 그들의 힘을 빌려 일본의 위협에 대처하는 것은 일종의 권도權道라고 하지 않을 수 없다. 효종과 송시열의 시대라면 청나라만이 이적이어서 그들을 배척하는 것이 옳았다. 물론 청나라는 지금도 이적이 아니라고 할 수는 없다. 그러나 왜양은 이적보다도 한 등급이 낮은 금수禽獸다. 금수의 위협으로부터 중화를 지키기 위해서라면 이적의 힘을 빌리지 못할 이유도 없다.[103]

화이를 구분하는 것과 원수를 배척하는 것을 분리해서 생각할 필요가 있

103 유인석, 『의암집』, 권24, 書, 呈同志諸公 丁酉九月九日(1897). 然論其罪則在順治而不在後孫 獨有不能用夏之罪耳 論其讎則其在孝宗尤翁時爲然 而在今日則華夷之分爲重 而仇讎之防猶輕 何也 使彼已能用夏則亦可讎乎 其於我國 素許以自守禮秩 而至近年甲申之變 又賴其力而免爲倭洋 今日之被倭禍毀舊制 又其所憤疾者 今我遭此罔極 無計自爲 而爲求藉力之地 則容有彼此一時輕重可權也 蓋彼我華而彼夷 宜守其嚴防 今日淸固夷狄 而倭洋又夷狄之降爲禽獸者也 爲去禽獸之禍 則庶無不可藉力於夷狄也.

다는 발상, 금수로부터 중화를 보존하기 위해서는 이적의 도움을 받을 수 있다는 생각이야말로 중화주의적 역사 인식이 거둔 중요한 성취다. 유인석에게 변하지 않는 목표란 중화문명을 수호하고 중화세계를 재건하는 것이었다. 그러니 300년간 배척해왔던 청나라조차 전략적 제휴의 대상으로 여길 수 있었던 것이다.

유인석이 최익현의 을사의병 격문을 읽은 것은 1906년이었다. "오랑캐가 중국에 와서 황제 노릇을 했다"(胡汗帝中國)는 구절을 발견한 유인석이 이 구절을 삭제하여 격문을 다시 배포하는 것이 좋겠다고 말했다. 그의 요지는 대략 이런 것이었다. "청나라를 이적으로 여기는 이 의리는 수백 년간 해온 주장이니 다시 더하거나 밝힐 것이 없을 정도다. 그러니 다른 데서는 말할 수 있을 것이다. 그러나 격문에서는 말하지 않는 것이 좋지 않을까. 지금 부득불 외세의 힘을 이용해야 하는 처지에 놓인 조선으로서는 청나라가 아니면 달리 이용할 대안이 없기 때문이다. 위정척사파의 거두 최익현이 의병을 일으킨다는 것은 다른 사람이 그런 일에 나서는 것과는 차원이 다른 문제다. 그만큼 외국인의 주목을 끌 수밖에 없을 것이다. 발표하는 언론과 격문도 곧 신문에 오르게 될 것이다. 청나라 사람들이 반드시 보게 된다는 의미다. 이런 상황에서 굳이 오랑캐라는 말을 써서 그들을 자극할 필요는 없다. 굳이 그렇게 할 경우 이번 의거에 방해가 될 뿐만 아니라 영원히 나랏일에 방해가 될 것이다. 의리는 한결같이 정대한 것을 주장해야 하지만, 일의 계기는 살피고 삼가야 한다."[104]

유인석에게 서양 혹은 서양을 내면화한 일본이 금수라면 청나라는 다만 이적이다. 그런데 1906년의 시점에서 가장 경계해야 할 적대세력은 을사조약을 강요한 일본이다. 따라서 일본을 상대로 하는 의병이라면 금수로서의 일본을 강조하면 그만이다. 굳이 이적으로서의 청나라를 거론하여 그들을 자극할 필요가 없다. 외세를 이용할 수밖에 없는 현실에서 중화문명을 지켜야 한다

104 유인석, 『의암집』, 권6, 書, 與崔勉庵 丙午三月二十三日(1906). 盖此義理 數百年講說 無復加明 在他固亦可說 在此說不好 何也 今我國不得不資外勢 資外勢 捨淸而無可 明公擧義 異於餘人 外國必皆聽聞 而言論橄文 卽登諸新聞 淸人卽必觀 非但今事多妨 永有害於國事 (중략) 抵義理一主正大 而事機或有所審愼.

면, 이적인 청나라의 힘을 빌려 금수인 일본을 막을 수도 있는 일이다. 중화문명을 수호하기 위해서라면 청나라를 전략적 제휴 대상으로 삼는다고 해서 그동안 지켜온 의리가 손상되지는 않을 것이기 때문이다.

중화론의 마지막 궤적, 유교적 동양론의 탄생

조선을 현실의 중화로 여기면서도 중원대륙에 중화국가가 들어서기를 기대하는 정서는 송시열에서 이항로까지, 다시 이항로에서 최익현까지 면면히 이어졌다. 그러나 최익현이나 유인석은 송시열과 전혀 다른 정치적·문화적 환경에 있었다. 그들은 일본의 침략과 서세동점이라는 새로운 위기 상황에서 조선과 중화에 대한 문제의식을 구현해야 했다. 적대적 타자를 설정해놓고 중화세계를 구상하는 방식을 계승했지만, 적대적 타자의 실체도, 나아가 청나라를 보는 시선도 달라질 수밖에 없었다.

중화와 조선을 지키고자 했던 최익현으로서는 일본과의 수교를 비판하지 않을 수 없었다. 그는 일본과 서양을 한통속으로 보는 소위 '왜양일체론'倭洋一體論의 관점을 가지고 있었다. 최익현에게 왜와 양은 다만 중화문화를 위협하는 이적이었던 것이다. 그는 일본과의 수교가 서학을 만연하게 하고 중화문명을 혼란하게 하는 백해무익한 일이라고 주장했다.[105] 최익현의 주장에도 불구하고 조선은 일본과의 수교를 통해 자본주의 세계 체제에 편입되어갔다.

서양의 위협을 가장 중요한 변수로 보는 지식인들 사이에서 한·중·일 동아시아 3국의 제휴 혹은 연대를 주장하는 흐름이 생겨난 것은 자연스러운 일이었다. 동양 3국이 단결하여 서양(러시아)과의 대결에서 승리함으로써 동양사회를 지킬 수 있다는 논리에는 사회진화론과 문명개화론, 인종주의 등이 버무려져 있었다. 그러나 그것은 한편으로는 문명화와 독립에 대한 개화기 지식인의 고뇌가 담긴 논의였으며 동시에 대한제국의 외교 전략이기도 했다.[106] 삼

---

105 『고종실록』, 고종 13년 1월 23일.

국연대론을 주장한 논자들은 기본적으로 만국공법 체제를 승인하고, 그 체제 아래에서 조선의 독립을 구상했다. 중화적 세계를 재건하거나, 중화문명국으로서의 조선을 지키는 일은 그들의 관심사가 아니었다. 그러나 삼국연대론의 파장은 중화문명의 재건을 꿈꾸던 최익현에게도 영향을 미쳤다.

1906년 최익현은 일본 정부에 보내는 글에서 일본 정부를 맹렬하게 규탄했다. 글의 도입부에서 그는 이렇게 썼다.

> 오호라. 나라에 충성하고 사람을 사랑하는 것을 성性이라 하며, 신信을 지키고 의義를 밝히는 것을 도道라 하니, 사람에게 이 성性이 없으면 그 사람은 반드시 죽을 것이요, 나라에 이 도道가 없으면 그 나라는 반드시 망할 것입니다. 이것은 완고한 늙은 서생이 버릇처럼 하는 말일 뿐만은 아닐 것입니다. 비록 개화開化하고 경쟁競爭하는 열국列國이라 하더라도 이것을 버리고서는 아마 세계 속에서 자립할 수 없을 것입니다.[107]

최익현에게 당시의 세계는 두 개의 패러다임이 충돌하는 현장이다. 개화하고 경쟁하려는 야만의 패러다임과 개화하지 않고 중화 질서를 지키려는 문명의 패러다임이 그것이다. 그 갈림길에서 공법 질서를 버리고 중화 질서를 택한 것은 그로서는 너무나 당연한 일이었다. 그런데 중화 질서를 택하지 않는 일본을 규탄하기 위해 그가 구사한 논리가 흥미롭다. 그는 중화 질서의 이론적 근거인 신의와 도를 공법 질서에도 적용했다. 아무리 개화하고 경쟁하는 공법 체제라 하더라도 일본이 그 질서 안에서나마 생존하길 바란다면 신의와

---

106 김신재, 「독립신문에 나타난 삼국공영론의 성격」, 『경주사학』, 9, 1990; 김도형, 「대한제국기 계몽주의 계열 지식층의 삼국제휴론」, 『한국근현대사연구』, 13, 2000; 현광호, 「대한제국기 삼국제휴 방안과 그 성격」, 『한국근현대사연구』, 14, 2000; 조재곤, 「한말 조선 지식인의 동아시아 삼국제휴의 인식과 논리」, 『역사와 현실』, 37, 2000; 조재곤, 「19세기 말 삼국제휴론 대두 배경과 인식론의 방향」, 『아세아문화연구』, 5, 2001; 정문상, 「19세기 말-20세기 초 개화지식인의 동아시아 지역 연대론」, 『아세아문화연구』, 8, 2004.
107 최익현, 『면암집』, 권16, 雜著, 寄日本政府(丙午윤4월7일). 嗚呼 忠國愛人曰性 守信明義曰道 人無此性 則人必死 國無此道 則國必亡 此不惟頑固老生之常談 抑雖開化競爭之列國 捨此恐亦無以自立於世界之間矣.

도라는 보편적인 원칙을 승인해야 한다는 것이다.

최익현이 '세계'라는 단어를 구사하는 양상도 주목할 가치가 있다. 그는 자신이 추구하는 중화 질서가 아니라 개화와 경쟁을 추구하는 공법 체제에 대해서만 '세계'라는 말을 구사했다. 그에게 '세계'라는 단어는 개화, 경쟁, 만국공법과 어울리는 단어였을 뿐이다. 원래 세계世界라는 한자는 불교에서 과거·현재·미래의 시간, 그리고 상하上下를 포함한 10개의 방위를 가리키는 말이다. '세계'는 공법 체제라는 낯선 질서를 표현하기 위해 불교에서 가져온 개념이므로, 중심에서 주변으로 뻗어나가는 위계적 중화 질서와는 어울릴 수 없었다. 물론 최익현은 그런 '세계'를 지향한 것은 아니었다. 그는 다만 조선이 그런 체제와 맞닥뜨리고 있다는 현실을 그렇게 표현한 것이다.

최익현은 일본이 개항한 후 20여 년 동안 신의를 저버린 양상을 낱낱이 지적했다. 그런데 흥미로운 점은 일본이 신의를 지키지 않은 것이 일본의 패망뿐만 아니라 동양의 불행으로 이어질 것이라고 전망했다는 사실이다. 그는 일본 정부에 보내는 글에서 이렇게 주장했다.

> 또 러시아가 일본을 욕심내어 조만간 동쪽으로 쳐들어오리라는 것은 세상 사람들이 다 아는 이야기입니다. 이런 때에 우리 동양 삼국이 솥의 세 다리처럼 서서 각각 힘을 다하여 대응하여도 보전하지 못할까 염려스러운데, 하물며 서로 시기하고 원망하기를 한집안 안의 원수같이 해서야 되겠습니까? (중략) 이와 같이 된다면 일본은 곧 멸망할 것이며, 동양 역시 머지 않은 시간 안에 망하게 될 것입니다. 이로써 살펴보면, 일본은 동양에 화를 끼친 죄를 어찌 면하겠습니까.[108]

108 최익현, 『면암집』, 권16, 雜著, 寄日本政府(丙午윤4월7일). 且天下皆知俄人之不忘貴國 早晚更有東搶之擧者 愚夫愚婦之所共說也 當此時也 雖吾東洋三國 鼎足而立 各蓄完力而待之 猶恐不能保全 况相猜嫌怨怒 未免同室相鬪 (중략) 如此則貴國之亡 可翹足以待 而東洋幷亡之 亦不日而至矣 由此言之 貴國又烏能免首禍東洋之罪乎.

개항 당시만 하더라도 왜양일체론자였던 최익현은 어느새 서양과 동양의 대결이라는 패러다임 안에서 일본이 동양의 일원이 되어야 한다고 강조하게 된 것이다. 이 점에서 최익현은 개화파와 독립신문, 혹은 대한제국의 외교론으로 회자되었던 연대론으로부터 영향을 받지 않았다고 보기 어렵다.[109] 그러나 최익현의 주장은 중화 질서를 궁극적인 지향점으로 보았다는 점에서, 근대화된 국민국가와 공법 질서를 전제로 한 개화파나 대한제국의 연대론, 나아가 안중근의 동양평화론 등과는 결을 달리한다.[110]

최익현의 의도가 무엇인지도 주의를 요한다. 우선 그의 주장은 문명적 유산으로서의 중화를 핵으로 한·중·일이 연대해야 한다는 것일 수 있다. 이런 경우라면 일본이 공법 질서를 버리고 중화 질서로 회귀할 것을 촉구한 것이 된다. 둘째, 중화 질서로의 회귀 가능성도 보이지 않고 신의를 지킬 가능성도 보이지 않는 상대를 규탄한 것일 수도 있다. 셋째, 문명적 유산으로서의 중화 질서를 궁극적 지향점으로, 서양의 위협과 동양의 단결 필요성을 현실로 놓고 일본에게 현실에서 필요한 자세를 촉구한 것일 수도 있다. 이런 경우라면 일본이 중화 질서로 회귀하는 것까지는 바라지 않더라도, 동양의 공멸을 막기 위해 현실적으로 일본이 반성하고 신의를 지킬 것을 요구한 것이 된다. 전체적인 문맥으로 판단해본다면 그는 세 번째 방향을 의도했을 가능성이 가장 높다. 그렇다면 굳이 일본을 중화 질서에 복귀하도록 하는 논리가 필요하지 않을 것이다. 그러나 청나라는 여전히 문제로 남는다.

최익현은 오랜 시간 적대적 타자였던 청나라를 어떻게 전략적 제휴의 대

---

109 최익현은 같은 글에서 서양에 대응하기 위해 동양이 단결해야 한다는 생각을 이미 조일수교 시점부터 가지고 있었다고 주장했다. 일본이 믿을 만한 상대가 아니라고 하면서도 자신이 일본과의 수교를 끝내 막지 않았던 것은 그 때문이었다는 것이다. 그러나 독립신문이나 개화파, 혹은 대한제국의 제휴론 혹은 연대론보다 앞서서 최익현이 연대를 구상했을 가능성은 높지 않다.
110 최익현은 김평묵, 유중교, 유인석 등 개항기·한말의 다른 성리학자들보다 공법 체제에 등장하는 용어를 자주 구사하는 편이다. 그렇다고 해서 그가 조선이 지향해야 할 가치로서 공법 체제를 인정하거나 승인했다는 의미는 아니다. 그는 조선을 둘러싼 국제환경이 변하고 있다는 사실을 지적했을 뿐이다. 그는 다만 그 체제의 압박 속에서 조선이 어떻게 중화 질서의 가치를 지키면서 독립할 수 있는가에 관심을 가졌을 뿐이다. 독립신문과 대한제국의 제휴론·연대론을 전면 부인하지 않고 자신이 추구하는 중화세계 패러다임 안으로 끌어들여 재해석하는 것에서도 그런 면모가 엿보인다.

상으로 삼을 수 있는지에 대해 자세히 말하지 않았다. 더구나 그는 다른 곳에서 청나라를 '오랑캐'로 보는 시선을 그대로 노출시키기도 했다. 적대적 타자였던 대상과 현실에서 손을 잡기 위해서는 좀 더 논리적인 설명이 필요했다. 이 문제를 누구보다 깊이 생각한 사람은 유인석이었다. 유인석이 청나라를 전략적 제휴의 대상으로 본 것은 동양과 서양의 대결이 펼쳐지는 상황에서 중화세계를 지키기 위한 불가피한 선택이었다. 금수의 도전을 물리치기 위해 이적과 손을 잡을 수밖에 없다는 상황 논리다.

유인석에게 중원대륙은 '중화국가'가 들어서야 할 자리였다. 유인석의 아이디어에서 청나라는 결코 확장된 화동, 즉 유교적 동양의 세계로 진입할 수 없다. 그렇다면 그가 생각한 유교적 동양의 구성원은 도대체 누구인가. 그 핵심은 물론 중화의 싹을 보존해온 현실의 중화국가 조선과, 중원대륙에 들어설 가상의 중화국가다. 여기에 반성과 성찰을 전제로 일본이 합류할 수 있다. 이것이야말로 서양을 적대적 타자로 하는 '확장된 화동', 즉 유교적 동양이다.

유인석이 그린 유교적 동양세계에서 조선은 어떤 역할을 해야 하는가. 역량이 된다면 조선은 이른바 자주독립을 추구해야 하는가. 이항로, 김평묵, 유중교 세 사람은 송시열이 제창한 춘추대의와 존화양이尊華攘夷의 가치를 목숨보다 소중하게 여겼다. 유인석에 따르면 이항로가 명나라를 황제국가로 받든 것은 중국이 회복되기를 기대했기 때문이다. 김평묵도 마찬가지였다.[111] 그들은 명나라가 부활하기를 기대했다기보다는 중원대륙에 진정한 중화국가가 들어서기를 바랐다. '중국'의 회복, 그것이었다.

재건될 중화세계는 어떻게 구성되는가. 조선은 이 과정에서 어떤 역할을 해야 하는가. 유중교는 이 점에 대해 좀 더 분명한 메시지를 남겼다. 그에 따르면 '중국'은 천지가 마음에 둔 곳이니, '중국'을 존모尊慕하지 않는다면 그것은 천지의 마음을 모르는 자다. 조선은 천지의 정도가 훼손된 시대에 다행

---

111 유인석, 『의암집』, 권37, 雜著, 病牀記語 癸丑十二月十日(1913). 我華西先生 承尤庵宋夫子義理 以尊中華攘夷狄 爲窮天地之常經 帝二百年屋社之皇明 而苦心竚望中國之興復 我重庵先生省齋先生承之 一平生主張義理在此 重庵竚見其興復 有言曰亦旣見止 雖死亦甘.

히도 한 줄기 양기를 보존하고 있다. 그러나 만일 스스로 그것을 편안히 여긴 채 천하에 그 양기를 널리 펼치지 않는다면 어찌 의리를 안다고 하겠는가. 천하는 한 몸이다. 손가락 하나가 병이 들면 전체가 편안하지 못할 것이다. 하물며 심장과 복부가 아프다면 사지가 어찌 편안할 수 있겠는가. 천지의 마음으로 자기의 마음을 삼는다면 마땅히 이것을 첫 번째 의리로 삼아야 한다.[112]

중화문화의 유일한 계승자인 조선이 그 중화문화의 양기를 '천하에 널리 펼쳐야 한다'고 주장하는 대목은 인상적이다. 조선은 결코 중화문화를 잠시 관리하다가 인계해주면 그만인 관리자가 아니다. 자신이 가진 씨앗이 중원대륙에서 열매를 맺을 수 있도록 적극적인 역할을 해야 하는 존재다. 왜 그런가. 중화문화의 유일한 계승자인 조선과 중원대륙에 들어설 '중국'은 한 몸이기 때문이다. 그 하나의 단위로서 중화세계를 재건하는 데 조선이 적극적으로 기여해야 한다는 것이다. 유인석은 유중교의 가르침을 충실하게 계승했다.

'자주독립'할 수 있게 된 상황이라면 또 어떻게 해야 하는가. 능력이 있는데도 '중국'을 섬긴다면 사람들의 의혹을 풀기 어렵지 않겠는가. 누군가 이렇게 물었다. 이 질문에는 서구 국가 시스템과 공법 체제라는 틀이 전제되어 있다. 이 논리에 따르면 '자주독립'은 독자 생존을 모색하기 위한 기본적인 조건이 된다. 결국 문제는 '자주독립'할 것인가 아닌가가 아니라 서구 국가 시스템과 공법 체제하의 세계 질서를 인정하느냐 마느냐에 달려 있다. 중화세계 재건의 당위성을 믿는 유인석은 '자주독립'이라는 용어가 전제하는 그 틀 자체를 거부했다.

유인석의 시선으로 보면 세계는 중화를 본질로 삼는 가치적인 질서이며, 동시에 위계적인 질서여야 한다. 그 가치와 위계는 사람이 인위적으로 만들어내는 것이 아니라 하늘이 부여한 것이다. 따라서 '자주독립'은 그 가치와 위계를 부인하는 것이며 천리天理에 의해 구성된 중화세계를 부정하는 것이다.

---

112 유인석, 『의암집』, 권37, 雜著, 病牀記語 癸丑十二月十日(1913). 省齋則曰 中國天地之所心也 不尊慕 中國 不知天地之心者也 我國當天地葭貞之際 幸存一線之陽 若取足於自靖 而不思所以恢張於天下 則豈曰知 義哉 天下一身也 一指受病 全體豈爲之不寧 況心腹中惡 四體豈得偏安 苟以天地之心爲心 當以此爲第一義.

그는 '자주독립'하려는 조선을 보부상 집단의 우두머리인 청수廳首에 비유했다. 청수는 피라미드형 조직의 꼭대기에 서서 스스로 큰 자다. 서양 여러 나라들이 '자주'自主하여 군주를 칭하고 황제를 칭하는 것도 그런 경우다. 중화세계를 지향하는 예의의 나라라면 그런 선택을 해서는 안 된다. 오직 '중국'을 '섬길' 뿐이다.[113]

중화문화를 '천하에 널리 펼쳐야' 할 조선이지만, 현실은 결코 녹록지 않았다. 일본은 반성은커녕 조선을 망국의 구렁텅이로 밀어넣었다. 조선은 일본의 위협 앞에서 속수무책이었다. 중화의 맥과 성현의 사업이 끊어질지도 모르는 상황에서 유인석은 국외 망명의 길을 고려했다. 그에 따르면 조선만이 계승해온 의관과 경전과 예악이야말로 중화문화의 정수다. 그러니 국내 상황이 열악하다면 나라 밖에서라도 그 정수를 보존하는 방안을 모색해야 한다. 동지들을 모아 중화의 맥을 이어갈 수만 있다면 그곳은 얼마든지 '소중화의 별계別界'가 될 수 있다. 그곳에서 자기 몸을 지키고 중화문화를 보존할 수 있을 뿐만 아니라 궁극적으로는 예의의 나라를 다시 일으키는 바탕을 마련할 수도 있다. 그렇게만 된다면 나라를 떠날 수밖에 없는 슬픔도 얼마든지 보상받을 수 있지 않은가.[114]

만주에서 '소중화의 별계'를 여는 것은 조선만이 수백 년간 계승해온 중화의 씨앗을 보존하기 위해서였다. 그런데 중화세계의 회복은 침탈된 국권을 회복함으로써, 나아가 중원대륙에 중화국가가 들어섬으로써 가능한 일이다. 중원대륙에 중화국가가 들어선다는 것은 희망사항이라기보다는 하늘이 정한 이치에 가깝다.

1911년 신해혁명으로 청조가 붕괴했다. 춘추대일통의 대의가 밝혀지는

---

113 유인석, 『의암집』, 권37, 雜著, 病狀記語 癸丑十二月十日(1913). 不見我國各道邑 曾有負商廳首乎 廳首爲累千百人頭領而自大矣 今各國之自主而稱君主稱皇帝 何異此廳首 是可例於我禮義之國乎 爲士者 榮爲法儒君子之門生 醜廳首而不爲也 夫我國服事中國而已.

114 유인석, 『의암집』, 권24, 書, 呈邦內士友書 甲辰九月(1904). 盖痛華脈聖緖之有絕 求得天下之深區曠地 會得一世之陽類同志 依舊是衣冠焉 依舊是經傳焉 依舊是禮樂焉 成得小華別界也 (중략) 如此則非特守身而保華 興復禮義之邦之機 又未嘗不在其間 而可以酬一時去國之慟也 事之不可以已也有如是矣.

날이 오기를 학수고대하던 유인석에게 청나라가 멸망했다는 소식은 한 줄기 빛과 같았다. 그러나 중원대륙에 '중화국가'가 들어서리라는 희망은 곧 절망으로 바뀌었다. 신해혁명을 일으킨 세력이 중화국가의 정체를 유지하지 않고 공화제를 채택했기 때문이다. 유인석의 입장에서 보면 혁명을 통해 서양의 공화제 정부를 수립하는 것은 "이적을 배척해서 금수의 일을 구하는 것"이다.[115] 중원대륙에 한족 정권이 들어서더라도 중화문화를 추구하지 않고 서양문화를 따르는 한 그들은 이적이나 다름없거나 심지어 이적보다 못한 금수일 뿐인 것이다. 그는 대총통으로 취임한 위안스카이에게 편지를 보냈다. 그 요지는 대략 이런 것이었다.

"존화양이는 춘추春秋의 대의大義이자 천지天地의 상경常經이다. 중화가 중화가 되는 이유는 무엇이며, 중화를 높여야 하는 이유는 또 무엇인가. 복희, 신농, 황제, 요, 순, 우, 탕, 문왕, 무왕, 한, 당, 송, 명이 중국의 제통을 이어오면서 강상, 예악, 제도, 문물을 빛내왔기 때문이다. 청나라가 중국에 들어와 300년간 주인 행세를 한 것은 오랑캐로써 중화를 덮은 것이니 큰 변고일 뿐이다. 중국 사대부들이 그 조정에 서서 녹을 받지 않을 수 없었다고는 하지만, 마음속으로 '나는 중화이고 저들은 이적'이라는 생각을 버린 적이 없었으리라. 이제 마침 청나라가 무너지고 중화국 세 글자가 홀연히 세상에 나와 스스로를 중화로 여기며 혁명을 하였으니 천하에 다행한 일이다. 그런데 혁명의 취지가 서양의 공화정이라면 사정이 다르다. 중화가 되어야 할 처지에서 도리어 제통帝統과 전장典章과 의발衣髮을 회복하지 않는다면, 나아가 한족漢族의 처지에서 선왕先王의 법복法服을 입지 않고 부모의 체발體髮을 보존하지 못한다면, 그 나라 이름이 아무리 중화국이라 해도 그 실체를 중화라고 할 수 없는 것이다. 청나라를 물리친 결과가 서양을 숭상하는 것이라면, 그것은 천리天理와 물정物情에 부합하지 않는 일이다."[116]

115 유인석, 『의암집』, 권3, 詩, 聞中華國新起退淸而行西洋所謂所謂共和政制. 望有登天還失則 謂將遷木更尋幽 中華尊豈土疆謂 夷狄攘之禽獸求 / 繼天立極皇綱大 與道爲治聖模休 好他性質寧終誤 勉爾英豪會自優.

공화정을 지향한 것은 쑨원이 이끄는 혁명파였다. 위안스카이는 신해혁명의 과실을 손에 넣은 북양군벌일 뿐이었다. 엄밀하게 말한다면 유인석이 비판해야 할 대상은 혁명파였던 것이다. 유인석이 그 사실을 알고 있었는지는 분명하지 않다. 그러나 중화주의자 유인석에게는 중화민국이 황제정을 추구하지 않는다는 사실이 중요할 뿐이었다.

'한족의 처지에서 선왕의 법복을 입지 않는' 것을 비판한 장면은 조심스러운 독해가 필요하다. 청나라가 멸망하기 전까지만 하더라도 유인석은 결코 이런 방식으로 말한 적이 없기 때문이다. 그는 청나라를 이적이 아니라고 하지는 않았지만, 일본으로부터 국권을 지키고 중화를 보존하기 위해서 그들과 전략적 제휴를 꺼려할 이유가 없다고 주장했다. 그런 그가 한족을 거론했다면 그것은 아마도 '한족이 구성하는 새 국가가 황제정이 아니라 공화정을 추구하는 것은 옳지 않다'는 의미일 것이다. 그에게 한족은 중원대륙에 들어설 중화국가의 전제조건은 아니다. 청나라가 멸망한 후 들어선 새 정부의 특징일 뿐이다.[117] 황제정을 지향하지 않는 한족 국가는 그 순간 이미 중화국가가 아닌 것이다. 이적일 뿐이다. 그러니 중화문화와 가장 멀리 있는 서양으로 중화문화에 조금 가까워지던 청나라를 물리치는 것을 결코 호의적으로 평가할 수는 없었던 것이다.[118]

유인석의 입장에서 보면 유교적 동양은 만주에 '소중화의 별계'를 마련하거나 위안스카이에게 공화정 포기를 설득하는 것만으로 완성되지는 않는다. 최종적으로 해야 할 일이 있다. 일본을 동참시키는 일이다. 일본이 서양의 논

---

116 유인석, 『의암집』, 권12, 書, 與中華國袁總統世凱(1912). 淸入主中國三百年 以夷加華 變之大也 (중략) 聞今革命注意 在西洋共和政治 而不爲復華帝統 復華典章 復華衣髮 此何事也 以中國而爲革帝統 爲滅典章 是可說 以華族而不服先王法服 不保父母體髮 是可成理 國名中華而去其實 中華云乎哉 可尊云乎哉 攘淸而崇洋 漸入幽谷 合於天理物情乎.

117 쑨원의 중국동맹회는 일찍이 구축달로驅逐韃虜, 회복중화恢復中華, 창립민국創立民國, 평균지권平均地權을 표방했다. 혁명파의 입장에서 볼 때 청은 쫓아내야 할 오랑캐이며, 중화는 한족이 주도하는 공화제 정권이었던 것이다.

118 유인석, 『의암집』, 권33, 雜著, 散言. 中華云者 非以其地 以其族而已 以其道也 故中國有夷道則夷之 夷進於中國則中國之法也 使淸能用華變夷 是亦中華而無可別也 (중략) 夫淸猶有存倫綱之名 猶有尊聖賢之貌 猶有凡事體例 近中華之形 今西洋 一切相反 比淸又落萬層也 以洋退淸 其得有如齊之伐燕乎.

리에 따라 서양화되는 한 문명세계의 일원이 될 수는 없다. 그러나 유인석은 자신이 지향하는 중화세계의 재건을 위해 '덜어내기'보다는 '더하기'를 선택했다. 조선이 식민지의 나락으로 떨어질 가능성이 농후한 상황에서조차 유인석은 화동의 만세태평을 이루는 것을 포기하지 않았다. 화동의 만세태평을 이루기 위해서라면 일본제국주의를 규탄하는 것으로는 충분하지 않기 때문이다. 그는 일본인에게 교화가 가능한 자질이 있다는 사실을 인정하고 그들을 교화함으로써 화동의 만세태평을 달성할 수 있다고 여겼다. "일본인 중에도 글을 아는 이가 있을 테니 그들 중 총명한 자에게 『송원화동사합편강목』을 읽게 해서 의리를 가르친다면 그들도 의리에 복종하게 될 것이다."[119] 유인석은 『송원화동사합편강목』의 장판을 압류당하는 상황에서, 일본을 적대적 타자로 삼아야 하는 현실 속에서도 이런 생각을 하고 있었다. 확장된 화동의 세계 안으로 들어올 수 있는 길을 원천 차단하지는 않았던 것이다.

유인석은 궁극적으로 일본의 반성을 전제로 동아시아 문명권을 건설하려 했다. 표면적으로는 왜양일체론을 견지했던 최익현이 일본의 반성을 전제로 동아시아 삼국의 연대를 희망했던 것과 크게 다르지 않다. 두 사람 모두 동아시아 문명권과 서양이 대립하는 전선을 염두에 두고 있었다. 그러나 동아시아 문명의 주체에 대한 아이디어가 같지 않다. 유인석은 청나라에 대해서는 전략적 제휴의 대상 그 이상으로 여기지 않았지만, 일본에 대해서는 확장된 화동華東의 일원이 될 가능성을 부정하지 않았다. 중화문화를 보존해온 조선, 중원 대륙에 들어설 가상의 중화국가, 반성과 성찰이 전제된 일본이 이루게 될 '확장된 화동'이야말로 '유교적 동양'이라고 할 수 있을 것이다. 중화는 조선왕조를 앞뒤로 관통하는 가장 중요한 키워드라고 해도 좋다. 유인석의 '유교적 동양'은 그 중화론이 그려낸 궤적의 끝자락을 장식했다.

---

119 유인석, 『의암집』, 권2, 詩, 華東史板秩爲日賊作奸. 聞說島夷尙識字 使渠稍慧者觀之 靑天白日蟲禽識 安謂終無服義爲.

에필로그

중화세계관이 그린 궤적을 맥락적으로 독해하기

중화론과 중화세계관은 조선시대의 본질을 보여주는 가장 핵심적인 요소라고 보아도 좋을 것이다. 필자는 이 책에서 여말선초부터 한말에 이르는 긴 시간 동안 조선 지식인들이 그려낸 중화세계관의 궤적을 추적해보았다. 소중화론이 그 시점이라면, 유교적 동양론은 그 종점에 해당한다.

1부에서는 조선 후기의 정치적 현실과 내면적 지향의 괴리를 보여주는 두 개의 에피소드를 다루었다. 삼전도비는 17세기 이후 조선의 정치적 현실을 상징하는 아이콘이라고 해도 좋을 것이다. 비석의 건립을 발의한 것도, 비석에 관해 인조를 압박한 것도, 그리고 최종적으로 비석 건립을 지켜본 것도 모두 같은 사람이었다. 그는 만주족 기인旗人 출신 마푸타馬夫大(mafuta)였다. 마푸타가 청 태종의 공덕비를 세우는 게 어떻겠느냐는 '권유'를 해온 것은 전쟁이 끝나 인조가 도성으로 돌아온 지 겨우 한 달여가 지난 시점이었다. 인조는 생존을 위해 그 제안을 받아들일 수밖에 없었다.

마푸타의 갑작스러운 요구에 따라 장유와 이경석이 비문 초안을 작성했다. 그러는 사이 심양에서는 범문정이 조선에 보낼 독자적인 비문 문안을 마련하는 중이었다. 이 문건은 주요 내용뿐만 아니라 일부 표현에 이르기까지 현재 남아 있는 삼전도비문과 거의 일치한다. 이경석이 최초 작성해 심양으로 보낸 문건은 현재의 비문 내용과는 사뭇 달랐다.

1638년(인조 16) 심양으로부터 다시 비석의 석물 규격을 좀 더 큰 것으로 바꾸라는 새로운 요구가 전해졌다. 그러나 비면을 구성하는 기준이나 세부적인 사항이 협의된 것은 아니었기 때문에 혼선이 빚어졌다. 인조와 비변사는 비면을 만드는 과정에서 소외될 수밖에 없는 상황이었다. 마푸타는 만주문과 몽골문을 새기는 작업을 마무리한 뒤, 1639년(인조 17) 12월 7일경 비를 세우고 서울을 떠났다.

이 비는 지금의 석촌호수 서호 부근에 서 있었다. 마푸타가 비석을 이 자리에 세운 것은 그곳이 인조가 청 황제에게 고두례를 행한 '전승戰勝의 장소'이기 때문이다. 그곳은 서울에서 하삼도下三道로 왕래하는 사람들이 거쳐가는 자리이기도 했다. 정약용도 이 비석을 보고 치욕의 역사를 떠올리지 않을 수 없었다. 그러나 그것은 부인할 수 없는 현실이기도 했다(1부 1장).

조선 지식인들은 삼전도비가 보여주는 '대청'大淸의 현실을 받아들이고 청나라 중심의 국제질서에 동참하려 했는가. 김수홍이 그린 두 장의 지도는 그들이 전혀 그럴 의사가 없었음을 보여준다. 1부 2장에서는 이 지도들을 검토했다.

김수홍이 처음 만든 지도의 이름은 〈천하고금대총편람도〉다. 도면의 중심은 세계의 중심을 상징한다. 이 세계의 중심에 중원대륙이 있고, 그 중원대륙의 사방으로 주변 세계가 배치되어 있다. 중원대륙의 주변 세계 가운데에는 조선만이 유일하게 강조되어 있다. 하늘의 별자리에 대응하는 땅은 어디까지나 중원대륙이다. 김수홍은 철저히 중원대륙을 중심으로 한 세계를 표현했던 것이며, 그것을 천하라고 말했다. 그는 한걸음 더 나아가 지도에 세계의 역사를 담기 시작했다. 옛날의 지명과 현재의 지명을 함께 사용하면서 어느 땅에서 어떤 인물이 났는지를 자세히 기록한 것이다.

김수홍은 〈천하고금대총편람도〉와 〈조선팔도고금총람도〉에서 고금의 지명과 그 땅에서 나온 인물을 기록했다. 그런데 이 두 장의 지도 어디에서도 청나라의 존재감을 읽어낼 수 없다. 〈천하고금대총편람도〉의 '고금'이라는 제목은 역사적 인물과 당대의 인물을 뜻하는 것이지만, 적어도 그 '今'은 결코 청나라 때로 이어지지는 않는다. 김수홍의 의식 속에서 중원대륙을 중심으로 하는 천하는 명나라가 멸망하기 전까지만 존재했던 것이다.

조선과 중원대륙 사이로 요동과 북만주가 있다. 김수홍에게 요동과 여진의 땅은 질적으로 같지 않았다. 요동이 좀 더 특별한 것은 단군의 땅에 순임금의 유주가 설치되었다고 말할 수도 있기 때문이다. 이 경우 조선은 중화문화를 계승하지 않을 수 없는 역사적·지리적 필연성을 가지게 된다.

〈천하고금대총편람도〉의 네 귀퉁이에는 중화세계의 주변이 묘사되어 있다. 가까이로 일본과 유구가 있다. 도면의 왼편으로 '서양국'西洋國이라는 글자가 보인다. 서역의 아래쪽에 있는 것으로 보아 유럽으로서의 서양이라기보다는 인도양 국가로서의 서양일 가능성이 높다. 마테오 리치와 서구식 천문측량법에 관한 단편적인 언급도 엿보인다. 지리적 시야가 확대되었다는 사실, 그 확대된 지리적 영역이 중화세계의 주변으로 재편되었다는 사실을 잘 보여준다. 도면의 왼편 위로 상식적으로 이해하기 어려웠을 상상의 지명들이 보이는데, 이 지명들은 모두 『산해경』에 근거를 두고 있다. 넓은 세계는 『산해경』의 지명들을 통해 연상되기도 했다.

김수홍의 중화세계는 조선이 처한 정치적 현실과 내면적 지향이 교직하는 자리 위에서 그려진 것이다. 그에게 중화는 대청의 현실을 부정하는 근거이며, 이상적인 세계를 위한 지향점이다. 지도는 그 이상적 세계의 중심과 위계, 나아가 그 문화와 질서를 표현하기 위한 수단이다(1부 2장).

중화는 풍토, 나아가 그 풍토가 낳은 고유문화와 어떤 관계에 있는가. 2부에서는 이 문제를 집중적으로 다루었다. 이 점을 이해하기 위해서는 여말선초의 상황부터 점검하지 않으면 안된다.

원 간섭기의 고려 지식인들은 몽골을 중국 혹은 중화라고 부르는 데 인색하지 않았다. 명나라가 몽골을 밀어내고 대륙의 주인이 되면서 상황은 복잡해졌다. 형세론적인 화이관이 우세한 상황이었지만, 한편에서 '의로움'이라는 유학적 가치를 내용으로 하는 문화적 화이관과 한족 왕조라는 종족적 요소를 기반으로 하는 혈연적 화이관이 배태되었다. 이 다양한 화이관의 밑바탕에는 전통적인 다원적 천하관 혹은 화이론적 천하관이 자리 잡고 있었다.

조선 건국자들은 고려시대의 자주적 유신 혹은 다원적 천하관의 소유자로부터 풍토와 기질의 독자성에 대한 자각, 유구한 역사에 대한 자부심, 지덕의 작용을 긍정하는 정서를 배우는 한편, 모화주의자 또는 화이론적 천하관의 소유자로부터 명분을 중심으로 하는 세계의 중요성을 계승했다. 유교문화를 내면화한 조선의 지식인들로서는 결코 '천자국'을 칭해야 할 이유가 없었다. 그러나 그들은 여전히 지리와 풍토의 차이에 민감했다.

단군이 혈연 공동체 혹은 고유문화를 상징한다면, 기자는 문화 공동체 혹은 보편문화를 상징한다. 고유문화는 보편문화와 대립하는 지점이 아니라 보편문화와의 연관 속에 놓였을 때 비로소 의미를 가진다. 단군사당의 독립을 주장한 정적의 의도도, 기자불신설을 강조한 세종의 생각도 이 아이디어와 크게 다르지 않았다. 그들은 어느 누구도 신채호가 그랬던 것처럼 독립적이냐 아니냐의 기준을 가지고 단군이나 기자를 바라보지는 않았다.

단군문화와 기자문화 혹은 고유문화와 보편문화가 다를 수밖에 없는 것은 두 문화를 배태한 지리적 토대가 다르기 때문이다. 조선의 역사문화적 토대는 중원대륙이 아니라 그 오른편에 있는 한반도이므로, 조선을 중원대륙의 일부라고 말할 수는 없다. '소중화 국가 조선'은 지리적인 기준으로 본다면 '동방의 외국'인 것이다. 풍토가 낳은 문화 전통을 어떻게든 관계 지어야 했던 시기. 문화적 관점에서 15세기를 정의한다면 이렇게 말할 수도 있을 것이다.

'해외의 나라'라는 지리적 조건이 중화문화를 내면화하는 데 결코 유리한 조건이 아니라는 사실은 문제였다. 그러나 변계량으로 대표되는 15세기 지식인의 입장에서 보면 그 '불리한' 조건을 이겨내고 중화문화를 내면화할 수 있었다는 사실이, 그리고 그 내면화된 중화문화의 토대 위에서 조선의 문화적 전통을 유지할 수 있다는 점이 중요하다. 변계량은 소중화론의 울타리 안에 풍토부동론을 쌓아올렸지만, 그 풍토에 근거하는 역사문화와 전통을 '바꾸어야 할 어떤 것'으로 여기지는 않았다. 중화문화의 보편성은 본속本俗과 구장舊

章을 계승해도 좋다는 황제의 인가로 이해하는 사람들도 있었다. 고유문화의 개별성을 유지하는 것이 보편문화의 외연 안에서 얼마든지 가능하다는 발상을 여기에서도 읽을 수 있다(2부 1장).

풍토가 지리의 산물이라면, 언어는 풍토의 산물이라고 하지 않을 수 없다. 조선이 '외국'이라는 사실을 인정하고, 그 '외국' 문화의 개별성을 '낮은 단계의 문명'으로 간주하지 않는 것. 한글 창제를 주도했던 세종과 정인지의 아이디어는 그런 것이었다. 이 아이디어에 따르면, '외국'이라고 해서 보편문화를 추구하지 않아도 좋은 것은 아니다. 그러나 조선이 '중국'이 아니라서 생기는 자연스러운 차이를 부정할 이유는 없다. 보편문화의 외연을 벗어나지 않는 범위에서 독자적인 언어를 만드는 것에는 아무런 논리적 문제가 없는 것이다. 이 경우 개별성은 보편문화를 받아들이기 위한 도구라기보다는, 보편문화의 범위 안에 있는 차이일 뿐이다. 이 차이는 '보편문화와 대립한다'거나 '보편문화에 비해 저급하다'는 의미는 아니다. 그 자장 안에서 용인될 수 있는 선택지일 뿐이다.

양성지에 따르면 구역이 다르고 풍기가 다르기 때문에 언어와 의복이 중국과 다를 수밖에 없다. 말하자면 언어와 의복 등은 조선을 조선이게 하는 문화적 원형질에 가까운 것이다. 따라서 지리적 차이가 낳은 문화적 원형질을 계승하는 것은 중화문화냐 아니냐는 차원에서 접근할 문제가 아니다. 그것은 국가를 보존하느냐 마느냐의 문제다. 그러니 중국과 다른 언어나 의복을 '버려야 할 것' 혹은 '고쳐야 할 것'이라고 볼 이유가 없다.

외교 문제를 풀어가거나 보편문화를 받아들이는 과정에서 중요한 언어는 이문과 한어, 즉 중국어였다. 이문이 외교 문서를 작성하는 데 필수였다면 한자의 현지 발음이기도 한 중국어는 중화의 살아 있는 음가이기 때문이다. 그러나 정작 개인 관료들은 이런 능력을 갖추는 일을 절실하게 생각하지 않았다. 뜻글자인 한문으로 해결되지 않는 것은 없었으며, 관료로서 엘리트 코스를 밟아나가는 데에도 중국어와 이문 능력이 결정적으로 중요한 것은 아니었다. 신진 문관에 대한 중국어·이문 교육 규정은 정조 대까지도 유지되었지만,

17세기부터 사문화되어갔다.

명청 교체는 지식인 관료의 중국어 능력을 더욱 떨어뜨렸다. 관료와 지식인들의 중국어 능력 저하를 누구보다 우려한 사람은 영조였다. 영조는 중국어 교육의 내실화를 추진했다. 그러나 그 못지않게 중요한 일이 있었다. 『홍무정운』의 음가를 보존하는 일이었다. 그것이야말로 중화를 지키는 중요한 방법 중 하나였다. 이런 상황이라면 '오랑캐의 언어'인 만주어에 대한 관심이 많아지기는 어렵다. 미약하나마 이 낯선 언어를 이해하려는 움직임이 있었다. 그러나 이 모든 것은 중화의 정음보다 중요하지는 않았다. 언어는 의연히 중화라는 창을 통해서 관찰되었던 것이다. 언어는 실용적인 도구이자 수단이기도 했지만, 근본적으로는 철학과 세계관의 문제였다(2부 2장).

송시열은 조선 자신을 중화문화의 유일한 계승자로 여기는 문화적 중화주의자였지만, 풍토와 구역의 차이까지 부정하지는 않았다. 그에 따르면 중원대륙에 중화국가가 다시 들어서는 것은 필연이다. 천리天理와 지기地氣 때문이다. 동이東夷인 조선은 지기가 중화의 땅만 못하지만, 문화를 갖춤으로써 중화가 될 수 있다. 그런데 '노력으로 중화문화를 추구하는 것만이 최선'이라는 논리에서는 단군으로 상징되는 고유문화를 그 중화문화에 연결시키기 어려워지는 문제가 생긴다. '아동'我東이 원래 구역에 따라 받은 지기地氣는 개성적인 풍토를 가져오는 자연스러운 차이가 아니라 중화문화에 의해 변화되어야 할 대상일 뿐이다. 그가 단군의 존재를 크게 의식하지 않았던 것, 나아가 신화와 믿기 어려운 이야기로 '얼룩진' 자국 상고사에 특별히 관심을 두지 않았던 것도 그 점과 무관하지 않다. 그의 논리를 확장하면 단군시대의 문화는 '아동'이 동이로서 부여받은 지기에 의해 만들어진 것일 수밖에 없으며, 그럴 경우 그 문화를 기자와의 연속선상에서 설명할 수 있는 방법은 없다.

이런 상황에서 조선의 풍토와 고유문화를 중화문화의 맥락 안에서 좀 더 효과적으로 합리화할 수 있는 다른 논리가 등장한 것은 자연스러운 일이었다. 조선이 '해외의 나라'임에도 불구하고 소중화인 것, 나아가 중화문화의 유일한 계승자가 된 것은 그 풍토가 중국과 동일하기 때문이라는 아이디어가 등장했다. 이종휘의 논리에 따르면, 조선은 지리적으로 말한다면 중원대륙의 중정中正한 기운을 받은 외국이자 프랙털 구조의 쌍생아이며, 문화적으로 말한다면 '중화문화의 유일한 계승자'다. 조선을 중화문화의 유일한 계승자로 여기는 발상이 이 쌍생아의 구조에서 나온 것이라면, 중원대륙의 중심적인 위상이 흔들릴 일은 없다. 서구식 세계지도나 천하도를 보았던 이익과 안정복은 여전히 중원대륙을 '천하에서 제일가는 대륙의 중심'이라고 여겼다. 그들이 추구하던 중화세계가 서구식 세계지도와 천하도가 보여주는 넓은 세계와는 다른 층위에서 여전히 유의미하다는 사실을 믿어 의심치 않았다. 이 논리에 따르면 중원대륙이 신기神器이며, 그것을 신기이게 한 것은 지선至善한 천리天理다. 한 세기 뒤 이항로가 구사한 논리도 이와 크게 다르지 않다.

17세기 이후 민간에 폭넓게 보급되었던 〈여지도〉책자 안에는 이 프랙털 구조와 조선의 위상을 보여주는 중국 지도가 있다. 지도에 그려진 전횡도田橫島는 '무력으로 강요된 군신관계를 거부하는 내면의 논리'를 시각화한 것이다. 이 섬은 중원대륙과 한반도 사이를 이어주는 유일한 매개체이기도 하다. 조선이 중화문화의 유일한 계승자라는 자부심, 나아가 조선이 중원대륙에 들어설 중화국가와 함께 중화세계를 건설해나가리라는 전망을 상징하는 아이콘이었던 것이다(2부 3장).

조선에서 중화가 지니는 보편문화적인 위상을 부인하는 사람은 없었다고 해도 좋다. 누구나 중화를 말하고 중화세계를 꿈꾸었다. 그럴수록 대륙의 새로운 지배자가 버거울 수밖에 없다. 조선에게 청나라는 다만 문명의 파괴자이며, 적대적 타자일 뿐이다. 조선이 만주에 관심을 가지게 된 것은 그런 정치적인 위기감 때문이었다. 3부에서는 '중화의 파괴자' 청나라에 대한 정치적 위기의식과 만주 지리 지식의 관계를 검토했다.

전쟁에서 패해 '오랑캐'와 군신관계를 맺게 된 것은 조선의 지식인들에게 트라우마가 되었다. 그 현실이 전부는 아니라고 말할 수 있는 다른 장치들이 필요했다. 청나라에 대해서 복수해야 한다고 주장하거나 조선 자신을 중화문화의 유일한 계승자로 여기고 문화적 자존감을 키워나가는 것도 좋은 방법이었다. 현실적으로 청나라에 복수할 수 없는 상황이 된다 해도 기댈 언덕이 필요했다. 청나라가 머지않은 장래에 오랑캐라는 숙명적인 이유로 망할 수밖에 없으리라고 전망하는 것도 그런 것 중 하나다. 만일 청나라가 북경에서 물러나 영고탑으로 돌아간다면 어떤 경로를 거칠 것인가. 퇴각하는 과정에서 조선으로 우회할 가능성은 없는가. 병자호란 이후 조선 지식인과 관료들이 만주에 관심을 가졌던 일차적인 이유는 그런 것이었다. 위기의식이 지리 정보를 필요로 하게 만든 것이다.

조선은 성경지와 『만주원류고』를 비롯한 많은 지리서를 들여왔다. 조선은 이 지리 지식을 재정리하고 새로이 관방지도를 제작했다. 그러나 이 새로운 지식들은 정치적 위기감을 완전히 잠재우지 못했다. 조선이 중화문화의 유일한 담지자라고 생각하는 한, 청나라는 아무리 번성한 문물을 가지고 있어도 늘 적대적 타자일 수밖에 없었다.

영고탑 회귀설이 장래 어떤 시점에 발생할지 모르는 가상의 위기라면, 변금邊禁은 일상적으로 해결해야 할 숙제였다. 17세기 이후 여러 차례 문제가 된 지역은 압록강 상류 대안의 도구道溝라고 불리는 곳이었다. 조선은 유사시의 범월 문제에 효과적으로 대응하기 위해서 도구 지역 야인 부락의 위치와 조선식 이름, 그리고 그 지역에 관한 청나라의 지명을 한 세트로 정리하기 시작했다. 시간이 지나면서 조선은 범월 사건이 발생한 위치를 추정할 수 있을 만큼의 경험과 지식을 축적하게 되었다. 그러나 범월 사건에 대한 조선의 최대 관심사는 실체적 진실을 밝히는 것이 아니라 외교적 긴장이 조성되지 않도록 처리하는 일이었다. 서둘러 범인을 확정해서 사건을 종결하거나, 사건 처리에 관한 청나라의 요구에 응답하는 선을 넘어서지 않았던 것은 그런 이유에서다.

조선의 정치적 현실과 관련하여 만주가 연상시킨 것은 범월 문제이며 전쟁의 위기감이었다. 학술적인 이슈가 아니었던 것이다. 중요한 곳은 고조선의 중심지 요동이 아니라 압록강변의 대안의 적로賊路였으며, 심양 – 길림(울라) – 영고탑으로 이어지는 북만주였다. 명청 교체를 전후한 시기부터 만주 지리에 대한 관심이 자연스럽게 요동에서 북만주로 옮겨가기 시작한 것이다(3부 1장).

조선이 들여온 책자에는 백두산과 백두산에서 발원하는 수계에 관한 정보도 들어 있었다. 마침 강희제가 파견한 목극등이 조선 측 실무진만을 대동하고 백두산에 비석을 세운 일이 발생했다. 백두산에 대한 관심을 불러일으키기에 충분한 사건이었다. 문제는 그 청나라 문헌들에 나오는 백두산과 그 일대에 대한 정보가 일관되지 않은 것이었다.

성경지의 지리 지식은 기본적으로 여러 판본들 사이에서 공유되었지만, 판본들 간에 충돌이 생기는 대목이 없지 않다. 성경지 판본들에서 공유되는 내용이라 하더라도 『대청일통지』나 『만주원류고』와 차이가 나는 부분도 있다. 성경지나 『대청일통지』의 여러 판본들과 『만주원류고』 간에도 충돌하는 지점이 있다. 백두산에서 흘러나오는 이른바 '아야고강'은 가장 두드러지는 대목 중 하나다. 『흠정성경통지』를 포함한 모든 성경지 판본들, 그리고 『대청일통지』의 여러 판본들은 모두 백두산에서 흘러나오는 물줄기를 서남쪽의 압록강, 동남쪽의 토문강, 북쪽의 혼동강 등 세 갈래로 보았다. 그러나 『만주원류고』는 백두산에서 동류하는 물줄기나 아야고강에 대해 다른 판단을 하고 있다. 성경지나 『대청일통지』의 여러 판본들은 동류하는 아야고강을 부정했지만 『만주원류고』는 두만강의 존재와는 별개로 남류하는 압록강, 북류하는 혼동강, 즉 송아리강, 그리고 동류하는 아야고강 등을 인정했던 것이다.

성경지 계열과 〈황여전람도〉 계열 사이의 여러 지리지·지도들은 모두 관찬의 성과였기 때문에 당연히 서로 영향을 주고받았을 가능성이 있다. 그러나 백두산과 그 주변의 물줄기에 관한 설명을 보면, 두 지리 지식의 관계가 생각만큼 밀접하지 않은 느낌을 받게 된다. 백두산조차 명칭이 다르다. 성경지나 『대청일통지』의 여러 판본들, 기타 청나라 때의 문헌들은 모두 골민 샹기얀 알린golmin šanggiyan alin이라는 만주어 단어의 의미를 따라 '장백산'이라고 불렀다. 그러나 강희제, 옹정제, 건륭제 때의 〈황여전람도〉 원도들은 모두 암바 샹기얀 알린amba šanggiyan alin이라는 만주어, 혹은 그 만주어를 음차하여 안파산언아림安巴山彥阿林이라고 적었다. 암바amba의 의미는 '대'大 혹은

'태'太이다. 〈황여전람도〉는 백두산을 '장백산'이 아니라 '대백산' 혹은 '태백산'이라고 적은 셈이다.

성경지 계열의 지리 지식은 여전히 많은 점에서 〈황여전람도〉의 지리 지식과는 일치하지 않거나 심지어 충돌하는 양상을 보여주었다(3부 2장).

만주 지리 지식들은 다시 조선 사회의 내적 필요에 따라 재해석되기도 했다. 4부에서는 이 새로운 지리 정보들이 조선의 학술 지형과 중화 담론에 미친 영향을 검토했다.

조선 사람들은 한자로 세계를 이해했지만, 만주는 오랫동안 한자문화권과 무관한 곳이었다. 명청대의 만주 지명·인명은 여진어나 만주어를 당시의 백화로 음차한 것이 대부분이기 때문에 설사 한자로 기록되어 있다 하더라도 그것은 '동문同文의 세계' 안에서 큰 의미는 없었다. 동아시아 지식 정보 교류의 사례로서 의미를 가지려면 그 만주 지명들은 반드시 동문화同文化의 과정을 거치지 않으면 안 되었다.

'부르하투'burhatu는 많은 만주어 지명 중에서 조선과 야인이 각각 다른 이름으로 불러왔던 곳이다. 건을가퇴件乙加退·건가퇴件加退·건가퇴件加堆·벌가토伐加土 계열이 전자에, 복아합토卜兒哈兎·포이합도布爾哈圖 계열이 후자에 해당한다. 〈황여전람도〉의 사본을 옮겨 그린 〈서북계도〉는 이 두 계열의 지명이 하나의 강줄기를 표현한다는 사실을 처음으로 도면상에 구현했다는 점에서도 특별한 의미가 있다. 번역을 통해 비로소 동문의 의미체계 속으로 들어올 수 있었던 것이다.

청나라 때에 편찬된 만주 지도와 지리서의 지리 정보들은 그 자체로 일관적이지도 않았을 뿐만 아니라, 전래의 지리 지식과도 충돌했다. 소하강, 속평강, 수빈강 등 15세기 조선의 역사 경험을 반영하는 만주 지명들은 『세종실록지리지』와 『신증동국여지승람』에 나타나지만, 청나라 지리서와 지도에서는 보이지 않는다. 조선 지식인들은 대부분 어느 한편을 신뢰하는 것보다는 양편 모두를 인정하는 쪽을 택했다.

이익은 오국성·졸본부여 등의 지리를 고증하면서 성경지를 활용했지만, 소하강·속평강 등에 관해서는 『신증동국여지승람』의 기사를 근거로 삼았다. 『대청일통지』의 지리 정보 역시 예외는 아니다. 적지 않은 지식인들이 이 책을 보았고 그것에 토대를 둔 백두산 지도를 그렸지만, 15세기 조선이 생각한 지명을 부정하지는 않았다.

역사적 지명 중에는 윤관비, 선춘령, 공험진, 토문강, 분계강과 같은 것들도 있다. 오국성을 제외하면 이 지명들도 청나라 지리서나 지도에 등장하지 않기는 매한가지였다. 홍양호는 정조시대 북방 지역 전문가라고 할 만한 인물이었지만, 그가 남긴 공험진과 선춘령에 대한 기록은 대부분 『신증동국여지승람』에서 옮겨온 것이다. 그는 또 토문강을 두만강의 상류라고 인정하는 대신 분계강을 설정했다. 청 측 만주 지리 지식을 일방적으로 맹신하지 않았던 것이다(4부 1장).

지리 정보량이 증가하면서 자연스럽게 역사지리학 분야의 논의도 활발해졌다. 일찍이 한백겸은 『동국지리지』에서 자국 고대사의 강역과 그 변천 과정에 주목함으로써 종래 역사서가 군현의 연혁이나 예속 관계만을 다루던 한계를 뛰어넘었다. 그러나 그에게는 만주에서 펼쳐진 고대사의 고증 결과를 당대의 자연 지명이나 행정 지명 등으로 연결시킬 근거가 충분하지 않았다. 그의 고증 결과는 그런 점에서 미완성이었다. 남구만, 안정복, 정약용 등이 그 빈자리를 채워나갔다.

안정복에게 지리 고증은 기자마한정통론의 논리적 토대를 만드는 일이었고, 그렇게 쌓아올린 강목체의 자국사는 다시 문화적 중화관의 정당성을 확인하고 강화하는 역할을 한다. 정약용에게도 지리 고증은 중요한 문제였다. 그것은 지리 조건의 우열로 역사의 성패를 논하기 위한 전제조건이며, 경세학적 성리학을 뒷받침하는 도구이기도 했기 때문이다.

지리 고증은 고토 의식을 심화시켰고, 고토 회복론을 불러일으키기도 했다. 이익과 안정복이 고토를 기억하는 데서 멈춘 반면, 이종휘는 그 고토를 회복해야 한다고 주장했다. 이종휘가 그린 그림에는 세 개의 포스트가 있다. 중화문화의 유일한 계승자인 조선, 중원대륙에 들어서야 할 가상의 중화국가 '중국', 그리고 적대적 타자 오랑캐(청나라)다. 이런 구조에서 조선이 만주 고토를 회복하는 것은 적대적 타자가 유일한 중화문화의 계승자를 위태롭게 하는 것을 미연에 방지하기 위한 노력이었다.

이종휘에 따르면, 요동의 최초 주인은 조선이다. 이곳은 한때 중국의 일부가 된 적은 있지만 결코 유주幽州가 아니다. 중화문명을 기준으로 놓고 보면 그 땅이 조선 혹은 중국의 영역이 되는 것을 합의 상태라고 말해야 한다. 그러나 그 합의 상태를 이루어야 할 주체는 어디까지나 고토의 주인 조선이다. 만일 가상의 중화국가가 반환을 요구해온다면, 자문을 통해 설득하는 수밖에 없다. 오랑캐(청나라)가 북만주를 내놓지 않으려 한다면 윤관의 비를 가지고 따져야 한다.

1884년 지견룡이 '국경을 넓히는 일'을 논한 상소를 올렸다. 그는 역사적 연고와 예의, 그리고 실리를 근거로 자문을 보내는 것이 유일한 해결책이라고 주장했다. 조공책봉 체제의 틀 안에서 영토적 요구를 실현할 수 있다고 본 그의 아이디어는 매우 조선적인 것이며, 그런 점에서 '근거를 가지고 설득'해야 한다고 생각한 이종휘와 닮았다.

근거를 가지고 청원하는 방식이야말로 조공국과 책봉국 사이의 예적 질서라고 보아야 한다. 예적 질서를 준수함으로써 원하는 문제를 해결하는 것. 이것이야말로 조선이 명청을 상대로 국경 혹은 영토 문제를 제기하는 방식이자 본질인 것이다. 정치적 필요에 의해 수집된 만주 지리 정보는 결국 지리 고증과 고토 회복론을 거치며 중화세계관을 강화하는 쪽으로 활용되었다(4부 2장).

조선 지식인의 지리적 시야가 한반도와 만주, 중원대륙에만 머물러 있었던 것은 아니다. 조선이 경험할 수 있는 중화세계의 주변으로 유구가 있었다면, 그 바깥으로는 일본과 하이가, 그리고 그 바깥쪽으로는 직접 경험할 수 없는 더 넓은 세계가 있었다. 5부에서는 조선의 중화적 세계관 안에서 지리적 시야가 어떻게 확대되어가는지를 검토했다.

조선은 유구와의 직접 교류를 통해, 혹은 명나라와 일본으로부터 유구에 대한 정보를 수집했다. 명나라 때 이후 동아시아 각국이 해금海禁 체제를 유지했다고는 하지만, 그 속에서도 교류는 있었다. 조선이 알게 되었던 유구 지리 정보는 크게 정약중 지도의 사본과 『해동제국기』〈유구국도〉로 나눌 수 있다.

정약중의 지도는 이후 나홍선의 『광여도』(1555), 장황의 『도서편』(1577), 왕기의 『화한삼재도회』(1607) 등에 연달아 실렸다. 정약중 지도가 왕성과 왕성에 딸린 항만·사원 등의 부속시설을 묘사하는 데 중심을 두었다면, 『해동제국기』의 유구국 지도는 유구의 위치와 방위를 중시하고 산과 성벽을 기호화했다. 전자를 왕성도, 후자를 해양도라고 불러도 좋을 것이다. 해양국가 유구의 이미지는 『해동제국기』에 실린 일본 지도의 원본을 그렸을 일본인으로부터 온 것이다.

『해동제국기』 지도의 원도에는 유구까지 항해했던 일본 측의 경험이 녹아 있었지만, 조선의 입장에서 보면 확인되지 않은 지리 정보였을 뿐이다. 유구와의 직접적인 관계가 단절된 이후 만들어진 지도에서 관련 해양 정보는 소략해진 반면, 해상무역의 중심지라는 이미지는 강하게 남았다.

조선 지식인들은 장황의 『도서편』과 『대청일통지』 등에서 유구 문화의 중화적 속성에 대한 정보를 얻었다. 『대청일통지』에는 유구가 명나라 때 이래 중국에 조공했으며, 유구의 저작물에 중화의 기풍이 있다고 적혀 있다. 그러나 『대청일통지』가 말하는 중화문명은 청나라 중심의 국제질서와 중첩되어 있었다. 『화한삼재도회』에는 유구의 문화가 야만의 문화에서 중화의 문화로 변했다고 적혀 있지만, 그것은 다만 이국풍의 일부였다. 중화문화의 유일한 계승자라고 자부하던 조선의 시야에서 중화문명 국가 유구는 명대까지만 존재했다. 명청 교체 이후 조선에서 유구는 이상향이자 잊힌 중화국가였다(5부 1장).

가토 기요마사는 1592년 8월 두만강 너머 만주의 야인(달단, 오랑캐)을 침략했다. 가토의 보고서는 '하이가 오랑캐'라는 지리 인식이 일본 사회에 유포되는 계기가 되었다. 일본이 하이蝦夷라고 부르는 곳은 명나라에서는 달단韃靼, 조선에서는 오랑캐라고 부른다는 것이다. 하이도와 연해주 사이를 가깝게 보는 주관적 거리감은 17세기 일본에서 형성된 뒤, 조선에 파급되었다. 이와 함께 일본이 하이도를 거쳐 다시 침략할지 모른다는 위기감이 생겨났다.

이덕무가 하이도에 관심을 가진 것도 그런 속설 때문이었다. 그는 『화한삼재도회』뿐만 아니라 근세 일본에서 출판된 개선된 윤곽의 일본 지도들을 볼 수 있었지만, 끝내 그 속설을 부인하는 단계에는 이르지 못했다. 이익은 일본의 북해가 파도가 높아 건널 수 없으리라는 강항의 말을 신뢰하지 않았다. 안정복은 일본이 동해안을 노략질하거나 동북지방 습지의 바닷길을 경유해 조선을 침략할 가능성을 이덕무보다도 더 높게 보았다. 그들이 위기감을 떨쳐낼 수 없었던 것은 청나라 중심의 동북아 국제 정세를 유동적으로 보았기 때문이다.

하이도의 위치에 대한 정보를 담지 않았다는 점에서 전통적인 지리 정보는 결정적인 한계가 있었다. 서구식 세계지도는 그런 면에서 강점을 가지고 있었다. 이익은 일본의 윤곽에 관한 한 서구식 세계지도를 신뢰하지 않았지만, 『직방외기』에 그려진 하이도에 대해서는 매우 적극적인 태도로 평가했다. 정약용은 하이의 지리적 위치가 조선을 위협하지 않음을 논증하는 과정에서 세계지도를 활용했다. 그러나 그런 정약용조차 세계지도에 묘사된 하이 관련 지리 지식을 절대적으로 신뢰하지는 않았다. 서구식 세계지도에 그려진 새로운 지리 지식은 경험적인 지식과 전통적인 지리 정보를 일거에 무너뜨릴 만큼 강력하지 않았던 것이다. 하이는 자연지리적인 탐구 주제는 아니었다. 중화주의자인 조선 지식인들에게 하이는 언제나 정치적인 이슈였다(5부 2장).

지리적 시야만을 놓고 본다면 조선은 매우 이른 시기부터 구대륙 전체를 망라하는 넓은 세계를 알고 있었다고 해도 좋다. 현재까지 남아 있는 〈강리도〉(1402)의 사본들이 그 사실을 웅변해주고 있다.

〈강리도〉의 사본들 가운데 가장 일찍 제작된 것으로 평가되는 류코쿠대학 본에는 함경도의 남병영·북병영, 그리고 경기·경상·충청·전라도 등의 병영과 수영이 파악되어 있다. 군사적인 관심이 지도에 깊이 반영되어 있음을 짐작하게 해준다. 경상도와 강원도 연안에 섬처럼 표시된 포구들에 관한 정보에도 같은 시선이 배어 있다.

류코쿠대학본은 1480년에서 1534년 사이에 제작된 것으로 평가된다. 그런데 이 사본은 1456년(세조 2)에서 1468년(세조 14) 사이, 그리고 1456년에서 1468년 사이, 1480년(성종 11)에서 1485년(성종 16) 사이의 변화를 일관되게 반영하고 있지 않다. 류코쿠대학본이 이 두 시점 이전에 제작된 다른 사본의 시점을 반영했을 가능성을 배제할 수 없는 것이다. 이 두 시점은 새로운 조선 지도와 전국 지리지가 만들어진 시기여서 더욱 특별하다. 16세기와 비교해보았을 때, 이 시점이야말로 구대륙을 망라하는 것이 가지는 시의성이 가장 잘 살아 있기 때문이다.

16세기 이후에 제작된 〈강리도〉의 다른 사본들은 지리적 시야가 점차 좁아져갔음을 잘 보여준다. 그러나 오래지 않아 더 넓은 세계를 그린 지도들이 북경에서 수입되기 시작했다. 서구식 세계지도였다. 서구식 세계지도는 비상한 관심을 불러일으켰지만, 그만큼 위화감을 조성하기에도 충분했다. 중화세계를 뛰어넘는 규모도 문제지만, 한자의 의미가 통하지 않는 번역 지명들이 더 큰 문제였다. 그런데도 이 지도들은 복제되어 유포되었다. '이문異聞을 넓히는' 행위가 가지는 의의마저 부정하지는 않았던 것이다. 이 넓은 세계를 받아들일 것인가 말 것인가는 그다음 문제였다.

'존이불론'存而不論은 이질적인 지식의 연착륙을 가능하게 하는 또 하나의 담론이었다. '보류해두고 토론에 부치지 않는' 것은 그것의 사실관계를 판단하지 않겠다는 의미일 뿐이다. 중화세계와 부합하지 않기 때문에 '버려야 한다'는 의미는 결코 아닌 것이다. 물론 현실에서 이 사전적 의미가 그대로 적용되지는 않았다. 그러나 존이불론은 이문의 필요성을 주장하는 사람들이 내밀 수 있는 마지막 카드이기도 했다(5부 3장).

6부에서는 넓은 세계에 대한 지식이 중화세계관과 만났을 때를 그려보았다. 중국에서 땅은 우주구조론의 일부로 다루어지거나 혹은 직방세계職方世界와 동의어로 간주되었다. 그러나 우주구조론 속의 땅은 근본적으로는 중국 중심의 조공朝貢 권역인 직방세계와 논리적 연관성을 가지지 못했다. 〈황명직방지도〉의 저자 진조수가 서구식 세계지도를 보고 맹렬히 비판한 것은 그 때문이다. 진조수에게 직방세계는 현실세계이자 중화를 중심으로 구성된 가치의 세계다. 이지조를 비롯한 서학론자들은 바로 〈곤여만국전도〉를 높이 평가했다. 그들은 '넓은 세계를 확장된 직방세계로 설명할 수 있다'는 타협적인 수사조차 구사하지 않았다.

중국사에서 '서양'이 발견된 것은 서구식 세계지도가 보급되기 훨씬 전이었다. 정화의 항해는 명청대 중국인들에게 '서양'이라는 말을 각인시킨 결정적인 사건이었다. 『대명일통지』, 『도서편』 등 조선 지식인들이 볼 수 있었던 명나라 때의 지리지나 백과전서에는 인도양 국가로서의 '서양'이 수록되어 있다. 마테오 리치가 말하는 '유럽으로서의 서양'은 사실상 중국인들이 말하던 인도양 국가로서의 서양과 달랐으며, 그런 의미에서 완전히 새로운 곳이었다. 그러나 사이 관념을 버리지 않는 한 중국인들은 마테오 리치의 서양을 어떤 식으로든 해석하지 않으면 안 되었다.

『대청일통지』는 서구식 세계지도를 통해 알게 된 유럽으로서의 서양과, 명나라 때와 그 이전의 역사 경험에 기초한 인도양 국가로서의 서양을 모두 인정했다. 청나라의 입장에서 보면 유럽으로서의 서양은 새로운 이역異域, 인도양 국가로서의 서양은 전통적인 이역이었다. 『대청일통지』는 사이의 일부를 구성하는 것으로서 새로운 이역, 즉 유럽으로서의 서양을 인정했다. 그러나 그 새로운 이역과 전통적인 이역은 구분선이 여전히 모호한 상태였다.

『고금도서집성』은 중국 중심의 세계관과 사이관을 유지하면서도 새로운 이역을 좀 더 경직된 방식으로 적용하려 한 책자다. 『고금도서집성』에서 『곤여도설』의 지명들은 결코 부정되지 않았다. 중국 역사에서 확인되지는 않았지만 중국 주변으로 추정할 수 있다고 본 것이다. 그러나 오대주설을 바탕으로 한 『곤여도설』의 세계 구성은 부정되었다. 오대주와 대륙별 국가(지명)는 중국 중심으로 해체되었다. 이런 상태라면 중원대륙이 중앙에 자리 잡은 단원형 세계지도의 도면은 아무 의미가 없게 된다. 세계지도의 지명들은 자의적으로 분산 해체되어 미확인 상태의 중국 주변으로 남았을 뿐이다(6부 1장).

이수광은 북경에 사신으로 왕래하면서 안남, 유구, 섬라 등 많은 외국 사신들을 직접 만났을 뿐만 아니라 누구보다도 먼저 서구식 세계지도를 접한 인물이다. 『지봉유설』 외국편에는 그런 경험과 지식이 잘 녹아 있다.

기후 조건이나 풍속, 신앙, 주민들의 생활상 등과 같은 기사야말로 문화적 동질성·이질성을 드러내기에 가장 적합한 소재다. 이수광은 이질적인 문화에 대해 어떤 편견도 드러내지 않았다. 유교문화가 다른 문화와 양립할 수 없다고 생각하지도 않았다. 역으로 말하면, 어느 다른 문화에서라도 삼대三代의 유풍을 발견할 수 있는 가능성을 배제하지 않았다는 의미다.

중국과 통하지 않은 나라들 가운데 '서역'이 있고, 그 뒤로 미지의 나라들 혹은 믿기 어려운 이상한 나라들이 있다. 그중 어떤 나라들은 세상의 끝자락에 관한 독자의 상상을 자극하기도 한다. 이수광은 중국 정사正史의 지리지에서 확인되는 잘 알려진 국가에서부터 시작하여, '해외의 제국諸國과 세상의 북쪽 끝자락'을 설명했다.

이수광은 '해외의 제국과 세상의 서쪽 끝자락'에 관한 서술에서도 유사한 서술 전략을 구사했다. 그는 '서양 대국' 불랑기국佛浪機國과 '극서極西 외양外洋의 나라' 영결리국永結利國을 배치함으로써 서쪽 땅의 끝자락에 관한 논의를 그 나름대로 훌륭하게 전개했다. 그런데 회회국 이하의 서술이 일관성을 지니기 위해서는 '확대된 서역의 끝자락'으로 설정된 나라를 들어 논의를 마무리하는 것이 순리다. 구라파국은 바로 그런 존재였다. 이수광에 따르면 구라파국은 '서역에서 가장 먼 곳에 있는 나라'다. '확장된 서역의 끝자락', 바로 그곳인 것이다.

유럽(구라파국)을 '서역'의 연장선상에서 설명한 것은 이수광뿐만이 아니었다. 『동문광고』의 저자 이돈중도 같은 문제의식을 가지고 있었다. 『대청일통지』에서도 유사한 인식이 엿보이지만, 유럽으로서의 서양이 서역이나 인도양 국가로서의 서양과 명확히 구분되지 않는다는 점에서 차이가 있다. 사이관 안에서 유럽이라는 실체를 인정할 수 있다는 결론에 이른 것은 같지만, 그 과정은 같지 않았다. 그 이면에는 서역을 경험한 역사와 그렇지 않은 역사, 인도양 국가로서의 서양을 경험한 역사와 그렇지 않은 역사 사이의 차이가 깔려 있다(6부 2장).

명말청초 중국 지식인들이 서구식 세계지도에 대해 보인 반응은 다양했지만, 그 누구도 육합, 추연, 비해, 영해, 대영해, 구구주와 같은 동양 고전의 단어를 떠올리지는 않았다. 그러나 조선의 상황은 달랐다. 지식인들은 이 단어들에서 서구식 세계지도를 동양적 아이디어로 이해할 수 있는 가능성을 찾았다.

최석정은 평평한 땅과 중국의 성교聲敎가 미치는 범위를 가정한 천하天下 패러다임과, 지구설에 기초한 유럽식 패러다임 사이에는 층위의 차가 있다고 생각했다. 전자가 천하관이라면, 후자는 이른바 '우설'宇說이다. 우공구주와 같은 것이 아홉 개가 더 있다는 추연의 구구주설도 그런 점에서 '우설'에 해당한다. 흥미로운 사실은 그런 그조차 '우설'에서 중화국가의 흔적과 중화문화의 보편가치를 읽어내려 했다는 점이다.

최석정의 사례는 조선에서 서구식 세계지도의 세계상과 지명들이 『산해경』과 같은 동양적 모델을 통해 이해되었을 가능성을 시사해준다. 실제로 〈곤여만국전도〉의 도면에는 그 불가사의한 세계를 연상시킬 만한 소지를 가진 내용이 없지 않다. 북고해北高海(카스피해) 위쪽으로 일목국一目國이, 왼편으로 여인국女人國이 있다. 일목국은 외눈박이들의 나라, 여인국은 여자들만 사는 나라라는 뜻으로, 『산해경』에 등장하는 지명들이다.

서구식 세계지도는 세계 구성에 관한 다양한 논점들에 대해 주의를 환기시켰다. 땅의 끝에 바다가 있는가, 바다의 끝에 땅이 있는가. 조선 지식인들은 새삼스럽게 이 문제에 대해 탐구하기 시작했다. 이종휘는 마테오 리치의 남북극도를 보고 '바다로 둘러싸인 땅'을 연상했지만, 홍양호는 서구식 세계지도를 '바다 밖의 땅'을 보여주는 도면이라고 생각했다.

땅과 바다의 관계에 관한 고전의 언술도 새삼스럽게 논의의 대상이 되었다. 『중용』은 땅이 바다를 싣고 있다고 적었지만, 『주자어류』는 땅의 가장자리로 바다가 흐른다고 했다. 이 문제에 주목한 이들은 윤봉구와 한원진 등 권상하의 문인들이었다. 그들이 서구식 세계지도의 세계상을 신뢰했다고 말하기는 어려울 것이다. 그러나 호론의 맹장들이 땅과 바다의 관계에 관한 고전의 언술을 검토한 것은 그 자체로 흥미로운 대목이다. 그것이야말로 서구식 세계지도가 불러일으킨 논점이기 때문이다.

여러 가지 흥미로운 가정 중에서도 특히 눈에 띄는 것은 윤봉구의 견해다. 그는 『중용』의 '진하해'振河海에 대한 추론을 '사해 바깥쪽에 육지가 있다'는 식으로 발전시켰기 때문이다. 이른바 해외 대륙이다. 이익도 '진하해'를 '바다 밖의 땅'에 관한 언설로 받아들이고, 그 언설과 서구식 세계지도의 세계상을 일치시키려 했다.

서구식 세계지도가 보급되는 시점, 도교적 문헌이 재발견되는 시점, 바다 밖에 땅이 있다는 주장이 나오기 시작하는 시점에서 매우 독특하고 흥미로운 도면이 등장했다. 중국을 중심에 두고 넓은 세계를 묘사한 이 원형 세계지도는 천하도라는 이름으로 불렸다. 서구식 세계지도의 지적 자극에 의해 태어난 이 새로운 도면은 17세기 이후 조선 사회에 광범위하게 유포되었다(6부 3장).

넓은 세계와 중화세계의 접점을 궁금해한 것은 지방 지식인 위백규도 예외는 아니었다. 그가 일종의 세계 지리서라고 할 수 있는 『환영지』를 펴낸 것은 천하도가 보여준 넓은 세계의 이미지를 보았기 때문이다. 서문에는 이 지도의 이름이 '이마두구구주도'라고 되어 있다.

『환영지』의 목록에는 정초본, 정서본, 목판본 등 세 가지가 있다. 그가 정초본 단계에서 천하도에 붙인 이름은 '이마두천하도'였다. 그는 마테오 리치와 추연, 비해, 구주를 모두 같은 범주로 여겼던 것이다.

정서본에는 천하도 도면 제목과 설명에서 '이마두'라는 이름이 없다. 천하도에 대한 혼선은 목판본 단계에 이르러 마침내 일단락된다. 위백규는 마침내 '이마두천하도'라는 명칭을 포기했다. 정서본 하단부에서 확인되는 서양도는 마테오 리치가 보여준 서양을 그린 것이다. 정서본 도면 목록에서 제 위치를 찾지 못했던 '서양'은 목판본 도면 목록에서 〈십삼성총도〉(목판본, 6번) 다음에 배치되었다. 비로소 세계 구성과 연결될 수 있는 자기 위치를 찾은 것이다.

현재 남아 있는 목판본 『환영지』에서 천하도를 직접 설명하는 지지는 외오악에 관한 것이 유일하다. 그런데 외오악의 뒤편으로 '부외국'附外國이라는 표시 아래 여러 나라들의 이야기가 실려 있다. 안남에서 불랑기에 이르는 이 나라들의 이름과 관련 기사들은 모두 『지봉유설』에서 옮겨 적은 것이다. 그 뒤로 『산해경』에서 따온 수많은 나라 이름들이 등장한다. 이 두 갈래의 내용은 위백규가 천하도를 이해하기 위해 필요한 문헌자료라고 판단한 것들이다. 위백규는 천하도-중원대륙의 세계 구조 안으로 『지봉유설』과 『산해경』을 끌어들이려 했다.

문제는 천하도와 무관하게 작성되었을 『지봉유설』이다. 위백규가 구사한 문화적 동질성·이질성 드러내기는 온전히 이수광의 전략을 따른 것이다. 그러나 다른 점도 있었다. 위백규는 『지봉유설』에서 불교문화에 관한 내용을 적지 않게 덜어냈다. 그는 또 차사車師라는 지명을 찾아냄으로써 『지봉유설』과 천하도 사이에 의미의 고리를 만들었다. 『지봉유설』의 토로번土魯番과 화주火州에서 확인되는 차사는 천하도 중앙대륙 서쪽의 차사국으로 그렇게 재발견되었던 것이다. 이제 천하도의 역사 지명은 적어도 차사국의 존재로 인해 부인하기 어려운 그 나름의 '진정성'을 가지게 되었다.

위백규는 『지봉유설』을 천하도의 내부로 끌어들임으로써 넓은 세계(구구주)와 중원대륙(九州)의 구조 아래에서 『지봉유설』을 설명하는 데 성공한 것이다. 위백규는 서구식 세계지도와 천하도, 중화세계와 『지봉유설』을 묶어 하나로 설명해낸 최초의 사례라고 해도 과언이 아니다. 물론 이 종합된 세계상에서조차 중화세계가 지니는 가치는 훼손되지 않았다(6부 4장).

조선은 일본에 의해 자본주의 세계체제에 편입된 이후 오래지 않아 국권 상실의 위기를 맞았다. 7부에서는 중화세계관이 그려온 궤적이 이 새로운 환경에서 어떻게 변형되는지, 혹은 지속되는지를 살펴보았다. 1장에서는 변경의 유학 지식인 김정규의 사례를, 2장에서는 그의 스승이자 의병운동 지도자인 유인석의 경우를 검토했다.

김정규는 청나라를 중국이라고 부르는 데 주저하지 않았다. 어떤 종류의 반청의식도 없다. 조선을 중화문화의 계승자로 여기는 주류 지식인 집단의 정서도 찾아보기 어렵다. 그는 또 자국사 편찬을 시도하면서 기자, 소중화, 존화, 양이 대신 존군애국尊君愛國을 강조할 뿐이었다. 이는 1910년대 연길 이주자 사회의 유학 지식인들이 가졌던 공통의 정서이기도 하다. 그는 더 이상 제후국 조선, 중화문화의 유일한 계승자 조선을 자부하지 않았다.

김정규는 대종교에 가입했다. 그러나 그의 입장에서 중화세계의 재건이 최종 목표가 아닌 것처럼 단군의 신앙화 역시 중요한 문제는 아니었다. 그의 시선은 늘 민족정신과 국혼을 정신적 자산으로 삼고 삼강오륜과 편발백의編髮白衣를 문화적 내용으로 하는 조국祖國에 맞추어져 있었다.

'신학'에 대한 김정규의 비판은 거의 전면적인 것이었다. 그의 관점에 서면, '신학'이 애국사상과 보국안민을 구현하지 못하는 것은 '신학'을 주장하는 사람들의 한계이기도 하지만, 본질적으로는 인륜과 도덕의 중요성에 눈감은 신학 자체의 한계이기도 하다. 그가 보기에 '신학'과 개명開明을 주장하는 사람들은 일본이 국권을 침탈하는 현장을 구경하거나 혹은 적극적으로 돕는 자들이었으므로, 그들에게서는 어떤 가능성도 발견할 수 없다. 김정규에게 '신학'은 다만 공익을 표방하면서 사익을 추구하는 학문, 외세에 봉사하는 매국적인 학문일 뿐이었다. 그는 신학과 일본에 비타협적으로 투쟁했다.

김정규가 가장 중요하게 생각한 것은 공교지회를 통해 이주자 사회의 유학 지식인들을 결집시키고 그 아이들에게 '조국'을 잊지 않게 하는 일이었다. 그에 따르면, 보편적인 가치라고 해야 할 공자의 가르침은 '조국'이라는 달을 가리키는 손가락일 뿐이다. 신학문은 제대로 된 손가락 역할을 할 수가 없다. 그러니 손가락을 보지 말고 달을 보아야 하며, 그 손가락이 제대로 된 손가락인지도 살펴야 한다. 이런 메시지를 설파하는 김정규에게서는 중화세계관의 흔적을 찾을 수 없다(7부 1장).

변경의 유학 지식인 김정규가 만난 사람들 중에는 의병운동의 아이콘이라고 해도 좋을 유인석도 있었다. 김정규가 십삼도의군에 참여한 것도 유인석이 말하는 '의'義의 대의에 동의했기 때문일 것이다. 그러나 유림의 대표라 해야 할 유인석의 문제의식은 공자를 들어 조국을 가리키려 한 김정규의 생각과 같을 수는 없었다.

유인석에 따르면 '중국'이 '중국'인 것은 지리와 풍기에 의해 이미 결정된 것이다. '도리에 상달하기 때문에 중국'이 아니라 '중국이어서 도리에 상달'하는 것이다. '중국'에 대한 유인석의 설명은 최익현이 구사한 논리와 다르지 않다. 두 사람의 시야에서는 문제를 포착하는 계기도, 대안을 제시하는 지점도 언제나 중화다. 자국에 닥친 위기는 엄밀한 의미에서 '자국에서 유일하게 보존되고 있는 중화문화의 위기'로 여겨진다. 이런 논리라면, 자국을 구하는 것은 이적을 물리치기 위해서이며, 이적을 물리치는 것은 중화를 보존하기 위해서다. 두 사람이 궁극적으로 말하려고 했던 것은 중화의 보존, 나아가 중화 세계의 재건이다.

화동華東은 유인석이 중화세계를 묘사할 때 즐겨 쓰던 단어다. 이 용어는 이항로가 김평묵과 유중교에게 명해 짓게 했다는 『화동송원사합편강목』에서 취한 것이다. '화동'은 말할 것도 없이 가상의 중화국가 '중국', 그리고 조선을 가리킨다. 화동의 세계 안에서 조선의 위상은 '대명大明의 신방臣邦이자 예의의 군주'다. 유인석이 대한제국이 황제를 칭하는 데 반대할 수밖에 없었던 것은 그런 이유였다. 유인석의 시야에서 보면, 황제는 중원대륙의 패자이자 예의의 주인이다. 편방인 조선이 중화문화의 유일한 계승자인 것은 맞지만, 그렇다고 해서 중원대륙에 들어설 예의의 주인을 대체할 수는 없는 일이다.

유인석에게 서양 혹은 서양을 내면화한 일본이 금수라면, 청은 다만 이적이다. 그러나 그는 화이를 구분하는 것과 원수를 배척하는 것을 분리할 수 있으며, 금수로부터 중화를 보존하기 위해서는 이적의 도움을 받을 수 있다고 생각했다. 그런 발상이야말로 중화주의적 역사 인식이 만들어낸 중요한 성취라고 해야 한다. 유인석에게 변하지 않는 목표란 중화문명을 수호하고 중화세계를 재건하는 것이다. 이제 새로운 적대적 타자가 나타나 중화를 위협하는 상황이 닥치면 문명적 연대의 범위는 얼마든지 확대될 수 있다. 그러니 300년간 배척의 대상이었던 청나라조차 전략적 제휴의 대상이 될 수 있는 것이다.

유인석의 아이디어에서 청나라는 결코 확장된 화동, 즉 유교적 동양의 세계로 진입할 수 없다. 그렇다면 그가 생각한 유교적 동양의 구성원은 도대체 누구인가. 그 핵심은 물론 중화의 싹을 보존해온 현실의 중화국가 조선과, 중원대륙에 들어설 가상의 중화국가다. 여기에 반성과 성찰을 전제로 일본이 합류할 수 있다. 이것이야말로 서양을 적대적 타자로 삼는 '확장된 화동', 즉 유교적 동양이다. 풍토부동론으로 시작된 중화주의의 여정은 마침내 유교적 동양에 이르러 논리적 귀결점을 찾은 것이다(7부 2장).

이제 다시 이중환의 『택리지』, 그리고 최남선이 자기의 방식으로 다시 읽어낸 광문회본 『택리지』로 돌아올 시간이다. 최남선은 한반도를 '중원대륙에 읍하는 형상'이라고 한 이중환의 주장을 자의적으로 해석했다. 그런데 이것이 최남선만의 문제였을까. 조선적인 것들에 대해 우리가 기대한 것들, 환호하거나 실망했던 것들은, 되돌아보면 우리 자신의 문제이기도 하다는 사실을 어렵지 않게 깨닫게 된다.

학계에서는 자주와 근대의 관점에서 중화 혹은 중화세계관의 본질을 옹호하거나 비판해왔다. 지성계와 문화계의 사정도 크게 다르지 않다. 지난 세기, 심지어 지금까지도 최남선의 전략은 충분히 성공적이었다고 말할 수 있을 것이다. 그러나 필자는 『택리지』에 대한 최남선의 관점을 찬성하거나 비판하는 그런 차원을 넘어설 때가 되었다고 생각한다. 물론 그 뛰어넘기가 맥락 없는 담론 차원에 머물러서는 곤란할 것이다.

우리가 읽고 써온 역사는 엄밀한 의미에서 현실의 누군가를 위한 역사였다. 그것은 민족이고 국가였으며, 민중이었다. 때로 그것은 특별할 것 없는 하위주체이기도 했다. 역사학이 평가를 피해갈 수 없다는 점에서 본다면, '누군가를 위한 역사'란 사실상 역사학의 숙명에 가깝다고 해도 좋을 것이다. 그럼에도 그 시간의 주인공들과 그들의 성취를 긴 호흡으로, 다중의 변수를 고려하면서 맥락적으로 독해하는 것은 여전히 중요한 일이다. 그것이야말로 역사학을 역사학답게, 인문학답게 만드는 본질적인 요소이기 때문이다.

이 책은 그런 문제의식의 산물이다. 이 책을 '중화세계관의 본질을 옹호하려 했다'는 식으로 오독하지 않기를 바란다. 중화세계관이 투영되어 있는 긴 시간대의 단면들을 시뮬레이션하고 묘사한 것으로, 그런 식의 서사를 통해 역사와 현실의 소통 가능성을 찾아보려 한 것으로 받아들여졌으면 한다. 과거의 단면들이 현실에서 재현될 리 없고, 우리는 다만 우리의 현실을 고민하지만, 오래된 변수와 새로운 변수가 얽혀 있는 현실에서 그 현실을 구성하는 맥락의 힘은 여전히 작용하고 있을 것이므로.

찾아보기

ㄱ

가야진伽耶津 101, 168

가탐賈耽 412

가토 기요마사加藤淸正 356, 585

각라무묵눌覺羅武默訥 236

각라오목눌覺羅吳木訥 235

간도공교회間島孔敎會 516, 521, 539~542

간민교육회 528

간민회墾民會 528~530, 540, 541, 543

『간양록』看羊錄 358, 363, 367

갑인예송甲寅禮訟 67

〈강리도〉 27, 378~381, 383~389, 391, 392, 398,
399, 401, 402, 460, 473, 587

「강외기문」江外記聞 285

강항姜沆 358, 363, 364, 367, 586

강홍립姜弘立 42, 46

〈강희도〉 215, 217, 241, 245, 247~250, 252, 264,
266

『강희성경통지』 206, 207

『강희시대야소회교사지도집』康熙時代耶蘇會敎士地圖
集(Der Jesuiten-Atlas der kangshi-zeit) 214

강희안姜希顏 390

『강희자전』康熙字典 150, 151

강희제康熙帝 63, 137, 148, 149, 214, 217, 219, 234

~236, 251, 264, 325, 378, 418, 581

개주위蓋州衛 295, 297

개평현盖平縣 296, 297

개화파開化派 557~559, 566

거양성巨陽城 268, 269, 282, 284, 307

〈건륭도〉 215, 217, 241, 244, 245, 247~250, 252,
264~266

『건륭성경통지』 207, 208

〈건륭십삼배도〉乾隆十三排圖 215

건륭제乾隆帝 65, 137, 149, 208, 214, 215, 217~
220, 251, 418, 581

건문제建文帝 122

건성建成의 난 186

건주建州 84, 195, 255, 315

건주위建州衛 195~197, 220, 314~317

건청곤이乾淸坤夷 148

검일黔日 74, 75

격물格物 458, 459

격물궁리格物窮理 461

『경국대전』經國大典 133, 134, 391

경사체용經史體用 298

『경성사화』京城史話 60

경성지도京城地圖 390

경세이학經世理學 97, 98, 299

『경세지장』經世指掌 143

『경제육전』經濟六典 133

경화사족京華士族 484

계림雞林 218

『계산기정』薊山紀程 190

고경명高敬命 76

고구려시조高句麗始祖 109

『고금도서집성』古今圖書集成 27, 201, 213, 215, 217, 226, 251, 253, 265, 277, 280, 287, 289, 371, 418, 419, 421~425, 458, 588

『고기』古記 279

고려경 284

『고려사』高麗史 279, 283, 284, 294, 298

고리국古里國 415, 431, 450, 451, 505~508

고미산古米山 333~335

고사국姑師國 454

「고사삼국직방고론」古史三國職方考論 304

고정서원考亭書院 70

고조선지古朝鮮地 82

고종高宗 5, 33, 230, 231, 534, 556

고종후高從厚 고인후高因厚 형제 77

고주몽 87

고토론(고토 회복론) 301, 302~305, 308, 309, 311, 314, 317, 320, 583, 584

고화서高華嶼 334, 335

곤륜산崑崙山 22, 169, 170, 180, 437, 475~477, 480~482, 502

〈곤여도〉坤輿圖 376, 401

『곤여도설』坤輿圖說 396, 397, 420~425, 588

〈곤여만국전도〉坤輿萬國全圖 369, 370, 373~375, 392~395, 410~413, 462, 463, 588

공교회 517, 523, 538~544

공기孔紀 515, 516

공민왕恭愍王 94, 95, 97, 116

공양왕恭讓王 98

공자孔子 28, 117, 156, 158, 162, 164, 171, 172, 184, 402, 482, 515, 517, 522, 523, 532, 539, 540, 542~546, 552, 593, 594

공험진 26, 268~272, 274, 275, 277, 282~285, 292, 301, 307, 583

곽재우郭再祐 76

관왕묘關王廟 38

광녕 210, 301

『광동통지』廣東通志 423

『광여고』廣輿考 294

『광여도』廣輿圖 335~337, 412, 585

구굉具宏 48

구구주九九州 487, 490, 492, 493, 495

구구주도九九州圖 494, 495

〈구라파국여지도〉歐羅巴國輿地圖 448, 450, 451

『구암유고』懼庵遺稿 295

구월산 73, 168

구이九夷 158, 164, 522

구주九州 125, 164, 170, 182, 402, 409, 461, 463, 464, 467, 476, 478, 487, 490~495, 511, 591

구주설九州說 413, 459

구중천 393, 394

구천九天 490, 492~496, 501, 503

〈구천팔지도〉九天八地圖 487, 492, 494, 496, 498, 499

〈구폭도〉九幅圖 345

『국조상례보편』國朝喪禮補編 143

『국조오례의』國朝五禮儀 143

권근權近 94, 96~98, 391, 398, 401, 460

권상하權尙夏 469, 497

권순장權順長 80

권율權慄 77

권학원勸學員 536, 537

금강산 100, 168

『금사』金史 255, 295

『기묘록』己卯錄 72, 78

기묘사림己卯士林 77, 78, 132

기미 분야箕尾分野 81, 82, 84, 86, 87

기인旗人 40, 229, 236, 573

기자 사당 103, 104, 106, 107

기자마한정통론 299, 583

기자묘 73, 104

기자묘비명 105, 106

기자불신설箕子不臣說 105, 576

기자조선箕子朝鮮 86, 102, 127, 300, 520

기주冀州 304, 464

기해예송己亥禮訟 66

길신여학교 540

길재吉再 77, 78

김계휘金繼輝 78, 79

김굉필金宏弼 77, 78

김병진金秉振 515

김부식金富軾 76, 99, 303

김사형金士衡 122, 391, 398

김상용金尙容 67, 80

김상적金尙迪 208

김상헌金尙憲 67, 187, 189, 190

김석여金錫汝 539

김세렴金世濂 263, 367, 368

김수홍金壽弘 23, 66~71, 73, 76~78, 80~82, 84, 86~90, 272, 331, 464, 574, 575

김숙자金叔滋 77

김안국金安國 132~134

김약연金躍淵 528, 529, 540, 543

김여수金汝水 263, 321

김연金演 201

김유신金庾信 76

김육金堉 55

김의金義 95

김익겸金益兼 80

김장생金長生 78, 79

김재로金在魯 142~144

김정규金鼎奎 28, 515~521, 523~546, 593, 594

김정호金正浩 65, 262, 378, 397

김종득金宗得 260, 261

김종서金宗瑞 118, 119, 317, 318, 322

김종직金宗直 77, 78, 392

김종후金鍾厚 18~20

김진여金振汝 393

김집金集 78, 79

김창업金昌業 147

김창조金昌祚 144

김창협金昌協 515

김춘추金春秋 74

김취려金就礪 76

김평묵金平默 550, 561, 566, 567, 594

김흥경金興慶 225

ㄴ

나경언 고변사건羅景彦告變事件 143

나이토 고난內藤湖南 241

나종언羅從彦 69

나찰국羅刹國 344

나홍선羅洪先 335, 338, 412, 585

낙제落漈 338

남곤南袞 132

남교南郊 110

남구만南九萬 199~207, 293, 295~297, 300, 583

남만南蠻 158, 342, 346, 466, 476

남번국南番國 445, 446, 449

〈남북극도〉南北極圖 466

남인南人 17, 77, 148, 300, 321

남자남북자북설南自南北自北說 293, 296

남한산성 36, 44, 46, 60~62, 73

납연와집納緣窩集 237, 251~253

낭가郎家 독립사상 303

내대륙內大陸 474, 476, 477

내수외양內修外攘 204

내오악內五嶽 476, 501

내해 474~477, 480, 511

『노걸대』老乞大 135, 144, 145

『노걸대신석』老乞大新釋 143, 145, 147

노론老論 17, 143, 458, 515, 525

노진魯陳 438, 439

녹둔도 290

『논어집해의소』論語集解義疏 107

『논어』論語 112, 117, 171, 522

누르하치 36, 42, 195, 197, 219, 309, 356

늑출勒出 236

ㄷ

다원적 천하관 21, 99, 100, 576

『단구첩록초』壇究捷錄抄 278

『단구첩록』壇究捷錄 278

단군 15, 70, 73, 102~104, 107~109, 113~115,
    127, 128, 160~162, 177, 181, 300, 303~305,
    519~521, 524~526, 530, 531, 551, 575, 576,
    578, 593

단군교 525, 526

단군사檀君祠 73, 82, 85, 86, 93

단군조선檀君朝鮮 102, 115, 162, 300, 304, 306

단원형 세계지도 392, 393, 395, 425, 468

달단韃靼 356, 360, 585

『당서』唐書 234, 294, 413, 421, 447, 448, 463

『대동수경』大東水經 262, 263

대동양大東洋 178, 373, 374, 414

〈대동여지도〉大東輿地圖 262, 265, 378, 397

『대동지지』大東地志 262

대동학회大東學會 29

〈대명국도〉大明國圖 388, 473

『대명률』大明律 348

대명의리론對明義理論 18, 19, 155, 460

『대명일통지』大明一統志 80, 81, 201, 203, 206, 217,
    234, 240, 241, 268, 270, 273, 286, 295~298,
    338, 339, 348, 350, 352, 410, 415, 416, 588

대보단大報壇 16~18, 320, 551

대성중학교大成中學校 515, 516, 545

대영해大瀛海 414, 458, 467, 477, 590

〈대일본연해여지전도〉大日本沿海輿地全圖 378

『대전후속록』大典後續錄 134

대종교大倧教 517, 525, 526, 545, 593

대진국大秦國 420~422, 449

『대청일통지』大淸一統志 25, 150, 152, 153, 213,
    214, 217, 220, 235, 237~240, 251~253, 263,
    274, 276, 277, 281, 285, 290~292, 321, 352,
    416~418

대청황제공덕비大淸皇帝功德碑 33, 58

『대청회전』大淸會典 207

『대학연의보』大學衍義補 314

대한민단총부大韓民團總部 544

『대한사』大韓史 516, 519

대한제국大韓帝國 5, 516~518, 526, 535, 555, 556,
    563, 566, 594

「대황경」大荒經 89, 465, 466, 474

『도경』道經 476

도빈陶彬 527

『도서편』 335, 337, 348, 350, 352, 395, 396, 416,
    585, 588

도선道詵 74

도요토미 히데요시豊臣秀吉 356, 361, 362, 368

도흥아都興阿 230, 231

독립협회 554

『동국문헌비고』東國文獻備考 274

『동국병감』東國兵鑑 294

『동국여지승람』東國輿地勝覽 70, 73, 173, 283, 292, 294, 298, 391, 392

「동국지계설」東國地界設 301, 302

『동국지리지』東國地理志 293, 295, 583

『동국통감』東國通鑑 294, 298, 391

『동명기』洞冥記 423

동문同文 25, 267, 379, 380, 450, 582

『동문광고』同文廣考 453, 589

『동문휘고』同文彙考 322

동병충董秉忠 201, 206

동북삼성공교회 542

『동사강목』東史綱目 297, 299

『동사고기』東事古記 519, 520

「동사찬요후서」東史纂要後敍 295

『동사찬요』東史纂要 298

『동사회강』東史會綱 298

『동사』東史 70, 73

동이東夷 157, 158, 160, 179, 466, 549, 578

동주東周 171~175, 326

동주론 173

『동천복지옥독명산기』洞天福地獄瀆名山記 476, 502

동하東夏 101

두만강 87, 168, 205, 210, 226, 227, 233, 238, 240, 244, 250, 253, 260~265, 267, 268, 271, 273~275, 279, 281~292, 301, 302, 307, 313, 319, 321, 322, 356, 516, 581, 583, 585

두문하豆門河 271

『두양잡편』杜陽雜編 420, 423

두우斗牛 80, 90, 183

ㄹ

리위안훙黎元洪 528

리치, 마테오Ricci, Matteo(利瑪竇) 23, 88, 178, 369, 370, 373, 374, 392~396, 410~417, 420, 448, 452, 453, 458~463, 466~468, 471, 472, 478, 481~483, 487, 494, 495, 575, 588, 590, 591

ㅁ

마단림馬端臨 442

마쓰마에松前 354, 357, 359

마푸타mafuta(馬夫大) 33, 35~37, 39, 40, 42, 45, 47 ~49, 51~60, 62, 573, 574

마한馬韓 70, 71, 73, 218

막등용莫登庸 427

만국공법 체제 317, 524, 564

만권당萬卷堂 379

『만기요람』萬機要覽 322

만동묘萬東廟 18

『만보전서』萬寶全書 80, 81

〈만수정도〉萬壽亭圖 207

『만주원류고』滿洲源流考 25, 208, 217, 219, 220, 235, 237, 239, 240, 253~255, 263, 580, 581

〈만한합벽청내부일통여지비도〉滿漢合璧淸內府一統輿地秘圖 214, 242

『매천야록』梅泉野錄 33

명 태조 102, 116, 123, 127, 174

『명사』明史 415

『명외사』明外史 421, 423

『명회전』明會典 417, 420

모인국毛人國 364~366

목극등穆克登 199, 223, 318, 319, 321, 581

『몽어유해』蒙語類解 153

무신국無腎國 88

무이구곡武夷九曲 70

무학無學 74, 383

『문헌비고』文獻備考 294

『문헌통고』文獻通考 339, 348, 350, 442

민백홍閔百興 145, 146
민의생閔義生 121, 123
민중閔中 71
민태혁閔台爀 190

ㅂ

바하나bahana(巴哈納) 51
박권朴權 205~207
박무림朴茂林 527
『박물지』博物志 420, 423
박사호朴思浩 139
박수미朴壽彌 390
박연朴堧 117, 123
박은朴誾 78
박정양朴定陽 554
박제가朴齊家 24, 165~167, 531
『박통사』朴通事 144, 145
반격송盤格松 477
반정균潘庭筠 18, 188, 189
「발직방외기」跋職方外紀 472
방갈랄榜葛剌 431, 507, 508
방산方山 477
『방언집석』方言集釋 153
백두산 25, 84, 87, 90, 100, 101, 150~152, 168,
    170, 199, 204~206, 212, 218, 232~242, 245,
    248, 251~253, 267~269, 271~277, 283~
    292, 301, 307, 321, 322, 381, 581~583
〈백두산도〉白頭山圖 274, 290, 291
백두산정계비白頭山定界碑 25, 232, 256
범문정范文程 33, 41~43, 46, 47, 50, 54, 573
범위종范蔚宗 218
변계량卞季良 74, 105, 106, 113~121, 129, 162,
    576
변한弁韓 70, 71, 218

변헌邊憲 144, 145
병자호란丙子胡亂 33, 39, 47, 62, 67, 72, 80, 87,
    187, 189, 221, 222, 320, 559, 580
보정왕輔政王 214
복선군福善君 148, 149
복지겸卜智謙 74
〈본조도감강목〉本朝圖鑑綱目 358
『부남토속』扶南土俗 423
부르하투burhatu 253, 254, 259~267, 582
〈부상국지도〉扶桑國之圖 358
부여국扶餘國 296, 433
북고해北高海 462, 590
「북관고적기」北關古蹟記 281, 283, 307
북부여 71, 304, 462
『북새기략』北塞記略 263, 291
『북정록』北征錄 261
북학北學 16, 17, 20, 24, 549
분계강分界江 26, 244, 253, 262, 263, 273, 274,
    277, 286~292, 317, 319~323, 583
분수령分水嶺 237, 251, 252, 317~319
분야설分野說 162, 409

ㅅ

사경四京 80, 81, 163
『사고전서』四庫全書 153, 246, 418
사공학事功學 96, 97
사극四極 412, 413, 463~465
『사기』史記 105~107, 184, 185, 437
사대주설四大洲說 459
사도세자思悼世子 143
사독四瀆 169
사마천司馬遷 105, 185, 186, 188
『사문옥설』事文玉屑 427
『사문유취』事文類聚 462

『사성통고』四聲通攷 139

『사성통해』四聲通解 145

사숙개량회私塾改良會 537, 538, 541

사쓰마薩摩 342, 343, 357

사역원司譯院 140, 141, 145, 146, 149

사와키佐脇精 60

『사유구기』使琉球記 340

『사유구잡록』使琉球雜錄 340

『사의조선책략』私擬朝鮮策略 320, 554

사이四夷 89, 122, 158, 162, 163, 416, 418, 451

사전祀典 103, 110, 111, 118, 119

사해四海 89, 100, 170, 392, 398, 409, 414, 464, 465, 471, 591

〈사해총도〉四海摠圖 475, 510

「산경」山經 89, 465

〈산동해방지도〉山東海防地圖 203

『산해경』山海經 23, 29, 88~90, 234, 366, 399, 402, 419~421, 423, 452, 458, 462~466, 468, 474, 476~480, 503, 511, 575, 590, 592

산해관山海關 84, 207, 210, 305, 364

〈산해여지전도〉山海輿地全圖 369, 370, 393, 395

〈삼국도〉三國圖 100, 185

『삼국사기』三國史記 74, 76, 294, 298

『삼국유사』三國遺事 298, 520

삼둔하三屯河 233, 238

삼불제三佛齊 344, 415, 423, 427, 428, 504, 506

『삼재도회』三才圖會 335~337, 348~350, 395, 396, 419, 421, 423, 452

삼전도비 23, 25, 33~35, 39, 41, 43, 45~49, 53, 54, 59~62, 64~66, 90, 573, 574

삼조선三朝鮮 70, 73, 521

삼한三韓 70, 73, 83, 99, 175, 218, 220, 293, 295~297, 300, 491, 519

삼한정통론 300, 518

삼황오제三皇五帝 179, 409, 487, 490, 549

상하사방上下四方 412, 413, 459, 463, 471

서경덕徐敬德 77, 78, 473

『서경』書經 111

서련瑞聯 230, 231

서명응徐命膺 153, 176

서보광徐葆光 340, 341

〈서북계도〉西北界圖 215~217, 226~228, 263, 265 ~267, 280, 287, 289, 291, 582

〈서북피아양계만리일람지도〉西北彼我兩界萬里一覽之 圖 201, 209, 210, 215, 286

〈서북피아양계만리지도〉西北彼我兩界萬里之圖 210 ~212

〈서북피아양계전도〉西北彼我兩界全圖 212, 226, 227

서사원徐思遠 167

『서양번국지』西洋番國志 415

『서양조공전록』西洋朝貢典錄 415

서역전도설西域全圖說 455

「서학변」西學辨 403

서호수徐浩修 149, 213

석왕釋王 381, 383

선덕여왕 74

선춘령先春嶺 26, 87, 268~274, 277, 282~285, 289, 292, 300~302, 304, 305, 307, 311, 313, 314, 317, 318, 583

「선춘령기」先春嶺記 307

선춘령비 303

설총薛聰 77

섬라暹羅 415, 416, 426, 429, 430, 445, 446, 450, 474, 504, 589

〈성경여지전도〉盛京輿地全圖 200, 226, 233

성경지盛京志 25, 151~153, 199~206, 208~213, 215~217, 220, 221, 233~239, 240, 244, 251~ 255, 263, 264, 270~274, 276, 277, 280, 281, 285~287, 292, 296~300, 580~583

『성경통지』盛京通誌 → 성경지

성대중成大中 188, 189

『성리대전』性理大全 132

『성사승람』星槎勝覽 415

성삼문成三問 74, 139

성세순成世純 78

성수침成守琛 78

성해응成海應 197, 220, 311, 313

『성호사설』星湖僿說 81, 176

성혼成渾 77~79, 157

세조구제世祖舊制 123, 174

『세종실록지리지』世宗實錄地理志 267~271, 282

소론少論 17, 78, 171, 295, 304, 321, 466, 487

소서양小西洋 414

소승업蕭崇業 339

소중화 16, 21, 24, 81, 82, 90, 93, 101, 102, 109, 110, 121, 127~129, 166~169, 173, 176, 326, 327, 351, 451, 521, 522, 544~546, 551, 559, 569, 571, 573, 576, 578, 593

소중화광여기小中華廣輿記 173

소하강蘇下江 267~276, 282~285, 292, 300, 307, 313, 582, 583

『속문헌비고』續文獻備考 294

『속박물지』續博物志 420, 423

『속청사고』續淸史稿 236

손성孫成 201

손유의孫有義 165

송병준宋秉畯 533, 534

『송사전』宋史筌 153

『송사』宋史 277, 279, 280, 294, 437, 440

송상현宋象賢 76

송시열宋時烈 6, 17, 22, 24, 66, 155, 156, 158~ 162, 173, 176, 179, 182, 299, 300, 497, 498, 522, 551, 553, 559~561, 567, 578

송시영宋時榮 80

송진명宋眞明 278

송화강 84, 87, 195, 236, 243, 268, 270, 271, 280, 285

송희규宋希奎 78

『수경주』水經注 298

『수도제강』水道提綱 241, 245, 246, 248~250, 253, 254, 263, 264, 266

『수리정온』數理精蘊 143

수빈강愁濱江 267~269, 271~275, 282~284, 292, 582

수서태壽西泰 148

수하강愁下江 269

수해竪亥 409~414, 458, 461, 463~466, 468, 499

숙신肅愼 87, 218, 220, 359, 364, 433, 441, 443

순舜임금 85, 86, 111, 112, 575

『순암집』順菴集 298

『술이기』述異記 420, 421

「숭덕2년12월의조선칭송황제공덕비문고」崇德二年 十二月擬朝鮮稱頌皇帝功德碑文稿 43

숭산嵩山 476

숭화崇華 521, 546

숭화계崇華契 521

숭화재崇華齋 546

『습유기』拾遺記 423

승문원承文院 135, 136, 141, 142, 144

시왕지제時王之制 121~123, 174

신강설臣强說 148, 149

신경준申景濬 293, 300

신경진申景禛 50

신광한申光漢 78, 79

신기선申箕善 29, 516

신선설神仙說 473, 474

신숙주申叔舟 139, 342, 344, 351, 363, 364

『신오대사』新五代史 442, 443

신요동新遼東 212

신유申瀏 261

신유한申維翰 352

신익성申翊聖 51

신종神宗 308, 312, 551

『신증동국여지승람』新增東國輿地勝覽 267~275, 283, 285, 292, 582, 583

『신증성경지』新增盛京志 208, 209, 287

『신찬팔도지리지』新撰八道地理志 390

신채호申采浩 20, 29, 303~305, 516, 521, 576

신충일申忠一 196~198

신해혁명 542, 569~571

신후담愼後聃 403, 404, 458

『심양장계』瀋陽狀啓 42, 54

심우승沈友勝 134

심현沈誢 80

〈십삼성총도〉 494, 495, 591

12차次 68, 81

『십주기』十洲記 459

쑨원孫文 523, 571

쓰시마對馬島 354, 355, 358, 360, 365, 370, 373, 384~386

ㅇ

아계阿桂 206~208, 220

아담 샬Adam Schall von Bell(湯若望) 393, 394, 401, 460

아동我東 156~160, 164, 169, 546, 558, 578

아메노모리 호슈雨森芳洲 145, 352

아이누족 26, 355, 357, 358, 367

악진嶽鎭 235

안귀생安貴生 390

안남국安南國 427, 474

안시성 84, 295, 297

안용복安龍福 364

안정복安鼎福 176, 178~182, 186, 293, 297~303,

305, 321, 323, 355, 365~368, 373~375, 463, 481, 482, 579, 583

안효례安孝禮 390

알레니Giulio Aleni(艾儒略) 177, 178, 370, 373, 376, 394~396, 414, 416, 462, 472

애신각라愛新覺羅(aisin jueluo) 219

야차국夜叉國 430, 462, 463, 477, 478

양경순楊景淳 412, 413

양광楊廣 155

양만세楊萬世 430

양성지梁誠之 82~84, 127~129, 162, 166, 168, 174, 344, 390, 391, 577

어르더니額爾德尼 219

어숙권魚叔權 133, 134

어유소魚有沼 314~316

『언폭담여』偃曝談餘 420

여국女國 422, 430, 434, 505

여요증呂耀曾 206, 207

여인국女人國 462, 505, 590

여조겸呂祖謙 112

『여지도서』輿地圖書 262

〈여지도〉輿地圖 182, 183, 288, 322, 358, 395, 493, 501, 579

〈여지산해전도〉輿地山海全圖 396

〈여지전도〉輿地全圖 233

여환黎桓 427

『역대서역기』 453, 457

『연려실기술』練藜室記述 63, 260, 352

연해주 26, 216, 217, 265, 356, 357, 361, 364, 368 ~371, 373, 516, 544, 585

『열자』列子 421, 423

영고탑寧古塔 25, 196~200, 202, 204~206, 209~ 214, 217, 220, 232, 240, 253~255, 281, 285, 292, 313, 360, 364, 496, 580

영고탑 회귀설寧古塔回歸說 147, 195, 197~201,

203~205, 220, 221, 580

〈영고탑도〉 496, 498, 499

〈영고탑총람도〉寧古塔摠覽圖 213, 214

영주瀛洲 344

영해瀛海 458, 464, 467, 478, 590

오국두성五國頭城 270

오국성五國城 84, 151, 273, 277~282, 284, 583

「오국성송전기」五國城宋錢記 281, 282

『오대사』五代史 440

오대주설五大洲說 409, 425, 588

오라烏喇 202, 206, 207, 212~214, 220, 301, 302, 304

〈오라영고탑형세도〉烏喇寧古塔形勢圖 206

〈오라지방도〉烏喇地方圖 203

오록정吳祿貞 518, 527, 535

오수채吳遂采 279

오악五嶽 168, 169, 172~174

오장五章 122

오주奧州 365, 367, 404

오주론五洲論 458

오준吳竣 51, 55~57, 59

오중명吳中明 412, 413

오키나와 26, 331, 333, 342

『오학편』吾學編 434, 439, 440

온조 71, 73

〈옹정도〉 215, 217, 241, 244, 245, 247~250, 252, 264, 266

『옹정성경통지』 206~208, 210

〈옹정십배도〉雍正十排圖 214

옹정제 63, 65, 137, 213, 214, 237, 251, 325, 418, 581

『완위여편』宛委餘編 476, 501, 502

왕규王珪 186

왕기王圻 335, 395, 585

〈왕반지여지도모회증보본〉王泮識輿地圖摹繪增補本

370, 372

왕소王韶 312

왕안석王安石 69

왕양춘王陽春 230

왕즙汪楫 340

왕하王河 206, 207, 239

〈왜국지도〉倭國地圖 358, 359

왜국지세설倭國地勢說 365

왜양일체론倭洋一體論 553, 563, 566, 572

외대륙 466, 474~480, 483, 511

외해 466, 474, 475, 477~480, 483

요堯임금 15, 70, 85, 113, 114, 127, 519, 520, 551

〈요계관방지도〉遼薊關防地圖 202~204, 210, 212, 213, 215, 280, 285~287

『요동지』遼東志 298

요등규廖騰煃 206

『요사』遼史 295, 298

요수遼水 82, 127, 128

요심遼瀋 85, 86, 304, 305

요하遼河 82~86, 159, 183, 300, 306, 315, 323

욕거구이欲居九夷 522

『용비어천가』龍飛御天歌 382

용석龍石 75

우禹임금 86, 464, 465, 490, 499, 551

우공禹貢 182, 409, 438, 492

우공구주禹貢九州 182, 399, 460, 480, 487, 491~493, 495, 590

우설宇說 459~462, 590

우왕禑王 381

「우주도설」宇宙圖說 459

「우주문답」宇宙問答 547

우하영禹夏永 24, 169, 170

『운급칠첨』雲笈七籤 476

운서韻書 146, 150, 151

원경하元景夏 209

원구단圓丘壇 102, 110

『원사』元史 255, 298, 446, 447

위만衛滿 70, 73, 304

위만조선 102

위백규魏伯珪 28, 478~480, 484, 486, 487, 490~ 493, 495~497, 499~511, 591, 592

『위서』魏書 520

위안스카이袁世凱 523, 524, 539, 542, 543, 559, 560, 570, 571

위정척사 20, 525, 562

위징魏徵 186

유교적 동양 21, 28, 546, 563, 567, 571~573, 595

「유구국기」琉球國紀 344

〈유구국도〉琉球國圖 331, 332, 345, 349, 585

『유구국지략』琉球國志略 334, 340, 341

유구도설琉球圖說 333, 334

유극장劉克莊 69

유리창琉璃廠 310

유명조선국有明朝鮮國 19

유몽인柳夢寅 453

유방劉邦 184, 186, 188

유산溜山 415, 433, 439, 507, 508

『유습기』遺拾記 421

유연幽燕 82, 84

유인석柳麟錫 28, 182, 516~519, 521, 523~525, 542, 546~563, 567~572, 592~595

유주幽州 81, 82, 84~87, 305, 311, 442, 491, 575, 584

유중교柳重教 550, 552, 556, 561, 566~568, 594

유형원柳馨遠 137, 293

육약한陸若漢 481

육오주陸奧州 356, 357, 365~367, 375

육진六鎭 317, 373, 374, 390

육합六合 402, 412~414, 458, 459, 461, 463~466, 468, 470, 471, 473, 477, 590

윤관尹瓘 87, 282~284, 300, 307, 317, 318, 322

윤관대첩여진비尹瓘大捷女眞碑(윤관비) 26, 58, 87, 273, 274, 277, 301, 303, 304, 313

윤근수尹根壽 134

윤두서尹斗緖 271, 272, 274, 275, 376

윤봉구尹鳳九 469~472, 484, 590, 591

윤선거尹宣擧 78

윤섭尹燮 221

윤원형尹元衡 78

윤은보尹殷輔 133

윤전尹烇 80

윤충允忠 74

윤치호尹致昊 554

윤태연尹泰淵 208

윤필상尹弼商 130

은(의) 태사殷太師 105, 107, 108, 114

을미사변乙未事變 560

을사의병乙巳義兵 562

의군부義軍府 516, 544

의리명분 188

의무려산醫巫閭山 84~86

의병운동 28, 516, 525, 534, 546, 592, 593

『의산문답』醫山問答 162

「의여어유소장군서」 314, 326, 327

의주義州 36, 175, 199, 210, 301

이갑李坤 148

이경석李景奭 23, 33, 40~43, 46, 47, 49, 50, 66, 573

이경직李景稷 38

이계손李繼孫 20, 344, 348

이광정李光庭 393, 453

이광좌李光佐 199

이규보李奎報 99, 485

이긍익李肯翊 63, 271, 293, 352

이기빈李箕賓 345, 346

이노우 다다타카伊能忠敬 378

이노춘李魯春 471

이덕무李德懋 61~63, 153, 353, 359~362, 365, 368, 375, 376, 586

이돈중李敦中 453~455, 457, 589

이동춘李同春 528

〈이마두구구주도〉利瑪竇九九州圖 485~487, 493~ 495, 591

〈이마두천하도〉 478, 479, 487, 490, 493~495, 501, 591

이만부李滿敷 272, 273

이만운李萬運 300

이무李茂 391

이문吏文 24, 129~136, 140~142, 577

『이문지』異聞志 449

이색李穡 77, 96~98, 379

이성계李成桂 72, 98, 102, 116, 172, 302, 306, 307, 315, 381, 383, 551

이세구李世龜 283, 293, 295, 296

이세좌李世佐 130

이수광李睟光 27, 28, 349, 365, 367, 393, 395, 426, 427, 429~431, 433~438, 440, 441, 443~453, 462, 473, 476, 500, 502~509, 511, 589, 592

이수인李壽仁 55~57

이숙치李叔畤 119

이순신李舜臣 76

이승휴李承休 521

이승희李承熙 538, 542

이시백李時白 38, 48

이시직李時稷 80

28수宿 68, 81, 82, 84, 501

이언적李彦迪 77, 79, 157

이역異域 89, 90, 302, 415, 417, 418, 449, 453, 529, 588

이용구李容九 533, 534

이원익李元翼 134

이응시李應試 394

이이李珥 77, 79, 157

이이명李頤命 202~205, 287, 458, 459

이익李瀷 85, 86, 142, 150~153, 158, 176~178, 181, 273, 274, 283, 300, 301, 303, 305, 323, 355, 361~364, 371, 373, 397, 403, 463, 472, 473, 522, 579, 583, 586, 591

이인임李仁任 94

이적夷狄 100, 125, 126, 128, 164, 165, 180, 308, 309, 403, 473, 546, 549, 550, 555, 559~563, 567, 570, 571, 594

이정구李廷龜 134

이제현李齊賢 379

이종무李從茂 269

이종휘李種徽 24, 26, 106, 171~175, 177, 302~ 307, 309~318, 320, 323, 326, 327, 466~468, 472, 487, 521, 579, 583, 584, 590

이중환李重煥 14, 15, 346, 595

이지정李知貞 70

이지조李之藻 410~413, 588

이직李稷 104, 105

이철보李喆輔 224, 225

이첨李詹 100, 101, 110, 185, 186

이하성李廈成 33~35

이항로李恒老 22, 182, 546, 547, 550, 553, 561, 563, 567, 579, 594

이행리李行里 383

이회李薈 391

인물성동이론人物性同異論 16

인물성이론人物性異論 469

인조仁祖 23, 33~41, 46~60, 62, 259, 263, 573, 574

인조반정仁祖反正 72, 346

인황人皇 487, 492

일목국一目國 462, 463, 477, 478, 590

〈일본원비도〉日本圓備圖 358, 362~364, 371, 375

일진회一進會 519, 532~534, 538

임광任統 367

임수간任守幹 453

임오군란壬午軍亂 560

임정任珽 138, 149

임진왜란壬辰倭亂 16, 38, 74, 76~78, 134, 167,
196, 261, 355, 356, 368, 524, 559

『임해수토지』臨海水土志 420

잉굴다이inggūldai(英俄爾岱, 龍骨大) 35~37, 40, 45

ㅈ

자사子思 471, 472, 474

자의대비慈懿大妃 66

『자치통감강목』資治通鑑綱目 298

잠삼岑參 437

장각국長脚國 88

장백산長白山 84, 87, 127, 151, 152, 168, 234, 235,
239~241, 243, 247, 251, 264, 268, 270, 272,
581, 582

〈장백산도〉長白山圖 233, 234, 238, 252

장비국長臂國 88

장언경張彦卿 186

장유張維 469, 573

장정부莊廷敷 397, 398

장지연張志淵 519

장학례張學禮 352

장현광張顯光 77, 167~169

장황章潢 335, 337~339, 341, 351, 352, 395, 416,
585

적인도赤印島 432, 433, 507, 508

『전한서』前漢書 293

전횡田橫 184~191

전횡도田橫島 182, 183, 190, 191, 579

점성국占城國 415, 428~430, 504, 505

『정개양잡저』鄭開陽雜著 335

정경흠鄭慶欽 158

정구鄭逑 77

정도전鄭道傳 74, 94, 96~98, 102, 103, 379

정두원鄭斗源 394, 396

정명수鄭命守 52, 54, 56, 58

정몽주鄭夢周 77, 78, 94~98

정묘호란丁卯胡亂 187

정번鄭蕃 132

정상기鄭尙驥 361~363, 376

정상기〈동국지도〉鄭尙驥 東國地圖 226, 262, 287,
288

정선鄭敾 62, 63

정약용丁若鏞 58, 62, 63, 152, 153, 262, 263, 274~
276, 286, 293, 297, 299, 300, 321~323, 376,
377, 399, 476, 574, 583, 586

정약증鄭若曾 331~338, 341, 351, 585

정언섭鄭彦燮 209

정여창鄭汝昌 77

정인지鄭麟趾 124~126, 129, 162, 577

정전지井田地 73

정척鄭陟 103, 104, 107, 108, 390, 391, 576

정태화鄭太和 54, 56

정협鄭俠 69

정호程顥·정이程頤 형제 69

정화鄭和 354, 415, 416, 420, 588

제齊나라 171, 172, 184, 185, 187, 188, 190, 191,
478

제갈량諸葛亮 187

「제동국여지승람후」題東國輿地勝覽後 172

제소남齊召南 241, 244, 245, 247, 248, 250, 255,
264

제하諸夏 402, 403

조경肇慶 369, 370, 393, 396

조경기趙慶起 37

조공책봉 83, 94, 95, 137, 138, 189, 190, 304, 324
  ~326, 332, 339, 341, 351, 352, 354, 399, 557~
  559, 584

조광조趙光祖 77, 78, 132

조명리趙明履 138

조명신趙命臣 136

조민수曺敏修 381

조박趙璞 102, 103

〈조석도〉潮汐圖 492, 493, 499

조선단군朝鮮檀君 108, 109

〈조선팔도고금총람도〉朝鮮八道古今總覽圖 23, 70~
  72, 75, 77, 79~82, 84, 85, 87, 574

〈조선팔도도〉朝鮮八道圖 491

조식曺植 77, 78, 473

조위현趙瑋顯 229, 230

조익趙翼 187, 188

조종암朝宗巖 18

조준趙浚 96~98

조현명趙顯命 139, 279

존군애국尊君愛國 519, 521, 593

존이불론存而不論 398, 402~405, 459, 471, 587

존주尊周 176

존주대일통尊周大一統 555

존주론尊周論 155, 158, 183, 460

『존주휘편』尊周彙編 16

존화尊華 521, 593

존화양이尊華攘夷 551, 552, 557, 559, 567, 570

졸본부여 273, 583

좌도佐渡 370, 375

좌해左海 170, 304

주 무왕周武王 70, 102, 105~108, 114, 115, 127

주련국注輦國 440

주례周禮 96, 157, 159, 552

주몽朱蒙 71, 73, 87, 296

『주비경』周髀經 413

주송朱松 70

『주승필람』籌勝必覽 203

『주역』周易 170

『주자어류』朱子語類 157, 447, 448, 469, 470, 473,
  590

주화파主和派 35

주황周煌 334, 340, 341

주희朱熹 69

죽죽竹竹 74~76

〈중국구주도〉中國九州圖 487, 490, 492, 493

중산왕中山王 333, 337, 340, 345

『중산전신록』中山傳信錄 340

중산패방中山牌坊 333

『중용』中庸 28, 165, 469~473, 590, 591

중화공교회中華孔敎會 539

중화문명 19, 82, 93, 309, 311, 312, 320, 323, 422,
  551, 552, 557, 560~562, 564, 584, 585, 594

중화민국中華民國 517, 523, 530~532, 571

중화일륙中華一陸 523

지견룡池見龍 26, 302, 317~320, 323~327, 584

『지구전요』地球典要 398

〈지구전후도〉地球前後圖 397, 398

지리산 77, 79, 100, 101, 168

『지봉유설』芝峰類說 27, 28, 349, 365~367, 426,
  431, 432, 434~436, 446, 449, 450, 500~506,
  508~511, 589, 592

〈직방도〉職方圖 490, 494

직방세계職方世界 27, 304, 340, 342, 409~414,
  419, 459, 461, 465, 474, 478, 480, 587, 588

『직방외기』職方外紀 178, 371, 376, 395, 396, 403,
  458, 472, 586

진간陣偘 339

진덕수眞德秀 69

진람국眞臘國 415, 430, 432, 505

『진서』晉書 68, 81, 433, 441

진시황秦始皇 307, 308, 314

진조수陳組綬 409~412, 588

『진태강지리지』晉太康地理志 183

진하해振河海 470~472, 591

진한辰韓 70, 71, 218, 296, 308

질정관質正官 139~141, 144

ㅊ

차사국車師國 434, 454, 510, 511, 592

찬성원贊成員 536

채원정蔡元定 69

책문柵門 201, 325

책문 이설柵門移設 208~210, 281, 325

책봉국冊封國 320, 325, 326, 557, 584

척불斥佛 98

척화론斥和論 67, 551

척화파斥和派 35

〈천경성화도〉天經成化圖 492, 499, 500

천산북로天山北路 434

천주산天柱山 237

천지설天地說 410, 458

〈천하고금대총편람도〉天下古今大總便覽圖 23, 67, 69, 80, 81, 84, 85, 88, 89, 574, 575

〈천하고금형승지도〉天下古今形勝之圖 89

〈천하대총일람지도〉天下大總一覽地圖 346, 347

천하도 28, 181, 182, 458, 473, 474, 476~483, 487, 494, 495, 499, 501~503, 511, 579, 591, 592

〈천하도지도〉天下都地圖 177, 395, 462

『천하지도』天下地圖 335, 349, 351

『첩해신어』捷解新語 144

청 태종淸太宗 33, 36, 38, 40, 42, 46, 47, 54, 62

『청사고』淸史稿 33, 34

청석령靑石嶺 304, 305, 313

『청장관전서』靑莊館全書 362

청태종공덕비淸太宗功德碑 573

초굉焦竑 452

최남선崔南善 14, 29, 595

최만리崔萬理 125, 126

최명길崔鳴吉 35, 50, 53, 187, 401

최석정崔錫鼎 393, 401, 404, 459~463, 590

최세진崔世珍 130~132

최영崔瑩 381

최익현崔益鉉 549, 550, 562~566, 572, 594

최치원崔致遠 77

최한기崔漢綺 397, 398

추로鄒魯 157, 172

추연鄒衍 28, 399, 402, 409~414, 458~460, 464, 466~468, 473, 477~481, 485, 487, 493~495, 590, 591

『춘추』春秋 122

춘추대일통春秋大一統 569

『춘추호전』春秋胡傳 120

충렬사忠烈祠 80

「취요심」取遼瀋 305, 307, 308, 312

친명반원親明反元 95

칠장복七章服 122

ㅋ

캉유웨이康有爲 538, 539, 542

쾨글러I. Koegler(戴進賢) 458

ㅌ

태극달자太極㺚子 199

『태극도설』太極圖說 470

태백산 100, 234, 251, 381, 582

태산泰山 112, 476

태서泰西 373, 409

태장太章 412, 413, 458, 461, 463, 464, 466, 468,
  499

태조황제성지太祖皇帝聖旨 122, 123

『태평광기』太平廣記 421

『태평어람』太平御覽 420

『태평환우기』太平寰宇記 339

태화산太華山 168

『택리지』擇里志 14, 346, 383, 595

토문강土門江 174, 206, 209, 233, 235, 238, 240,
  241, 243, 247, 256, 264, 277, 285~292, 301,
  317, 319, 321, 322, 581, 583

토문하土門河 233, 238, 246, 248

통순統巡 229

『통전』通典 80, 81, 90, 183, 184, 294, 421, 462,
  463

『통지』通志 476

투루판 434, 437, 438

ㅍ

팔굉八紘 464, 490, 499

팔극八極 464, 490, 499

팔기八旗 35, 207

팔연八埏 464, 490, 499

패강浿江 101

패수浿水 294

팽호도彭胡島 333~335, 338

페르비스트, 페르디난드Verbiest, Ferdinand(南懷仁)
  396, 397, 420

평화천平和泉 365~367

폐사군廢四郡 223, 388

품석品釋 74~76

풍토부동론風土不同論 24, 121, 125, 155, 160, 162,
  164, 166, 167, 576, 595

ㅎ

하란荷蘭 416

하륜河崙 103, 111

하위지河緯地 74

하이蝦夷 26, 354~361, 363~377, 584~586

하이도蝦夷島 → 하이蝦夷

하자양夏子陽 339

한거원韓巨源 198

한계원韓啓源 230

『한국동북강계고략』韓國東北彊界攷略 241

한글 124, 126, 129, 153, 577

한득완韓得完 222, 223

한무제漢武帝 307, 314, 454

한문漢文 8, 33, 39, 40, 42, 50~56, 58, 59, 131,
  147, 148, 152, 259, 537, 538, 577

한백겸韓百謙 293~295, 297, 583

한범석韓範錫 278

『한서』漢書 294, 444, 455, 474

『한서지리지』漢書地理志 85

한어漢語 24, 46, 54, 65, 129, 131, 132, 134, 136,
  139, 142, 144, 147, 150, 165, 442, 577

『한어노걸대』 141, 143

한어이문전강漢語吏文殿講 142

한여현韓汝賢 185

한오정韓五亭 230

한원진韓元震 470, 590

한유韓愈 366, 439

한음漢音 137, 143

한족漢族 19, 42, 93, 96, 147, 155, 188, 229, 354,
  379, 517, 518, 522, 570, 571, 575

한진서韓鎭書 184, 293

한흥일韓興一 295

함풍제咸豊帝 221

항산恒山 476

「해경」海經 89, 465, 466

해금海禁 585

「해내경」海內經 89, 465

『해동명신록』海東名臣錄 72

『해동역사속』海東繹史續 184

『해동제국기』海東諸國記 331, 342~344, 357, 358, 363~365, 585

『해동지도』海東地圖 204, 226, 227, 279, 280, 358, 359

해란하海蘭河 244, 245, 247, 249, 253~255, 263~265, 271, 286, 287, 289, 291, 318, 322

『해사록』海槎錄 368

해양도海洋圖 331, 585

「해외경」海外經 89, 474

〈행기도〉行基圖 358, 375, 384

행주대첩幸州大捷 77

향단군진설도享檀君陳設圖 104

허목許穆 24, 160~162, 166, 177, 271, 283

허봉許篈 350

허조許稠 103, 108, 111

허후許詡 119

헤라트Herat 435~437

「혁구속」革舊俗 171, 174

현천묵玄天默 525, 526

현토玄菟 160, 433

현풍玄風 76, 77

형산衡山 476

혜제惠帝 70

호교胡嶠 442, 443

호락논쟁湖洛論爭 469

『호산록』湖山錄 185

호시互市 35, 36

호안국胡安國 69

호탄Khotan 436, 437

혼강渾江 224

혼동강混同江 87, 234, 235, 238~241, 247, 251~254, 268, 270, 271, 275, 276, 291, 317, 581

〈혼일강리역대국도지도〉混一疆理歷代國都之圖 27, 378, 380, 382, 388

〈혼일역대국도강리지도〉混一歷代國都疆理地圖 380, 386, 392

혼춘하琿春河 233

홀로모사忽魯謨斯 415, 438, 439

홍계희洪啓禧 142~146

홍대용洪大容 18, 24, 162~167, 188~190, 484

홍만종洪萬宗 293

홍무예제洪武禮制 122, 123

『홍무정운』洪武正韻 125, 129, 139, 145, 146, 148

홍문관弘文館 209, 393

홍범洪範 105, 107, 108, 127, 156

홍보洪寶 48~50

홍술해洪述海 143

홍양호洪良浩 150, 262, 281~285, 289, 290, 300, 307, 321, 468, 469, 472, 583, 590

홍중효洪重孝 362, 363

홍토암紅土巖 225

화동華東 28, 29, 546, 550, 553, 567, 572, 594, 595

〈화동고지도〉華東古地圖 386

『화동송원사합편강목』華東宋元史合編綱目 550, 552, 594

화란和蘭 423

화령和寧 72, 302

화산火山 437, 469, 476

화이관華夷觀 → 화이사상

화이론華夷論 → 화이사상

화이사상華夷思想 21, 93, 95~100, 187, 309, 354, 355, 379, 575, 576

화이일야華夷一也 163

화이정통華夷正統 179

화주火州 434, 436, 437, 454, 509~511, 592

화하華夏 122, 164, 403, 561

『화한삼재도회』和漢三才圖會 335, 336, 353, 358, 360, 361, 585

『환영지』寰瀛誌 28, 484, 486~488, 497, 498, 501 ~504, 507, 508, 510, 511, 591

환해寰海 414

황간黃幹 69

『황극경세서』皇極經世書 143

〈황명십삼성도〉皇明十三省圖 490, 491, 494

『황명유민전』皇明遺民傳 18

〈황명직방지도〉皇明職方地圖 409, 587

황성증黃省曾 415

『황여고실』皇輿攷實 158

『황여서역도지』皇輿西域圖志 455, 456

〈황여전람도〉皇輿全覽圖 25, 63, 64, 213~217, 226, 241, 242, 248, 250~253, 255, 263~267, 378, 419, 581, 582

황윤석黃胤錫 62, 63, 287, 357

〈황조여지전도〉皇朝輿地全圖 214

황준헌黃遵憲 320, 554

황중윤黃中允 394

황찬黃瓚 139, 159

황하黃河 178, 444

황희黃喜 108, 119

『회남자』淮南子 463, 464, 468, 476, 479

회배강灰扒江 238, 270

회회국回回國 422, 443~445, 448~450, 507, 589

효종孝宗 66, 148, 198, 199, 551, 559, 561

후금後金 42, 187, 260, 263, 551

후조선시조기자後朝鮮始祖箕子 108, 109

『후한서』後漢書 218, 293, 294, 366, 421, 449

훈민정음訓民正音 24, 124~126

「훈민정음어제」訓民正音御製 124

휘종徽宗 277~279, 314

『휘학대성』彙學大成 143

휴정休靜 74

〈흑룡강형세도〉黑龍江形勢圖 207

흑수말갈黑水靺鞨 87, 441, 462

『흠정대청일통지』欽定大淸一統志 240, 253, 255, 276

『흠정만주원류고』欽定滿洲源流考 237

『흠정성경통지』欽定盛京通志 207, 208, 237~240, 252, 581

〈흠정여도〉欽定輿圖 208

흠종欽宗 277~280

흥국영응왕興國靈應王 235